中国金融变迁研究系列

上海出版资金项目
Shanghai Publishing Funds

近代中国银行监管制度研究
（1897～1949）

刘平 著

Research on Banking Supervision System
in China (1897~1949)

上海远东出版社

图书在版编目(CIP)数据

近代中国银行监管制度研究:1897—1949/刘平著.—上海:上海
远东出版社,2018
(中国金融变迁研究系列)
ISBN 978 - 7 - 5476 - 1415 - 0

Ⅰ. ①近… Ⅱ. ①刘… Ⅲ. ①银行监督－银行史－研究－中国－
1897 - 1949 Ⅳ. ①F832.96

中国版本图书馆 CIP 数据核字(2018)第 172741 号

责任编辑 陈占宏
封面设计 张晶灵

近代中国银行监管制度研究(1897～1949)
刘 平 著

出   版 上海远东出版社
          (200235 中国上海市钦州南路 81 号)
发   行 上海人民出版社发行中心
印   刷 浙江临安曙光印务有限公司
开   本 710×1000 1/16
印   张 27.5
插   页 4
字   数 493,000
版   次 2018 年 8 月第 1 版
印   次 2018 年 8 月第 1 次印刷
ISBN 978 - 7 - 5476 - 1415 - 0/F · 631
定   价 158.00 元

总　序

　　金融是经济的血脉,对于维系和促进现代社会经济的运作有着重要作用,与社会的方方面面乃至每个社会成员,有着不可或缺的关系。随着中国经济与整个世界经济的联系日益密切,随着中国金融改革开放的推进,金融诸领域的状况越来越受到各界的关注,对于金融学理、实务和实际运作的研究也得到极大的重视。与此形成巨大反差的,人们对于中国金融领域的历史变迁却了解不多;专门的研究成果甚少。事实上,中国金融领域的变迁有着悠久的历史和丰富的内容,包括货币、金融机构、金融市场和相应制度的沿革变迁,以及金融与经济增长、工商经济活动和社会生活之间的关系等方面,在世界金融体系的园地中别具一格。在建设有中国特色社会主义市场经济的进程中,经济领域的变革和时代的发展,对中国金融变迁的研究提出了更多的要求。特别是在全球化的背景下,如何从中国社会发展与转型的角度出发,加强对中国金融变迁本身及其与经济社会发展之间的互动关系进行研究,更具有其必要性和急迫性。

　　金融的本质是货币信用,对于金融市场和金融关系中的当事方,货币是给定的制度规范。近代中国货币制度之落后以及改革币制之必要性,曾是朝野乃至相关中外人士共同关心的话题,但对于币制改革方案的选择却莫衷一是。由于同治末年欧洲各国多采金本位以及国际市场上银价的下跌,尤其是甲午战争后中国偿付赔款外债基本上以金为标准计算,国人主张改币制者日多且主金本位。1901年《辛丑条约》签订后,庚款偿付中的"镑亏"导致的财政负担迫切需要予以解决,币制改革方案的设计渐趋具体化。而对当时中国货币制度改革拟采行的方案,已经是一个国际性的问题。清末民初,包括中国海关英籍总税务司赫德、美国国会国际汇兑委员会委员精琦、荷兰银行总裁卫斯林都曾提议中国实行金汇兑本位。但是,币制改革"知易行难"。宣统二年清廷颁行的《币制则例》,仍明确了银元本位的取向,对于银两、制钱的支配和主导性地位也没有正面去触动。1914年颁行的《国币条例》,基本沿用了宣统二年《币制则例》的内容,并付诸实施。值得注意的是,在国人已经意识到银本位币制的诸多不利影响的情况下,清末民初两个币制法规都没有采纳外人建议的金本位的主张,而是确定了银元的国币即本位币地位,这对于当时中国金融业经营与市场运作,无疑是稳定因素。同时从中国币制现代化的角度来看,也不能简单归之于保守,相反,在银元与银两、银通货与制钱之间,这两个币制法规都赋予前者合法的地位,从而为国民政府时期完成"废两改元"打下了基础。而1935年废除银本位之后推出的法币政策,实施13年后即被金圆券取代,而同样作为不兑现纸币的金圆券的命运更为短暂,实施不到一年便随着国民党在中国大陆的统治一起彻底崩溃。1949年随着中华人民共和国的成立,由中国人民银行发行的人民币,很快成为中国大陆地区唯一合法的货币。

中国经营性金融机构之发轫,始于本土金融业中的票号钱庄。票号以获取官款存放和汇兑为业务重点,曾经有过较大的发展,但其体制、机制、业务等方面长期缺乏进取变革,随着清末民初的政局和社会变迁,这一行业逐渐式微。钱庄业在第二次鸦片战争前后抓住了中外贸易迅速扩大、口岸金融机构业务急遽发展的历史性机遇,从单纯货币兑换扩大到存款、放款、汇划、签发庄票、贴现等近代意义的业务。但其资本来源与构成、经营与管理等方面,尚未有变革。1897年中国通商银行的设立,成为尔后中国出现新式银行业和相应制度构建的先声。1905年清政府设立了户部银行(1908年改为大清银行),1907年邮传部奏准设立了交通银行。至1911年,历年新设立华资银行有十多家。民国年间,中国本国新式银行业取得了长足的进步。其中尤其以北四行(盐业、金城、大陆、中南)、南三行(上海商业储蓄、浙江兴业、浙江实业)为代表的两大区域性银行群体的崛起,标志着中国商业银行开始成为银行业不可忽视的力量,无论政府财政还是新式工矿商贸交通事业,都对其寄予厚望。而该时期政府银行——中国银行和交通银行,在特权、资力、市场份额等方面有着普通商业银行无法企及的优势,得到来自政府当局的扶持和索求,也甚于一般银行。在相当长的时间里,中交两行为政府财政所"绑架",无法正常开展业务经营。尤其是1916年和1921年的两次挤兑、停兑,不仅使该两行的信誉受到重挫,也使得整个本国新式银行业的现代化进程出现反复。只是因为北洋时期政局动荡,政府财政破产、无法继续控制金融业,在商股主导下的中交两行业务重心转向工商业,业务经营方面才逐步走出困境,重新启动现代转型的步伐。

南京国民政府建立后,1928年全国意义的中央银行在上海正式成立,同年公布的《中国银行条例》和《交通银行条例》,分别将两行定位为国际汇兑和发展实业的特许银行,并且载明这两家银行的总行均设立在上海。其后政府又规定中国农民银行、中央信托局、邮政储汇局、中央造币厂、中央储蓄会等机构设立于上海。上海作为当时全国最大最重要的现代化金融中心,不仅有了占主导地位的四行二局政府金融体系,而且有了基本的制度保障和明确的政策导向。此外,除了南三行之外,北四行以及新华商业银行、中国实业银行等大商业银行的总部都先后集聚于上海,业务重心置于长江中下游进而辐射内地和海外,对外资开放的全国性证券、保险、信托、外汇、票据交换市场的发展,也就成了上述基本制度安排和相应政策实施的题中应有之义,体现了按照现代化和国际化的客观要求,进行金融业布局和相应资源配置的理念。

据统计,1927～1937年10年期间,国民政府在币制与钞券发行、银行与金融管制、外汇管理、存放款业务、汇兑储蓄业务、特种与合作金融、综合类等方面,制定颁布了100多个法规。从最初公布的中央银行条例、章程,到正式颁行《中央银行法》,可以说在中国首次较全面地确立了中央银行制度,对货币发行、外汇管理和金融市场的有序运作具有重要意义。普通商业银行制度方面,1929年的《银行注册章程》要求凡开设银行,均需先拟具章程,呈财政部核准;核准之后,方得招募资本;再经验资注册、发给营业执照后,方得开始营业;原有银行合并或增减资本,也需要另行核准注册,并规定"凡开设银行,经营存款、放款、汇兑、贴现等业务,须依本章程注册,凡经营前项之业务不称银行而称公司、庄号或店铺者,均须依本章程办理",体现了把钱庄、票号、银楼等传统金融机构纳入统一监管的趋向。1931年颁布的《银行法》共51条,则体现了金融业对准入、组织、经营实行规范化的取向。

在近代中国的金融市场上,钱庄业曾长期处于主导地位,在与银行业的关系中处于强势地位;即便在银行业获得长足发展后的很长一个时期里,银钱两业在诸多领域里都起着并重的作用。但在资本来源、组织构成、投资与经营管理等方面,钱庄业难以适应现代化大生产和高度商品化的需要,更处于金融国际化潮流之外,甚至整个钱庄业长期没有明确的法律地位,一度面临除了银行化便只有停歇的处境。但是,经济发展的多样性、不平衡性,即便在上海这样的大都市里也存在着,零星、小额然而持续不断的金融业务既发生在都市内部,更在各都市周边地区中小城镇属于常态,这就是钱庄业得以存续并有一定发展的基础。在本国银行业居于中国金融的主导地位之后,钱庄业在保持与中小工商业和基层社会关系的同时,仍然力图跟上时代的步伐,在资本来源和构成方式、经营管理制度等方面有所进步,使整个行业维持到了20世纪50年代初期。作为维持城市生活不可缺少的行业、金融业中始终不容忽视的力量,钱庄业体现了中国金融现代化的特定阶段性。至于钱庄业特有的与客户之间的互信关系,钱庄内部雇主、管理层与员工之间稳定的关系,似乎也不能简单地与落后、消极划等号。为了应对市场和社会环境的变迁,钱庄业的业务经营、管理方式,也有调整改革的方面。可以说,无论单个的钱庄还是整个钱庄业的变迁,都有着十分丰富的内容,需要加以研究。

长期以来,外商银行被视为列强侵略中国的工具,与中国本国金融业(尤其是商业行庄)有着不同的性质和作用。如果说金融市场就是货币信用活动的市场,金融机构是这个市场的主体,那么近代以来普遍从事中国本币业务的外商银行,就应当如同华资银行、钱庄等一样，理应是整体意义的上海金融业的组成部分。但另一方面，在中国主权缺失的情况下，外商金融业在享有治外法权和其他特权的同时，在中国法统框架里长时期没有获得明确的"准入"。即便是在外商银行聚集的上海，直到抗战结束后，外商银行才获准加入上海银行公会，成为上海票据交换所的交换银行，为中国银行业所接纳。而外商金融机构在体制、运作和管理方面的先进性，总体上也为华资银行业效法。在中国金融变迁的研究中，对在华外商银行的研究成果，不应当长期付诸阙如。

至于近代中国诸多的金融团体与组织，更是金融变迁研究的题中应有之义。如银行公会、钱业公会等同业团体，其基础是诸多的行庄。行庄业务经营活动一方面形成市场，另一方面直接催生了各自的同业公会；而在金融中心的上海地区，还进一步产生了联合准备委员会（钱业为准备库）、票据交换所、票据承兑所等常设专业组织。而金融同业规范的制订修正、同业之间关系的协调、同业与其他行业的关系处理、与社会的往来，以及与政府之间的联系交涉，则有赖于同业团体。诸如中国交通两行、北四行、南三行这样的大银行，在业务和市场意义上可以被视作近代中国银行业的代表，可是它们对其他同业并不具有制约作用；但是银行公会、钱业公会的决议却不仅对会员银行、钱庄有制约力，还对非会员银行、钱庄有着重大影响力。可以说，认识近代中国某一特定金融行业的基础和前提，就是了解该行业的同业公会；近代中国金融业同业团体的运作，其本质便是金融业同业自律、自我管理能力和现代化取向的集中体现。对于金融变迁进程中同业团体和组织的研究，应当得到学术界更多的关注。

中国金融变迁的研究以金融机构为主体，这本身无可厚非。但是有金融业就有金融市场，除了关于金融机构的研究之外，还应有对近代中国或某一地区的拆借、贴现、内汇、证券、保险、外汇、金银等市场进行单独而深入研究的论著。对于诸多客户而言，金融机构的内部组织、管理与人事是一回事，但金融机构如何开展业务、进行运作，则是更重要的。换言之，正是各类金融市场，把金融机构与客户联系在一起，金融市场的研究实质上是动态地研究金融业，以业务、客户为中心来研究机构。应当看到，与对银行、钱庄的研究相比较，对中国金融市场变迁的研究更显薄弱。这几年，陆续见有证券、保险、信托、外汇市场的研究成果。但总的看来还很不够。中国金融市场与国际金融市场的关系、金融中心地区的各种行情与国内其他地区各自市场行情之间的关系、近代中国金融市场的财政属性与商业属性、金融市场行情与政局动荡之间的关系，等等，都是金融变迁研究的重要对象。

中国金融变迁的研究，还应有对金融制度进行专门研究的成果。尤其是近代中国金融制度的演变，不仅是政府的制度安排问题，还有业内的自律，主要通过金融业同业团体来体现，同时还应注意金融制度在文本上与实际运作的关系，等等。这些方面都有着非常丰富的内容。从时段而言，晚清与民国时期金融制度的研究

基础较好,经过整理的史料和可资参考的文献较多,而 1949 年新中国成立后金融
制度变迁的研究基础还比较薄弱,某些问题的处理难度较大,应予以更多的关注和
支持。

　　应当看到,中国金融的运作,既与政府财政有特殊的紧要关系,又与生产流通
及社会生活领域密切相连,这两方面的关系是研究者不可忽视的。此外,中国不同
地区之间的金融关系,华洋、新旧金融机构之间的关系,中外金融市场之间的联系,
各主要金融政策和制度,具有代表性的金融思想、观点、主张、理论、学说,金融家及
其企业,等等,给有关的学者提供了十分广阔的研究空间。这些方面的研究可以为
推进整个中国金融变迁的研究作出更大的贡献。

　　复旦大学在历史学、经济学、金融学等学科领域上都有着优秀的人才,对于金
融学理、实务以及中国货币史、金融史的研究方面有较悠久的传统,在学术界素有
影响。复旦大学中国金融史研究中心,就是由复旦大学历史学系、经济学院和金融
研究院的有关人士共同发起成立的,旨在打通相关学科,搭建汇聚交流研究信息和
研究成果的平台,整合资源,进而在理论、现实和历史之间达到更好沟通,为推动中
国金融变迁领域的研究,略尽绵薄之力。本研究系列除了收入专题研究著作之外,
还将收入专题论集、专题资料集。我们期待着读者对于已经问世各书稿的意见,期
待着诸多学界同行赐稿,共同拓展中国金融变迁的研究领域,逐渐深化研究的
层面。

2011 年 11 月于复旦大学光华楼

序 言

吴景平

刘平先生撰写的博士学位论文稿《近代中国银行监管制度研究（1897～1949）》，作为复旦大学中国金融史研究专刊的一种，即将正式出版了。作为刘平攻读博士学位的指导老师，我深知该书稿体现了作者这些年在治学上的不懈努力，同时也包含了对所从事的金融行业管理工作，以及对当下中国经济与社会发展面临的相关问题的认真思考。

七年前，当刘平初次向我提出希望能够进入复旦大学历史系攻读博士学位时，我对他是否能够在"冷门"学科专业里潜心求学治学，尚持"看一看"的态度。那时，刘平年龄不到四十岁，已经获得了经济学硕士学位，在金融界已经工作了十多年，并且在中国人民银行上海分行担任中层现职，已跻身"成功人士"之列。虽然"仕而优"、"商而富"再拿个硕士、博士学位在今日渐成时尚，但历史学不是显学，真能够潜心花几年时间来"坐冷板凳"并且获得公认学术成就的政商弄潮儿，鲜有所闻。事实上，刘平初次应试时，我的同事们也并不看好他。

但是，接下来几年间，刘平以他的行动打消了旁人的疑虑。他没有因初次入学考试的受挫而止步，前后花了四年的时间，来复旦大学历史系旁听专业课程，较为系统地学习了中国近现代史特别是中华民国史、中国现代史史料学等基础课程，弥补了历史学基础知识和专业知识的差距。2005年，他以远高出录取分数线的英语和专业课成绩，成为复旦大学历史系博士生的一员。刘平对历史一直有兴趣，对历史研究崇敬向往已久。他在复旦大学如鱼得水，在专业学习方面认真选修课程，抓住各种机会向多位专家学者求教，也善于与诸多同学沟通交流，并且参加了我主持的关于近代中国经济制度变迁、金融变迁、上海国际金融中心历史考察等研究课题，以各种方式充实提高自己，在读博期间独立撰写发表了数篇学术论文。刘平在专业上的刻苦、勤奋和进步，得到了所有认识他的老师和同窗的好评。刘平的博士学位论文，从复旦大学历史系的预答辩、校外同行专家的评审（包括双盲匿名评审），到正式的学位答辩，均获得很高的评价。通过答辩之后，刘平根据专家的意见，对论文稿作了认真的修订和必要的删减，完成了正式的出版书稿。

这部书稿的题目，是刘平入学之初便确定的。他有着经济学专业训练的背景，并且多年在中央银行分支行从事管理工作，目前又在中国银监会上海银监局担任中层现职，因而对于近代中国金融管理领域的变迁以及相关的历史文献，有着浓厚的兴趣、较强的理解能力；同时他也有志于从历史与学理、现实的结合上，对当代中国的银行监管制度建设进行深层次的探究。这个选题要对近代中国的银行监管制度变迁进行长时期的相对比较完整的考察和分析，涉及从1897年中国通商银行成立到1949年中华人民共和国的建立长达五十年的时段。在这五十余年的时间里，中国经历了晚清政府、北京政府、南京国民政府等三个不同的历史时期，中国的本国银行业历经曲折坎坷，勉力应对国内外时局的动荡，在与外资银行以及本土传统金融机构的竞争中脱颖而出，成为中国金融业的主体，朝着现代化、国际化的目标艰难前行。也正是在这半个世纪里，中国的银行监管制度从无到有，相应的文本建设逐渐规范和完善，制度实施中的经验教训更是可圈可点，有着极为丰富的内容。无疑，这是一个有着重大学术价值和现实意义的选题。

多年来，有关近代中国金融的机构、市场的个案研究成果已有不少，但关于近代中国金融制度研究的成果尚不多见；至于从长时段跨度和较大的地域范围来对近代中国银行监管制度加以全面的研究，则尚属空白，值得对基本的文本与相关史实进行较系统的梳理、总结和专门研究。目前这部书稿联系现代化、国际化的背景，以近代中国银行监管制度的变迁为主要线索，研究对象包括银行监管的主体、客体、依据、内容、方法与手段等，是把近代中国银行监管制度作为一个完整体系，进行了较长时间段的考察，并对近代中国的整个银行监管制度作出总体的考察与评估。总的看来，这部书稿以历史学的研究方法为主，并具有以下几方面的特色和优点。

第一，书稿的结构体系。书稿除了导论外，正文共九章，题目关键词分别为银行监管的法规依据、主体特征、客体构成、市场准入监管、业务持续监管、问题银行与市场退出的监管、发行监管、监管方式，以及新中国成立之初的监管。其中前八章把1949年之前约五十年间中国银行监管制度的变迁作为一个整体，从构成监管制度（包括文本和实施）的要素出发，而不是简单地按时间阶段设章，没有简单地写成一部编年史。第九章以上海为中心，考察新中国成立初期人民政府对银行业的监管。全稿结语部分对近代中国银行监管制度进行总体考察，涉及银行监管制度的阶段性、国际化、本土化、制约性以及有效性等问题。书稿既从纵向关注近代中国银行监管制度较长时间段的连续性研究,更从横向关注构成银行监管制度各构成要素的完整性研究;既关注构成银行监管制度诸要素的个别研究,更关注这些构成要素相互关系的综合研究。总之,书稿从整体上构建起了近代中国银行监管制度变迁的体系,这是书稿作者对于拓展近代中国银行史、金融史和法制史研究领域所作的贡献。统览全文,我们便可以看出,作者对以往相关研究成果有着较全面的梳理,尽可能查找参考了关于近代中国银行史、金融史、经济史、法制史方面的百余种著作,从商务印书馆1918年出版的周葆銮的《中华银行史》到复旦大学出版社2008年出版的美国学者肯尼思·斯朋的《美国银行监管制度》,经过仔细的比较研究,在充实必要的专业知识、掌握相关学术前沿的基础上,还认识到银行史、金融史研究如何根据不同的研究对象确定不同结构体系的重要性。当然,书稿这一体系的构建,还与作者本身在银行监管部门多年的工作实践不无联系,即能够把握近代中国银行监管制度变迁进程中最为基本的部分。

第二,对有关近代中国银行监管制度的形成与演变的各基本文本,进行了迄今为止最为全面的梳理,在此基础上进行了研究。应当指出,以往已有一些专题性资料集,如《中国近代货币史资料》、《中华民国货币史资料》、《中华民国金融法规档案资料选编》、《中央银行史料》、《四联总处史料》等,辑录了诸多的金融法规和政策的文本。本书稿除了对数十种已刊资料选编中的银行监管制度文本作了仔细的梳理之外,更从大量未刊档案史料和旧报刊资料中进行新的挖掘和整理,仅中国第二历史档案馆所藏国民政府财政部档案便涉及50多个不同的案卷,上海市档案馆的藏档有9个不同全宗机构的25个案卷,还包括重庆市、四川省、福建省档案馆的具体案卷。书稿中直接征引的旧报刊资料有《东方杂志》、《银行周报》、《财政评论》、《金融周报》、《申报》、《司法公报》、《金融周讯》、《行政院公报》等。这方面的基础性资料文献,都是作者在繁忙的学习和本职工作之余,抽时间亲自前往各档案机构、图书馆进行爬梳发掘所得,诚属不易。作者进行上述努力,旨在尽可能全面地掌握银行监管法规和政策的文本及其演变,进而弄清主要文本制订和调整的过程,了解当时金融界、银行界对于典型制度文本形成所起的作用。

第三,在研究方法的运用方面,注重相应的实证分析。制度史的研究须以文本为基础,但也容易局限于文本的字面文句的解读,而缺乏必要的案例。这样,便难以把握制度文本的实际运作,难以理解制度的调整变化,也就无法评述有关制度的成败得失了。本书稿的作者则十分重视实际案例的把握和运用,除了各主要章节的行文中注意交待法规和政策文本的来龙去脉,适当穿插一些例证外,更在关键性章节进行了较充分的案例分析。如关于银行市场准入监管的第四章,第二节是关于银行注册与审批的,加入了1943年财政部成都区银行监理官办公处对于四川灌县非法设立行庄查处的案例;在第五章"银行业务的持续监管:以抗战时期为中心"的第二节"银行资金来源之监管:以节约储蓄运动为中心",加入了关于存款本名制监管的案例;在第八章"银行监管的方式:基本模式及演进"第二节"银行的现场检查"中,介绍了对中国银行成都支行现场检查的案例。对于典型案例的运用,有助于避免仅以文本论述银行监管制度的不足,尽可能使相关问题的研究具有更为扎实的史实基础。除了实证分析外,作者还借鉴了行政管理学、法学、经济金融学的研究方法,使得这部书稿也体现了相当的学理性。

刘平本人曾表示,完成博士学位论文稿仅仅是对中国银行监管制度进行全面深入研究的阶段性成果,今后将在实际工作中继续这方面的研究。需要指出的是,近代中国的银行及其基本制度,最初就是外来的,而银行监管历来是各国共同面临的问题。正如本书稿结语中指出的,近代中国银行监管制度建设过程中有着国际化问题。如相应的监管法律和法规是典型的国际化产物;近代中国银行监管立法过程中,对外国有关法律的模仿是一个重要特点;近代中国政府聘请的外国专家和留学生发挥了重要作用;中国政府还参加过国际货币基金组织和世界银行的组织和活动。这些都是很重要的观点,应当在正文中有专门篇幅的展开,并作相应的评析。又如,书稿第三章把在华外商银行列为近代中国银行监管的客体构成之一,并以一节的篇幅介绍有关制度文本和实施状况,但从全书稿来看,所占的比例还可适当加强。另外,本书稿明确指出,近代中国银行监管的主体特征是以政府机构为中心,这无疑是正确的;但在这一课题的后续研究中,可否从以被监管的银行为本位的角度出发,包括单个银行与银行业整体是如何看待、应对来自政府的监管的,银行内部管理和业务经营状况与监管之间的关系等,都是值得深入研究的。除了对银行本身及其主要业务的监管外,还可以从证券、保险、信托、外汇、金银市场等领域,进行与银行监管的关联研究;在运用资料的全面性上,加强借鉴运用海外资料和研究成果,也是很重要的。总之,希望这部书稿问世后,作者能够不断拿出新的更好的成果,继续为中国金融史的学术发展和当代中国银行监管工作的实际需要,作出应有的贡献。

2008 年中秋日于复旦大学

目　录

引 言

一、选题意义与研究现状

成功的现代化过程,一定也是一个国际化与本土化有机结合的过程。从这个意义上讲,研究近代中国银行监管制度的变迁,并从中总结出若干有规律性的东西,对于推进和完善当今中国银行监管制度的建设,无疑具有十分重要的现实借鉴意义。另一方面,本课题的研究对于深化近现代中国金融史特别是银行史的研究,也具有相当重要的意义。目前看来,有关近代中国银行机构的个案以及具体业务的研究成果已有不少,而且具有相当的水准,但从制度层面研究的成果尚不多见。而从较长的时间跨度和较大的地域跨度对近代中国的银行监管制度加以系统全面的研究,则尚属空白。因此,这一课题的研究,无论对于拓展中国金融史的研究领域,还是深化中国金融史的研究内涵,都会起到一定的推动作用。

银行监管主要指对政府设定的监管机关依据法律规定对银行组织及其业务活动实施监督和管理,促使其合法、稳健运行的一系列行为的总称。银行监管制度既是金融制度的重要组成部分,又是国家公共行政管理制度的重要内容。作为一种制度,它包括制度的各项构成要素,如银行监管的主体、银行监管的客体、银行监管的法律依据、银行监管内容的规律性特征,以及银行监管的方法与手段等,同时也涉及各项要素之间的相互关系等。

民国时期即有一些专著,对当时的银行制度从各个不同侧面进行了研究,特别是对不同种类的银行和各相关银行的规章制度进行了综合,对银行制度和监管制度也有所涉及①。此外,还有一批相关的论文发表在《银行周报》等刊物上。

---

① 代表性著作包括:周葆銮:《中华银行史》,商务印书馆 1918 年版;王志莘:《中国之储蓄银行史》,商务印书馆 1934 年版;吴承禧:《中国的银行》,商务印书馆 1934 年版;杨荫溥:《杨著中国金融 (转下页)

但从监管制度角度进行全面系统研究的著作尚未出现。

从中华人民共和国成立后至1978年前后,无论是国内还是海外,对银行史方面进行研究的著作和论文相对较少①。近30年来,直接以近代中国银行监管制度作为研究题目的著作尚未见到,有分量的论文亦不多见。但从某些侧面对金融制度、银行制度研究的著作则有不少。

在银行组织体系和制度研究方面,有不少著述②。其中,刘慧宇探讨了国民政府中央银行建立及相关职能演进的历史规律和利弊得失,揭示了该行作为国家中央银行的特殊功能及其与国民政府的特殊关系,对中央银行与金融监督的关系有所涉及③。程霖从制度思想层面考察了近代中国的银行制度建设,他认为,银行制度包括三个层次的内容:一是银行体系结构的构成方式;二是构成银行体系结构的各类银行的组织形式;三是以法制、规则为内核的银行监管制度。该书比较准确地阐述了近代中国银行制度建设思想发展演进的过程,并有一定的篇幅专门研究了近代银行监管制度思想的沿革④。杜恂诚对百年来上海金融演变的历程从制度层面作了系统的考察,并将这一历史进程归纳为四个时段、四种模式,即1897~1927年自由市场型、1927~1949年政府垄断型、1949~1978年从属计划型和1979~1997年调控促进型⑤。他还以新制度经济学的制度变迁理论为基础,对近代中国前后两种金融制度变迁模式,以及中外金融制度模式进行了比较研究⑥。

此外,一般金融史著作、教材中也有相当部分的内容涉及银行体系和制

(接上页)论》,黎明书局1930年版;张辑颜:《中国金融论》,商务印书馆1930年版;刘冠英:《现代银行制度》,商务印书馆1937年版;崔晓岑:《中央银行论》,商务印书馆1935年版;陈行:《中央银行概论》,银行通讯出版社1948年版;中央银行经济研究处:《中国农业金融概要》,商务印书馆1936年版。

① 代表性著作包括:张郁兰:《中国银行业发展史》,上海人民出版社1957年版;献可:《近百年来帝国主义在华银行发行纸币概况》,上海人民出版社1958年版;谭玉佐:《中国重要银行发展史》,(台北)联合出版中心1961年版;姚崧龄:《中国银行二十四年发展史》,(台北)传记文学出版社1976年版。

② 中国人民银行总行金融研究所金融历史研究室:《近代中国金融业管理》,人民出版社1990年版;姜宏业:《中国地方银行史》,湖南人民出版社1990年版;姚会元:《中国货币银行(1840~1952)》,武汉测绘科技大学出版社1993年版;崔国华:《抗战时期国民政府财政金融税收政策研究》,西南财经大学出版社1995年版;张正明:《晋商兴衰史》,山西古籍出版社1995年版;李一翔:《近代银行与企业的关系(1895~1945)》,台北东大图书公司1997年版;钟思远、刘基荣:《民国私营银行史(1911~1949年)》,四川大学出版社1999年版。

③ 刘慧宇:《中国中央银行研究(1928~1949)》,中国财政经济出版社1997年版。

④ 程霖:《中国近代银行制度建设思想研究》,上海财经大学出版社1999年版。

⑤ 杜恂诚:《上海金融的制度、功能与变迁(1897~1997)》,上海人民出版社2002年版。

⑥ 杜恂诚:《金融制度变迁史中的中外比较》,上海社会科学院出版社2004年版。

度①。除此之外,还有一些比较重要的研究论文②。其中,朱荫贵对 1927～1937 年十年间钱庄业的数目分布、资本数额及数目下降、资本额上升等现象进行考察后,得出结论:钱庄业衰落的关键因素在于国民党政权在金融领域实行的是扶持银行、排斥钱庄,并将钱庄早早纳入银行体系进行管理的政策③。他还认为,两次世界大战间尤其是 1927 年至 1937 年间,中国银行业之所以快速发展,主要原因在于银行制度的演进、银行业法规的建设、银行家队伍的成长以及中国银行业经营运作理念和方式的变化等④。杜恂诚认为,北洋政府时期华资银行业的内部关系表现为三个层次的联合:第一层次,所有华资银行都以中、交两行为核心,形成了核心与外围的关系;第二层次是南三行和北四行等重要商业银行间的协作关系;第三层次是银行的同业组织,即各地银行组成的地方银行公会和各地的银行公会联合会。南京国民政府成立后,政府在金融领域推行强制性制度变革,逐步实现了金融统制,国家银行与私营银行之间不再是“核心与外围”的关系,而是“控制与被控制”的关系,在私营银行业内部则依然靠银行公会来维系相互关系⑤。他还提出,以 1927 年为界,近代中国经历了自由市场型和垄断型两种金融制度模式,两者制度和功能特性的不同表现在于政府作用的大小、有无中央银行制度等多方面;在国民政府中央银行成立之前的十多年间,在政府强力干预下,中央银行才慢慢地拥有统一纸币发行、集中商业银行存款准备金、监管全国金融、办理贴现和再贴现等权力,到 20 世纪 40 年代初,国民政府中央银行基

① 代表性著作有:许涤新、吴承明:《中国资本主义发展史》,人民出版社 1984 年版;石毓符:《中国金融货币史略》,天津人民出版社 1984 年版;李立侠:《中央银行兴衰史》,中国文史出版社 1986 年版;张虎婴:《历史的轨迹——中国金融发展小史》,中国金融出版社 1987 年版;寿充一:《中央银行史话》,中国文史出版社 1987 年版;洪葭管、张继凤:《近代上海金融市场》,上海人民出版社 1989 年版;洪葭管:《在金融史园地漫步》,中国金融出版社 1990 年版;洪葭管:《中国金融史》,西南财经大学出版社 1993 年版;姚遂:《中国金融思想史》,中国金融出版社 1994 年版;黄鉴晖:《中国银行业史》,山西经济出版社 1994 年版;徐松龄:《中国农村金融史略》,中国金融出版社 1996 年版;汪敬虞:《中国近代经济史(1895～1927)》,人民出版社 2000 年版;杜恂诚:《中国金融通史》第 3 卷,中国金融出版社 2002 年版;叶世昌、潘连贵:《中国古近代金融史》,复旦大学出版社 2001 年版。

② 李金铮:《20 世纪 20～40 年代典当业的衰落——以长江中下游地区为中心》,《中国经济史研究》2002 年第 4 期;徐进功:《略论北洋政府时期的银行业》,《中国社会经济史研究》1997 年第 1 期;邱松庆:《南京国民政府初建时期的金融体系》,《党史研究与教学》1998 年第 6 期;董长芝:《论国民政府抗战时期的金融体制》,《抗日战争研究》1997 年第 4 期;刘慧宇:《中国近代中央银行体制演变刍议》,《民国档案》1997 年第 1 期;李桂花:《论近代中国中央银行的形成时间、制度类型和功能演进》,《中国经济史研究》2001 年第 2 期。

③ 朱荫贵:《1927 年～1937 年的中国钱庄业》,《中国经济史研究》2002 年第 3 期。

④ 朱荫贵:《两次世界大战间的中国银行业》,《中国社会科学》2002 年第 6 期。

⑤ 杜恂诚:《北洋政府时期华资银行业内部关系三个层面的考察》,《上海经济研究》1999 年第 5 期。

本成为完全意义上的央行①。姚会元、易棉阳对 1900 年至 1949 年中国政府金融监管制度的演进与特点进行了讨论,认为金融监管体制经历了"单一监管—双头监管—单一监管"的变迁过程,其变迁方式表现为以强制性变迁为主、诱致性变迁为辅,且两者之间为一种逆向交替方式②。但该文总体而言比较简略,主要限于对法规文本的归纳与梳理,对问题银行及市场退出以及监管对象在不同时期的应对等内容较少涉及。此外,云南大学简传红的硕士论文《近代中国银行业监管制度研究》(2003 年)也对晚清政府、北洋政府和国民政府时期的银行业监管作了初步的介绍。

政府监管机构是银行监管的主体,许多论著对银行界与政府之间的关系进行了探讨③。其中,吴景平对 1927 年至 1937 年期间的上海金融业与国民政府关系进行了深入的研究,特别涉及了国民政府对中国银行和交通银行的改组,以及对钱业的救济和控制等,并从金融法规层面探讨了两者关系的另一面④。此外,还有一些论文也对此有所涉及⑤。如邓先宏详细考察了 1916~1921 年中国银行与北洋政府之间展开的三次斗争,揭示了该行在早期发展阶段与政府的复杂关系,认为控制与反控制是中国银行与政府复杂关系的实质⑥。王正华则指出:蒋介石之所以能够筹足军饷顺利北伐、在与武汉国民政府的对抗中占据优势并最终在南京建立政权,与江浙银行家的支持密不可分⑦。吴景平对上海钱业公会在南京国民政府成立前后就内债问题与政府的交涉进行了论述,表明上海钱业界与政府在一定程度上保持着良性互动关系⑧。

---

① 杜恂诚:《中国近代两种金融制度的比较》,《中国社会科学》2000 年第 2 期。

② 姚会元、易棉阳:《中国政府金融监管制度的演进与特点(1900~1949)》,《广东金融学院学报》2007 年第 9 期。如果讨论金融监管,除银行业以外,似还应包括证券业和保险业等领域;此外,该文将 1927 年设立的"金融监理局"误作"金融监管局"。

③ 代表性著作有:[美]小科布尔著,杨希孟译:《上海资本家与国民政府(1927~1937)》,中国社会科学出版社 1988 年版;黄逸峰等:《旧中国民族资产阶级》,江苏古籍出版社 1990 年版;徐鼎新、钱小明:《上海总商会史(1902~1929)》,上海社会科学院出版社 1991 年版;朱英:《转型时期的社会与国家——以近代中国商会为主体的历史透视》,华中师范大学出版社 1997 年版;姚会元:《江浙金融财团研究》,中国财政经济出版社 1998 年版。

④ 吴景平:《上海金融业与国民政府关系研究(1927~1937)》,上海财经大学出版社 2002 年版。

⑤ 代表性论文包括:杨培新:《中国金融资产阶级的封建性》,《近代史研究》1985 年第 2 期;黄立人:《四联总处的产生、发展与衰亡》,《中国经济史研究》1991 年第 2 期;吴景平:《江苏兼上海财政委员会述论》,《近代史研究》2000 年第 1 期。

⑥ 邓先宏:《试论中国银行与北洋政府的矛盾》,《历史研究》1986 年第 2 期。

⑦ 王正华:《1927 年蒋介石与上海金融界的关系》,《近代史研究》2002 年第 5 期。

⑧ 吴景平:《上海钱业公会与南京国民政府成立前后的若干内债——对已刊未刊档案史料的比照阅读》,《近代史研究》2004 年第 1 期。

对银行监管法规依据进行研究的成果相对较少。杜恂诚认为,在近代中国的社会历史条件下,特别是晚清和北洋政府时期,政府干预经济的能力相当弱,而当时的市场信用之所以得以树立,是与行业协会的作用密不可分的;近代上海的钱业习惯法实际已经成为行业信用的制度保障①。吴景平从银行立法的角度对 20 世纪 30 年代银行界与国民政府的关系作了考察,他认为,30 年代国民政府颁布了《银行法》等一系列法规,企图通过这些法规来约束银行界实现金融统制之目的,银行界从自身利益出发,与国民政府展开了斗争,但这些法规在客观上有利于规范金融市场的运作和银行业务的开展,这同样是银行界梦寐以求的,这就决定了银行界与国民政府的斗争是有理、有利、有节的②。中国政法大学马志刚的未刊博士论文《中国近代银行业监理法律问题研究》则从银行立法的角度,对清政府、北洋政府和南京国民政府时期的银行法规进行了梳理和初步的研究。

　　而就银行监管的客体构成,即银行监管的主要对象而言,对各种银行机构的研究成果相对较多③。刘慧宇认为,在中央银行的三大职能中,金融监管职能是其中最重要的一方面,到抗战时期,国民政府的中央银行已经具备了一定的监管

① 杜恂诚:《近代中国钱业习惯法——以上海钱业为视角》,上海财经大学出版社 2006 年 12 月版。
② 吴景平:《从银行立法看 30 年代国民政府与沪银行业的关系》,《史学月刊》2001 年第 2 期。
③ 代表性著作包括:中国人民银行上海市分行金融研究室编:《中国第一家银行》,中国社会科学出版社 1982 年版;《聚兴诚银行》,西南师范大学出版社 1991 年版;孔祥贤:《大清银行行史》,南京大学出版社 1991 年版;卜明主编:《中国银行行史(1912~1949)》,中国金融出版社 1995 年版;寿充一等编:《外商银行在中国》,中国文史出版社 1996 年版。代表性论文包括:张秀莉、张帆:《中国银行与南京国民政府的早期关系》,《史学月刊》2001 年第 3 期;姜虹:《1935 年南京国民政府改组中国银行原因探析》,《安徽史学》2002 年第 3 期;洪葭管:《上海中国银行反对停兑事件试析》,《档案与历史》1985 年第 1 期;刘冰:《旧中国中央银行的兴衰》,《民国档案》1990 年第 4 期;刘慧宇:《论国民政府中央银行的组建及其历史定位》,《民国档案》1999 年第 3 期;刘慧宇:《论抗战时期中央银行的职能建设》,《中国社会经济史研究》1999 年第 2 期;刘慧宇:《国民政府中央银行宏观调控论》,《江西社会科学》2002 年第 3 期;刘慧宇:《中央银行与国民政府货币现代化改革》,《民国档案》2002 年第 2 期;刘慧宇:《宋子文与中央银行的筹设》,《党史研究与教学》1999 年第 4 期;刘慧宇:《孔祥熙与中央银行的发展》,《党史研究与教学》2000 年第 5 期;孙修福:《蒋介石与中国农民银行》,《民国档案》1996 年第 1 期;魏宏云:《重视抗战时期金融史的研究——读〈四联总处史料〉》,《抗日战争研究》1991 年第 4 期;黄立人:《四联总处的产生、发展与衰亡》,《中国经济史研究》1991 年第 2 期;黄立人:《蒋介石与四联总处》,《民国档案》2001 年第 4 期;汪敬虞:《近代中国金融活动中的中外合办银行》,《历史研究》1998 年第 1 期;汪敬虞:《略论中国通商银行成立的历史条件和特征》,《汪敬虞集》,中国社会科学出版社 2001 年版;谢俊美:《外资银行夹击下的中国通商银行》,《历史教学问题》2002 年第 6 期;戴建兵:《中国通商银行的创办及第一起假钞案》,《江苏历史档案》1997 年第 1 期;姚会元:《“江浙金融财团”形成的标志及其经济、社会基础》,《中国经济史研究》1997 年第 3 期;潘连贵:《北四行和南三行》,《中国金融半月刊》2003 年第 1 期。

能力,但监管能力并不充分①。杨箐探讨了四联总处在抗战时期特定历史环境下所开展的活动,阐述了四联总处对战时金融的重大影响并分析了其主客观原因②。姜宏业在考察四联总处贴放业务、发行业务、汇兑业务的基础上,指出四联总处在宏观金融管理中既发挥了积极作用也具有某些消极作用③。史继刚分析了抗战时期国民政府在大后方大力推广县市地方银行的原因,认为一方面是为了复兴农村经济、增强经济实力以适应抗战的需要;另一方面是为了配合所谓的新县制建设,进一步强化中央对地方的控制力度④。

银行同业组织在银行监管中有着不可替代的作用。这方面的论文近年来有所增加⑤。王晶介绍了1927～1937年间上海银行公会的发展沿革,并对它与南京国民政府、钱业公会和各地银行公会的关系,以及建立上海银钱业联合准备委员会、票据交换所等重要事件及其社会效应进行了评述⑥。吴景平对上海银行公会1931年的改组事件进行了讨论,认为此次改组风波从本质上讲是南京国民党政权对工商界实施控制与工商界反控制的体现,上海银行公会最终未能抵御强大的政治性压力而被迫妥协,但却采取了遵行法规组织同业公会与改组公会为学会两者并行不悖的策略⑦。吴景平、王晶还对"九·一八"事变至"一·二八"事变期间上海银行公会的活动进行了考察,揭示了上海银行公会与国民政府之间的微妙关系,并指出,在支持淞沪会战、维持上海金融市场乃至国内金融业的稳定上,上海银行公会起了不可替代的作用⑧。郑成林的《从双边桥梁到多边网络——上海银行公会与银行业(1918～1936)》(华中师范大学博士学位论文),较为系统地研究了上海银行公会在1918年至1936年期间所发挥的重要作用。

银行监管的目标、内容以及执行方式都与货币政策的实施有着紧密的关系,

---

① 刘慧宇:《论抗战时期国民政府中央银行金融监管职能》,《南开经济研究》2001年第3期。

② 杨箐:《四联总处与战时金融》,《浙江大学学报》2000年第3期。

③ 姜宏业:《四联总处与金融管理》,《近代史研究》1989年第2期。

④ 史继刚:《论抗战时期国民党大力推广县市银行的原因》,《江西财经大学学报》2003年第3期。

⑤ 代表性论文包括:金承郁:《北京政府时期的上海银行公会》、林美莉:《抗战时期上海银行公会的活动》,均载吴景平、马长林主编:《上海金融的现代化与国际化》,上海古籍出版社2003年版;张天政:《"八·一三"时期的上海银行公会》,《抗日战争研究》2004年第2期;何品:《上海中外银钱业联合会筹建论(1921～1929)》,《史学月刊》2004年第6期;张徐乐:《上海银行公会结束始末述论》,《中国经济史研究》2003年第3期。

⑥ 王晶:《1927～1937年上海银行公会述略》,吴景平、马长林主编:《上海金融的现代化与国际化》,上海古籍出版社2003年版。

⑦ 吴景平:《上海银行公会改组风波(1929～1931年)》,《历史研究》2003年第2期。

⑧ 吴景平、王晶:《"九·一八"事变至"一·二八"事变期间的上海银行公会》,《近代史研究》2002年第3期。

但研究涉及货币政策的论文还很少①。金融市场特别是外汇市场,是银行监管的重要内容;而对金融风潮的处置,在一定程度上集中体现了监管的水平和效果,这方面的探讨是有益的②。

综合分析以上与本课题相关的研究成果,可以说,它们从不同侧面和不同角度为本课题的进一步研究打下了非常好的基础。同时,也为本课题的研究提供了不少可以进一步研究和挖掘的空间:

一是虽然在金融制度和银行制度研究中或多或少涉及了银行监管制度的一些内容,但是还没有把银行监管制度作为整体研究对象,从一个比较长的时间段来进行连续性、比较性的研究,因而银行监管制度的研究总体上显得比较零散,系统性不够。

二是银行监管制度包括监管相关法规、监管机构、监管对象、监管内容、监管的方式与手段、监管效果评估等诸多要素及其相互关系等,迄今为止的研究已经涉及其中的某些要素,如银行监管机构和监管对象等,但较少从银行监管的角度进行研究;对于银行监管法规、银行监管的目标、内容和方式等要素的研究,特别是银行监管制度诸要素的合成研究还相当薄弱,有的还属空白。

三是银行监管制度在金融政策的制订发布和银行机构的贯彻执行之间起着中介作用。因此,一方面必须研究银行监管制度与金融政策特别是货币政策等的关联情况;另一方面还必须研究银行机构在不同阶段和不同地域,究竟是如何因应监管方面的各项政策和规定的,特别是一些典型银行在特定时期的典型反应,应该作为个案加以研究;监管的有效性究竟如何,也应该作出回答。

四是研究的思路有待于进一步拓展,研究的方法有待于进一步创新。由于银行监管制度是一个比较特殊的研究对象,涉及公共管理学、法学、经济金融学和历史学等诸多学科,应当而且必须充分借鉴相关学科的理论和方法,以进一步提高研究的水平。

---

① 邱松庆:《略论南京国民政府的法币政策》,《中国社会经济史研究》1997 年第 4 期;冯宪龙:《抗战时期国民政府通货膨胀政策评析》,《社会科学辑刊》1997 年第 3 期;李金铮:《旧中国通货膨胀的恶例——金圆券发行内幕初探》,《中国社会经济史研究》1999 年第 1 期;吴景平:《金圆券政策再研究——以登记移存外汇资产和收兑金银外币为中心的考察》,《民国档案》2004 年第 1 期。

② 顾关林:《抗战前期的上海汇市》,《档案与史学》2003 年第 5 期;宋佩玉:《近代上海外汇市场发展述略(1843～1937)》,《安徽史学》2005 年第 3 期;吴景平:《上海金融业与太平洋战争爆发前的外汇市场》,《史学月刊》2003 年第 1 期;朱荫贵:《近代上海证券市场上股票买卖的三次高潮》,《中国经济史研究》1998 年第 3 期;龚关:《20 世纪初天津的金融风潮及其应对机制》,《史学月刊》2005 年第 2 期;宋美云:《近代商会化解金融风潮之探析——以天津为中心的考察》,《历史教学》2005 年第 3 期。

二、研究对象与基本框架

本书以近代中国的银行监管制度为研究对象,试图在现代化和国际化的背景下,以银行监管制度的变迁为主要线索,将银行监管制度作为一个完整体系,把银行监管的主体、客体、依据、内容、方法与手段等纳入其中,进行较长时间段的考察,并对近代中国的整个银行监管制度作出总体的评估。时间断限定为1897～1949年。1897年是中国第一家商业银行——中国通商银行正式建立的时间,也是本书研究的起点;而1949年则是中华民国和中华人民共和国交替的年份,同时也是两种性质差异非常明显的金融体制包括银行监管体制交替的年份。选择这样一个时间段将有利于对近代中国的银行监管制度变迁进行相对比较完整的考察和分析。准确地说,银行监管包括政府层面的监管、银行业同业组织的监管,以及银行业各机构自身内部的管理等三个方面,由于篇幅等原因,本书主要集中讨论政府层面的监管;此外,对中共根据地政权以及伪满洲国、汪伪政权等的银行监管问题,本书亦不作重点讨论。

本书除引言和结语外,共分为九章,其基本框架如下:

引言主要阐述了本书的研究意义、研究现状、研究对象与基本框架、研究方法与资料来源、主要创新和局限等。

第一章"银行监管的法规依据:构成及沿革"将银行监管的法规依据分为三个部分,即银行监管一般法、储蓄银行法以及非常时期行政性规定,并分别进行了详细讨论。

第二章"银行监管的主体特征:以政府机构为中心"重点讨论了银行监管的主体特征及其演变,以中央政府监管机构及其派出机构作为重点,同时对中央银行、四联总处、地方政府等在银行监管中的作用作了具体分析。

第三章"银行监管的客体构成:分类及演变"对银行监管的对象重新进行了分类,并分别对国家银行、地方银行、私营商业银行、专业银行以及外商银行等的监管特征进行了讨论。其中,鉴于外商银行的特殊性,对其监管的有关内容也集中在本章进行讨论。

第四章"银行的市场准入监管:基本要素及变迁"简要回顾了银行市场准入从特许制到核准制的演变过程;并从银行注册审批、分支行设立监管、资本金监管、业务范围监管、所有权结构、银行高级管理人员准入等多个方面,对银行市场准入的相关内容进行了归纳和讨论。

第五章"银行业务的持续监管:以抗战时期为中心"以抗战时期为讨论重

点,主要从银行资金的来源、银行资金的运用以及汇兑等银行业务活动的主要方面,对涉及的相应监管内容进行了梳理,其中包括利率管理、节约储蓄运动、信用及抵押贷款、银行投资及银行汇兑业务监管等内容。

第六章"问题银行及银行市场退出的监管:银行、同业与政府的选择"主要从银行自身的法定存款准备金、银行业的同业救助、银行业危机与政府处置、银行业的停业清理以及债权人权益保护等方面,分别讨论了对问题银行及银行市场退出的相关监管问题,以及银行、同业组织与政府在其中的不同角色定位。

第七章"银行发行监管:以纸币发行权监管为中心"主要以发行权为中心,分别讨论了晚清政府时期、北京政府时期以及国民政府时期对发行的监管。与现代银行监管不同的是,发行监管实际成为近代中国银行监管的重要内容。

第八章"银行监管的方式:基本模式及演进"分别对银行的非现场监管、现场检查、商业银行信息披露以及银行监理官制度等进行了较为详细的讨论。

第九章"新中国成立之初人民政府对银行业的监管:以上海为例",对解放初期新金融体系的构建与金融的稳定、《华东区私营银钱业管理暂行办法》的颁行以及整肃金融市场与引导资金投向生产领域等问题进行了探讨。

结语部分对近代中国银行监管制度进行了总体考察,其中涉及了银行监管制度的阶段性、国际化、本土化、制约性以及有效性等问题。

三、研究方法与资料来源

1. 研究方法

本书以历史学的研究方法为主,在研究过程中,着重从三个方面着力:一是从新的视角,认真回读和解构、整合以往研究中所采用的史料以及所得出的研究结论;二是力图通过对已刊未刊档案史料和旧报刊资料等进行新的挖掘和整理,尽可能使相关问题的研究具有更为扎实的资料依据;三是为了避免制度研究过程中就文本论文本的弊端,将选取若干典型案例作出相应的实证分析。

此外,本书还借鉴了相关学科的理论和方法:一是行政管理学。银行监管实际上是政府公共管理的一个重要组成部分,现代行政管理学为本研究提供了可供参考的研究框架和视角。二是法学。相关法律、法规是不同时期银行监管的重要依据,应当而且完全可以从法学角度总结出一些有价值的内容。三是经济学、金融学。特别是现代金融监管的理论和实践,为本书的研究提供了重要的理论基础和分析思路。

2. 资料来源

本书以已刊、未刊档案和旧报刊资料为主,同时参考时人的有关著述、回忆录、日记、年谱等,在写作过程中,首先充分利用已经整理出版的银行史资料;同时,注意对相关档案资料的挖掘和运用。考虑到本书研究对象涉及面较广,研究过程中尽可能选取部分有代表性的地区包括中国第二历史档案馆、上海市档案馆、重庆市档案馆、四川省档案馆、福建省档案馆等馆藏的有关资料作为补充。

四、本书的主要创新和局限

本书试图在以下方面有所创新:(1)既从纵向关注银行监管制度较长时间段的连续性研究,更从横向关注构成银行监管制度各构成要素的完整性研究;(2)既关注银行监管制度构成诸要素的个别研究,更关注这些构成要素相互关系的合成研究;(3)既以历史学的方法为主,同时又借鉴和运用行政管理学、法学、经济金融学的视角与方法。

本书的主要局限有以下两点:(1)运用资料还不够全面,特别是借鉴运用海外资料和研究成果还很不够;(2)对与银行监管制度密切相关的一些重要因素如外汇、黄金市场等的关联研究还不够。

第一章　银行监管的法规依据：
构成及沿革

金融监管必须依法进行，金融监管机关的设立、监管职权的取得和行使都依赖于金融法律。离开了金融法律，不仅各种金融机构的行为失去了规范、约束、指引和保障，而且金融监管机关也失去了监管的标准、权威、手段和基本前提[①]。银行监管法主要调整的是一国银行监管机关对金融机构及其业务的监管过程中形成的管理关系。从严格意义上讲，近代中国并没有出现过以"银行监管"冠名的法规，其要求主要体现在银行一般法和专门法以及大量的行政性规定之中。根据近代中国银行监管制度的实际情况，本章主要讨论银行监管的通行法规，并对较有普遍意义的储蓄银行法和非常时期一般性行政性规定作了一定的阐述，其余大量的专门性法令和行政性规定，则在相关章节中分别予以讨论。

第一节　银行监管通行法

一、晚清时期：《银行通行则例》

1908 年 3 月 2 日（光绪三十四年正月三十日），度支部尚书载泽上折"改户部银行为大清银行并厘定各银行则例"，提出："中国现当整饬财政之时，凡划一国币，办理公帑洋款，银行尤关紧要。若无管理之规条，恐各项银行，必致自为风气，则财政仍无整齐之日。"[②]这份奏折在清末银行监管制度建设中的重大意义，

[①] 张忠军：《金融监管法论——以银行法为中心》，法律出版社 1998 年 7 月版，第 5 页。
[②] 中国人民银行总行参事室编：《中国近代货币史资料》第一辑，中华书局 1964 年版，第 1044 页。

主要体现在它对事关整个银行制度包括银行监管制度在内的若干重要事项作了虽然是初步的但同时又是明确的界定。一是明确了银行管理必须依法办理,以"与各国成法相符"。针对当时各种银行日益增多的情况,强调要使"营业者有所遵循"和"管理亦有所据依","藉收划一整齐之效";并且提出了银行管理法规的制订,一方面要参考"各国通商章程",另一方面要充分汲取"中国商务之风俗习惯"。二是明确了管理各种银行的法律依据。奏折所附的《大清银行则例》、《银行通行则例》、《殖业银行则例》和《储蓄银行则例》,初步构成了一个相对比较完整的监管法规体系。三是明确了银行的主管机构。户部对各种银行"皆有统辖查考之权,且各设专例以监督之"。而且这种管理属于"专责",具有垄断地位。四是明确了银行组织体系的基本架构。整个体系包括了以大清银行为中央银行,以支持农工和实业进步为主的殖业银行,以从事储蓄业务为主的储蓄银行,以及经营一般存放款业务的普通银行等四个大类。

《银行通行则例》(以下简称《则例》)共计 16 条,从其具体内容看,在多个方面作了比较明确的规定,但有些方面显得还不够成熟。有关具体内容在以后各章节将有较为详细的讨论,此处仅就若干重要问题略作阐述。

第一,关于立法原则,《则例》有了较大的突破。当时,世界各国立法均采特许主义与准则主义。所谓特许主义,即国家对于兴办新事业之自然人或法人制定一种专用法规,如《大清银行则例》、《殖业银行则例》等,就是本着特许主义制定的法规;所谓准则主义,即国家对于兴办一般同类事业之自然人或法人,制定一种通用法规,使一般人均得以此为依据之准则。《则例》就是依据准则主义制定的法规[1]。

第二,关于银行的定义及其范围。《则例》规定,"凡开设店铺经营左列之事业,无论用何店名品牌,总称之为银行,皆有遵守本则例之义务"[2],并具体列举了包括各种期票、汇票的贴现,短期拆息,经理存款,放出款项,买卖生金生银,兑换银钱,代为收取公司银行商家所发票据,发行各期票汇票,发行各种市面通用银钱票等共 9 种具体事业。但这一规定也有含混之处,是否这 9 种事业同时经营才能称为银行,还是只要经营其中之一即可?如果经营其中之一即可称为银行,那么当时典当铺的营业均包括放出款项并买卖生金银;就经理存款及兑换银钱这两项而言,当时一般大小商店也多有此业务,是否能称之为银行呢?此

---

① 沧水:《银行通行则例释义(一)》,《银行周报》4 卷 26 号,1920 年 7 月 20 日,第 29—30 页。

② 清度支部银行通行则例(1908 年),中国第二历史档案馆等编:《中华民国金融法规档案资料选编》(上),档案出版社 1989 年版,第 145—148 页。以下关于《则例》的引文,如无特别注明,均引自此处。

外，因发行银钱票事实上已成为当时银钱行号的重要事业，但同时清政府又有整理币制和统一纸币的设想，因此《则例》规定，"纸币法律未经颁布以前，官设商立各行号均得暂时发行市面通用银钱票"，但此项条文一旦载入《则例》，并列入银行经营的事业，则一般人自然会认为发行纸币是银行的当然业务。

第三，关于银行的市场准入。《则例》规定，"凡欲创立银行者，或独据资本，或按照公司办法合资集股，均须预定资本总额，取具殷实商号保结，呈由地方官查验转报度支部核准注册，方可开办"；同时对应行呈报的事项、注册时间、分支行设立、组织变更等作了具体规定。《则例》还规定，对于核准注册的银行，如有危险情形，政府将通过由大清银行商借款项等途径特别加以保护。这表明清政府对于银行事业采取了事前监督主义，并以核准注册为主要的管理办法。按照清政府颁布的《商人条例》，一般商人应向该主管官厅呈报注册，但商人的呈报注册并非属于强制。但《则例》对此作了强制规定，即非经核准注册不得开办，显然比《商人通例》要求更为严格。

第四，关于对银行监督检查的制度。除了由银行每半年提出财产目录与出入对照表，呈送度支部查核外，如有特别事故，应由度支部派员前往检查各项簿册、凭单、现款以及经营生意之实在情形。同时，《则例》对于银行的营业时间、停业、歇业、处罚措施等事项作了具体规定。值得注意的是，《则例》对监管官员的行为也作了相应的限制，官员不得干预正常经营，"如官有藉端需索等情，准该行呈禀度支部查明，从严参办"。

"吾国银行制度，自法规上以为观察，则完全仿效日本；试从金融史上以探本穷源，则间接模仿英德法。"《则例》第一条所列的银行经营范围，将"各种期票汇票之贴现"排在首位，实际上当时该项业务在中国尚处于萌芽状态，知道"贴现"意义的人很少。而当时英国的银行，则以贴现作为主要业务之一。可见，《则例》"实际系模仿英国法也"[1]。以今天的眼光和角度看，《则例》确实显得有些单薄，很多地方尚不够完善，包括没有对银行的组织形式和最低资本额作出明确的规定，没有规定对外国银行的注册核准和相应的检查等，但是，我们不能不看到，《则例》作为中国第一部银行通行法规，事实上代表了当时银行监管立法的最高水平，这项法规一直沿用至北洋政府时期和南京国民政府初期，并且对于以后历届政府的银行立法也产生了相当大的影响。对于《则例》在近代中国银行制度建设中的里程碑式的意义，我们是无法否认的。

---

[1] 沧水：《从法规上以观吾国之银行制度》，《银行周报》4 卷 26 号，1920 年 7 月 20 日。

二、南京临时政府时期:《商业银行则例》

南京临时政府虽然存续时间不长,但在银行通行法规的制订上,同样作出了积极贡献。1912 年 3 月 11 日,南京临时政府财政部长陈锦涛向参议院提出,"民国成立以来,各处呈请设立银行者,日必数起",他建议财政部应当"参照各国银行之法规,斟酌我国商业之现状",颁行新的则例,"俾企业者有所遵循,而监督者有所依据","于取缔营业之中,仍寓保护商业之意"①。

临时政府财政部提出的《商业银行暂行则例》共 14 条,虽然没有正式施行,但与晚清政府的《银行通行则例》相比,已有不少改进。如不再将发行市面通用银钱票作为银行的业务范围;并规定了银行资本的最低限额,"凡银行资本有限组织者,至少须在十万圆之上。无限责任者,不得少于五万圆。须于银行招牌揭以有限、无限字样。但因人口之多寡,商务之盛衰,呈部核准,得以增减";同时,还从防范风险的角度规定,"凡无限责任之银行资本主,只准设立分行,不得更为其他无限责任银行之资本主"②。

三、北京政府时期:《银行通行法》

北京政府初期,主要还是沿用晚清政府颁布的各项法规。1912 年 9 月 18 日,财政部发布命令:"现在市面日渐恢复,设立银行号者络绎不绝,殊堪欣喜。惟前清银行各种则例及注册章程一时尚未能修改完竣,故一切呈报无所根据,往复批商手续又繁,如无一定之办理,则有碍企业之进行。兹暂定在则例未修正以前,仍暂照前清度支部奏定各种银行则例及注册章程办理。"③

1920 年 3 月,财政部、币制局会同设立银行法规修订会,以财政部次长、币制局副总裁为会长,会员由部局委任或聘任,掌修改编订银行法规事宜④。对于银行法规修订会的设立,时人寄予了一定的希望,并提出了一些建议:在充足银

---

① 财政部拟订商业银行则例请咨交参议院议决呈稿(1912 年 3 月 11 日),中国第二历史档案馆编:《中华民国史档案资料汇编》第二辑,江苏古籍出版社 1991 年版,第 416 页。

② 同上书,第 416—418 页。

③ 财政部关于设立银行号暂照前清度支部各种银行则例及注册章程办理令稿(1912 年 9 月 18 日),中国第二历史档案馆编:《中华民国史档案资料汇编》第三辑"金融"(一),江苏古籍出版社 1991 年版,第 19 页。

④ 谢振民:《中华民国立法史》下册,中国政法大学出版社 2000 年 1 月版,第 852 页。

行资本方面，"需从银行政策上加以研究以为立法之基础，而对于小银行之设立，殊有限制之必要"；在加强银行信息披露方面，"银行之营业报告书及贷借对照表、财产目录、损益计算书等，其关系均极重大，国家绝不可采取放任主义，听其自然"，其格式及会计科目名词应由国家作统一规定，"俾各银行均以此为准据，庶几不致过于简单，殆无报告之足言也"。同时还建议，立法者中应当容许"有利害关系者参与意见"，银行法规修订会的会员"当网罗京沪各地之银行业者及研究银行之专门学者，以为政策上、事实上、理论上三方面有系统、有计划、有办法之研究"①。

　　银行法规修订会成立后，由财政部泉币司起草，先后拟具了《修正银行法》、《银行法施行细则》及《储蓄银行法》等各草案。其中，《修正银行法草案》共计22条，《银行法施行细则草案》共计14条。这两个草案在以往的研究中较少为学界所注意。与《银行通行则例》相比，《修正银行法草案》在有些地方作了改进，如规定了银行资本最低额度，"凡经营银行业务者，无论为独资或公司组织，其资本总额至少须达二十万元；但商业简单之地方，得呈由地方长官转请财政部核减其资本总额"；在银行设立的审批程序上，必须按照规定先拟订详细章程报经财政部核准，之后还须备具相关文件呈由地方长官转请财政部验资注册后方能开业；同时，还在多处突出了地方政府在银行监管中的作用，如"未经交足之股款应于收齐时呈由地方长官转请财政部查验备案"，"银行必须每半年结帐一次，应造具营业报告书及财产目录、资产负债表、损益表呈由财政部查核"，"财政部不论何时，得派员或委托地方官检查银行营业情形及财产状况"等②。就《银行法施行细则草案》而言，还特别对外商银行及中外合资银行的监管作了规定，外商银行如"欲在银行通行法施行地设立分行或代理店经营银行业务者，应于呈请时记载分行或代理店所在地，并应由分行代表人或代理店主署名"，备具相关文件送财政部查核；中外合资创办之银行，如在银行通行法施行地内设立总行时，"应全照中华民国法令办理"；并特别强调，"依银行通行法及本细则之规定，应呈送财政部之书类，均须呈由地方长官核转之"③。令人遗憾的是，耗费了不少人力和财力所拟定的《修正银行法》和《银行法施行细则》，最终并没有提交国会议决公布④。

　　1921年7月4日，全国银行公会第二次联合会议主席卞寿孙向财政部提

① 徐沧水：《对于银行法规修订会先进一言》，《银行周报》4卷31号，1920年8月24日。

② "修正银行法草案"，《银行周报》5卷29号，1921年8月2日。

③ "银行法施行细则草案"，《银行周报》5卷29号，1921年8月2日。

④ 《中华民国立法史》下册，第852页。

出:《银行通行则例》系自前清光绪三十四年奏定,当时银行业的建设尚在萌芽时期,"其条文非沿袭外国之规章,即囿于国内之旧习,银号钱庄兼收并蓄,甚至以兑换银钱、发行期票列为主业,银钱票可以随地发行,卒至倒闭相承,贻累市面,则此种条文之不善为之厉阶,实亦无可讳言",因此,"在政府既不获尽稽考维护之责,在人民亦苦无遵守依据之资。现在银行业已趋于发展时期,前项则例既不适用,则修订之举自不容缓"①。

1924 年,财政部又起草《银行通行法》共 25 条以及《银行通行法施行细则》共 19 条,其内容已渐臻完备。从《银行通行法》和《银行通行法施行细则》的具体内容看,它吸收了南京临时政府时期的《商业银行暂行则例》以及 1921 年拟定的《修正银行法草案》的一些内容,相对于晚清政府时期的《银行通行则例》而言,更是有了比较大的改进。其主要内容包括以下几个方面。

第一,对银行的定义和经营范围重新进行了界定。《银行通行法》规定,"凡开设店铺,经营存款放款汇兑贴现等业务者,无论用何名称,均认为银行"。《银行通行法施行细则》则补充了《银行通行法》所认定的银行定义及范围,银行还可经营买卖生金银及有价证券、代募公债及公司债、保管贵重物品及代理收付款项等附属业务。发行市面通用银钱票已不复列入银行经营业务项内。

第二,对银行设立的要求更为严格。凡创设银行应先拟具章程,呈由地方长官转请财政部核准立案;非经核准立案不得创办或招募资本;不仅如此,凡经财政部核准立案之银行,应俟资本总额全数认足,并收足总额二分之一以上时,备具相关文件呈由地方长官验资具证,转请财政部核准注册,发给营业执照后方得开始营业。

第三,规定了外国银行及中外合资银行核准注册的要求。外国银行呈请在中华民国境内设立分行或代理店,除法令或条约另有规定外,应遵守《银行通行法》办理;《银行通行法施行细则》则进一步规定,外国银行呈请设立分行或代理店,应遵照规定备具相应文件,呈请该国驻京公使证明,转送外交部咨行财政部核办。中外合资银行的设立,"除法令或条约别有规定外,均应遵守《银行通行法》及本细则之规定"。

第四,确定了设立银行的最低资本限额。"凡经营银行业务者,无论公司或其他组织,其资本总额须达五十万元。但商业简单地方,得呈由地方长官转请财政部核减其资本总额。"

---

① 卞寿孙呈请财政部修订银行通行则例(1921 年 7 月 4 日),《中华民国史档案资料汇编》第三辑,第 223 页。

第五，强化了对银行的监督。一是规定造具营业报告书、资产负债表及损益表，于每营业年度总结算后1个月内，由银行呈报地方长官转送财政部查核；二是规定银行将资产负债表及损益表登载于总分行所在地报纸，或以其他方法公告之，俾众周知；三是规定财政部认为必要时，得派员或委托地方官检查银行营业情形及财政状况。

此外，《银行通行法》和《银行通行法施行细则》对银行的开业、营业时间及例假日、结账日期及结账公告、存立年限及存立有效时期、合并及组织变更、停业及解散以及罚则等都作出了比较明确的规定①。

《银行通行法》以及《银行通行法施行细则》曾交由第五届银行公会联席会议加以研究，并加注意见，但最终仍然无甚结果②。《银行通行法》虽然未经正式公布实施，但这部法律在近代中国银行法律体系建设中仍然具有不可抹杀的作用和影响。

四、南京国民政府时期：1931 年《银行法》和 1947 年《银行法》

1. 1931 年制订的《银行法》

1930 年 4 月，立法院以普通银行法亟待制定，特交商法起草委员会起草。该会委员马寅初"衡量本国商情，参酌他邦成例，详密研究，历时数月"，拟具《银行法草案》，并附具说明书，提经全体起草委员迭次开会讨论，逐条审查通过。这部《银行法草案》共计 59 条。1931 年 2 月 28 日，立法院召开第 133 次会议讨论《银行法草案》，讨论结果，标题及第 1 条至第 12 条均照原案通过；原第 13 条、第 30 条至第 32 条、第 45 条、第 54 条、第 57 条、第 58 条，均删去；其余各条除略有文字上之修正并次序逐一递改外，大致均无异议通过。全案付表决后经大多数委员赞成通过。国民政府于 1931 年 3 月 28 日正式公布了《银行法》，共计 51 条，但未规定正式施行的时间③。

马寅初就《普通银行法草案》作具体说明时指出，"近数年来银行设立增多，倘无适当之法规以为准则，在国家既无以监督或取缔，而银行业者亦苦无依据之资也"。他认为，"我国之普通银行历来发生事变之主要原因"，不外以下诸方面：（一）规模狭小、资力薄弱的小银行及银号、钱庄为数太多，"致业务上不当之竞争

---

① "签注意见中之银行通行法及施行细则"，《银行周报》8 卷 16 号，1924 年 4 月 29 日。
② 《中华民国立法史》下册，第 852 页。
③ 《中华民国立法史》下册，第 852 页。

激烈";(二)银行经营者对于存款银行支付存款的责任不甚注意;(三)出于多种原因,"将银行之存款固定于一方面,或为不动产之抵押贷款",或者"兼营与银行业务无统属关系之附属业务",还有"出资入股于他公司",资金流动性和安全性都存在较大问题;(四)银行的内外检查制度均不完备等。为彻底改善普通银行制度,马寅初提出在制定新《银行法》时,必须依据下列七大方针:(1)营业范围之确定;(2)图银行资本的充实;(3)助长稳健之经营;(4)保护存户之利益;(5)冀监督之周到;(6)防遏不当之竞争;(7)谋银行改善之进步①。

从《银行法》的全部内容看,显然吸收了之前的《银行通行法》等的优点,与《银行通行则例》比较,在诸多方面有了相当大的改进,更为全面,也更为严谨。其要点如下。

第一,关于银行定义及其营业范围的规定。凡收受存款及放款、票据贴现、汇兑或押汇之一者,均为银行,虽不称银行,也视为银行,均有遵守本法的义务。依此解释,则凡只兑换银钱,无银行性质者,只作为银钱兑换所,免其依该法注册。不经营银行业务的公司,不得使用表明其为银行之文字。特种银行除法律别有规定外,均按本法办理。银行得兼营买卖生金银及有价证券、代募公债及公司债、仓库业、保管贵重物品、代理收付款项等业务;在此范围以外均不许兼营,其已兼业者,于本法施行后3年后即应停止。银行不得为商店或他银行、他公司股东,其已出资入股者,应于本法施行3年内退出。银行不得收买本银行股票,并以本银行股票作为借款抵押品;除营业上必需外不得买入或承受不动产;因清偿债务受领的本行股票和不动产,应分别于4个月和1年内处分。

第二,关于经营银行主体和资本总额、保证金、法定公积金、放款总额等的限制。银行应为公司组织,非经财政部核准不得设立,其具体形式可分为股份有限公司、两合公司、股份两合公司和无限公司四种;并限合伙组织的银行于该法施行后3年内变更为公司组织。其中,股份有限公司、两合公司、股份两合公司组织的银行,其资本总额至少须达50万元;无限公司组织的银行,至少须达20万元。商业不发达地方,得呈请财政部核减。银行资本不得以金钱以外的财产抵充。同时规定股份有限公司的股东以及两合公司、股份两合公司的有限责任股东,应负所认股额加倍的责任。无限责任组织的银行,应于其出资总额外照实收资本缴纳20%现金为保证金,存储中央银行。有限责任组织的银行,于分配盈余时,应先提出1/10为公积金,其数额达到资本总额1倍为止。银行对于任何

---

① 马寅初:《普通银行法草案具体说明》,《马寅初全集》第五卷,浙江人民出版社1999年9月版,第312—314页。

个人或法人团体、非法人团体的放款总额，除超过部分有各种实业上的稳当票据或确实且易于处分之担保品外，不得超过其实收资本及公债金的10%。

第三，关于银行开业的监管。规定凡创办银行，应先订立章程，载明必要事项，呈报财政部核准；如系招股设立的银行，并须订立招股章程，呈经财政部核准后，方得招募资本；经财政部核准登记的银行，应俟资本总额认足，并收足总额1/2时，分别备具要件，呈请财政部派员或委托地方官署验资具证，经认为确实，发给银行营业证书后，方得开始营业。银行经财政部核准登记后，必须于6个月内开始营业，否则财政部得通知实业部撤销其登记；但有正当事由，自可呈请准予延展。违者处以5 000元以下1 000元以上罚金。此外，对分支行开业也作了具体规定。

第四，关于银行的检查与报告。财政部于必要情形得派员或委托所在地主管官署检查银行之营业情形及财产状况，检查员应于检查终了15日内，将检查情形呈报或转报财政部查核。银行每营业年度终，应造具营业报告书，呈报财政部查核，并造具资产负债表、损益计算书公告之，如系有限责任组织之银行，应添具公积金及股息、红利分派之议案等表册公告之。财政部并得随时命令银行报告营业情形及提出文书账簿。财政部查核结果，如认为银行难于继续经营时，即可为相当之处置。

此外，《银行法》对营业时间及休息日、营业年度、经营信托业务、银行债务清偿、停业及解散、银行公会、处罚等，也作了具体规定。值得注意的是，《银行法》对存款准备及外国银行的管理未专门规定。

《银行法》公布后，在银行界引起了较大反响和争议。《银行周报》等报刊先后发表了多篇文章，对《银行法》进行了较为集中的讨论。从肯定方面看，有业内人士认为，此次制定的《银行法》之所以"完全为取缔性质之法律"，并且"采取营业自由限制主义"，是由于国家立法主要目的在于社会全体的利益，"与其顾全银行之利益。毋宁调和社会之利益也"；"全文所采外国法律之处，尚能取精用宏，不失为一种较进步之法规"[1]。还有人将《银行法》有利于银行发展之处概括为"确定银行范围以正名"，"充实银行之资本以免危险"，"助长银行经营稳健之事业"，"保护存款人之利益以助长金融业之发达"等几个方面[2]。

对《银行法》的争论，则主要集中在以下几个方面：一是银行组织方面。按照《银行法》的规定，银行应一律为公司组织。这项规定在钱庄业受到了强烈反

---

① 蔼庐：《银行法之订定》，《银行周报》15卷8号，1931年3月10日。

② 朱鼎：《普通银行法解析》，《银行周报》15卷13号，1931年4月14日。

对,钱业要求另行制定《钱庄法》①。二是银行资本方面。《银行法》限定最低限额及收齐资本的期限。有人认为与当时中国国情不符;也有人认为,这一规定可以限制银行的滥设,并使既有银行充实其资本②。同时,由于当时全国范围内银钱业达不到资本最低限度者不在少数,"为奖掖创设银行起见",有人建议,对于商业比较不发达的地方,银行资本额应"酌量减低",并改为由财政部"随时核定"③。三是股东负有加倍责任的规定。有人认为在原理上与《公司法》有所抵触等④。四是银行业务范围方面。有人指出,由于中国缺乏真正意义上的专业银行,对商业银行限制过多恐不利于金融业发展。五是检查及处罚方面。时人认为,"与其专假官吏之手,不若由公共团体(指银钱业公会、商会等团体)会同办理"等⑤。

作为银行业同业组织的银行公会,在这一过程中发挥了相当大的影响。上海银行公会认为,立法院新订立的《银行法》"关系银行业本身甚巨,不得不慎重研究",要求各会员银行"用书面提出意见",以便"汇集银行公会转呈中央"⑥。上海银行公会还与汉口、北平等地银行公会,在综合银行业各方讨论的基础上,联名公开发表了对于《银行法》的"意见书",共计提出了 20 点修改意见,涉及银行定义及营业范围、银行最低资本限额、验资注册、公积金、保证金、营业年度、财政部检查、债务清偿次序、处罚等多个方面⑦。天津银行公会也提出了具体的修改意见,并特别提出应对外国在华银行加强监管⑧。

针对各方意见,主持《银行法》起草的马寅初专门作了一些解释,他认为,我国银行资本较薄弱,因此有银行不得为商店及公司之股东的规定;规定银行股东加倍责任、提高银行公积金以及为何暂时不规定存款准备金比例,均是综合考虑了甘末尔的建议,并兼顾中国国情采取的措施;储蓄银行方面将另定专法;加强银行检查是为了"防免一切弊端"等⑨。

概括地说,1931 年制定的《银行法》,总体来说在许多方面取得了不小的进步,银行界也基本给予了肯定,但由于中国银行业发展历史并不长,与当时世界

---

① 关于这方面的争论,在本书第三章关于私营银钱业部分将有较详细的讨论,此处不再赘言。

② 蔼庐:《银行之组织与资本》,《银行周报》15 卷 13 号,1931 年 4 月 14 日。

③ 潘恒勤:《银行法管见》,《银行周报》15 卷 12 号,1931 年 4 月 7 日。

④ 前溪:《新银行法之研究》,《银行周报》15 卷 12 号,1931 年 4 月 14 日。

⑤ 诸青来:《银行法评议》,《银行周报》15 卷 30 号,1931 年 8 月 11 日。

⑥ "银行公会讨论银行法",《银行周报》15 卷 11 号,1931 年 3 月 31 日。

⑦ "上海汉口北平银行公会对于银行法意见书",《银行周报》15 卷 16 号,1931 年 5 月 5 日。

⑧ "天津银行公会对于银行法意见",《银行周报》15 卷 16 号,1931 年 5 月 5 日。

⑨ "马寅初氏对于银行法之解释",《银行周报》15 卷 9 号,1931 年 3 月 17 日。

先进国家相比，近代中国的金融业还存在相当距离，特别是在内地各处，"大抵旧式金融机构，规模狭小，墨守旧例，欲以严格绳缚，似属窒碍难行"①，因此，在动产、不动产银行等各种特种银行尚未创始之际，对普通商业银行在资本定额方面不能务求其高，业务范围不能务求其专，否则，其实际执行力势必大打折扣。

2. 1947 年制订的《银行法》

自国民政府于 1931 年 3 月 28 日公布《银行法》后，一直未正式施行。抗战期间，"社会经济，变化万端，政府对于银行之管制，不得不随时发布命令或订立办法，于是政府有顾此失彼之虑，银行有无所适从之苦"②。

抗战结束后不久，国民政府财政部于 1946 年曾计划修订《银行法》，并公布了《修正银行法草案》共计 45 条以及《银行法施行法草案》14 条③。与 1931 年的《银行法》相比，"其条文中有未变更者，有原则未更而仅于文字上加以修正者，有于业务上之限制予以放松或加严者，另有应现实之情形而加以增订者"④。此次《修正银行法草案》修改要点包括以下几个方面：(1)资本最低额的提高。股份有限公司、两合公司、股份两合公司组织的银行，其资本从至少 50 万元增加为至少 200 万元；无限公司组织的银行，其资本从至少 20 万元增加为至少 50 万元；在商业不发达地方得酌予核减。(2)增设银行的限制。对于增设银行或分支机构，规定得由财政部视各地银行分布情形，于必要时指定地区限制之。(3)存款准备金的缴存。银行经收普通存款，规定以现金缴存准备金于中央银行，并将缴存率定为活期存款 10％至 20％，定期存款 7％至 15％，并由中央银行就金融市场情形，商承财政部核定。(4)提存公积金的提高。股份有限公司组织的银行分派盈余时从原先规定的应先提取 10％为公积金，改为先提 20％为公积金。(5)关于银行资金运用的规定。规定银行对于工矿事业的放款及承受政府核准发行的实业债券，其总额不得少于存款总额的 20％；并规定银行得投资于生产事业为其有限责任股东，但仍限制其投资总额不得超过实收资本及公积金总数的 1/2，以保持其流动性。同时对于银行承做以不动产为抵押的放款，并限制其不得超过银行实收资本及公积金的 10％。(6)增加了关于外国银行部分。与此前修正的《公司法》相配套，对于外国银行的设立及经营业务范围增加了专条。外国银行得本互惠原则，依照规定呈经财政部核准，在中国设立分支行。其设立

① 诸青来：《银行法评议》，《银行周报》15 卷 30 号，1931 年 8 月 11 日。
② 张肇元：《新银行法之特征及其要义》，《银行周报》31 卷 19、20 号合刊。
③ "修正银行法草案"、"银行法施行法草案"，《银行周报》30 卷 21、22 号合刊，1946 年 6 月 1 日。
④ 朱斯煌：《关于修正银行法草案之意见》，《银行周报》39 卷 26 号，1946 年 7 月 8 日。

地点,以财政部指定者为限。其经营范围包括国际汇兑、国际押汇、商业往来存款、放款及贴现以及买卖有价证券等。此外,增订的《银行法施行法草案》,"将本法应加补充或说明各点,及原注册章程所规定施行一并列入,以待简化法规之原则"①。

《银行法草案》及《银行法施行法草案》公布后,重庆市银行公会等,大陆银行、国华银行、四明银行、江海银行、茂华银行、大亚银行、中国信托公司等银行,以及有关人士先后提出了不少修改建议。如:活期、定期存款准备金规定过高,"殊有碍银行资金之周转";银行投资于工矿事业及政府发行之事业债券,数额之规定,"非特银行资金易陷于呆滞,结果所蒙损失亦必甚巨";银行对于信用放款,为自身利害所系,未有不注意借款人之信用,限制过严,"无俾商业之活动";对外国银行的一般业务,"似应定有限制,异其待遇,免其竞争,藉以保护我国之经济与金融事业"等。其他建议还涉及银行的定义及业务范围、银行的资本额、开设分支行的限制、银行有限责任股东负双倍责任等②。尤其是对立法中心思想提出了质疑,该草案系由战前公布而未施行之银行法及由战争时期中所颁布之管理银行暂行办法"蝉蜕而成","两者皆不合时宜"③;"平时立法与战时管制之法令不同,不可专取消极之限制与管理,而应以积极之奖导为方针"④。《修正银行法草案》以及《银行法施行法草案》最终未经立法院通过。

几乎在财政部计划修订《银行法》的同时,根据立法院孙科院长指令,立法院财政和经济两个委员会开始整理《银行法》,会推张肇元、马寅初、楼桐荪、陈长蘅、戴修骏、卫挺生等十六位委员初步审查,并由张肇元为召集人,着手起草,其中研讨多次,七易其稿。这次修正《银行法》主要出于三个方面的考虑:一是1931年3月28日公布的《银行法》一直未正式施行,从战时转入平时后,"不能不有法律明文规定,为政府与人民互相遵循之准绳",而"与其修正旧《银行法》,不如订立新《银行法》,方为正确";二是"旧《银行法》既未施行,《储蓄银行法》亦不合时宜,此外信托公司为银行之一种,钱庄为银行初创以前已有数百年历史之地方金融机构,外国银行于不平等条约撤销后,其法律与地位与前不同,均有明定于一法之必要";三是银行为百业枢纽,"欲求百业之进步,必先有稳妥健全循

---

① "银行法修改要点",《银行周报》30卷21、22号合刊,1946年6月1日。
② 可参见朱斯煌:《关于修改银行法草案之意见》,《银行周报》30卷26号,1946年7月8日;"重庆市银行公会对修正银行法草案之意见",《银行周报》30卷27号,1946年7月15日;"各银行对于修正银行法草案之意见",《银行周报》30卷28号,1946年7月22日;"杭州市银行商业同业公会对修正银行法草案之意见",《银行周报》30卷29号,1946年7月27日。
③ 项洁之:《修正银行法草案建议》,《银行周报》30卷39号,1946年10月7日。
④ 朱斯煌:《关于修改银行法草案之意见》,《银行周报》30卷26号,1946年7月8日。

规蹈矩之金融机构，如此则《银行法》之速定，实为必要"。1947 年 4 月 12 日，经立法院财政、经济两委员会联席会议决定，将新《银行法》草案提交立法院大会详细讨论。同年 4 月 17 日，立法院第 322 次会议通过一读，保留二读，并向社会各界公开征求意见①。

新《银行法》（第一次草案）共分为定义、通则、管制、商业银行、实业银行、储蓄银行、信托公司、钱庄、典押当、外国银行、银行钱庄典押当及外国银行之注册、附则等共 12 章，共计 210 条②。该草案曾于 1947 年 3 月征询银、钱、信托业及银行学会意见，并邀推代表列席立法院审查会议，经四组织各推代表参加，并具书面意见③。有关专业团体分别从各自角度向立法院提出了不少修改意见。如上海银行学会提出，此次立法"应以倡导性之条文为纲领，不宜多作繁细之限制"；"国家银行固应求其专业化，而商业银行各种分类之界限不必太明"；外国银行经营业务，如接受存款、经营汇兑及设立分行等，"均似需稍加限制"；钱庄和典押当不必另立专章等④；上海钱业公会认为，"钱庄与银行之区别，在精神不在形式"，因此，不能以规模大小来作为钱庄与银行的区别，钱庄在增设分支行处方面应与银行同样对待，钱业公会在职权方面应参照银行公会，对钱庄的信用放款不能限制过严等⑤。上海信托公会则提出，信托与银行两种业务关系密切，不可分离，"尤以我国之情形，更非兼营不可"；信托金或信托存款不能缴存准备金；应放宽信托公司业务经营限制等⑥。

1947 年 4 月，立法院将该项草案进行修订，另成草案，即新《银行法》（第二次草案），再次征询银、钱、信托业意见。第二次草案与第一次草案相比，大不相同，"其改进之处，不胜枚举"⑦。该草案共包括定义、通则、商业银行、实业银行、储蓄银行、信托公司、钱庄、外国银行、银行之登记及特许、附则等共 10 章，共计129 条⑧。

4 月中旬，立法院正拟由例会作最后决定，适值全国银行公会联合会在京召

① 张肇元：《新银行法之特征及其要义》，《银行周报》31 卷 19、20 号合刊，1947 年 5 月 19 日。
② "新银行法第一次草案"，《银行周报》31 卷 19、20 号合刊，1947 年 5 月 19 日。
③ 朱斯煌：《新银行法评议》，《银行周报》31 卷 19、20 号合刊，1947 年 5 月 19 日。
④ "上海银行公会银行学会提供立法院关于银行法第一次草案意见"，《银行周报》31 卷 19、20 号合刊，1947 年 5 月 19 日。
⑤ "上海钱业公会为银行法第一次草案签注意见分呈立法院暨财政部文"，《银行周报》31 卷 19、20 号合刊，1947 年 5 月 19 日。
⑥ "上海信托公会提供立法院关于银行法第一次草案中信托部分之意见"，《银行周报》31 卷 19、20 号合刊，1947 年 5 月 19 日。
⑦ 朱斯煌：《新银行法评议》，《银行周报》31 卷 19、20 号合刊，1947 年 5 月 19 日。
⑧ "银行法第二次草案"，《银行周报》31 卷 19、20 号合刊，1947 年 5 月 19 日。

开成立大会。经由大会推派代表,请求再予提供意见之机会。于是由银联会名义具名呈立法院,申述意见①。全国银行公会联合会认为,第二次草案"仍多硬性限制之条文",如对于银行的分类、投资放款成分上的限制等,"于银行营业仍不免有事实上之困难"②。上海钱业公会提出,"钱庄既为银行之一种,似不宜分轩轾,故予歧视",要求允许钱庄在外埠设立分庄③。上海信托公会希望再允许信托公司得以兼营储蓄业务,免缴信托金或信托存款的保证及付现准备等④。

1947 年 4 月 24 日,立法院正式通过了新《银行法》,包括定义、通则、商业银行、实业银行、储蓄银行、信托公司、钱庄、外国银行、银行之登记及特许、附则等10 章,共计 119 条。9 月 1 日,国民政府明令公布新《银行法》,并将 1931 年 3 月公布的《银行法》以及 1934 年 7 月 4 日公布的《储蓄银行法》废除。按照新《银行法》第 119 条"本法自公布日施行"的规定,1947 年 9 月 1 日起即予施行。

新《银行法》的主要特点可概括为以下几个方面。

第一,包容性较强,并增加了操作上的弹性。从内容看,除国家银行及省县银行另有条例外,凡民营或政府参与合营的银行"统辖于一法中",同时,将《储蓄银行法》《银行注册章程》等方面内容一并纳入,力图"廓清以前所有命令办法","使《银行法》以外,别无曲解或变更《银行法》真意之补充条文";并增加了操作上的弹性,如银行资本因币值不定及各地经济状况不同,不作一律规定,由中央主管官署将全国划分区域分别核定,银行的保证准备金得以公债、库券、公司券等抵充,"俾政府与银行两得其便"。

第二,将银行进行分类管理和指导。该法将银行分为商业银行、实业银行、储蓄银行、信托公司、钱庄等五种,"其已经核准设立经营业务者,或准维现状,或陆续改正,其呈请设立者,必须严格遵守新《银行法》,务期不久之将来,各种银行纳入正轨,不容挂羊头卖狗肉";并分别规定商业银行首重灵活,实业银行贵在稳定,储蓄银行旨在严格保障储户,信托公司必须切实履行信托契约,而钱庄则重其习惯,各种银行均以重信求实为根本原则。如商业银行不强其投资于实业,实业银行非偏重于实业放款不可,专业银行且提高其专业放款至 50% 以上,储蓄

① 朱斯煌:《新银行法评议》,《银行周报》31 卷 19、20 号合刊,1947 年 5 月 19 日。
② "全国银行公会联合会提供立法院关于银行法第二次草案意见书",《银行周报》31 卷 19、20 号合刊,1947 年 5 月 19 日。
③ "上海钱业公会为银行法第二次草案提供意见呈立法院文",《银行周报》31 卷 19、20 号合刊,1947 年 5 月 19 日。
④ "上海信托公会为银行法第二次草案提供意见呈立法院文",《银行周报》31 卷 19、20 号合刊,1947 年 5 月 19 日。

银行及信托公司在一定条件下令其负责人负连带无限责任，而钱庄的信用放款提高至 50% 以下。

第三，注意宽严并重，增强了中央的宏观调控。该法一面"放宽业务上之自由发展"，按其种类分别规定，如放款以存款总额为标准；一面"严厉取缔假帐"。此外，中央主管官署既可将全国划区，分别核定资本，并可订定某区某种银行需资若干，某种银行兼营其他银行业务者需资若干；也可视各地区经济金融情形，禁止增设银行或某种银行。

第四，特别注重了对信托公司、钱庄和外国银行的监管。如对信托公司，为保护信托人利益，规定信托公司执行信托业务涉及法律、会计、人事及其他不属于财物之事项，应委托登记合格执行业务之律师、会计师或委托其他专门技师为之，以免信托公司发生重大过失。对钱庄，准许钱庄的存在及设立，重视其地方习惯，并依其习惯放宽信用放款的限制，除商业银行业务外，得兼营其他银行业务，考虑到各地钱业习惯颇多不同，限制其分设，且于其资本合于银行最低资本额时，应改称为银行。对外国银行，"不采英之宽纵主义，亦不采美之紧缩办法"，就中国自身立场、经济上之需要，以及外国银行在中国境内将近百年的历史，"似不能不借重外国银行，以展拓我对国外贸易，并为我国银行分设国外之先导"，外国银行可申请特许设立，准许外国银行经营商业银行业务，以利我对外贸易及实业银行业务，以助我国内建设，同时又限制其不得兼营储蓄银行或信托公司之业务及限制其所收定期存款运用于中国境内[①]。

对于正式公布施行的新《银行法》，当时理论界和银行界多持肯定态度，如认为从条文精神上看，已减少了战时管制痕迹，从条文技术上看，富于弹性与概括性，"融合各种银行法规及管理条例，规定周详，成为现在一个完善的银行法，在立法上是一大进步"[②]。正如《银行周报》主编朱斯煌所言："是以此次立法，颇得金融界之好评。此后金融事业将有大道可循，诚为中国金融史上足资纪念之一页。"[③]

当然，同时也有人提出一些不同的意见，特别是对新《银行法》在吸收和借鉴当时国外银行法律方面的内容，提出了质疑。如认为此次立法内容受美国银行立法影响颇巨，如第 19 条规定："各种银行资本之最低额，由中央主管官署将全国划分为区域，审核当地人口数量、经济金融实况及已设立各种银行的营业情形，分别呈请行政院核定。"这完全是因袭美国的做法，但美国采用的是地方银行

---

① 张肇元：《新银行法之特征及其要义》，《银行周报》31 卷 19、20 号合刊，1947 年 5 月 19 日。
② 唐云鸿：《读立法院通过之银行法后》，《银行周报》31 卷 19、20 号合刊，1947 年 5 月 19 日。
③ 朱斯煌：《新银行法评议》，《银行周报》31 卷 19、20 号合刊，1947 年 5 月 19 日。

制度,与我国采用分支行制度完全不同;前者可以就当地情形规定其资本额度,而后者实行起来如仅以总行所在地为标准,那分支行又如何处理呢?又如,第40条规定,"银行为保障存款人利益,应联合成立存款保险之组织",也是模仿美国的做法,但中国的银行资力薄弱,"恐不胜负荷保险费用",如仿照美国成例,存款保险公司还有权检查银行账目,则"实有自扰扰人之讥"。再如,将商业银行与实业银行完全划分,则完全是采用欧陆式的银行专业主义,与英美等混合制度不同,然而第50条所规定的商业银行得经营的业务与第59条规定实业银行得经营的业务几乎完全相似,所不同者,一则侧重于普通业务的联络运用,一则侧重于"农工矿"及其他"生产公用或交通事业"业务的联络运用而已,然而这两者又如何能具体划分清楚呢?再有,第90条规定:"信托公司除有契约特定者外,得为信托人投资于任何事业。"此条规定对于信托公司的权力"未免太松"。此外,第48条、第57条及第66条规定的商业银行、实业银行、储蓄银行所应缴纳的保证准备金,系属硬性规定,似应考虑只定最低额,"使中央银行或其他国家银行得斟酌金融市场情形,为控制信用的工具"等[①]。

《银行周报》还专门发表社论,提出若干修改建议,其要点包括:(1)从银行体系而言,放款对象划分为商业银行和实业银行,二者不可兼营,造成各行纷纷改名,"又是一件专务表面的事";(2)对于银行的设立,不论总行或分行,皆取限制制度,不免太少伸缩,"且在偏僻之区,分行的设立应欢迎不暇,何可侈言限制";(3)信托公司兼营银行业务,在我国情形,实有其必要;(4)准备金所定比例过高,又必须以现金缴存,不够灵活;(5)对于业务上的限制,尤其对于放款限制太多,如各项放款均与存款成比例的限制,规定太过硬性。"倘使立法者仍只抱定了严格的消极的管制银行观念,来制定或修改法律,而不从积极辅导着想,终于与事实不会接近,此则须加慎重声明者。"[②]

值得注意的是,就在《银行法》颁布的同时,国民政府于1947年9月1日发布处字第969号训令规定:《银行法》颁布后,关于经济紧急措施方案中《加强金融业务管制办法》第9条的规定,仍继续适用[③]。这一做法显然与《银行法》的颁

---

① 项冲:《论新银行法》,《银行周报》32卷13号,1948年3月29日。

② "吁请修改银行法",《银行周报》32卷29号,1948年7月19日。

③ 四联总处关于银行法颁布后加强金融业务管制办法第九条仍继续适用通函(1947年10月29日),《中华民国金融法规档案资料选编》(上),第760—761页。《加强金融业务管制办法》第9条的内容为:主管金融机关应随时派员分赴各地抽查银钱行庄之帐目,如发现有助长投机、囤积之情事时,得为紧急之措施,勒令停业清理,或将其经理人移送法院惩办。可参见《中华民国金融法规档案资料选编》(上),第735页。

行显得有些不协调，也难怪业内人士评价说："其实《银行法》中之管制，已臻相当严密，紧急措施之效力，应有适当时限。"①

第二节 储蓄银行法

储蓄银行作为银行的一种特殊种类，因与社会一般百姓关涉极大，历来受到特别的关注，并在监管方面订有专门的法规。

1908年（清光绪三十四年），度支部尚书载泽向光绪皇帝提出，"若无管理之条规，恐各项银行，必致自为风气，则财政仍无整齐之日"，同时建议"各项银行之存放款项务取其多而居积之风，萃集锱铢之款者，为储蓄银行"，并订立《储蓄银行则例》，规定今后"无论官立、民立，均应遵照办理"，以便"与各国成法相符"②。当时奏准的《储蓄银行则例》共13条，"大体系自日本明治二十四年最初公布之《储蓄银行条例》转化而成"③。该则例的主要内容为：（1）储蓄银行定义。规定凡代公众存放零星款项为业者，均为储蓄银行。（2）资本最低额度。开设此项银行，须资本5万两以上之各种公司，禀部核准注册后，方准开办。（3）储蓄银行组织与理事人之责任。各种公司禀部核准注册；储蓄银行之理事人，所有行中一切债务，均负无限责任，遇更换时，有经手关系之债务，须两年后方能将一切责任交卸。（4）储蓄存款法定准备及其保障。此项银行，应于每年结帐之时核算存款总额1/4，将现银或国债票、地方公债票及确实可靠之各种公司股票，存于就近大清银行或其他殷实银行，以为付还储蓄存款之担保，并取具存据呈报度支部或该地方官核验。行中存款之人，于上条所载各种票据现款有先得之权，如银行有歇业倒闭之事，应先将上条存案之款，摊还存款之人，不敷时再将行中所存款与其余债主一律摊还。（5）其他银行或商店兼营储蓄业务之限制。其他各种银行，欲兼营此项储蓄事业者，于本则例奏定后亦应一律遵守。各银行、商号未经呈报批准，任意兼营储蓄事业者，酌处以50两至500两之罚款。其营业在本条例奏准施行以前者，须遵守则例注册，逾限半年以外者，处罚同④。总体而言，这部法律比较简略，"盖以当时东方各国储蓄事业方见萌芽，我国固系后起，其所师承之日

① 朱斯煌：《金融业当前难题一斑》，《银行周报》31卷47号，1947年11月24日。
② 度支部奏厘定各银行则例折（光绪三十四年正月十六日），《大清法规大全》（财政部卷九），（台）考正出版社1972年9月版，第2687—2688页。
③ 王志莘：《中国之储蓄银行史》，上海人文印书馆1934年版，第322页。
④ 清度支部储蓄银行则例（1908年），《中华民国金融法规档案资料选编》（上），第148—150页。

本亦方在草创时期,许多重要事实问题犹未发生,或竟在起草者意想之外也"①。

1912 年 3 月,南京临时政府财政部拟订了《贮(储)蓄银行则例》②,在为拟订该则例向大总统的呈文中提出:"人各勉志而营其业,节其用而足其财,斯国亦由富而强,所关甚大。故必有银行,以启其居积之观念,乃能践节俭之实际。衣食足则知荣辱,仓廪实则知礼义,是贮(储)蓄银行为齐家之良法,实治国之要道也。"可见,制订该则例的出发点,除了加强对储蓄银行的管理外,还有提倡节俭的意味③。该《储蓄银行则例》共有 12 条,主要内容包括以下方面:(1)储蓄银行定义。规定以复利方法代公众存放零星款项者为储蓄银行。银行存款分为定期存付及活期存付两种,其定期存款有零存整付、整存零付及整存整付 3 种,均须于营业章程内声明详细办法及生利规则。(2)资本最低额度。除地方团体以慈善公益目的,提倡储蓄,其资本得稍从宽减至 5 万元以上外,其他各种公司非有实收资本 20 万元以上者不得营储蓄银行之业。(3)储蓄银行组织与理事人之责任。储蓄银行之董事在任中对行中所生一切业务负连带无限责任。但其责任至退任后已满 2 年毫无交代未完事件方能交卸。(4)储蓄存款法定准备及其保障。储蓄银行为付还储蓄存款之担保,应按存款总额 3/10,备置附息之国债证券或地方债券,存于就近之中国银行或国家认可之殷实大银行;担保数目在资本半数以上时,得用商业期票及确实可靠之公司债券或股票等。(5)监管方式。储蓄银行欲变更其营业章程,当经地方政厅呈报财政部核准。银行欲营储蓄银行者,当经地方政厅呈报财政部核准。储蓄银行有违背本则例时,其董事处 50 元至 500 元之罚款。(6)其他银行或商店兼营储蓄业务之限制。各银行、商号未经呈报批准,任意兼营储蓄事业者,予以相应处罚④。该条例呈经临时政府咨交参议院核议,但未议决颁行,然而却在南京临时政府短暂的历史篇章上留下了重要的一笔。

1915 年,财政部曾有修改《储蓄银行则例》的设想,并拟订了《储蓄银行法草案》20 条,"嗣以政局迭变,未遑及此,未经审议公布"⑤。该《储蓄银行法草案》主要内容如下:(1)储蓄银行定义。凡以复利方法经营下列各项业务应称为储蓄

① 《中国之储蓄银行史》,第 324 页。
② 原文为《贮蓄银行则例》,此处"贮蓄"与"储蓄"意义相同,为上下文叙述一致起见,在讨论南京临时政府财政部拟订的《贮(储)蓄银行则例》时,"贮蓄"一词统一用"储蓄"代替。
③ 财政部拟订贮蓄银行则例请咨交参议院议决呈稿(1912 年 3 月 21 日),《中华民国史档案资料汇编》第二辑,第 445 页。
④ "贮蓄银行则例"(1912 年 3 月 21 日),《中华民国史档案资料汇编》第二辑,第 445—446 页。
⑤ 《中国之储蓄银行史》,第 322—323 页。

银行，即一次收入 5 元未满之金额为不定期者、零存整付之定期存款、整存零付之定期存款、整存整付之定期存款（第 1 条）。(2)业务范围。储蓄银行得兼营下列业务，即普通定期存款、贵重物品及有价证券之保管、债权之清理委托、经理本行所在地公共团体之金钱出纳事项、经理本行所在地公共团体之往来存款。(3)资金运用范围。储蓄银行除下列方法外，不得运用其资本金，即认购国家债票及其他确实有价证券；国家债票及其他确实有价证券为质之放款，但放款期限不得逾 6 个月；两家以上署名之票据贴现；以各该储户所存金额为限之放款，但须以储户存折为质；存放其他之殷实银行。(4)组织与资本最低额度。凡设立储蓄银行者须有资本 20 万元以上之股份有限公司，前项资本总额非全数认募足额 1/4 以上，呈由地方长官转请财政部核准后，不得开业。(5)理事人责任。储蓄银行之董事对所经手各项债务，应负连带清偿之责；其经理、副经理如系由股东会推选者，亦应与董事共同负责；董事之责任，非退职已满 2 年，不得解除之。(6)分支行代理店设立。储蓄银行不得设立分行，但因营业上之必要，得设置代理店。(7)存款法定准备及其保障。储蓄银行为付还储蓄存款之担保，应按所收各种存款总额 1/3，购置国家公债存于就近之国家银行或其他殷实银行，取具存据呈由地方长官转请财政部查核。该项存款总额以每半年末之日之现存金额定之。(8)其他限制条款。储蓄银行非经财政部特准，不得经营本法所未规定之业务。对于第 1 条所列之存款不得用支票付款。下列事项应呈请地方长官转请财政部核准，即增加资本；变更业务之种类及其方法；代理店之设置或撤销；其他变更章程等事，财政部认为必要时，得将其业务之范围及其方法限制或变更之。此外，储蓄银行之核办或解散，非呈经地方长官转请财政部核准不生效力[1]。

　　其后，"储蓄事业与年俱进，法规需要，日见迫切"，而颁布于晚清的《储蓄银行则例》"既极疏略，复失时效，亟有修正之必要"，1928 年全国经济会议开会期间，时任财政部金融管理局局长的陈行，拟订了《储蓄银行条例草案》提出讨论，内容相对"详备多多"[2]。该草案共计 17 条，其主要内容为：(1)储蓄银行定义。凡以复利之方法经营下列各项之存款业务者，为储蓄银行，即一次收入 10 元未满之金额为不定期存款者、零存整付之定期存款、整存零付之定期存款、整存整付之定期存款。(2)储蓄银行业务范围。包括贵重物品及有价证券之保管、债券之清理委托、经理本行所在地公共团体之金钱出纳事项、经营本行所在地公共团体之往来存款。(3)资金运用范围。包括买卖国民政府公债、库券及其他确实有

---

[1] "储蓄银行法草案"，《银行周报》5 卷 30 号，1921 年 8 月 9 日。
[2] 《中国之储蓄银行史》，第 322—323 页。

价证券;以国民政府公债、库券及其他确实有价证券为担保之放款;殷实商号两户以上署名之票据贴现;以各储户所存金额为限之放款,但须以储户存折为抵押;存于国家银行及其他殷实银行。(4)资本最低额度。凡设立储蓄银行,其资本总额至少须认足 50 万元而又收足 1/4 以上,并经财政部金融监理局核准者,方得开始营业。前项资本最低额限度,得因当时之特殊情形,呈由金融监理局核减之。(5)分行之设立。储蓄银行不得设立分行,但因业务上之必要时,得设置代理店。(6)储蓄存款法定准备及其保障。储蓄银行须按所收各种存款总额 1/3,购买国民政府公债、库券存于国家银行,以为付还储蓄存款之担保,并取具存据呈报财政部金融监理局查核。前项存款总额,以每半年末日之现存金额定之;如就近无国家银行营业机关时,得存于其他之殷实银行;储蓄银行破产时,储户对于前条之公债及其他一切财产有优先权。(7)其他银行或商店兼营储蓄业务之限制。不论任何商号,非经财政部金融监理局核准者,不得经营储蓄银行业务。本条例施行以前,各项商号有经营银行业务者,自本条例公布之日起 3 个月以内,应呈请财政部金融管理局核准备案。(8)其他限制条文。财政部金融管理局认为必要时得限制储蓄银行之业务种类或命令其变更;储蓄银行非经财政部金融管理局核准,不得有下列行为,即增加资本、变更业务之种类及其方法、代理店之设立或撤销、合并或解散①。

总体来看,这部法律草案与1915 年财政部提出的草案比较相似,仅作了一些小调整。如 1915 年草案关于储蓄银行兼营业务范围中,有普通定期存款及债权清理委托两项,此次将前者删去,后者则改为债券的清理委托;关于理事人的责任,《银行通行则例》和1915 年草案均有规定,而此次则未涉及。此外,资本的最低额度由 20 万元改为 50 万元,但因特殊情形,得呈由金融管理局核减。

1930 年 9 月,上海银行公会组织的储蓄银行法研究会拟有《储蓄银行条例草案》20 条,"备政府立法时之采择"②。该方案要点如下:(1)储蓄银行定义。经营下列各项事务者,为储蓄银行,即以复利方法计算利息之存款;随时收付之活期存款,但每户之存款额不得超过若干元以上者;零存整付之定期存款,但每次存款额不得超过若干元以上者;整存零付之定期存款,但每户存款额不得超过若干元以上者;一次存入之定期存款,但不得超过若干元以上者。(2)业务范围。包括保管业务、代收款项、本行所在地公益团体及合作机关之金钱出纳、本行所在地公益团体及合作机关之通知存款。(3)资金运用范围。包括各种有价证券

---

① 静如:《对于储蓄银行法条例草案的意见》,《银行周报》12 卷 39 号,1928 年 10 月 9 日。
②《中国之储蓄银行史》,第 322—323 页。

之购置，其数额至少须占几分之几；以有价证券为抵押之放款；存放殷实同业或钱庄；购置有确实收益之不动产，但不得超过存款总额几分之几；受押本行定期存单及存折。(4)资本最低额度。凡设立储蓄银行，其资本须一次缴足并经财政部核准者，方得开始营业。(5)储蓄银行组织与理事人之责任。储蓄银行之组织，以股份有限公司为限；储蓄银行之财产不足偿付债务时，应由董事负连带责任；前项责任，系对于董事退职以前之债务，退职登记后 2 年间，其责任仍旧存续。(6)存户每户限额。(7)利率规定方法。储蓄银行之定期存款，其最长期限及最高利率，应由当地银行公会斟酌各该地情形议决限制之。(8)监管方式。储蓄银行应将运用储蓄存款之资产，每半年逐项公开报告，并呈报财政部备案，财政部得随时派员检查之。(9)其他银行或商店兼营储蓄业务之限制。他种银行兼营储蓄银行业务者，准用本条例之规定，但其资本资产负债损益均应与各该本行划分。本条例施行以前，他种银行有经营储蓄银行业务者，自本条例公布之日起 3 个月内，呈请财政部核准备案。(10)其他限制条文。储蓄银行不得经营本条例规定以外之业务，有限制地使用支票等[1]。

20 世纪 20 年代末和 30 年代初期，各地储蓄机关盛极一时，除各银行添设储蓄部或专营储蓄之银行外，更有各种储蓄会、银公司等经营储蓄业务，甚至普通公司商店亦仿效之，于是五花八门的储蓄机关所在皆是，如果"国家不加取缔，任其自生自灭，结果使由辛苦换得之储蓄，至将来有发生危险之虞"，于是，社会上有人疾呼："储蓄银行应速定法规。"[2]银行界有关人士认为，"储蓄银行法规较之普通银行法规，其重要性实过之而无不及。因储蓄银行之存户，皆系中产以下之平民，与金融界接触机会不多，不能辨别各储蓄机关之优劣，国家不能不特设法律以保护之"；并建议在制订《储蓄银行法》时，应取缔有奖储蓄，规定储蓄存款的最高利率及储蓄存款运用范围，明确储蓄银行经理及理事应对管理不善负无限责任，商业银行储蓄部的资本金及会计应划分，商店不得兼营储蓄，以及储蓄银行及储蓄部应有公共检查机关等[3]。

1930 年，立法院商法起草委员会拟订银行法时，认为晚近银行多兼营储蓄业务，各国立法对于储蓄银行，多有特别规定，拟于一般银行法外，另订储蓄银行法，俾办理储蓄业务者有所依据[4]。

---

[1] 《储蓄银行条例草案》，《马寅初全集》第 6 卷，第 142—144 页。
[2] 蔼庐：《从银行法规说到储蓄银行法规》，《银行周报》14 卷 16 号，1930 年 5 月 6 日。
[3] 唐寿民：《储蓄银行立法之意见》，《银行周报》16 卷 11 号，1931 年 3 月 31 日。
[4] 《中华民国立法史》下册，第 858 页。

　　1931 年,财政部再次拟订《储蓄银行条例草案》,共计 6 章、26 条,其主要内容如下:(1)储蓄银行定义。凡以复利计算收受公众零星存款经营储蓄业务者,概认为储蓄银行,应依照本条例办理。(2)储蓄银行业务范围。储蓄银行除经营各种储金外,得兼营下列各项业务,即定期存款、经理国债、保管贵重物品及公债票、代收款项、代公共团体经理公款出纳。(3)资金运用之范围。储蓄银行储金之运用,以下列各款为限,即买入政府公债、库券;以政府公债、库券为抵押之放款;以不动产为抵押之放款,但为押品之不动产,应以有永续可靠收益,并经过登录或保险者为限,其放款总额,并不得超过定期储蓄存款总额 1/3;殷实商号两户以上署名之票据贴现,但同一商号之票据贴现总额不得超过各种储蓄存款总额 1/10;以储户之储蓄证为抵押之放款,但其放款金额不得超过该户所存金额;存放中央银行。(4)资本最低额度。储蓄银行之组织为股份有限公司或无限公司,其资本不得少于 20 万元,但财政部得依地方情形酌准减少之。(5)储蓄银行组织与理事人之责任。储蓄银行之组织为股份有限公司或无限公司。储蓄银行之董事、监察人或执行业务之股东,对于各种储蓄存款,应负连带清偿之责。前项规定之责任,非退职满两年,不得解除。(6)分行之设立。储蓄银行非经财政部之核准,不得设立分支行及代理店。(7)存户每户限额。储蓄银行收受之各种储金每户之储金总额,不得超过银币 5 000 元,但教育、慈善、宗教、劳工等公共团体之储金,每一团体之储金总额,得以银币 2 万元为度。(8)储蓄存款法定准备及其保障。储蓄银行须按其所收各种储蓄存款总额 1/3 购买政府公债、库券,存入中央银行或财政部指定之银行,以为付还储蓄存款之担保,取具收据呈送财政部查核。前项储蓄存款总额,按每半年末日之决算总数计算之。储蓄银行破产时,储户对于前条之公债库券及其他一切财产有优先权。(9)监管方式。储蓄银行应于每 3 个月内聘请会计师检查帐目公布一次,但检查时应登报通知当地储户得参加检查。前项检查报告,应登报公布,并呈报财政部。(10)其他银行或商店兼营储蓄业务之限制。业经财政部核准注册之银行,呈经财政部之许可,得兼营储蓄业务。银行得兼营储蓄业务,应设立储蓄专部,划拨资金,另立会计,并先拟具章程呈经财政部核准,方得开办。前项划拨资本,适用本条例有关资本最低额度之规定。核准兼营储蓄业务之银行,其分支店及代理店兼营储蓄业务时,须呈经财政部之核准。普通商店应绝对禁止兼营储蓄业务。本条例施行以前,各普通商店有兼营储蓄业务者,应于本条例公布之日起停止收受储蓄,并于 3 个月内结束全部业务。(11)有奖储蓄会之取缔。有奖储蓄会,除业经旧财政部核准并经补行注册遵照缴纳税款者,暂仍准其办理外,其余一概禁止营业,并绝对不许再有设立。前项有奖储蓄会,其储金状况,每月由财政部派员检查,并严厉监督之。（12）储蓄银行非经财政部核准，不得有下列行为，即变更资本数目、变更业务之种类及其方法、分行或代理店之撤销、合并或解散①。

　　这一方案显然吸收了 1930 年上海银行公会草案的部分内容，如规定银行兼营储蓄业务应设立储蓄专部，划拨资本，另立会计，并先拟具章程，呈财政部核准方得开办。此外，还规定绝对禁止普通商店兼营储蓄业务等。

　　由于储蓄机关数目继续激增，银行界人士强烈呼吁《储蓄银行法》尽快公布施行，"诚为急要之图"；并认为制订《储蓄银行法》"一方须根据学理，一方须参酌实情"，要根据"保障存户本息之安全"、"维护储蓄银行之业务之发展"以及"扩大储蓄存款之经济作用"三项原则，目的在于"提高民众储蓄观念，扶植正当储蓄事业，制裁不良储蓄机关，促进当地社会经济"②。

　　1933 年，立法院商法委员会提出的《储蓄银行法草案》，"更张颇多"。其要点包括：（1）储蓄银行的定义。概念更为宽泛，同时包括了收受存款的种类以及资金运用范围，规定经营零存整付、整存零付、整存整付、整存分期及付息之定期存款，随时收付之活期存款，以公债库券及其他担保确实之有价证券为抵押之放款，以本行定期存单存折为抵押之放款，对于有确实收益之不动产之投资，对于公债库券及其他担保确实之有价证券之投资，存放于他银行及投放于农村合作社等项存放款业务者，为储蓄银行。（2）储蓄银行组织与理事人等之责任。储蓄银行组织以股份有限公司为限，但股东对储户应负缴足所认股份加倍金额之责任；苟遇储蓄银行之财产及股东所缴加倍责任之金额不足偿还债务时，董事监事人及经理应负连带无限责任，必须卸职登记 2 年后始得卸除。（3）资本最低额度。储蓄银行的额定资本不得少于 10 万元，但一次缴足者得以 5 万元为额定资本。而对普通银行兼营储蓄者则限制较严，非收足资金 50 万元者不得兼营，其储蓄部与银行部的资产负债应划分独立，储蓄部的资金不得因银行部的破产而受影响，全体股东、董事、监察人视为储蓄部的股东、董事及监察人；而且银行部对于储蓄部视作他银行储蓄部对于银行部之存款，其数额比例亦有规定。（4）利率规定方法。储蓄银行定期存款的最长期限及最高利率，规定由所在地银行业同业公会或同业斟酌情形，决议限制。（5）储蓄存款法定准备及其保障。凡经营储蓄的银行应将所有当储蓄存款 1/3 的公债库券及其他有价证券，交存中央银行或财政部指定的银行，以为还款的担保。（6）监管方式。结帐规定每 3 个月 1次。财政部对于储蓄银行所有的会计簿册得随时派员查阅；储户遇必要时，亦得

①《储蓄银行条例（草案）》，《马寅初全集》第 6 卷，第 144—147 页。
② 王志莘：《草拟储蓄银行法之研究》，《银行周报》17 卷 43 号，1933 年 11 月 7 日。

呈请财政部派员会同查阅。此外，该项草案仿照 1931 年财政部草案，规定普通商店及私人团体不得收受储蓄存款；"又开我国储蓄银行法规之例，明文规定储蓄银行不得收受有奖储蓄存款"[1]。

1934 年 2 月，财政部将立法院的《储蓄银行法草案》加以修正，其要点为：(1)储蓄银行的定义。立法院草案及上海银行公会的修改意见，均将存款业务并入规定储蓄银行定义的条文中，财政部的修正案则加以分开。财政部对储蓄银行的定义，限于经营以复利方法收受存款者，其所收存款首次存入不满 10 元者及定期存款的零存整付者。但另条规定储蓄银行得兼营随时收付的活期存款、整存整付的定期存款、整存零付或分期付息的定期存款、保管业务、代收款项、公益团体及合作社的款项收付之通知存款。除此之外，非经财政部特准，不得经营有奖储蓄及兼营其他业务。(2)资金运用范围。包括购入政府公债库券及其他担保确实经财政部认可之有价证券，以政府公债库券及其他担保确实经财政部认可之有价证券为抵押之放款，以继续有确实收益之不动产为抵押之放款，以本行定期存单或存折为抵押之放款，购入他银行承受之票据，存放于他银行，对于农村合作社之抵押放款。凡此诸项运用资金之总额各有限制。(3)股东及董事监察人的责任。规定储蓄银行的财产及股东所认股份加倍的金额不足偿还各储户债务时，董事监察人应负连带清偿之责，非卸职登记 2 年后不得卸除。(4)其他银行或商店兼营储蓄业务之限制。规定普通银行兼营储蓄银行业务时，应将储蓄部与银行部的资产负债划分独立。储蓄部的资产不得以银行部的破产而受影响。普通银行兼营储蓄银行业务时，其全体股东、董事、监察人视为储蓄部的股东、董事及监察人。"其他规定亦甚周密，颇能撷取立法院商法委员会原草案之优点，并参酌上海银行业同业公会之意见也。"[2]

1934 年 6 月，商法起草委员马寅初等起草了《储蓄银行法草案》18 条，呈由立法院第三届第 63 次会议提出逐条讨论，除删去原第 17 条外，均大致照原案通过，并由主席咨询省略三读，以全案付表决，众委员均无异议通过[3]。《储蓄银行法》于 1934 年 7 月 4 日由国民政府公布，共有 17 条[4]，其主要内容如下。

储蓄银行的定义：凡以复利方法收受零星存款者，为储蓄银行，其不称储蓄银行者，视同储蓄银行。

---

① 《中国之储蓄银行史》，第 327—328 页。

② 《中国之储蓄银行史》，第 330 页。

③ 《中华民国立法史》下册，第 858 页。

④ 国民政府颁布之储蓄银行法（1934 年 7 月 4 日），《中华民国金融法规档案资料选编》(上)，第 580—584 页。

储蓄银行的业务范围，以下列为限：(1)随时收付之活期存款；(2)整存整付之定期存款；(3)零存整付或整存零付及分期付息之定期存款；(4)保管业务；(5)代收款项及汇兑；(6)代理买卖有价证券；(7)公益团体及合作社之款项收付；(8)公益团体及合作社之通知存款(第4条)。

资金运用范围：(1)购入政府公债库券，及其他担保确实经财政部认可之有价证券；(2)以政府公债库券，及其他担保确实经财政部认可之有价证券为质之放款；(3)以继续有确实收益之不动产抵押之放款；(4)以他银行定期存单或存折为质之放款；(5)购入他银行承兑之票据；(6)存放于他银行；(7)对于农村合作社之质押放款；(8)以农产物为质之放款。

资本最低额度：储蓄银行之资本总额至少须达国币50万元，在商业不发达的地方，得呈请财政部核减，但不得减至10万元以下。

储蓄银行组织与理事人之责任：储蓄银行应为股份有限公司，非经财政部核准不得设立。储蓄银行之资产，不足偿还各储户债务时，董事、监察人应负连带无限责任；此项职责，非卸职登记2年后，不得解除。

存户每户限额：第4条第1款之存款数额每户不得超过国币5000元；各户合计不得超过第4条各款存款总额4/10，并不得使用支票。第4条第2款或第3款之存款数额每户不得超过国币2万元。

利率规定方法：定期存款，其最长期限及最高利率，应由所在地银行业同业公会或同业斟酌情形决议限制，呈请财政部核准备案；其无银行同业公会或同业时，应呈由所在地主管官署，转请财政部核准备案。

存款法定准备及其保障：至少应有储蓄存款总额1/4相当之政府公债库券及其他担保确实之资产，交存中央银行特设之保管库，为偿还储蓄存款之担保。前项规定之存款总额，以每半年末日之结存总额为准。

监管方式：储蓄银行之借贷对照表及其财产目录，至少须于每3个月公告一次，并呈报财政部或呈由所在地主管官署转呈财政部备案；公开方法应于储蓄银行章程内订定之。财政部对于储蓄银行，得随时派员或委托所在地主管官署，检查其业务内容及其全部财产之实况。有存款1/20以上之储户，对于前条公告及其业务有疑义时，得联名呈请财政部或所在地主管官署，会同储户所举代表检查之。

其他银行或商店兼营储蓄业务之限制：普通银行兼营储蓄银行业务时，其全体股东、董事、监察人，视为储蓄部之股东、董事及监察人；并应将储蓄部与银行部之资产负债划分独立，储蓄部之资产，不得因银行部之破产而受影响。

此外，关于有奖储蓄会，明确规定应予禁止，该法施行前已办的有奖储蓄，应即停收储蓄存款,其结束办法由财政部拟呈行政院核定。

　　需要指出的是,对于外商银行经营储蓄业务的问题,自《储蓄银行则例》开始,至以后历次草案,包括1934年公布的《储蓄银行法》,均无相关规定,表面看,"似系遗漏也"[1],实际上则反映了中国当时的国家地位和实力难以对其实施有效监管的事实。

　　1947年6月,财政部提出《修订储蓄银行法草案》,共计19条,总条数比1934年增加2条。此次修改对储蓄银行和普通银行兼营储蓄银行业务的资本额度作了调整及新的规定,强调了中央银行的管理作用;对业务范围和资金运用范围,也相应作了一些局部的调整,如不再特别强调对公益团体及合作社的款项收付,以及对于农村合作社的质押放款、以农产物为质的放款等[2]。但该办法未及正式施行。

　　1947年9月1日,国民政府在颁布《银行法》的同时,废止了1934年颁行的《储蓄银行法》。

第三节　非常时期行政性规定[3]

　　行政性规定本来是作为法令法规的细化或补充存在的,但在抗日战争爆发后,以及战后的一段时间内,国民政府制定的一些行政性规定,实际上替代了银行监管的有关法令和法规而发生作用。在本书各章中,对有关业务监管的具体内容将分别讨论,此处主要列举一些从抗战爆发至战后颁布的综合性行政规定。

一、《非常时期安定金融办法》

　　抗战爆发后,为应付局面、安定市面,财政部于1937年8月15日公布《非常时期安定金融办法》,并自翌日起实行。其主要内容包括:(1)自8月16日起,银行、钱庄各种活期存款,如须向原存银行、钱庄支取,每户只能照其存款余额,每星期提取5%,但每存户每星期至多以提取法币150元为限;(2)自8月16日

---

①《中国之储蓄银行史》,第333页。

② 修正储蓄银行法草案(1947年6月),《中华民国金融法规档案资料选编》(上),第813—816页。

③ 所谓非常时期是一个相对概念,马寅初先生认为,"非常时期亦即所谓紧急时期,第一为准备时期,第二为战争时期,第三为整理时期,非常时期包括此三个时期,总称之为非常时期"。参见:《马寅初全集》第9卷,第219页。

起，凡以法币支付银行、钱庄续存或开立新户者，得随时照数支取法币，不加限制；(3)定期存款未到期不得通融提取，到期后如不欲转定期者，须转作活期存款，但以原银行、钱庄为限，并照本办法第 1 条规定为限；(4)定期存款未到期前，如存户商经银行、钱庄同意承作抵押者，每存户至多以法币 1 000 元为限，其在 2 000 元以内之存款，得以对折作押，但以 1 次为限；(5)工厂、公司、商店及机关之存款，如发付工资或与军事有关须用法币者，得另行商办；(6)同业或客户汇款，一律以法币收付之；(7)本办法于军事结束时废止[①]。

各地根据《非常时期安定金融办法》制定了一些补充办法。1937 年 8 月 16日，经财政部批准，上海市发布《非常时期安定金融办法补充办法四项》，其内容为：(1)银钱同业所出本票，一律加盖同业汇划戳记。此项原据只准在上海同业汇划，不付法币及转购外汇；(2)存户所开银钱同业本年 8 月 12 日以前所出本票与支票，亦视为同业汇划票据；(3)银行钱庄各种活期存款，除遵照部定办法支付法币外，其在商业部往来，因商业上之需要，所有余额得以同业汇划付给之；(4)凡有续存或新开户者，银行钱庄应注明法币汇划，取时仍分别以法币或汇划支付之[②]。9 月 1 日，汉口市规定《非常时期安定金融补充办法》四项：(1)个人存款一律照部定办法办理；(2)工厂、公司、商店及机关，8 月 16 日以前之活期存款，除遵照部定办法支付法币外，其余额得开横线支票支取之；(3)横线支票只能入账，不付法币，并不得转购外汇；(4)银行、钱庄对于 8 月 16 日以后之新开存户或储户，续存应注明法币或横线，支取时亦分别以法币或横线支票支付之[③]。

各地原则上虽照上海市的做法执行，但实际仍各取所需，各行其是，有许多银行并未认真执行。"实施上项办法时，最大的缺点是，对于各行的业务在战前没有加以监察，办法颁布后又没有严格的检查制度，以致很多的银行在战事刚爆发的一天，预料到限制提存的可能性，没有将当天的日记帐和库存轧好，于是银行里的巨头们，及与巨头有交情的存户，他们尽管可以无限制提存，而把这些帐都记在限制提存办法公布的前一天，估计这笔数目是非常惊人的。"[④]金城银行郑州分行向上海总处报告，其所属各活存户，"如平汉、陇海两路局、襄八盐号、中

---

① 财政部公布之非常时期安定金融办法(1937 年 8 月 15 日)，《中华民国金融法规档案资料选编》(上)，第 627 页。

② 上海市规定非常时期安定金融办法补充办法四项(1937 年 8 月 16 日)，《中华民国金融法规档案资料选编》(上)，第 627—628 页。

③ 汉口市规定非常时期安定金融补充办法四项(1937 年 9 月 1 日)，《中华民国金融法规档案资料选编》(上)，第 628 页。

④ 寒芷：《战后的上海金融》，香港金融出版社 1941 年 4 月版，第 31 页。

《战时健全中央金融机构办法纲要》的主要内容为：(1)设立四联总处。中央、中国、交通、中国农民四银行合组联合办事总处，负责办理政府战时金融政策有关各特种业务。财政部授权联合总处理事会主席，在非常时期，对中央、中国、交通、农民四银行各为便宜，并代行其职权。(2)四行业务发展。中、中、交、农四行各依其法或条例所规定之职权及业务，分别发展。中、中、交、农四行总行之未移设于国民政府所在地者，应由联合总处理事会规定日期，在最近期内移设。(3)四联总处与财政部关系。中、中、交、农四行总行及联合总处，应逐日将收支日结表、发行数目、市场利率，并于每月上旬将上月资负实况，报告财政部查核。中、中、交、农四行总行及联合总处对于财政金融重大事项，得随时向财政部密陈意见。但凡经财政部决定施行事项，函令四总行或联合总处办理者，应即依照切实办理，不得违反或迟误，并应指定专员负责督导各分处推行，并制定进行纲要及报告表式，按月将办理成绩报告四总行及联合总处汇总，转报财政部查核。财政部会同联合总处理事会设置视察 10 人或 20 人，轮流分往四行总分支行考察各该行奉行政府政策有无违反或迟误，及其执行一般业务能否适合抗战需要，随时密报财政部查核，分别奖惩[1]。

三、《财政部非常时期管理银行暂行办法》

1940 年 8 月 7 日，财政部公布了《非常时期管理银行暂行办法》10 条，并经行政院 28 日令修正备案。该办法实际可视作一部战时的《银行法》，其要点如下：(1)确定了银行管理的范围。银行除依照现行有关银行法令及原订章程经营业务外，并应遵照本办法办理；凡经营收受存款及放款、票据贴现、汇兑或押款各项业务之一而不称银行者，视同银行。因此，除银行外，凡钱庄、银号、信托公司等也都包括在内。(2)银行存款准备金制度的设立。银行经收存款，除储蓄存款应照储蓄银行法办理外，其普通存款应以所收存款总额 20％为准备金，转存当地中、中、交、农任何一行，并由收存行给以适当存息。此规定目的在于收缩一般银行的信用，并增厚国家银行的资力。(3)限制银行资金的运用。银行运用存款，以投资生产建设事业及联合产销事业为原则。其承做抵押放款，应以各该行业正当商人为限。押款已届期满请求展期者，并应考察其货物性质，如系民生日用必需品，应即限令押款人赎取出售，不得展期，以杜囤积居奇。银行不得直接

---

[1] 国民政府转发巩固金融办法等纲要令(1939 年 9 月 8 日)，《中华民国金融法规档案资料选编》(上)，第 634—635 页。

经营商业或囤积货物,并不得以代理部、贸易部或信托部等名义,自行经营或代客买卖货物。银行承做汇往口岸汇款,应以购买日用必需品及抗战必需物品之款为限。(4)检查银行营业。银行每旬应造具存款、放款、汇款报告表,呈送财政部查核。财政部得随时派员检查银行账册、簿籍、库存状况及其他有关文件。(5)禁止银行从业人员经商。官办或官商合办之银行,其服务人员一律视同公务人员,不得直接经营商业。此外,还规定了具体处罚办法①。

针对这一办法,1940 年 8 月 12 日,重庆《新华日报》发表社论称:"今年元旦,我们看到许多银行的简单业务报告,获利之丰,甚为可惊! 据我们统计,许多银行其所获利益,几乎相当该银行全部资金半数左右,这种高额的利润,是走遍天下各国是所不能看到的。许多人或许要对此表示艳羡,然而我们却感到怅惘!上海一带的银行,过去的飞黄腾达,当然不是靠对生产事业的投资,而是对畸形的业务,外汇标金、公债地产等的经营而获巨利的,今天后方的银行,对这些部门的经营,受事实限制,当然不是最主要的业务,那么它们谋财之道又在哪里? 我们正可以想象得到。然而尽管银行有在孤岛与后方之别,假如经营的业务不正当,则其害国病民是一样的。今天后方物资跳跃式的上涨,人民生计成为极大问题,然而少数人却已经大腹便便了。因此现在财政部颁布条例,管理银行,这不仅事实上有必要,而且在我们看起来,已嫌过于迟缓了。"该社论同时还认为:"管理银行法中,我们认为罚则还太轻,譬如说违反第三条、第四条,这便成为帮助奸商害民,或自为奸商,若查出这种情节,就应将其所营业务金额全部充公,并得依法追课以应得之罪;其次要使银行业务改善,我们认为在许多方面,负有领导责任的国家银行更应慎作表率,为天下倡,这是应该的,而且只有这样才最有效力。"②对《新华日报》的这一社论,有关当局相当重视。四联总处除提交第 42 次理事会报告外,还于 8 月 30 日专门将此文抄印附发各分支处,认为"对于《非常时期管理银行办法》有所列论,颇多中肯,他山之石,可以攻错",并要求"切实注意为要"③。

此项管理办法虽为战时积极管理银行的开端,但各项规定似仍欠周密,更遗憾的是并未彻底执行,例如各银行普通存款准备金,迟至 1941 年 12 月才开始交存四行。同时,一般商业银行的非法活动愈益剧烈,"银行直接间接从事商业之经营,其利润之优厚,据所得税报告,且居各业之冠"④。

---

① 财政部非常时期管理银行暂行办法(1940 年 8 月 7 日),《中华民国金融法规档案资料选编》(上),第641—643 页。

② "评非常时期银行管理",《新华日报》,1940 年 8 月 12 日。

③ 四联总处合字第 962 号函(1940 年 8 月 30 日),渝档:0292—1—142。

④ 寿进文:《战时中国的银行业》,1944 年版,出版社不详,第 87 页。

1941 年 12 月 9 日，国民政府公布了修正后的《非常时期管理银行暂行办法》15 条。与 1940 年 8 月 7 日公布的办法相比，根据形势变化增加了相关内容，主要包括：(1)进一步限制新银行的设立。自本办法施行之日起，新设银行，除县银行及华侨资金内移请设立银行者外，一概不得设立。银行设立分支处，应呈请财政部核准。凡在本办法施行前已开业而尚未呈请注册之银行，应于本办法公布命令到达之日起，1 个月内呈请财政部补行注册。(2)加强了对放款的管理。对于以货物质押的商人，明确规定以加入各该同业公会者为限，并规定放款期限不得超过 3 个月，每户放款总额不得超过该行放款总额 5%；其请求展期者，如为非日用重要物品，以一次为限。(3)具体规定了银行承做口岸汇款的性质。银行承做口岸汇款，以购买供应后方日用重要物品、抗战必需物品、生产建设事业所需之机器、原料及家属赡养费之款项为限。此外，补充规定银行亦不得另设商号自行经营商业；非经财政部特准，不得买卖外汇；银行服务人员利用行款经营商业，以侵占论；同时加重了对银行违反规定的处罚，除罚金外，情节较重者勒令停业，并补充了对累犯处罚的相关规定[①]。

1943 年 1 月 7 日，财政部公布了《修正非常时期管理银行暂行办法》15 条。此次修正，与 1941 年 12 月的版本相比，强调新设银行除县银行外，一概不得设立；原先许可设立的"华侨资金内移请设立银行者"，此次亦不再提及。其余内容基本没有变化[②]。

四、《财政部管理银行办法》

1946 年 4 月 17 日，财政部以渝财叁字第 6214 号令，公布了《财政部管理银行办法》，共计 27 条；同时废止了《非常时期管理银行暂行办法》[③]。这一办法实际是过渡性的综合规定，相对而言，对国家行局较为宽松，而对一般银钱业则较严厉。其要点如下：

确定银行管理的范围。财政部对于银行之管理，除法令另有规定外，依本办法之规定办理。凡经营收受存款及为放款、票据贴现、汇兑或押汇各项者，为银

---

① 国民政府公布之修正非常时期管理银行暂行办法(1941 年 12 月 9 日)，《中华民国金融法规档案资料选编》(上)，第 653—655 页。

② 修正非常时期管理银行暂行办法(1943 年 1 月 7 日)，《中华民国金融法规档案资料选编》(上)，第 671 页。

③ 财政部关于废止非常时期管理银行暂行办法令(1946 年 4 月 17 日)，《中华民国金融法规档案资料选编》(上)，第 700 页。

行;收受存款而不称银行者,视同银行。

限制设立银行。银行除在本办法公布前已经财政部核准领有营业执照者外,一律不得设立。但县银行不在此限。商业银行设立分支行处,应先呈请财政部核准。但经财政部命令,指令限制增设分支行处地方,不得请求增设;商业银行在限制地点以外之分支行处,不得请求迁入限制地点营业。

规定普通存款准备金率。银行经收普通存款,应照下列规定,以现款缴存准备金于中央银行或其指定代理行:(1)活期存款,15%至20%;(2)定期存款,7%至15%。前项准备率,由中央银行就金融市场情形商承财政部核定。

限制资金运用范围、期限。银行非经特准,不得买卖外汇及生金银。商业银行资金运用,应以贷放下列事业为主要对象:(1)农、工、矿生产事业;(2)日用重要物品之运销事业(范围由财政部商同经济部订定之[①]);(3)对外贸易重要产品之运销事业。银行对于这些业务贷款之数额,不得少于贷放总额50%。银行对农工矿商之放款,应以合法经营本业者为限,当地有同业公会组织者,并以加入各该公会者为限;银行承做前项放款,无论以贷放或透支方式办理,均应于事前订立契约。银行对于农工矿生产事业之放款期限,最长不得超过1年;其余放款期限,最长不得超过6个月。展期均以一次为限。银行承做质押放款,其受押之栈单、提单、货品或原料,如主管机关定有管理办法者,应依照各该办法办理。

明确银行不得兼营之业务范围。银行除下列附属业务外,不得兼营他业:(1)买卖有价证券;(2)代募公债或公司债;(3)仓库业;(4)保管贵重物品;(5)代理收付款项。银行不得为商店或他银行、他公司之股东,但经财政部之核准,得投资于生产建设事业。银行不得直接经营工商事业,并不得囤积货物,或设置代理部、贸易部等机构,或以信托部名义代客买卖货物,或为其他投机买卖之行为。银行不得收买本银行股票及承受本银行股票为质押品,除关于营业上所必需之不动产外,不得买入或承受不动产;因清偿债务受领之本银行股票,应于4个月内处分;受领之不动产,应于1年内处分。

规定银行放款抵押限额。银行放款,收受他银行之股票为抵押品时,不得超过该银行股本总额10%;如对该银行另有放款,连同上项受押股票,合计不得超

---

① 根据财政部1946年5月6日财钱庚一字第18288号致中央银行的公函,经财政部商同经济部暂行规定:粮食、棉花、棉纱、棉布、棉织品、皮革、食盐、食糖、食油、纸张、皂碱、火柴、药材等为重要日用品,商业银行贷放日用重要物品运销事业,即以上项各物品为限。见"财部管理银行办法中日用物品范围之规定",《银行周报》30卷23、24号合刊,1946年6月16日。

过本银行实收资本及公积金之 20%。

规定银行检查及相应处理办法。财政部得派员或委托其他机关检查银行之业务情形及资产状况，或派员驻在银行监理其业务。银行业务情形及财产状况经财政部检查认为难以继续营业时，得命令于一定期间内变更执行业务之方法，或改选重要职员，或增资改组，并为保护公众之权利起见，得规定期间令其停止营业，或扣押其财产，及为其他必要处分。银行违反法令或其行为有害公益时，除依法处罚外，并得命令银行撤换其重要职员。情节重大者，并得撤销其营业执照，勒令停业清理。银行于撤销营业执照时解散之。

此外，还规定：银行每一交易发生，应即根据事实，填具传票，记入规定账簿；银行服务人员不得挪用行款，或以贷放方式利用行款，违者以侵占论罪；国家银行之管理，依照各该银行法及条例办理等；并规定了相应罚则[1]。

1947 年 10 月 23 日，财政部发布财钱庚三字第 17515 号训令称：《财政部管理银行办法》，原系《银行法》未施行前之过渡办法；由于国民政府已于 9 月 1 日明令将 1931 年公布的《银行法》废止，并公布了新《银行法》，因此决定将《财政部管理银行办法》予以废止[2]。

五、《加强金融业务管制办法》

《银行法》公布施行后不久，为加强控制信用，安定金融，配合经济政策，行政院于 1947 年 12 月 23 日公布了《加强金融业务管制办法》共 16 条。其要点如下：

关于国家行局库之业务。应依照四联总处之规定，以推行政府政策为主要任务。下列各款尤应切实办理：(1) 各项放款应以协助交通公用事业、重要民生日用必需品生产事业及出口物资之增产、外销为限。(2) 在设有金融管理局地方，国家行局库之各项放款，包括质押放款、透支、贴现、押汇等，应逐笔列表。其汇出汇入款，应按地名列表，报请金融管理局查核。其不合现行法令规定者，金融管理局得依情节轻重，令其作应有之纠正。(3) 各行局库存放同业款项，在设有中央银行地方，应一律存放中央银行。其未设有中央银行地方，得相互存放。但均不得以买汇、贴现或其他任何方式，以资金转放省市银行或商业行庄。

---

① 财政部关于公布管理银行办法令(1946 年 4 月 17 日)，《中华民国金融法规档案资料选编》(上)，第 697—700 页。

② "废止管理银行办法"，《银行周报》31 卷 47 号，1947 年 11 月 24 日。

(4)各行局库应调拨联行间头寸必需汇款时,得先向中央银行商洽办理。如中央银行不克及时办理,得买入汇款,但以异地收支者为限,其期限不得超过 5 日,其付款人并必须为原买汇行之联行。

关于省市银行之业务。应严格遵照《省银行条例》规定,下列各款尤应切实办理:(1)各项放款以协助地方生产、公用、交通等事业之发展为主,除日用重要物品及本省特产之运销业务外,不得对一般商业放款;(2)省市银行存放同业款项,除当地无中央银行者得存放于其他国家行局库外,应一律存放当地中央银行,不得以任何方式以资金存放其他国家行局库,或转放商业行庄;(3)凡已经核准设立之省银行省外办事处,除汇兑外,不得经营其他业务,违者撤销其办事处。

关于银钱行庄的业务。有如下规定:(1)银钱行庄存款放款利率,不得超过中央银行核定牌告日拆;任何银钱行庄对农工矿商之放款,应以合法经营本业者为限。当地有同业公会组织者,并以加入各该公会为限;行庄承做前项放款,无论以贷放或透支方式办理,均应于事前订立契约。(2)任何银钱行庄每一交易发生,应即根据事实填制传票,记入规定账簿;各项放款必须逐笔记载其用途,以备查核。(3)任何银钱行庄对于存放户限用本名开户。其使用支票者,并须查明其确切之住址及身份,详为记载备查,并应取具保证。(4)支票出票人有违反《票据法》第 1、3、6 条规定时,付款行庄应负检举责任。(5)商营行庄在交换所退票金额,占该行庄当日交换总额 5% 以上,连续 3 次经查明显有借辞退票,以图轧平交换差额者,得由当地金融管理机关规定限期饬令调整头寸,并饬当地行庄在限期内停止对该行庄拆放款项。(6)任何银钱行庄非经政府委托,不得经营物品购销业务,或另立字号别作经营。违反者以囤积居奇论罪,并得由财政部吊销其营业执照。(7)银钱行庄不得收受以黄金、外币为借款之抵押品,除顾客租用保管库依照规定备具手续者外,一律不得收受顾客寄存或委托代管黄金、外币。违者一经发觉,作为该行庄自有,应即送交中央银行收兑。其有触犯黄金、外汇买卖处罚条例罪嫌者,并照该条例究办。(8)商营行庄因周转不灵,经中央银行停止票据交换时,应即由财政部勒令停业,吊销其营业执照,限期清理债务,尽先偿付所收之存款。

此外,还规定了相应的处罚措施。国家行局库、省市银行违反本办法规定时,由财政部按情节轻重,令饬各该行局库予以责任人员以申诫、记过、撤职处分,情节重大者,并应移送法院究办;商营行庄违反本办法有关规定时,除法律另有处罚规定者从其规定外,并得勒令撤换负责人或科或并科各该行庄以所营业务金额 50% 以下之罚锾;军政机关公款之存汇,如有违反军政机关公款存汇办法之规定时，金融管理机关应向军政主管机关或各级审计机关切实检举[1]。

　　该办法公布前，刚刚成立了上海、天津、广州和汉口四个金融管理局，业内人士认为，该办法的公布实施，使得"金融管理局之执行，益可确切发挥其效能"。《银行周报》于 1948 年 1 月 5 日发表社论《论加强金融管制办法》，认为此前金融管制工作效果不大，"尤为人所诟病者，则公私金融机构之管制，未能站在同一水准，因此合法之私营金融机构则为政府管制工作所束缚，而对公营金融机构似力有所不逮，致力量弱而漏洞多"；金管局成立后，"即力矫此弊，将一切公私金融机构置于同一检查监督之下，国家行局库以及省市银行，俱受管制办法约束，在整个金融管制工作上，不再留有间隙"[2]。

六、《整理财政及加强管制经济办法》

　　1948 年 8 月 19 日，国民政府公布的《整理财政及加强管制经济办法》共 33条，虽然这一办法并不是一项纯粹的金融方面的规定，但对以后的金融业特别是银行业的管理有着相当大的影响。其中，与银行业监管直接相关的规定共有 8条，其要点如下：(1)经营范围。国家行局库，不得以任何方式作商业性质之放款，对于奉行国策之贷款，并应负考核资金运用及成效之责，由主管机关定妥办法，严格执行；商业银钱行庄，应严格遵守银行法及金融管制法令经营业务，不得以任何方式继续经营物品购销业务，其有此种情形者，由财政部查明，责令限期结束，违者除吊销其营业执照外，并以囤积居奇论罪；信用合作社除收受社员存款并以所收存款及社股贷放于社员外，不得经营银钱业之其他业务，违者除勒令解散外，并依私营银行之规定处罚；除银钱业外，任何公司、商号不得收受存款或放款，违者除勒令停业外，并依私营银行之规定处罚。(2)分支机构。本国银行在海外设有分支机构者，应由财政部考核其业务成绩，凡成绩不良者，限期勒令撤销其海外机构。(3)违规处罚。银钱业有下列情事之一者，应吊销其营业执照或予以停业之处分，即被停止票据交换者、违反经济管制法令者、资力薄弱营业难循正轨发展者。(4)银行增资。财政部应即参照战前银行法规定之银行最低资本额，拟定各区银行、钱庄、信托公司之最低资本额，报经行政院核定后，限于两个月内增达最低资本额；其现金增资部分，不得少于 50%；逾期无力增足者，

---

[1] 财政部转发行政院关于加强金融业务管制办法令(1948 年 1 月 7 日)，《中华民国史档案资料汇编》第五辑第三编"财政经济"(二)，第 30—33 页。

[2] "论加强金融管制办法"，《银行周报》32 卷 1 号，1948 年 1 月 5 日。

一律勒令停业,限期清理。(5)市场利率。市场利率应予抑低,国内汇水并应分区调整,以期活泼金融,维持生产,由财政部、中央银行切实办理①。

　　回顾近代中国银行监管法规体系的建设过程,总体来看,在借鉴国际经验的同时,从无到有,并逐步完善,为监管机构履行职责奠定了重要的基础,提供了必要的依据。但不能否认,法规体系的建设还缺乏严密的计划,尤其是抗战时期,更多的是"补丁"式的行政命令取代了法律规定,但这实际也是一种无奈的选择。更为重要的是法规的执行问题,"法不贵能立,而贵能行;不仅能行,尤贵严明";而这又需要多方面条件的配合,如银行监理人员,"须具备经济与法律智识,以为办事之基本,并应有专门技术与相当之银行经验"②等。毫无疑问,这些是非常必要的,然而又是非常困难的。

---

① 国民政府颁布之整理财政及加强管制经济办法(1948 年 8 月 19 日),《中华民国金融法规档案资料选编》(上),第 785—786 页。

② 邱正爵:《论我国现行银行监理制度》,《财政评论》第 10 卷第 5 期,1943 年 11 月。

第二章 银行监管的主体特征：
以政府机构为中心

在近代中国银行业监管制度的建设中,监管机构作为监管的主体,是其中不可忽略的重要内容。从政府监管的角度而言,近代中国银行监管机构的基本架构,包括中央政府、地方政府两个层面;而中央政府这一层面中,又包括常设(派出)机构、临时性机构和辅助性机构等。

第一节 中央政府常设(派出)监管机构

从晚清政府至南京国民政府时期,中央政府的银行业监管常设机构尽管有过不同的称谓,但实际上一直由中央政府财政主管部门承担其职责。

一、晚清政府时期：户部与度支部

近代中国是先有银行创立,后有银行立法,再其后始有银行监管机构。中国第一家国人自主兴办银行中国通商银行 1897 年成立时,其具体审批机关是清政府的户部,其内部掌管钱币事务的机构为钱法堂①。至 1906 年(光绪三十二年),户部改为度支部,其内部职能部门为通阜(钱币)司②。大清银行、交通银行均是经度支部批准设立的,但当时尚有许多地方的官办银行、官钱局、官银号和商办银行未经审批,票号钱庄擅自设立的就更多,清末银行的开立实际上处于无政府状态。依 1904 年清政府颁布的《公司律》第 13 条规定,"凡现已设立与嗣后

---

① 张德泽：《清代国家机关考略》,学苑出版社 2001 年版,第 49 页。
② 同上书,第 292 页。

设立之公司及局厂行号铺店等,均可向商部注册,以享一体保护之利益"①。若把银行也归入公司一类管理,则商部依法享有的管理之权,实际比度支部管理范围更大。

真正从法律上确定中央政府作为负责银行监管的机构是在 1908 年。度支部尚书载泽上折提出,东西各国均有银行监理专门立法,中国在整理财政之时,银行监理尤为重要,政府应当切实加强对银行的监管,以"期与各国成法相符",并提出户部对各种银行"皆有统辖查考之权,且各设专例以监督之",由于"银行为通国财政所关",这种管理"实户部之专责",具有垄断地位②。1908 年 2 月 15 日,度支部奏准公布的《银行通行则例》,明确规定由度支部负责对银行的监管,其中主要包括以下事项:(1)银行设立、歇业核准。凡欲创立银行,无论采用独资或公司制,均须报度支部核准备案;歇业时也必须"将存欠数目计算清楚",报度支部查核。(2)纸币发行审核。官设商立各行号每月须将发行数目及准备数目,按期咨报度支部查核,度支部并得随时派员前往查核。(3)定期报告制度。银行每半年须详造该行所有财产目录及出入对照表,呈送度支部查核;"如有特别事故,应由度支部前往检查"。(4)组织变更核准。银行组织结构发生变化,如独资改为公司制,或公司制改为独资,或与其他公司合并等,须报度支部核准。(5)违规惩处制度。银行如有不遵守相关规定,"由度支部酌量情节轻重",处以相应数目的罚款③。

需要指出的是,由度支部负责对银行的监管,其范围也包括了具有部分中央银行职能的国家银行。1905 年户部尚书鹿传霖奏定的《试办户部银行章程》规定,户部银行每季须"详造营业资财切实报告"两份,送呈财政处、户部查核;财政处、户部并可随时调阅户部银行"清帐",但对其各项贸易事业并不干预;户部银行的理事选举后"须呈明财政处、户部,再行任事"④。1908 年,清政府将户部改为度支部,并相应将户部银行改为大清银行,修订后的《大清银行则例》仍然规定由度支部负责对其的监管,增加股本、设立分行分号、发行纸币、高级管理人员任用等,均须"禀准度支部";度支部还专门奏派监理官 2 人监理大清银行一切事务,度支部视为应行查核时,"可随时派员会同监理官查核大清银行一切事务"⑤。

① 《大清法规大全》,(台湾)考正出版社 1972 年 9 月影印版,第 3024 页。
② 中国人民银行总行参事室编:《中国近代货币史资料》第一辑下册,中华书局 1964 年版,第 1044 页。
③ 《中华民国金融法规档案资料选编》(上),第 145—148 页。
④ 周葆銮:《中华银行史》第一编"中央银行",商务印书馆 1920 年版,第 4—5 页。
⑤ 《中华银行史》,第 10—15 页。

事实上，当时与度支部共同担负金融监管职责的，还有财政处，只是侧重点各有不同。1903 年，当清政府锐意改革、推行新政之时，美国精琦博士来华，提出了关于改革币制的若干建议，清政府于是设立了财政处，与户部共掌金融财政①。清政府派奕劻、瞿鸿禨会同户部筹议财政处方案，以整理财政及制币等事为主要职责。其间，财政处曾与户部就"本位问题辩论争执"。1909 年宣统改元后，度支部设币制调查局；1910 年清政府制定《币制条例》后，币制调查局改称币制局，为专门管理币制之机关②。

二、南京临时政府时期：财政部

南京临时政府成立之初，就明确由财政部负责管理钱币、银行等事务③。当时，就银行监管机关的权限划分，财政部与实业部曾有过争辩。1912 年 3 月 23 日，实业部致函财政部提出，商业的繁盛，以银行为枢纽，"中国银行之制未见盛行，而盛行者独钱庄类耳"，近年来"商业不振，恐慌屡见"，其原因在于"金融机关之不能敏活"，而"钱庄实尸其咎"，为此实业部拟就了《约束钱庄暂行章程》共 9 条，并拟咨请财政部核定后报请大总统颁布施行。该章程强调了实业部对钱庄的管辖权，如钱庄之经理人将营业状况每 3 个月造册一次，报告于商会及实业司；实业司得随时委任地方官选派相当人员，调查各该钱庄营业之状况等。为此，财政部明确答复，本部所拟的《商业银行则例》，已包括钱庄等相关内容，并"已具呈大总统咨交参议院核议在案"，因此"不必另行规定"约束钱庄办法；实业部为提倡实业、振兴商务起见，"固宜详订章程严加取缔"，但"似毋庸与本部会同，以清权限而免混淆"④。

临时政府财政部存续时间不长，但仍然具有一定的权威性和独立性。1912 年 2 月 29 日，临时大总统孙中山向财政部提出，中华银行系上海光复之时，由沪军都督陈其美饬令沪财政长等所组织。由于当时中央政府尚未成立，"金融阻塞，商旅束手，沪军当东南之要冲，征兵转饷，时机危迫，间不容发，赖该行之功，

① 金融管理机构的演变(1935 年)，财政部财政科学研究所、中国第二历史档案馆编：《国民政府财政金融税收档案史料(1927～1937 年)》，中国财政经济出版社 1997 年版，第 391 页。
② 戴铭礼：《五十年来之中国币制》，中国通商银行编：《五十年来之中国经济》，第 105—106 页。
③ 中华民国临时政府中央行政各部及其权限(1912 年 1 月 3 日)，《中华民国史档案资料汇编》第二辑，第 8—9 页。
④ 实业部致财政部咨(1912 年 3 月 23 日)，财政部复实业部咨稿(1912 年 3 月 27 日)，《中华民国史档案资料汇编》第二辑，第 455—457 页。

遂得应付自如,是陈都督筹画之劳,该行维持之力,均不可掩"。为此,孙中山希望财政部确认该行为商业银行性质,并参照日本政府对正金银行的办法,由国家补助一半;如目前无现金,给以公债票125万作抵,"庶政策既不因之违碍,商本亦赖以维持矣"①。3月3日,财政部部长陈锦涛呈复孙中山提出,中华银行创设未久、规模未备,设立之时"不过为一隅发行军用钞票之机关,非以外国汇兑为目的",与日本的正金银行有非常大的差异;更何况目前财政部的款项,"既绝无来源,各省又纷纷请助,安有余力以办外国汇兑之经营",因此"固不能以补助之义务责政府,更不能以待正金之利益待该行"。陈锦涛同时指出,中华银行在"光复之始,筹办维持,功不可掩",但各省类似情况的金融机关还有许多,如果都纷纷援例要求补助,则"中央必致立穷",况且"此种补助之款,系属特别支出,非经议院通过,政府实无权特许。本部固不能破坏宪政,抑恐徒启纷争",因此"伏乞改正前令,以符政制"②。3月21日,孙中山批复:"所陈中华银行补助一节,颇有窒碍难行之处,尚属实在情形,应予照准,仰即知照。"③

此例反映出南京临时政府时期的民主风气以及孙中山从善如流的作风,同时似也可看出当时财政部的影响力。

三、北京政府时期:财政部(币制局)

北京政府建立后,为实现对银行的监管,仿行日本大藏省体系,规定由财政部负责银行之监理。1916年12月,财政部订定《银行稽查章程》18条,由部令公布。该章程规定,财政部为综核全国银行起见,特设银行稽查,办理各处官立、私立各银行稽查事宜。此处所指银行,包括官钱局及商办银钱庄号。银行稽查得由财政部派员专任,或派主管司员兼任,如需委托各银行监理官或其他职员办理时,得由部令派为银行稽查④。1919年1月9日,北京政府进一步重申由财政部负责对银行的监管,对属于财政部掌管的事宜作了具体明确,其中包括:中国银行官股事项,中交两行则例内规定应属财政部核准事项,中国实业银行筹备事项,普通商业银行验资注册事项,农工银行筹备事项,储蓄、殖业等特种银行核定事项,核定各种私立银行草案规则事项,外国银行新设立案事项,银行公会设立

---

① 临时大总统令(1912年2月29日),《中华民国史档案资料汇编》第二辑,第414页。

② 陈锦涛呈稿(1912年3月3日),《中华民国史档案资料汇编》第二辑,第414—415页。

③ 临时大总统批(1912年3月21日),《中华民国史档案资料汇编》第二辑,第415页。

④ 《中华银行史》第八编"银行通则",第24—28页。

监督事项,稽查取缔各种私立银行事项等①。

与财政部侧重于银行的行政管理不同,币制局则更侧重货币方面的管理。1918 年 8 月,时任财政总长曹汝霖"呈称币制重要,亟宜整理,并请特设币制局以专责成"。币制局设立的目的,在于厉行 1914 年颁布的《国币条例》,统一银货,发行金券,并组织推行金币之贸易机关②。1918 年 8 月 10 日,北京政府设置币制局,直隶国务总理,整理全国财政,督办一员由财政总长兼任,"凡财政部所属造币总分厂、印刷局、造纸厂及各银行监理官,应受币制局之监督和指挥"③。1919 年 1 月 14 日,北京政府财政部以部令第 12 号明确了泉币司分科职掌。泉币司第一科职掌为:中国银行官股事项,中交两行则例内规定应属财政部核准事项,中国实业银行筹备事项,银行公会设立监督事项,处理各省官银钱行号与各省财政机关垫款归欠事项。泉币司第二科职掌为:普通商业银行验资注册事项,储蓄、殖业等特种银行核定事项,核定各种私立银行章程规制事项,外国银行新设立案事项,稽查取缔各种私立银行事项④。

1923 年 12 月 5 日,币制局奉令裁撤,仍由泉币司专理⑤。12 月 28 日,财政部以第 554 号部令公布了改订后的泉币司分科职掌。第一科负责监督指挥国家银行,以及各官股银行、各省官银钱行号核准设立及监督指挥等事项;第二科负责商业银行、农工银行,以及储蓄、垦殖等特种银行和中外合资银行的核准设立,核办外国银行,监督商办各种银行等事项;第三科负责监督指挥全国造币厂、整理全国硬币等事项;第四科负责核准发行钞券、整理钞券,以及稽核准备金和核准印刷钞券等事项⑥。可以看出,原币制局的所有职能已经归入泉币司。

对于币制局的被裁撤,时人评论道:"如政府果有改良币制,取缔银行之决心,则此局仍应设立,但须完全独立,不受何方之干涉。盖因币制金融事关专门,非有专门人才主持其事不可,若归财部管辖,则长官时时易人,政策即不能贯彻。观民国以来,财政当局更易不下数十人,其中有币制金融之完全智识者,则不过

---

① 陆宗舆抄送币制局官制分定职掌等件致财政部咨(1919 年 1 月 9 日),《中华民国史档案资料汇编》第三辑"金融"(一),第 4 页。

② 张辑颜:《中国金融论》,上海黎明书局 1936 年版,第 204—205 页。

③ 大总统公布币制局官令(1918 年 8 月 10 日),《中华民国史档案资料汇编》第三辑"金融"(一),第 2 页。

④ 财政部总务厅印送泉币司分科职掌令致泉币司付(1919 年 1 月 14 日),《中华民国史档案资料汇编》第三辑"金融"(一),第 6—7 页。

⑤ 金融管理机构的演变(1935 年),《国民政府财政金融税收档案史料(1927～1937 年)》,第 391 页。

⑥ 财政部总务厅印送改订泉币司分科职掌令致泉币司付(1923 年 12 月 28 日),《中华民国史档案资料汇编》第三辑"金融"(一),第 7—8 页。

一二人,益感币制局有独立之必要,而泉币事务附属于财部之未为当也。"①

四、南京国民政府时期：财政部

1. 金融监理局与钱币司

1927年11月1日,国民政府第12次会议决定裁撤财政部钱币司,同时为监理全国金融起见,特于上海设立金融监理局,派蔡增基为局长。财政部部长孙科还特别下令,将上海交易所监理官、江苏银行监理官、全国特种营业稽征特派员等一律裁撤,归并金融监理局办理,以统一事权,并饬令该局前往接收②。

或许是由于金融业长期处于一种管理比较松散的状态,一旦政府加强了管制便觉得极不适应。至少,金融监理局的权威性在上海银行业还是受到了一定的挑战。11月7日,上海银行公会致函财政部部长孙科与次长郑洪年、张寿镛称,"朔自鼎革以来,连年兵灾,商辍于市,工辍于肆,金融机关虽勉力支持,然已躯壳仅存,不堪一再摧残。我部长次长有鉴及此,月前在沪曾经一再宣告,此后凡百措施关于国民经济地方金融,必先博征舆论,采取众见,务期适合国情,无违民意,金融同业咸相庆掌,不谓未隔两月即有此与经济金融有重大关系之机关突然宣告成立,消息传来,群情惶惑,究竟何种机关对于现今市面状况之下是否适宜,似尚有共同讨论之必要。万一因此引起误会,酿成风潮,牵动政府后方金融,谁负其责? 当此军事时期,政府正宜维持社会现状,安定群众心理,徐图收拾,万不容有枝节横生,致误党国大局";同时提出,"恳请大部将金融监理局暂行停止进行,而召集各项金融团体从长研究,以符政府历次宣言与民合作之原旨"③。

财政部对此坚持了原先的决定。11月11日,财政部部长孙科与次长郑洪年、张寿镛复电上海银行公会称:"金融监理局系为统一本部旧辖钱币司、银行监理官、交易所监理官、特种营业稽征特派员等职务而设,一方面在执行政府监督银行、交易所等任务,一方面在巩固金融机关之信用,使得充分保障。不特世界各国已通行之惯例,亦我国金融界目下之急需。"同时,特别强调:"贵会领袖金融,素多明达,应本此旨劝导同业,幸勿思之过虑为盼。"④

1927年11月19日,国民政府正式公布了《财政部金融监理局组织条例》。

---

① 姚传驹撰金融制度私议(1924年),《中华民国史档案资料汇编》第三辑"金融"(一),第232页。
② "金融监理局组织成立",《银行周报》11卷43号,1927年11月8日。
③ 上海银行公会致财政部孙部长等函(1927年11月7日),沪档：S1731221。
④ 财政部快邮代电第107号(1927年11月11日),沪档：S1731221。

条例规定，金融监理局隶属国民政府财政部，监理全国关于金融行政上一切事宜。金融监理局设第一、第二、第三课。第一课职掌为：银行章程则例审核及注册，检查银行业务及财产，监察银行纸币发行及准备事项，以及银行其他一切事项。第二课职掌为：交易所、保险公司、信托公司、储蓄会等业务事项。第三课职掌为：厘定一切金融法规章程事项，调查国内外金融状况事项，编制金融各项统计事项、编译及报告事项，以及其他调查事项。金融监理局检查银行等金融机关后，应随时将检查情形呈请财政部核办；金融监理局关于各种金融机关设立、注册等经详密审查核议后，呈请财政部核办；金融监理局对金融制度兴革等事宜，应随时拟具意见，呈请财政部核办①。

但金融监理局的实际存在时间还不足一年。根据财政部第 3603 号训令，金融监理局于 1928 年 8 月 31 日停止办公，原管事务移归财政部钱币司办理②。财政部内设钱币司，负责监理全国银行。钱币司职掌共 11 项，包括整理币制事项、调查货币事项、货币计算事项、金银货币及生金银出入事项、监督造币厂事项、监督银行及储蓄会事项、发行纸币事项、稽核准备金事项、国内外金融事项、监督交易所、保险公司事项，以及其他币制及银行一切事项③。

在中国第二历史档案馆财政部档案中，藏有一份钱币司 1943 年 5 月 13 日统计上报财政部的"财政部钱币司职员眷属及家庭状况"材料④，从中可以大致看出钱币司的人员构成情况，其中，司长为戴铭礼、总稽核陈端、专门委员帮办司长事务杨庆春、专门委员帮办总稽核事务吴兴周等 4 人，科长为郑旷、林长青、熊光前、陶祖成等 4 人，技正为陈修，专员为卢涣文等 10 人，稽核为李日劲等 24 人，科员为杨云鹗等 39 人，助理员为赵子钰等 13 人，雇员为鲁治平等 25 人，共计 120 人。

2. 银行监理官办公处

设立银行监理官是近代中国中央政府对银行业特别是货币发行实施监管的一项重要措施，自晚清设立，一直延续至抗日战争后期⑤。

1942 年，财政部对银行监理官制度作了进一步调整，除将监理范围扩大至

---

① 金融监理局组织条例(1927 年 11 月 19 日)，《国民政府财政金融税收档案资料汇编(1927～1937 年)》，第 391—392 页。

② "金融监理局改为钱币司"，《银行周报》12 卷 34 号，1928 年 9 月 4 日。

③ 张辑颜：《中国金融论》，上海黎明书局 1936 年版，第 210 页。

④ 财政部钱币司职员眷属及家庭状况(1943 年 5 月 13 日)，二档：三(1)1830。

⑤ 参见拙作：《近代中国银行监理官制度述论》，《上海金融》2007 年第 7 期。本书第八章第四节亦有专门讨论。

重要商业银行外,还在各重要都市设立了监理官办公处,作为财政部的监管派出机构。1942 年 7 月,财政部公布了《财政部派驻银行监理员规程》《财政部监理官办公处组织规程》以及《财政部银行监理官办公处办事细则》三项规定,以取代以前颁布的《省地方银行监理员章程》。根据这些规定,财政部为实施金融政策、加强管制全国银钱行庄业务,于重庆以外各重要都市设置银行监理官;于省地方银行及重要商业银行设置派驻银行监理员。银行监理官之职掌,包括事前审核管辖区内银钱行庄放款业务,事后抽查管辖区内银钱行庄放款用途,审核管辖区内银钱行庄日计表及存放、汇兑等表,督促管辖区内银钱行庄提缴普通存款准备金及储蓄存款保证准备等[1]。驻行监理员之任务为:审核驻在行放款业务,考查驻在行放款用途,审核驻在行日计表及存放汇兑等报表,督促驻在行提缴普通存款准备金及储蓄存款保证准备等。派驻省地方银行监理员除以上任务外,并包括审核发行或领用 1 元券辅币券数目、准备金等[2]。

在战时交通、通讯甚不方便的情况下,设于各地的银行监理官办公处起到了较好的下情上达和上情下传的作用。然而,银行监理官办公处的实际运作并非十分理想。1944 年 12 月 14 日,行政院下达训令,银行的监督管理由财政部直接办理,县银行部分授权财政厅执行。各区银行监理官办公处撤销,改为某某区银行检查处,专负银行检查及纠举之责[3]。

3. 财政部派驻收复区财政金融特派员办公处

1945 年 8 月 19 日,财政部渝财叁字第 7311 号训令,首先向京沪区财政金融特派员陈行下发了《财政部派驻收复区财政金融特派员公署组织规程》共 11 条,同时呈请行政院核备[4]。此后,行政院责成财政部将派遣接收收复区人员办法结合,改订为《财政部派驻收复区财政金融特派员办公处办事规则》,改订后的规则共 15 条,于 1945 年 9 月 22 日以财政部渝财叁字第 8126 号训令下发,其主要内容如下:财政金融特派员公署分区为:(1)京沪区,辖南京市、上海市、江苏省、浙江省、安徽省;(2)辽吉黑区,辖辽宁省、吉林省、黑龙江省及哈尔滨特区;(3)冀鲁察热区,辖河北省、山东省、察哈尔省、热河省、北平市、天津市、青岛市及威海卫特区;(4)晋绥豫区,辖山西省、绥远省、河南省;(5)鄂湘赣区,辖湖北省、

① 《中华民国金融法规档案资料选编》(上),第 666—667 页。
② 同上书,第 663—666 页。
③ 行政院关于抄送加强银行监理办法令(1944 年 12 月 14 日),《中华民国金融法规档案资料选编》(上),第 687—688 页。
④ 财政部关于检发财政部派驻收复区财政金融特派员公署组织规程令(1945 年 8 月 19 日),《中华民国金融法规档案资料选编》(下),第 1470—1472 页。

湖南省、江西省及汉口市；(6)粤桂闽区，辖广东省、广西省、福建省；(7)台湾区，辖台湾、澎湖。财政金融特派员承财政部长及中国陆军总司令部之命，办理事项包括：区内有关财政金融之敌伪财产及财务机关接收、国有财产之接收，法币供应及款项划拨之洽办，敌伪银行资产之接收清理，敌伪银行发行钞券帐册、库存券、准备金之接收及流通券之登记，国家行局推设分支机构之督导，以及区内商营金融机关之监督及清查等事项。财政金融特派员执行任务，应随时报告财政部；其情节重大者，须先向财政部请示。各区执行接收及清理任务，由财政部遴派接收委员及接收员各若干人，承特派员之命，并受当地最高行政长官之指导办理之[①]。驻各收复区特派员分别为：京沪区陈行，辽吉黑区关吉玉，冀鲁察热区张果为，晋绥豫区仇曾治，鄂湘赣区贾士毅，粤桂闽区钟锷，台湾区陈公亮[②]。

　　1946 年 2 月 16 日，鉴于各区金融接收工作已告一段落，财政部要求各区特派员办公处，限于当年 2 月底前一律结束。所有各区财政金融事宜，移归财政部各主管司署分别接管，继续处理[③]。

　　4. 财政部金融管理局

　　1947 年 12 月 1 日，行政院第 23 次会议通过了财政部关于在各重要都市设置金融管理局的提议以及《财政部金融管理局组织规程》共 14 条。该规程主要内容为：财政部为防止各地金融机关之投机及非法活动，为安定市场起见，于上海、天津、广州、汉口设置金融管理局，其管理区域由财政部规定之。金融管理局秉承财政部之命办理各地金融机构之检查监督及检举事项，主要包括：国家行局库暨其信托部或其附属机构以及省市银行、中外商营银钱行庄、信托公司、保险公司、信用合作社及其附属机构或其他经营金融业务之行号之放款、汇款、投资及其他交易之审查及检举事项；银钱业联合准备委员会及票据交换所之督导及检查；政府机关及国营事业机关违背公款存汇办法之检举及取缔事项；非法金融机构之检举及取缔事项；黄金、外币、外汇非法买卖之检举及取缔事项等。金融管理局执行职务时，得随时责令各行庄、局、库、公司或机关提供报告，并得派员检查帐册、文书及其有关仓库；当地政府及军警机关均应切实协助，如其事项涉及其他机关职掌者，并得会同其他机关办理。此外，还规定，金融管理局应将

---

① 财政部关于检发财政部派驻收复区财政金融特派员办公处办事规则令(1945 年 9 月 22 日)，《中华民国金融法规档案资料选编》(下)，第 1480—1482 页。
② "收复区金融机构财部员整理"，《银行周报》29 卷 33、34、35、36 号合刊，1945 年 9 月 1 日。相关内容可参见本书第六章第四节。
③ "关于结束财政金融特派员办公处之公告"，《银行周报》30 卷 11、12、13、14 号合刊，1946 年 4 月 1 日。

其工作情形,按旬编制报告,并同时分送当地中央银行暨其他金融管理局①。

12月19日,财政部又公布了《财政部金融管理局办事规则》,对稽核处、秘书处内设各组职掌以及具体工作流程等进行了具体说明②。各局管理区域如下:上海局为上海市区,天津局为天津市区及北平市区,广州局为广州市区及广九路沿线,汉口局为汉口市区及武昌暨汉阳县③。

财政部同时确定由中央银行稽核处长李立侠任上海金融管理局局长,原河北省财政厅长及河北省银行总经理施奎龄任天津金融管理局局长,中央银行稽核处副处长高方任广州金融管理局局长,中央银行经济研究处副处长林崇墉任汉口金融管理局局长。金管局还在有些地方设立了相应的办事机构,如广州金融管理局1948年4月在汕头设立了办事处,工作的侧重点是管理侨汇的逃避④。当时的行政院长张群及中央银行行长张公权对于成立金融管理局寄予了很大的期望,特别是对上海,"因为上海物价经历了10月及11月两次大涨价,经济崩溃好像就在眼前"。金融管理局成立后,蒋介石还特地召见了4个局长,勉励一番⑤。

汉口金融管理局成立后,于1948年1月3日宣布,凡未经财政部核准或未经登记在案的钱庄,自1月5日起停止营业,并限即日起开始清理旧营各种业务,至2月9日旧历除夕止清理完毕;清理时如对存户未能履行清偿责任者,依法送法院追偿惩办。被取缔非法钱庄共计44家,其中武昌5家、汉口39家⑥。

广州金融管理局于1947年12月29日成立,局长及副局长由财政部呈请简派,其他职员多系向财政部、中央银行、四联总处借调或调用,共有职员自局长以下以至雇员共计47人,其中由财政部及所属机关调用者8人,由中央银行借调者14人,四联总处借调者10人,其余为专任。检查工作于1948年1月初开始,计1月份检查行庄33家,其中商业银行1家、钱庄32家,均属专案检查性质。2月份检查行庄66家,属于专案者56家,其中省市行2家、商业银行23家、钱庄27家、保险公司4家;属于普查者10家,其中国家行局库及省银行7家、商业银

---

① 财政部为转发金融管理局组织规程令(1947年12月7日),《中华民国金融法规档案资料选编》(上),第764—766页。

② 财政部金融管理局办事规则(1947年12月29日),《中华民国金融法规档案资料选编》(上),第767页。

③ "银行公会通(36)字第327号通函",《银行周报》32卷3号,1948年1月19日。

④ "穗金管局设汕头办事处",《银行周报》32卷18号,1948年5月3日。

⑤ 李立侠:《张公权与中央银行》,载寿充一、寿乐英编:《中央银行史话》,中国文史出版社1987年10月版,第51页。

⑥ "汉金融管理局取缔非法钱庄",《银行周报》32卷3号,1948年1月19日。

行 3 家。3 月份（至 15 日止），计检查行庄 10 家，其中省银行通汇处 1 家、商业银行 1 家、钱庄 2 家、保险公司 6 家，均属于专案检查[①]。

上海金融管理局还曾通过与上海市警察局等合作，破获一起大金钞案，打击了套汇。但金融管理局所采取的手段远非正常的政策手段和经济手段，也不是一般的行政手段，而是与军统等特务机关合作，利用便衣警察来进行的，反而加重了市场混乱。这并非稳定市场的良策，就连张公权也不讳言。他说："1947 年 12 月政府成立金融管理局，其本身所采用的手段，即有失于道德标准，使用秘密警察向有违章嫌疑的银行进行突击搜查，对无线电发报和电话都进行监听。"由于插手上海黑市金钞投机买卖和套汇者大都有后台，内部关系盘根错节，非常复杂，致使金融管理局主管人员怀有恐惧感并请求辞职。不久，蒋经国到上海担任经济督导员，金融管理的职能又被授予该经济督导员。其他三处金融管理局也都在 1948 年 5 月以前陆续结束[②]。

第二节　中央政府战时及辅助监管机构

一、战时监管机构：四联总处（1937 年 8 月～1948 年 10 月）

四联总处应可视为在抗日战争爆发后以及战后一段时间，中央政府设置的、以国家行局库为主要监管对象的战时监管机构。

早在 1935 年改组中国银行和交通银行以及施行法币政策后，蒋介石曾"屡令设立中中交三行总管理处"，后因"见解各殊，未获实现"。1937 年七七事变以后数日，为应付突然事变，安定金融，蒋介石以"战时金融措施关系重要，不容稍有疏忽错误"为由，面饬时任财政部次长的徐堪"迅组金融委员会，负执行国策之责"，并饬令迅组以宋子文为首的金融委员会，且亲自决定了委员会委员名单；"殊明令发表后而阻碍重重"，以致该委员会最终未能建立[③]。

1937 年 8 月 13 日，沪战爆发，全面抗战开始，"为谋全国金融农矿工商各业

---

① 广州金融管理局工作概况(1948 年 3 月)，二档：三九六 436(8)。

② 《近代中国金融业管理》，第 346—347 页。

③ 四联总处第 281 次理事会议记录(1945 年 8 月 23 日)，重庆市档案馆、重庆市人民银行金融研究所合编：《四联总处史料》上册，档案出版社 1988 年版，第 66 页。

资金之流通计",财政部于 9 月 2 日饬令中、中、交、农四行在上海合组联合贴放委员会,暂定基金 1 亿元,由四行分别担任,办理抵押、转抵押、贴现、再贴现以及部令办理新放款。四行联合办事处成立后,随即通电国内各重要城市之四行,筹设联合办事分处,计达 52 处;并于南京、汉口、长沙、南昌、重庆、济南、郑州、广州、杭州等处,设立贴放分会,"嗣以浙沪失陷,南京告警,四总行分别内迁,总处工作曾一度停顿"。至 1937 年 11 月 25 日,四行代表再次在汉口组成总处,上海则改设分处。战局移转后,政府迁至重庆,四联总处各地分处及贴放分会"亦因战局之演变而略有增减"。四联总处迁渝后,"鉴于使命重大,工作日繁",为进一步加强组织及增进工作效能,除原有的贴放等组外,从 1939 年 3 月起,添设了政策、业务、考核及事务四个组,分掌四行之稽核、贴放发行之调拨、收兑金银之考核以及运输工厂各项事宜计划等①。

四联总处此后共经历了四次改组,职能也相应发生了较大的变化。

第一次改组是在 1939 年下半年。1939 年 9 月 8 日,国民政府公布《战时健全中央金融机构办法》,四行联合办事处据以改组为中央、中国、交通、中国农民四银行联合办事总处,简称四联总处,负责办理与政府战时金融有关的各种业务。"财政部授权联合总处理事会主席在非常时期内对中央、中国、交通、农民四银行可为便宜之措施,并代行其职权"②。四联总处的最高权力机关为理事会,由中央银行总裁及副总裁、中交两行董事长及总经理、农行理事长及总经理以及财政部代表共同组成。理事会下除设秘书处主管一切日常事务外,还设战时金融及战时经济两委员会。前者之下设特种储蓄、收兑金银、汇兑、发行、贴放、农业金融 6 个处,后者之下设投资、物资及平市 3 个处。四联总处掌管的工作有下列各项:(1)统筹管理事项,包括全国金融网的设计分布、资金的集中与运用、受托小额币券发行与领用、收兑金银的管理。(2)联合办理事项,包括四行联合贴放、战时特殊生产事业的联合投资、特种储蓄的推行。(3)审核事项,包括四行发行准备的审核、内地及口岸汇款的审核、外汇申请的审核、四行预决算的复核。可见四联总处改组以后的职权异常重大,不仅成为国民政府推行战时金融的中枢机构,即便是一部分战时经济的设施(如物资调剂),也一并由其承接。"中央信托局及邮政储金汇业局也归该局节制,四联总处已成为整个国营金融事业的

---

① 徐堪:《中中交农四银行联合办事总处之组织及其工作》,中央银行经济研究处编:《经济汇报》1 卷 5、6 期,转引自《四联总处史料》上册,第 53—54 页。

② 战时健全中央金融机构办法纲要(1939 年 9 月 8 日),《中华民国史档案资料汇编》第五辑第二编"财政经济"(三),第 9—10 页。

集权组织,而为其总指挥部了。"①

改组后,四联总处"特派"蒋介石出任主席,"总揽一切";孔祥熙、宋子文、钱永铭为常务理事,"襄助主席执行一切事务";翁文灏、张嘉璈、徐堪、陈行、周佩箴、叶琢堂、贝祖诒等为理事。这样,四联总处集军委会委员长、行政院长、财政部长、经济部长和四行等首脑于一堂,其地位和权威非一般经济行政机关可比。四联总处已不仅仅是四行间进行联络、协调的办事机构,而是指导、监督、考核四行的领导机关了。四联总处作为一个重要的决策机构,在国统区经济、金融领域发挥了重要作用,被蒋介石称为"经济作战的大本营"②。在地方一层,则是通过四联总处在各地的分支处督导国家金融机构在各地的分支机构。据1940年统计,四联总处在国统区所设分支处已达36处,其中包括重庆、成都、上海、香港、杭州、宜昌、福州、贵阳、桂林、长沙、西安、衡阳、南昌、昆明、兰州等15个分处,内江、自流井、叙府、嘉定、泸州、万县、北碚、宁波、吉安、泉州、永安、梧州、零陵、常德、南郑、柳州、西宁、宁夏、雅安等19个支处,韶关、天水等两个直辖支处③。以后,随着时局的演变,四联总处的分支处时有增减。

但是第一次改组后,四联总处在实际运行中还是存在一些问题。就金融行政而言,向由财政部负责,部内设钱币司主管其事,"过去整顿金融,改革币制等等,颇著成绩,但因人员预算之限制,欲适合战时管制金融之需要,似尚嫌不足"。四联总处虽"办理战时金融业务",但其范围仅限于四行两局的联合业务,对于各行局单独业务及其他金融机关的业务则不便多问。此外,还有发行准备管理委员会、中英美平准基金委员会及直隶行政院的外汇管理委员会等。至于各省地方银行,名义上虽由财政部管辖,而事实上则由各省府主席及财政厅管辖。"一般商业银行之业务,则任所欲为,几乎无人管制,偶于发生困难时,要求财政部予以维助,或拨款救济而已。"④

第二次改组是在1942年9月。四联总处按照国防最高委员会第85次常务会议通过的《中央中国交通农民四银行联合办事总处组织章程》修正案,再次实行了改组。此前,蒋介石曾面谕四联总处秘书长:"公忙不及兼理总处事务时,由孔常务理事兼任。"而且,四联总处主持的部分金融工作已发生变动,如:原平市处的组织与经济部平价购销处及筹设中的物资局职掌重复,物资处的组织与财

---

① 寿进文:《战时中国的银行业》,1944年版,第83—84页。

② 黄立人:《四联总处的产生、发展和衰亡(代序)》,《四联总处史料》,第7—9页。

③ 四联总处关于1940年度分支处演变情况的报告(1940年),《四联总处史料》,第127页。

④ 徐柏园就封存资金后之金融方针给蒋介石的呈(1940年9月8日),《四联总处史料》上册,第290—292页。

政部贸易委员会职掌重复;收兑金银事项已决定交中央银行办理;汇兑处所掌外汇审核工作移交外汇管理委员会主办,该处仅负国内军政大宗汇款之审核与摊汇;特种储蓄处除推行各项储蓄业务外,并负计划推进吸收普通存款之责等①。由于"所有业务因随事实需要历经变迁","为核正名实起见",改组后的四联总处除增设副主席一职,并由孔祥熙以行政院长的名义兼任外,在机构设置上,原战时金融委员会和战时经济委员会合并为战时经济金融委员会。原两个委员会下设各处一律撤销,在战时金融经济委员会下改设储蓄、放款、农贷、汇兑和特种 5 个小组委员会,分别审查各项有关案件;秘书处增设发行、储蓄、放款、农贷、汇兑 5 个科。其职权由以前的 14 项减为 10 项,主要是监督指导国家行局的业务,以及"协助财政部管理一般金融事宜"②。

在此期间,由于各地的财政部派驻各区银行监理官办公处同时存在,如何处理其与四联总处之间的关系也颇费了一番周折。关于中、中、交、农四行与银行监理官往来行文应用何种程式,财政部于 1938 年 6 月 2 日明确:"查本部各区监理官办公处负监理管辖区内银钱行庄之责,各办公处管辖区内银钱行庄行文,前经本部规定,除对中央银行用函电外,其余一律用令,中国、交通、中国农民三行之分支行处自应一律办理。"③就四行增设分支机构事,财政部于 1944 年 4 月 1 日致函四联总处称:查四行增设分支机构,系由贵处核定,按月汇报本部备查;并要求四联总处转告各国家银行并转饬各地管辖分行,对于所属分支行处动态情形,随时就近向该管辖区银行监理官办公处报请备查④。

1945 年 12 月 1 日,国民政府对四联总处进行了第三次改组。改组后的总处机构大为收缩:原隶属于理事会的战后金融复员计划实施委员会、各行局实务研究委员会及划一各行局人事制度设计委员会一律撤销;战时金融经济委员会改称金融经济委员会,其下各小组委员会除特种小组委员会及放款考核小组委员会仍予保留外,其余储蓄、农贷、土地金融及放款考核等小组合并改组为普通业务小组委员会;会计处裁撤;秘书处下原有各科合并改组为总务及业务两科。会计处原设的统计科改隶秘书处;改组后紧缩员额,编余人员尽量介绍各行局录用;现有分支处业务清简无继续存在必要者,均予裁撤。收复区业务繁要地

---

① 徐堪、徐柏园为拟定调整四联总处组织办法草案等呈稿(1942 年 1 月 25 日),《四联总处史料》上册,第 85—87 页。
② 四联总处 1942 年度重要工作报告(1942 年),《四联总处史料》上册,第 92 页。
③ 中国银行总管理处业分字第元号通函(1943 年 8 月 4 日),渝档:028713376。
④ 中国银行总管理处业分字第 268 号通函(1944 年 4 月 17 日),渝档:028713376。

点，将来视事实需要酌设分支处①。

在总处机构改组紧缩之前，根据四联总处理事会第 238 次理事会议通过的决议，本着"改进各分支处"、"裁汰冗员"、"紧缩开支"三项原则，各分支处原设各组一律取消，分处改设专任秘书 1 人、专任办事员 2～3 人，支处设专任文书 1 人、专任办事员 1～2 人②。抗战胜利以后，国统区的范围由偏僻的西部地区扩展到包括东北、台湾在内的广大地域，但四联总处在整个国统区设置的分支处仅 30 余处，约为 1943 年在西部地区所设 46 处的 60％，这从一个侧面反映了四联总处势力的全面消退③。

四联总处的第四次改组实际上即是裁撤。1948 年 10 月前后，立法院立法委员束云章向行政院院长翁文灏提出"质询关于四联机构案"，称："关于金融政策方面，财政部只须透过中央银行即可付诸实施，但是财政部及中央银行以外又添了一个四联总处，结果财政部对金融可不负责，以致转来转去失去时效。中央银行本为银行之银行，金融政策本可由财政部透过中央银行办理，现在添了四联总处，请问是否不信任中央银行，如果是不信任，究竟为了什么？ 机构不好还是人不好？ 要是机构不好或人不好，尽可将中央银行撤销或改组，为什么要设立四联总处？ 表面上四联总处是集中国家金融机构的力量，办理贷放活泼金融，事实上该处办理贷款究竟有无一定标准，是否不徇私情。几年来有什么成绩拿给我们看，比未有四联总处以前有什么进步。这种机构应否裁并，请翁院长考虑。"④

1948 年 10 月 7 日，四联总处召开第 372 次理事会议，行政院院长翁文灏宣布，经 10 月 6 日行政院政务会议决议，依照立法院决议案，裁撤四联总处，于 10 月底结束；对于金融管理业务，今后应如何通盘筹划，应由财政部研拟具体办法陈报行政院核定⑤。

四联总处历时 11 年零两个月，于 1948 年 10 月 31 日正式结束。关于四联总处，时人评价认为，在中央银行地位尚未确立时，四联总处确实发挥了一定的作用，这是不可否认的；但是，"后来四联总处业务逐渐扩大，职权日增，在后方时代，上有与财政部管理金融的机构分庭抗礼、割裂行政权力之势，下则取中央银行为银行之银行的职权而代之"，此时，"它的存在实际上已成为问题"⑥。

① 四联总处第 295 次理事会议记录(1945 年 11 月 29 日)，《四联总处史料》上册，第 106—107 页。
② 四联总处第 270 次理事会议记录(1945 年 5 月 24 日)，《四联总处史料》上册，第 134 页。
③ 黄立人：《四联总处的产生、发展和衰亡(代序)》，《四联总处史料》上册，第 45 页。
④ 《近代中国金融业管理》，第 280—281 页。
⑤ 《金融周报》19 卷 17 号，1948 年 10 月 27 日，转引自《四联总处史料》上册，第 150—152 页。
⑥ "四联总处使命完成"，《银行周报》32 卷 43 号，1948 年 10 月 25 日。

二、辅助性监管机构：中央银行

中央银行作为政府的银行、银行的银行和发行的银行，在稳定金融、稳定货币中具有重要作用，因此，各国中央银行一般都执行或参与银行监管工作。但中央银行并非等于一国的金融主管机关。金融主管机关是一国法律中规定的金融业的最高管理机关，它可以是财政部，也可以是中央银行或其他机构。各国根据其不同的历史、经济、文化等来确定金融主管机构由哪一个部门来担当。而且，金融主管机关也并非都直接执行银行业监管职能，这也是由各国金融业的具体发展情况而定的①。在近代中国的相当长一段时间，中央银行实际并没有承担真正意义上的银行业监管职能，只是到了抗日战争后期才作为银行监管的辅助机构，履行了银行业监管的部分职能，而且完全是受财政部委托和授权，权限也是有限的。

1928 年南京国民政府建立中央银行以前，中国实际上并没有真正意义上的中央银行，更谈不上中央银行对银行业的监管。中央银行成立后，从技术层面对财政部履行银行业监管职能，起到了一定的协助作用，但也还谈不上严格意义上的监管。1929 年 4 月 20 日财政部公布的《银行注册章程施行细则》规定："银行呈请验资注册时，应将所收资本存储于所在地中央银行或其代理处，取具该银行证明书，附呈地方政府转请或径请财政部核准。"有学者据此认为中央银行已具有相应的管理权②，实际上是不够准确的。因为《银行注册章程施行细则》同时也规定："所在地未设有中央银行或代理处时，得储存于其他之注册银行或殷实商号，其取具证明书与前同。但财政部认为不当时，得令改存于其指定之银行。"③可见，财政部鼓励呈请注册验资银行在中央银行存款，除了增强中央银行资金实力外，主要考虑的还是央行的相对权威性和可靠性。需要指出的是，中央

---

① 目前，世界上主要国家和地区的金融主管机关大致有三类：一是财政部，二是中央银行，三是另外一个独立于财政部和央行的政府部门。银行业监督执行机关也有以下三种情况：第一类是金融主管机关执行监管职能，如日本、新加坡；第二类是主管机关同其他机关一起执行监管职能，如美国、德国、加拿大、法国等；第三类则是金融主管机关与金融监管执行机关完全分离，或是前者对后者授权，或是后者对前者负责，如英国等。参见周林主编：《世界银行业监管》，上海财经大学出版社 1998 年 10 月版，第 16 页。

② 参见刘慧宇：《论国民政府中央银行的金融监管职能》，陈红民主编：《中华民国史新论》"经济社会文化卷"，生活·读书·新知三联书店 2003 年 8 月版，第 44 页。

③ 银行注册章程施行细则(1929 年 4 月 20 日)，《国民政府财政金融税收档案资料汇编(1927～1937年)》，第 648 页。

银行最为本质的职能是国库代理和垄断货币发行，并作为商业银行的最后贷款人。完善和加强中央银行职能，并不等于必须完全由中央银行承担对银行业监管的职能。

抗战中后期，在四联总处的有意扶持下，中央银行各项职能逐步具备，并开始受财政部委托，承担部分银行业监管职能。

其一，协助督导县乡银行业务。1941年1月，中央银行受财政部委托，经办督导县乡银行业务工作[①]。1942年3月2日，中央银行正式成立县乡银行督导处，负责对县乡银行的扶植、督导、管理、调整等工作。成立当年，其主要工作包括以下几个方面：(1)扶植工作。县行筹备及申请登记本属行政范围，由财政部主管。中央银行则主要对已经筹备各县行登记手续未尽明了的，"详为指示，以尽扶植之责"。(2)督导工作。对已登记开业之县行，中央银行均经函嘱具送营业报告及各项表报，并根据所报分别予以指示，藉资改进。对已登记开业或登记手续未完成先已开业之县行，央行则派员分途前往视察而予指导，并根据视察报告分函指示其改进方法。(3)管理工作。为便于管理各县行并促进其业务之健全起见，中央银行拟划一县行会计制度，派员参加财政部审订银行会计科目会议会同厘定[②]。

其二，协助管理金融市场。1942年5月，四联总处将中、中、交、农四行业务重新划分后，规定在管理金融市场方面，由中央银行协助财政部办理，并应特别注意下列事项：(1)调剂资金需求；(2)推行票据制度；(3)督促各银行缴纳存款准备金；(4)考核各银行、钱庄之放款、投资及存款、汇款业务是否遵照《非常时期管理银行暂行办法》及其他有关法令办理[③]。

其三，协助检查银行。1944年12月14日，行政院发表训令，实施《加强银行监理办法》9项。其中规定，各区银行监理官办公处，改为某某区银行检查处，专负银行检查及纠举之责。各区银行检查处设处长1人，由财政部派充；副处长1人，由当地中央银行经理兼任；并就区内银行分布之情形，办到每行每年至少检查2次为原则；经费由中央银行负担，作正开支[④]。

---

① 刘慧宇：《中国中央银行研究(1928～1949)》，中国经济出版社1999年1月版，第245页。

② 中央银行1942年度营业报告(1943年2月)，《中华民国史档案资料汇编》第五辑第二编"财政经济"(三)，第376—378页。

③ 四联总处订定之中中交农四行业务划分及考核办法(1942年5月28日)，《中华民国金融法规档案资料选编》(上)，第659页。

④ 行政院关于抄送加强银行监理办法令(1944年12月14日)，《中华民国金融法规档案资料选编》(上)，第687—688页。

　　1945 年 4 月 2 日,财政部公布了《财政部授权中央银行检查金融机构业务办法》,对中央银行协助检查金融机构作了具体规定。该"办法"规定,财政部授权中央银行检查的金融机构包括银行、信托公司、保险公司及合作金库,但中国银行、交通银行、中国农民银行、中央信托局、邮政储金汇业局及各县银行业务的检查,不在前项授权范围以内。中央银行检查金融机构,除专案指定者外,每一单位每年不得少于 2 次,但财政部于特别需要时,并得直接派员检查。检查人员于执行检查后,应将结果缮具书面报告,由负责行直接送财政部,并分报总行备查。中央银行应按月将检查情形编制报告,并附具改进意见,送请财政部查核处理①。

　　根据财政部的规定,中央银行为适应需要,将原有县乡银行业务督导处改组为金融机构业务检查处,负责办理全国金融机构业务之检查事宜,并于 1945 年 6 月正式成立②。9 月 25 日,中央银行第 121 次理事会议决,将稽核处和金融机构业务检查处合并,将财政部授权检查金融机构业务划归稽核处办理,同时通过了《中央银行稽核处组织规程》15 条,共设立文书科、稽察科、审核科、贴放稽核科、金融检查科、编审科等 6 个科③。

　　战后,对于银行检查的实施机关,钱币司曾考虑加以调整,将原授权中央银行检查金融机构办法予以撤销,由财政部直接办理。1946 年 2 月 12 日,钱币司向部长、次长提出签呈,提出:今后之银行检查事务,似应注重于银行机构之健全,资金运用之督导,检查次数自不需如战时之频繁,而此项积极工作,如非由本部直接指挥,统筹推动,似不足以资配合今后整个金融政策,争取时效,为彰宏今后金融管理之成果,切实简化机构,节省经费起见,原有《授权中央银行检查金融机构办法》拟即取消,仍归本部自行办理,由部察酌各地金融情形,随时指派稽核人员于规定期间内驻在各地,办理检查银行工作,并实行内外轮流互调,不另设机构,如事实需要,得临时洽借当地国家行局原有人员协助办理,以资因应。"至各县银行以地点过于分散,及与自治财政之关系,其业务之监督管理,拟仍暂由各省财政厅依照原定授权办法办理。"④但这一建议并未获得同意和实施。

　　1946 年 4 月 23 日,财政部快邮代电致中央银行:"查重庆区行庄业务检

① 财政部授权中央银行检查金融机构业务办法(1945 年 4 月 2 日),《中华民国金融法规档案资料选编》(上),第 688—690 页。
② 俞鸿钧检送中央银行 1945 年度营业报告呈(1947 年 1 月 30 日),《中华民国史档案资料汇编》第五辑第二编"财政经济"(三),第 462—463 页。
③ 中央银行稽核处组织规程(1946 年 9 月 25 日),《中华民国金融法规档案资料选编》(上),第 702 页。
④ 钱币司签呈(1946 年 2 月 12 日),二档:三(1)4862。

查事宜原由本部直接派员办理，收复区各地行庄业务检查事宜系由本部各特派员办公处办理，兹本部还都在即，各特派员办公处亦已先后撤销，所有全国行庄业务检查事宜，除东北九省暂缓办理，台湾省另筹办法，暨京沪两地由部直接派员办理外，其余各地应即交由贵行分别指定负责行依照规定办理；并为便利检查行庄工作起见，贵行设置之金融机构业务检查处除受贵行监督指挥外，必要时得由本部径为指挥以期迅捷。"[1]这一代电实际明确了除东北、台湾暨京沪两地外，行庄检查工作仍由中央银行负责，但同时强调财政部具有直接指挥权。

对财政部的决定，中央银行确实有一些异议，但还是进行了相应的落实。"依照财政部授权检查办法，关于各省市银行及各地商业银行原系全部授权本行检查，惟该办法实施之初，财政部即保留重庆市由部直接办理，因职权割裂，以致检查行庄时其总分行帐目多无法核对，影响工作效率匪浅，本处前曾一再向财部建议检查职权必须统一，此次财部来电所示，京沪两地由部直接办理，此与过去保留重庆市情形如出一辙，并无改进，惟本行与财部关系向极融洽，且检查职务原系授权代办，今财部既已如此决定，本行似可同意办理，不必有所主张。"[2]

1946 年 9 月 20 日，财政部部务会议再次作出决议，进一步扩大了中央银行检查范围，"检查银行工作，应一律授权中央银行办理"；但同时强调，财政部仍"应保留专案检查之权"[3]。

第三节　地方政府与银行监管

中国地域辽阔，各地情形千差万别，如果仅仅依靠中央政府，对银行业的监管有时难免"鞭长莫及"；更为重要的是，事实上也确实难以做到"因时因地"的针对性监管。因此，作为一级政府，特别是省和直辖市一级政府，在对银行业的监管中，无疑具有不可替代的重要作用。在近代中国，地方政府在银行监管中的作用主要体现在两个方面：一是直接管理地方银行，二是协助中央政府主管部门监管银行。

---

[1] 财政部快邮代电（1946 年 4 月 23 日），二档：三(1)4862。
[2] 李立侠呈中央银行总裁副总裁（1946 年 5 月 2 日），二档：三(1)4862。
[3] 钱币司签呈（1946 年 10 月 2 日），二档：三(1)4862。

一、对地方银行的直接监管

地方银行的前身官银钱号是清政府官方设立的信用机构,虽属官方,但也有招商设立或官督商办的。清末的官银钱号,无论从组织机构还是从业务规模来看,均较前期有所扩大,其业务范围已不限于发行银钱纸票和兑换银钱两项业务,而是向着经理财政、代理省库公债和经营银行存放汇等信用业务方向发展。作为官办性质的金融机构,官银钱号与省级财政关系极为密切,在一省范围内享有特权,在地方金融方面占有绝对的优势。

如设立于1909年的吉林永衡官银号,由吉林通济官钱铺、永衡官帖局及永衡官钱局演变改组而来。永衡官银号的经营主持者一向由官方派员任用,自正式建号至结束,总办、督办及会办等重要职务多次易任,但都是由官方指派,特别是督办一职,都是由地方财政当权者兼任。永衡官银号成立后的第一任主持者,是由吉林巡抚陈昭常调派省试用道饶昌龄接管官帖局,由度支司黄悠愈兼摄总办。在该号经营期间先后更换督办11人、总办13人、会办9人,每次都由政府委派,经营资本也均由官方垫付①。

再如,浚川源银行是中国最早的地方银行之一,成立于1905年。该行牌名取"开通川省利源"之意,建行目的是为了维持四川财政,总行设在重庆。该行由藩司主政和督办,另派总办经营,重大问题要报请藩司、总督处理。为使银行不沾染官场习气,规定只刊给"四川官银行之官防"一颗,专供公文、造册、报销及股票钤印之用。至于银行总行和各分行的公章,都用"图记",由总行刊行,即对外称浚川源银行,对内称四川官银行。股本构成开始时是官六、商四,总额50万两,由藩司拨给30万两,另招商股20万两凑足。股票有三联,存根存总行,备查在藩库,股票给股东。股票要盖用藩司和银行印信。其第一任总办,由四川总督锡良奏准派山西知府、重庆商务周克昌担任,因周熟悉票号业务,被认为是结实可靠之员②。

中华民国成立后,清末建立的地方金融机构得到继续发展。各地方银行的业务范围,主要有发行货币,代理公库,代理军款,代发公债,经营存放汇、储蓄、信托、仓库、保险、买卖生金银业务,并代办粮食土特产采购、储藏、运销及经营附属企业等,但主要还是通过发行货币,成为为地方政府提供军政费用的重要来

---

① 《近代中国金融业管理》,第422—426页。
② 姜宏业主编:《中国地方银行史》,湖南出版社1991年12月版,第189页。

源。在政权相对稳定的地区，地方银行对调剂地方金融、辅助经济建设也发挥了一定的作用[①]。也正因为如此，各地方政府尤其注意对地方银行的直接管理和控制。

如，浚川源银行 1912 年底在成都重新开设时，实际只有四川财政司拨作复业资金的银 45 万两。根据 1913 年由四川省行政公署制订的《浚川源银行章程》，该行由省行政公署筹资 400 万元照有限公司办理，分行或代办处的设立由省行政公署核准，总、协理也由省署遴委[②]。再如，辛亥革命后成立的江苏银行，其章程规定："本行为江苏省立银行，由江苏省政府财政厅拨给资本经营，定名为江苏银行"；"本行资本总额暂定国币 100 万元"，"前项资本总额因业务上之必要，得呈请省政府财政厅核准增拨，并呈请财政部核准"；"本行设董事 7 人、监察人 2 人，由财政厅延聘商界富有银行知识或经验者充任之。董事任期 3 年，监察人任期 1 年，期满得续聘连任，并报明省政府咨请财政部备案"；"本行设总（经）理 1 人、协理 1 人，由财政厅提出，呈请省政府委任之，并转报财政部备案，任期均为 3 年，期满得继续委任"；"本行遇有重大兴革事宜，得由总管理处提出议案，交由各董事议决，并呈请财政厅核准，转呈省政府备案"。以上条文足以说明，从江苏银行的定名到资本来源，从董事、监察人、负责人的委任，乃至重大事项的决定等，几乎完全由江苏省政府所掌控[③]。

二、经中央政府授权监管其他银行

清政府颁布的《银行通行则例》规定，银行从市场准入到退出的全过程，地方官都负有重要职责。凡欲创立银行者，其预定资本总额，必须"呈由地方官查验转报度支部核准注册，方可开办"；凡经注册各银行，如有危险情形，"准其详具理由，呈所在地方官报明度支部转饬地方官详查"；"凡银行或因折阅或因别项事故情愿歇业者，应举定办理结帐人，禀报地方官将存欠帐目计算清楚，照商律办理，地方官具录事由速报度支部查核，不得延误"[④]。

在银行的设立、审批等许多方面，地方官员实际上是银行与中央政府主管部门间必不可少的联系中介。1917 年 5 月，金城银行在天津设立金城商业银行股

---

① 姜宏业主编：《中国地方银行史》，湖南出版社 1991 年 12 月版，第 158—160 页。
② 同上书，第 191—192 页。
③ 《中国地方银行史》，第 256 页。
④ 《中华民国金融法规档案资料选编》（上），第 145—148 页。

份有限公司，在向北京政府农商部呈请批准注册时，备齐了简章、股东名册、注册格式及注册费银，首先呈报的是天津县县长，"并恳呈请津道尹转呈省长咨陈农商部查照注册，给发执照"①。而政府主管部门的批复也是通过地方政府逐级转达的。仍以金城银行为例。1917 年 11 月 9 日，天津县公署向金城银行下达第 39 号训令，首先转达了 11 月 8 日津海道道尹训令，称："本年十月二十五日奉省长训令第 6413 号内开：'准农商部咨开：准咨转据商人王郅龙等招集股银二百万元，在天津地方设立金城商业银行股份有限公司……查此案前据该商来部呈请，当以所报章程等件，除原章所订股东会会员每十股有一议决权，核与公司条例第 145 条规定不符，应参照酌改外，其余大致尚合，应准注册。俟正本由县呈转到部，再行核发执照。'"②

北京政府时期的《银行通行法》规定，财政部对银行有监督权，但"其辅助财政部行使监督权者，则惟地方长官"。《银行通行法》及《银行通行法施行细则》所规定应行呈送的各种文件，可以径送财政部核办，但以银行呈报地方长官转送财政部为原则。同时还规定，财政部认为必要时，得委托地方官检查银行营业情形及财政状况，"盖规定地方长官得为财政部行使监督权之助力也"③。

当时，银钱业蓬勃兴起，其中资力不足、基础薄弱者也有不少，"倘不予以相当取缔，防范未然，实足以牵动金融，遗害市面"。因此，各地政府也相应采取了一些措施。如，北京警察厅方面规定，对于呈请在首都开业者，"必令先向财政部援章立案，经部咨厅请往查验资本，认为所备资本确实如数之后，始行由厅覆部注册，一面给与营业执照"。虽然此举增加了手续，需时亦久，"正所以示其慎重将事之意也"④。

不能否认的是，地方政府对当地出现的金融危机也给予了积极关注，并采取了相应措施。

1935 年 6 月 23 日，北平市长袁良向行政院院长汪精卫报告北平市出现金融危机情形："本市金融自明华银行歇业后即显露破绽，不数日聚盛源银号突告倒闭，旋同元祥行停业，同时又有三四家情形不稳。经召集商会、银行公会面询详情，始知本市廿五家银号悉皆如累卵，不可经日，倘一旦崩溃，则牵累之银行当亦不在少数。不幸临此，全市金融何堪设想。情势紧迫，达于极点。"同时报告了

---

① 金城银行呈天津县县长文（1917 年 5 月），《金城银行史料》，第 13 页。
② 天津县公署致金城银行训令（1917 年 11 月 9 日），《金城银行史料》，第 15 页。
③ 沧水：《银行通行法释义（六）》，《银行周报》8 卷 22 号，1924 年 6 月 10 日。
④ "北京禁止未经注册之银行号先行开业"，《银行周报》8 卷 30 号，1924 年 8 月 5 日。

北平市地方当局采取的三项紧急措施：(1)市内各银号一律不准歇业或停业，违反则由公安、社会等局派员监视，并监视股东财产，使依法担负无限责任，所有各号存户，在最短期内，定期存款绝对不准提取，即活期存款亦不得任意提用，"如徇情准提，即以扰乱金融论，从重惩处。饬属遵办，并布告知"；(2)对于金融新闻，"决定不准任意登载，悉听本府统一宣传，使无淆乱人心之记载"；(3)召集银行公会、银钱业公会、市商会等协议积极办法，"令各银号联络一致，组织公库"，并由银钱业公会以400万元贷款借据向银行公会抵押现款200万元。这些措施实施后，"本市银号危机逐渐平复，即已倒之聚盛源、同元祥亦声明可以复业矣"。然而，6月22日，中国农民银行再次发生挤兑风潮，市面上已出现拒绝行使该行钞票者。北平公安局先后逮捕有意扰乱者14人后，当晚即已平息。袁良认为，"本市金融原极枯涩，来日变化殊切隐忧，但能补救，惟力是视"①。对此，汪精卫于6月24日复电，肯定了"平市金融风潮处置适当，深用嘉慰"；同时提出，"此间已交财政部注意，仍希继续防止为妥"②。

　　1936年8月，在整理重庆平民银行一案中，四川省政府的注资起到了关键作用。重庆平民银行于1928年开业，当时股本总额为10万元。1932年增加股本总额为25万元，先收1/2，计12.5万元。1934年改组，旧股作为5折，连同新股本，共收足25万元。1935年又增收新股13万元，共收足股本总额为38万元。其间，因受四川省政府整理证券及其他呆账等项的损失，亏折达50余万元之巨，至1936年因营业亏损，已有停业趋势。四川省政府及该行各股东主张设法维持，财政部驻四川特派员公署也多次劝告，"须顾及储户及债权人之利益"。四川省主席刘湘提出，拟增加资本17万元。8月20日，该行召开股东会，决议接受省政府辅助的资本17万元，继续营业，以谋发展，同时详加清理过去账目。该行各股东打算再筹集股本25万元。至此，重庆平民银行暂告平稳过渡③。

　　抗日战争后期，由地方政府监管银行的职责更为明确，也更为具体。1945年4月18日，财政部公布《财政部授权各省财政厅监理县银行业务办法》，共9条，规定财政厅对各县银行(包括省辖市银行)业务的监督管理事项为：审核各县银行业务计划、决算及放款业务，日计表及存款、放款、汇兑等报表；督促各县

① 北平市长袁良为陈报平市金融危机平复经过密电(1935年6月23日)，《中华民国史档案资料汇编》第五辑第一编"财政经济"(四)，第625页。
② 汪精卫复电(1935年6月24日)，《中华民国史档案资料汇编》第五辑第一编"财政经济"(四)，第626页。
③ 关吉玉与财政部关于整理重庆平民银行来往电文(1936年8月)，《中华民国史档案资料汇编》第五辑第一编"财政经济"(四)，第589页。

银行提缴存款保证金；纠举县银行违法事件等。财政厅如对县银行有应兴应革事项，得向财政部建议，但不得自行发布有关县银行之单行法规。财政厅对各县（市）银行应视分布情形，每行每年至少检查2次。财政厅应按季将监督管理县（市）银行业务情形，编制报告呈请财政部查核①。

1947年9月1日，国民政府公布施行的《银行法》第12条，对银行业的主管机关专门作出明确规定："中央主管官署为财政部；地方主管官署，在省为财政厅，在直辖市为财政局。"②

总体而言，近代中国政府的银行监管机构设置，尚缺乏严密统一的组织，因而其权威性和独立性都受到了很大的影响。无论是晚清政府时期的户部、度支部，抑或北京政府和南京国民政府时期的财政部，虽已明确作为政府对银行业监管的主管机构，但主司银行监管的职能部门，在其内部只是一个相当于司局级的内设部门，在以"官本位"为重要特征的中国社会中，其能量自然非常有限。在抗战期间设置的四联总处，与财政部权责有所交叉，且对国家行局以外的银行机构监管严重缺位；金融监理局、银行监理官办公处以及金融监理局等，大都是针对局势变化而临时设置，颇有"头痛医头、脚痛医脚"的感觉，整个监管组织架构缺乏严密的规划。从这一意义上说，其实际执行力自然会受到不小的影响。

---

① 财政部授权各省财政厅监理县银行业务办法(1945年4月18日)，《中华民国史档案资料汇编》第五辑第二编"财政经济"(四)，第690—691页。

② 国民政府公布银行法令稿(1947年9月1日)，《中华民国金融法规档案资料选编》(上)，第743页。

第三章 银行监管的客体构成：
分类及演变

　　相对于银行监管的主体，即政府监管机构而言，银行监管的客体实际上就是银行监管的对象，主要是各类银行以及银行类金融机构，包括钱庄、信托公司等。客观地讲，对近代中国所有银行及银行类机构进行准确的分类，并非一件容易的事情。自1897年中国通商银行成立以后，直至1949年，不同时期对银行的分类实际上有着较大的差异。

　　晚清政府时期，尚没有人明确提出中国应当建立什么样的银行体制或银行体系，更没有人论及这个银行体系应由哪几种银行构成，以及这些银行的职能分工及其相互关系。当时的思想家更多侧重于探讨某一类银行制度的建设问题，如容闳主张建立国家银行，李鸿章主张建立合资银行，盛宣怀则主张建立商业银行而反对建立前两类银行。不过，如果把当时不同人的主张放在一起考虑的话，则可以显现出当时人们对中国银行体制的选择意向，他们主要提出建立五类银行，即国家银行、地方银行、商业银行、专业银行与合资银行。所谓国家银行实含有中央银行的性质[1]。综观从1897年中国通商银行成立起到1911年止中国人开设过的银行，包括官商合办和私人资本设立的，共有20家。即中国通商、户部（1908年改为大清银行）、浚川源、信成、信义、浙江兴业、交通、北京储蓄、四明商业储蓄、和慎、裕商、浙江、广西、大信、直隶省、四川、殖业、兴殖、中华、贵州银行等[2]。归纳起来，大体包括国家银行（如户部银行）、专业银行（如殖业银行、北京储蓄银行等）、地方银行（如广西银行、浙江银行等），以及一般商业银行等四种类型。当然，实际上还有一些外商银行存在，从理论上讲，它们也属于被监管对象。

　　北京政府时期，在中国银行业迅速发展的基础上，理论界开始探讨中国应当

---

① 程霖：《中国近代银行制度建设研究》，上海财经大学出版社1999年5月版，第50—51页。
② 洪葭管：《中国金融史》，西南财经大学出版社2001年2月版，第177页。

建立什么样的银行体制问题，先后提出了模仿日本银行模式建立单一中央银行体制、融合欧美加日银行体系为一体建立综合型银行体制以及建立欧洲中央银行制与美国国民银行制并存的混合型银行体制三种观点。探讨中央银行的建设问题，成为当时讨论的热点。与此同时，为了推动中国农工业的发展和便于吸引外资，理论界对于兴办各类专业银行和合资银行进行了热烈的倡导[1]。周葆銮先生在 1920 年由商务印书馆出版的《中华银行史》一书中，将银行分为 7 种，即中央银行、特种银行、实业银行、储蓄银行、地方银行、一般商业银行、外国银行及中外合股银行[2]。

南京国民政府时期，较有代表性的分类有以下几种。吴承禧先生的分类为：(1)中央及特许银行，(2)省、市银行，(3)商业储蓄银行，(4)实业及农工银行，(5)边务银行，(6)分业银行(如煤业绸业银行等)，(7)其他[3]。张辑颜先生的分类为：(1)中央银行，(2)省银行，(3)国际汇兑银行，(4)商业银行(票号及钱庄)，(5)实业银行，(6)外国银行[4]。徐寄庼先生的分类为：(1)国家银行(中央银行)，(2)国际汇兑银行(中国银行)，(3)发展全国实业银行(交通银行)，(4)内国商业银行及储蓄银行，(5)外国银行，(6)钱庄，(7)信托公司，(8)中外储蓄会，(9)官银号、汇兑银号及银公司[5]。1947 的《银行法》则规定银行分为 5 类：(1)商业银行，(2)实业银行，(3)储蓄银行，(4)信托公司，(5)钱庄等。

从一定意义上讲，以上这些分类方法在当时都有一定的合理性，但同时也存在明显的不足，甚至给今天的研究带来不少的困惑，其主要问题在于分类的标准比较混乱。笔者认为，可以银行的营业性质进行分类，也可以银行产权所有者的性质进行分类，但两者之中只能同时选择其一，不能混用。为叙述方便，本书主要根据银行产权所有者的性质进行分类，并以控制权为重点考察，共分为 4 类，即：(1)国家银行，指全部或部分由国家出资并具有控制权的银行，包括中央信托局、邮政储金汇业局、中央金库等；(2)地方银行，指全部或部分由地方政府出资并控制的银行，包括省银行和县银行等；(3)私营银行，指完全或部分由私人出资，以合伙或股份公司等各种形式兴办的银行，包括一般商业银行、信托公司、钱庄、银公司等；(4)外商银行，指完全或部分由外商出资控制的银行，包括外商银

① 《中国近代银行制度建设研究》，第 6 页。
② 周葆銮：《中华银行史》，载中国货币史银行史丛书编委会：《民国小丛书·中国货币史银行史卷》，商务印书馆 1996 年版，第 2817—2829 页。
③ 吴承禧：《中国的银行》，商务印书馆 1934 年版，第 14 页。
④ 张辑颜：《中国金融论》，商务印书馆 1930 年 10 月版，"目录"第 7—9 页。
⑤ 徐寄庼：《增改最近上海金融史》上册，1932 年 12 月版，"目录"第 1—7 页。

行和中外合资银行等。

　　当然，采用上述标准进行分类，并非完美无缺。如此分类，对专业银行、实业银行等一些重要的银行类型，其特点则很难直接和直观体现。为弥补这一不足，本书在讨论各类银行类别时，除主要从银行产权所有者角度加以阐述外，还将适当结合银行经营的性质，对专业银行等加以补充叙述和讨论。

第一节　国家银行

一、清政府和北京政府时期

　　在清政府时期，具有国家银行雏形者，当为光绪三十一年（1905 年）成立的户部银行。光绪三十年正月二十八日（1904 年 3 月 14 日），财政处在《试办户部银行推行银币折》中称，"中国向无银行，各省富商所设票号、钱庄大致虽与银行相类，特公家未设有银行相与维系，则国用盈虚之大局不足资以辅助"，并提出"现当整齐币制之际，亟赖设有银行，为推行枢纽"，建议"先由户部设法筹集股本，采取各国银行章程，斟酌损益，迅即试办银行，以为财币流转总汇之所"①。

　　1904 年 4 月 18 日（光绪三十年三月三日），户部尚书鹿传霖上奏光绪皇帝，进一步提出试办户部银行，他提出，试办户部银行要博采各国银行之长，又要适合中国的国情。他参照各国银行章程草拟了《试办户部银行章程》32 条，规定：户部银行采用股份有限公司办法，资本白银 400 万两，由官商各认购 2 万股；股票购买和转卖以本国人为限；每半年结账一次，股票常年官息 6 厘；业务为"专作收存出放款项、买卖荒金荒银、汇兑划拨公私款项、折受未满期限期票及代人收存紧要物件"等，其余未及详列之款以及各项禁令，均照各国银行章程办理。该章程并特别强调，户部银行归国家保护，凡遇市面银根紧急、青黄不接之时，可向户部请给库款接济，其发给之款，照章按期算交息银。户部银行每季详造营业资财切实报告两份，送呈财政处、户部查阅；财政处、户部并可随时查阅该行清账，此外各项贸易事业，公家均不干预。以后银圆局铸造银铜各币，均应交户部银行承领，与商号直接往来，以使流通市面。户部银行有印制纸币和整齐制币之权；户部银行分设省份，即为该行权力所及之处；户部出入款项，均可由户部银行办

---

① 《中国近代货币史资料》第一辑，第 1037 页。

理等①。

户部银行经清廷批准后开办,成立于 1905 年 8 月,设总行于北京。至光绪三十四年(1908 年),度支部复奏定《大清银行则例》24 条,将户部银行改为大清银行,规定大清银行有代理国家发行钞票之权,于该条例第 7 条明确规定"有代理国家发行新币之责,并应随时斟酌市面情形,向度支部请领新币,由部核准,知照造币厂,分别发放,以资流通";并赋予其代理国库的特权,规定"由度支部酌定,令其经理国库事务及公家一切款项,并代公家经理公债票及各种债券";对调剂金融的职责则规定为"凡遇各地市面银根紧急之时,得由职员会定议,呈准度支部,借给款项,维持市面"②。

1912 年 1 月 3 日,南京临时政府成立,大清银行部分商股股东上书政府,建议将大清银行改组为中国银行,承担中央银行职能。该提议 1 月 24 日获批准,2 月 5 日中国银行在上海大清银行旧址正式开业③。1912 年 4 月,南北统一,民国政府北移,重新筹办中国银行。1913 年 4 月,参议院公布《中国银行则例》30 条。该则例规定,中国银行为股份有限公司,股本总额定为银圆 6 000 万元,每股银圆 100 元,计分 60 万股,政府先行认垫 30 万股,余数由人民认购。认购总数超过 30 万股时,得由政府酌量情形,将认垫股份分期宣布售与人民;若有增加股本之必要时,得由股东总会议决,经财政总长核准后,再行添招。中国银行设总行于中央政府所在地,各省会及商业繁盛地方得斟酌情形设分行或分号,或与他银行订立代理合同或汇兑契约,但须经财政总长核准;政府视为重要之区域,得商令总行增设分号或代理处。除通常银行业务外,中国银行得发行兑换券,但须遵守兑换券则例。中国银行有代国家发行国币之责,并受政府委托,经理国库券及募集或偿还公债事务。财政总长对于中国银行一切事务,如认为有违背本则例及该行章程或不利于政府之事件时,皆得制止之;并派监理官一人,监视中国银行一切事务④。

1913 年 5 月 21 日,中国银行致函财政部,报告已开设汉口分行、扬州支行、长春分行、河南分行、奉天分号、天津分行、上海分行、营口分行、山东分行、青岛分

---

① 《中国近代货币史资料》第一辑,第 1038—1042 页。

② 同上书,第 1045—1048 页。

③ 《中国金融史》,第 204 页。

④ 参议院录送常会议决之中国银行则例致大总统咨(1913 年 4 月 9 日),《中华民国金融法规档案资料选编》(上),第 160—163 页。

号等,并请财政部通告各国银行,"声明中国银行系国家中央银行,以免误会"①。

1914 年 7 月 15 日,财政部第 402 号饬文中国银行,经大总统批令同意,将中国银行改归财政部直辖。饬文所附中国银行归财政部直辖办法共 8 条：(1)中国银行设立、裁撤或归并分行、分号,应先呈由财政部核准;(2)总行局长及分行、分号行长、号长之任免、升调,均应呈由财政总长核准;(3)印造纸币、发行兑换券及施行币制,应由财政部分别拟定办法饬中国银行遵照办理;(4)国库局事兼由财政部国库司司长督理;(5)总行及国库出纳款项、兑换券之发行,应每日编制日计表报告财政部,其各分行及分库出纳日计表,应每日报由总行汇总报部;(6)国库款项之汇兑、兑换及运费,应由营业局拟订划一办法,其汇兑、兑换行市至高以当日市价为限,一律实报实销;(7)库款以采用保管法为原则,惟遇必要时,得呈明财政总长指定额数,拨入营业局账,作为存款;(8)财政部存款、欠款利息,均以最低率为准②。

1915 年 10 月 31 日,袁世凯大总统发表申令,"中国、交通两银行具有国家银行性质,信用夙著,历年经理国库,流通钞票,成效昭彰",同时"责成该两银行按照前此办法切实推行,以为币制、公债进行之辅助"③。

1916 年袁世凯称帝,各地义师风起,北京政府于是颁布中国银行停兑令,但中国银行上海分行为维护存户利益及本身信用,拒不执行停兑令,并另行组织股东联合会,与上海绅商各界合作,继续兑现,中国银行的信用因此大增④。

在此期间,与中国银行同时被视为国家银行的,还有交通银行。该行于 1908 年正式开业,由邮传部奏设,"以便利交通、振兴轮路邮政四政",颁有《交通银行章程》38 条,官股总额为库平银 1 000 万两,先收足 500 万两⑤。1914 年,《交通银行则例》公布,对该行的职责规定更为详尽,不仅经管路、电、邮、航四项款项,并得"受政府之委托分理金库"及"受政府之特许发行兑换券",国内外汇兑及跟单押汇也列入其经营范围⑥。1922 年后,交行增收资本,改为国币 1 000 万

---

① 中国银行请通告各国银行声明中国银行为国家中央银行并开具已设各分行号清单致财政部公函(1913 年 5 月 21 日),《中华民国史档案资料汇编》第三辑"金融"(一),第 319 页。

② 财政部关于将中国银行改归本部直辖饬稿(1914 年 7 月 5 日),《中华民国金融法规档案资料选编》(上),第 181—182 页。

③ 大总统关于中交两行同具国家银行性质申令(1915 年 10 月 31 日),《中华民国史档案资料汇编》第三辑"金融"(一),第 68 页。

④ 中国银行行史编辑委员会编著：《中国银行行史(1912~1949)》,中国金融出版社 1995 年 9 月版,第 73—85 页。

⑤ 清邮传部奏设交通银行折(光绪三十三年十一月初四日),《交通银行史料》第一卷上册,第 6—8 页。

⑥ 交通银行则例(1914 年 4 月 7 日),《交通银行史料》第一卷上册,第 190 页。

元,设立分区发行总分库,专管发行事务,该行业务也因此更为发展①。

1916年4月29日,财政部通知中国银行及交通银行总管理处,直、鲁、苏、察等地财政厅等,"自奉电日起,所有一切收款,以五成交中国银行国库,五成交交通银行分行号收存,以资周转而利流通"②。

应该说,在1928年中央银行未正式成立以前,中国银行和交通银行"显居我国金融界领导地位,对国家金融之建树、国券之推行,颇多贡献"③。

二、南京国民政府时期

1. 抗战前的国家银行

国民政府成立后,国家银行体系中最为重要的变化,应当是中央银行的设立。1924年8月,孙中山在广州成立中央银行,由宋子文担任行长。1926年北伐军攻克武汉,12月在武汉又成立了一中央银行,于翌年1月正式开业,由陈行担任行长。但这两个中央银行存在的时间都很短,其主要目的也主要是为筹集军费而发行钞票,随着军事进退而起落,虽然采用了中央银行的名称,却没有真正行使中央银行的职能④。

1928年南京国民政府成立后不久,便召开全国经济会议和财政会议,召集全国的经济金融学者及银行工商业代表,共同商讨新政权建立后所应采取的银行制度问题。会议形成决议,认为新政权所应建立的银行制度"可分国家银行、地方银行及普通商业银行、国际汇兑银行等"。根据上述会议精神,国民政府于1928年10月5日公布了《中央银行条例》,条例规定,"中央银行为国家银行,由国民政府设置之",总行设于上海,资本总额2 000万元,由财政部库款一次拨足,开始营业;由国民政府授予下列特权:(1)遵照兑换券条例发行兑换券,(2)铸造及发行国币,(3)经理国库,(4)募集或经理国内外公债事务⑤。1928年10月25日,国民政府核准公布了《中央银行章程》,分为总则、资本、业务及特权、组织、理事会、总裁副总裁、监事会、业务局发行局、决算及净利之分配、附则

① 交通银行则例(1914年4月7日),《交通银行史料》第一卷上册,第129页。
② 财政部关于直苏鲁察等地财政收入各半分交中交两行收存函稿(1916年4月29日),《中华民国史档案资料汇编》第三辑"金融"(一),第69页。
③ 宋汉章:《我国银行制度之演进》,朱斯煌主编:《民国经济史》,银行周报社1948年1月版,第1页。
④ 《中国金融史》,第293—294页。
⑤ 国民政府颁布之中央银行条例(1928年10月5日),《中华民国金融法规档案资料选编》(上),第529—532页。

等共 10 章、45 条[①]。1929 年初，国民政府发出通令：凡设有中央银行地方所有各机关，一切公款如有不遵前令，全数交存中央银行者，以营私舞弊论，并将款项提还国库[②]。

1935 年 5 月 23 日，国民政府颁布《中央银行法》，同时废止了 1928 年公布的《中央银行条例》。《中央银行法》共分总则、资本、组织、特权、业务、决算及报告、附则等 7 章、36 条，规定中央银行为国家银行，其特权为：(1)发行本位币及辅币之兑换券；(2)经理政府所铸本位币、辅币及人民请求代铸本位币之发行；(3)经理国库；(4)承募内外债，并经理还本付息事宜。中央银行资本总额增至 1 亿元，由国库拨足[③]。同年 11 月 4 日，国民政府"实施管理通货政策以后，中央银行之职权乃更趋专业化矣"[④]。

在建立中央银行的同时，1928 年 10 月和 11 月，国民政府先后对中国银行和交通银行进行了改组，同时加入了官股。

1928 年 10 月 26 日，国民政府公布了《中国银行条例》，规定中国银行"经国民政府之特许，为国际汇兑银行，依照股份有限公司条例组织之"；股本总额定为国币 2 500 万元，每股国币 100 元，其中政府认购 5 万股；经财政部特准，得遵照兑换券条例发行兑换券。受政府委托办理下列各项事务：(1)代理政府发行海外公债及经理还本付息事宜，(2)经理政府存在国外之各项公款并收付事宜，(3)发展及扶助海外贸易事项，(4)代理一部分之国库事宜[⑤]。因政府原只占中国银行股款 5 万元，财政部以"本部现因现金缺乏"为由，以民国十七年整理金融短期公债 495 万元送存中国银行，作为此项股款之押品[⑥]。

1928 年 11 月 16 日，国民政府公布《交通银行条例》，规定交通银行"经国民政府之特许，为发展全国实业之银行，依照股份有限公司条例组织之"；股本总额定为国币 1 000 万元，每股国币 100 元，其中政府认购 2 万股；经财政部特准，得遵照兑换券条例发行兑换券；受政府委托办理下列各项事务：(1)代理公共实业

---

① 国民政府核准公布之中央银行章程(1928 年 10 月 25 日)，《中华民国金融法规档案资料选编》(上)，第 533—538 页。

② "国府通令各机关公款应存中央银行"，《银行周报》13 卷 8 号，1929 年 3 月 5 日。

③ 财政部为转发中央银行法训令稿(1935 年 6 月 12 日)，《中华民国金融法规档案资料选编》(上)，第 596—602 页。

④ 李立侠：《民元来我国之国家银行》，《民国经济史》，第 12 页。

⑤ 国民政府颁布之中国银行条例(1928 年 10 月 26 日)，《中华民国金融法规档案资料选编》(上)，第 539 页。

⑥ 财政部拟以金融公债四百九十五万元充当中国银行官股致该行笺函稿(1928 年 11 月 10 日)，《中华民国史档案资料汇编》第五辑第一编"财政经济"(四)，第 393 页。

机关发行债票及经理还本付息事宜,(2)代理交通事业之公款出入款项,(3)办理其他奖励及发展实业事项,(4)经理一部分之国库事宜[①]。财政部并以民国十七年金融短期公债 100 万元充当该行官股[②]。

进入 30 年代后,国民政府内忧外患频发,本已相当拮据的财政金融更加困难,由于公债推销不易,市场银根紧缩,工商业更感困难。1934 年,中国和交通两行的实收资本为 3 370 万余元,占全国银行资本的 10%,资产总额占近 1/3,共达 14 亿多元,相当于中央银行资产总额的近 3 倍;当时中央银行的总体实力与中国银行相差较大,几乎与交通银行相当[③]。政府认为,欲控制局面,加速金融垄断,必须完全控制中国银行和交通银行。蒋介石甚至认为,"国家社会皆频破产。致此之由,其结症乃在于金融币制与发行之不能统一,其中关键全在中交两行固执其历来吸吮国脉民膏之反时代之传统政策,而置国家社会于不顾";他认为,"今日国家险象,无论为政府与社会计,只有使三行绝对听命于中央,彻底合作,乃为国家民族唯一之生路";他还要求中国银行总经理张嘉璈"完全脱离中国银行关系"[④]。

根据蒋介石的指令,财政部决定发行金融国债 1 亿元,其中 3 000 万元拨交中央银行充实资本,2 000 万元交中国银行,1 000 万元交交通银行,充作增加的官股。但这一决定遭到中国银行的强烈反对,经再三商议,最后改为增加官股 1 500 万元,连同原先 500 万元,合计 2 000 万元,与商股相等[⑤]。财政部并再次修改《中国银行条例》,规定中国银行股本总额为 4 000 万元,官商各半,部派董事由原来的 3 人增加到 9 人,部派监察人由原来的 1 人增加为 3 人[⑥]。与此同时,《交通银行条例》也再次修改,股本额扩充到 2 000 万元,官三、商二,部派董事由 3 人增为 9 人,部派监察人由 1 人增为 3 人[⑦]。

中国农民银行的成立,也是南京国民政府时期银行业的一件大事。中国农民银行的前身,是 1933 年在农村金融救济处基础上成立的豫鄂皖赣四省农民银

---

① 交通银行条例(1928 年 11 月 16 日),《中华民国金融法规档案资料选编》(上),第 550 页。

② 中央银行业务局关于交付交通银行金融公债一百万元充当该行官股函(1928 年 11 月 17 日),《中华民国史档案资料汇编》第五辑第一编"财政经济"(四),第 478 页。

③ 《中国银行行史(1912~1949)》,第 371 页。

④ 《中国银行行史资料汇编》上编,第 385 页。

⑤ 《中国金融史》,第 301 页。

⑥ 修正中国银行条例(1935 年 6 月 4 日),《中华民国金融法规档案资料选编》(上),第 590 页。

⑦ 修正交通银行条例(1935 年 6 月 4 日),《中华民国金融法规档案资料选编》(上),第 593 页。

行。该行总行设在汉口,资本总额定为 1 000 万元,得发行农业债券及农民流通券①。1935 年 3 月 13 日,蒋介石致电行政院、财政部及实业部提出,豫鄂皖赣四省农民银行成立两年有余,"于调剂农村金融颇见成效",鉴于"现四省之外陕甘浙闽湘等省及京沪等市,均次第入股,而其他各省农村金融亦确有统筹调剂之必要",指令"将四省农行扩大范围,改为中国农民银行"②。

1935 年 6 月 4 日,国民政府公布《中国农民银行条例》,规定"中国农民银行经国民政府之特许,为供给农民资金,复兴农村经济,促进农业生产之改良进步,依照股份有限公司之组织设立之"。该行资本总额为国币 1 000 万元,分为 10 万股,每股国币 100 元,一次征足,除由财政部认 25 000 股、各省市政府分别认股不得少于 2 500 股外,余由人民承购;总行设于汉口;经国民政府之特准,得发行兑换券及农业债券③。

其他国家性质的银行中,还有中央信托局与邮政储金汇业局。

我国的信托事业兴起于 19 世纪 20 年代。1921 年上海开设了大批信托公司和交易所,但多数都因投机失败而破产、倒闭。1928 年以后,各大银行多附设信托部,信托业务才又开始发展。1935 年 10 月,国民政府公布了《中央信托局章程》,成立了中央信托局,设总局于上海,各地酌设分局或代理处,资本总额为 1 000 万元,由中央银行一次拨足。按章程规定,中央信托局的业务是办理公有财物及政府机关重要文件契约等的保险及保管事项,经营国营事业或公用事业债券股票的募集与发行,经收公共机关或公共团体的信托存款并代理运用,办理各种保证事项和委托代理等。实际上,它的业务范围十分广泛,除上述业务外,它还设立中央储蓄会、办理有奖储蓄,但更主要的业务则是采购军火和垄断进出口物资的收购④。

中央信托局成立时为中央银行的一个业务局,但对外独立营业。它一经成立,便垄断了信托业务,其他信托公司和各银行信托部的信托业务都受到影响和排挤。当时就有人指出:"近来中央信托局并收受普通存款,有活期定期之分,则又兼营一般储蓄业务矣,所望中央信托局成为信托业中之领袖,弗为信托之霸

---

① 蒋介石抄发豫鄂皖赣四省农民银行条例暨公布令等文件训令(1933 年 3 月 17 日),《中华民国史档案资料汇编》第五辑第一编"财政经济"(四),第 508 页。
② 蒋介石关于将四省农行改为中国农民银行电(1935 年 3 月 18 日),《中华民国史档案资料汇编》第五辑第一编"财政经济"(四),第 524 页。
③ 中国农民银行条例(1935 年 6 月 19 日),《中华民国金融法规档案资料选编》(上),第 603 页。
④ 《中国金融史》,第 304 页。

王。"①中央信托局开始时以储蓄、信托、购料、保险等业务为主。1941年夏季以后,因业务发展需要,扩大改组,资本亦渐增为5 000万元。至1946年底,脱离中央银行而独立。

邮政储金汇业局原为邮政局的组成部分。中国的邮政局创办于清光绪二十四年(1898年),创办之初就开办汇兑业务,光绪三十四年又开始办理储金业务。该局发展很快,机构遍布全国,到1929年全国有通汇局2 374处,全年开发的汇票总额达13 000万元之多,办理储蓄的邮局也有200多处。这些局所的汇兑业务伸展到城镇。1930年3月,国民政府在上海成立邮政储金汇业总局,直属国民政府交通部,把邮政局原来的储金汇兑业务接收过去,但其人员和机构不变,并规定一切政府款项凡中央、中国、交通三银行未设有分支行之地点均由邮汇总局转饬当地邮局代为办理。1931年春,又在上海、南京、汉口分别设立邮政储金汇业局②。

邮政储金汇业局成立后先后进行了多项重要改革,其中包括:(1)添设国内汇兑局所。在该局成立之前,国内汇兑局所共计2 128处,至1932年5月已增至6 836处。(2)提高汇款限额。此前汇兑局汇款限额计分100元、500元、1 000元三种,该局成立后,于1930年8月增为200元、800元、2 500元。(3)添设小款汇票。此事最能便利民众,"缘我国邮寄代办所,虽有9 900余处,大抵地居乡村,仅由商店代办邮务,不能互通汇兑,乡民往往步行十数里或数十里,方能汇款,不便执甚。"该局于1930年10月创办区内小款汇票,汇兑额以每人10元为限,"以乡民多不识字,故手续力求简便,期年之间,办理是项事务之代办所,已达4 875处"。(4)减低汇费。国内汇费因各地金融情形不同,至取费亦不一致,而设有银行之地方,如不力谋减低则无以发展业务,因是划一办法,规定区内汇款,每元收汇费半分,区外收一分,其币不同之地或调拨款项困难之处,不得不另加补水费,以资挹注。此外,还有添办航空汇票、改善开发汇票手续、改善清理汇票以及增加简易人寿保险等③。

1935年3月1日,《邮政储金汇业局组织法》公布,将原邮汇总局和上海局合并改组为邮政储金汇业局,隶属邮政总局,将南京、汉口两局改为分局。邮政储金汇业局的资本总额没有规定具体数目,而是以全国邮政收入为担保。它的主要业务是举办各种形式的储蓄、汇兑、放款、贴现、购买公债或库券、经营仓库、

① 朱斯煌:《对于我国目前信托事业之感想》,《银行周报》20卷31号,1936年8月11日。
② 《中国金融史》,第305页。
③ "邮政储金汇业局经过概况",《银行周报》16卷20号,1932年5月31日。

办理保险等。除了发行钞票外，商业银行的一般业务它都承做。该局成立时，仅有资本 1 000 万元，1935 年增至 5 000 万元，通汇局也增加到 9 500 处以上[①]。

2. 抗战期间之国家行局

抗战爆发以后，国民政府为适应战时特殊环境，采取了一些紧急措施，这些措施对完善国家银行体系起了很大作用。抗战爆发后不久，财政部就组织了中、中、交、农四行贴放委员会，"八·一三"事变后，根据财政部《非常时期管理银行暂行办法》规定，另行组织了审核委员会，审核限度以外的存款提取核准事宜。1938 年 3 月 14 日，又实行了外汇管制。此外，国家行局方面还有下列重要举措：

其一，成立四联总处。四行联合办事总处成立于 1939 年 9 月 8 日，由最初成立于 1937 年 7 月的四行联合贴放委员会脱胎而来。根据国民政府公布的《战时健全中央金融机构办法》，四联总处"负责办理政府战时金融政策有关各特种业务"，"其职权之广泛，责任之重大，无形中几成为中央银行以上之中央银行"[②]。中、中、交、农四行总行及联合总处对于财政金融重大事项，得随时向财政部密陈意见；但凡经财政部决定施行事项，函令四总行或联合总处办理者，应立即依照，切实办理，不得违反或迟延[③]。

其二，推进四行专业化。1928 年中交两行新条例颁布以后，中国银行成为特许之国际汇兑银行，交通银行成为特许之实业银行；同时中央银行成立，确定为银行之银行。1935 年 6 月中国农民银行条例颁布以后，该行专营业务也告确立。1942 年 5 月 28 日，四联总处理事会通过了《中中交农四行业务划分及考核办法》，规定中央银行应以集中发行、统筹外汇收付、代理国库、调剂市场金融等为主要业务；中国银行应以发展与扶助国际贸易，并办理国际贸易有关事业之贷款与投资，受中央银行之委托，经理政府国外款项之收付及经办进出口外汇及侨汇等为主要业务；交通银行应以办理工矿交通及生产事业之贷款与投资、公司债及公司股票之经募或承受等为其主要业务；中国农民银行应以办理农业生产贷款与投资土地金融、合作事业之放款、农业仓库、信托及农业保险等为主要业务[④]。自此，四行已基本确立各自专业化的路径。

---

① 《中国金融史》，第 305—306 页。
② 李立侠：《民元来我国之国家银行》，《民国经济史》，第 13 页。
③ 战时健全中央金融机构办法纲要（1939 年 9 月 8 日），《中华民国金融法规档案资料选编》（上），第 634—635 页。
④ 四联总处订定之中中交农四行业务划分及考核办法（1942 年 5 月 28 日），《中华民国金融法规档案资料选编》（上），第 657—658 页。

其三,完成发行统一。1935年新货币政策实行以后,规定以四行钞票为法币,发行虽然做到了相对集中,但并未真正统一。根据最高当局1942年3月关于"限制四行发行钞票,改由中央银行统一发行"的指示,四联总处先后于5月和6月公布了《统一发行办法》和《统一发行实施办法》,规定自1942年7月1日起,法币的发行归中央银行统一办理;并规定中、交、农三行6月30日止所发行法币之准备金,限于7月31日前全数移交中央银行。同年7月14日,财政部颁布《中央银行接收省钞办法》①,统一发行自此全部完成。

其四,集中银行准备。抗战爆发后,国民政府为加强金融管制,在1941年12月所修正的《非常时期管理银行暂行办法》中,规定银行经收存款,除储蓄存款应照《储蓄银行法》办理外,其普通存款,应以所收存款总额20％为准备金,转存当地中、中、交、农四行任何一行,并由收存行给予适当利息。此后,1942年6月4日,经四联总处理事会通过补充办法,此项准备金改由中央银行收存,并规定其他三行以往收存之准备金,亦应全数转存中央银行。

其五,确立公库制度。《公库法》公布于1938年6月9日,计32条;《公库法施行细则》公布于1939年6月,共40条。除少数战区省份及边远省份外,一律于1939年10月1日起正式实行。按照《公库法》的规定,公库现金票据证券之出纳、保管、移转及财产之契据等之保管事务,应指定银行代理;属于国库者,由中央银行代理②。

然而,对国家行局在战时的表现,社会各界包括监管机关在内,尚不能认为很满意。1943年10月3日,财政部桂林区银行监理官办公处监理官江英志在柳州各银行代表座谈会上,就对中国银行、交通银行及农民银行未能尽职提出批评,其中在谈到交通银行时,他认为:"就柳州一地观之,工矿交通事业之机构,实亦不在少数,而彼等资金颇为缺乏,均在期待交通银行之扶植,终于失望,如云其机构不健全,生产不合理,产品不标准,前途无希望,投资或辅助,在主观上不足以完成银行业务之手段,在客观上不能期成生产建设事业之目的,遂袖手旁观,听其淘汰,亦非良策,安知吾国目前仅余幼稚微小之工业,实已不足应付当前之要求,岂可再听其没落。机构不健全,可以调整;生产不合理,可以改进;产品不标准,可以改良。要之均可待人力改善者,并非绝望,断不可因而阁置不顾,反从

---

① 中央银行接收省钞办法(1942年7月14日),《中华民国金融法规档案资料选编》(上),第458页。

② 国民政府公布之公库法(1938年6月9日)、公库法施行细则(1939年6月27日),《中华民国金融法规档案资料选编》(下),第881、890页。

事于其他行业之短期贷款。"[1]

3. 抗战结束后之国家行局库

国家行局库，包括中央、中国、交通、中国农民四行，中央信托局，邮政储汇局及中央合作金库，共计7家。抗战以前，各行局库的总机构，除中国农民银行、邮政储汇局及中央合作金库原设于南京外，其余四行局均设于上海。1947年7月，经行政院会议通过，所有在沪各国家银行总机构，一律于1947年底前迁设南京。此后，由于各行局业务的关系，暂将行政及管理部门先行迁至南京，各地分支行处的设立、变更或裁撤，均视政治经济发展情况和实际需要，经四联总处核定，随时予以调整。截至1948年6月底止，国家行局库除总机关外，所有分支行处，国内共有882个单位，国外共计25个单位，国内机构约占全国各行庄总数的14%强[2]。

就国家银行的专业化而言，自1942年5月由四联总处划分中、中、交、农四行业务后，从表面上看，国家银行专业化已粗具眉目，但实际上国家银行仍多兼营普通银行的业务，不仅不能就其专业范围全力经营，而且与普通银行的业务有所冲突，如此，则不仅分工合作未达到目的，整个银行制度的效率反而有所减低。就中央银行作为发行的银行而言，在抗战期间，中央银行独揽了货币发行权，成为唯一的发行银行，这是中国货币制度变革中的一个里程碑。但同时也要看到，这只是一个基础，"其成败关键实系于发行政策是否能运用得宜"，如果运用不当，则很可能引起通货之膨胀。时人就建议由立法院规定发行最高限额，非经立法院之通过，不得变更限额。就中央银行作为政府的银行而言，当然应当与政府保持紧密的联系，以期与财政政策相配合，便利国家政策的实施；"但不可仅以推行财政政策为目的，对于巨额赤字藉发行弥补，尤宜加以限制，以免助长通货之膨胀"[3]。

此外，当时四行二局一库的组织相当庞大，人员过多。至1948年11月底，中央银行机构有107个单位，职员约5 000余人；中行有235个单位，职员5 864人；交行有202个单位，职员3 765人；农行有264个单位，职员4 782人；此外，中信局亦有将近50个单位，储汇局有80多个单位，中央合作金库有将近20个单位，均配有大量职员。即就四行计算，共有808个单位，职员19 411人。中央

① 桂林区银行监理官江英志在柳州银行界代表座谈会的谈话（1943年10月3日），渝档：0304—1—1120。

② 汤寿康：《金融机构之分布与管制》，《银行周报》32卷38号，1948年9月20日。

③ 戴离文：《我国银行制度应采取之途径》，《银行周报》32卷29号，1948年7月19日。

银行业务局有局长、副局长7人,国库局有局长、副局长6人;中国银行国外部有经理、副经理、襄理15人,信托部有经理、副经理、襄理9人,上海分行有经、副、襄理16人;交通银行稽核处有处长、副处长9人;中央信托局有局长、副局长5人。以上各行局均有专员、正副科(课)长、帮办等不计其数。其所以致此者,"由于每换一次董事长、总裁或总经理时,必每次带进职员一批,而老职员不敢裁退,遂形成四行为养士机关"①。

因此改革国家金融机构的呼声,已不仅出现在金融业内部。1949年4月初,立法委员王力航等186人联名向立法院提出议案,主张改组中央、中国银行;撤销交通、农民两行以及合作金库、信托局、储金汇业局等机构。该议案认为,"现时国家行局库会机构庞大、业务重复、靡费浩繁、组织极不合理,影响国计民生、金融、物价最为重大",并建议进行彻底改组,以"树立合理之银行制度,根绝豪门买办之把持,挽救经济崩溃之危机,以解救饥寒交迫之人民"②。

第二节　地　方　银　行

一、省地方银行

省地方银行的特点,大致可概括为三个方面:一是与省财政发生密切关系,二是业务范围与分支行处着重于本省,三是发行权大多限于小额钞券。对省地方银行的监管,始终是近代中国历届中央政府相当关注的重要方面。

地方银行的沿革,应当追溯至各省官银钱号的起源。清咸丰二年(1852年),户部以"军需孔亟、度支部告匮",在京城内外招商设立官银钱号,由部库发给成本银两,作为推广银钱票的票本。光绪年间,直、奉、吉、黑、鲁、豫、晋、苏、赣、闽、浙、鄂、湘、秦、陇、川、粤、桂、热河等处先后设立了官银钱局或兑换铜圆的机关,"或为发行钞票之枢纽"。宣统年间,直隶、四川、浙江等省举办银行,"或就官银号所改而成,或系参照新章而设"③,"遇辛亥革命,若疾风之扫秋叶,凋谢殆

---

① 萧文哲:《论国家金融机构之改造》,《银行周报》32卷49号,1948年12月6日。
② "立法院之改革国家金融机构提案",《银行周报》33卷17号,1949年4月25日。
③ 《中华银行史》第五编"地方银行",第3179页。

尽,所存者为数甚少"①。

中华民国成立后,各省或将官银钱号加以改组,或另筹的款重新创设,"省银行林立各省,不减旧日盛况",各地军阀将当地省银行作为外府,以发行钞券,供给军政费用。经北伐后,许多省银行所依附的政治势力忽然失去,钞券价格一落千丈,无法维持,于是便接踵倒闭,留存者仅浙江地方银行、山西省银行、江苏银行、贵州银行、富滇银行以及东三省三家官银号等②。

北京政府采取了一些措施,试图加强对省地方银行的监管。设置各省官银钱行号监理官,是北京政府在监管省官银钱号方面采取的一项重要措施。1913年1月,大总统颁发教令,严禁各省官办及官商合办银钱行号增发纸币,同年12月23日公布《各省官银钱行号监理官章程》及《各省官银钱行号监理官办公规则》。1914年3月4日,财政部扩大了银行监理官管制范围,凡官立、官商合办及商办银钱行号之发行纸币者,皆适用之;至1920年,更是将监管范围扩大至外国在华发行银行。

1913年3月10日,北京政府财政部批准了《各省银行大纲》,对各省地方银行有关事项作了相应的规定。各省银行的定名,直隶所设者,称直隶银行,河南所设者,称河南银行,余类推;宗旨为调和金融,维持市面,整理钞票;特权包括:(1)经理全省公款;(2)协助中央银行推行纸币;(3)受中央银行委托,代理国家分库。其组织方式则就现有官银号加以改组,设总行于各省省城,酌设分行或代理店于各县及繁盛市镇,但推设分行支号,以本省境内为限。各省营业范围以本省为范围,其汇兑等事,或托中央银行或托他省银行或托商业银行办理,悉听其便。资本则就官银号原有资本加招商股,并由中央政府酌量补助。行长由本省长官荐由财政部呈请任命;稽核员一员,由中央银行派往稽核发行纸币及分库事务。各省银行应参酌采用新式簿记。各省银行除对于本省长官应有报告外,按季应报告财政部一次,财政部亦可随时派员检查账目、证据及现金③。

1914年2月28日,财政部第376号训令指出,根据《银行通行则例》规定,凡开设银行者,须按照本则例自定详细章程,呈报财政部批准;如有变更,亦应一律呈核。但各省官银钱行号的章程,大多未经呈送财政部,"亟应令行补送,以备察核";并要求各省民政长迅即转饬该省各官银钱行号,"无论已未送部,速将该

---

① 郭荣生:《中国省银行史略》,台海出版社1975年影印版,第17—18页。
② 同上书,第19页。
③ 财政部秘书处为附送关于改组各省银行推行纸币事宜呈文等件致泉币司付(1913年3月1日),《中华民国金融法规档案资料选编》(上),第71页。

银行现行各种章程呈部备案"①。

1917年3月,财政部泉币司提出了"筹拟各省官银钱号善后办法议案",就整顿各省官银钱号提出五点改良办法。第一,厘定章程。财政部拟先为各省官银行号订定一通则,再就地方特殊之点,分别变通,大旨则以注重营业、裁汰冗员、节省靡费三者为入手办法。第二,整理纸币。一则彻查现在流通确数,二则严禁擅自私发及发新换旧时有发无收;至将来收回办法,固应以筹集大宗款项为先决问题,然嗣后每年结算,所获盈余,应预为提存十分之八,另款存储,以充整理纸币基金,随时报由财政部酌定办理。第三,沟通汇兑。由各省官银钱行号各筹现款为汇兑基金,将原设他省之分号,即委所在地之官银号代理,经费既可节省,信用又复昭彰。第四,限制垫款。嗣后各省财政厅如遇万不得已之时,向行号借款,仍应以预算内所订确实收入,提供担保,其用途并应以预算内所列款目通融一时者为限;上项借款数目及合同应先由省长查核,并送财政部核准,其预算外未经列入之数,不得支借。第五,明定赏罚。分红恶习务宜痛除,如有办事得力之人,即可援照奖励章程办理,其成绩卓著者,呈由本部核请荣誉奖励;至于职员舞弊,由财政厅分别轻重,送厅惩办。此外,如有违反部章之事,财政厅即应自认其咎,当由省长咨明财政部议处。该提案经由会议审查后认为,"此案主旨系为各省官银钱行号急则治标之计,虽非根本解决,然可认为时势所必要,自应赞成",同时作了一些必要的删节修正。财政部认为,"此案以整顿行务为主旨,所拟各节,均属切实可行,自应通行京外,切实遵照,以期金融前途日有起色",并要求各省转饬财政厅,"分别妥筹办理,迅速报部"②。

南京国民政府成立后,先后颁布了多项法规,加强对银行事业的监管,并对省银行给予了密切关注。1928年7月1日于南京召开的第一次全国财政会议,通过了《中华民国地方银行条例》共11条,"惜以格于情势,恐实行时发生困难,财政当局未予公布"③。

抗战以前,对于省银行业务方面的监管,没有出台专门的规定,相关要求主要体现在一些通行性法规中。如1931年国民政府公布的《银行法》第34条规定,"银行对于任何个人或法人团体、非法人团体之放款总额,不得超过其实收资

---

① 财政部关于各省银钱行号章程请转饬送部备案训令稿(1914年2月18日),《中华民国金融法规档案资料选编》(上),第170页。
② 财政部为附送整理各省官银钱号善后办法暨报告咨(1917年4月4日),《中华民国金融法规档案资料选编》(上),第226—230页。
③ 《中国省银行史略》,第220页。

本及公积金百分之十"①。这一规定对于省银行与省政府各厅处之间的借贷关系,予以了极大的限制。1934 年公布的《储蓄银行法》规定,各行以复利所吸收之储蓄存款,投资时应分配于农村合作社的质押放款以及以农产物为质之放款两项,总数不得少于存款总额的 1/5②。这一规定对于省银行经营储蓄业务,具有促使其资金运用向健全途径发展的积极指导作用。

根据有关学者对抗战前河北、广西、江苏、陕西、甘肃等 5 省银行的章程分析,省银行除代理省县金库与发行省钞等项外,多从事商业银行之业务,农工矿各业放款殊少经营,因此各省银行虽以"调剂本省金融,辅助经济建设"为宗旨,而实际能达成此项目的者为数甚少,其原因主要有三个方面:(1)一部分省银行,对省政府之军政贷款,尚感应付艰难,实无力再顾及发展农工矿各业;(2)抗战以前,有若干省份一直处于动荡之中,省银行投资农工矿各业,资本与利润均无保障,且获利期限太长,占压资金为数太大,不若经营商业银行之业务,资金利润两皆安全,更能于短时间内获得厚利;(3)各省省银行资力薄弱,兼以政治背景各异,各自为政,中央政府无法予以严密之监督及融通资金之机会,故各行虽明知投资农工矿各业可裨益社会国家,亦唯有搁置而已③。

抗日战争爆发后,国民政府采取了许多措施,其中比较重要的包括颁行《改善地方金融机构纲要》、设置省地方银行监理员、扩展省银行对小工商企业贷款、加强物资收购、加强对分支机构管制以及确立管制省银行原则等举措。除前文已提及的设置省地方银行监理员以及加强对分支机构管制等外,其余择要分述如下。

1. 颁行《改善地方金融机构办法纲要》

1938 年春,国民党临时全国代表大会召开后,财政部遵照大会方针,对于《抗战建国纲领》中有关金融与生产诸条,努力推行,并于 1938 年 4 月 28 日公布《改善地方金融机构办法纲要》。该纲要共计 10 条,规定各地方金融机构,应依照该纲要相关条款规定领用中、中、交、农四行的一元券及辅币券,除原有业务外,应增加下列各项业务:(1)农业仓库经营;(2)农产品抵押;(3)种子、肥料、耕牛、农具贷款;(4)农田水利事业贷款;(5)农业票据承受或贴现;(6)完成合法手续及有继续收益之土地房产抵押;(7)工厂厂产抵押;(8)工业原料及制成品抵押;(9)商业票据承受或贴现;(10)公司债经理发行或抵押;(11)照章发息之公司

---

① 财政部转发银行法令(1931 年 4 月 24 日),《中华民国金融法规档案资料选编》(上),第 577—578 页。
② 国民政府颁布之储蓄银行法(1934 年 7 月 4 日),《中华民国金融法规档案资料选编》(上),第 581 页。
③《中国省银行史略》,第 204—205 页。

股票之抵押;(12)农、林、渔业、矿业出品及日用货商品之抵押。该纲要并特别规定,地方金融机构关于农业上的各种放款,得与中国农民银行及农本局合作;其单独放款受押的农业抵押品,亦得商向当地中国农民银行或农本局转抵押,其关于商业等抵押品,得向当地中国、交通两行转抵押①。

2. 两次全国性地方金融会议

《改善地方金融机构办法纲要》公布后,财政部"深恐各地银行未能明瞭该办法之真实意义,甚或藉故领取一元券及辅币券,此则与该办法之真义根本相反"②。1938年6月1日,财政部在汉口召开了第一次地方金融会议,到会的有各地银行金融主管70余人,会议历时3天。财政部长孔祥熙在会议开幕词中称:"此次会议之意义,即集合全国各地金融主管人员,共同讨论如何改善地方金融机构之实施办法,以求充实发挥其效能,增强全国抗战实力,争取最后胜利。"会议作出决议8项:(1)奖励输出事业,并便利侨胞汇款回国;(2)继续努力收集金银;(3)增设内地金融机构,以完成金融网;(4)提倡节俭,奖励储蓄;(5)扶助内地必需品生产事业,并推广农村贷款;(6)继续推行贴放事宜,以供给各业所需资金;(7)限制沦陷区汇兑,疏通内地相互间汇兑;(8)训练金融机关人才③。

1938年10月武汉撤守后,抗战进入新阶段。财政部于1939年3月6日在重庆举行第二次地方金融会议,历时5天。此次会议决议共有六项,其中包括:(1)关于如何发展经济力量案。要求各省银行或地方银行视其需要及环境,力谋本身组织之健全、分支行处之推广及资本之充实;与各该地方主管机关及实业界合作,成立经济调查研究组织,以结果建议政府或公告社会;协助各该地方主管机关办理物资之收购、储藏、运销;力谋省内汇兑的便利迅速,并与他省银行联络,以便彼此通汇;考察各该地方农工商矿各业实况,及其对抗战上重要之程度,与天时地利人事上之可能,特别提示若干种事业为其主要之投资对象;对于生产事业,承做信用放款,并对工矿业之厂房机器工具等产业做长期放款,中、中、交、农四行予以转抵押之便利,助其周转。(2)关于如何维护币制案。要求各省银行或地方银行协助四行推行小额币券,代换破钞,收兑金银;由财政部派员常川驻行办理发行事务监督;按照规定领用一元券及辅币券。(3)关于如何增进业务案。要求各省银行或地方银行,尽量接受委托收购物资;可呈准办理建国储金;

---

① 改善地方金融机构办法纲要(1938年4月28日),《中华民国金融法规档案资料选编》(上),第628—630页。
② "银行会议召集之原因",《银行周报》22卷21号,1938年5月31日。
③ "汉口金融会议纪",《银行周报》22卷22号,1938年6月7日。

收购资金不足时,自购部分可转向四行转贴现、转抵押;按规定领用一元券及辅币券,已核准发行辅币券者不得请求增发;对军事民生有关之农工矿业予以融通资金;防止敌伪钞票之蔓延;推动代理省市县金库业务;考选充实分支行处及办事处的干部。此外,还有关于如何便利收购物资案、如何平衡物价之涨落案,以及如何接济食粮之需要案等①。

3. 加强物资的收购与管制

根据第二次地方金融会议精神,各省地方银行纷纷成立信托机构,先后受财政部贸易委员会的委托,收购各省土产、运输外销。1940 年 3 月,财政部认为,民生日用必需物品价格飞涨,逾越常度,原因虽属多端,而各银钱行号承做货物为质之押款,任听押款人一再转期,实有助长囤积之嫌,于是通令各银钱业同业公会转知银钱行号,对于货物押款,应注意货物性质,借款人是否为各该行业正当商人,并克日撤销代理部、贸易部,除受中央收购物资机关委托外,自行经营或代客买卖货物一律停止,所有以前承做未了之交易,一律限期清结。因此,各地省地方银行收购物资的业务同样也大受影响②。

1941 年 12 月,修正后的《非常时期管理银行暂行办法》明确规定:"银行不得经营商业或囤积业务,并不得设置代理部、贸易部等机构,或以信托部名义或另设其他行号,自行经营或代客买卖货物。"为避免对省地方银行抢购沦陷区及接近沦陷区的物资业务的冲突,保证后方的物资供应,财政部于 1942 年 4 月 4 日以渝钱字 28146 号训令,通令战区及接近战区各省地方银行办理抢购物资。其令文规定,接近战区各省地方银行,如拟办理物资购销业务,应事先拟具计划,专案呈财政部核准,方得办理,其购销物资范围为:(1)接受财政机关之委托代理物资之收购;(2)遵奉省政府饬令抢购沦陷区及接近沦陷区之日用重要物品及有关军用之物资,以免资敌,其日用重要物品,并应随时销售,不得积存③。令文发出不久,同月 18 日,财政部又发出密令,即关于《省地方银行推设游击区办事处办法》7 条,令战区及邻近战区各省地方银行,在各该省游击区推设办事处,另以商店庄号名义,受总行之指挥,经营物资之收购及转运、汇兑、收换破券、吸收存款、农工商小额贷款,以及其他由总行指定之业务④。

为严密管制,财政部于 1942 年 8 月 14 日对河北、广西、广东、湖南等省地方

---

① "地方金融会议之经过",《银行周报》23 卷 14 号,1939 年 4 月 11 日。
② 《中国省银行史略》,第 215 页。
③ 通令战区及接近战区各省地方银行办理抢购物资文(1942 年 4 月 4 日),《中国省银行史略》,第 287 页。
④ 省地方银行推设游击区办事处办法(1942 年 4 月 18 日),《中国省银行史略》,第 287 页。

银行颁布"令战区及接近战区各省地方银行重申抢购物资业务要旨仰遵办文",该令首述办理抢购物资业务之要点三项,其第一、第二两项,与1942年4月4日令文所言者相同,其第三项为"抢购物资及其处理,应遵照管制法令办理",不得藉抢购供应之名,行囤积居奇之实,其有阳奉阴违,越职行事者,一经查明属实,除依法惩办其负责人外,并勒令该违法省行停止承办此项业务。同时,为明了各行办理情形,便利查考起见,规定"购运"、"销售"、"存货"月报表三种,随令颁发,令各该行自1942年7月起遵照填写,按月报财政部①。

4. 扩展省银行对小工商企业贷款

值得一提的是,1940年5月23日,行政院公布施行《地方金融机关办理小工商业贷款通则》共19条,规定小工商业贷款以辅助小工商业之发展、增加日用必需品供给为宗旨,由地方金融机构(省市银行总分行处)按照本规则斟酌当地情形办理之。其要点包括:

借款对象、限额、利率及期限。借款人以有确定地址、经营正当小本工商业需要营运资金,并加入各该业同业公会者为限;但各该同业公会尚未成立者,不在此限。借款数额,小商业最高以3 000元为度,小工业最高以2万元为度。借款利率最高不得超过月息9.9厘,借款不满500元者,得申请酌量减低利息。借款期限,分活期、定期两种,均得用分期摊还办法偿还本息,小商业最长不得超过1年,小工业最长不得超过2年。其有特殊情形经贷款机关认可者,得酌量延长之。

借款保证。借款必须有保证,由借款人于下列方式中,任择一种办理之:(1)由殷实商号或工场一家负责保证,经贷款机关认可者;(2)由社会上有信誉之2人连带负责保证,经贷款机关认可者;(3)以动产为担保(动产以货物或有价证券能实行移转占有及有确实价格者为限),其贷款金额不得逾动产价格的6/10;(4)以不动产为担保(不动产以有永续确实收益者为限),其贷款金额不得逾不动产估定价格的4/10。

借款、还款手续。借款人填具借款申请书时,须由各该同业公会或殷实商号、工场负责证明,经查明属实,办理借款手续后,始予贷款。定期贷款提前归还一部分或全部者,得按日结算利息。借款人所借款项,不得用作囤积居奇及其他不正当之用途或转贷他人从中渔利,否则一经察觉,得随时追还其借款之全部。借款人与保证人或保证商号、工厂如有迁移,应各自随时通告贷款机关;否则一

① 令战区及接近战区各省地方银行重申抢购物资业务要旨仰遵照文(1942年8月14日),《中国省银行史略》,第288页。

经察觉,得随时追还其借款之一部分或全部。

此外,通则还规定:借款人限借一户,不得以 1 人捏造 2 名或数户蒙混多借;贷款机关为明了借款人之营业内容,得随时查阅其帐簿;借款人与保证商号,如不履行契约时,贷款机关得报请当地政府予以追偿。地方金融机关以本通则办理小工商业贷款资金不足时,得向中、中、交、农四行联合办事处商借之,其所定契约格式及按月办理贷款情形,应呈由省政府转报财政、经济两部备查①。

1942 年 12 月 12 日,行政院公布了《修正地方金融机关办理小工业贷款通则》,这一规定系财政部根据行政院对地方金融机关"对于小商业之贷款可暂停进行,以移增工业资金"的指令,由财政部将原颁有关条文分别修正,并经行政院第 591 次院会通过,由财政部通饬施行②。"此次改订通则所订利率为一分二厘,俾小工业得以取得低利资金,同时将原订优待小商业放款办法一律停止",但"并非令饬各省地方银行对协助产品运销之商业放款一律停办"。该通则公布施行后,经遵照通则订立章程呈送财政部核定施行者计有陕西省、甘肃省、湖南省、河南农工、福建省、浙江地方等银行;其由财政部分别令饬遵照通则修订原章程者,计有湖北省、安徽地方等银行③。1946 年 9 月 16 日,行政院再次修正公布了《地方金融机关办理小工业贷款通则》,其主要调整内容如下:将小工业借款数额改为最高以 50 万元为度,借款最高利率不得超过该行一般放款利率的六成④。

地方银行之设立,其本旨原为调剂本省金融、辅助经济建设,但究竟做得如何,即便是当时桂林区银行监理官办公处的监理官也提出了疑问:"省地方银行是否按照其本旨,循规蹈矩经营业务,请问诸君究竟如何,可谓除代理国库外,其余业务实与商业银行无所异趋,甚则利用其环境上之便利,或经营非法业务,或与普通商业银行互相竞争,实已失其设立地方银行之本旨,如再听其发展,金融前途,实堪忧杞。"⑤

抗战胜利前夕,由国民政府颁布的《省银行条例》,堪称省地方银行发展史上

---

① 地方金融机关办理小工商业贷款通则(1940 年 5 月 23 日),《中华民国金融法规档案资料选编》(下),第 1093—1095 页。

② 财政部为抄送修正地方金融机关办理小工业贷款通则函(1943 年 1 月 6 日),中国第二历史档案馆编:《中华民国史档案资料汇编》第五辑第二编"财政经济"(四),第 667 页。

③ 财政部关于督导银行资金运用的补充说明(1945 年 4 月 2 日),《中华民国史档案资料汇编》第五辑第二编"财政经济"(四),第 566 页。

④ 行政院修正公布之地方金融机构办理小工业贷款通则(1946 年 9 月 16 日),《中华民国金融法规档案资料选编》(下),第 1130 页。

⑤ 桂林区银行监理官江英志在柳州银行界金融座谈会的谈话(1943 年 10 月 3 日),渝档:030411120。

的一个里程碑式的文件。

1941年,第三次全国财政会议在重庆召开并通过了"改订财政收支系统制定实施办法案",将省级财政并入国家收支系统,省银行的地位与以往有很大不同。此次大会同时还提出"拟请于各省财政收支划归中央统筹支配后,限期责令中央银行将各省省银行接收整理,并修改中央银行法以统一金融机构案",经大会决议送财政部酌办。自此以后,"省银行应如何由中央银行接收整理,遂为时贤所研讨"①。

1945年7月3日,国民政府颁布《省银行条例》共计17条。该条例确定了省银行的宗旨为"调剂本省金融,开发本省生产事业";划一了省银行的名称为"某某省银行";建立了一省一行制,规定"省银行以一省一行为限,其重复设立者,应予裁并"。省银行除首都所在地外,或因其他特殊原因,经财政部特准外,不得在省外设立分支机构;其已呈准设立的省外办事处,仅以办理本省汇兑为限,所有存款、放款、储蓄及投资等业务一概不得经营。省银行收归国有,"省银行的资本由国库拨给,并由县市银行、自治团体参加公股"。省银行的业务范围包括:(1)存款;(2)放款以贷予省内农、林、渔、牧、工、矿等生产事业及公用事业为原则;(3)贴现及押汇;(4)国内汇兑;(5)储蓄业务,得呈准财政部办理;(6)信托业务,得呈准财政部办理;(7)其他财政部许可的合法银行业务。省银行得受政府委托办理下列事项:(1)代募公债及其还本付息事宜;(2)代理各级公库;(3)代理政府其他委办事项。省银行得受中央、中国、交通、农民四行委托,代办各项业务。省银行不得经营下列业务:(1)无确实担保的放款、透支及保证;(2)买卖或承受非营业用不动产;(3)直接经营各种事务;(4)法令禁止经营的其他银行业务。省银行每全年结算时,应造具营业报告书、资产负债表、财产目录、损益计算书、盈亏拨补表等,经董事会议决、监察人审核后,呈请财政部查核备案,并由本银行公布之。该条例同时还对公积金、特别公积金分配等作了规定②。同日,财政部公布《省银行条例实施办法》7条,规定各省银行章程,应自本办法公布三个月内,依照省银行条例修正,呈由各省政府转送财政部核准备案;凡一省已设有两个省银行者,应由各省政府先行拟具裁并办法,送财政部核定办理。省银行由县市及自治团体参加的公股,以不超过资本总额1/2为原则;同时对原有商股退还,地方公股董事、监察人名额分配等作了具体规定③。

① 《中国省银行史略》,第220页。

② 省银行条例(1945年7月3日),《中华民国金融法规档案资料选编》(上),第691—694页。

③ 省银行条例实施办法(1945年7月3日),《中华民国金融法规档案资料选编》(上),第694—695页。

1946 年 6 月 6 日至 10 日，财政部与粮食部在南京联合召开财政收支系统会议，此次会议即第四次全国财政会议，会议主题是讨论战时财政的复员，决议将财政收支系统分为中央、省及院辖市与县市及相当于县市之局等三级，恢复了第二次全国财政会议确定的三级制财政制度。1946 年 7 月 1 日，国民政府修正公布了《财政收支系统法》及《财政收支系统法施行条例》，自此省级财政又告恢复，原由省资设立的各省省银行，性质随之改变，《省银行条例》的修改，自然成为刻不容缓之事[①]。

1947 年 4 月 29 日，国民政府公布了修正后的《省银行条例》16 条，以及《省银行条例实施办法》7 条。与 1945 年的《省银行条例》相比，修正后的《省银行条例》将原条例第 5 条和第 6 条合并，总条数减为 16 条。前后两个条例最大的不同在于：前者规定省银行的资本由国库拨给，后者规定省银行的资本由省库拨给。也正因为此原因，前者规定省银行的董监事人选由财政部令派，即使是参有地方公股的，其董监人选定后，仍须经财政部令派；负实际业务责任的总经理、副总经理，亦由财政部令派；年终结算账册亦须呈请财政部核查备案。后者规定省银行的董监人选，除由本省有关部门首长担任一部分外，省参议会就各县市参议会推荐人选中选出 10 人，另由省政府聘请省内富有经济、财政、金融学理经验的专家 3 人担任；负实际业务责任的总经理、副总经理，由董事会遴选聘任，也不再由财政部令派；年终决算账册，呈报财政厅备案，无须呈财政部备案。前者虽未明白规定省银行的隶属关系，但以董监及总经理、副总经理皆由财政部令派，以及决算账册必须呈请财政部核查备案，实际上省银行是隶属于财政部的。后者则明确规定省银行隶属于省政府，因此以代理省库及经理省公债为当然业务。此外，在完付税款、公积金及公息后纯盈余的分配上，前者为地方公益事业基金 10％，红利 60％；后者改为地方公益事业经费基金 30％，股份红利 40％[②]。

截至 1948 年 6 月底止，根据财政部核准设立的省银行，计总行 31 所，省内分支行处 1 031 单位，省外办事处 112 单位，国外分支行 6 单位，共计 1 180 单位，各省银行已依法组成者，计有江苏、浙江、安徽、江西、湖南、湖北、四川、贵州、西康、广西、广东、福建、河南、河北、山东、陕西、青海、绥远、热河、甘肃、察哈尔、辽宁、台湾等 23 省[③]。

---

① 《中国省银行史略》，第 222 页。

② 国民政府公布之省银行条例及各项办法（1947 年 4 月 29 日），《中华民国金融法规档案资料选编》（上），第 735—738 页。

③ 汤寿康：《金融机构之分布与管制》，《银行周报》32 卷 38 号，1948 年 9 月 20 日。

二、县银行

如果说省地方银行是由清末民初的官银钱号演变而来的,那么,县银行的创设则可追溯到 1915 年,当时全国各地经济情况较为发达的县市,已有所谓"县农工银行"、"县农民银行"等的设置,其性质与以后的县银行虽有较大差异,但类似之处也很多。自那时起至 1940 年的 30 余年间,可以认为是县银行的酝酿时期,或称初级阶段。

1915 年 11 月 21 日,北京政府颁布了《农工银行条例》46 条,规定此种农工银行的设置目的,为协助当地农工业的发展与改进。营业区域以一县辖镜为限,并规定一县一行;如遇有特殊情形,得由财政部核准将一县分为两区或数县合为一区。业务范围着重于农工不动产、农作物、渔业权等贷款[1]。

这一条例颁布后,财政部立即成立了全国农工银行筹备处,首先在位于京畿附近经济发达县份、南北货运要道的大宛、昌平及关内外联络枢纽通县等三地,各筹设一农工银行,"用资倡导",但此后"全国各县仿效继起者,仍属寥寥无几"。大宛农工银行成立未到三年,便于 1918 年加入商股,改组为中国农工银行。1921 年,全国农工银行筹备处裁撤,另行扩充设立全国农工银行事务局,所有农工银行的筹设指定事宜及筹设经费的预计拨付,概归其管辖监督。因支出浩繁、经费难于筹措,1923 年,全国农工银行事务局裁撤,将筹设工作归并财政部钱币司兼办,"自是情况江河日下"。1925 年,昌平及通县二家农工银行,因业务狭窄、收益微弱,难以继续维持,而改组为北平农工银行的分行,实际已失去其县地方银行的意义。以后虽然也有一些银行设立时冠以县名,但其营业范围已不再以县境为限。在此期间,县地方银行先后设立者总数不过 37 家[2]。

自 1915 年公布《农工银行条例》起,至 1940 年公布《县银行法》,前后历时 24 年,平均每年设立一家半,足见县农工银行筹设工作推进速度之缓慢。在其发展过程中,有如下特点:(1)县农工银行总数仅 37 家,其中有 32 家在 1927 年国民政府成立后设立,由此可见,"政治力量之推动,实为我国银行事业发达之主要因素"。(2)依照《农工银行条例》规定,农工银行之设立,应以一县一行为原则,然事实上有一县设立二行者,如常熟、吴县、嵊县、绍兴等;亦有不冠县名者,

---

① 财政部为抄送筹建农工银行原呈及农工银行条例致全国农工银行筹备处函(1915 年 10 月 22 日),《中华民国史档案资料汇编》第三辑"金融"(一),第 60—68 页。

② 李恭宇:《我国县银行制度史的演进与观察》,《银行周报》32 卷 11 号,1948 年 3 月 15 日。

如"大同商业银行"(崇明)、"嵊新商业银行"、"江丰农工银行"(吴县),可见此类银行机构,尚未具有单纯的县地方银行性质,"仍等于一种地方普通银行之雏态"。(3)银行名称极不一致,或称"农民"、"农工"银行,或称"地方"、"实业"银行,混淆难杂,莫可究诘;"实际上细考其所营业务,概属一般性质,丝毫未具专业银行之型式"。(4)筹设工作进展缓慢,一方面表现在过去县政腐败、社会经济落后以及县地方银行事业之不发达,另一方面已间接说明人民对于此项金融组织,"并不感到迫切需要与兴趣"①。

根据调剂地方金融、扶助经济建设和发展合作事业的宗旨,国民政府于1940年1月20日颁布了《县银行法》26条。《县银行法》规定,县银行为股份有限公司组织,非呈经该管地方官署转请财政部核准登记,不得设立。县银行资本额至少须达5万元,商股不得少于1/2。县银行以各该县乡镇为营业区,但因地方特殊情形,得由二县以上或由一县连同附近之邻县乡镇,合并为一营业区。县银行于营业区内,得设分支行或办事处,但应呈由该管地方官署转请财政部备案。县银行的营业范围包括:(1)收受存款;(2)有确实担保品为抵押之放款;(3)保证信用放款;(4)汇兑及押汇;(5)票据承兑或贴现;(6)代理收解各种款项;(7)经理或代募公债、公司债及农业债券。其放款范围规定为六个方面,即:(1)地方仓储;(2)农林、工矿及交通事业生产用途;(3)兴办水利;(4)经营典业小押;(5)卫生设备事业;(6)地方建设事业。县银行公股和商股的董事、监察人,分别由县政府派充及股东会依法选任,并由地方官署转报财政部备案。未经规定事项,则概依银行法、其他特种银行法及公司法办理②。

为建立较为完善的县级银行制度,财政部迭行通令各省转饬各县积极普遍设立,或利用当地原有地方金融组织,充实健全,改组为县乡银行。财政部先后于1940年12月6日和1941年2月5日分别公布了《县银行章程准则》46条和《县乡银行总行章程》20条。财政部对县乡镇银行的构想包括:设立县乡镇银行总行,以辅导县乡地方银钱行号之组织及改善,资本总额2 000万元。其营业范围为:(1)对于县乡银行或县银行为转抵押、转贴现,或保证信用放款;(2)对于县乡银行或县银行之汇兑联系事项;(3)收受存款;(4)代理收解款项;(5)代理经募公债或公司债;(6)保管贵重物品或有价证券;(7)储蓄业务。此外,并得发行农工债券,惟其总额不得超过实收资本之五倍,当发行时应预先开列用途、数目、

① 李恭宇:《我国县银行制度史的演进与观察》,《银行周报》32卷11号,1948年3月15日。
② 国民政府颁布之县银行法(1940年1月20日),《中华民国史档案资料汇编》第五辑第二编"财政经济"(三),第10—13页。

发行地点及其余必要条件,呈请核准行之。县乡银行总行得向其他特种银行以信用及其他优惠条件借入资金①。遗憾的是,县银行总行虽经积极筹备,多方规划,然终因困难滋多,未能成立。"全国之总行未立,则各县市银行孤立独存,缺乏辅导枢纽与联系中心,成为若干漠不相关之金融,而无由发挥金融网之调节或融通效能。"②

抗战期间,经财政部核准注册之县市银行,以西南、西北各省居多。抗战胜利后,收复地区扩延,东南各省县市银行亦陆续筹设成立,"惟以地方不靖,交通破坏,物价狂涨,农村经济濒于破产,各县市银行之设置,不能尽理想之开展,再以资金薄弱,运用呆滞,开支浩大,营业不振,何能担负调节金融之艰巨任务"③。根据中央银行稽核处统计,截至1946年12月31日止,全国已成立的县银行,计有总行356个(另加分行175个,合计为531个);另据上海《金融日报》1947年9月5日南京专电,财政部发言人称,截至1947年8月底,全国共有县银行总行498个,以川、陕、黔三省为最多。从数量看,进展不可谓不速,但在质量上"仍远不如初时所希望",主要问题在于各行资本有限,力量薄弱,"虽已成立,实际能展开工作者什不一见"。

回顾地方银行的发展历程,无论对省银行或县银行,还是两者关系来看,有些问题确实值得进一步探讨。

首先,省银行与县银行的业务范围重复。省银行在各县有自己的分支机构,如果各县也有县银行,它们在业务上势必相互重复。对于经济特别繁荣的县份,这种重复也许无关紧要;但在贫瘠的县份,便会产生冲突。事实上,在当时中国的许多小县中,存放汇兑非常有限,"贴现押汇更属绝无仅有"。一个省银行的三等办事处,常常无法维持营业开支,如果再加上一个县银行,真是"大家喝稀饭"④。

其次,与省银行相比,县银行受地方政府干预更大。县银行名义上为公私合营,实际上常被县行政当局及地方上有势力者所操纵,凭县长一纸手条,即可提取现金者,屡见不鲜,县银行几乎成了县政府的附属机构。甚至有几处县银行经理不经董事会通过,即由县长任命,董事会也有名无实,半年不开一次会,各县情形良莠不齐。此外,县银行限于一隅,难以吸引优秀人才⑤。以成都区为例,县银行之业务监督指导之事,由中央银行特设县乡银行业务督导处办理。监理官

---

① "财部规划设立县乡银行",《银行周报》25卷18号,1941年5月13日。

② 李恭宇:《我国县银行制度史的演进与观察》,《银行周报》32卷11号,1948年3月15日。

③ 汤寿康:《金融机构之分布与管制》,《银行周报》32卷38号,1948年9月20日。

④ 刘善初:《论省银行与县银行》,《银行周报》31卷47号,1947年11月24日。

⑤ 同上。

办公处成立以后，对县银行业务内容，职能上不能置之不问，"但员额、经费、法令方面又未尝有充分行使职权之配备"，在业已给照之县银行 38 处中，未经初次检查者有 26 处，从无报表送核者有 9 处，"各县银行多为豪绅把持，作囤积居奇之机构。其中双流、盐亭、丹棱、眉山等县银行，均违法被控"。办公处以人员、经费所限，遇有部令饬查县银行事项，多转行中央银行县乡业务督导处办理，督导处另无分支机构，例皆函请当地中央银行经理代办。中央银行经理则恐开罪豪绅，又请另行派员查办[①]。

再次，县银行资本薄弱，更是它的致命伤。在战前成立的 28 家县银行中，资本最多者不过 62 万元，如广东中山县银行；少则 3 万元（均系战前币值），如四川綦江银行。战时与战后成立的县银行，因币值变动，资本值难以比较。如 1947 年设立的南昌县银行，实收资本共 2 亿元，修理房屋、添置用具就用去 1 亿元，"试想留下 1 亿元，在现在这种币值情形下，还能开什么银行？"县银行资本既然如此薄弱，又不能如商业银行与钱庄以高利吸收存款，资金自然有限，于是常常银根奇紧，"不得不赖省银行或国家银行的拆借来度难关"。况且县银行的业务集中于一县，营业风险较大。如某县发生大旱水灾等，导致经济恐慌，将立刻动摇县银行，很可能因此使之倒闭[②]。

第三节　私营商业银行

就近代中国银行业监管的对象而言，私营商业银行实际上是监管的主要对象，同时也是监管的重点[③]。在本书的相关讨论中，无论是市场准入，还是市场退出，抑或是日常业务的监管，实际上都是以商业银行为主要对象的。由于相关内容已散见于各个章节，不再赘述。本节主要侧重于对私营商业银行在各个发展阶段的基本状况及其特点作一概要性描述，同时对钱庄等问题，作一简要探讨。

---

① 吴兴周考察成都区银行业务报告(1944 年 10 月 19 日)，《中华民国史档案资料汇编》第五辑第二编"财政经济"(四)，第 697 页。

② 刘善初：《论省银行与县银行》，《银行周报》31 卷 47 号，1947 年 11 月 24 日。

③ 为叙述方便，如无特别说明，本节对私营商业银行一律简称商业银行。

一、商业银行基本状况

中国成立最早的商业银行,当推中国通商银行,成立于光绪二十三年(1897年),由户部奏准设立,在中国通商银行成立最初的 5 年间(1897～1902 年),营运资金的最大来源是 250 万两股本和 100 万两户部拨给的生息存款,从 1903 年至 1909 年间的存款数,除 1905 年曾达 386.6 万两外,其余各年一直徘徊在 200 万两左右,都低于 250 万两的股本数[①]。中国通商银行成立后,有长达 8 年时间,没有成立任何一家银行;直到 1905 年"收回利权"运动发生,民族资本出现设厂高潮,才有一些官办和商办的银行陆续产生,其中商办并不占主要地位,而是中央和地方政府设立的官办银行占多数。1911 年底前,华资商业银行总共设立 30 家,其中官办和官商合办银行共 13 家。由于当时的局面是外国银行和钱庄、票号称雄,华资银行经营范围有限,一般的商业银行能够延续到民国时期的很少[②]。

中华民国成立后,银行业有了蓬勃发展,民国元年即新增设了 14 家银行。"然卒因政局多故,国无宁日,农工商仍乏显著之进步,银行一业自不能离农工商业而独自长进",故自 1913 年至 1916 年,银行增加的数量不多,直到 1917 年以后这种情况才有了较大变化。尤其是 1921 年至 1923 年第一次世界大战刚刚结束后不久,国内工商各业开始兴盛,政府公债亦整理就绪,信用渐固,在此三年中,添设的银行数即达 89 家之多[③]。根据杜恂诚先生的统计,从 1912 年至 1927年,华资银行共设立 306 家,其中官办银行 37 家,实收资本 45 240 千元;官商合办银行 11 家,实收资本 12 093 千元;商办银行 249 家,实收资本 117 780 千元。仅就商办银行而言,总家数占 81.9%,实收资本占总数的 62.6%。306 家新设银行的平均创办资本为 58.1 万元,规模不大,而其中商办银行的平均创办资本为 44.4 万元,比平均值还要低。大多数商办银行都是中小型的,有的创办资本很少,以后才发达起来,如上海商业储蓄银行创办时,实收资本还不到 10 万元。创办时资本额在 100 万元以上的商办银行只有 31 家,其中比较成功的,也只有大陆、中南、金城、中国实业等少数几家[④]。

---

① 《中国第一家银行》,第 116 页。
② 杜恂诚:《中国金融通史》(第三卷),中国金融出版社 2002 年 5 月版,第 136 页。
③ 《民国经济史》,第 31 页。
④ 《中国金融通史》(第三卷),第 138—139 页。

　　民国政府奠都南京后，"公债巨量发行，担保确实，政府赖银行代理发行，债款以集，银行以公债为投资，获利亦厚，再以投资工商渐开端倪"。从 1928 年至 1931 年，新增设银行共 61 家。在此期间，因内地时局未稳，游资集中上海，上海的银行亦为公债及地产厚利所吸引，一时投机盛行。此后，经"九·一八"事变以及"一·二八"等事变的影响，公债地产价值低落，银行大受打击。"幸公债整理就绪，渐次恢复，而地产之呆滞如故，银行资金被其冻结，颇觉难以周转。"但自 1932 年至 1935 年，新设的银行仍仅有 68 家。"良以农村破产，资金竭于内地，溢于上海，乃运用于开设银行，一时中小银行，因如雨后春笋。然此种银行畸形之发达，决未可以持久，一受美国白银政策、世界经济恐慌之影响，于是倒闭随之，犹如人之体质本虚，虽面貌丰满，而实外强中干，一受风寒感冒，于是一蹶不振矣"。所以 1934 年新设的银行虽有 22 家，1935 年新设的银行亦有 18 家；但 1934 年停业的有 8 家，1935 年停业者竟达 19 家之多，超出该年新设之数。1936 年，银行新设 5 家，停业 8 家；1937 年更由于中日战事影响，新设者 3 家，停业者则有 5 家[1]。

　　从事公债买卖和地产投机是战前商业银行的普遍现象。当时，章乃器先生曾予以深刻的揭露，他说，我国商业银行的主要业务"往往逃不出地产和证券的投机，放款的抵押品，投资的标的物，钞票的保证准备，除了公债，就是道契"。他指出，"我们银行界对于经济社会的贡献，实在是远不如钱庄。钱庄倘使全体停了业，的确可能使上海的商业完全停顿；而银行全体停了业，恐怕倒没有多大的影响，因为我国的商业银行平时和一般的商业实在太隔膜了"[2]。马寅初先生也指出："夫商业银行之放款，贵在易于收回，不宜流于固定。故为放款之时，必先验所抵之证券、商品等，是否确实可靠，易于变卖。若夫房屋、土地等不动产，则不易于变卖，故以此为抵押而放出之款，亦不易收回。此为放款之最大关键，不可不加以研究者也。若银行不注意于此，而从事于滥放，则一旦偶遇恐慌，放出之款不易收回，抵押之品亦不易变卖，遂自限于危险，而无以自救。"[3]

　　抗战爆发后，情形有所变化。1937 年七七事变后至 1942 年 8 月底，即太平洋战争爆发后 8 个月止，全国新设银行，除当时在上海筹备中的银行 41 家，以及详情不明之四川县立银行 57 家外，已设立及先后营业的新银行共计 108 家。在此 108 家新银行中，从类别看，以商业储蓄银行为最多，占 62 家；省市县立银行

---

① 《民国经济史》，第 32 页。
② 章乃器：《金融业之惩前毖后》，《银行周报》16 卷 19 号，1932 年 5 月 24 日。
③ 马寅初：《中华银行论》，《马寅初全集》第 4 卷，第 239 页。

次之,占 19 家;农工银行又次之,占 15 家。从地域看,以上海、四川为最多,上海占 37 家,四川占 21 家。从时间看,1941 年及 1942 年最多,1941 年有 28 家,1942 年 1 月至 8 月有 27 家。从资本看,姑且将法币与各种伪币混合计算,以 100 万元以上、150 万元以下者为最多,占 27 家;200 万元以上、300 万元以下者次之,占 18 家;全国新银行资本约共 51 000 万元。加上旧银行增加资本约共 3 050 万元,合计银行新兴资本约共 54 050 万元。与 1937 年的全国银行总数 164 家相比,5 年来增加达 66％,若加上上海筹备中的银行及四川未详之银行,则增加一倍多;与 1937 年全国银行实收资本总额 43 430 万元相比,则该五年来新兴资本之增加达一倍以上;至于全国银行新添设的分支行办事处,在上海者有 20 余所,在外埠及海外者达 1 000 余所之多,与 1937 年全国分支行总数 1 627 家相比,则该 5 年来增加约达 70％。1942 年以后,通货膨胀,物资奇缺,物价腾贵,投机风行,各地银行在此经济畸形繁荣中,纷纷设立。上海银行公会的会员银行,从 1941 年的 54 家增至 1945 年胜利前夕的 193 家[①]。

　　后方银行在抗日战争期间,增设的速度也相当快。抗战前,商业银行的机构绝大多数集中在沿海地区,特别是上海。抗战爆发后,上海租界先是成为孤岛,继则也被日军占领,这些银行除了继续维持在上海的机构,并保持一定的营业范围外,有不少全国性银行先是加强在武汉和香港的分行地位,后又在太平洋战争爆发前后到重庆、成都、昆明、贵阳、西安、兰州等地设立分行,有的还在重庆成立战时总行或管辖行,使重庆很快成为战时后方的金融中心。川、康、滇、黔、陕、甘、宁、青、桂及重庆九省一市,战前所有银行的总分支行不过 254 所,仅占全国总数的 14.8％。除川省外,其余八省在战前原为银行分布较少之省份。截至 1941 年 6 月止,九省一市陆续新设立总分支行计 543 所,除旧有者裁并 33 所外,新旧合计总分支行共有 764 所,为战前的三倍。仅就重庆一地而言,战前银行钱庄合计不过 20 余家,截至 1945 年 8 月底止,除四行两局一会及小四行共 11 家外,省市县地方银行 26 家,商业银行 57 家,合计 94 家。此外如外商银行 2 家,银公司银号、钱庄及信托公司等 24 家尚未统计在内[②]。

　　不能否认的是,这些银钱行庄在战时也遇到了许多困难。1943 年 10 月,财政部桂林区银行监理官办公处监理官江英志针对柳州一地商业银行的困境,尖锐指出,商业银行的困难包括:"(1)存款不易吸收,且流动性颇大,不能抓住运

---

① 银行学会研究室:《我国银行业七七事变前后之变迁》,《银行周报》26 卷 29、30、31、32 号合刊,1942 年 8 月 31 日。
② 《民国经济史》,第 43 页。

用；(2)汇款数额减少，且汇入恒超出汇出，应付解款，尤感拮据，同时同业竞争颇烈，相率减低汇费，招徕顾客，实难图利；(3)放款对象，不能合乎自身之理想及确保自身之利益条件；(4)总行之原则，经常需调用头寸，应付颇为困难。综此四端，遂形成今日柳州金融市场潜伏之危机；各行为图挣扎之计，乃另组织机构，化名兼营贸易，冀暂时之苟生，安知此等行为，足使潜伏之危机，愈演愈深。"①

抗战胜利以后，东南半壁又成为政治经济之重心。就上海之情形而言，日本系银行，如正金、台湾、朝鲜、帝国等银行，悉数崩溃；伪银行，如"中储"、"中央信托公司"及"中央保险公司"等悉被接收清理；与此同时，国家行局以及英、美、荷、比等外商银行以前被日本人接收者，陆续在沪复业。此外，抗战胜利前夕上海的193家华商银行中，经奉命清理得继续营业者，顿减为73家。截至1946年11月30日止，根据中央银行稽核处的统计，全国各省市，包括银行、银号、钱庄、信托公司、保险公司、合作金库等在内的金融机构总数为5 274家，其中总机构1 808个，分支机构3 466个，商业行庄即商业银行、银号、钱庄及信托公司总机构972个，分支机构626个②。而截至1948年6月底止，经财政部核准设立者，计商业银行1 369家(含外商银行在内)，钱庄1 148家，合计2 517家，约占全国金融机构总和的40%以上③。

实际上战后金融业的资力，尤其是私营银行的资力，已经受到了很大的削弱。"昔为百业之冠，今为强弩之末，顾镜自怜，曷堪回首。溯自抗战以来金融业资力之削减，不可以道里计。"1948年7月(币制改革前一月)全国金融业(国家行局除外)存款总额约为法币50万亿元，若以同月(7月底)上海物价指数400万倍(以1936年为基年)折合，仅相当于战前的1 250万元，而1936年全国存款为45亿元，"是以在7月份时，金融业所有存款，言其币制，只值战前金融业存款资力1/360"④。

至1948年8月19日币制改革前，中国银行业尤其是商业银行面临着许多困难，8月16日出版的 China Economist 第2卷第7期曾刊载一篇文章⑤，称："中国银行业面临严重的危机。"其中列举的主要问题大致包括如下几个方面：(1)资力大为削弱。"本地的银行家指出，虽然他们现在每日处理巨额头寸，好像

---

① 桂林区银行监理官江英志在柳州银行界金融座谈会的谈话(1943年10月3日)，渝档：030411120。
② 《民国经济史》，第43页。
③ 汤寿康：《金融机构之分布与管制》，《银行周报》32卷38号，1948年9月20日。
④ 朱斯煌：《民国三十七年之我国金融业》，《银行周报》33卷4号，1949年1月24日。
⑤ Chinese Banks Face Grave Crisis, *China Economist*, Vol. 2, No. 7, August 16, 1948。转引自《银行周报》32卷38号，1948年9月20日。

资金非常泛滥;实际上任何银行对于资金在运用上的实值,都远较战前为小了。"(2)管制过于严厉。"政府永无止境的管制,可以看出私立银行在本国已无需要";"政府可以直截痛快地颁布封闭全国银行的命令,正像不久以前勒令上海全市钱兑业停业一样"。(3)资金来源减少。至1948年5月,全国银行存款更为低落,虽然总额有23 000 000 000 000元,仅值战前币值33 000 000元。此后两个月,情形更为恶化,银行业的资金来源只有战前的0.5%。(4)收入大为下降,开支上增加的幅度非常快。管理费用是以生活指数为依据的,以上海而言,已上涨至战前的1 500 000～1 860 000倍;而业务费用是以物价指数为标准的,现在差不多高涨到战前的5 000 000倍。此外,银行收入的另一大来源汇兑,也受到政府法令的很大限制。

二、关于钱庄

钱庄的历史远比银行久远。在近代中国金融现代化的初期,钱庄基本适应了当时中国社会经济发展的需要。尤其在进出口贸易中,钱庄较好地实现了其难以替代的中介作用。"当外货进口时,钱庄就代进口商开出'庄票'或'公单',外国银行就凭这张单票向钱庄领款;土货出口时,出口商所领得的'洋款'和'公单',亦须经过钱庄向外国银行兑换或付清。在这种情形之下,钱庄与外国银行的关系便密切起来了。洋商银行在剩余资金的放贷上,需要钱庄做他们的媒介,而钱庄在庄票的流通上,则需要洋商银行买办的抬举,在资金的融通上,亦需要洋商银行为后盾。钱庄所发出的'庄票',特别是远期庄票,必须洋商银行收受无阻,才能流通市面,否则进出口洋行便不接受它们以清偿进出口货款了。在外商银行这种提携之下,钱庄日益发挥其对外商之便利,同时亦从外商不断提取佣金或津贴,于是便肥胖起来了。"[1]

此外,钱庄与国内商业更是具有密切的关系。由于当时中国各地交通不发达,商品流通范围狭小,地方性很浓厚,钱庄一度成为各地商业金融组织的主体。即便银行业有了较大发展以后,钱庄仍有其难以替代的作用。"我国商家,羞云告贷,以借款为极不荣耀之举,若再增收抵押,尤所深耻,宁可不通融。……我国商家,狃于积习,大致仍与钱庄往来,此因钱庄通融款项较便,不似银行过于古板。再则我国商店往往有收受存款者,利息略较银行为优。"[2]

---

① 许涤新:《中国经济的道路》,生活书店1947年版,第21页。
② "论今日之银行业",《银行周报》1卷17号,1917年9月18日。

　　清政府颁行的《银行通行则例》规定，"以前各处商设票庄、银号、钱庄等各项贸易，凡有银行性质者，即宜遵守此项则例"①。很显然，清政府是把钱庄比照银行类机构加以管理的。由于对钱庄并无特殊的要求，钱庄与银行一直相安无事。但这种状态至 1931 年发生了变化。

　　1931 年 3 月 28 日，国民政府公布了《银行法》。《银行法》规定，经营存放款、票据贴现、汇兑或押汇业务之一的机构均视为银行，实际是把钱庄视同银行。由于对钱庄业的市场准入及其业务等作出了较为全面具体的规定，因此引起了钱庄业的强烈反响。

　　上海钱业公会为此分别向中央政治会议、国民政府主席蒋介石、立法院、行政院、财政部、实业部等递交呈文，要求另订《钱庄法》。呈文称，将钱庄视同于银行，"窒碍良多，苦难遵守"，并提出三点理由：其一，"钱业放款以信用为主。我国大小商业，自通都大邑至乡镇僻处，均藉信用放款为辅助营运之资。今若加以限制，如银行法之规定，则一方资金有停滞之虞，而百业失周转之机。工商消沉，可以立见"；其二，"钱业组织，均为无限责任。股东既负重大之责，又欲令其将财产证明书呈报官厅，则疑惧之心生，而出资营业之途狭，势必资金枯竭、民生益蹙"；其三，"若金融业必限于公司组织，则数百年相沿之善良习惯，一旦改弦更张，定滋纷扰"。呈文还特别强调，"凡百实业，咸蒙维护，而钱业负融通资金之责，握百业消长之枢，牵一发足以动全身，安钱业即所以安百业"。与此同时，上海钱业公会还向国内各埠同业通报了相关情况，要求"作同声之请求，备政府之采择，树钱庄之基础"②。南京、开封、杭州、常熟、平湖、南通等地钱业公会纷纷予以响应和声援，先后呈请另订《钱庄法》③。

　　上海钱业公会常务委员秦润卿发表谈话认为，银钱两业虽同为金融机关，然实有根本不同之点。他提出，与银行业以押汇押款为主不同，钱业以信用放款为主，习惯相沿；信用放款辅助中小商人，"所以预防大商人之垄断，实于农工有直接利益，尤与孙总理节制资本及农工政策相合"，故限制信用放款，"于钱庄固有窒碍，于社会先有莫大影响"；至于钱庄组织，均属合伙组织，另有严密业规，股东财产大都为现款，若将具体数字披露于外为商界所忌，故将财产证明书陈报，"事实上万不可能"。此外，他还对规定资本数额等问题提出了不同意见④。

---

①《中华民国金融法规档案资料选编》(上)，第 147 页。

②"钱业公会请订钱庄法"，《银行周报》15 卷 10 号，1931 年 3 月 24 日。

③"钱业要求另订钱庄法"，《银行周报》15 卷 13 号，1931 年 4 月 14 日。

④"秦润卿谈钱庄法之需要"，《银行周报》15 卷 11 号，1931 年 3 月 31 日。

上海市商会也向立法院、财政部、实业部等发出呈电提出,银行均为公司组织,而钱庄则为合伙组织。钱庄素负无限责任,"凡有停业清理事项,俱由股东按成垫款,将债务负责清偿,论其保障债权之效力,实在有限公司组织之上"。而照《银行法》规定实施之结果,不外下列两途,即或收歇,或改为股份有限公司;"现在银行设立,仅及若干都会,至内地金融,实以钱庄为中心,且钱庄放款办法,抵押居其少数,而信用居其多数,尤为适合中小商人之需要,此种特别组织,似宜另订特别法规,以资维持"[1]。上海市国药业、打铁业、水果地货行业、木器业等50余家同业公会,也联名分呈中央党部暨国民政府,称:"当此国内之商业衰落之际,一般中小商人尤赖钱号之信用放款,资为周转流通之需,若强令钱业受《银行法》之约束,势必移其信用放款之习惯,而以抵押商品为其目标,则影响所及,钱业固受其营业之阻碍,凡百工商业亦将碍其发展,实非政府爱护工商业之本旨",并请转饬立法院从速另订单行法规[2]。

为此,时任立法院代院长邵元冲发表谈话称:政府订定《银行法》,考虑周密;钱业请求另订单行法,在钱业本身,似亦持之有理。他认为,钱庄最初发端,一如旧时民信局,至邮政局发展之现代,民信局渐趋淘汰,"预料银行业务至相当时期,钱庄组织自难适用"。他特别强调,银行作为有限公司性质,专营抵押放款,而钱庄股东则负无限责任,以信用放款为主体,"中小商人赖以流通,惟信用两字,并无何种标准,难保不发生危险"。但他同时表态:"该业呈请另订单行法,政府对此尚在考虑中。"[3]

根据各地的意见,国民党中政会即函询实业部征求意见。实业部建议,请于《银行法施行法》中加入"本法之规定,于钱庄法不适用之"一条;同时调查钱庄习惯,另订《钱庄法》。根据实业部的意见,中政会第272次会议决定,由立法院起草《钱庄法》[4]。

立法院中以马寅初为代表的立法委员对单独订定《钱庄法》持反对态度。在立法院总理纪念周的报告中,马寅初把各地钱庄业要求另定《钱庄法》的理由概括为8点:(1)钱庄是靠信用,银行是靠抵押;(2)按照《银行法》的规定,资本太大;(3)钱庄业应准其独资经营;(4)《银行法》第9条关于附属业务的规定,钱庄不能适用;(5)财产证明书一层,认为在中国是很困难的;(6)对于20%的保证金

① "市商会等请另订钱庄法",《银行周报》15卷14号,1931年4月21日。
② "另订钱庄法问题",《银行周报》15卷15号,1931年4月28日。
③ "邵元冲谈钱业单行法",《银行周报》15卷15号,1931年4月28日。
④ "立法院起草钱庄法",《银行周报》15卷19号,1931年5月26日。

问题，也认为办不到；(7)不愿意受财政部的检查，并不必造具资产负债表、损益计算书等；(8)营业时间不能限制。接着，马寅初逐条进行了回应：(1)有些银行并不一定专以抵押放款为主，也有信用放款的，钱庄放款也不完全靠信用，有许多也要抵押品，银行法并不绝对禁止信用放款，不过稍加限制而已；(2)立法者既须顾及资本主，也须顾到存款人及其他债权人的安全，公司组织需负连带责任，实际比合伙组织的"分担无限责任"更具安全性；至于资本的限额，可以再作讨论；(3)钱庄和各方面都有很大关系，比如发出票子是人人要用的，"若是准其独资经营，实在是危险很多"；(4)钱庄也有买卖生金银及有价证券的业务；(5)既然是负无限责任的股东，就必须要有财产证明书，否则是"空口说白话"；(6)20%的保证金是否合适，建议由立法委员公决；(7)不接受财政部检查且不要造具各种报告，"真是无理取闹"；(8)营业时间可以适当延长。马寅初最后的结论是：由于钱庄和银行在性质上相同，《银行法》实际也没有视钱庄为银行附属物之意，因此没有起草《钱庄法》的必要①。

1931年5月28日，立法院商法委员会开会讨论，并邀请财政部代表列席，最后结论为："钱庄性质及营业情形与一般银行大致略同，理应归于《银行法》范围，殊无另订专法之必要。惟银行法所规定之限制，不无一时难以施行之点，拟于起草银行法施行法时，酌量补充，以资调剂。"6月6日，立法院同意了上述审查结论，决定不另起草《钱庄法》②。

至此，关于另订《钱庄法》的争论告一段落。有学者指出："另行起草《钱庄法》的主张，表明钱庄业不愿退出其在金融业中的传统优势地位。国民政府坚持既定的金融政策，不向钱庄业作出让步，无疑是与金融近代化的趋向是一致的。"③

抗战期间，国民政府仍然将钱庄视同银行加以监管，而且在某些阶段还采取了更为严格的限制措施，如要求资力不足的钱庄合并等，由于相关内容已在本书有关章节涉及，此处不再赘述。

1947年国民党政府制定《新银行法》时，仍将钱庄列为5种银行中的一种，而对于国民政府的此项规定，当时不少人士认为是适合国情的举措。有业内人士即认为，内地各处商业，其金融活动的源泉主要依然在钱庄，而不在银行；同时，"银行发展尚不普遍，亟需信用素孚之钱庄，加以辅助。故在目前之特殊环境

---

① 马寅初：《对于钱庄法之意见》，《银行周报》15卷21号，1931年6月9日。
② "立法院不另订钱庄法"，《银行周报》15卷22号，1931年6月16日。
③ 《上海金融业与国民政府关系研究(1927～1937年)》，第357页。

中,钱庄尚有其存在之必要,犹不失为银行体系中一种辅助机构"①。

第四节　专　业　银　行

专业银行是指集中经营指定范围内的业务和提供专门性金融服务的银行。无论在近代还是在现代,专业银行都是构成银行制度的重要内容。从晚清政府时期关于设立专业银行的思想和实践活动来看,有一个显著特点,即当时主要提出建立储蓄银行和农业银行两类专业银行,并且只有此两类银行付诸实践,而在此两类银行的具体办法上,又都仿效日本的做法。这主要是由于建立上述两类专业银行适应了当时中国社会发展的需要②。

近代中国首先创立的专业银行是储蓄银行。1905年,无锡富商兼商部三等顾问官候选道周廷弼在上奏商部的呈文中提出,我国当时"虽亦创办通商银行,议办户部劝业各银行,而储蓄银行顾未有提议及之者,坐使编氓稍有余资,存储无地,辄以为其细已甚,泥沙视之,随得随耗,而市廛遂因以少巨款之流通,诚商界一大缺陷"。他建议由他筹资50万元,"参酌日本银行章程,在沪创设信成储蓄银行,以备各种工人存积工资"。商部批准了周廷弼的呈文,准予立案。同年冬,周廷弼东渡日本考察银行办法后,"觉中国风气未开,办理银行只能以储蓄为普通银行之一部分,万不可以五十万圆资本全数专办储蓄",否则,"运输贯注,难期灵便"。他于是再次呈请商部,将信成银行改为普通商业银行,"将储蓄银行列入普通银行另柜处理"。光绪三十二年(1906年)四月初一,商部批准了他的呈请。四月初五,信成商业储蓄银行成立,成为我国第一家储蓄银行③。1908年,清政府颁布了《储蓄银行则例》④。这距离信成商业储蓄银行成立,已近2年的时间。

1908年,清政府还制定了《殖业银行则例》。该则例规定:殖业银行为股份公司,以放款于工业、农业为宗旨,其资本总额至少须在20万两以上;殖业银行放款应以田地、园林、房屋或工业上实在产业或股票、债票等项作抵;银行放款应查其人是否确系农工业家,借款是否确系经营农工实业;殖业银行如欲兼营储蓄

---

① 李恭宇:《当前我国银行制度问题》,《银行周报》31卷38号,1947年9月22日。

② 《中国近代银行制度建设思想研究》,第46页。

③ 《中华银行史》,第3378—3381页。

④ 清度支部储蓄银行则例(1908年),《中华民国金融法规档案资料选编》(上),第148页。

事务，须照《储蓄银行则例》办理，并应将两项事务划分清楚；度支部得就各地方官中特派殖业银行监理官，监视一切事务①。

北京政府时期，专业银行的建立有较大发展，种类也增加了许多。其中比较重要的包括兴华汇业银行、盐业银行、劝业银行、中国实业银行、农工银行等。

民国初年，陈锦涛等发起筹备兴华汇业银行。陈锦涛认为，"通商以来，国际贸易日趋繁盛，东西各国，富商大贾，挟其巨资，远渡我邦者，络绎不绝，就中握金融枢纽，而为众商之先导者，厥为汇业银行"；而相比较而言，"我国地大物博，甲于全球，但输入贸易反过输出，历年以来，为额甚巨，民穷财尽，胥基于是"，其中一大原因，就在于"海外汇兑之机关缺乏"。因此，亟应设立汇业银行，"图国内外汇兑之便利"。该行拟照股份有限公司办法，招集股本银1 000万元，先由发起人等集股400万元，"余俟则例实行后，再行遵章募集商股"②。

1913年冬，农商部筹议举办劝业银行，以兴实业。至1914年4月，农商部会同财政部呈定《劝业银行条例》。原呈文称："我国地大物博，夙擅天府之称，惟农工各业囿于小成，未能宏大规模、扩充营业，推原其故，端由农林、垦牧、水利、工矿等项，非有雄厚资本，不足发展事业；而环顾内外，金融机关既未遍设，农工贷借又苦无从，遂使地利未获尽辟，富源不克大兴，国计民生，胥受其困，亟宜特设银行，藉以劝导实业。"《劝业银行条例》共53条，规定劝业银行为股份有限公司，资本总额定为500万元，分为5万股，每股100元，设总行于北京，以放款于农林、垦牧、水利、矿产、工厂等事业为目的③。

1914年10月，袁世凯"以盐款为财政大宗，急宜专设银行，妥慎经理，藉以维持盐业，活泼金融"，即派张镇芳筹办。盐业银行以经营盐业为主旨，业务范围如下：(1)各盐运公司以可保证公债券，向银行借贷；(2)专卖局遇需款时，可向该行借贷，遇有盈余，也向该行存放，官运局亦然；(3)证券、债券之发行付息偿还，由该行经理之；(4)遇有改良改造之必要，需购机器，创立制造厂，得预计成本余利，呈明政府，由银行发行公债；(5)独立营业，暂不与中央各银行相混，其范围以关于盐业上设备改良、汇兑、抵押、存放、收付为限，对于国家亦不担负盐业以外之义务。随后制定的《盐业银行简章》规定，盐业银行为股份有限公司，设总行于北京，并于国内外贸易上重要之处，设立分行或分号；股本总额银币500万元，计分5万股，每股银币100元，财政部为辅助盐业银行营业进行，认定2万股，余

---

① 清度支部殖业银行则例(1908年)，《中华民国金融法规档案资料选编》(上)，第150—153页。

② 《中华银行史》，第3 023页。

③ 同上书，第3065—3066页。

3 万股由人民承购。该行于 1914 年 3 月 26 日开业[①]。

1915 年 8 月,中国实业银行由财政总长周学熙呈请设立,其呈文称:"国家财政所赖以开浚利源者,厥为实业;而实业之能否发达,则以银行之能否设法辅助为断。我国商业银行日渐增设,而实业银行尚付阙如,非由政府厚集资本专案办理,实不足以资提倡";并建议由中国银行拨资开办。该行章程于该年 8 月 15 日获得批准,共 40 条。该章程规定,中国实业银行以辅助实业发达或改良为宗旨,设总行于北京,设分行于实业重要地方;规定为股份有限公司,资本总额为 2 000 万元,分为 20 万股,每股 100 元,公股、商股各半,公股由中国银行担任,商股由商股创办人担任筹募,以本国人为限[②]。

1915 年 10 月,财政总长周学熙又拟定《农工银行条例》,呈请施行,其呈文称:"吾国地质之厚、物产之富甲于天下,只以农工事业拘受旧法,未尽地利,殊为可惜。为今之计,亟宜普设农工银行,既得融通资本之机关,又有开拓利源之方法。"《农工银行条例》共 7 章、46 条,于 1915 年 10 月 8 日奉准公布,该条例规定,农工银行为股份有限公司,以通融资财、振兴农工业为宗旨;资本总额定为 10 万元以上,每股金额至少须达 10 元;农工银行以一县境为一营业区域,在一营业区域内,以设立一行为限;如地方有特别情形,得由该管官厅转请财政部核准,将一县分为二营业区域以上,或二县合为一营业区域[③]。

当时就有人提出,专业银行更像是特殊银行,"夫我国交通机关不完备,制盐事业未改良,农工产业不发达,海外贸易须扩张,边疆金融须调剂,今以此为分业之标准,在我国近今情势,银行业尚不足言兼营主义者,此亦分业标准之自然趋势也。惟此项分业银行,均各定有特种法规,享有特权,其营业宗旨系分业的,而其设立目的系特殊的,故不如谓之曰特殊银行"[④]。

此外,北京政府时期,专业银行建设主要参照了日本专业银行的制度。从专业银行的构成来看,北洋政府要求设立的几类专业银行,正是当时构成日本专业银行的主体。从各专业银行条例的制定来看,也主要参考借鉴了日本专业银行条例。如《兴华汇业银行条例》的制定主要参考了《横滨正金银行条例》,《劝业银行条例》的制定主要参考了《日本劝业银行条例》,而《农工银行条例》的制定则主要是依据日本的《农工银行条例》[⑤]。

[①] 《中华银行史》,第 3031—3033 页。

[②] 同上书,第 3074—3076 页。

[③] 同上书,第 3094—3096 页。

[④] 沧水:《特殊银行之观察》,《银行周报》3 卷 18 号,1919 年 5 月 27 日。

[⑤] 徐沧水:《从法规上以观察吾国之金融制度》,《银行周报》4 卷 26 号,1920 年 7 月 20 日。

吴承禧对此曾提出严厉批评，他认为，"这些银行的创设，乃是一种盲目的模仿政策，很少得了良好的效果"。他指出，当时的政府，对于中国的银行制度，处处都是在模仿日本，"他们却没有想到中国的情形，和日本不同：中国的外汇事业，很早就握在外籍银行的手里，中国的边陲之地，很早就被笼罩在各个帝国主义的经济势力之下；中国农工业发展的阻碍，在于帝国主义与封建势力的摧残剥削，而不在于金融机关之缺乏"；"东施效颦，毕竟容易出错；所以，兴华汇业银行创设于民元，迄民七而尚未举办；劝业银行筹备于民二之冬，迄民四而未见成立；殖边银行甚至要把它的主力殖到上海去……诸如此类，很明显地表示他们没有认识中国经济发展之特殊背景，以致舍本逐末，无补于事，其成功可谓例外，其失败则为必然！"①

南京国民政府建立后，试图通过国家政权的干预以实现银行的专业分工，确立专业化的银行制度，乃于 1928 年改组中国银行为特许国际汇兑银行，交通银行为特许发展全国实业银行，并于 1935 年 4 月设立中国农民银行为复兴农村经济的专业银行。1935 年 11 月实行币制改革后，又将全国银行分为中央银行、实业银行、农业银行、商业银行、不动产抵押银行、储蓄银行、汇兑银行和工业银行八类。但抗战以前，由于当时社会不稳定，经济不景气，银行的专业化终究未能实现。当时银行的种类虽然繁多，但均属商业银行性质。有业内人士对此提出尖锐批评："譬之实业银行之应专为补助实业，国货银行之应专为提倡国货，农工银行之应专为救济农工事业，他如垦业、盐业、丝业等名目繁多，宜各有其专责，以为各该事业之相当发展，而夷考其实，则凡所经营者，均为一般普通商业银行之事，既与当初组织之本意漠不相关，顾名思义，亦均似有不伦，以致各项事业并不因特殊银行之增设，获有丝毫之裨益，而其所谓特殊银行者，是其自身银行名义上之特殊，与特殊事业几如风马牛不相及，而毫无联络，则又何贵有此特殊银行之设置。"②

当时的学者李紫翔也指出，战前的 164 家银行，依其名称和法定的任务分类，计有中央银行及特许银行 4 家、省市区银行 26 家、商业储蓄银行 73 家、农工银行 36 家、专业银行 15 家、华侨银行 10 家，"这完全是形式的分类。无论所称农工银行者，均属资本微小，而其业务亦终未能超过交换过程的商业资金的融通，即特许银行或省市立银行，除了享有发行权及代理国库以外，在业务性质上

---

① 吴承禧：《中国的银行》，商务印书馆 1934 年 10 月版，第 6 页。
② 汪叔梅：《我国目前银行事业之病态论断》，《银行周报》17 卷 14 号，1933 年 4 月 18 日。

亦未发生什么本质的不同。所以我国公私立的各种银行,都只是商业银行"[1]。

抗战爆发后,为了适应抗战建国的需要,1942 年 6 月 15 日,国民政府颁布《中中交农四行业务划分及考核办法》[2],对四行业务作了严格的划分,以实现四行专业化[2]。但即便是国家行局库内的这一调整,实际上也未收到成效。

1947 年公布的新《银行法》规定:"银行之种类,应在其名称中表示之,本法公布前已登记之银行,名称与其种类不相符合者,得不更改,但应于一定时期内调整其业务。"此外,1947 年 12 月 22 日财政部又有"其名称与其种类不相符合者,应于该法公布后一年内调整其业务或更改其名称"的训令。实业银行等专业银行受到的影响和冲击最为直接。有学者指出,在我国的环境,欲创设一真正的实业银行,是不可能的,"战前已然,现时更甚";"我们以为现有的银行,不必责令其更改名称和调整业务,为求金融现状的改善和银行系统的健全,应在根本上着想,不仅着眼于文字上的更改。文字上的更改,非但于事实无补,反而多生麻烦"[3]。更有业内人士认为,"银行专业化制度,在资本主义发达之国家,确为一种切合实用之制度,然在产业不发达之国度或产业发展之初期阶级,则未可必。我国目前经济尚滞留于前资本主义阶段,工业落后,生产停滞,实业银行虽名为实业,实皆以经营商业银行业务为主,欲专营产业金融,实不可能"[4]。

第五节 外商银行

一、外商银行概况

最早来华的外国银行是英商丽如银行,于 1845 年在香港设立分行,1848 年又设分行于上海,但该行开办不久即告停业。1857 年(清咸丰七年),英国麦加利银行设分行于上海。其后各资本主义国家纷纷来华设立分行。按国别分,比较重要的有:英国的汇丰(1867 年)、有利(1915 年)、大英(1922 年)、沙逊(1930年)、美国的花旗(1902 年)、美丰(1917 年),法国的东方汇理(1899 年),比利时

---

① 李紫翔:《我国银行与工业》,《四川经济季刊》1943 年 1 卷 3 期,转引自《中国近代银行制度建设思想研究》,第 216 页。
② 关于中、中、交、农四行专业化有关问题,可参见本章"国家银行"部分之相关讨论。
③ "银行更换名称问题",《银行周报》32 卷 17 号,1948 年 4 月 26 日。
④ 李恭宇:《当前我国银行制度问题》,《银行周报》31 卷 38 号,1947 年 9 月 22 日。

的华比(1902 年),德国的德华(1889 年),荷兰的荷兰(1903 年),意大利的义品(1907 年),日本的横滨正金(1918 年)等银行①。

外国银行在中国设立时,一方面在中国尚无法律可依,另一方面为了保持其外国公司的法人地位,这些外国银行或者注册于本国国内,或者注册于当时已成为英国殖民者势力范围的香港。而它们在中国境内的活动,则受到一系列不平等条约形成的治外法权的保护②,既不在中国政府注册,也不遵守中国法律。它们起初在中国开设分行的主要目的是便利汇兑,但以后则趋向于为中国提供借款。这些借款大半属于政治性质,并与汇兑有连带关系,"盖借款莫不有赖于汇兑,而汇兑亦多本于借款"。外国银行的营业趋向与该国的外交政策密切相关。由于各国在华各有其势力范围区域,因此外国银行在其本国势力区域内具有相当大的权力。如东三省,则"势同日本之禁脔",日本银行"在其地有独步一时之概",东三省的金融几乎全为其把持。又如长江流域为英国银行的特殊势力范围。其他如哈尔滨的俄国银行、滇黔的法国银行,皆具有操纵该地金融的潜在势力③。

在中国发行钞票的外国银行有两种,一为中外合资的合办银行,一为纯粹外资的外国银行。因合办而获有发行兑换券特权的银行,自华俄道胜银行开始,民国以后凡中外合办的银行,几乎没有不发行钞票的,其中包括与法国合办的中法实业银行,与日本合办的中华汇业银行,与美国合办的中华懋业银行,与挪威、丹麦合办的华威银行等,均经中央政府先后核准有发行兑换券的特权④。有人因此讥讽道:"就以此观,世界所有之头二等国,殆均与吾国合办银行,吾国在国际金融上可称各国均不我遐弃矣。……合办之利益,无他,吾国许其有发行兑换券之特权,其尤妙者,并许其有代理国库之特权,此合办银行所以日有增进也。悲乎!"⑤

纯粹外资的外国银行包括麦加利银行、汇丰银行、有利银行、东方汇理银行、德华银行、华比银行、横滨正金银行、台湾银行、朝鲜银行、花旗银行、美丰银行、友华银行等。截至 1918 年止,国内流通纸币约为 263 292 475 元,其中外国银行发行占 17.6%,各省官银号占 46.6%,中国其他银行发行占 35.8%⑥。而根据

---

① 张郁兰:《中国银行业发展史》,上海人民出版社 1957 年 11 月版,第 5 页。

② 张忠民:《艰难的变迁——近代中国公司制度研究》,上海社会科学院出版社 2002 年 1 月版,第 60 页。

③ 子明:《经济侵略下之外国银行》,《银行周报》11 卷 12 号,1927 年 4 月 5 日。

④ 金侣琴:《取缔外钞问题》,《银行周报》11 卷 13 号,1927 年 4 月 12 日。

⑤ "中外合办银行之将来",《银行周报》5 卷 17 号,1921 年 5 月 10 日。

⑥ 徐永祚:《吾国中外银行发行纸币之统计》,《银行周报》3 卷 31 号,1919 年 8 月 26 日。

1927年的不完全统计,以上各行实际发行国币 2 034 367 元、港洋 45 298 781 元、美金 5 843 907 元、日金 142 266 252 元、英镑 2 124 046 镑、法郎 1 480 039 588 法郎。当时,尤其在中法实业银行停业之前,存款者宁愿以低利存于外国银行,也不愿以高利存于本国银行,国人对于外国银行的信任,远胜于本国银行,"盖国人对于外国银行之迷信使然"。外钞盛行的最大原因,实际并不在于外钞的信用有多么好,实在是当时本国钞票的信用太糟糕了,如中、交停兑,以号称国家银行的纸币仅值六七折,难怪外钞畅行一时①。

在中国最具势力的外国银行,当推英国的汇丰银行。其中一个主要原因在于,中国关税收入必须解至该行。凡以关税作抵押的中国外债,在晚清时系由全国各关分摊,由度支部饬令按期解交上海关道,由上海关道负责保管。在未曾偿债前,"即以此款自由存放市面,以裕金融"。辛亥革命爆发后,国体变更,外人以担心中国以关税担保外债不能履行为由,乘机要求将关税收支两项权利委任总税务司管理,并指定汇丰、德华、道胜三家银行为上海存放关税之处。第一次世界大战结束以后,德华银行虽已复业,但未重新获得存放关税的权利;道胜银行则因国籍由俄国转移为法国,如须保管中国关税,须以抵押品为担保;结果关税便全部存放于汇丰银行一家,致使每年数千万元的税收,一直为汇丰银行所处置。而汇丰银行运用此款,皆以英商利益为前提,专以低利借贷英商以发展对华贸易。中国商人则对此项存款,未能有效运用,"凡我国银根之松紧、市面之盛衰,该行均默然视若无关。因之百业不能藉此以维持,此中损失殆不能以数量计"②。

外国银行为在中国发行货币,可谓"挖空心思"。1913 年,德国人在青岛发行一种镍币,名曰钢板,有五分、一角两种,一面有汉文"大德国宝"等字样,一面有德文"德国的胶州"等字样。租界内业已通行,胶济铁路附近各城镇亦渐通行。"推原其故,由于该路发售车票,向只收用鹰洋、德华票、湖北龙圆三种,鹰洋尚多挑剔,其他各省银圆、银角更须减折、贴水。若用铜子则每元按一百五十枚核收,受亏尤巨,独钢板代价与德华票一律。故买票找零,多用钢板,即沿途小贩,亦多信用,遂致零角价格尚较整元为优。"③1915 年时,山东的日本军票,"市面均不行使,惟胶济铁路则纯用日本老头票及日本军票。当军票初发行时,日人颇用手

---

① 金侣琴:《取缔外钞问题》,《银行周报》11 卷 13 号,1927 年 4 月 12 日。

② 子明:《经济侵略下之外国银行》,《银行周报》11 卷 12 号,1927 年 4 月 5 日。

③ 山东民政长田文烈关于德人在青岛发行镍币留下情形恳请实力图维妥筹抵制公函(1913 年 10 月 21 日),《中华民国史档案资料汇编》第三辑"金融"(二),第 1069 页。

段，其兑换与人，每元仅收铜圆百二十枚（普通硬币、纸币每元约换铜圆一百三十五枚），若再胶济铁路向其兑换，则每元加至百五十枚，小民以互换得利，军票亦风行一时"①。不仅如此，外国银行还对中国的币制改革横加干涉。如1919年，美国驻华大使馆就中国改良币制一事，向外交部提出，"改良币制之事固向有之行动，如果现在欲议改良币制之新办法，应与本国政府磋商"②。

1915年2月，时人李或在给财政部所上之统一币制条陈中，对外国银行在华发行纸币有如此描述："昔者日俄满洲之战，俄之军需系该国之纸币，名曰卢布。日本之军需系该国随军纸币，名曰军用手票。该两国战争时，而两国之纸币不独在我满洲信用毫无阻滞，即京、津、沪、汉等处无不通用信使。及两国战后，日本军用手票以正金银行纸币陆续收回，用昭信实。俄国纸币加数推行中国东三省，遍周于市。至于京、津、沪、汉、广东、长江一带，已均有汇丰、正金、麦加利、汇理、德华、花旗、道胜等银行之纸币，在我中国几于无一埠无不周通于市，而我国民皆对之特加信用。至于我公家银行之纸币，不但未能推行他国，即行于我国市廛，使我国士商及民如外币通融，其势难以并论也。"③

由于中国本身的中央银行制度不够健全，发行权难以真正统一，"惟国内发行权一日不统一，即对于外国银行之发行权虽明知其有害，而无法禁止之"。于是时人提出："甚望国内银行之有发行权者，顾全大局，稍抑其自私自利之心，勿授外人以口实，则发行权之统一，庶几有望。并望政府当局以后对于批准中外银行发行权一事，完全停止，勿再播金融界之恶种子，则幸甚矣。"④

二、民国成立后至抗战中期对外商银行监管的艰难努力

清政府对于外商银行的监管几乎没有涉及，《银行通行则例》对外国银行的监管只字未提，实际运作更是乏善可陈。中华民国成立后，无论是北京政府时期还是南京国民政府初期，对外国银行的监管始终是一块"心病"。如果认为民国时期历届中央政府在对外国银行的监管方面毫无作为，当然不是一种实事求是

① 财政部检查征收机关委员会检送检查员关于山东私立银行暨各类纸币发行情形函致泉币司付（1915年12月24日），《中华民国史档案资料汇编》第三辑"金融"（二），第733页。

② 外交部转告关于美使声明中国改良币制应与美国政府磋商咨（1919年10月22日），《中华民国史档案资料汇编》第三辑"金融"（二），第1095页。

③ 财政部泉币司附送李或统一币制条陈致币制委员会付（1915年2月19日），《中华民国史档案资料汇编》第三辑"金融"（一），第123页。

④ 姚传驹撰金融制度私议（1924年），《中华民国史档案资料汇编》第三辑"金融"（一），第231页。

的态度,但监管效果到底如何,则需要根据历史事实,作出具体、客观的评价。

首先,历届中央政府对如何加强在华外国银行分支机构的监管确实有过一些具体的设想和建议。1915 年 9 月,财政部泉币司为谋求币制统一,向当时的币制委员会提出,中国如果采用中央银行制度,则除中央银行外,其他银行就不能发行钞票;并提出"中国政府究竟能否以上引各节及其他可援引之条约法律设法交涉,使就范围,应请贵会切实研究,以为统一币制之预备"[①]。1918 年 8 月,兼署财政总长曹汝霖在为整理币制给大总统的呈文中也曾提出,"外国银行之发行钞票者,其得中国政府之特许,声明俟兑换券条例颁布后,应行收回者,自当分年全数收回。其经多年之习惯而发行者,应将前三年流通实数报告币制局,由局酌定一日期,以后发行之数,即以三年之平均数为标准,只可减少,不得增加。并得定一年限,逐渐收回,不再发行,或由发行银行,将所发钞票收回,另领中国、交通两银行之兑换券,代为发行亦可"[②]。问题在于,这只是建议而已,在此后的修正《取缔纸币条例》中未见体现。

1927 年 5 月 26 日,国民政府财政部代理部长钱永铭在就职宣言中,就曾表露了对外商银行监管的态度:"旧时银行为外商设立者,既处特殊之地位,为华商设立者,复多纷杂之情状,自应修正银行条例,第一步使内外银行同受法令之取缔;第二步使华商银行本其设立本意,各就地位,以谋正当业务之发展。"[③]当然,这更多的只是一种良好的愿望而已。此后,1930 年 4 月 19 日,上海特别市执委会议也曾提出建议:不准外人在华设立银行,发行钞票,"对于外人请求设立之银行,须加以严重之限制,如存金问题、公债问题、职员问题,皆须以明文规定之。由此点以定本项之所谓不准外人设立银行者,乃我国根本之方针,并非绝对禁止之也;至发行钞票,万不可许,日本帝国亦有先例,吾人只须彻底取缔可耳"[④]。在客观环境未有根本改变的情况下,这也只能是一种设想。

其次,银行监管当局在局部范围也确实采取了一些具体措施。如在外国银行派驻银行监理官就是一个例子。1920 年 10 月 13 日,财政部币制局为监管外国在华发行银行,提请国务会议在其中添设监理官,并考虑首先在有纸币发行权

---

① 财政部泉币司为谋统一币制用国币对外国银行发钞援约研究设法交涉付稿(1915 年 9 月 17 日),《中华民国史档案资料汇编》第三辑"金融"(二),第 1071—1072 页。

② 兼署财政总长曹汝霖为币制重要亟宜整理缮具币制节略呈,《政府公报》1918 年 8 月 12 日第 916 号,载《中华民国史档案资料汇编》第三辑"金融"(一),第 163 页。

③ "国民政府财政部之行政方针",《银行周报》11 卷 21 号,1927 年 6 月 7 日。

④ 中执会秘书处抄送上海执委会议决关于统一币制三项办法函(1930 年 4 月 19 日),《中华民国史档案资料汇编》第五辑第一编"财政经济"(四),第 270—272 页。

的华义银行中实行。理由是：各省官银钱行号监理官章程第 1 条内载，监理官承财政总长之命，监视各省官银钱行号一切事务；又第 12 条内载，官商合办之银钱行号及发行纸币之商办银钱行号亦适用本章程之规定。作为商业银行，同时又有纸币发行权，按照规定当然可以派监理官前往检查，况且现在国内各外国银行及中外合资银行发行纸币者为数不少，检查一事最为困难。"此例一开，将来对于其他外国在华之发行银行亦可随时商酌办理，似于整理币制前途不无裨益。"此案经国务会议议决照办①。比利时外交部对此曾表示不满，认为中国政府未经先期通知征求同意，违反外交习惯，表示反对。为此，中国外交部据理驳复：此系我国现有主权，华比银行在华设立，自应受中国法律制裁，中比条约业经宣布失效，则中国政府按照本国法律委派监理官，并无征询比政府同意之必要，不能以此指为违反外交习惯②。

再次，在中央层面很难直接运作的情况下，常常依靠地方政府的力量"设法禁阻"。如 1916 年，湖北武汉一带各外国银行发行钞票为数甚多，且在省城武昌通行。财政部认为，此种现象"殊与我国币制大有关碍"，除密令中国银行转饬汉口分行调查数目呈报外，还咨请湖北省省长"转令财政厅密饬所属，俟后公家收入，均不准收用外国银行钞票，以免利权外溢"③。再如，1921 年，山海关验货员在日本邮便局查获英美烟公司钱券一件，检查券上注有此券每张可兑换奉票小洋一分，每百张可兑换奉票小洋一元字样，并注明该公司之名义。根据《取缔纸币条例》相关规定，此种钱券显然应视作纸币，"照章禁止运进"。币制局因此咨行奉天、吉林、黑龙江三省省长查照，并请转知各地方官"密为查禁"④。

完全否认或抹杀历届中央政府在外国银行监管方面的努力，固然有失偏颇；然而，过高估计其成绩，同样也是不可取的态度。应该说，从总体情况看，在不平等条约尤其是领事裁判权的约束下，直到抗日战争中后期以前，中国政府对外国银行的监管始终举步维艰，从根本上说，还没有形成一套完整的监管运行机制。

这其中的原因，一方面是由于被监管对象实际处于强势地位，监管当局经常处于难以应对甚至束手无措的境地。如 1918 年 9 月，中国哈尔滨驻军司令陶祥

---

① 财政部币制局为开监视外国在华发行银行先例提请添设华义银行监理官说帖（1920 年 10 月 13 日），《中华民国史档案资料汇编》第三辑"金融"（二），第 1075 页。

② "财部派华比银行监理官"，《银行周报》10 卷 49 号，1926 年 12 月 21 日。

③ 财政部为武汉通行外国钞票请转令财政厅密饬所属公家收入不准收用咨稿（1916 年 12 月 20 日），《中华民国史档案资料汇编》第三辑"金融"（二），第 1072 页。

④ 币制局为山海关查获英美烟公司钱券请转知地方官密为查禁咨稿（1921 年 1 月 28 日），《中华民国史档案资料汇编》第三辑"金融"（二），第 1095 页。

贵等就日军在满站使用军用手票一事,请示陆军总长段芝贵,希"亟宜妥筹办法,以资应付"。段芝贵则以"此事关系地方财政"为由,要求财政部"主持"。财政部又将此事推给了督办参战事务处及外交部,该处则复函称:"准贵部密咨,日军在满站行使军用手票一事,查共同防敌协定并无此项条文。但日俄两国在东北各省行使纸币已历有时日,此次日军行使之军用手票,既经声明与日本政府发行之一种通用货币毫无歧异,且协定条文中又有互谋便利之说,似难加以阻止。"[1]

另一方面,则是监管缺乏相应的法律依据。1908年清政府颁行的《银行通行则例》,完全没有涉及外国银行监管的任何内容。1920年3月,由财政部泉币司起草的《修正银行法》以及《银行法施行细则》,对外商银行及中外合资银行的监管作了一些规定[2];1924年财政部又起草《银行通行法》及《银行通行法施行细则》共19条,对外国银行及中外合资银行核准注册也有一些要求[3]。遗憾的是两者最终都无甚结果[4]。1930年3月28日国民政府公布了《银行法》51条,但未规定正式施行的时间[5]。令人费解的是,这部《银行法》对外国银行的管理也未作专门规定,包括比较敏感的外钞发行,"我国政府对于外钞之发行,向持放任主义,以为外国银行为我权力所不及,故历来所颁之纸币条例、修正纸币条例等,亦未通告使团,转告各银行查照,似谓此项法律,不适用于外商银行者"[6]。

此外,银行监管当局在实际监管中缺乏统一的评判标准,随意性较大;而且由于领事裁判权的存在,监管机构对外国银行在华机构的管理,中间还要经过中国政府外交部以及相应外国驻华使领馆,手续相当繁复。如法商万国储蓄会的设立便是一个典型的例子。1914年4月,法商万国储蓄会在沪、闽、滇、粤各地法国领事馆立案后,通过法国驻中国大使并经中国外交部向中国财政部申请备案。财政部通知该公司,"订明总机关如经股东会议决,可移至他处,惟以中国允许外商经商区域为限"。法国大使也表态,"该公司规则自不能碍及条约原理,假使即照该规则备案,亦不得藉口违背国际约章以经营之"。后经外交部转送该公司修改章程后,财政部于1914年11月准予其注册[7]。

---

① 陆军部财政部关于日军在满站行使军用手票事宜致内务部咨(1918年9~10月),《中华民国史档案资料汇编》第三辑"金融"(二),第1128—1129页。

② 《中华民国立法史》下册,第852页。

③ "签注意见中之银行通行法及施行细则",《银行周报》8卷16号,1924年4月29日。

④ 《中华民国立法史》下册,第852页。

⑤ 同上书,第852页。

⑥ 金侣琴:《取缔外钞问题》,《银行周报》11卷13号,1927年4月12日。

⑦ 财政部参事厅检还关于外商经营储蓄各案节略等件致泉币司付(1926年4月13日),《中华民国史档案资料汇编》第三辑"金融"(二),第1036页。

　　除了受到客观环境的限制外，监管当局主观方面也有不少问题，其内部有时还会出现相互推诿、敷衍塞责的情况。典型的事例如美丰银行在重庆设立分行及发钞的事件。1921年12月4日，美丰银行西人经理到重庆关官署，向重庆关监督陈同纪提出，美丰银行欲在重庆发行钞票。陈同纪认为，重庆虽属商埠，但毕竟与租界不同，不能由外商发行钞票。该经理则提出，此为美政府所许。陈同纪继而提出，美政府虽然允许美丰银行发行钞票，也只能视美丰设立地点在美国管理权之下则可，而重庆系属中国管理，当然未便发行；并"劝令勿发前去"。第二天，即12月5日，陈同纪就美丰银行拟在渝发钞事宜，向财政部提出自己的意见。他认为，就银行发行钞票一事，对华商而言，当然应照章先行呈请财政部核准，始能发行；而对洋商而言，"若系租界以内，如上海之汇丰钞票之类，亦属不能禁止"，而重庆地方自非租界可比，而且发行钞票之事，"可以操纵金融，关系权利非同浅鲜，若美丰发行以后，各国银行势必接踵办理，又监督虽予以劝阻，设该行自由发行，则将如何办理？事关中国财政，究应否准其发行，及如何禁阻之处，理合呈请钧部核示指令祗遵"①。1922年1月19日，财政部、币制局电令重庆关监督陈同纪："重庆地方既非租界，该行又未经政府允许发行在案，如有自由私发情事，应禁止官商一律通用，仰会商地方官妥慎办理。"②

　　然而，一年多后某日，重庆美丰银行致函重庆总商会称，该行发行1元、10元两种兑换券，并希望此后遇有此种兑换券，请于该行营业时间来行兑现；随函还附送样本两张。重庆市总商会以尚不知重庆关官署是否准许，"碍难转知各帮行使"为由函复，并将样本退还。重庆总商会同时向时任重庆关监督王唐报告此事，询问"该行发行兑换券曾否呈经中、美政府核准，并已否向贵署具报有案"。王唐在向财政部转报此事时提出，该行发行纸币事宜，"既未准驻渝领事函知过署，又未据该行具报前来，忽尔擅自发行，不特地非租界，未经允许，办理不合，且重庆近来市面凋敝已极，该行发行兑换券日多一日，万一发生危险，牵动市面，何人负责，此中关系，实非浅鲜。除一面由监督查照前案函复商会外，理合呈请钧部俯赐察核，向美公使交涉，饬知该行停止发行"。据此，财政部向外交部提出，"此次该行分送兑换券样本，擅自发行，殊有未合，属蔑视法纪，拟电饬该关监督仍查照前令禁止通用。且查美丰银行并未在本部注册，如向美国驻京公使交涉，

---

① 重庆关监督陈同纪关于驳斥美丰银行拟在渝发钞理由呈（1921年12月5日），《中华民国史档案资料汇编》第三辑"金融"（二），第1095—1096页。

② 财政部等为美丰银行在重庆擅发纸币商议阻止办法有关咨电稿（1923年6月13日），《中华民国史档案资料汇编》第三辑"金融"（二），第1096—1097页。

令其停止营业,核与现行约章有无违背,应请贵部主持办理,一面知照本部、局,以便电复该关监督查照"①。1923 年 6 月 27 日,财政部、币制局将外交部的回复向重庆关监督作了通报:"外商在各通商口岸发钞,条约原无准许明文,惟津、沪等处相沿已久。此次如向美使交涉停止营业,恐该使藉口各口岸先例,未必就我范围,不如仍由当地官商协力阻止,较为妥善。如美使提及此事,本部自当相机婉拒";财政部同时要求重庆关监督"会同地方官商设法阻止为要,仍将办理情形呈报"②。

事关国家主权和金融安全的大事,中央政府监管当局竟然软弱无力,将此重任推托给地方政府办理,实在是一种失职。时人评论此事道:"此实清末至今之传统政策。官僚态度无不如此。"③但实际上这也是无可奈何之举。

三、对外商银行监管的实质性进展与突破

对外国银行的监管从根本上取得实质性进展,经历了一个漫长而艰苦的过程。在南京国民政府成立后相当长的一个时期,在中国境内的各外国银行,仍然凭借其领事裁判权,并以租界为护符,设立时始终未依照中国法令呈请财政部核准注册,甚至滥发钞券,吸收存款。为此,财政部多次通过外交部转向各该国使领交涉,"饬令依法注册,不得擅自发行,以重主权而维功令"④。与北京政府时期相比,南京国民政府时期银行监管当局的地位逐渐有所回升。

从客观上看,南京国民政府成立后,外商银行实力也有所下降。特别是关内的外国在华银行除日本的实力有所增强外,其他国家的银行实力出现了某些停滞乃至衰退的迹象。长期在上海日本金融机构中任职的滨田峰太郎认为,外国银行在华发行纸币减少的主要原因,是"中国银行业的基础逐步稳固,中国国民民族观念日益浓厚"这两种因素导致的结果⑤。1925 年的五卅运动提出"不向外国银行存款,不用外国银行钞票"的口号,使得英、日两国受到重大打击。如汇丰

① 财政部等为美丰银行在重庆擅发纸币商议阻止办法有关咨电稿(1923 年 6 月 13 日),《中华民国史档案资料汇编》第三辑"金融"(二),第 1096—1097 页。

② 财政部等为美丰银行在重庆擅发纸币商议阻止办法有关咨电稿(1923 年 6 月 27 日),《中华民国史档案资料汇编》第三辑"金融"(二),第 1097 页。

③ 金侣琴:《取缔外钞问题》,《银行周报》11 卷 13 号,1927 年 4 月 12 日。

④ 上海美商美丰银行报告清理案(1935 年 6 月～9 月),《中华民国史档案资料汇编》第五辑第一编"财政经济"(四),第 582 页。

⑤ 朱荫贵:《抗战爆发前的外国在华银行》,载张东刚、朱荫贵等主编:《世界经济体制下的民国时期经济》,中国财政经济出版社 2005 年 8 月版,第 289—306 页。

银行发行额 1923 年为 4 909 万港元，到 1928 年减少至 4 836 万港元；麦加利银行则由 227.6 万英镑降至 174.9 万英镑。日本的横滨正金由 1921 年的 754.2 万日元降至 1930 年的 367.3 万日元，台湾银行亦由 1924 年的 5 126 万日元降为 4 865 万日元。1926 年 9 月在中国境内拥有十几家分行的华俄道胜银行与其在巴黎的总行一起宣告停业清理，大大削弱了中国人对外籍银行和外国银行钞票的信任。以后中华汇业银行于 1928 年停业，中华懋业银行于 1929 年停业，外国银行的神话进一步破灭。而与此同时，华商银行中的中国银行、中南银行等发行的钞票声誉卓著，流通全国各地，亦使外国银行钞票的流通空间相对有所缩小。1935 年 11 月中国实行法币、改革币制时收兑外国在华银行发行的钞票，上海一地为 300 万元，天津一地仅有 150 万元，而此时华商银行的发行量已达 3.5 亿元[①]。

需要指出的是，民间舆论对外商银行在中国的行为提出了强烈不满，这为中央政府此后加强对外商银行的监管提供了舆论支持。1934 年 6 月，上海市商会向财政部转呈该市糖果饼干罐头业公会代表张一尘的提议，呈请取缔万国储蓄会。该呈文称：查万国储蓄会，以开奖之引诱，吸收华人财产达六七千万元，实为经济侵略之极大工具。而此中被吸收之财产，大部由于各业从血汗之所积，际此财政会议议决取缔之时，应呈请财政部迅予执行取缔，以保障国民经济[②]。1935 年 2 月 23 日，中国经济学社、中国科学社、中央大学、中山大学、南开大学等 22 个学术团体联名发出通电，称："国民储蓄自有正当途径，断不可以赌博方式行之，尤不可任外人在我国境内藉赌博式之储蓄，以吸收我劳苦民众血汗易得之金钱。"[③]

而随着南京国民政府地位的逐渐稳固，政府监管机构开始逐渐介入对外商银行的监管。处理美丰银行破产案便是一个例子。

1935 年 5 月 24 日，因从事外汇业务失败及抵押经营地产过多，以致周转不灵，"美商在华握有金融商业枢纽"之称的上海美商美丰银行突然宣告停业，与该行有连带关系的普益地产公司、普益信托公司、美东银公司也同时停业清理。5 月 24 日晨，该行上海总行贴出公告："本行奉董事会命，停止营业，特此公告。"该行门首，"是日中外人士停立路上，探听消息者甚多，多数为西籍妇人。但除门旁发光之招牌与新粘之白纸通告，予人以不快之慰藉外，铁门内杳无一人，公共租

---

① 洪葭管：《20 世纪的上海金融》，上海人民出版社 2004 年 8 月版，第 199—189 页。
② "市商会呈请财部请取缔万国储蓄会"，《银行周报》18 卷 24 号，1934 年 6 月 26 日。
③ "学术团体通电督促万国储蓄会结束"，《银行周报》19 卷 8 号，1935 年 3 月 5 日。

界捕房特派中西捕四名维持秩序"①。

美丰银行停业时,中国存户约 780 人,存款约达 230 万元;美东银公司方面,中国顾客在美国证券市场所付保证金约达 60 万元,执有定期证券者,共 120 人,总值约达 100 万元,执有优先股票者亦有 120 人,总值约达 160 万元;普益公司方面,中国顾客执定期信托存款及优先股票约 45 万元,实际信托存款约达 5 万元。此事件发生后,财政部明确表态,"本部为保护国人权益起见,即在平时,亦应有监督检查之权,不应藉领事裁判权为护符,置我国法令于不顾。况此次突然停业,我国人民受其亏累,尤非浅鲜,为惩前毖后计,应趁此时机,重申前议,分别照会各国使领饬令在我国营业之各该外国银行,一体遵守中国法令,来部注册,并停止发行,仍一面向美国使领严切交涉,务令该美丰银行将所收华人存款完全清偿,发行钞券如数兑现收回,并将办理情形,随时呈报本部,以资考核"。因美丰银行、美东银公司及普益银公司的清理人,系由美国驻华按察使署根据美国联邦法中之"中国商业法"所委派,由于领事裁判权关系,中国政府方面不能正式参与清理。但美按察使署希尔米克按察使发表谈话表示,欢迎由中国财政部长委派中国代表一名,非正式代表中国存户及其他债权者在各该已停业公司之利益,"不仅随时可使中国方面明了清理情形,且可使清理人聆悉中国存户及债权者之愿望"。为此,财政部长孔祥熙正式通知希尔米克,中国政府认为"对于此项利益应行特别处理",并"特委派黄宗勋律师为上述各公司方面之中国利益代表人,俾清理人得明了中国债权者之愿望,并随时以清理状况相通知"②。

但对外国银行监管真正取得进展和突破,是在抗日战争后期以及战争结束以后。抗战全面爆发后,各国列强与中国签订的不平等条约尚未废除。尽管日军占领了沿海地区,但外国租界还存在,英、美、法等国在法理上还保持着领事裁判权等各种特权。但由于中国国际地位的逐渐提高,对外商银行监管的"底气"大大增强。

1942 年 3 月 16 日,蒋介石向财政部下达手令称:外国银行以后如准其在内地设立时,必须将其业务严格规定与限制,如不许发行钞票等,"并应依照欧美各国对于外国银行之限制,认真办理"③。财政部在报告遵办情形时称:"抗战以前,各国以不平等条约为护符,在我国通商大埠自由设行,不受我法令限制,抗战

---

① "明华美丰银行相继停业",《银行周报》19 卷 20 号,1935 年 5 月 28 日。

② 上海美商美丰银行报告清理案(1935 年 6 月～9 月),《中华民国史档案资料汇编》第五辑第一编"财政经济"(四),第 582—587 页。

③ 蒋介石手令机秘甲第 6195 号(1942 年 3 月 16 日),二档:三(1)3359。

迄今，情势变迁，后方外商银行仅在昆明有法商东方汇理银行分行，当经由部决定外国银行应即依照我国《修正非常时期管理银行暂行办法》，一律向本部注册，按旬表报存放汇款数目，受本部派员之检查，并不得与上海、天津以及沦陷区域暨日本各地通汇及与日人贸易，经咨外交部照会各外国使节查照，并饬东方汇理银行检具行章，遵照银行注册章程向本部呈请办理补行注册手续，本年一月复准英大使馆商务专员霍伯器函商拟在昆明或重庆设立汇丰、麦加利银行分行，本部亦以应依我国法令办理为原则呈奉，委座指示只准设三行，在重庆设立分行业由部检送关系法令函复查照办理在案，将来外商银行请求时自当遵章办理。"①

　　1942 年 4 月 20 日，为华比银行在重庆设立分行事，比利时驻华大使馆致函财政部提出："查比商华比银行在远东设立历有年所，信誉卓著，中国境内如平、津、沪、汉，国外如香港、纽约、伦敦以及世界各重要都市均设有分行，如在重庆设立分行能否邀中国政府核准，以及外国银行在此设行营业应遵守何种规章，统祈察核见复。"②5 月 7 日，财政部以渝钱行字第 40026 号复函比利时驻华大使馆："查各友邦银行在中国境内设立分行，应遵照中国法令（包括公法与私法）办理，与中国各银行一体待遇，经注册后，受《非常时期管理银行暂行办法》及其他有关法令管制，该项关系法令，前经本部咨请外交部照会各国大使馆查照在案，华比银行如在重庆设立分行，以增进两国间之贸易及汇兑上之便利，本部自可予以核办，应请转饬遵照规定呈转本部办理。"③同日，财政部以渝行钱字第 13087 号咨请外交部洽照④。

　　1942 年 8 月，财政部专门发表了《关于外商银行拟在国内设立分行呈请注册应行呈报各件之规定》，要求外国银行必须向财政部呈送以下各件：（1）总行注册章程及最近一年之资产负债表；（2）总行所颁给设立分行之命令或相同之文件；（3）拟设分行请求注册重要条款，包括名称（原名及中文译名）、组织内容、拨定资本数额、营业范围、成立年限、职员译名（原文及中文译名）等；（4）注册费（按拨定资本折合中国法币，依照《银行注册章程》规定计算）；（5）印花费（法币 4 元，备贴营业执照）⑤。

　　经中国政府多方努力，1943 年 1 月 11 日，《中美新约》和《中英新约》正式签

---

① 财政部遵办委员长手令情形报告表（时间不详），二档：三(1)3359。
② 比国驻华大使馆致财政部函（1942 年 4 月 20 日），二档：三(2)3803。
③ 财政部致比国驻华大使馆公函渝钱行字第 40026 号（1942 年 5 月 7 日），二档：三(2)3803。
④ 财政部咨外交部渝钱行字第 13087 号（1942 年 5 月 7 日），二档：三(2)3803。
⑤ 财政部关于外商银行拟在国内设立分行呈请注册应行呈报各件之规定（1942 年 8 月），《中华民国金融法规档案资料选编》(上)，第 669—670 页。

订,废除了美国和英国公民在中国享有的治外法权,并将美国和英国在上海、厦门等地公共租界享有的行政与管理权归还中国政府。这些举措为监管当局加强对外国银行在华分支机构的管理提供了必要的外部条件。在1943年汇丰及麦加利银行注册时,财政部还明确了"外商银行在我国设立分支机构办理原则四项",即:(1)设立地点由部指定;(2)不得发行钞票及类似钞票之票券;(3)不得吸收储蓄存款;(4)放款不得以国防工业为对象①。

抗战结束后,社会各界对政府加强对外商银行的管理寄予极大希望,"对外商银行应予以密切的监视与合作,务使金融大权操之在我,而不能丝毫受之于人"②。南京国民政府也从外商银行复业、外国公司记账方式、外币流通等方面,进一步加强了对外国银行的监管。

抗战胜利后,根据中国政府的规定,上海市外商银行积极办理登记手续,财政部并着手缴验各该在沪分行之资本凭证。英商汇丰、麦加利、有利,美商花旗、大通、友邦等银行,因曾参加中国之外汇平准基金委员会,俱为特许准予经营外汇之银行③。

1946年8月,就经济部函询外国公司在中国营业时,其营业簿册可否以外币记账以及公司资本是否可用法币等事项,财政部明确表态:"因外国公司在中国营业之收付既均为国币,自应以国币记帐;其有与国外发生外币收付时,亦系汇兑行为,按照汇率折合国币记帐,仍不致有何困难",而"外人向我国投资,为国际收支之收入项目,外商银行在我国所设分行之资本,迭经指示应以国币计算,并经各外商银行遵办有案。当此汇率未臻绝对稳定之时,外人投资尤不便以外币计算,以引起将来合资事业之纠纷。英美各国虽有准许他国公司以外币计算资本先例,因系本国货币有领导作用,我国似难仿效,故亦不必迁就"。同时,对于经济部提出的关于外商账册簿使用文字的建议,财政部认为,"中国官署依法有检查公司簿册之权,为便利检查、尊崇国体起见,自应以中文为主,而许其以外国文字记载副本,以便利其外籍股东、经理等之检阅"④。

1947年2月17日,国民政府训令公布并正式施行《禁止外国币券流通办法》,规定禁止外国币券的流通与买卖以及代替通货作为交易收付之用,违者没收充公。除中央银行外,所有本国银钱行庄及外商银行,均不得为外国币券之收

① 财政部代电14689号(1945年10月9日),二档:三(2)3979。
② 吴承禧:《胜利前后之上海银行业》,《银行周报》30卷3、4号合刊,1946年1月16日。
③ "本市外商银行积极办理登记手续",《银行周报》30卷11、12、13、14号合刊,1946年4月1日。
④ 财政部关于外商公司资本及帐簿记载货币单位使用文字等规定代电(1946年8月16日),《中华民国史档案资料汇编》第五辑第三编"财政经济"(二),第63页。

付及买卖，违者以投机、操纵、扰乱金融论罪，除没收其币券及吊销其营业执照外，并处经理人五年以下之徒刑①。

1947年新《银行法》的颁行，应当认为是南京国民政府对外国银行在华分支机构监管正规化的重要标志。新《银行法》专门设立了"外国银行"专章，对外国银行，"不采英之宽纵主义，亦不采美之紧缩办法"，就中国自身立场、经济上需要，以及外国银行在我国境内将近百年的历史，"似不能不借重外国银行，以展拓我对国外贸易，并为我国银行分设国外之先导"②。

新《银行法》规定，外国银行在依《公司法》呈请允许前，应依本法规定向中央主管官署呈请特许，非经特许，不得在中华民国境内设立分行；中央主管官署得按照国际贸易及生产事业之需要，指定外国银行得设分行之地区。外国银行呈请特许时，除依《公司法》有关规定报明各款事项外，应加具本行最近资产负债表、损益表及其分行设立地区该国领事官对其信用之证明书。外国银行在中华民国境内设立之分行经中央主管官署特许后，得在其分行所在地经营商业银行和实业银行各种业务，但不得经营或兼营储蓄银行或信托公司业务。外国银行在中华民国境内之分行收付款项，以中华民国国币为限，非经中央银行特许，不得收受任何外国货币之存款或办理外汇等③。

1948年9月6日，行政院公布《商业银行调整资本办法》，其中对外商银行的增资未作具体规定。10月，上海金融管理局奉财政部令，发布关于此次商营银行调整资本办法，其中有关外国银行增资应注意的要点为：由于各在华外国银行其本公司均不设在我国境内，商营银行实收资本最低额，"自应以原呈请本部认许之代表行所在地为准；其在不同市县区域设有分支行处者，每一行处应增加十分之一计算"。此外，召开股东会讨论增资办法一节，得予免除；但依照《公司法》第355条之规定，"由其本公司指定之代表人（或在中国境内代表行之经理）或代理人呈请"④。

---

① 禁止外国币券流通办法(1947年2月17日)，《中华民国史档案资料汇编》第五辑第三编"财政经济"(二)，第7页。
② 张肇元：《新银行法之特征及其要义》，《银行周报》31卷19、20号合刊，1947年5月19日。
③ 国民政府颁发银行法令稿(1947年9月1日)，《中华民国史档案资料汇编》第五辑第三编"财政经济"(二)，第27页。
④ "外商银行增资办法注意要点"，《银行周报》32卷43号，1948年10月25日。

第四章 银行的市场准入监管：基本要素及变迁

　　各国对于金融机构的监管，都是从市场准入监管开始的。市场准入监管意味着金融监管机关要从法律上对金融机构经营资格、经营能力进行审查、确认或限制，赋予其相应的权利能力和行为能力[①]。银行准入监管的出发点，实际上是在银行准入和银行稳健运行之间达成一种平衡。尽管市场准入监管并不能保证银行在准入后一定能稳健运行，但严格的市场准入能够减少不稳健的机构和人员进入银行业，可以增加银行特许令的价值，促使银行管理人员更加谨慎地管理银行，以保住来之不易的银行特许令[②]。很显然，适度的银行准入监管，将有助于保证注册银行具有良好的品质，维护银行市场秩序，并保护存款人利益。本章主要从银行市场准入的一般原理出发[③]，并根据近代中国银行业监管的实际，分别讨论不同时期和阶段银行市场准入的理念、银行注册和审批的一般程序、分支行设立监管、资本金监管、业务范围监管、银行所有权结构、银行高级管理人员准入等内容。

第一节　市场准入：从特许制到核准制

　　近代中国的银行设立要早于相应的银行法规颁行，一直到 1908 年《银行通行则例》颁行之前，对于银行的监管，实际是处于"无法"的状态，更谈不上完整意

① 张忠军：《金融监管法论——以银行法为中心》，法律出版社 1998 年 7 月版，第 155 页。
② 周仲飞、郑晖编著：《银行法原理》，中信出版社 2004 年 9 月版，第 287 页。
③ 目前世界各国一般将银行市场准入所应具备的基本要素分为准入准备金、所有权结构、业务准入和高级管理人员准入等，参见《银行监管比较研究》，第 37—58 页。

义上的银行监管制度了。最初阶段的银行市场准入属于典型的特许制①,其设立和营业,主要是向地方衙门和朝廷相关部门申请呈报,然后由朝廷批准,才可正式开业。1897 年 5 月 27 日(光绪二十三年四月二十六日)成立的中国第一家银行中国通商银行,从筹备到开业经历了种种曲折,而整个审批过程在一定意义上则可视为银行特许监管的先例。

1896 年 11 月 1 日,当时任督办铁路事务大臣,并刚刚接办汉阳铁厂的盛宣怀,向光绪皇帝上奏《自强大计折》,并附"请设银行片",这是筹设的开始。他认为,银行应由商家来办,官方予以扶持,"商不信,则力不合;力不合,则事不成";"拟请简派大臣,遴选各省公正股实之绅商,举为总董,号召华商,召集股本银五百万两,先在京都、上海设立中国银行,其余各省会口岸,以次添设分行,照泰西商例,悉由商董自行经理";"以精纸用机器印造银票,与现银相辅而行,按存银之数为印票之数,以便随时兑现";"各省官司向银行借贷,应照西例,由总行禀明户部批准,以何款抵还,方能议定合同";"嗣后京外拨解之款,可交汇,以省解费;公中备用之款,可暂存,以取子息;官造银圆,尚不通行尽利者,可由银行转输上下,官得坐收平色之利";"银行用人办事,悉以汇丰章程为准则";将来"再行筹设国家银行,与商行并行不悖"。光绪皇帝阅后批示:"着军机大臣总理各国事务衙门户部妥议具奏。"②1896 年 11 月 12 日(光绪二十二年十月初八日),军机处通知盛宣怀,奉皇帝面谕:"着即责成盛宣怀选择殷商,设立总董,召集股本,合力兴办,以收利权。"③

1896 年 12 月 7 日(光绪二十二年十一月初二日),光绪皇帝又正式下谕旨:"惟有开设银行,或亦收回利权之一法。前已谕令盛宣怀招商集股,合力兴办。银行办成后,并准其附铸一两重银圆十万元,试行南省。如无窒碍再由户部议订

---

① 纵观各国历史,关于银行的市场准入,存在着不同的立法原则:第一,自由主义,或称放任主义,是指法律对银行机构的市场准入不予调整,设立银行既无法定条件限制,又无注册登记的程序,实际是依事实而存在,并非依照法律而创始。这种情况多发生在一些离岸金融中心。第二,特许主义,即银行设立的依据是国王颁发的特许状或国会的特别法令,即每成立一家银行就须颁发一道特许状(或特别法令),比如英格兰银行正是 1694 年由英国国会决议以敕令设立的。第三,准则主义,即设立银行无须报请有关机关批准,只要符合法律规定的成立条件即可申请注册。在前苏联刚解体后的一段时间内,俄罗斯的银行被称为"野猫银行",指的即是设立银行的这种无序状态。第四,核准主义,又称许可主义,或审批制,即事先的行政许可是商业银行登记及成立的前提条件。具体来说,设立银行除具备法律所规定的条件之外,还须报请金融监管机关审核批准后,才能申请登记注册,公告成立。这是现代各国通行的做法。参见《银行监管比较研究》,第 37—38 页。

② 盛宣怀:《请设银行片》,《皇朝经世文新编》第 2 卷,转引自中国人民银行上海市分行金融研究室编:《中国第一家银行》,中国社会科学出版社 1982 年 9 月第 1 版,第 62 页。

③ 盛宣怀:《愚斋存稿》第 25 卷,第 15—16 页,转引自《中国第一家银行》,第 63 页。

章程办理。"①谕旨下达后,盛宣怀即组织他的幕僚拟定《银行成议略》、《银行成议说帖》,并拟订《中国通商银行章程》22 条等,又遴选了杨文骏、叶成忠、张振勋、严信厚、刘学询、施则敬、陈猷、严滢、杨廷杲、朱佩珍 10 人为总董②,同时又聘请了曾任汇丰银行总账房的英国人美德伦充任洋大班③。

中国通商银行正在积极筹备之时,总理各国事务衙门对新设银行还是疑虑重重,针对盛宣怀拟送上去的《中国通商银行大概章程》多所驳诘。1897 年 3 月 14 日(光绪二十三年二月十二日),总理各国事务衙门提出:将来办理不善,发生亏损由谁负责;总行所在地设在上海而不在北京是"外重内轻,不足以崇体制";利润报效政府二成太少,应提高到五成;发行钞票要先提银几成存入国库;铸币获利要另提加成报效;银行不能投资工业、做生意和购买房地产;政府可否随时向银行借款数十万,乃至数百万元;10 万元以上的账目均需报告政府立案等④。这一驳诘的内容外传后,"纷纷谣言,谓此行办好官必苛求无已,退股者不少"⑤,中国通商银行的招股工作大受影响,原定于 1897 年 4 月间的开业也不得不推迟。

对此,盛宣怀采取了"公开"和"私下"两种办法应对。私下里,他分别委托李鸿章、翁同龢、王文韶等支持他办银行的要员从中疏通⑥。公开的方面,盛宣怀在收到总理各国事务衙门的咨文后,召集银行大班、律师和各总董逐条研究如何辩解。1897 年 4 月 12 日,盛宣怀咨复总理各国事务衙门⑦,他首先指出:"凡可通融者,悉已劝谕遵行,实有窒碍者,势难过相抑勒,致使已成之局隳于半途,则今日之商情既沮,将来之纠合愈难。"然后,他逐条给予了解释:

其一,亏损由谁负责。盛宣怀认为,责任划分已很清楚:"经理董事之外,例有查帐董事,如查出经理、董事,或大班,或买办,有不应为而为之事,即可随时撤退。银行倒帐,如系因总董或买办之人开报假帐、私自亏空、监守自盗等情,各人应得之罪,应照律例惩办。"对总理各国事务衙门在咨文中还提到的"聘西人为上

① 《光绪实录》第 397 卷,转引自《中国第一家银行》,第 63 页。

② 《中国金融史》,第 169 页。

③ 美德伦充任洋大班合同(光绪二十三年正月初一日),谢俊美编:《中国通商银行》(盛宣怀档案资料选辑之五),上海人民出版社 2000 年 10 月第 1 版,第 52 页。

④ 总理各国事务衙门咨盛宣怀文(光绪二十三年二月十二日),《中国通商银行》(盛宣怀档案资料选辑之五),第 62—63 页。

⑤ 盛宣怀:《愚斋存稿》第 91 卷,第 17 页,转引自《中国第一家银行》,第 80 页。

⑥ 《中国金融史》,第 169 页。

⑦ 盛宣怀咨复总理各国事务衙门王大臣文(光绪二十三年三月十一日),《中国通商银行》(盛宣怀档案资料选辑之五),第 67—70 页。

海大班"一事，盛宣怀提出："向来该银行有荐无保。美德伦系汇丰银行大班、仁记洋行大班，具有荐信，立有合同，并由总董给予权柄单，如有不合，随时可撤其权柄；并仿照日本初开银行之始，大班之外，即派买办陈澄兼充华大班，互相钳制；总董十人中又公举三人为办事总董，驻行稽查。"他特别强调："谋始固不厌求其详，立法亦殊难再密。"

其二，总行所在地。盛宣怀先以英国的汇丰银行为例，指出："汇丰以香港为总行，以英京伦敦为分行。因其招股总董均在香港，遇事可以会议。所称总行者因各分行生意汇总，于是不拘时日，总董有寻常会议，有异常会议，京都既非通商码头，股份不多，又无总董，势必隔膜。"接着，他又以中国本土的山西票号为例："即如山西各票号，亦无不可以山西为总号，并不以京都为总号也。"他认为："现议上海为中国通商第一口岸，应以上海为银行总汇之所，以便中外交易。"当然，盛宣怀也作了妥协："京都、上海均称为中国通商银行，其余各省、各埠则称为通商分行，以期名实两全。"

其三，对国家的报效。盛宣怀仍然先以外国为例："西国银行并无余利报效国家，亦无进项税捐。惟银行派利于股份之人，股份之人自缴进项税，照别项生意一律有印花税。又据汇丰云，汇丰行内余利，并无提出报效国家之款。"他特别指出了外国政府对银行的特殊照顾："西国索取商民之利最为烦苛，而于银行不索报效者。因银行关系通国商务枢纽，国家得其无形之利甚宏。如有亏空赔累皆在股商，国家不任其害。如一有苛索，必使商人裹足。"他提醒当局："况华商魄力甚微，胆气又怯，总董公议两成报效，如该行能似汇丰利厚，报效之数亦属可观；如其利薄，商股尚难免觖望，遑论报效。"

其四，铸币获利是否应另提成报效。盛宣怀从原则上给予了肯定："按照各国铸银局，利益全归公家。"但在具体操作上，他采取了暂且搁置的办法："惟中国权量不一，银圆须由银行设法通用，将来似应酌提津贴，银行之外利益全数归公，另议章程专奏办理。"

其五，发行钞票是否先提成存入国库。盛宣怀认为："现在甫经开办，应照汇丰初次章程，所出钞票存现银三分之二于本行，以昭核实；俟办理二十年成效大著，再援照英国续定章程办理。"

其六，政府可否随时向银行借款。盛宣怀提出："伦敦国家从无向汇丰借款数千百万之事。香港国家借款，亦须与国家随时随议，其利息系照商借一律。"他还就如何解决国债问题提出建议："现在银行将来如能信孚中外，气局宽展，自可援照西例，国债数千百万由银行代官筹办，印发借券，本息归行代收代付。"他特别强调："至于银行现在资本仅二百五十万，收足亦只有五百万，即使全借于国家亦属无济。"

其七,10 万元以上的账目(除汇兑外)是否均需报告政府立案。盛宣怀认为:"上海银行出入十万之数,几乎无日无之。且有今日存入,明日取出。银主或存或欠,多有不愿使官场知者。"对此,他明确表示:"如必欲随时报明立案,不特烦琐难行,且必致丛爵渊鱼,官商出入均赴英、法、俄、德银行往来,中国银行可以朝开夕闭矣。"

其八,至于对银行不能投资工业、做生意和购买房地产,对单一公司或商家的贷款不能超过股本百分之十,每届半年刊印总册应分呈军机处、户部和总理衙门存查等问题,盛宣怀则明确表示:"遵办。"

1897 年 4 月 18 日(光绪二十三年三月十七日),总理各国事务衙门大臣致函盛宣怀:"查设立银行一事,本处日前咨询各节,系谓顾全大局起见,并无益上损下之意,诚以事当创始,不厌详求,章程苟有未妥,正不妨悉心商榷,务令有利无弊,以期折衷至当,实无抑勒苛绳商人之见存也。兹既经阁下转饬各总董详筹妥议,逐款核复,具见相时度势,斟酌变通之意,即请台端详细酌核,及早开办。"[1]可见,对盛宣怀的回复还是基本认可的。

1897 年 4 月 19 日(光绪二十三年三月十八日),总理各国事务衙门正式行文答复盛宣怀:"查此章程既经贵大臣转饬各总董详筹妥议,具见实事求是之意,相应咨复贵大臣查照及早开办,其有未尽事宜,可随时声复本衙门可也。"[2]至此,清政府终于对章程的修改不再坚持,批准了中国通商银行的开业。

但正当中国通商银行开幕之前不久,御史管廷献上了一个"银行官设,流弊宜防"奏折,称:"银行不必冠以中国字样;官款拨存,亦须指定抵还的款,及股商担保;汇兑官款,须交实银;设立商会公所,止议商务,不得干预金矿等务;银行设有拖欠,与国家无涉"等[3]。清政府又犹豫起来,难以断定究竟利弊如何,并责成时任北洋大臣的王文韶和兼任南洋大臣的张之洞会同盛宣怀加以复议。张之洞对盛宣怀办银行颇怀妒意,不愿列衔复奏,经王文韶劝说才勉强同意致电总理各国事务衙门,要求批准银行速即开业,否则"若再议而不成,外人将以为中国决无自强之日"[4]。

---

① 总理各国事务衙门王大臣致盛宣怀函(光绪二十三年三月十七日),《中国通商银行》(盛宣怀档案资料选辑之五),第 70—71 页。

② 总理各国事务衙门咨盛宣怀文(光绪二十三年三月十八日),《中国通商银行》(盛宣怀档案资料选辑之五),第 71 页。

③ 《德宗实录》第 430 卷,第 10、11 章,转引自《中国第一家银行》,第 84 页。

④ 《中国金融史》,第 170 页。

从中国通商银行自申请至获得批准的整个过程中，可以很清楚地看出，特许制的最主要不足就是缺乏法律依据。对银行申请设立及营业呈文的审查和批准，根本没有成文的依据或者统一标准，能否批准、如何批准，很大程度上取决于审查者与申请银行的利害关系，甚至是个人好恶。而申请者的社会地位及人际关系网络在其中则起了相当大的作用。盛宣怀正是在"自强"的大旗下，凭借着自身担任政府重要官员的地位和雄厚的经济实力，并力请当权大员翁同龢、李鸿章和王文韶等居中转圜，才得以与总理衙门讨价还价，最终使总理衙门放弃了原来坚持修改的意见，并批准通商银行可按原定日期开业。

此前，容闳建立国家银行计划的夭折也是一个例子。在中国通商银行建立前一年，即 1896 年，曾任驻美肄业局副监督和清政府驻美国、西班牙、秘鲁三国副公使的容闳曾试图劝说清政府在北京建立国家总银行。为此，他参考了美国相关法律，制订了一个详细计划，提出由政府预先提供 1 000 万两资本以作开办费。在这笔款项中，提 200 万两用于购置各类机器，如印刷政府债券和各种面额钞票的印刷机以及铸币厂所需的机械；提 200 万两为购地建屋之用；提 600 万两存入户部库中，以备购金、银和铜，将来铸成不同面额的硬币，以流通全国。该计划得到了户部尚书翁同龢的支持，并由身兼总理衙门（即外务部）大臣和户部左侍郎二职的张荫桓将此条陈上奏朝廷。

正当户部由翁同龢定夺奏请朝廷准拨 1 000 万两创建费之时，突然发生了一件使张荫桓及其他发起人大为吃惊的事：户部尚书翁同龢接到中国电报公司督办兼中国轮船招商局督办盛宣怀的电报，请求翁同龢暂缓此举，待他两个星期抵北京后再说。1896 年 11 月 12 日（光绪二十二年十月初八日），军机处面奉谕旨："银行一事，前交部议，尚未定局，昨盛宣怀条陈有请归商办之议，如果办理合宜，洵于商务有益。着即责成盛宣怀选择股商，设立总董，招集股本，合力兴办，以收利权。"就在盛宣怀奉到谕旨的一个星期前，即十月初一日，容闳仍在专心致志地呈奏《续拟银行条陈》，他的沮丧是可想而知的。

容闳认为，计划夭折的主要原因是盛宣怀"携带白银 30 万两来到北京作为礼物赠送给两三位亲贵及其他官阶显要有实力的人物，而筹办国家银行的 1 000 万两拨款则被他攫去，以用于他自己的企业"。容闳后来在自传中忿忿不平地写道："国家银行计划之所以失败，其原因就在于中国行政体系的极端腐败。在这个帝国中，上至慈禧太后下至最低微卑贱的差役，无不与贿赂有关，整个国家政治结构因此被弄得千疮百孔。正像美国人所刻画的那样，把贿赂行为比作一种政治藤壶——所谓'藤壶'，它是一种附在岩石、船底上的甲壳动物。如果也允许我这样比喻的话，那么这类寄生物一旦附着在国家这个船体上，他们则牢牢盯住不放，必然对国家造成严重破坏，甚至使其毁灭。换句话说，在中国，金钱是无所不能的，一个人能用金钱达到任何目的。一切都是交易，谁出价最高，谁就能得到他想要的东西。"①

直到 1908 年清政府《银行通行则例》的颁行，才真正确立了银行市场准入的核准制。需要指出的是，以后历届政府同时还保留了特许制，如中国银行等的审批，就属于特许制。

第二节　银行注册与审批

一、晚清政府时期

1908 年清度支部奏准的《银行通行则例》首次对银行的注册审批作出了规定：凡欲创立银行者，或独出资本，或按照公司办法合资集股，均须预定资本总额，取具殷实商号保结，呈由地方官查验转报度支部核准注册，方准开办；凡银行应行呈报事件，除呈请地方官转报外，并须径呈度支部，以便稽核；凡银行开办，须将年月日禀报所在地方官转报度支部；凡开设银行，须遵照本则例自定详细章程，呈报度支部核准，如有变更，亦应一律呈核；凡银行或个人营业改为公司办法，或原系公司变为个人营业，或欲变更其公司之制度，或与他公司核办等情形，均必须呈报度支部核准。银钱兑换所，免其注册；各种特别银行，其有专例所未及者，均按本则例办理。凡欲开办银行者，须呈报下列事项：（1）行号招牌；（2）设立本行、分行地方；（3）资本若干；（4）或独资或合名或合资，应呈报姓名、籍贯、住址、员名。若系招股公司，除以上事项外，需将集股章程及发起人、办事人姓名、籍贯、员数、住址，并分别有限、无限，一律呈报。为鼓励注册，《则例》规定，凡经核准注册各银行，如有危险情形，准其详具理由，呈所在地方官报明度支部转饬地方官详查营业之实况与将来之希望，如系一时不能周转，并非实在亏空，准饬就近大清银行商借款项，或实力担保，以免有意外之虞。以前各处商设票庄、银号、钱庄等各项贸易，凡有银行性质，即宜遵守此项则例；其遵例注册者，度支部即优加保护。此外，《则例》还规定了注册限期：其未注册者，统限 3 年均应一体注册；倘限满仍未注册者，不得再行经理汇兑、存放一切官款；

---

① 石霓译注：《容闳自传——我在中国和美国的生活》，百家出版社 2003 年 8 月版，第 289—292 页。

各省官办之行号或官商合办之行号,统限于本则例奏定后 6 个月内报部注册,一切均应遵守本则例办理;如过期不注册者,科以至少 500 两之罚款,每迟 6 个月,罚款照加①。

1908 年 7 月 14 日(清光绪三十四年六月十六日),度支部奏准的《度支部银行注册章程》共计 8 条,同时附录了官办银行、商人独办银行、商人合资开办银行以及商人集股开办银行等呈请注册应声明事项。其主要内容如下:凡设立银行,无论官办、商办、官商合办,均应呈报财政部注册(第 1 条)。凡银行呈报财政部注册所应声明各节,须遵照《银行通行则例》相关规定办理,并应声明经营之事件(第 2 条)。凡银行注册后,即由财政部给予注册执照,以昭信守(第 3 条)。凡设立银行,必赴本部注册核与执照后方准开办;官办或官商合办各行号,除由各该省具奏外,必须预咨财政部注册核与执照后方准开办(第 4 条)。凡设立银行在财政部奏定则例以前者,务须遵照《银行通行则例》所定期限,迅速赴部注册;以前各省设立之官银钱号,如已奏咨在案,即自奏咨之日起,作为注册之期,但截至光绪三十四年(1908 年)年底止,须声明则例第三条所定各节,咨请补领注册执照;前项所称之各号,其未奏咨有案者,务须遵照则例规定办理(第 5 条)。凡前在农工商部注册之银行,准自在该部注册之日起,作为在财政部注册之期。唯截至光绪三十四年年底止,各该行应声明则例第三条所定各节,呈请本部补领注册执照(第 6 条)。凡银行若系公司办法,应遵照银行通行则例及大清商律,分别注册(第 7 条)。凡赴部注册者,无论官商银行,均只缴照费银 4 两;如更换执照或补领执照,每一次亦只缴照费银 4 两(第 8 条)。

该办法还规定,各类银行注册时应声明事项如下。(1)官办银行:行号招牌、经营事件、设立行号地方(如设立分行当另呈报)、资本、总办姓名履历、办事章程。(2)商人独办银行:行号招牌、经营事件、设立行号地方(如设立分行当另呈报并呈报分行所在地方官)、资本、该商姓名、职业、产业、办事章程。(3)商人合资开办银行:行号招牌、经营事件、设立行号地方(如设立分行当另呈报并呈报分行所在地方官)、资本总额、总办姓名履历、办事章程。(4)商人集股开办银行:行号招牌、经营事件、设立行号地方(设立分行当另呈报并呈报分行所在地方官)、资本总额、每股银数、每股已(未)交银数、创办人姓名、职业、办事人、查察人姓名、职业、住址、有(无)限、办事章程②。

---

① 清度支部银行通行则例(1908 年),《中华民国金融法规档案资料选编》(上),第 145—148 页。
② 清度支部银行注册章程(1908 年),《中华民国金融法规档案资料选编》(上),第 154—156 页。

二、北京政府时期

　　第一次世界大战结束前后,银行尤其是一些中小银行的设立非常迅速。以上海的中资银行为例,1918年增加4家,1920年增加11家,1921年增加20余家。在这些新设银行中,"财力较为充实者,固不在少;至其相形见绌者,当亦无有",因此,"若任其进展,恐非近世大企业潮流中之正轨"[1]。时人感叹:"近岁以来,我国小银行创始之多,几于不可言喻。其名也,孰不自谓调剂金融、发展产业;其实也,又何莫非行险侥幸妄事投机。是以小银行创始愈甚,外界之恶影响感受亦愈速。"[2]

　　当时,银行的注册确实不够规范,有相当一部分银行是先行开业,然后再申请注册的。上海商业储蓄银行就是一个典型的例子。1915年4月17日,庄得之、李馥荪、陈光甫等人,在上海英租界宁波路8号召开股东会,决议成立上海商业储蓄银行。当时对外称已集资本10万银圆,实际仅7万元,职员7人[3]。1915年6月2日,上海商业储蓄银行以发起人集会形式,宣布正式开幕[4]。之后,因业务逐渐拓展,股本也逐年增加。1919年5月4日,全体股东召开成立会,选举董事、监事,确定银行章程。1919年8月20日,上海商业储蓄银行正式行文,报告该行计划股本增至100万元,当时已实收658 000元,并随送历年营业报告及执照费银4两,呈请财政部立案及农商部注册。1920年3月16日,上海商业储蓄银行第二次向财政部呈文,报告已收足股本100万元,并补送股东名册及储蓄章程,要求财政部"并案核准、公布施行"[5]。财政部于4月20日以批件第224号批复:"所拟各项章程大致尚妥,应准先行备案";并提出了对章程的若干修改意见,同时指出,"该行资本既据呈称陆续收齐,应将存储地点,开具清折,以便转行地方长官查验"[6]。9月16日,上海商业储蓄银行第三次向财政部呈文,报告已遵令修改了章程相应条款,并开具了资本存储地点清单及储蓄担保存款正收据等,要求财政部"批饬验资,准予注册立案"[7]。9月29日,财政部第546号批文称:

---

① 士浩:《对于新设银行之感想》,《银行周报》6卷20号,1922年5月30日。

② 郑维均:《小银行滥兴杂感》,《银行周报》6卷5号,1922年2月14日。

③ 中国人民银行上海市分行金融研究所编:《上海商业储蓄银行史料》,上海人民出版社1990年6月版,第7页。

④ 同上书,第8页。

⑤ 同上书,第9—11页。

⑥ 财政部批件第224号(1920年4月20日),《上海商业储蓄银行史料》,第20页。

⑦ 《上海商业储蓄银行史料》,第12页。

所请注册"应俟本部咨准江苏省长转令上海县知事会同部派员查验资本属实，再行核准"①。1921年1月27日，财政部批复："应即准予注册，惟注册执照，应俟本部制就后再行给领。"②3月1日，上海商业储蓄银行呈请农商部注册，并于9月1日接到农商部第991号训令准予注册，并填发第602号执照③。此时距离上海商业储蓄银行开幕已有6年多时间了。

不能否认的是，尽管有的时候效率不高，但此时监管机关的审核还是相当认真的。如对于陈其昌集股筹设民业银行一案，该行按规定程序向财政部呈送银行章程后，财政部于1917年10月15日作了同意的批复。根据该银行章程第六条规定，自章程批准后，须于6个月内开始营业，如逾期尚未开业，得由财政部将批准章程取消；但遇有意外变故，确具正当理由者，得呈请财政部展限。然而截至1918年4月15日，实已期满6个月，为此，财政部咨请江苏省长，"如该行尚未呈请地方官验资开业，应即将本部批准之章程取销"④。

此后，北京政府于1924年起草但未正式施行的《银行通行法》规定，凡创设银行者，应先拟具章程，将下列各款列入，呈由地方长官转请财政部立案：(1)商号；(2)组织；(3)资本总额；(4)总行所在地；(5)营业范围；(6)存立年限；(7)创办人姓名、籍贯、住址。如系招股设立之银行，除遵照前项办理外，并应订立招股章程，呈由地方长官转请财政部核准立案。凡经财政部核准立案之银行，应俟资本总额全数认足，并收足1/2以上时，分别备具下列各件，呈由地方长官验资具证，转请财政部核准注册，发给营业证书后，方得开始营业：(1)股东或出资人姓名、籍贯、住址清册；(2)各股东或出资人已交未交资本数目清册；(3)各职员姓名、籍贯、住址清册；(4)所在地银行公会或商会之保结；(5)证书费。凡经财政部核准之银行，应预将开业日期呈报备案，如满6个月尚未呈报开业者，应由财政部咨行该管地方长官查明撤销之；如银行确有正当事由，得呈请核准展期⑤。

需要指出的是，北京政府时期的公司注册制度，手续相当繁复，旷费时日。"人民集资组织公司，或独资经营商业，例须向政府注册"；但在我国"举凡公司呈请注册，皆必集中于中央政府之农商部，初由商人呈报于所在地之县知事公署，县乃转呈于道尹，道又转呈于省长公署，省则据以报部，部核其程式有不合者，乃发还令改正，由部发省，由省发道，由道发县，至县始达于原具呈之商人，层次既

---

① 财政部批件第546号(1920年9月29日)，《上海商业储蓄银行史料》，第20页。
② 财政部批件第76号(1921年1月27日)，《上海商业储蓄银行史料》，第20页。
③ 《上海商业储蓄银行史料》，第21页。
④ "民业银行验资之饬查"，《银行周报》2卷20号，1918年5月29日。
⑤ "签注意见中之银行通行法及施行细则"，《银行周报》8卷16号，1924年4月29日。

如此之多,而中国官厅又夙有颟顸迟钝之习惯,大约一公司之注册,由县至部,内地需时四五月,边省且需时一年,即以京兆区论,一公司之注册,手续完备,亦必经四个月而后可,设不幸而章程条文不合于部定程式,则一发一还,所需时期,又必加以三倍,是设一公司,必待注册照准而始营业,中间必历长久之岁月,商民之感其不便为何如也。"①

这还仅仅是对一般性公司而言,开办银行类公司,还得经过财政部核准。也有公司为避免麻烦,干脆绕过农商部,直接呈请财政部核准,即行开业。为此,1925年初,农商部咨请财政部予以协助。该咨文称,现在各省经营银行设立公司者,往往呈请贵部核准后,未经呈报本部,即行开业,发行股票,殊属不合,亟应详细查明饬令补报注册,以符法令;应请将历来业经核准银行营业公司等之资本总额,及本店所在地分别开列清单,转送过部,以凭核办②。

1926年12月31日,财政部为改订《银行注册暂行章程》向大总统提出,"本部核办银行注册事件,系沿用清光绪三十四年度支部奏准之银行注册章程。现在情形不同,原订章程各条,多有未尽合宜之处,近来各处拟设银行呈请注册者日益加多,亟应将该项章程改订,以期适用";同时附送了《银行注册暂行章程》共11条。其主要内容包括:(1)适用范围。凡银行遵照各种银行法令呈请财政部注册时,均应遵照本章程办理(第1条)。(2)注册费用。凡呈报财政部注册之银行,均应依下列资本总额,分别缴纳注册费:50万元以下,50元;100万元以下,90元;200万元以下,160元;500万元以下,350元;1000万元以下,500元;1000万元以上,每多100万元,加收30元,其不满100万元者,亦按100万元计算(第2条)。银行增加资本呈请注册时,应遵照前条之规定,照增加后之资本总额缴纳注册费,但从前所缴银数得扣除之(第4条)。凡银行换领新执照,或因遗失呈请补发执照时,均应缴纳执照费10元(第7条)。他种商业公司兼营银行业务时,其缴纳注册费数目与新设银行同(第8条)。本章程公布前呈经财政部核准注册之银行尚未具领执照者,应遵照本章程第2条规定之各级数目减半缴纳,缴纳执照费后,由部补给执照;前度支部核准注册之银行照此办理(第9条)。(3)执照管理。凡银行遵照前条之规定,呈经注册后,由财政部给予营业执照,不另收费(第3条)。银行换领新执照,并将原领执照缴由财政部注销(第4条)。银行遗失执照时,除由该银行登报声明作废外,应取具殷实商号保结,呈由地方长官转请财政部补发之(第5条)。银行如有变更执照所载事项时,应将原领执

① 静观:《论公司注册制度》,《银行周报》2卷49号,1918年12月17日。
② "农商部查核未经注册之银行公司",《银行周报》9卷16号,1925年5月5日。

照缴还财政部，换领新执照（第 6 条）。前清度支部核准注册之银行所领执照，应即呈缴注销，另由财政部发给执照（第 9 条）。该章程于 1927 年 1 月 25 日奉大总统指令批准，并于 1927 年 2 月 7 日由财政部部令公布施行[①]。

《银行注册暂行章程》公布施行后，引来一些不同反应。如吉林省财政厅向财政部提出，"吉林省城商埠及外县商务较繁之区，向设有储蓄会及银号、钱庄，储蓄会向以贷款为业，银号、钱庄系办兑换汇兑等业。惟其资本，则储蓄会皆在三十万元以上，银行、钱庄资本俱无限制，若俱令遵章注册，实际上实感困难，倘或俱为除外，又似与原章第八条之规定不符，应如何解释，请鉴核示遵"。为此，财政部提出，"查《银行注册暂行章程》第八条所称他种商业公司兼营银行业务一语，系指原未经营银行业务之一般商业公司，而于其公司内附设银行部分，或即以公司名义兼营银行业务而言，核与该省现设之储蓄会及银号、钱庄情形不同。来呈陈明该省储蓄会系以储蓄并贷款为业，依《储蓄银行则例》第一及第十一条，并《银行通行则例》第一条之规定，应认为储蓄银行业务。至该省银号、钱庄，既以兑换并汇兑为业，依《银行通行则例》第一及第十二条之规定，应认为银行业务，均应由该储蓄会、银号、钱庄等分别遵例拟具章程等件，呈转本部查核注册。又资本一节，来呈陈明该省储蓄会资本在三十万元以上，核与《储蓄银行则例》第二条之规定亦不违背，应由该厅查明该省内现设之储蓄会及银号、钱庄或他种银号，分别转令遵照《银行注册暂行章程》，于呈转注册时，备具注册费数目，以符定章"[②]。

三、南京国民政府时期

1. 抗战前银行的注册审批

南京国民政府成立后，首先关注的就是银行的注册问题。1927 年 12 月 2 日，财政部公布《金融监理局补行银行注册章程》14 条。该章程规定，凡已开业之银行、交易所、信托公司、保险公司、储蓄公司、储蓄会等各金融机关，不论已否注册，概自通告之日起在 1 个月内，照下列各项填具注册呈报书，向金融监理局呈请补行注册，换取执照，但因交通不便或有其他特别情形呈准财政部者，得展期两月；注册呈报书中应包括以下内容：(1)公司之组织；(2)股本总额；(3)已缴

[①] 财政部为请核改订银行注册暂行章程呈稿(1926 年 12 月 31 日)，《中华民国金融法规档案资料选编》(上)，第 297—299 页。

[②] 财政部关于解释银行注册暂行章程有关条款文义指令稿(1927 年 6 月 1 日)，《中华民国金融法规档案资料选编》(上)，第 299—300 页。

股本数目;(4)每股银数;(5)每股已缴银数;(6)官定利率;(7)公积金数目;(8)特别公积金数目;(9)营业年限;(10)总行开业年月日;(11)总行所在地;(12)曾在何处注册;(13)分行所在地;(14)董事姓名;(15)监察人姓名。该章程还规定,凡有发行纸币权之银行,应将取得发行权之经过、发行限额、最近发行数目及准备情况,分别种类,列表具报①。

此项规定引起了银行界的不满和抵制。1927 年 12 月 19 日,上海银行公会呈文财政部,要求暂停实行注册:"查金融监理局之设,本无所用其顾虑,惟年来战乱频仍,百业凋敝,凡属金融机关内为保全存户股东血本,外为安定社会经济,孤诣苦心,已非易事。自国民政府定都南京,迭为政府认销库券,亦已竭尽绵力,又以粤省封闭银行,勒提商本,汉埠封存资金,强借巨款,致人民对本国银行信用观念,已行薄弱,虽政府负责之人先后不同,而人民观念,究难解释。敝会之意,当此大局未定,政府对于金融界及金融界之自处,均宜力持稳定,方能稳渡难关。若将此条例见诸施行,一般人民未喻此旨,必疑政府将别有所图,风声所播,势必纷纷提款,扰动金融,凡百商业,均蒙影响,纵政府三令五申,亦无以解释群疑,甚非政府维护商民之意。敝会体察情势,难安缄默,用再沥陈下情,务祈俯念商艰曲徇民意,俯准将金融监理局令饬各银行注册等手续从缓进行,不胜感祷之至。"②

此后,因"银行注册事件,旧订章程多有未尽合宜之处,近来各处拟设银行呈请注册者日益加多,亟应将该项旧章改订,以期适用"③,财政部于 1929 年 1 月 12 日公布施行了《财政部银行注册章程》共 12 条。其要点包括如下内容。

适用范围。凡开设银行,经营存款、放款、汇兑、贴现等业务者,须依本章程注册。凡经营前项之业务不称银行而称公司、庄号或店铺者,均须依本章程办理。

章程规范。开设银行时,应先拟具章程,将下列各款订入,呈由地方政府转呈或径呈财政部核准:(1)商号;(2)组织;(3)资本总额;(4)总行所在地;(5)营业范围;(6)存立年限;(7)创办人姓名、籍贯、住址。如系招股设立之银行,除遵照前项办理外,并应订立招股章程,呈由地方政府转呈或径呈财政部核准后,方得招募资本。

---

① 金融监理局补行注册章程(1927 年 12 月 2 日),《中华民国金融法规档案资料选编》(上),第 527—529 页。
② 上海银行公会致财政部函(1927 年 12 月 19 日),沪档:S1731221。
③ 财政部呈送银行注册章程(1927 年 1 月 21 日),《中华民国史档案资料汇编》第五辑第一编"财政经济"(四),第 5 页。

验资注册。凡核准设立之银行,应备具下列条件,呈由地方政府转呈或径呈财政部验资注册,发给营业执照后,方得开始营业:(1)出资人姓名、籍贯、住址清册;(2)各出资人已交未交资本数目清册;(3)各职员姓名、籍贯、住址清册;(4)所在地银行公会或商会之保结;(5)注册费(第3条)。独资或其他无限责任组织之银行,并应添具下列各件:(1)出资人详细履历;(2)出资人财产证明书。股份有限组织之银行,除遵照第3条第1款办理外,并应添具下列各件:(1)创立会议记录;(2)监察人或检查员报告书。银行与他银行合并或增减资本时,应呈由地方政府转呈或径呈财政部核准注册。

注册费用。银行呈请注册时,应依下列资本总额分别附缴注册费:50万元以下50元,100万元以下100元,200万元以下150元,300万元以下250元,500万元以下400元,1 000万元以下600元,1 000万元以上每多100万元加收50元,其不满100万元者,亦按100万元计算。银行遵照前条规定呈经注册后,由财政部给予营业执照,不另收费(第7条)。银行增加资本呈请注册时,应依前条之规定,照增加后之资本总额缴纳注册费,但从前所缴银数得扣除之;遵照前项规定办理之银行,应换领新执照,并将原领执照缴由财政部注销。银行如有变更执照所载事项时,应将原领执照缴还财政部,换领新执照,但应缴纳执照费10元。

善后事宜。本章程施行前已开始营业而未呈经前金融监理局注册之银行,均应于本章程施行后6个月内补行注册。但在前清度支部和北平旧财政部注册之银行,其注册费得依第7条之规定减半缴纳,并由财政部换给新执照,其前领旧执照应即同时缴销[①]。

1929年4月20日,财政部又公布了《银行注册章程施行细则》共12条,该细则对银行呈请注册的主体资格、银行注册资本的核验、申报文件等作出了具体规定[②]。

为落实《银行注册章程》,财政部还采取了一些具体措施。1929年10月,针对上海市民银行未经核准注册设立等情况,财政部第6217号咨请上海特别市政府,"查银行注册章程,早经本部核定公布,该行既未呈请核准注册,照章不能营业,违法设立,已属不合,复敢私发银铜辅币各券,希图牟利,扰乱金融,尤属显违法令。本部职责所在,对于私发银铜辅币、希图牟利,限制綦严,已不啻三令五

---

① 财政部银行注册章程(1929年1月12日),《中华民国金融法规档案资料选编》(上),第561—563页。
② 银行注册章程实施细则(1929年4月20日),《中华民国金融法规档案资料选编》(上),第564—565页。

申,乃该行希图牟利,仍复擅自发行,亟应严加取缔,准咨前由,相应复请贵政府查照,转饬社会局严切查禁,勿令私币流通市面,以维币政而儆效尤"①。根据财政部的指令,上海市政府严令该市社会局会同公安局严行查禁②。

银行在申请核准过程中呈送的章程,是财政部审核的重要内容。1929年底,对于上海市政府呈送的上海市银行章程,财政部经审核后认为"大致尚属妥贴",但同时提出了以下修改指示:(1)章程第5条第4项"信托业务",核与普通银行业务不符,应即删除。(2)又同条第7项,"经财政部之特许,得发行辅币券",查辅币券之发行权应专属于国家银行,以辅币券关系平民生计至巨,历来各银行之挤兑风潮,亦多由辅币券滥发而起,从前取得发行权各银行业经发行之辅币券,本部现正定取缔办法,新设银行不应再予特许。(3)又同条第8项及第18条、第19条"办理市民储蓄",该行虽已设有专部,划分资本,另立会计经营,但如理事及重要行员连带扶助及储金运用限制均应另订专章,以资区别。(4)又章程第6条第1项"经理市金库"一语,核与国民政府迭次通令京外各机关所有公款应悉数存放中央银行相抵触,应即删去。(5)再查本部职掌全国金融,除中央银行直隶于国民政府外,无论官办商办或官商合办,非经本部核准注册不得营业,所有呈请事项,亦应经由本部核准以重职权而明系统。该行章程第1条"由上海特别市政府呈请国民政府设置之",应改为"由上海特别市政府咨请财政部核准注册";第3条延长营业期限,第12条修改章程,均应照第1条修正。又,第二条末应加但书,为"但应呈报市政府转咨财政部备案";第4条第2项"呈请市政府下",应加"转咨财政部"字样;第7条应加一项,文云"前项理事监事指派后,由市政府将名单转咨财政部备案";第16条"呈报市政府"下,应加"转咨财政部查核"字样③。可见,对于上海市银行章程的审核,财政部较为关注两个方面:一是银行的经营范围,如不准经营信托业务、发行辅币券、经理金库,以及储蓄应独立经营等;二是呈请事项的程序,实际是强调了财政部在注册核准方面的权威性。

再如,财政部对北洋保商银行申请注册的批复。1932年8月,经北洋保商银行股东会议决,拟将当时实收股款1 129 500元作为资本总额,并随同章程,股东名册、董监事姓名、籍贯、住址清册及1931年度决算报告,以及注册费150元、印花税费2元,一并呈请财政部准予注册给照。11月30日,财政部对章程的批复如下:第7条股东会议下应加一"决"字;第7条由董事3人以上,应改为由董

---

① 财政部咨文第6217号(1929年10月2日),二档:三(1)2248。

② "上海市政府查禁上海市民银行",《银行周报》13卷40号,1929年10月15日。

③ "财部修正上海市银行章程",《银行周报》13卷47号,1929年12月3日。

事 5 人以上；第 12 条第 7 款，其他下应加"商业"二字；第 14 条原文后应加"俟兑换券条例公布后，本行仍应遵照办理"；又，该行储蓄部章程第 6 条文后，应另列一条作为第 7 条，文曰："本储蓄部每届总决算后，应按照各种储蓄存款总额四分之一，将现金或有价证券交存就近之中央银行，作为付还各种储蓄存款之担保，并取具存据，呈送财政部核验"等①。从财政部批复内容看，除少数技术性修正外，其余几点均属十分重要。如对第 12 条"营业范围"第 7 款的修改，加上了"商业"二字，这是为了明确划分一般商业银行和储蓄银行等在营业范围上的差异；对第 14 条后加上兑换券有关规定，则是为正式实施兑换券条例预留了操作空间；而储蓄存款保证金交存中央银行的规定，更是保障商业银行安全的重要措施。

《银行注册章程》暨施行细则经财政部拟订公布后，至 1930 年 2 月，核准注册及补行注册的银行已有 32 家，还有一些银行也在陆续呈报②。至 1934 年 9 月底为止，已有 175 家银行银号经财政部核准注册，并依法加入各地银行业公会。这 175 家银行、银号实收资本 3 000 万元至 3 万元不等③。

为督促各地银行办理注册手续，财政部于 1934 年 11 月 1 日咨请各省市府，限令未立案各银行，照章注册，咨文称："现查各省市所设银行，遵章呈请注册者虽已甚多，而意存观望延未呈报者，当亦不少，长此以往，不特本部之监督难期周全，即社会之往来，亦艰于选择。兹将本部核准注册各银行，截至本年九月底止，所有名称、组织、实收资本、总行地点以及批准年月日、填发营业执照号数等项，汇列一表，送请查照，即希通饬所属，详细查明，如有未经呈准注册之银钱行号，应请饬其迅行遵照定章，备具各项注册文件，呈部核办，仍一面随时注意监督；至核准注册之银行，如在各省市设立分支行处时，应将本部核准注册及分行设立文件，摄制影片，送呈地方政府查核备案；其有未经呈奉核准，擅自设立分支行处者，并应呈由地方政府转达本部核办，以符功令而便稽察。除分行外，应检同银行注册一览表一份，请贵省市政府查照，并转饬所属一体知照。嗣后如有新准银行注册事项，本部仍将陆续咨达，以资接洽。"与此同时，财政部并令各地银行公会："查银行公会，原系谋银行公共利益之法团，所有会员银行，自应以依法呈经本部核准注册之银行为限。兹抄发本年九月底止本部核准注册各银行清单一

---

① 财政部关于北洋保商银行申请注册批（1932 年 11 月 30 日），《国民政府财政税收档案资料汇编（1927～1937 年）》，第 688 页。
② "财政部办理国内银行注册"，《银行周报》14 卷 6 号，1930 年 2 月 25 日。
③ "全国已注册银行一览"，《银行周报》18 卷 45 号，1934 年 11 月 20 日。

份,令仰遵照。如有未经呈准注册之银行,加入为会员银行,该公会应予拒绝,以示区别,而保法益。嗣后如有新注册银行,由部随时专发,以资接洽,并仰知照。"①

在诸多的银行注册申请中,也有未获财政部批准的,上海正华银公司就是一个例子。1931年初,上海正华银公司呈请注册时,财政部认为,来呈未经全体董事及监察人署名盖章,核与定章不合;至应送法定文件,只有章程一份,并未遵照《银行注册章程》第三条及第五条之规定办理,本部无从核办,"所请核准给证之处,着毋庸议,章程发还"。此后,上海正华银公司遵批补正程序呈送,财政部又以钱字第10634号批示:"查银行资本,按照现行章程,虽无定额之制限,惟定额过小,营业根基即欠稳固,况上海地方,素为商业繁盛区域,银行业务,尤须资本雄厚,运用始克裕如,如该公司所定资本总额仅为10万元,并据规定,又只收本数5万元,殊嫌过少,且该公司既系招股设立,并应照章订立招股章程,呈请核准。至所送营业章程,亦殊欠周妥,所请注册一节,未便照准。"②接到财政部上述批示后,上海正华银公司致函上海市商会力陈理由,认为现行法令对于银公司资本,并无最少限度之规定,并要求转请财政部予以通融,给予先行注册。为此,财政部批复上海市商会:"查上海为商业繁盛区域,该银公司又以经营出洋草帽押汇为大宗,资金五万,实不足以资运用;虽现行法令无最少限度之规定,本部仍应体察情形,权衡轻重,以预防危险之发生,所请准予注册之处,碍难照准。"③

从此案可以看出,财政部对注册资本的数额还是比较重视的,然而缺乏明确而具体的规定,则又使得执法缺乏相应的严肃性。事实上,尚有未经呈报资本数目审查合格即行开幕者,而"此项情形,以各省及特区为多,社会上对于内情不明,以为必已得财部之检查许可,故对其资金之确实与否,均不表示怀疑,一旦发生事故,则交相责难"。1935年初,"为消灭此种欺骗政策起见",财政部进一步决定,采取以下三种办法相辅助:(1)咨请各省市政府转令直属机关,取缔限制成立而尚未注册银行,勒令履行法定手续;(2)凡向各省市呈请立案新设之银行,一律令向财政部遵照注册,然后始得开业;(3)函请各银行公会,凡未经注册之银行,拒绝加入为会员,以资甄别④。

1931年3月28日国民政府公布的《银行法》规定,银行设立必须经过下列

---

① "财部催办银行注册手续",《银行周报》18卷43号,1934年11月6日。
② "正华银公司不准立案",《银行周报》15卷8号,1931年3月10日。
③ "正华银公司注册仍未准",《银行周报》15卷11号,1931年3月31日。
④ "财部严厉监督全国银行",《银行周报》19卷8号,1935年3月5日。

步骤：(1)实业部登记；(2)财政部核准；(3)订立章程载明应列各项经财政部核准；(4)如系招股设立银行，其招股章程需核准；(5)核准并登记后，须于6个月内营业，即令逾限，有正当事由得呈请延缓[①]。

在银行注册方面，尽管有了明确的规定，但实际执行情况还不是十分理想。为此，1935年6月26日，财政部以钱字第18508号咨行各省、市政府称："兹查各省市所设之银行遵令呈部注册者，尚属寥寥；其私发纸币者，仍照常发行。历次法令视同具文，实于币制金融大有妨害"；并要求各省、市政府严饬各该银行，"迅即遵照《银行注册章程》暨施行细则各规定，呈请注册"[②]。

2. 抗战期间银行的注册审批

实际上，早在抗战全面爆发前，国民政府对战事发生后银行业的布局已有所考虑。1937年6月6日，为调整银行布局及人事安排等事宜，蒋介石专门向财政部次长邹琳发去密电指出："国、省经营之银行，如中央、中国、交通、农民、四明、实业、通商、国货、农工等九余家萃于一隅，而其董、监事及上级干部不出沪上数人，业务往往仅注意上海一埠，而有忽略全地之弊。"[③]6月11日，财政部在给蒋介石的呈复中称："查各银行因上海系全国金融总枢，总行大都设于上海。惟近年以来，本部鉴于农村凋敝，内地金融机关颇少，以致金融呆滞，迭经令饬各行应向内地推设分行，以资调剂。至法币施行以后，中、中、交、农四行所发法币通行全国，为便利流通、收兑银币，并经函令各该行积极向内地设行，以期灵活内地金融。本部前次讨论非常时期经济财政时，企以为避免敌人袭击、巩固金融起见，内地设行尤属重要，并已由部督促实施。至各银行之董监事及上级干部不出沪上数人，自系目前事实，将来如遇各行董监事及上级干部改选改派时，自当遵谕注意改正，以利整顿。"[④]

为巩固战时金融，加强管理银行业务，财政部颁行的《非常时期管理银行暂行办法》规定，凡经营收受存款及放款而不称银行者，视同银行。凡经营上项业务者，须遵章注册。而上海租界区域，"一般小钱庄及银号、信托公司等，竟擅自经营银行业务，并不遵章向部注册，殊属非是"。为此，财政部特训令上海银钱业同业公会及市商会等，取缔未经注册核准营业之钱庄、银行、信托公司等；对违规

---

① 财政部关于转发银行法令(1931年4月24日)，《中华民国金融法规档案资料选编》(上)，第572—583页。

② 财政部再饬各银行依法注册并查禁擅自发行致各省市政府咨(1935年6月26日)，《国民政府财政金融税收档案资料汇编(1927～1937年)》，第673页。

③ 蒋介石为调整银行布局及人事安排事致邹琳密电(1937年6月6日)，二档：三(1)2238。

④ 财政部呈蒋介石的复文(1937年6月11日)，二档：三(1)2238。

擅自经营存款、放款、汇兑、贴现等业务者,决予究办,以保障存户安全;同时,凡经注册之行号,不得经营为法不许之营业,如汇划票据之贴现以及黄金之非法买卖等。"闻有若干新设之银号、钱庄、信托公司等,均已遵令向财政部呈请注册,财部已秉公核办矣。"①

1941 年 12 月 9 日,国民政府公布了修正后的《非常时期管理银行暂行办法》15 条。与 1940 年 8 月 7 日公布的办法相比,进一步限制新银行的设立,规定自本办法施行之日起,新设银行,除县银行及华侨资金内移请设立银行者外,一概不得设立。银行设立分支处,应先呈请财政部核准。凡在本办法施行前已开业而尚未呈请注册之银行,应于本办法公布命令到达之日起 1 个月内呈请财政部补行注册②。

1942 年 7 月 31 日,财政部参事厅、钱币司会拟的关于变通各地行庄补行注册手续签呈中提出,为贯彻管理法令,并兼顾事实需要起见,除重庆一地早已于限期内停止补办注册外,对外地各省市拟定变通处理办法三项如下:(1)尚未申请补行注册之庄号,应电请省政府转饬当地县市政府切实查明报部核办。如其设置较久,与地方金融关系较大,平日营业状况尚能合法,必须予以补救者,准予依照银行注册章程之规定具备各件,呈请补行注册;(2)前项呈请补行注册,除重庆已依限停止外,在成都、万县、江津、内江、自贡、宜宾、泸县、西安、贵阳、兰州、衡阳、昆明、桂林、赣县、吉安、韶关等 16 地,限于本年 10 月底以前呈请核办,其余全国各商业简单地方,限于本年年底以前呈请核办,逾期即加以取缔;(3)各地未经注册之钱庄、银号,如系在 1941 年 12 月 9 日以后新设者,应一律勒令停业。对于银行资本数额及组织,则拟按如下原则办理:(1)嗣后新设银行,除县银行应依照《县银行法》规定办理外,一般银行应为公司组织。至资本规定,除重庆仍照定案办理外,如为股份有限公司、股份两合公司或两合公司,其资本至少须达 50 万元;无限公司,资本至少须达 20 万元。如在商业简单地方,得酌准减低,但股份有限公司、股份两合公司或两合公司不得少于 25 万元,无限公司不得少于 5 万元;(2)各地已开设之钱庄,此次补办注册手续,如为合伙经营者,饬改组为无限公司组织,至少增资至 5 万元。对独资经营之钱庄,为保障存户安全起见,拟饬令必须于补行注册限期内,自行与其他钱庄合并,或加入新股,改组为公司组织,否则应停业清理。对此签呈,财政部总长批示,除认为"钱庄补办注册手

① "财部取缔未注册银号",《银行周报》24 卷 46 号,1940 年 11 月 19 日。
② 国民政府公布之修正非常时期管理银行暂行办法(1941 年 12 月 9 日),《中华民国金融法规档案资料选编》(上),第 653 页。

续"一节不妥外,"余可施行"①。

1943 年 1 月 7 日,财政部再次公布了《修正非常时期管理银行暂行办法》15
条。此次修正,与 1941 年 12 月的版本相比,强调新设银行除县银行外,一概不
得设立;原先许可设立的"华侨资金内移请设立银行者",此次亦不再提及②。

3. 战后银行的注册与审批

抗战胜利后,收复区内银行的复员与复业,成为银行市场准入的另一种特殊
形式。以上海的情况为例,抗战胜利后的上海银行界变化极大,日本系的银行全
部崩溃,由政府银行分头接收清算;伪中储体系自 1945 年 9 月中旬以后也被财
政部京沪区财政金融特派员所设立的伪中储银行清理处所接收清理;为日人所
强占的英美荷比等外商银行于 1945 年 12 月 10 日起陆续在沪复员;凡在敌伪占
领期内新设立的银行而未依法领有财部执照者,一律于 10 月初起全部停业清
理;中中交农、二局(信托局、邮政储金汇业局)、小四行(通商、中国实业、四明、国
货)等全部依正统复业;收复区战前经财部核准设立,战时仍继续营业之银行,由
财政金融特派员查明过去业务,报部核准,在清查期间,仍继续营业;战时在大后
方成立的银行有若干家在上海开设分行;原有的银行公会解散,由社会局所指派
的另一整理委员会代理之。"经过这几个月来这样多的变化,上海银行界今日的
面目已和胜利前迥不相同,敌伪系金融机构已一扫而光,政府银行系重掌领导地
位,原有的商业银行继续营业,新小银行的命运大部将归淘汰,过去的乌烟瘴气
大部分已经澄清,就充实制度与刷新银行营业这两点来说,现在比过去有很大的
进步。"③

1945 年 9 月 28 日,财政部以渝财叁字第 3533 号令,公布《收复区商业银行
复员办法》,该办法规定,凡经财政部核准注册之银行,因抗战发生停止营业或移
撤后方者,得呈经财政部核准,在原设地方复业。凡经财政部核准注册在收复区
设立之银行,在抗战期间继续营业者,依照《收复区商营金融机关清理办法》之规
定办理④。

根据财政部的部署,在上海复业的国家银行及时间为:中央银行,9 月 22

① 财政部参事厅钱币司会拟变通各地行庄补行注册手续签呈(1942 年 7 月 31 日),《中华民国史档案资
料汇编》第五辑第二编"财政经济"(四),第 739—740 页。
② 修正非常时期管理银行暂行办法(1943 年 1 月 7 日),《中华民国金融法规档案资料选编》(上),第 671
页。
③ 吴承禧:《胜利前后之上海银行业》,《银行周报》30 卷 3、4 号合刊,1946 年 1 月 16 日。
④ 财政部关于公布收复区商业银行复员办法令(1945 年 9 月 28 日),《中华民国金融法规档案资料选编》
(下),第 1485—1486 页。

日;中央信托局,9月22日;中国银行,10月1日;交通银行,10月1日;中国农民银行,10月1日;邮政储金汇业局,10月1日;四明银行,10月8日;中国通商银行,10月15日;中国通商银行,10月29日①。

此后,为明确前经注册银行停业后的复业手续,财政部于11月13日宣布:"查经本部核准注册之银行,因抗战发生停止营业呈请复业者,应饬先行召集股东会议决通过,作成会议记录,连同停业日计表,其已清理者清理后日计表,呈由该处查明其表列资产负债实在情形,报部核办。又,以前注册事项,如有变更,并应饬依照规定,备具各件,一并呈转本部变更注册,特电遵照。"②

对于申请开放新设银行,财政部1945年12月表示,"查修正《非常时期管理银行暂行办法》规定,新设银行,除县银行外,一概不得设立;现本部即将《银行法》修正呈请审议公布,在该法未公布施行前,仍当依照该办法办理,所拟酌予开放一节,暂从缓议"③。

对于政府制定的银钱业复业的有关规定,也有人提出了不同意见。《银行周报》1946年1月16日发表的《收复区行庄新年之申诉》一文,颇具代表性。该文指出:"兹以银钱业而论,过去数年中风起云涌,新设特多,其中有敌伪性质者,有与敌伪有间接关系者,此等银行钱庄固应立予处分,无所姑息,亦不待论。惟今则新设行庄,因于沦陷期间未向政府正式登记在册,全体奉令清理,因之上海一百九十三家之公会会员,得继续营业者,仅存七十三家;二百二十七家之公会会员钱庄,得继续营业者,仅存四十八家。外埠情形,亦复如是。政府为肃正视听、澄本清源之计,对于未经合法登记注册之行庄,令其停业清理,固其所宜。行庄就法而言,惟有静候政府之处置,有何多言?顾数月来同业之苦衷,欲伸而不得,人情法理之间,是非黑白之辨,固不可不有以明之。"该文最后提出:"为今之计,似宜速颁银行法规,废止非常时期之管制法令,对于立场纯正、过去营业尚无不当之新设行庄,酌予重行注册,予以自新,俾有机缘,为国效力。"④

1946年1月29日,财政部以渝财叁字第15962号令,公布《收复区商业银行复员补充办法》共两项:(甲)凡未经财政部核准注册,在1937年6月以前设立的银钱行庄,于抗战期间仍继续营业者,除依照《收复区商营金融机关清理办法》办理外,得于本办法颁布3个月内提出下列文件,呈经财政部核准,在原设地

---

① "上海复业之国家银行",《银行周报》29卷45、46、47、48号合刊,1945年12月1日。

② "关于前经注册银行停业后复业手续之公告",《银行周报》30卷1、2号合刊,1946年1月1日。

③ "申请开放新设银行财部电复暂从缓议",《银行周报》30卷3、4号合刊,1946年1月16日。

④ 朱斯煌:《收复区行庄新年之申诉》,《银行周报》30卷3、4号合刊,1946年1月16日。

方继续营业，并依照《银行注册章程》规定补办注册手续，逾期即不予核办，勒令停业：(1)前实业部或省市县或工部局所发营业许可证或登记证；(2)战前已加入当地银钱业同业公会或商会之证明文件；(3)在抗战期间继续营业并无附逆情事之切结及当地银钱业同业公会或商会之保结；(4)抗战前1年至3年及抗战以后之历年营业决算书表；(5)战前纳税凭证；(6)战前与国家银行来往之正式证据；(7)当地县市政府证明文件(证明与地方金融关系密切)。(乙)凡未经财政部核准注册，在1937年6月以前设立的银钱行庄，因抗战发生停止营业者，得于本办法颁布后3个月内提出下列各项文件，呈经财政部核准，在原设地方复业，并依照《银行注册章程》补办注册手续，逾期即不予核办，不准复业：(1)前列甲项(1)、(2)、(5)、(6)及第(7)各款文件；(2)抗战前1年至3年之营业决算书表；(3)确因战事停业之证明文件①。

1946年4月24日，财政部以渝财叁字第6268号令，公布修正后的《收复区商业银行复员办法》共5条，规定凡经财政部核准注册之银行，因战事发生停止营业或移撤后方者，得呈经财政部核准，在原地方复业；凡经财政部核准注册，在收复区设立之银行，在抗战时期继续营业者，依照《收复区金融机关清理办法》之规定办理②。

对于各地要求新设银行的申请注册，财政部始终未予松动，概不核准。1946年5月30日，财政部钱币司司长戴铭礼称，关于各地新设银行申请注册，无论都市或乡镇，一概不许，"因目前情形，多设行庄，可能助长囤积投机之风，对经济现状绝无裨益"③。关于行庄复业的条件，他强调：(甲)须设立于抗战发生之前；(乙)确因战事影响而停业；(丙)须有地方政府及商会之证明、往来行庄之账单及向政府纳税之凭证等。而申请复业期限，本定于1946年5月5日截止，后以地区辽阔，各地申请复业之金融业殊为踊跃，故特展期至7月15日截止。"财部为审核金融业之复业事宜，特由各关系部门，组设审查会严格审核，间查有伪造证件，企图蒙蔽者，即送交法院严办，决不宽贷。"④

1946年8月14日，财政部代电称：浙江省萧山、绍兴、余姚、宁波、慈溪、嘉兴等六县钱庄，"未经本部核准，擅自营业者，为数极多"；至其营业情形，一为票

---

① 财政部关于公布收复区商业银行复员办法补充办法令(1946年1月29日)，《中华民国金融法规档案资料选编》(下)，第1514—1515页。
② 财政部关于公布修正收复区商业银行复员办法令(1946年4月24日)，《中华民国金融法规档案资料选编》(下)，第1515—1516页。
③ "新设银行申请注册财部概不核准"，《银行周报》30卷23、24号合刊，1946年6月16日。
④ "行庄复业条件"，《银行周报》30卷45号，1946年11月18日。

据汇划，一为吸收存款，高利贷放，"有背景者，更有吸收公款存放情事"；"且有不用招牌，暗做票据存放者"；如不迅予管制取缔，则漫无限制，流弊甚大。为此，财政部电请浙江省政府转行勒令克日停业①。

1947年9月1日，国民政府公布的《银行法》规定，银行非在中央主管官署（即财政部）申请营业登记，经核准并领得营业执照后，不得开始营业。银行不得经营其所核准登记业务以外之业务。凡欲设立银行者，应开具下列各款，呈请中央主管官署核准营业登记：（1）银行名称及其公司组织种类；（2）资本总额；（3）业务种类及范围；（4）营业计划；（5）本行及分行所在地；（6）发起人姓名、籍贯、住址及履历。凡经核准设立之银行，于资本全数认足，并至少收足1/2时，除准用公司登记程序规定呈请中央主管官署为营业登记外，并应缴验资本证明书及所在地银钱业或信托业同业公会或商会对其发起人之信用证明书。银行于开始营业时，应将中央主管官署所给营业执照于本行及分行所在地公告之。银行对外文件，应标明其营业执照之号数②。

1947年10月23日，财政部发布财钱庚三字第17513号训令，废止1929年颁布的《银行注册章程》及其施行细则③。

案例：对四川省灌县非法设立行庄之查处

1943年6月14日，财政部向成都区银行监理官办公处发出渝钱行第40817号训令：据报灌县设立行庄有华孚银行，昆义、建源、和济永、圣愚、时济、岷源、协和7家钱庄等情，查各该行庄均未经呈请本部核准设立，实情如何，亟应查明④。

6月22日，财政部成都区银行监理官办公处监理官缪钟彝签发监字第93号训令，令该处稽核陆希龄前往查明具报⑤。同日，成都区银行监理官办公处向中央银行灌县分行、灌县县政府发出监字第93号公函，除通报财政部渝钱行字第40817号训令外，告知该处已指派稽核陆希龄前往查察，并请协助办理⑥。

根据成都区银行监理官办公处的指令，该处稽核陆希龄于6月29日乘车前

① 绍兴县商会公函商总字第670号（1946年9月27日），《绍兴县馆藏金融档案汇集》（三），第115—116页。
② 国民政府公布银行法令稿（1947年9月1日），《中华民国金融法规档案资料选编》（上），第740—757页。
③ "废止银行注册章程及其施行细则"，《银行周报》31卷47号，1947年11月24日。
④ 财政部渝钱行第40817号训令（1943年6月14日），川档：民7425。
⑤ 财政部成都区银行监理官办公处监字第93号训令（1943年6月22日），川档：民7425。
⑥ 财政部成都区银行监理官办公处监字第93号公函（1943年6月22日），川档：民7425。

往灌县，经分别调查，财政部训令中所涉及的有关行庄均在灌县照常营业，且俱加入当地银钱业公会为会员。据该公会主席詹巍（农行办事处主任）谈称，灌县十余年前即有钱帮公会之组织，惟当时有名无实，各钱庄仍各自为政，并不团结，迨今年4月间农行在灌设立办事处，始由农行办事处主任詹巍发起，将在灌开业之行庄组织银钱业公会（设昆义字号内），惟参加之各行庄或未依法呈请注册，或虽经呈请未蒙批复，故原称钱庄者一律改为字号或商号，事实上则仍经营银钱业务。

根据陆希龄的调查，各行庄具体情形如下：华孚银行灌县办事处，据云曾由总行呈报财政部尚未奉准，业经先行开业，大门外并无招牌；昆义、圣愚两家曾于1942年11月间呈由县商会转呈县府核转省府，嗣后省府于本年4月间指令县府，以呈请注册时间已逾财部规定，故未便核转；但据昆义字号负责人称，原呈请时间确在奉到财部1942年8月20日渝钱行69490号代电一月之内，其迟缓原因实由于商会、县府与省府将呈文搁置过久所致。经查阅县府转录省府令文及该昆义等原呈，各件尚属相符。建源、和济永两家系于1942年6～7月间开业，并未报请财政部注册，据云系负责人不明手续之故。时济、岷源两家于1942年年底开业，原均加入公会，嗣后退出，但仍继续经营钱庄业务。协和于1943年4月间始行开业，曾加入公会，开业期间核与规定不合。此外尚有信诚字号，亦曾加入公会，于1943年6月间始行开业，核与规定不合。在灌县经营银钱业务者，尚不止上列各家，有若干家资本较厚之百货商店均非正式经营存放汇业务，殊难稽查。

陆希龄在致监理官缪钟彝的签呈中提出，查未经依法注册之银钱行庄及未经报准设立之分支行号，应不准其加入同业公会，早经财政部1942年5月7日渝钱稽字第29009号训令通饬遵照在案，兹灌县银钱业同业公会会员大多均系未经依法注册之银钱行庄及未经报准设立之分支行处，殊有未合。惟据该县银钱业公会主席詹君称，以灌县为川西之门户，所有理番、汶川、茂县等地之羊毛、药材、矿产、木料等物资，均集中于此，商业颇为繁盛，其对于金融业之需要实甚迫切，而灌地各行庄经营业务中，存放甚少，大都均系收受蓉票，对川正当商业颇多帮助，而目前所有未经注册之行庄，类皆边区人民不明手续之故，似可酌予通融，倘财部格于功令停业，则所有各行庄之资金难免不移转于囤购货物之途，是则无异将正当资金迫令投放于不正当之用途，且各行庄未奉财政部批准而事实上业经先行开业，其存款准备金托词不缴，其各项报表亦拒不送核，妨碍管制殊甚云云，经查尚属实情。陆希龄并提出建议：兹姑念边区情形特殊，所有华孚银行及昆义、圣愚、建源、和济永4家钱庄在地方经济上核属需要，似可俟其补请注册或报请设立时赐予核准;其余协和、信诚 2 家令饬该县县政府转饬勒令停业;至时济、岷源及其他商号私营存放汇等业务者,应饬由该县政府及银钱业公会查明具报[①]。

1943 年 7 月 24 日,监理官缪钟彝签发了致财政部的监字第 206 号呈文,并附呈了灌县银钱业同业公会名册一份。该呈文的内容与陆希龄的签呈基本相同,但陆希龄签呈中有关处理建议部分并未上报[②]。

9 月 6 日,财政部向成都区银行监理官办公处发出渝钱行字第 77085 号指令:查原报灌县县银行,业据依照规定呈经本部核准注册,发给营业执照;通惠实业银行灌县办事处亦已依照规定呈准本部核准设立各在案;至华孚银行灌县办事处尚未据该行总行依照规定报部核准设立,擅自开业,殊属不合,业经训令该总行遵照结束具报,仰即转饬遵照。又查普通商号不准经营银钱业务,早经由部迭令取缔在案,原报昆义字号、建源商号、和济永字号、圣愚字号、协和字号、信诚字号等 6 家,改称普通商号后继续经营银钱业务,殊属藐玩功令,并经咨请四川省政府转行灌县县政府,查明取缔,勒令停业,监督清理,并将清理完竣时之资负状况报核,如该号等延玩不遵,并应报转议处,并仰转饬遵照。

监理官缪钟彝 9 月 13 日在此件上的批示为:(1)关于灌县县银行及通惠实业银行经部核准设立一节,登记备查;(2)关于华孚银行灌县办事处未经呈准擅自开业一节,拟即转饬该总行遵照部令,克日结束具报;(3)关于普通商号(昆义字号等 6 家)经营银钱业务一节,转饬灌县银钱业公会转函遵照[③]。

值得注意的是,财政部 6 月 14 日的渝钱行第 40817 号训令中,要求查明实情的行庄,包括华孚银行及昆义、建源、和济永、圣愚、时济、岷源、协和等 7 家钱庄;而成都区银行监理官办公处于 7 月 24 日上报财政部的呈文中,也涉及了上述银钱行庄,并增加了信诚字号,在附呈中则注明灌县县银行也未经批准设立;但财政部 9 月 6 日的指令中,除通报了灌县县银行及通惠实业银行灌县办事处已经核准注册的情况外(该情形成都区银行监理官办公处事前并不知晓,也反映了与财政部之间的信息沟通不及时、不对称),对成都区银行监理官办公处签呈中提到的昆义、建源、和济永、圣愚、时济、岷源、协和以及信诚等共 8 家钱庄,提出取缔意见的只有 6 家,即昆义字号、建源商号、和济永字号、圣愚字号、协和字号、信诚字号等,而对岷源、时济两家未再提及。这其中究竟是何原因,从现有资

---

① 陆希龄签呈(1943 年 7 月 12 日),川档:民 7425。

② 财政部成都区银行监理官办公处监字第 206 号呈文(1943 年 7 月 24 日),川档:民 7425。

③ 财政部渝钱行字第 77085 号指令(1943 年 9 月 6 日),川档:民 7425。

料中无法找到答案。从陆希龄的签呈分析，或许是因为这两家退出了灌县银钱业同业公会，财政部另有处理方案。

1943 年 9 月 14 日，成都区银行监理官办公处向华孚银行发出监字第 353 号训令，要求该行速将灌县办事处遵照结束具报[1]。9 月 15 日，成都区银行监理官办公处向灌县银钱业同业公会发出监字第 353 号训令，"令仰该会，即便转函该昆义字号等六家遵照办理，并仰该会随时督促办理具报"[2]。

从上述文件处理的流程情形看，对于四川省灌县非法设立银钱行庄一案的处理，似乎已经可以基本结束，但事实远没有那么简单。

大约 3 个月后，根据成都区银行监理官办公处鉴字第 545 号代电，即电报银钱行庄分布情形调查表的要求，四川省灌县县政府于 1943 年 12 月 28 日以财银行字第 519 号代电转报了由该县商会负责填报的两份调查表，即《灌县银钱公会调查表》《灌县银钱行号调查表》。《灌县银钱公会调查表》表明，1943 年 10 月，灌县银钱业同业公会的执行委员为建源钱庄经理张南方；在《灌县银钱行号调查表》中，该县银钱行号包括农民银行、灌县县银行、昆义钱庄（已补请注册）、四川省银行、通惠银行、华孚银行、建源钱庄（1943 年 10 月呈报）、协和钱庄（现补请呈报）、和济永钱庄（未报）、福川银行（已呈报）、圣愚钱庄（已报未准）等。这一情况，令成都区银行监理官办公处大为不满。1943 年 2 月 12 日，监理官缪钟彝在这份电报上批示：(1)查普通商号不准经营银钱业务，关于灌县昆义字号、建源商号、和济永号、圣源字号、协和字号、信诚字号等六家一案，由本处遵照本部 1943 年 9 月 6 日渝钱行字第 77085 号指令转饬灌县银钱业公会督促停业清理具报，兹查该案尚未据该公会呈报到处，拟再饬该会加紧督促办理具报；(2)函请四川省政府转饬灌县县政府查明取缔，勒令停业，监督清理；(3)查案呈报财政部[3]。

1944 年 2 月 12 日，成都区银行监理官办公处缪钟彝签发了致财政部的监字第 196 号呈文，并随附了灌县银钱业公会调查表暨灌县银钱行号调查表，该呈文称："兹准灌县县政府电送银钱行庄分布情形调查表，内仍列有该昆义等五家，显系当未经取缔停业清理，除商请四川省政府转行灌县县政府迅予取缔，暨再令饬灌县银钱业同业公会督促停业清理，依照规定改选该会理事，并分令该县各行处，不得与未经呈准之行处作同业往来。"[4]值得注意的是，从发文底稿上看，缪

① 财政部成都区银行监理官办公处监字第 353 号训令 (1943 年 9 月 14 日)，川档：民 7425。
② 财政部成都区银行监理官办公处监字第 353 号训令 (1943 年 9 月 15 日)，川档：民 7425。
③ 灌县县政府财银行字第 519 号代电 (1943 年 12 月 28 日)，川档：民 7425。
④ 财政部成都区银行监理官办公处监字第 196 号呈文 (1944 年 2 月 11 日)，川档：民 7425。

钟彝 2 月 12 日签发的这份呈文,直至 5 月 31 日才封发,这其中究竟有何变故,尚难知晓。

1944 年 2 月 12 日,成都区银行监理官办公处致四川省政府监字第 197 号公函称:"查普通商号不准经营银钱业务,早经本部迭令取缔在案,兹查灌县昆义字号、建源商号、和济永号、圣愚字号、协和字号、信诚字号等六家非法经营银钱业务,业由部咨请贵府转行灌县县政府查明取缔,勒令停业,监督清理在案。兹准灌县县政府上年十二月二十八日财银行字第 519 号代电送该县银钱行庄分别情形调查表,内仍列有该昆义字号等六家,显似尚未经取缔停业清理,除呈报财政部暨令灌县银钱业公会督促办理外,相应函请贵府迅予转行灌县县政府严厉取缔,勒令停业监督清理。"①

1944 年 2 月 12 日,财政部成都区银行监理官办公处以监字第 198 号,训令灌县银钱业同业公会:"兹准灌县县政府电送该县银钱行庄分布情形调查表,内仍列有该昆义字号等六家,显系当未停业清理,殊属藐视法令已极,且查建源字号经理张南方、昆义字号经理杨焕文均经选任为该会委员,尤属不合,仰文到半个月内依照《非常时期人民团体组织法》之规定,定期改选理监,凡未经呈准本部之银钱行庄或其分支处,应一律不准加入该会为会员,除呈报财政部暨函请四川省政府转行灌县县政府迅予取缔外,合行令仰该会即便遵照办理具报,毋再玩忽为要。"②

而上述成都区银行监理官办公处致四川省政府的公函,以及致灌县银钱业同业公会的训令,实际也是于 5 月 31 日封发的。

1944 年 2 月 12 日,财政部成都区银行监理官办公处以检字第 204 号令,训令华侨兴业银行灌县办事处、华孚、福川、通惠、中农、省行办事处、县银行:"查普通商号不准经营银钱业务,早经本部明令规定,兹据报,灌县有昆义字号、源商号、和济永号、圣愚字号、协和字号、信诚字号等六家,未经呈准设立,擅自加入银钱业同业公会,经营银钱业务,殊属不法已极,除函四川省政府转行灌县县政府严厉取缔,督促结束清算具报,并令饬灌县银钱业同业公会督促办理具报,并依非常时期人民团体组织法之规定,定期改选,凡未经呈准本部设立之银钱行庄或其分支行处,一律不准加入该会为会员外,合行令仰该行处遵照,不得与上开未经呈准之六家商号作同业往来,如敢阳奉阴违,一经查明,定予严惩不贷。"③这

① 财政部成都区银行监理官办公处致四川省政府监字第 197 号公函(1944 年 2 月 12 日),川档:民 7425。
② 财政部成都区银行监理官办公处监字第 198 号训令(1944 年 2 月 12 日),川档:民 7425。
③ 财政部成都区银行监理官办公处监字第 204 号训令(1944 年 2 月 12 日),川档:民 7425。

份电报的封发时间是 6 月 1 日。

与 1943 年 9 月份相比，成都区银行监理官办公处此时所采取的措施要更为严厉，也更为有效。特别是训令当地业经财政部核准设立的银钱行庄不得与非法设立的有关行庄作同业往来以及不准加入同业公会等措施，确实有"釜底抽薪"的效应。限于资料和篇幅，关于此事的叙述只能到此告一段落。笔者很有感触的是，监管制度的实际运行中，往往文本是一回事，而实际执行又是另外一回事，监管的执行力远没有制度和流程设计得那么完美。

第三节　分支行设立之监管

抗战爆发前，监管机构对银行分支行处之设立，有过一些原则要求。1908 年清度支部奏准的《银行通行则例》规定，官办行号每省会商埠只准设立一所，如有必要另行设立时，须与度支部协商，或会奏请旨办理。各种官立银行欲设立分行时，凡已有大清银行分行地方，须先尽该分行作为代理[①]。1924 年北京政府起草的《银行通行法》规定，银行添设分行或变更分行所在地时，应呈由地方长官转请财政部核准注册；其废止时亦同[②]。1931 年 3 月南京国民政府公布的《银行法》规定，银行设置分支行及办事处或代理处，变更总分支行及其他营业所在地，以及分行以外之营业机关改为分行等，均须得财政部之核准；本法施行前业已呈经财政部核准之银行，其已设分支行及办事处或代理处未经核准者，应于本法施行后六个月内补请核准；逾期不呈请者，财政部得令停止其业务[③]。

总体而言，直到抗战爆发前，金融机构聚集于沿海地区，西部地区金融设施落后且稀少。抗战爆发后，国民政府西迁，无论是应付军需，还是满足生产和流通的需要等，都有赖于金融机构在西部地区的普遍设立。重庆成为战时首都后，沪市各银行积极筹设重庆分行，除交通、浙江兴业、上海商业等三行的渝分行已先后开始营业外，中南银行、盐业银行、江苏农民银行、大陆银行、四明银行、通商银行、中国实业银行、绸业银行、四行储蓄会等也积极在重庆设立分行[④]。同时，政府尽量扩展中央、中国、交通、农民四银行西南各省分行之业务，并将财政部一

---

① 清度支部银行通行则例(1908 年)，《中华民国金融法规档案资料选编》(上)，第 145—148 页。

② "签注意见中之银行通行法及施行细则"，《银行周报》8 卷 16 号，1924 年 4 月 29 日。

③ 财政部关于转发银行法令(1931 年 4 月 24 日)，《中华民国金融法规档案资料选编》(上)，第 572—583 页。

④ "沪各银行筹设重庆分行"，《银行周报》22 卷 15 号，1938 年 4 月 19 日。

部迁设广州,"俾可就近处理中外金融贸易事宜"。而商办银行亦在计划向西南诸省尽量发展,"此种动机,半由环境使然,半由于其对国家设法与整个金融机构应尽之职责所驱"。"八·一三"事变后,西南新设之行处包括:(1)中央银行云南昆明、广西梧州、湖南衡阳分行;(2)交通银行四川重庆支行;(3)广东省银行广西梧州及广东乐昌、琼东支行和办事处①。

1939年10月,在四联总处第三次理事会上,孔祥熙提出了"如何加速完成西南、西北金融网,并发挥其功能案",经决议,分函四行,切实研究过去遭遇之困难与今后改善之方法②。此后,四行先后函复,提出关于筹设金融网所遭遇之困难,大致包括四点:(1)交通不便,"人员往返、钞券运输,均感困难";(2)人员缺乏,"通晓后方各地金融经济情形,并能耐劳忍苦者殊不易觏";(3)房屋难觅,"偏僻地区,欲租赁简陋房屋,亦非易事";(4)治安问题,偏远地区,"于库款之保管,钞券之接济,尤多顾虑"。1939年12月5日,四联总处秘书处就这些问题拟定了相应的对策,并强调"际此抗战期间,困难自属难免",严促四行加紧进行③。

财政部制定的完成西南、西北及邻近战区金融网之二年计划,其步骤为:(1)凡后方与政治、经济、交通及货物集散有关之城镇乡市,倘无四行之分支行处者,责成四联总处,至少有一行前往设立机构;(2)其他地点稍偏僻者,四行在短期之内,容或不能顾及,则责成各该省省银行,务必前往设立分支行处,以一地至少一行为原则;(3)在各乡市城镇筹设分支行处之过程中,以合作金库及邮政储金汇业局,辅助该地之金融周转及汇兑流通;(4)邻近战区之地方,亦同此设立分支行处④。

1940年3月30日,四联总处制订《完成西南西北金融网方案》,具体提出要在西南、西北设立金融机构216处,分三期推进,限于1941年底全部完成。同时强调,各地如已有指定行处前往设立者,或该处已有成绩卓著之商业银行者,四行可不再前往设立,以避免重复;在内地各处设立行处,"原有种种困难,惟一经认定以后,应即按期前往筹设,不得藉故推诿"⑤。截至1942年底,四行在西南、西北共设分支行处661处⑥。在完成金融网第一期中,四行为上项目的,在西南、西北各地所增设之分支行处,计154处,其中央银行增设者33处,中国59

---

① "国家银行竭力发展",《银行周报》22卷21号,1938年5月31日。

② 理事会关于加速完成西南西北金融网的决议(1939年10月5日),《四联总处史料》上册,第186页。

③ 理事会关于四行筹设金融网遭遇困难的决议(1939年10月5日),《四联总处史料》上册,第187页。

④ "财部完成全国金融网",《银行周报》24卷14号,1940年4月9日。

⑤ 完成西南西北金融网方案(1940年3月30日),《四联总处史料》上册,第191—192页。

⑥ 秘书处关于1942年四行分支机构筹设报告(1943年1月21日),《四联总处史料》上册,第201页。

处,交通 26 处,农民 36 处;增设地区计四川 63 处,云南 18 处,贵州 29 处,广西 21 处,广东 2 处,湖南 5 处,陕西 15 处,甘肃、青海、宁夏共 14 处,西康 3 处,另在浙江、江西、安徽、湖北、福建各省增设之分支行处共 60 处,计全国四行之分支行处已逾 300 处[①]。

在鼓励银行向内地增设分支行处的同时,财政部加强了相应的管理。1942 年 5 月 7 日,财政部渝钱稽字第 29099 号训令规定,各地已依法注册之分支行处应强制加入公会,俾加强各地银钱业同业公会的管制机能[②]。

1942 年 5 月 21 日,财政部以渝钱行字第 40380 函四联总处,抄送《商业银行设立分支行处办法》,要求转行四总行暨各分行执行。商业银行设立分支行处,除《修正非常时期管理银行暂行办法》另有规定外,并应遵照本办法之规定办理。该办法规定,商业银行实收资本超过 50 万元者,方得设立分支行处,且每超过 25 万元,得增设一处。其营运基金数额,得视业务范围大小酌拟,呈请财政部核定之。该办法颁布前业已呈准设立之分支行处,得免受前项规定之限制,但应将所拨各分支行处营运资金数额呈报财政部备查。商业银行呈请设立分支行处,如经财政部查核其工商业暨一般经济金融情形,认为无增设必要者,不准设立。此外,该办法还具体规定,商业银行呈请设立分支行处,应备具下列各项书表一并呈核:(1)业务计划书(包括拟设行处名称、地址、负责人姓名履历、拟拨营运资金数额及业务推进计划);(2)当地经济金融调查报告书(包括当地已设银钱行庄详情及工商业概况);(3)本行已设分支行处详表(包括行处名称、地址、现任负责人姓名履历及营运资金数额)[③]。

太平洋战争爆发后,日军占领缅甸、侵入滇西,西南国际运输线中断,西北对外交通显得更为重要,"且为我国战时主要资源蕴藏所在",国民政府将更多注意力转向西北。四联总处要求四行,"就辅助国防生产之需要,察酌实情,自动前往筹设行处",以期加快筹设西北金融网;同时提出四项原则:(1)以兰州为建设西北的起点,四行在兰州原有机关人员应逐渐加强充实,"俾可随时应付";(2)陕、甘、宁、青及新疆五省境内,"以军事、交通、经济等需要,应行增设行处或作其他布置之地点",各行应就本身主要业务会同当地主管机关,派员实地调查后,斟酌认定,进行筹备;(3)各行局新设行处,或作其他布置,须增添人手时,"应就滇、

① "财部完成全国金融网",《银行周报》24 卷 14 号,1940 年 4 月 9 日。
② 谢廷信:《近来财政部所颁有关银行营运法令述要》,《银行周报》29 卷 45、46、47、48 号合刊,1945 年 12 月 1 日。
③ 渝分处为转发商业银行设立分支行处办法函(1942 年 6 月 4 日),《四联总处史料》下册,第 434—435 页。

浙、赣、闽等省撤退行处人员尽先调用";(4)为应付需要,"钞券运存应预为绸缪,以免缓不济急"①。

随着战事的发展,银行的合理布局成为必须要考虑的重要问题。1943 年 2 月 3 日,蒋介石就限制各地公私银行开设,向财政部下达了手令:"各地公私银行之开设,财部应有严格之规定,不可漫无限制,任其自设。如云南省银行,查在西安设分行,此是否为其业务所必需,应由财部审核决定。如认为无此必要,应令停止开设。但财部审核此类事件,必须尽速办理,可则准,不可则驳,不得延搁不办,或待其开业后再令不准,致使对方进退为难。此点应饬财部属员切实遵守。至于目前各地之银行,仍应调整减少,凡非必要之银行,应令停止营业。希照此拟具具体办法呈报为要。"②2 月 20 日,财政部以 79271 号代电,向蒋介石陈报了在限制设立以及调整减少银行方面以往所办理的情形,以及目前采取的措施。其中,在限制总行开设方面,除县银行外,其他任何情况下均不准新银行之开设;在限制分支行方面,"其请求设立分支处之地方,如经本部查核其工商业及一般经济金融情形,认为无添设行处之必要者,不准设立";在调整减少行号方面,"通令各地银行、钱业同业公会,切实督导资力薄弱之行庄设法商洽合并,并将办理情形呈报"③。

1943 年 3 月 1 日,蒋介石就限制钱庄设立,再次致电财政部称:"所拟限制新设银行并管理银行增设分行办法尚属妥善,惟对于新设银号、钱庄,尚未闻有所限制,亦应加以规定。又,对于银号、钱庄增资改设银行,必须规定合并三家以上之已经登记之银号或钱庄,方准立案,以符减少银钱行号数量,充实、管理、整饬金融之主旨为要。"④1943 年 3 月 13 日,财政部训令派驻各区银行监理官、各地银行业同业公会以及各地钱商业同业公会:"嗣后各地银号、钱庄增加资本,如改用银行名称者,必须合并原有银号或钱庄三家以上,方准注册。"⑤

4 月 24 日,四联总处以渝秘文字第 0924 号代电财政部称:据柳州支处呈报,柳州同业已开业者有中、中、交、农四行暨邮汇局、广西省、广东省、湖南省、亚西、金城、复兴、和成、美丰、贵州等银行 14 家,将开业者有大同、华侨、中实、光裕、兴文等银行 5 家,共计 19 家,按当地金融情形似已足应付,经柳州支处第 93

① 秘书处关于拟具筹设西北金融网原则的报告(1939 年 10 月 5 日),《四联总处史料》上册,第 198—199 页。
② 蒋介石机秘(甲)第 447 号手令(1943 年 2 月 3 日),二档:三(2)3076。
③ 财政部代电 79271 号代电(1943 年 2 月 20 日),二档:三(2)3076。
④ 蒋介石代电侍秘字第 16277 号(1943 年 3 月 1 日),二档:三(2)3076。
⑤ 财政部训令渝钱行字第 37785 号(1943 年 3 月 13 日),二档:三(2)3076。

次委员会议决议，呈请四联总处转函财政部加以限制。据此，财政部于 1943 年 10 月 11 日发出渝钱戊字第 44459 号训令：本部前以重庆、成都、内江、西安、兰州、衡阳、昆明、桂林、曲江、宜宾、万县、贵阳等 12 地银行钱庄已多，对于增设上列各地分支行庄处，经一律截止核准在案。兹据报柳州设行已多，请加以限制添设一节，经核尚系实情，应即依照上项办法之规定暂予限制添设①。

　　1943 年 8 月 31 日，财政部发出训令，规定各省地方银行所设之省外办事处，除得办理汇兑外，"以前所营存款、放款及投资等项业务，应自即日起办理结束，限于三个月内结束完竣，不得违延"②。

　　1944 年 4 月 15 日财政部发布渝钱戊字 50601 号训令：查银行设立分支行处，应于呈准后 6 个月内开业，倘逾 6 个月限期未开业者，一律不得再行设立，前经本部于 1942 年 12 月 24 日以渝钱行字第 3524 号训令饬遵在案；近查各银钱行庄对于本部批准设立之分支行处，已届限期仍未开业，每有借口人事派遣或寻觅行址困难种种原因请求宽限者，其实际多系呈请之初并未妥慎计划、充分准备，以致期限虽宽而限满仍未设立，复再饰词呈请展延，殊与本部整肃金融之旨有违。兹特重申前令，嗣后请求设立分支行处，务必事先妥慎筹划，经部核准以后应即依限开业，不得再有请求展限情事，如有逾期未将开业日期报部者，一律撤销核准设立原案，不得再行设立③。

　　1944 年 10 月 21 日，财政部渝钱戊字第 67358 号致函四联总处，转达了《商业银行及其分支行处迁地营业办法》。该办法规定：（1）凡经财政部核准注册之商业银行及其分支机构（包括银公司、银号、钱庄）因业务需要迁移地址营业时，应备具下列文件呈请财政部核准：现在地址无继续营业必要之理由书、拟迁地址金融经济状况调查报告书、拟迁地址之营业计划书；如为分支行之迁移，应加具遣派负责人之姓名、年龄、籍贯、经历表及分拨营运资金数目表。（2）前条营业地址之迁移，在下列区域不得迁入，并不得互相迁移：重庆、成都、内江、西安、兰州、衡阳、昆明、桂林、曲江、宜宾、万县、柳州、江津、合川、南充、自贡市、资中、遂宁、泸县、乐山、雅安、康定、达县、长沙、梧州、温州、贵阳。（3）因战事撤退之商业银行及其分支行处（以 1944 年湘豫粤桂浙等省战事发生以后为限），得迁移至前条限制之 27 处区域以外地点营业，但须于撤退后 6 个月内为之，并应先行报经

---

① 财政部永安区银行监理官办公处永检字第 696 号训令（1943 年 11 月 2 日），闽档：241331。
② 财政部关于限制各省地方银行省外办事处业务令（1943 年 8 月 31 日），《中华民国金融法规档案资料选编》（上），第 678 页。
③ 财政部永安区银行监理官办公处永审字第 1565 号训令（1944 年 5 月 16 日），闽档：241339。

财政部核准;前项迁地营业之商业银行及分支行处,于恢复原地营业时,其迁地营业之行处应即报请撤销。(4)本办法于沦陷区行庄内移,不适用之①。

　　抗战结束后,财政部进一步加强了对商业行庄设置分支行处的管理。

　　1945 年 9 月 28 日,财政部以渝财叁字第 3533 号令,公布《收复区商业银行复员办法》,规定凡经财政部核准注册之银行,因抗战发生停止营业或移撤后方者,得呈经财政部核准,在原设地方复业;前项复业之银行,除原准分支外,在复业 1 年以内不得增设分支行处。凡经财政部核准注册之银行呈准在收复区已设立之分支行处,因抗战发生停止营业或移撤后方者,得呈经本部核准在原设地方复业。凡经财政部核准注册在收复区设立之分支行处,在抗战期间继续营业者,依照《收复区商营金融机关清理办法》之规定办理。凡经财政部核准注册之银行或银号、钱庄改组之银行,开业在 4 年以上者,得呈经财政部核准在收复区设立分支行处,但每一银行不得超过 3 处。在收复区复业之分支行处,已逾一处者,不得增设;凡银号、钱庄,暂限制在收复区推设分支行处②。

　　1945 年 11 月 29 日,财政部驻京沪区财政金融特派员办公处公布了《京沪区商业银行分支行处复业或筹设应行注意事项》,要点为:(1)凡经财政部核准注册之银行,其分支行处复业或筹设,如总行在京沪区内,应由总行备文呈请本办公处,转呈财政部核准后,方得复业或开业;(2)商业银行分支行处之复业或筹设虽经核准,在筹备完毕后择定复业或开业日期,仍呈报本办公处备案;(3)倘有不依规定手续,擅自复业或开业者,应受停业处分③。1946 年 1 月 12 日,财政部驻京沪区财政金融特派员办公处对《京沪区商业银行分支行处复业或筹设应行注意事项》作了修改,规定凡经财政部核准注册之银行,其分支行处复业或筹设,无论总行是否在京沪区内,均应呈请财政部或呈由本办公处转呈财政部核准后方得复业或开业④。

　　1946 年 4 月 24 日,财政部以渝财叁字第 6268 号令,公布修正后的《收复区商业银行复员办法》共 5 条,规定凡经财政部核准注册之银行,呈准在收复区已设立之分支行处,因抗战发生停止营业或移设后方者,得呈经财政部核准在原设

---

① 中国银行总管理处为四联总处转发商业银行及其分支行处迁地营业办法函(1944 年 11 月 1 日),《四联总处史料》下册,第 475—476 页。
② 财政部关于公布收复区商业银行复员办法令(1945 年 9 月 28 日),《中华民国金融法规档案资料选编》(下),第 1485—1486 页。
③ "京沪区商业银行分支行处复业或筹设应行注意事项",《银行周报》30 卷 1、2 号合刊,1946 年 1 月 1 日。
④ "关于分支行处复业或筹设修改注意事项之公告",《银行周报》30 卷 5、6 号合刊,1946 年 2 月 1 日。

地方复业；凡经财政部核准注册，在收复区设立之银行分支行处，在抗战时期继续营业者，依照收复区金融机关清理办法之规定办理①。

对于财政部 1944 年 7 月渝钱戊字第 3493 号训令"已成立之各商业银行，绝对不准在任何地方增设分支机构"，战后有人认为，"似非明智之举"；并呈请财政部称，"窃银行业为工商业之辅车，其兴起实基于经济社会之需要。抗战以还，后方都市商业畸形发达，行庄风起云涌，钧部为限制商业资本之活动，并解除同业不正常之竞争计，限制增设，用意良苦。但在多数乡镇，经济落后，而农民游资异常活跃。一方面民众需要银钱业之服务，藉以解除土劣高利贷之盘剥，一方面为吸收游资，以免刺激农产品价格起见，政府亦殊有鼓励银行下乡之必要"；并建议废除限制银行在任何地方增设行处之禁令②。

1946 年 4 月 24 日，财政部以渝财叁字第 6267 号令，公布《商业银行设立分支行处及迁地营业办法》6 条，其要点如下：（一）商业银行设立分支行处，应先备具下列各项文件，呈请财政部核准方得设立：（1）拟设行处名称，地点，负责人姓名、履历及分拨营运基金数目表；（2）最近总分行全体资产负债表；（3）已设分支行处一览表（包括行处名称，地址，现任负责人姓名、履历及所拨营运基金数目）。商业银行须注册已满 4 年，实收资本在 2 000 万元以上，业务正常者，方得设立分支行处，每超过 500 万元，得增设一处；本办法公布前已呈准设立之分支行处，得不受上项规定之限制。但其所设分支行处已超过上项规定者，不得再行增设。凡经济上无增设金融机构需要之地方，财政部得限制商业银行增设分支行处。其他地方另以部令定之。（二）商业银行总行及其分支行处迁地营业，应先呈明理由，呈请财政部核准方得迁移，但其迁移地方，须在原营业地方附近，而系适应经济上之需要为限，惟不得迁入财政部规定之限制地方③。同日，财政部以渝财叁字第 6270 号令，废止前颁《商业银行及其分支行处迁地营业办法》④。

1947 年 3 月 3 日，四联总处秘书处京字第 8936 号函，转陈财政部指令，即：依照《经济紧急措施方案》内加强管制金融办法相关规定，参酌各地经济及商业行庄分布情形，"指定南京、上海、天津、北平、青岛、广州、重庆、济南、汉口、西安、

① 财政部关于公布修正收复区商业银行复员办法令(1946 年 4 月 24 日)，《中华民国金融法规档案资料选编》(下)，第 1515—1516 页。

② 吴晋航等为政府对银钱业管制过严请求修正有关法令呈(1946 年 3 月)，《中华民国史档案资料汇编》第五辑第三编"财政经济"(二)，第 56—59 页。

③ 财政部关于公布商业银行设立分支行处及迁地营业办法令(1946 年 4 月 24 日)，《中华民国金融法规档案资料选编》(上)，第 701 页。

④ 财政部关于废止商业银行及其分支行处迁地营业等办法令(1946 年 4 月 24 日)，《中华民国金融法规档案资料选编》(上)，第 702 页。

成都、杭州、昆明、苏州、宁波、绍兴、永嘉等地为限制地区,停止商业行庄复业及增设分支机构"①。

　　1947 年 9 月 1 日,国民政府公布施行的《银行法》规定,银行经核准营业登记后,欲设立分行时,应开具业务种类、营业计划、分行所在地,分别呈请营业登记。中央主管官署得视国内各地区经济金融情形,于呈准行政院后,限制某一地区不得增设银行或分行,或不得增设某种银行或分行。银行分行对外文件,除标明其本行营业执照号数外,并应标明该分行营业执照号数②。

　　为贯彻落实新《银行法》,财政部相继以训令形式,作了一些补充规定。1947 年 10 月 22 日,财政部发布财钱戊字第 17440 号训令称:凡以前经财政部核准设立的银行分支行处,应即遵照《公司法》第 349 条的规定,开具分公司名称,分公司所在地,分公司经理人姓名、籍贯、住所,本公司登记执照所载事项及执照号数,连同执照费及印花费,一并于 1 年内呈送财政部,以便补发营业执照③。1947 年 12 月,财政部财钱己字第 019566 号训令称:"查办理储蓄银行各银钱行庄,其分支机构,何者办理储蓄业务,何者未办理储蓄业务,本部亟待明瞭";并要求办理储蓄银行业务的各行庄,"即将办理储蓄之分支机构名称,列表报部,以凭查核为要"④。1948 年 1 月,财政部代电中央银行称:"行庄在同一地区增设临时办事处,应视为增设分支机构,应依照《银行法》第 15 条之规定,先行呈部核准为营业登记,发给营业执照方得开始营业;至银行附设储蓄部、信托部,如由银行部迁出,另立门面营业,亦应事先呈部核准";对昆明等限制地区,"银行附设储蓄部、信托部,原与银行部在一处营业者,自不得再行迁出,另立门面营业"⑤。

　　1948 年 10 月,财政部发布财钱庚三字第 005193 号训令,各行庄不得擅自设立海外分支行。训令称,为执行《整理及加强管制经济办法》第 28 条起见,除各银行在海外设立分支机构,经呈报有案者,本部即将考核其业务成绩外,若有未经呈准已在海外设立分支机构者,应于奉令后立即自行撤销,呈报本部备查;"此后并不得再有擅在海外设立分支机构情事,倘有不遵,即撤销,或再擅行设立

---

① 四联总处转陈财政部指定南京等地停止商业行庄复业及增设分支机构函(1947 年 3 月 3 日),《中华民国金融法规档案资料选编》(下),第 1525 页。
② 国民政府公布银行法令稿(1947 年 9 月 1 日),《中华民国金融法规档案资料选编》(上),第 740—757 页。
③ "经部核准设立之银行分支行于一年内呈部补发营业执照",《银行周报》31 卷 47 号,1947 年 11 月 24 日。
④ "银行公会通函通(36)字第 301 号",《银行周报》32 卷 1 号,1948 年 1 月 5 日。
⑤ "储蓄银行等问题应按银行法办理",《银行周报》32 卷 3 号,1948 年 1 月 19 日。

者,一经查明,本部即吊销其总机构营业执照,以示惩儆。"①

第四节　资本金监管

资本为银行本身信用的基础,债权人的最后保障,与营业安全关系至大,"晚近各国立法,对于银行每有最低资本额的要求"②。

最低资本要求是保证新设机构具有充足财力,保持合理的机构数量,避免恶性竞争,保证银行安全性的有效量化标准③。银行的资本金,实际上是银行偿还债务最终之保证。与资本金具有类似作用的还有银行之公积金,是银行从纯利中提存,以防意外之损失,而达到营业安全目的的措施。资本金在银行经营中的作用无疑十分重要,"资本金额既为银行偿还债务最终之保证,则其总额之大小,与银行之营业,颇有密切之关系。即所谓资本金额大,则银行信用厚;资本金额小,则银行信用薄"④。

清政府于1908年颁布的《银行通行则例》要求银行申请开业须"预定资本",但没有规定具体的数额。1915年8月24日北京政府公布之《银行公会章程》规定:"各银行钱庄银号资本金额在二万元以上并注册设立,已满一年以上者,得公共组织公会,禀请财政部设立。"⑤从这一点判断,则当时对银行资本的基本要求,似乎至少亦须在2万元以上。1924年北京政府起草的《银行通行法》规定,凡经营银行业务者,无论公司或其他组织,其资本总额须达50万元;但商业简单地方得呈由地方长官转请财政部核减其资本总额⑥。该法对银行资本金的要求,显然更为具体。

此外,《查验银行资本章程》是北京政府时期关于资本金的一项重要规定。1924年8月,财政部在向大总统的呈文中提出,"窃查国内银钱行号,近来呈部设立者,为数日渐增多。此项营业,对于市面金融、人民财产,关系极为密切,与他种商业性质不同,资本稍有不实,业务未由稳固。故现行《银行通行则例》于查

---

① "财部令行庄不得擅设海外分支行",《银行周报》32卷44号,1948年11月1日。
② 丁洪范:《政府对于商业银行的管制》,《财政评论》第8卷第5期,1942年11月。
③ 《银行监管比较研究》,第40页。
④ 王显谟:《论银行资本金之限度与公积金之提存》,《银行周报》5卷19号,1921年5月24日。
⑤ 财政部总务厅机要科函送还银行公会章程暨取缔银行职员章程付(1915年8月24日),《中华民国金融法规档案资料选编》(上),第313—315页。
⑥ "签注意见中之银行通行法及施行细则",《银行周报》8卷16号,1924年4月29日。

验银行资本,特以条文规定。惟验资程序,尚未切实订明",并附送《查验银行资本章程》,要求训示遵行。8 月 29 日,大总统批示:"呈悉。准如所拟办理。此令。"9 月 9 日,财政部公布了《查验银行资本章程》8 条,该章程的主要内容为:银行呈请验资时,应将所收资本存储经部注册之银行,并须领具该银行证明书,附呈财政部查核;未设立银行之地方,应存于该地之殷实商号,并取具证明书。银行续收资本或增加资本时,均应呈请财政部验资。银行呈请地方官转请财政部注册时,应由地方官加具印文证书,连同相关证明书、保结及收股存根等,一并送财政部查验①。

　1931 年 3 月南京国民政府公布的《银行法》规定,股份有限公司、两合公司、股份两合公司组织之银行,其资本至少须达 50 万元;无限公司组织之银行,其资本至少须达 20 万元。在商业简单地方,得呈请财政部或呈由所在地主管官署转请财政部核减。但前者至少不得少于 25 万元,后者至少不得少于 5 万元。银行的资本,不得以金钱以外之财产抵充。同时规定,"股份有限公司之股东及两合公司、股份两合公司之有限责任股东,应负所认股额加倍之责任"。银行未收之资本,应自开始营业之日起 3 年内收齐,呈请财政部派员或委托所在地主管官署验实具证后备案。如于所定期限内未经收齐,应减少认足资本或增加实收资本,使认足资本与实收资本相等。银行公布认足资本之总数时,应同时公布实收资本之总数。银行增加资本时,应呈请验资,但非收足资本全额后不得增加资本;减少资本时,应自呈经财政部核准之日起 15 日内,将减资金额、减资方法及资产负债表登报公告之②。

　1934 年 12 月 19 日,国民党中央执行委员会秘书处奉常务委员会令致函财政部,转达了上海特别市执行委员会关于取缔不充实银行的呈文,并"希查照核办"。1935 年 1 月 8 日,财政部以钱字第 7927 号函复称:"查开设银行,照章应将资本总额、实收数目以及其他重要条款分别订入章程,呈请本部验资属实,注册给照,方准开始营业";财政部同时表态:"监督金融,本部职责所在,并未尝稍涉疏忽,自后自仍严密注意。"③

　而抗战期间《修正非常时期管理银行暂行办法》颁布后,银行资力问题成为

---

① 财政部为录送查验银行资本章程请转行所属一体遵照训令稿(1924 年 9 月 1 日),《中华民国金融法规档案资料选编》(上),第 287—289 页。

② 财政部关于转发银行法令(1931 年 4 月 24 日),《中华民国金融法规档案资料选编》(上),第 572—583 页。

③ 财政部为取缔不充实银行复中执会秘书处函(1935 年 1 月 8 日),《国民政府财政税收档案资料汇编(1927～1937 年)》,第 671 页。

关注的焦点之一。1943 年 1 月 9 日，财政部发布训令，规定各地银钱行庄资力薄弱者应设法商洽合并。训令称："当此抗战接近胜利，国家一切人力、物力总动员之际，金融动员务须配合经济动员，以加强力量，达成任务。兹查各地银钱行庄资力薄弱、基础欠固者尚多，在本身固难谋开展，对社会更无从尽其责任，亟应采取合作政策，设法商洽合并，以期增厚资力，稳固基础。此项督促合并事务，应由各地银钱业同业公会切实执行。"①

1943 年 2 月 9 日，蒋介石向财政部下达手令："各地公私银行之开设，财部应有严格之规定，不可漫无限制，任其自设。如云南省银行，在西安设分行，此是否为其业务所必需，应由财部审核决定。如认为无此必要，应令停止开设。但财部审核此类事件，必须尽速办理，可则准，不可则驳，不得延搁不办，或待其开业后再令不准，致使对方进退为难。此点应饬财部属员切实遵照。至于目前各地之银行，仍应调整减少，凡非必要之银行，应令停止营业。希照此拟具具体办法呈报为要。"②财政部于 2 月 20 日以第 79271 号代电呈复蒋介石，提出："关于调整减少行号之进行，查各国成例，对于减少银行数量，增厚银行基础，唯一办法，为提高银行资本数额之规定，使各银行合并。我国原可采行，惟以幅员广大，各地经济情形至不齐一，尤以各地钱庄资力相差悬殊，但其对地方有长久之历史，又未便为硬性之规定，以致影响当地金融。本部为兼筹并顾，经于本年一月通令各地银行钱业同业公会，切实督导资金薄弱之行庄，设法商洽合并，并将办理情形呈报，自当因地制宜，斟酌办理，以求量的减少，质的改进，至云南富滇新银行，尚无请求设立西安分行之事，仅云南兴文银行及益华银行二家，曾呈经本部核准，在西安开设分行，该二行原为商业银行性质，原请设立分行，系为陕川滇间公路开通，商业汇兑日趋密切，有设行沟通必要。本部以其办理尚属正当，故予核准。"③

3 月 1 日，蒋介石再次向财政部下达手令，提出："对于银钱号增资改设银行，必须规定合并三家以上之已经登记之银号或钱庄方准立案，以符减少银钱行号数量、充实管理整饬金融之主旨。"④为此，财政部于 3 月 13 日呈复蒋介石："查《修正非常时期管理银行暂行办法》第一条第二项规定，凡经营收受存款及放款、票据贴现、汇兑或押汇各项业务之一，不称银行者，视同银行等语，自该暂行办法

① 财政部训令渝钱行字第 35983 号(1943 年 1 月 19 日)，二档：三(2)3076。
② 委员长机秘(甲)第 7447 号手令(1943 年 2 月 3 日)，二档：三(2)3076。
③ 财政部代电 79271 号(1943 年 2 月 20 日)，二档：三(2)3076。
④ 蒋介石代电侍秘字第 16277 号(1943 年 3 月 1 日)，二档：三(2)3076。

施行后,所有银号或钱庄均视同银行,依照规定同一管制,新设银号钱庄亦在限制之列,其在该暂行办法公布以前业已开设之银号钱庄依限呈部补办注册手续,应备具当地县市政府所出开设日期印文证明,随文呈验,以免朦混,属于独资或合伙者,并由部指示完成公司组织,用策健全。至业已核准注册之银号钱庄,增资改称银行者,本部以仅属名称上之改变,如与规定相符,即予以核准。兹奉前因,对于银钱号增资改设银行必须合并三家以上之已经登记之银号或钱庄方准立案,为符合减少银钱庄号数量意旨起见,自应遵办。"①同日,财政部以渝钱行字37785号,训令派驻各区银行监理官、各地银行业同业公会、各地钱商业同业公会,"嗣后各地银号钱庄增加资本,如改用银行名称者,必须合并原有银号或钱庄三家以上,方准注册"②。

对此,重庆市钱商业同业公会于3月22日呈请财政部,反映了各会员的意见,即:"本市钱庄原为旧时商场之一种遗留组织,自难合符现代社会之趋势,年来依赖钧部之督导,多已增加资本、健全组织或更遵照法令注册改行,可见银钱业改良进步已有显著之成绩。惟查各庄号环境、历史、组织、人事种种关系均各有所不同,若政府督导改行则均能分别增资,适合法令;但如促其合并则必因历史、人事等等问题发生障碍,驯至本市钱业将始终各维现状,不思进步,适违钧部整饬金融之主旨,为谋改进起见,可规定凡能增加资本依法改行者,但求资本充实、基础巩固,不必限制三家合并,则旧有钱庄必能努力增资、健全组织,政府既便管理,社会亦感便利,金融前途实可乐观。"该公会并提出:"各会员既有苦衷,有所建议,未敢雍于上闻,理合具文转请钧部俯赐鉴核,所请银钱庄号增资改行但求资金充实,不必合并三家。"③4月16日,财政部向重庆市钱商业同业公会发出指令:"本案要旨在减少现有庄号数量,以巩固金融基础,各庄号自应切实遵照办理,所请应毋庸议。"④

由于实际执行效果并不理想,财政部钱币司于1943年12月29日向部长提出签呈:"前奉委座三十二年三月一日寅东侍秘代电内开,嗣后银号钱庄增资改组为银行,必须合并三家以上方准注册等因,遵经通行遵办在案。迄至目前为止,遵照是项规定合并改组银行者,仅和济钱庄、和丰银号、振华银号三家,尚在核办中。惟查部颁《银行注册章程》及《修正非常时期管理银行暂行办法》规定,

① 财政部代电80708号(1943年3月13日),二档:三(2)3076。
② 财政部训令渝钱行字第37785号(1943年3月13日),二档:三(2)3076。
③ 重庆市钱商业同业公会呈(1943年3月22日),二档:三(2)3076。
④ 财政部指令渝钱行字第68090号(1943年4月16日),二档:三(2)3076。

凡经营存款、放款、汇兑、贴现业务者，均为银行，依法令解释，无论其以银号或钱庄命名，均视为银行，一律依照《修正非常时期管理银行暂行办法》予以监督管理；复查健全银钱行庄之要键，旨在改进其素质，改进素质之道，各国陈规，皆从提高银钱行庄资本着手，目前内地各省市注册商业行庄，银行总计 65 家，资本不及 100 万元者 5 家，资本在 100 万元以上、不及 200 万元者 2 家，资本 200 万元以上、不及 300 万元者 6 家，资本在 300 万元以上、不及 500 万元者 7 家，资本在 500 万元以上、不及 1 000 万元者 26 家，资本在 1 000 万元以上、不及 2 000 万元以上者 17 家，资本 2 000 万元者 2 家；银号钱庄总计 122 家，资本不及 100 万元者 52 家，资本在 100 万元以上、不及 200 万元者 44 家，资本在 200 万元以上、不及 300 万元者 15 家，资本在 300 万元以上、不及 500 万元者 8 家，资本 500 万元者 3 家。当兹物价激涨，银行业（包括银号、钱庄）资力薄弱，势难负担调剂金融责任，组织亦难期健全，经营稍有不慎，影响市面堪虞。"钱币司同时提出了为促进银号钱庄增资改组，以充实金融力量起见，拟参酌各地经济情形，对各地银号钱庄改组为银行者，规定不同的实收资本标准。为此，财政部长于 1944 年 1 月 16 日在钱币司签呈上批示："委座手令之用意在减少家户，免得资本薄弱之银钱号滥用银行招牌，扰乱社会视听，本签用意尚能体会委座手令原意，应亟照办。"①

1944 年 1 月 29 日，财政部发布渝钱戊字第 48122 号训令：兹查各地银行之资本额虽逐有增加，而银号、钱庄同属办理金融业务，类皆资本薄弱，组织未臻健全，势难负担调剂金融责任，经营稍有不慎，影响市面堪虞。兹为促进银号钱庄增资改组，以充实金融力量起见，由部参酌各地经济情形，规定银号、钱庄改组为银行办法如下：（1）重庆、昆明二地，凡已注册之银号钱庄，增加资本改组为银行者，至少应实收资本 1 000 万元；（2）成都、西安、桂林、贵阳、康定、曲江、兰州、长沙、内江、衡阳、宜宾、万县、柳州、江津、合川、南充、自贡市、资中、绥宁、泸县、乐山、雅安、达县、梧州、温州等 25 处，已注册银号钱庄者，增加资本改组为银行者，至少应实收资本 500 万元；（3）除以上二项所列地点以外，其余各地已注册银号、钱庄，增加资本改组为银行者，应实收资本达 200 万元；（4）如遵照本部上年渝钱行字第 37785 号训令之规定，合并已注册银号、钱庄三家以上改组为银行者，得不受前三项地点、资本之限制②。同日，财政部还以代电 98151 号向蒋介石报告

① 财政部钱币司签呈（1943 年 12 月 29 日），二档：三(2)3076。
② 重庆市银行业同业公会关于财政部规定银号钱庄改组为银行办法的通知（1944 年 2 月 2 日），《四联总处史料》下册，第 473 页。

了上述规定的具体内容①。

在该办法的执行过程中,万县区银行监理官办公处向财政部请示:"案查钧部渝钱戊字第48122号训令所颁银号钱庄增资改组办法,规定在某某区,资本达某某数额,可改组为银行。究系谓除合并三家以上,尚须达到所规定资本数额,抑系谓只须达到规定资本数额,即不必合并三家以上,亦可改组?"②为此,财政部钱币司函复称:"查本部前规定各地银号钱庄改组为银行四项办法,前三项办法系规定各地已经注册银号钱庄如增资改组为银行者,应实收资本达到部定标准数额即可办理,勿须再合并三家号庄始准改称银行;第四项规定仍照前定办法三家以上合并者,不受前三项资本数额限制。"③这一解释实际上明确了银号、钱庄改组为银行有两种选择,即要么资本达到规定标准,要么三家合并。

但问题并未得到根本有效的解决,而且引起广泛不满。1944年12月8日,国家总动员会议秘书厅代电财政部,通报了国民参政会驻会委员的建议,即:"后方商营金融机构过多,贵部对于请求设立商业银行虽有明文限制,但钱庄银号增资改为银行者及战区各分支行庄因军事影响内迁者仍不在少数,实足构成商业信用膨胀,益增管理之困难,应请严格限制钱庄银号,不得再行增资改为银行;战区各分支行庄因军事影响不能继续营业者,应撤销其组织或合并于后方,该行庄内亦不得另行迁设,以易收管理之效。"国家总动员会议秘书厅认为,"查此项建议与政府现行紧缩政策尚相符合,特函请贵部查核办理见复"④。

1945年1月5日,钱币司在致财政部长和次长的签呈中称:目前内地各省市注册商业行庄号,计共285家。其中,银行计99家,钱庄、银号计186家,"以大多数行庄资本情形,衡诸目前社会经济需要,其资力殊嫌微薄,势难期望担负调剂金融之责";希望"参酌后方各地行庄号分布状况,分别提高其实收资本数额之标准,限定各行庄号于一年以内照标准增资足额,限满即应合并经营,或停业清理"。签呈同时提出:"银行、银号、钱庄在法律上地位原属相同,管理办法亦属一致。惟查本部自限制设立商业银行以后,不肖分子遂藉出顶银号、钱庄牌号,增资改组为银行,常为社会所指摘,亟应予以取缔。除将前颁银号、钱庄合并及增资改组银行办法予以废止,另文公布,并分别呈报外,拟于本办法中,规定银号、钱庄增资后,应仍用原牌号,不得改称银行,以示严格限制增设商业银行之

---

① 财政部代电98151号(1944年1月29日),二档:三(2)3076。
② 财政部万县区银行监理官办公处公函万秘字第1742号(1944年3月3日),二档:三(2)3076。
③ 财政部钱币司函渝钱戊字第3159号(1944年3月18日),二档:三(2)3076。
④ 国家总动员会议秘书厅代电(1944年12月8日),二档:三(2)3076。

意。其经营不善、信用薄弱之行庄，增资不无困难，亦可藉此归于汰除，以兼符健全基础，减少单位之旨。"①钱币司同时拟具了《战时商业银行增资及合并办法草案》8条，其主要内容为：商业银行（包括银号、钱庄）之资本，应在本办法公布后1年内依照下列设立地点，增加其资本额：（1）总行设在重庆、昆明者，实收资本应达国币3 000万元；（2）总行设在成都、西安、兰州、贵阳、吉安、内江、泸县、江津、万县、自贡市者，实收资本应达国币2 000万元；（3）总行设在前二款以外区域者，实收资本应达国币1 000万元。银号、钱庄依照本办法规定增加资本后，应仍用原牌号，不得改称银行。商业银行未能依照规定将资本增加者，得先期进行洽商合并；达到规定增加资本额度，申请财政部变更注册；其逾期未能增资或合并者，应即停业清理。此外还规定，因多数股东滞留沦陷区，无法召集合法股东会的商业银行进行增资或合并时，应详陈事实，胪列居留沦陷区股东姓名，持有股数，呈经财政部之核准，得展期办理增资或合并手续②。

鉴于实际执行过程中出现了不少新问题，以及形势又有了新的变化，1945年1月6日，财政部发布渝钱戊字第977号训令："查钱庄银号增资达规定标准或钱庄银号合并三家以上，得改组为银行，前经本部于三十三年一月二十九日以渝钱戊字第48122号训令通饬知照在案。兹查该项办法应予废止，其已经呈请增资或合并，并请改组银行，尚未经部换发营业执照者，一律不得改用银行名称。"③同日，财政部向蒋介石以及行政院报告了此项决定，并送登《中央日报》、《大公报》等④。

1月17日，财政部代电2219号回复国家总动员会议秘书厅："查银号、钱庄增资或合并改组为银行办法，业经本部废止，并规定已经呈请增资或合并改组为银行，未经核发营业执照者，一律不得改用银行名称，以示严格限制增设商业银行之意。"⑤

1945年1月22日，行政院平嘉字第1548号训令财政部："查近来商业银行、银号及钱庄，每有因故不愿经营，自行出顶情事，急应予以禁止。嗣后只准歇业，不准出顶"；并要求财政部于文到7日内拟具相应办法呈核。为此，财政部于

---

① 钱币司为拟具银行限期增资办法草案呈请核示（1945年1月5日），《中华民国史档案资料汇编》第五辑第二编"财政经济"（四），第744—745页。

② 战时商业银行限期增资及合并办法草案（1945年1月5日），《中华民国史档案资料汇编》第五辑第二编"财政经济"（四），第745—746页。

③ 财政部训令渝钱戊字第977号（1945年1月6日），二档：三（2）3076。

④ 财政部代电176号（1945年1月6日）、财政部呈渝钱戊字第185号（1945年1月6日）、财政部公告稿渝钱戊字第42号（1945年1月6日），二档：三（2）3076。

⑤ 财政部代电2219号（1945年1月17日），二档：三（2）3076。

1945 年 2 月 2 日以渝钱戊字第 417 号呈复称:"依照公司法之规定,股东转让股份,原系合法行为。惟自本部限制新设银行后,社会人士希图开设银行者,已无法为新设之申请,往往有利用已注册之行庄,用转让股份方式,实行顶买情事。本部对于此种不法行为,一经查实,即予以停业处分,吊销执照,远者如成都亚通银号、内江同兴昌银号,近者如重庆永美厚银号,均以顶买牌号或意图顶买牌号,由部予以停业处分、吊销执照有案。是本部对于此项顶买牌号取缔向极注意,并严厉处理,有案可稽。"①财政部同时拟具了《战时商业银钱行庄让股或增资限制办法草案》7 条,该办法规定,银行、银公司、银号、钱庄,在继续营业期间,出让股份在达到股本总额 1/3 时,应报财政部派员查验。非经财政部核准,不得改选董事、监察人;增募股本时,应依照《公司法》相关规定办理,并先呈请财政部核准,以公开招募方式行之;经股东会议决,无意继续经营时,应即依法呈报财政部核准解散清理,并缴销原领营业执照。此外,银行、银公司、银号、钱庄有顶买牌号情事,被人告发,经查明确实或经检查发现者,即予以停业处分,吊销其营业执照,并限期清理之②。

抗战胜利后,财政部继续加强了对银行资本金的管理。关于收复区内银行伪币资本折合办法,1946 年 3 月 30 日,财政部发布财钱戊字第 13458 号训令:按照经济部公布之《收复区各种公司登记处理办法》办理③。对银行增资或改组时的资本金要求,财政部于 1947 年 7 月 8 日发出财钱庚三字第 12997 号训令:"查现时银钱行庄均为公司组织,且大多数均系改组有限公司,于必要时依法原得由股东会决议增加资本,并于增加资本后,由股东会改选董事、监察人。惟关于增加资本或发行优先股或添募新股,在公司法内均有详细之规定,且事关变更

---

① 财政部为订定战时商业银钱行庄让股及增资限制办法呈稿(1945 年 2 月 2 日),《中华民国史档案资料汇编》第五辑第二编"财政经济"(四),第 748—749 页。

② 战时商业银钱行庄让股或增资限制办法草案(1945 年 2 月 2 日),《中华民国史档案资料汇编》第五辑第二编"财政经济"(四),第 749—750 页。

③ "关于银行伪币资本折合及停业银行分配余产办法财部之训令",《银行周报》30 卷 17、18 号合刊,1946 年 5 月 1 日。经济部《收复区各种公司登记处理办法》第七条规定为:公司之资本较登记原案已有增加者,应由合法之董事监察人,于召开股东会前三十日,将公司新旧股份先行核计,并依左列规定,将股款数额妥为整理,提请股东会议议决承认。(1)公司登记原案所登记之资本,仍照原法币类计,如曾经改折为伪币者,仍恢复以法币为单位,其每股股款数额,概不得增减;(2)公司在登记原案外增加之资本,其以法币计算者,仍按法币列计;如属伪币,除按原伪币数额照规定收换比率折成法币列计外,得将其增资后所购置或增置之财产,酌按法币估价,照新旧股份股数摊算,其属于新股所摊得者,作为新股份,分配于新股东,其余充作公积金,但其估价最高额不得超过其伪币原额。前项第二款之财产,不得以敌伪发行之公债库券列入,估计公司依前二项估计财产价值,应请由合法执业之律师会计师办理并证明之,仍由董事监察人出具估价及调查报告文件,向股东会提出报告。

注册，尤应于股东会决议后，将增资或改组原因及详细情形，先行呈报本部，由部派员检查有无违反法令之处，再行核饬遵办，不得于未经核准前擅行更张，滋生流弊。"①

1947 年 9 月 1 日国民政府公布的《银行法》规定，各种银行资本之最低额，由中央主管官署将全国划分区域，审核当地人口数量、经济金融实况，及已设立各种银行之营业情形，分别呈请行政院核定之。银行资本以国币计算之②。

1948 年 8 月 19 日实施币制改革后，行政院于 1948 年 9 月 6 日以财字第39490 号令公布《商业银行调整资本办法》。该办法共 11 条，主要内容如下：凡经财政部核准设立之商业银行（包括银行、钱庄及信托公司），其原有资本应照金圆券发行办法折算金圆，其折算后资本未达本办法所定最低资本额者，应于本办法公布后 2 个月内增达规定标准。商业银行实收资本最低额规定如下。商业银行、实业银行、储蓄银行及信托公司为：（1）上海、天津、广州三市股份有限公司各为 50 万元，无限公司、两合公司及股份两合公司各为 25 万元；（2）南京、北平、汉口、青岛、重庆、沈阳、西安、昆明、成都等 9 市股份有限公司及有限公司各为30 万元，无限公司及股份两合公司各为 15 万元；（3）无锡、吴县、镇江、武进、常熟、徐州、江都、杭州、鄞县、绍兴、永嘉、萧山、余姚、蚌埠、芜湖、南昌、九江、福州、厦门、中山、南海、新会、高要、台山、汕头、桂林、仓梧、长沙、衡阳、武昌、沙市、宜昌、内江、宜宾、万县、泸县、乐山、自贡、贵阳、济南、开封、郑州、太原、兰州、宝鸡等 45 市县股份有限公司与有限公司各为 20 万元，无限公司、两合公司及股份两合公司为 10 万元。其余各地股份有限公司及有限公司各为 10 万元，无限公司、两合公司及股份两合公司各为 5 万元。此外规定，钱庄资本最低额，比照上述标准减半计算；商业银行、实业银行或钱庄附设信托部、储蓄部者，每附设一部，依照上述标准资本额之规定，增加 1/2 计算，其在不同市县区域设分支处者，每设一行处应增加 1/10 计算。但总管理处或总行在低额资本地区，而设有分行于较高资本额地区者，各设分支处，应按所在地区资本额增加 1/10；并特别强调，银行照本办法调整资本时，得以其本身资产重行估价，将其增值抵押补一部分，其增值之金额，应全数转为资本，并按照其资本原额比率分配于各股东，不得折作现金分派之③。

---

① "财部规定银行增资或改组办法"，《银行周报》31 卷 31 号，1947 年 8 月 4 日。
② 国民政府公布银行法令稿(1947 年 9 月 1 日)，《中华民国金融法规档案资料选编》(上)，第 740—757 页。
③ 商业银行调整资本办法(1948 年 9 月 6 日)，《中华民国金融法规档案资料选编》(上)，第 788—789 页。

1948 年 12 月 2 日,行政院公布《公营银行调整资本办法》,共 10 条。该办法规定,国家行局库及经财政部核准设立的省银行与县市银行(简称公营银行),其现有资本应照金圆券发行办法折算金圆,并应于本办法公布后 2 个月内增达规定标准。其具体标准如下:(1)国家行局库之资本总额,依照各该行局库法及条例规定数额,并按本办法升算为金圆券;但必要时,得呈准增减之。(2)省银行最低资本额分为三等:(甲)广东、福建、浙江、江苏、江西、湖北、安徽、湖南、四川、云南、辽宁、台湾等 12 省,各为 500 万金圆;(乙)广西、山东、河北、河南、陕西、甘肃、新疆等 7 省,各为 300 万金圆;(丙)热河、察哈尔、绥远、宁夏、青海、西康、贵州等 7 省,各为 150 万金圆。(3)县银行最低资本额为 30 万金圆;调整后,官股数额不得少于原官股所占资本总额之比例。(4)市银行最低资本额分五等。(甲)上海为 500 万金圆;(乙)广州、天津等二市,各为 300 万金圆;(丙)南京、北平、沈阳、汉口、重庆、成都、西安、昆明等 8 市,各为 200 万金圆;(丁)桂林、汕头、福州、厦门、杭州、徐州、蚌埠、济南、南昌、长沙、衡阳、贵阳、自贡、太原、兰州等 15 市,各为 100 万金圆;(戊)连云、唐山等二市,各为 50 万金圆。(5)县市合作金库最低资本额为 20 万金圆。同时规定,公营银行依照本办法调整资本时,应以其本身资产重行估价,将其增值金额转作资本,不能转作现金分派之[①]。

1948 年 10 月,财政部以财钞丁字第 9265 号代电,公布《商营银行调整资本金后动用缴存资本金办法》5 条,规定商营银行缴存中央银行(或其委托之银行)之现金增资款项,在 3 个月以内拟予以动用时,须叙明缘由,向当地中央银行(或其委托之银行)申请核准办理。核准动用缴存之资本金,以下列用途为限:(1)购买政府公债(短期库券不在其列);(2)投资公用交通事业;(3)投资农工矿生产事业;(4)银行因周转不灵必须动用缴存之准备金抵补交换差额者,但动用之翌日即须补进,并共以 10 次为限;(5)其他正当用途,专案呈报财政部核准者。中央银行(或其委托之银行)于核准商营银行动用缴存准备金后,应将核准原因及数额,按旬汇报财政部查核[②]。

商业银行对此颇有微言:"我们检讨政府勒令银行增资的用意,表面上似在增厚其资力,实则其目的在利用时机,逼使行庄及股东出售金钞,以符合政府的法令和目的。一般行庄几十年来辛苦经营的一些积蓄,大部化为乌有。可知欲

---

① 行政院为附送公营银行调整资本办法电(1948 年 12 月 2 日),《中华民国史档案资料汇编》第五辑第三编"财政经济"(二),第 46—47 页。

② 财政部公布之商营银行调整资本后动用缴存资本金办法(1948 年 10 月),《中华民国金融法规档案资料选编》(上),第 795 页。

借增资以充实行庄资力，适足以削减其资力，毁伤其元气，这是很明显的事实，也是商业行庄最惨痛的一次浩劫。"①《银行周报》发表题为《对行庄增资问题再向当局进一言》的社论，称"这次增资在原则上很有根本不合理的地方"，并具体体现在：（1）行庄公司资本在数字上的减少，乃系币制折合之故，而非资产的突然损失；（2）按照会计原理，资本应为资产净值，而不应将资产升值之数最高限定为资本总额的半数；（3）将增资现金冻结3个月，旨在收缩通货，但至今已失去其原意。这篇社论还向当局建议，应适当简化商业银行申请动用增资现金的手续，对于资产升值的核估应尽可能合情合理②。

就增资现金缴存涉及的问题，上海市银钱信托业三公会等先后多次向财政部提出不同意见，希望财政部对有关规定予以调整。

1948年11月12日，上海市银钱信托业三公会向财政部提出，将上海各商营银行调整资本金期限延长；财政部11月21日以财余钱丁字1222号代电同意了这一请求，将调整资本期限延至当年12月底，并要求"希即转知各行庄依限办竣，毋再迟延自误为要"。但上海市银钱信托业三公会仍不依不饶，针对增资现金应缴存中央银行，3个月后再行发还的规定，11月30日再次对财政部提出，"将调整资本办法第五条第二项之规定从宽，准将增资现金于验资后即予发还"③。

此前，上海银钱信托业三公会于11月19日提出类似要求，财政部财余钱丁字第778号指令称："兹为适应事实需要，凡承做合于《银行法》规定之抵押放款，定期在一个月以上者，由部授权中央银行，准予动用；其承做农工矿生产及公用交通事业贷款或其他正当用途，专案呈部核准动用者，亦可由部从宽核定。"但对将增资现金缴存中央银行后即行发还一节，财政部认为"核无必要，应毋庸议"。12月16日，上海市银钱信托业三公会进一步提出，"银行等现所经营各项放款，均为短期性质，一日两日至长五日或七日，盖资金流转不定，存款如此，放款亦不得不然。一般工商业为资金灵活起见，亦每日挹此注彼，绝少有一月之放款。故就事实言，行庄等在三个月内仍极少动用之机会。至承做农工矿等生产贷款，必须呈请核准，方可动用，其间自有手续与实际上之延缓，决不能立时转移，则欲做该项贷款，势必须另备一副筹码"；为此，恳请财政部"准免长时期之缴存，于验资

① "民国三十七年度国内经济总检讨"，《银行周报》33卷1号，1949年1月1日。
② "对行庄增资问题再向当局进一言"，《银行周报》33卷3号，1949年1月17日。
③ "上海市银钱信托业三公会为增资现金部分仍请免予缴存三个月事呈财政部文"，《银行周报》33卷2号，1949年1月10日。

后即行发还"①。

12月19日,上海市商会也向财政部提出,《商营银行调整资本办法》的有关规定,即"增资现金部分,增资后三月内应存储于中央银行,如有正当用途,应经财政部主管机关之核准,始得动用",其目的"完全为金圆券发行之后,一方虑行庄原有资金之减弱,而一方又虑其增资以后有横溢之虞,欲藉此为封锁之计"。上海市商会认为,必须正确看待商营银行,"此种矛盾心理显视行庄为非周转工商、调剂金融之枢纽,而直视为游资作祟之场所。质言之,所谓'如有正当用途'者,其言外之语气,明明以正当用途为例外,以不正当用途为原则;果系如此,则何必有商业银行、钱庄之设立,更何必令其普遍增资?"上海市商会认为,财政部11月21日1222号代电并非"根本补救之法",并要求财政部呈明行政院,将《商营银行调整资本办法》有关条文删除,"将增资现款,得以依法与行庄其他资金,一律自由动用"②。

此一问题最终于12月28日得到了当局的"谅解",对增资现金动用办法,"允予变通、从宽办理"。为此,上海市银行商业同业公会于1948年12月29日发表紧急通告,"为恪遵功令起见,所有调整资本各银行,应一律于十二月三十一日前将增资现金部分股款,如限缴存中央银行"③。此后,《银行周报》刊载的一篇文章,透露了这一问题的最终解决办法,即:双方各让一步。一方面行庄依法将增资现金如数缴呈中央银行听候查验,另一方面则由财政部把动用资金的限制格外放宽,"凡行庄信托公司对于生产事业的各项放款,先经各该银钱信托业公会分别审核,再送金管局会同央行核准,得分期动用增资现金"④。截至1948年12月31日,上海市银行、钱庄、信托公司等154家均如期办理增资手续,其中,银行72家、钱庄75家、信托公司7家,共需缴存现金6 250万元⑤。

1949年1月11日,上海市银行公会向各会员银行发布紧要通告,转达了中央银行业务局总字第214号函:"关于增资现金缴存部分,依月息一角二分计算;倘中途并未动支,依三月定存月息一角五分计算。"这实际是中央银行对于上海市银行公会1948年12月30日关于增资现金从优给息请求的回复⑥。

---

① "上海市银钱信托业三公会为增资现金部分续请免予缴存三个月事呈财政部文",《银行周报》33卷2号,1949年1月10日。

② "上海市商会为银行增资现金请免存储三个月事呈财政部代电",《银行周报》33卷2号,1949年1月10日。

③ "上海市银行商业同业公会紧急通告",《银行周报》33卷2号,1949年1月10日。

④ 谢菊曾:《民国三十七年我国之钱业》,《银行周报》33卷4号,1949年1月24日。

⑤ "沪行庄增资手续办理完竣",《银行周报》33卷3号,1949年1月17日。

⑥ "行庄缴存增资现金央行给息率",《银行周报》33卷4号,1949年1月24日。

　　值得注意的是，对银行盈余分配的监管，虽然并非银行市场准入的必然要求，但从现代银行监管的角度，特别是资本充足性标准看，盈余及其分配具有非常重要的意义[1]。"至若公积，则与资金之性质不同，未可一概而论也。就股东而论，事业之存亡，视乎红利之厚薄，红利厚，则购股者伙；红利薄，则购股者稀。减红利以积公积，为股东者必不乐从，若国家立法，以规定公积之额，则股东虽非心愿，即不得不勉为其难；而银行之营业亦必缘以稳定而少虑矣。"[2]

　　抗战爆发后，财政部对银行公积金问题给予了相当关注。1937年底，财政部以值此非常时期，银钱业结算情形与平时不同，为维护公众利益起见，规定两项办法，电令各地银钱业公会转知同业遵办：(1)凡在战区内设有分支行者，此次结算，如有盈余，应全数提为特别公积金，以为准备，俟时局平定，再行核实支配；(2)战区内未设有分支行号者，此次结算准照旧办理，但仍须尽量多提特别公积金，以重准备[3]。

　　1939年9月，经济部规定：各公司应依法按届提足公积金，所有积存之公积金，非呈经本部核准，不得提支动用，并应存放国家银行；其已存放于已注册之商业银行或地方银行不便改存者，亦应呈部核准备案[4]。1941年4月，经济部制定《非常时期工商业提存特别准备办法》，通令各地商会转饬各同业公会一体遵照办理。办法规定，凡依公司法组织者，每届营业年度终了有盈余时，除依法令提存公积金等之规定外，应提存特别准备：(1)盈余在实收资本总额1/5以上者，提盈余1/10；(2)盈余在实收资本总额1/4以上者，提盈余20%；(3)盈余在实收

---

[1] 资本是商业银行抵御风险的最后一道防线，具有承担风险、抵御风险冲击的作用。通过长期银行实践，人们认识到资本与银行业稳定和盈利能力之间存在内在联系，即资本越雄厚，商业银行的偿付能力和抵御风险能力就越强，银行业就越安全；但是，资本越多，商业银行的盈利能力也越受限制，越缺乏效率。因此，资本充足与否，最终体现为银行安全与效率这一基本矛盾，资本管理逐步成为银行业监管的基本内容之一。1988年，巴塞尔银行监管委员会第一次对资本管理作出了指导性的规定：一家国际活跃的银行，其资本充足率不得低于8%，其中核心资本不得低于4%。这一标准是以发达国家(十国集团)银行市场经验数据为基础确定的。目前，世界上100多个国家接受了这一资本要求，同时有不少国家根据自己的国情，自觉提高其银行的最低资本标准。此外，世界上主要国家的银行评级体系基本上都源于美国的CAMEL银行评级体系，即联邦监督管理机构内部统一银行评级体系，它是对商业银行和其他金融机构的业务经营、信用状况等进行分析评价的一整套规范化、制度化和指标化的综合等级评定制度，CAMEL是由对商业银行5个方面进行评估的5个英文单词的第一个字母所构成，即资本(Capital)、资产的质量(Asset Quality)、管理水平(Management)、盈利能力(Earning)、资产流动性(Liquidity)；而其中资本充足性主要考察资本充足率，即总资本与总资产之比，总资本包括基础资本和长期附属债务，基础资本则包括股本金、盈余、未分配利润和呆帐准备金等，要求这一比率达到6.5%～7%。盈余之重要性可想而知。参见《银行监管比较研究》，第62、231页。

[2] 王显谟：《论银行资本金之限度与公积金之提存》，《银行周报》5卷19号，1921年5月24日。

[3] "财部注意银钱业年终结算"，《银行周报》22卷2号，1938年1月18日。

[4] "经济部制定各项事业限制办法"，《银行周报》23卷38号，1939年9月26日。

资本总额 1/3 以上者,提盈余 30%。特别准备应专款存储于银行,于营业年度终了后一个月内,由各工商业自行提存,特别准备除提补意外损失外,非经经济部核准,不得分派。凡未将特别准备提存足额,或有伪造情事,经查出后,得依公司法第 132 条之规定论罪①。同年 12 月又经修正,规定特别准备不得免税。"以上办法,虽为维护工商业基础而设,其对于社会资金之管制及协助平抑物价,亦具有多重方面之意义。盖工商业之过分盈余,原由物价激涨而来,若将此项利得,悉数分诸股东与职工,直接增加货币之流通量,间接即刺激物价上涨,且此项资金一部分必由消费之增加而流入于商业市场,如此互为因果,故从管制资金与控制物价方面言,亦有提存特别准备之必要。"②

以经济部关于工商业提存特别准备办法为蓝本,1942 年 4 月 30 日,财政部公布《银行盈余分配及提存特别公积金办法》5 条,主要内容为:股东红息,每年支付股东官息及红利合计,应以股东实缴股款年息 2 分为度;董监奖励,应以各董事监察人在银行全年所得报酬 1/3 为度;职工奖励,应以各职工 4 个月薪给之总和为度;各银行所获盈余照上列三项分配尚有余额时,一律提作特别公积金;前条所定特别公积金,应于每营业年度结束时全数提出,由董事会专款保管,不得擅行动用③。

1942 年 12 月 9 日,财政部渝钱稽字第 34680 号训令各银钱业同业公会、各银钱行庄:"查《限制银行盈余分配及提存特别公积金办法》,业于本年四月三十日公布施行,现三十一年度即将终了,各行庄办理年度决算,应即遵照原办法规定办理,并将盈余分配情形,连同三十一年度决算表及应编造之财产目录一并呈部核办,惟财产目录中关于各种放款性质,应依照所附发说明书,分别注明,以便统计各种放款数额;至各行庄依照核定章程分配之股东红利、董监酬劳及职工奖励金超过上项办法所定限度部分,应照原办法第四条之规定,一律提作特别公积金。"④

应该认为,"限制银行盈余分配,并提存特别准备,直接可以巩固银行事业之基础,间接藉以救济财富分配之不平均,尤其在抗战期间,具有限制个人购买力之作用"⑤。但银钱业则认为,此项办法"似有失平"。重庆银行公会提出:"查红

---

① "经济部通令工商各业实行提存特别准备",《银行周报》25 卷 31 号,1941 年 8 月 12 日。
② 《中国战时金融管制》,第 363 页。
③ 财部为补发银行盈余分配及提存特别公积金办法令(1942 年 4 月 30 日),《中华民国金融法规档案资料选编》(上),第 670—671 页。
④ 财政部训令渝钱稽字第 34680 号(1942 年 12 月 9 日),二档:三(2)3157。
⑤ 财部钱币司司长戴铭礼在中央银行经济研究处演讲记录(1942 年 4 月 22 日),渝档:031012340。

利及奖金,原为企业者劳力经营之报酬,是为利润,与《民法》规定之约定利率不得超过百分之二十者,其性质迥不相同。故任何国家法律,鲜闻有加以限制者。例如盟国军事工业之股票涨至战前若干倍,端在红利分配较平时为优耳。今我国对于一般工商业,并未限制分配红奖,而独对于银行业施以限制,且所定标准,股票仅为股本之百分之二十,尚远不及一般存户所享受之利益,殊失事理之平。至职工奖金,限于四个月所得,在平时尚无大碍,而在战时,则因物价高涨,职工生活无法安定,每于年终提给奖金藉偿宿逋。若限制过低,银行势必被迫提高平时之待遇,但此断非合理经营银行者所能忍受。拟恳撤销前项限制,俾资允叶。"①

1946 年 2 月 9 日,财政部发布财钱庚一字第 12044 号训令:"查本部前为厚积战时银行基础起见,对银行每期盈余分配及提存特别公积金,曾规定办法五项,于三十一年四月三十日通饬遵行在案。兹抗战已获胜利,上项因适应战时需要订立之办法,即日废止。"②

第五节　业务范围监管

一、相关法规对银行业务范围的具体规定

1908 年清政府颁布的《银行通行则例》对银行的定义作了界定。《则例》规定,"凡开设店铺经营左列之事业,无论用何店名、品牌,总称之为银行,皆有遵守本则例之义务",并具体列举了包括各种期票、汇票的贴现,短期拆息,经理存款,放出款项,买卖生金、生银,兑换银钱,代为收取公司、银行、商家所发票据,发行各种期票、汇票,发行各种市面通用银钱票等共 9 种具体事业③。从另一角度分析,这实际上也明确了银行的业务范围。

北洋政府于 1924 年起草的《银行通行法》,对银行的定义和业务范围重新进行了界定。《银行通行法》规定,"凡开设店铺,经营存款、放款、汇兑、贴现等业务

① 吴晋航等为政府对银钱业管制过严请求修正有关法令呈(1946 年 3 月),《中华民国史档案资料汇编》第五辑第三编"财政经济"(二),第 56—59 页。
② 财政部训令财钱庚一字第 12044 号(1946 年 2 月 9 日),二档:三(2)3803。
③ 清度支部银行通行则例(1908 年),《中华民国金融法规档案资料选编》(上),第 146 页。

者,无论用何名称,均认为银行"。《银行通行法施行细则》进一步规定,遵照《银行通行法》设立的商业银行,其营业范围除《银行通行法》有规定者外,还可经营下列附属业务:(1)买卖生金银及有价证券;(2)代募公债及公司债;(3)保管贵重物品;(4)代理收付款项等①。

南京国民政府于1931年公布的《银行法》规定,凡经营下列业务之一者为银行:(1)收受存款及放款;(2)票据贴现;(3)汇兑或押汇。经营上述三项业务之一而不称银行者,视同为银行。同时规定,银行得兼营下列附属业务:(1)买卖生金银及有价证券;(2)代募公债及公司债;(3)仓库业;(4)保管贵重物品;(5)代理收付款项。银行非经财政部核准,不得经营信托业务;该法施行前兼营信托业务的银行,不得以银行的资本与法定公积金抵充。银行不得为商店或他银行、他公司之股东;其在本法施行前已经出资入股者,应于本法施行后3年内退出之,逾期不出者,应按入股之数核减其资本总额。银行不得收买本银行股票,并以本银行股票作借款之抵押品。除关于营业上必需之不动产外,不得买入或承受不动产;因清偿债务受领之本银行股票,应于4个月内处分;受领之不动产,应于1年内处分②。

抗战爆发后,财政部对银行业务范围的监管更为严格和具体。1940年8月7日,财政部公布的《非常时期管理银行暂行办法》规定,凡经营收受存款及放款、票据贴现、汇兑或押款各项业务之一而不称银行者,视同银行。因此,除银行外,凡钱庄、银号、信托公司等也都包括在内。该办法明确规定,银行不得直接经营商业或囤积货物,并不得以代理部、贸易部或信托部等名义,自行经营或代客买卖货物;禁止银行从业人员经商;官办或官商合办之银行,其服务人员一律视同公务人员,不得直接经营商业③。1941年12月9日,国民政府公布了修正后的《非常时期管理银行暂行办法》补充规定:银行不得另设商号自行经营商业;非经奉财政部特准,不得买卖外汇;银行服务人员利用行款经营商业,以侵占论④。

由于信托业在当时环境下性质已发生了"变异",财政部予以了特别关注。

---

① "签注意见中之银行通行法及施行细则",《银行周报》8卷16号,1924年4月29日。
② 财政部关于转发银行法令(1931年4月24日),《中华民国金融法规档案资料选编》(上),第572—583页。
③ 财政部非常时期管理银行暂行办法(1940年8月7日),《中华民国金融法规档案资料选编》(上),第641—643页。
④ 国民政府公布之修正非常时期管理银行暂行办法(1941年12月9日),《中华民国金融法规档案资料选编》(上),第653—655页。

1944 年 5 月 1 日,财政部渝钱戊字第 51076 号训令称:值兹严格管理银行业务,并限制私设银行及信托公司之际,为严整金融阵容,并防杜兼营信托业之银行假借信托名义,兼营商业或移用信托存款发生纠纷起见,除业经本部核准兼营信托业之银行,应严格依照信托部章程办理,并由部随时监督外,所有银行钱庄暂时一律限制增设信托部,"以便管理而重银行系统"①。

抗战胜利后,相关法规对银行的业务范围作了进一步调整和规范。1946 年 4 月 17 日公布的《财政部管理银行办法》规定,凡经营收受存款及为放款、票据贴现、汇兑或押汇各项者,为银行;收受存款而不称银行者,视同银行。同时明确规定,银行除下列附属业务外,不得兼营他业:(1)买卖有价证券;(2)代募公债或公司债;(3)仓库业;(4)保管贵重物品;(5)代理收付款项。该办法还规定,银行不得为商店或他银行、他公司之股东,但经财政部之核准,得投资于生产建设事业。银行不得直接经营工商事业,并不得囤积货物,或设置代理部、贸易部等机构,或以信托部名义代客买卖货物,或为其他投机买卖之行为。银行不得收买本银行股票及承受本银行股票为质押品,除关于营业上所必需之不动产外,不得买入或承受不动产;因清偿债务受领之本银行股票,应于 4 个月内处分;受领之不动产,应于 1 年内处分。银行服务人员不得挪用行款,或以贷放方式利用行款,违者以侵占论罪②。

1947 年 9 月 1 日施行的《银行法》规定,银行业务范围如下:(1)收受各种存款;(2)票据承兑;(3)办理各种放款或票据贴现;(4)国内汇兑;(5)特许经营之国外汇兑;(6)代理收付款项;(7)仓库及保管业务;(8)买卖有价证券及投资;(9)代募或承募公债、公司债及公司股份;(10)特许买卖生金银及外国货币;(11)受托经营财产。同时明确,以上业务范围中,第 1 项至第 6 项为银行主要业务,第 7 项至第 11 项为银行附属业务。《银行法》将银行分为商业银行、实业银行、储蓄银行、信托公司和钱庄五个类别,并分别规定了各自的业务范围,强调"银行不得经营其所核准登记业务以外之业务",具体如下。

商业银行得经营下列业务:(1)收受普通活期、定期存款;(2)办理各种放款或贴现;(3)票据承兑;(4)办理国内汇兑;(5)经中央银行特许办理国外汇兑;(6)代理收付款项;(7)买卖公债、库券及公司债;(8)办理与其业务有关之仓库或保管业务;(9)投资于生产、公用或交通事业;(10)代募公债、公司债及公司股份;

---

① 财政部永安区银行监理官办公处永检字第 1668 号训令(1944 年 5 月 26 日),闽档:241338。
② 财政部关于公布管理银行办法令(1946 年 4 月 17 日),《中华民国金融法规档案资料选编》(上),第 697—700 页。

(11)经中央银行特许收受外国货币或买卖生金银。

实业银行得经营下列业务:(1)收受普通活期、定期存款;(2)对农工矿及其他生产、公用或交通事业,办理各种放款、票据承兑或贴现及汇兑;(3)代工矿业及其他生产、公用或交通事业办理收付款项;(4)代工矿业及其他生产、公用或交通事业募集股份或公司债;(5)买卖公债、库券、公司债及其他债券;(6)办理与其业务有关之金库或保管业务;(7)投资于农工矿业及其他生产、公用或交通事业;(8)办理国家银行指定代理之业务。

储蓄银行得经营下列业务:(1)收受活期储蓄存款及通知储蓄存款;(2)收受整存整付、零存整付、整存零付及分期付息之定期储蓄存款;(3)收受普通活期、定期存款;(4)办理各种放款;(5)办理国内汇兑;(6)代理收付款项;(7)买卖公债、库券及公司债;(8)办理以有价证券为担保之放款;(9)办理与其业务有关之仓库或保管业务;(10)办理生产、公用、交通事业及有确实收益之不动产抵押放款;(11)购入他银行承兑之票据;(12)以本银行定期存款为担保之放款;(13)代募公债、库券及公司债。

信托公司得经营下列业务:(1)管理财产;(2)执行遗嘱;(3)管理遗产;(4)为未成年人或禁治产人之财产监护人;(5)受法院命令管理扣押之财产及受任为破产管理人;(6)收受信托款项及存款;(7)办理信托投资;(8)代理发行或承募公债、库券、公司债及股票;(9)承受抵押及管理公债、库券、公司债及股票;(10)代理公司股票事务及经理公司债及其他债券担保品之基金;(11)代理不动产孳息收付事项;(12)代理保险;(13)管理寿险债权及养老金、抚恤金等分期收付。

对于钱庄的业务,则规定为"依照各地钱业习惯,经营商业银行业务"①。

根据《银行法》第 14 条规定,"银行之种类应在其名称中表示之,本法公布施行前已登记之银行名称,与其种类不相符合者得不予更改,但应于一定时期内调整其业务";第 118 条规定,"凡经营银公司、银号、票号及其他类似之银钱业者,应于本法施行后一年内,按其业务性质,依本法修正组织,申请中央主管官署为营业登记"②。据此,财政部于 1947 年 10 月 22 日以财钱戊字第 17442 号训令银钱业:"兹规定在《银行法》公布施行前,核准登记之银行,其名称与其种类不相符合者,应于该法公布后一年内调整其业务,或更改其名称;又,银行名称未表示其

---

① 国民政府公布银行法令稿(1947 年 9 月 1 日),《中华民国金融法规档案资料选编》(上),第 740—757 页。
② 同上书,第 743、757 页。

种类者,应即予以表示,仍呈部变更营业登记。"①10 月 30 日,财政部又发布财钱戊字第 17818 号训令:"所有以前经本部核准营业登记之银公司、银号、票号及其他类似之银钱业者,应即遵照规定,分别按其业务性质,将银公司改为商业银行或实业银行或储蓄银行;银号、票号及其他类似之银钱业,则一律改为钱庄,于一年内呈请本部变更营业登记;至钱庄之资本,如合于本部颁行银行最低资本额之规定时,并得依《银行法》第九十三条之规定,改称为银行。"②

但严格区分商业银行和实业银行的经营范围事实上是相当困难的。由于健全的资本市场尚未建立,缺乏控制长期资金来源的能力,经营真正意义上的实业银行几乎是不可能的。因此,欲使当时名为"实业"、"工业"、"矿业"、"垦业"、"盐业"等字样的专业银行调整其业务,事实上也是不可能的。因此,财政部训令发布一年后,"多数仅在原名中嵌入了'商业'二字,藉符规定",如浙江实业银行即改称为"浙江第一商业银行";钱庄业为划一名称起见,原名"某某银号"者,统改为"某某钱庄";然而,"召开股东会修改章程,变更登记,从墙壁上的石字招牌改起,改到内部章戳簿据,不知添了多少麻烦和浪费了多少金钱"③。

二、对普通商号经营银行业务的取缔

企业商号吸收社会储蓄在近代中国是一个普遍现象,这种现象在 20 世纪 20 年代后发生了演变,成为企业商号发展壮大的重要资金来源④。需要指出的是,在加强对银行业务范围监管的同时,监管当局对普通商号经营银行业务也进行了控制和取缔。

1927 年 12 月,根据市民向金融管理局举报,位于上海法租界大马路 66 号上海惠利商业储蓄银公司私自发行奖券,"一月之中开奖数次,使租界开破坏法权之端,使官厅失法令执行之效,实触犯刑律妨害公务之罪",该奖券名曰上海惠利商业储蓄银公司定期有奖储蓄证券,每号分为 10 联,每联 1 元。财政部认为"发行奖券未据呈请本部核准,私行售卖,殊属不合";并提出,"查商人开办奖券,

① "银行名称与其种类不相符合者一年内调整其业务",《银行周报》31 卷 47 号,1947 年 11 月 24 日。
② "银公司银号票号及其他类似之银钱业限期呈请变更营业登记",《银行周报》31 卷 47 号,1947 年 11 月 24 日。
③ "民国三十七年度国内经济总检讨",《银行周报》33 卷 1 号,1949 年 1 月 1 日。
④ 朱荫贵:《论近代中国企业商号吸收社会储蓄——1930 年南京政府禁令颁布前后的分析》,《复旦学报》(社会科学版)2007 年第 5 期,第 96 页。

易滋生流弊,迭经严禁在案,该惠利公司现在发行奖券,显违部令,自应严行禁止"①。

1930 年初,"各省市地方,每多普通商店,亦假借名义,擅营储蓄,尤以上海一地为最甚,五花八门,无奇不有"。上海银行公会认为,沪市各商号,竞以兼营储蓄为招揽营业之揭橥,宣传广告,触目皆是,一时相习成风,其实际保障如何,殊难臆断,社会不察内容,投入存款,动逾巨万,倘有疏虞,贻害平民生计,为祸至酷,特呈财部对于储蓄事业,请求限制冒滥。为此,财政部提出,凡各银行专办或兼办该项业务,非呈经核准,不得营业,盖所以保障储户安全,巩固平民生计也;既未经呈准有案,其资金之多少,与夫储金如何运用,概不得知,吸收者尽是人民之膏血,设一旦有亏倒情事,则受害者何可胜计,实于社会安全、人民生计关系至巨,职责所在,自应切实查禁。为此,咨请上海特别市政府查照,并转函租界当局暨特区地方法院等,切实查禁②。

1931 年 1 月 24 日,实业部电令上海市社会局:迩来各地商民,往往有未经核准,擅营储蓄事业,并利用社会弱点,以厚利及有奖办法吸收平民零星储款者,而各地银行又复有未经呈准公司注册,擅用有限公司名义,冀图避免无限责任等情事,尤以上海为最多。该局以后对此等非法储蓄,务须严加取缔,其银行未经呈准注册,擅用公司名义者,并应严令即日呈请注册,否则函请法院依法严办,事关社会金融,毋稍姑宽③。

1931 年 2 月,根据财政部的咨请,上海市社会局发出训令:"查商号兼营储蓄,系属违章经营,流弊滋多,本局正在分别取缔,设立公司,尤宜恪遵公司注册暂行规则,呈请主管官厅注册,俾资稽考。"上海市社会局同时要求,"仰迅将所办储蓄部克日停止收款,限一个月内将各户储金逐一清还,所有办理结束情形,限于文到十日内先行呈报核准,其公司之未经遵章注册者,并应迅即呈请注册,事关奉令取缔,毋得视为具文,致干未便,切切。此令"④。

1935 年 7 月 31 日,重庆市银行业同业公会呈报财政部:"查兼办储蓄各银行遵令交存储款保证准备,原系谋一般存户之保障,而按之事实,各地普通商号,仍多自由吸收类似之储蓄存款,揆之情理,似嫌未洽,应恳钧部重申前令,切实取缔,或亦令其照缴保证准备,用期公溥而资保障。"⑤为此,财政部于 8 月 19 日批

① "财部禁止惠利银公司发行债券",《银行周报》12 卷 7 号,1928 年 2 月 28 日。
② "财部取缔滥营储蓄业务",《银行周报》14 卷 16 号,1930 年 5 月 6 日。
③ "严禁擅营储蓄事业",《银行周报》15 卷 3 号,1931 年 2 月 3 日。
④ "取缔商店兼营储蓄",《银行周报》15 卷 7 号,1931 年 3 月 3 日。
⑤ 重庆市银行业同业公会呈文(1935 年 7 月 31 日),二档:三(1)2433。

复重庆市银行业同业公会："所请取缔各地普通商号自由吸收类似储蓄存款一节，核与本部通案相符，业已咨请四川省政府，并令四川省财政特派员切实查禁矣。"[①]同日，财政部令四川财政特派员："查储蓄业务，关系社会金融、平民生计甚巨，本部对于各银行办理该项业务，非呈经核准，不得营业，限制綦严。至普通商号假借名义吸收存款，不独有违法令，且其资金之多寡与夫储金之如何营运，概不得知，设一旦有亏倒情事，则受害者何可胜计，曾经本部于民国十九年四月间通咨各省市政府饬属查禁在案。兹据前情，自应重申前令，以防流弊而安市面"，要求"切实查禁，并将遵办情形具报备查"[②]。财政部同日还咨请四川省政府"迅予通饬所属切实查禁"[③]。9 月 12 日，四川财政特派员公署呈财政部，将"从严查明切实禁止具报"[④]。9 月 30 日，四川省政府也咨复财政部，表示已"通令各区行政督查专员及各市县政府遵照，切实查禁"[⑤]。

但此后，普通商号吸收储蓄存款的情况并未真正得到有效遏止，"各地普通商号仍有自由吸收类似储蓄存款情事"。财政部认为，"储蓄业务，关系社会平民生计至巨，对于各银行办理该项业务限制向来綦严，非呈经核准不得营业；至普通商号假借名义，吸收存款，不独有违法令，且其资金之多寡，与夫储金之如何营业，概不得知。设一旦有亏倒情事，则受害者何可胜计"。为此，财政部于 1935 年底再次发出通令，规定普通商号不准吸收储蓄存款，"以防流弊而安市面"[⑥]。

抗战爆发后，财政部依然十分关注普通商号兼营银行业务之事。1940 年 10 月 11 日，财政部渝钱银字第 35777 号代电各省市政府指出，《非常时期管理银行暂行办法》第 1 条第 2 项的规定，即"凡经营收受存款及放款、票据贴现、汇兑或押汇各项业务之一而不称银行者，视同银行"，系指经营上项业务之公司、银行、钱庄等而言；至于普通商号，"自应依照本部迭令办理"。代电再次重申禁令：如果普通商号有兼营吸收存款或办理汇兑情事，应即严加取缔，并奖励举发，从严究办，"藉以保障存户安全，而维银行正常业务"[⑦]。

抗战胜利后，商号私收存款的现象依然大量存在，财政部进一步加大了取缔

---

① 财政部批钱字第 6763 号(1935 年 8 月 19 日)，二档：三(1)2433。
② 财政部训令钱字第 18033 号(1935 年 8 月 19 日)，二档：三(1)2433。
③ 财政部咨钱字第 18338 号(1935 年 8 月 19 日)，二档：三(1)2433。
④ 财政部四川财政特派员公署呈财政部(1935 年 9 月 12 日)，二档：三(1)2433。
⑤ 四川省政府咨财字第 80 号(1935 年 9 月 30 日)，二档：三(1)2433。
⑥ "财政部通令普通商号不准吸收储蓄存款"，《银行周报》19 卷 50 号，1935 年 12 月 24 日。
⑦ 财政部关于取缔普通商号兼营吸收存款汇兑业务代电(1940 年 10 月 11 日)，《中华民国金融法规档案资料选编》(下)，第 1096 页。

力度。

1946 年 6 月 10 日,财政部发出财部京钱庚一字第 29 号代电指出,"兹据报各地公司、商号仍有高利私收存款、擅设存款部或储蓄部等情事,不特有违政令,扰乱金融,且亦刺激物价,亟应重申禁令,严予制止"①。

10 月 21 日,财政部京钱庚三字第 3504 号训令指出,根据新颁《管理银行办法》第 1 条第 2 项"吸收存款而不称银行者视同银行"之规定,普通商号收受存款,当然应当绝对禁止;"至于普通商号因调拨款项、办理汇兑,或因运用资金、办理票据贴现及以现款贷与有关方面,而非恃吸收存款为贷放者,均不在取缔之列",但同时规定,"惟应有本身业务某一行为之合法证件以资证明,不得假立名目巧取兼营"②。

11 月 2 日,财政部京钱庚三 1294 号代电指出:"查自物价高涨,市场利率随商业利润而俱增,乃发生所谓地下钱铺者非法经营银行业务,并以高利贷放盘剥取利,扰乱金融,助长投机,莫此为甚。虽迭经查获,依照本部管理银行办法内所定私设行庄之罚则,勒令停业,处以罚锾。顾此类钱铺,多属临时组合,附设于住宅或商店之内,查获既已不易,纵被发觉处罚之后,仍可易地另设,照旧营业。核其所为,显已触犯刑章,亟应依法严惩,以资禁革。"代电认为,"地下钱铺得以猖獗,自系乘他人急迫、轻率、无经验以遂其高利贷放,非法取利之企图"。财政部并强调:"嗣后凡经查获此项案件关于擅设行庄情节,仍应报部依照管理银行办法处罚。至触犯刑章部分,应并将人犯证件径送该管法院依法究办,以资惩儆"③。

1947 年 12 月 27 日,财政部明确指出:"《银行法》对于钱庄之定义已有明确规定,其非经营银钱业务,袭用钱庄名称暨以兑换货币为业,或以代售公债、库券、奖券、印花为业,假借钱庄银号名称者,依法均应予以取缔。"④

1948 年 11 月 22 日,财政部京钱庚三字第 270 号代电中央银行,明确了普通公司商号兼营银行业务的限制标准。关于查获公司、商号兼营银行业务之处罚,除已登记之公司、商号仍依照原规定标准、程序处理外,"其未履行登记之公司、商号,如经查获有兼营银行业务情事,无论其业别如何",由财政部"径行饬知

① 财政部关于禁止普通商号私自经营存放款汇兑贴现业务电(1946 年 6 月 10 日),《中华民国金融法规档案资料选编》(下),第 1125 页。
② 财政部关于普通商号禁止吸收存款令(1946 年 10 月 21 日),《中华民国金融法规档案资料选编》(下),第 1134 页。
③ 绍兴县政府代电字第 258 号(1947 年 1 月 12 日),《绍兴县馆藏金融档案汇集》(三),第 118—119 页。
④ 绍兴县政府训令仁二字第 845 号(1948 年 1 月 26 日),《绍兴县馆藏金融档案汇集》(二),第 76 页。

当地主管官署勒令整个停业"，同时转知工商部，"就公司延不登记部分，依照《公司法》予以处罚"；至于商号延不登记部分，则于财政部"行知勒令停业时，一并转知当地主管官署，依法执行处罚"①。

第六节　银行所有权结构

银行的所有权结构是银行运作方式的决定性因素，不同的所有权结构决定了银行不同的运作特征②。在银行的组织形式上广泛采用西方的公司治理结构，是近代中国银行业现代化过程中的一个重要特点，但总体而言，尚处于初级阶段。

一、晚清政府时期

近代中国的第一部公司法是清政府商部在 1904 年 1 月 21 日（光绪二十九年十二月五日）奏准颁行的《钦定大清商律·公司律》，同时颁行的还有近代中国首部《商人通例》，随后不久又颁布了与《公司律》相配套的《公司注册试办章程》等。《公司律》是近代中国第一部关于公司组织的法规，它参照了当时世界上大陆法系有关国家的相关法律，共分 11 节、131 条，在中国历史上第一次对"公司"作了法律上的界定，即"凡凑集资本共营贸易者，名为公司"；并规定了公司的 4 种类型，即合资公司、合资有限公司、股份公司和股份有限公司。合资公司"系二人或二人以上集资经营，公取一声号者"；合资有限公司为"二人或二人以上集资经营，声明以所收资本为限者"；股份公司"系七人或七人以上创办集资营业者"；股份有限公司"系七人或七人以上创办集资营业，声明资本若干，以此为限"。其中合资公司、股份公司为无限责任公司，合资有限公司、股份有限公司为有限责任性质③。

早期创办的银行大都借鉴西方，采用股份有限公司形式。中国第一家仿照西方股份有限公司组建的现代银行是中国通商银行。该行章程明确规定："本行

---

① 中央银行转陈财政部关于普通公司商号兼营银行业务限制标准的通函(1948 年 12 月 1 日)，《中华民国金融法规档案资料选编》(上)，第 796 页。

② 《银行监管比较研究》，第 42 页。

③ 张忠民：《艰难的变迁——近代中国公司制度研究》，上海社会科学院出版社 2002 年版，第 63—64 页。

奏明用人办事,悉以汇丰为准而参酌之,不用委员而用董事,不刻官防而用图记,尽除官场习气,俱遵商务规矩,绝不徇情,毫无私意,总期权归总董,利归股商,中外以信相孚,出入以实为重。"①大清户部银行是中国第二家现代银行,也是中国第一个国家银行。1904 年 3 月 14 日(光绪三十年正月廿八日),户部奏请由部试办银行时所拟的章程中提出,"本行照有限公司办法,股份之外,不再向股东添取银钱,即有亏欠,与股东无涉";"本行系仿西例办法,名为有限公司,公家既经筹款认买股份,即与各商股一律,凡未经满限以前,股本银两不能随时提用,亦不得借词挪用"②。此后,由度支部于 1908 年奏准的《大清银行则例》也规定:"大清银行为股份有限公司,各股东责任以所认定股份为限,股份外如有损失,概不负责任。"③

有意思的是,当时对有限公司的设立还有一定的限制。农工商部于光绪三十三年(1907 年)六月在"答各省商务议员为各处当商注册应与钱业一律用无限字样"一文中,强调了钱业只能注册为无限公司,"查现在各处钱铺贸易存款开票,难于稽察,应负无限责任,故于三十二年六月松江府青清县保裕钱庄案内,批饬不得以有限注册,并札饬该处,如有互保等例应将保结呈方注册等因各在案"④。此后,农工商部即照此办理类似的审批。如光绪三十三年七月,天津商民张玉珍集资 10 万元,要求开办洽源银号有限公司并呈请注册时,农商部批复:"查银钱号存款、开票现在尚无稽察办法,上年江苏保裕钱庄案,曾批饬应负无限责任,复于本年六月十三日通行遵办在案。应饬该商遵照更正,作为无限,补呈到部。"⑤

1908 年清政府颁布的《银行通行则例》,第二条规定:"凡欲创立银行者,或独出资本,或按照公司办法合资集股,均须预定资本总额,取具殷实商号保结,呈由地方官查验转报度支部核准注册,方可开办。"⑥从这一条文可以看出,清政府实际对银行的所有权结构并未作统一规定,凡开设银行者无论采个人组织、合伙组织抑或公司组织均可。

① 中国通商银行大概章程(光绪二十三年正月十九日),《中国通商银行》(盛宣怀档案资料宣辑之五),第 56—57 页。
② 《中国近代货币史资料》第一辑,中华书局 1964 年版,第 1039—1042 页。
③ 孔祥贤:《大清银行行史》,南京大学出版社 1991 年 10 月版,第 76 页。
④ 《大清法规大全》,实业部,卷八。转引自江眺:《公司法:政府权力与商人利益的博弈》,中国政法大学出版社 2006 年 9 月版,第 45 页。
⑤ 《天津商会档案汇编(1903~1911)》,天津人民出版社 1987 年版,第 747 页。
⑥ 清度支部银行通行则例(1908 年),《中华民国金融法规档案资料选编》(上),第 146 页。

二、北京政府时期

1914 年 1 月 13 日,北京政府农商部颁布了近代中国第二部公司法——《公司条例》。《公司条例》共有 6 章、251 条,无论是内容还是篇幅较之十年前的《公司律》都有了较大的变动和增加。首先,对公司的法人地位作了明确的规定,"凡公司均认为法人";其次,对公司类型和名称的界定有了较大的变动,规定公司类型分别为"无限公司"、"两合公司"、"股份有限公司"以及"股份两合公司",并且将每一类型公司都列成单独的专章;再次,开始出现了有关"官利"内容的条款,使官利制度具备了可靠的法律依据,为"官利"的存在和延续起到了一种法律上的保证作用[①]。

北京政府时期,《公司条例》的推行,推动了公司制度的发展。据北京政府农商部称:"自《公司条例》颁布一年以来,新公司之遵章组织,旧公司之依照改组,来部呈请者不下数百起。"[②]然而,在当时的公司组织中,公众化程度还很低,马寅初先生在 1927 年 11 月 5 日的一次讲演中称:"至于股份公司,则由不相识之各股东集资创设,如中国银行,如浙江兴业银行等均是也。惟内中仅中国银行之股东,尚分散于全国,各省俱有之,英文中称为 open to all,实可为我国今日股份公司之代表。至商务印书馆、兴业银行等,虽系股份有限公司,而其股票尚未分散于多数人之手。其余著名公司、银行之股份,多分配于其亲戚朋友,并不流布于各处普通不相识之人,在市上及交易所中,均无从购买,与合法之组织虽不相同,而其股票之流行,实无稍异,仍为少数人所创办。"[③]

近代中国公司组织中的董事会正式设立董事长的企业是一家采用股份制组织形式的商业银行——浙江兴业银行。1914 年,浙江兴业银行将总行从杭州迁移到了上海,同时重新订定银行章程,于总行内设办事处,于董事中选出董事长 1 人、办事董事 4 人常驻办事处,执行各种事务。后人认为,近代中国"公司之有董事长,自该行始"[④]。

当时,绝大多数银行采用了股份有限公司形式,但也有例外的。如重庆的聚兴诚银行从 1915 年创办至 1937 年才改为股份有限公司。聚兴诚银行成立前经

① 《艰难的变迁——近代中国公司制度研究》,第 70—75 页。
② 《农商月报》第 18 期,1916 年 1 月。转引自《艰难的变迁——近代中国公司制度研究》,第 75 页。
③ 马寅初:《中国之经济组织》,《马寅初全集》第 4 卷,第 131—132 页。
④ 徐寄庼:《最近上海金融史》(上册),1932 年 12 月增改第三版,上海书店影印本,第 80 页。

营票号多年,给杨氏家族赚了许多钱,杨氏家族便认为票号这一组织形式很有利。过去票号内部组织很简单,对外全凭号东和掌柜进行业务经营活动,由掌柜具体执行;资本由号东拿出,划成若干股,掌柜和伙友则以劳力入股,称为"顶身股",赚得的红利虽照两种股权分配,但号东所享受的经济利益却优厚得多。这种资方出钱负全部责任,享受特别优厚经济利益的办法,正符合杨氏家族的心意,采用股份两合公司,由杨氏家族担任无限责任股东,就能达到杨氏家族这一愿望。银行额定资本 100 万元,分为 1 000 股,每股 1 000 元,无限责任股东和有限责任股东各占 50 万元,其中 50 万元无限责任股本全部为杨氏家族 11 户所持有;有限责任股份分为 500 股,每股 1 000 元,其中杨氏家族成员以各种堂记的名义持有 232 股、计 23.2 万元的有限责任股份,余下的 268 股、计 26.8 万元的有限责任股份分别为与杨家关系密切的 25 户股东所持有。此外,《聚兴诚银行股份两合公司章程》还订明,无限责任股东均有执行业务之权利而负其义务,当归某股东一人或数人执行业务时,其人不得无故或自行退职或使之辞职,这在法律上保证了无限责任股东有永久执掌经营大权的特别权利①。

1912~1928 年 6 月间创办的 434 家银行以及 91 家钱局、官银号、交易所、储蓄会、银公司、信托公司、保险公司等,共计 525 家金融企业组织,其组织类别为:地方官办 51 家,官商合办 45 家,官督商办 5 家,中外合资 22 家,外商公司 9 家,独资商办 2 家,合资公司 25 家,无限公司 1 家,股份公司 354 家,股份两合公司 3 家,股份有限公司 1 家,无限合资公司 1 家,不明性质 6 家。在全部被统计的金融企业中,以各类公司组织名义注册的金融机构已经多达 406 家,占全部金融企业总数的 77%②。

三、南京国民政府时期

近代中国的第三部公司法是南京国民政府成立之后,于 1929 年 12 月 10 日由立法院全案通过、1929 年 12 月 26 日由国民政府以命令颁布、1931 年 7 月 1 日施行的《公司法》。该法仍保留原《公司条例》中的所有公司类型,全文分"通则"、"无限公司"、"两合公司"、"股份有限公司"、"股份两合公司"和"罚则"6 章,共计 233 条。与《公司条例》相比,1929 年的《公司法》在内容上又有不少修改和

---

① 重庆工商业联合会等编:《聚兴诚银行》,《重庆工商史料》第六辑,西南师范大学出版社 1987 年版,第 39—40 页。

② 于彤:《北洋时期全国金融机关一览》,《近代史资料》总 68 号,中国社会科学出版社 1988 年版。

充实,而具体条款则由于部分内容的调整和合并,由原来的 251 条减少到了 233 条。首先,对公司的定义较之以前的《公司条例》更突出了营利性质,社团法人只要是以营利为目的,都可以注册为公司。其次,增加了一条有关公司法人持股的规定:"公司不得为他公司之无限责任股东。如为他公司之有限责任股东时,其所有股份总额,不得超过本公司实收股本总数四分之一。"再次,各类型公司章节的具体条款在《公司法》中也有了不少的增订。1929 年《公司法》颁布之后,南京政府又于 1931 年 2 月 21 日颁布了《公司法施行法》,同年 6 月 30 日又颁布了《公司登记规则》,均自 1931 年 7 月 1 日起与《公司法》同时施行。同时,从中央到地方,各级主管官署也都加强了对公司设立、登记、营业等方面的监管①。

南京国民政府的立法者为"谋银行制度之改善",于 1931 年公布的《银行法》规定,银行应为公司制,包括股份有限公司、两合公司、股份两合公司、无限责任公司等形式;同时又规定,非公司而经营存款、放款业务者,应于本法施行后 3 年内改为公司之组织②。这是与《公司法》相对应的。该法草案的说明书称:"吾国金融组织尚未达健全时代,而合伙或无限公司组织之银号、钱庄,又占金融界之大部分势力,此法顾全商情,对于经营银行之主体特定为公司组织,并限合伙组织之银行,于本法施行后 3 年内变更为公司之组织。"③

这一规定在钱庄业引起了较大反响,不少钱业人士纷纷发表谈话,或上呈国民党中政会、实业部、财政部、立法院等,认为《银行法》对钱业不适合,要求另订《钱庄法》④。但也有不少人表示赞同。有人认为,"如因合伙改为公司,多数钱庄即须倒闭,则其合伙组织之不确实亦可想见。我国经济社会亦何贵于有此不确实之金融合伙组织耶?"⑤还有人认为,"其实无限公司组织为法律所许,其信用更强于合伙组织,况今日钱业之特点,厥为无限责任的合伙组织,其股东咸负无限责任者也,即令由合伙组织改为公司组织,仅一举手一投足之劳耳";"我国银行法规定应为公司组织,而公司组织之中又包含四种组织,立法者已力求其适合国情矣"⑥。

近代中国的最后一部公司法是南京国民政府在抗战胜利以后于 1946 年颁

---

① 《艰难的变迁——近代中国公司制度研究》,第 76—78 页。
② 财政部关于转发银行法令(1931 年 4 月 24 日),《中华民国金融法规档案资料选编》(上),第 573、578 页。
③ 《中华民国立法史》(下册),第 854 页。
④ 参见本书第三章第三节"银行监管客体"之相关部分。
⑤ 王效文:《中国公司法论》,中国方正出版社 2004 年 9 月版。
⑥ 蔼庐:《银行之组织与资本》(上),《银行周报》15 卷 13 号,1931 年 4 月 14 日。

行的《公司法》。与 1929 年的《公司法》相比,1946 年的新《公司法》无论是在篇幅上,还是在内容上都有了很大的充实和变化。该法全文分为"定义"、"通则"、"无限公司"、"两合公司"、"有限公司"、"股份有限公司"、"股份两合公司"、"外国公司"、"公司之登记及认许"和"附则"10 章、361 条,从而成为近代中国篇幅最大、内容最全同时也是最后一部公司法。在内容的增订和充实上,其主要变化体现在四个方面:首先是对于各类公司的定义更为精到、周全;其次是对于公司作为法人对其他公司的投资持股与本公司注册资本的比例限制更为宽松;再次是新增了有限公司这一新的公司类型,并增加有关有限公司的新内容;最后是首次增设了有关外国公司的条款[①]。

参照《公司法》的规定,1947 年 9 月由国民政府公布的《银行法》,其第一章"定义"之第一条即开宗明义:"本法称银行,谓依《公司法》及本法组织登记,并依法经营银行业务之机构。"这一规定实际上表明,银行必须为公司制;其第九章第 115 条又规定:"银行营业登记领取营业执照后,公司设立登记完成前,银行股东视同合伙之合伙人"[②],即该银行尚未取得中国境内法人资格之前,其股东依据合伙人的责任形式对银行债务承担无限清偿责任。

从上述情况可以看出,近代中国已经对银行所有权结构的具体要求作出了规定,在 1947 年的《银行法》中甚至明确规定银行必须为公司制,但总体而言,尚处于初级阶段,更谈不上严格意义的公司治理。

第七节　银行高级管理人员准入

由于银行业的特殊性,其人员尤其是高级管理人员的素质,直接关系到银行经营的质量和风险,因此,对银行高级管理人员的准入资格审核,是现代银行监管的重要内容之一。但在近代中国,这方面的要求却付诸阙如。尽管如此,各界人士特别是银行业人士,始终认为优秀的管理人员是银行经营成功的重要前提和基础,不少银行也确实把选拔优秀人才作为经营的重要方面。而这其中对人员品德的要求被提到重要的地位。

在银行业中,注重用人之道几成通理,"凡百业之策进,端赖得人,权衡人选,

---

① 《艰难的变迁——近代中国公司制度研究》,第 86—87 页。
② 国民政府公布银行法令稿(1947 年 9 月 1 日),《中华民国金融法规档案资料选编》(上),第 741 页、第 756 页。

因事因地，固各有其宜，所谓适才适地也"。这里一是讲人的重要性，二是讲用人要得当，两者都很重要①。对中国银行总裁人选，就曾颇有争议。1913 年 6 月，陶德琨等向大总统提出："是中国银行与改革币制一事关系密切，势若辅车，非有学识卓著、经验丰富者主持其事，恐将来推行之时难收指臂之助，而于币制前途殊多窒碍。……嗣后中国银行总裁一席，倘有更易之机会，务祈大总统慎选银行币制、学识经验两者兼具之人以继其任，庶中国银行之信用可以维持，而改革币制之事业易于进行，财政之前途幸甚。"②1916 年 7 月，中国银行商股联合会会长张謇等致电国务院，反对徐恩元被任为中国银行总裁及其聘用外人任副经理，"虑其不得社会信用，妨碍银行进行"。该电称："查徐恩元于民国三年在财政部制用局长任内，未得银行总裁之同意，越权与美商订印钞票，价值至二百余万元之巨，竭全行股本购此千余箱之废纸，内容复杂，时论哗然。敝会据以询陈总长，并请俯采众议，设法挽回，迄未得正当解决。乃徐恩元又擅聘卢格斯为副经理，年俸四千镑，合同五年，尤堪诧异。"张謇等认为，"窃查国家银行非仅政府财政一方面之关系，实操国家金融命脉。各国国家银行不准外人购股，况中行副经理操全行实权，一旦被外人插足，其结果非特监督财政而已，实者监督全国金融，以全国人民生计操之外人之手，流弊殆不忍言"，应当"慎选贤能，速筹补救"③。

在银行经营中，聘请外人是各家银行的一种重要做法。1897 年中国通商银行成立后，由于通商银行"用人办事，以汇丰为准"，并借重外材，征用客卿，不仅它的内部章则制度完全仿照英商汇丰银行章程来拟订，而且在总行和重要口岸都用洋人为大班，掌握业务经营上的实权。通商银行第一任洋大班是英国人美德伦，原仁记洋行大班，曾在汇丰银行任职。凡是一切存款、放款、资金运用、押品处理、签订合约、选用职员等，大班都有权决定。此外，由于通商银行成立时，钱庄势力很大，因此又把钱庄中的头面人物、上海北市钱业会馆的首创人、咸康钱庄陈笙郊拉来担任买办（后改称华大班），1905 年陈病故后，又由承裕钱庄经理谢伦辉继任④。1913 年，中国银行分别聘用了意大利的白雪利、美国的卜兰德、英国的麦云等担任检查和会计等工作，月薪分别为 1 000 元、500 元、500 元，

---

① 《近代中国金融业管理》，第 106 页。

② 陶德琨等为筹进行改革币制请慎选中国银行总裁致大总统呈（1913 年 6 月），《中华民国史档案资料汇编》第三辑"金融"（一），第 215—216 页。

③ 国务院转达张謇陈述反对徐恩元任中行总裁及其聘用外人任副经理等情公函（1916 年 7 月 21 日），《中华民国史档案资料汇编》第三辑"金融"（一），第 334 页。

④ 《中国第一家银行》，第 12 页。

聘期均为 3 年①。此后,张嘉璈注重专家治行,先后聘请一批外国专家到中国银行工作,如聘请德国达姆斯特银行外汇部副部长罗德瓦尔德帮助筹设外汇部、聘请英国米兰银行副总会计尼克尔与清华大学教授刘驷业共同负责改革会计制度等②。

　　此外,不少银行还相当注重对本土化人才的培养,尤其是职业经理的培养。近代中国的职业经理阶层大致有两种类型,一种是公司的创办者或者大股东,这在 20 世纪 20～30 年代大量兴起的民营公司中十分普遍,他们既是职业化的企业主,同时又是职业化的经理层;另一种则是真正支薪的职业经理阶层,这在当时的银行业以及 40 年代以后兴起的国有大公司的经理队伍中特别显著。银行是近代中国公司组织发育最为充分的行业,同时也是职业经理阶层最为完善的行业。近代中国一些比较有影响的银行以及其他近代金融机构,基本上都是由一批受过良好专业教育和训练的经理阶层所掌握和经营的。20 世纪 20 年代后,在近代银行业中支薪的职业经理阶层已形成可观的阵容。如中国银行上海分行经理宋汉章,毕业于上海中西学院;中国银行副总经理张嘉璈,为东京庆应大学财政学学士;浙江实业银行总经理李铭,毕业于日本山口高等商科学校;上海商业储蓄银行总经理陈光甫,毕业于美国宾州大学;以及交通银行上海分行经理钱永铭等。尽管他们个人对银行也有数量不等的一些投资,但他们在银行中的地位和作用主要不是靠投资,而是凭借他们作为职业经理人员的经营管理才干,他们已成为真正意义上的职业经理③。正如法国学者白吉尔所指出的:“这些金融机构的高级职员和管理者,他们为在上海推行现代银行的经营方式作出了贡献。至于他们在上海工商界所具有的声誉,主要来自他们个人的品格,以及由他们支配的资金的数额,而不是他们个人的财富。所以说,他们是经营者,而不是投资者。”④

　　在近代公司企业的职业经理阶层中,大致有三种类型最容易接受和推行现代科学管理:一种是从海外学成归国的留学生,他们最为崇尚现代的科学管理,而且又受过系统的专门训练;另一种是在国内接受过正规的近代教育者,也十分容易接受新式的科学管理;再一种是虽没有受过正式的近代教育,但却能够接受新思想、新理念,并且又有实际的经营才能者。如曾在英国、法国攻读过经济学、

---

① 中国银行报送洋员统计表致财政部函(1913 年 4 月 23 日),《中华民国史档案资料汇编》第三辑“金融”(一),第 323 页。
②《近代中国金融业管理》,第 362 页。
③《艰难的变迁——近代中国公司制度研究》,第 442—444 页。
④ [法]白吉尔著,张富强、许世芬译:《中国资产阶级的黄金时代(1911～1937)》,上海人民出版社 1994年版,第 164 页。

财政学并取得商学士学位的徐新六，1920 年进入上海浙江兴业银行，1923 年即升任副总经理，1925 年又升任常务董事兼总经理。而浙江兴业银行之所以聘请徐新六，一个最重要的原因就在于当时国内的民营银行已陆续开始采用现代化的管理方法。先行一步的上海商业储蓄银行因为实行了新的科学管理方法，营业面貌焕然一新。浙江兴业银行董事会期待受过西方正规教育和训练的徐新六也能够以崭新的管理方法来改进原有的旧经营方式。而徐新六自进入浙江兴业银行后，确实也积极向董事会提出各项建议，推动和促进了银行业务的拓展，使得浙江兴业银行内部的管理更富朝气、更具效率[1]。

　　而为确保具备合格的经理人员，对人员的要求还以相应法律或章程等形式，形成了制度性规定。如 1908 年《大清银行则例》规定，大清银行正副监督、分行总办等员如有故违反法律或不遵守权限、致有损坏行中营业事项者，经度支部查明，轻则分别处罚，重则奏明撤换，行中所受损失仍着该员赔缴，或经股东 2/3 议决亦得呈请度支部查明奏换。1918 年 1 月 20 日经大总统批准的《中国银行章程》第 32 条规定："董事、监事须品行端方，素有声誉，兼具财政、商业之经验智识，凡曾受褫夺公权及宣告破产之处分者，均不得被选。"[2]

　　政府监管机构对银行职员的管理也有过一些原则性要求。如 1915 年 8 月24 日，财政部公布的《取缔银行职员章程》规定，银行不得放款于本行职员，惟经董事会议决照准者不在此列；然其数目亦不得超过其股本额 1/10；银行职员若有款项存储本行者，于存款外不得透支；银行办理押款之时，不得以少物多押、贱物贵押及各种不确实期票作为抵押品，如有上述情节，该行经理人以作弊论；银行职员不得折价购买本行期票；银行职员不得为他人担保，向本行借款；银行职员不得私营本行营业种类所规定之业；凡信用借款，该行经理人如明知借款人并不殷实，而专循情面借与款项者，以诈欺取财论；凡经理人不得兼营投机及其他不正当之营业[3]。

　　董监事在银行经营中担负相当重要的责任，自然受到特别注意。1935 年初，财政部长孔祥熙训令各银行、公司、储蓄会等："查银行、公司、储蓄会之董事监察人，其对内对外所负责任均重，故其任期年限，均在章程内明白订定，以明权责。近有各银行董事监察人因事辞职，径呈本部备案，在银行公司储蓄会方面，

---

① 《艰难的变迁——近代中国公司制度研究》，第 468—469 页。

② 《中华民国史档案资料汇编》第三辑"金融"（一），第 340 页。

③ 财政部公布改订银行公会章程令（1918 年 8 月 28 日），《中华民国金融法规档案资料选编》（上），第 315页。

究竟是否同意,抑有无其他情形,未据呈报,无从查悉。为此通令知照,仰于召集二十三年度股东常会后,将现任董事监察人姓名、籍贯、住址列表报部,嗣后遇有更动情事,并由该会、行、公司具报,以凭查核。"①

　　抗战爆发后,相关部门对银行职员尤其是国家行局职员的职业操守给予了特别关注。1940 年 5 月,中、中、交、农四行电令上海各分行:禁止职员非法营利,通告所属各职员严厉取缔,并禁止职员在外征酒奢侈酬应,极力节约,如有不遵约束经行方查悉者,即予以停职处分②。1940 年 6 月,财部分别电令上海市商会及银钱业,转告会员行庄,以彻底取缔投机者,应先从金融界本身入手,以身作则,不得厕身投机事业,倘经查实,吊销该行庄之登记③。1940 年 6 月 14 日,蒋介石代电四联总处徐柏园秘书长:据报各国营银行及贸易机关职员私做投机买卖,囤积居奇,几成普遍现象,而普通检查仓库,皆早得讯逃避,国家施行统制管理甚或反为此辈操纵图利之机会。闻得上海方面外汇黑市买卖亦以四行人员私做为多,坐令金融经济时生波动,国计民生胥受严重影响。此辈利欲熏心,罔知国难,若不设法取缔,严加制裁,物价前途必更益趋昂涨,于社会治安、民心向背关系均甚重大。希立核议具体实施办法呈候核定颁布施行,以期严禁严惩,树之风声,是为至要④。

　　1942 年 5 月 7 日,四联总处秘书处根据代主席孔祥熙的指示,晓示各行局从业人员,倘有下列行为,除情节轻微者,准由各行局按照本行局规章惩处,并报请财政部及本总处备查外,其情节重大者,当以扰乱金融论罪,由各行局或财政部及本总处详列事实,移请司法军法机关审办:(1)违反政府管制金融法令、金融政策,或关于金融业务上之重要指示者;(2)利用行款屯购货物居奇,待价图牟私利者;(3)利用职务上之便利,套换大小钞券或套做汇款牟利者;(4)泄漏业务上之秘密或造作谣言,影响金融市场者;(5)有意违反上级命令或擅离职守、荒怠工作,致业务发生障碍者;(6)其他不法行为获营私舞弊者⑤。

　　限制行庄负责人兼营事业,也成为监管当局关注的重点。1948 年 8 月下旬,上海金融管理局沪管发稽字第 2222 号训令上海银行公会,根据政府颁布的

---

① "财部令银行呈报董监姓名",《银行周报》19 卷 13 号,1935 年 4 月 9 日。
② "四行禁止职员非法营利",《银行周报》24 卷 22 号,1940 年 6 月 4 日。
③ "财部告诫金融界不得投机",《银行周报》24 卷 24 号,1940 年 6 月 18 日。
④ 蒋介石饬严禁四行人员私做投机买卖代电(1940 年 6 月 14 日),《四联总处史料》上册,第 698—699 页。
⑤ 秘书处告诫各行局从业人员不得扰乱金融的报告(1942 年 5 月 7 日),《四联总处史料》上册,第 700 页。

《整理财政及管制经济办法》第25条规定,商业行庄不得以任何方式继续经营物品购销业务,因此,"所有各行庄公司兼营及投资之事业,暨其负责人兼营及有关系之事业,均应于文到一星期内,逐一详实填报呈局查核"①。

1948年8月28日,上海银钱信托三公会致金管局的代电中提出,"钧局训令各行庄公司应于一星期内填报以凭查核,自为奉行功令之手续;惟原令所示'暨其负责人兼营及有关系之事业'一语,在管制办法内未见有此规定,是否援行其他法令而列入,殊不明白;重以'负责人'之名称,在行庄重要职员,似均系负责人,究指何种职位为负责人,范围似极广泛,实不敢臆断,抑负责人之兼营及有关之事业,系属私人之行为,行庄公司既难确知其详,自更无所依据;况所谓'兼营'、所谓'关系',其界限亦难解释,如应包括其私人一切事业在内,则细碎挂漏,将不胜其烦琐,不独无法填报,亦且绝不整确",并希望对"负责人兼营及有关系之事业"一节免于办理②。9月11日,财政部上海金融管理局致上海市银行钱业信托商业同业公会第2403号代电,作出三点具体答复:(1)查《银行法》第33条规定,"银行对其负责人所为抵押或质之放款,或对于其负责人有利害关系之公司合伙或个人所为之放款,其利率与条件不得优于其他贷款人",本局为考核行庄放款情形,所有负责人兼营或有关系之事业,自应一律填报;(2)行庄负责人指董事长或负实际责任之董事、总经理、协理,及各部门经理;(3)负责人填报范围,暂以在所投资之事业组织中兼任董监事或其他职务者为限,仅有投资入股关系而未兼职务者,准予缓报;填报项目应包括公司名称、所在地、兼任名义及投资数额等项。此外,代电还特别强调,"再查近据各行庄公司呈报投资情形,多有列报所购之公司股票者,查投资人与买卖有价证券性质并不全同,会计科目处理亦异,应予分别列报,以免混淆"③。

应该说,对于银行高级管理人员的任职资格问题,在一定程度上已经受到关注④,然而,令人遗憾的是,这一问题在整个近代中国的银行市场准入的监管过程中,却始终没有在法律层面成为一项必备的条件。这应当是一项重要的失误,并在一定程度上加大了一些银行的风险。

---

① "金管局令报行庄负责人兼营事业",《银行周报》32卷42号,1948年10月18日。
② "上海市银钱信托三同业公会为陈报行庄公司负责人有关系之事业事呈金管局代电",《银行周报》32卷44号,1948年11月1日。
③ "财政部上海金融管理局指令",《银行周报》32卷44号,1948年11月1日。
④ 抗战期间,即有学者注意到,对于银行高级职员的资格及其权责,各国银行法往往加以严格的规定,例如德国1934年的银行法规定银行董事与经理的资格及权限,并予监督机关以审核之权;捷克规定银行高级职员须经过特种考试等。参见丁洪范:《政府对于商业银行的管制》,《财政评论》第8卷第5期,1942年11月。

第五章　银行业务的持续监管：
　　　　　以抗战时期为中心

　　银行进入市场后，银行业监管当局必须进行持续性监管，随时了解银行业务活动和经营状况，掌握市场动态，以及时防范、抑制和化解金融风险，纠正违规行为，督促银行业机构依照法规要求审慎经营。一般而言，对银行业务的监管，包括金融业务的合规性监管和风险控制监管两个方面[1]；各国在不同时期对具体的银行监管指标也是有一定差异的[2]。总体而言，近代中国银行监管机构对银行业务的监管，主要还是合规性监管，同时也有一些风险性监管。本章主要以抗战时期为中心，围绕当时银行最基本的业务即存款、放款、汇兑，以及利率、投资

---

[1] 银行依法经营，监管当局依法监管，是保证金融体系正常运转的前提条件，尽管各国立法原则不尽相同，但对商业银行可以做什么，或者在什么条件下可以做，都有明确要求，对违法、违规行为也有明确的处罚规定。合规性监管的目的，在于督促商业银行在业务经营中严格遵守金融法律规章以及监管当局制定的审核标准和原则。而随着经济金融环境不断变化，金融工具的不断创新，使金融机构面临的风险更加复杂，金融机构的超负荷超范围经营、过度竞争、资产组合不当、经济成本高昂、管理不善等，都有可能恶化金融机构的经营状况及其清偿能力，因此金融监管机关不能仅局限于合规性监管，即要求金融机构遵循有关法律法规，而应以更加积极主动的姿态加强对金融机构风险的防范和控制。从这一意义上说，金融监管法应为谨慎经营提供资本充足性、流动性、贷款集中性等制度规则，同时金融监管机关应通过积极灵活的现场检查等方式对金融机构谨慎经营进行评价，督促金融机构制定出控制风险、损失的措施和办法，对金融机构经营活动进行必要的指导和严格的管理，以最大限度控制风险，确保金融体系的安全、稳健。参见李成编著：《金融监管学》，科学出版社 2006 年 4 月版，第 136 页；《金融监管法论——以银行法为中心的研究》，第 204 页。

[2] 银行监管指标主要有两种形成渠道：一是由政府和银行监管当局根据实践需要制定并推行的，如资本充足率、存款准备金比例、贷款分类及贷款损失准备金计提比例、大额授信比例、集团和单一客户授信比例等；二是原本就是商业银行的资产比例管理和风险管理指标，由于其重要性、可比性和标志性不断提高，便逐步上升为银行监管指标，如流动性比例、房地产贷款比例、投资比例等。资本收益率（ROE）、资产收益率（ROA）和利率敏感性指标等商业银行资产负债比例也在逐步向监管指标发展，分别反映在"骆驼"评级体系中的赢利性和市场风险敏感性中。目前国际上主要的银行监管指标包括资本充足率、资产质量、流动性指标、集团客户授信比例、房地产贷款比例、投资比例、固定资产比例等。参见《银行监管比较研究》，第 61 页。

等问题，以研究近代中国银行监管机构对银行业务的监管。

第一节 银行利率之监管

一般而言，社会愈繁荣，借贷的利率愈低；反之，社会愈不景气，借贷的利率亦愈高涨。在这其中，银行对利率的操纵往往起着关键的作用。相对而言，在近代中国，中央政府对于银行的操纵利率，向来关注不够。直到南京国民政府成立后，这种情况才稍有变化。国民政府于 1929 年 1 月 22 日公布并于 1930 年 5 月 5 日施行的《民法债编》规定，最高利率定为周年 20％，法定利率为周年 5％[①]。其立法原则说明称："各国立法例，对于约定利率，有加以限制者，有不加限制者，然为防止重利盘剥起见，似应加以限制。"[②]

尽管中央政府对利率管理有了原则性规定，但监管机构对银行利率的控制能力还是相当有限的。抗战爆发之前，财政部重点对银行高息揽储给予了管制。为保障一般储户起见，对于各银行经营储蓄中的高息揽储问题，财政部曾通告严加限制，"惟此事一时尚未见一致遵行"。1935 年初，财政部特函由各省市社会局，对于当地各家银行，"不得以赠奖或提高利息延收储户"[③]。

1930 年代，由于白银风潮的冲击，上海等地多家银行因资本不足、周转失灵，先后宣告清理或倒闭，致工商业私人间经济受到较大影响。对此，财政部认为"不能漠然放任"。1935 年初，财政部提出，经营银行业务，应当符合一定的规范：(1)经营存款储蓄，其利息系根据精算而来，过此计算之外，必致赔累；但现在有许多银行，因资本不充，恒用高利办理，滥事吸收市面现款，甚至有逾 2 分者，一旦利息累赔过多，周转失灵，必致倒闭无疑；(2)经营投机事业，亦为银行失败主要原因之一，上海过去倒闭之数银行，均与投机有关。为此，财政部提出，"此后除随时检查其给息与业务外，由钱币司随时注意考察，严密纠正，以防再有类似事件发生"[④]。

但财政部相关规定的效力其实是相当有限的，市场利率并未因此受到有力控制。1936 年初，借贷的利率形成不合理的畸形状态，"照现在市面抵押借款的

---

① 中国法规刊行社编审委员会编：《六法全书》，春明书店 1948 年版，第 29 页。
② "民法债编之立法原则"，《银行周报》13 卷 22 号，1929 年 6 月 11 日。
③ "财部限制银行吸收储户"，《银行周报》19 卷 6 号，1935 年 2 月 19 日。
④ "财部严厉监督全国银行"，《银行周报》19 卷 8 号，1935 年 3 月 5 日。

利率，由七八厘至一分三厘，信用小借款由一分二三厘至二分二三厘（包括手续费等），大抵大银行的利率稍低，而且稍统一，小银行的利率极贵，而且参差不一。这样高利，无怪市民要怨"；银行实际也有苦衷，"大银行对于定期存款的利率亦达七八厘，小银行却要抬高至七厘以至一分二厘；借方的利率既然这样高，贷方的利率自然不容减低"①。

抗战期间，财政部对于银行利率的管理显然要更为具体。自颁布《非常时期管理银行暂行办法》后，财政部除督饬各地银钱业每半年填具存放款利率表外，并指定钱币司派专员检查各行庄账册簿籍库存状况及其他有关文件，防止直接经营商业及囤积货物，以及运用存款是否与法符合。1940年8月，上海银钱两业同业公会奉财政部令，详查银钱业各行庄存放款利率，限8月底以前将该年上半年利率填表具报，其中，存款利率分定期、活期与普通储蓄；放款利率分信用、抵押与票据贴现、同业拆放②。

1940年底，行政院通令各省政府：查借贷利息，无论缴纳现金，或折合租谷，均应一律按照国民政府所定利率，年利不得超过2分；值此非常时期，放款尤应顾全社会经济，政府近年来极力推广农贷区域，扩大农贷范围，以期减少农民负担，活泼农村金融，迭闻各地仍有以币本贷出，以谷利收入，而利息超过法定利率1倍以上，甚或子大于母者，此种重利盘剥，若不从严禁办，农村经济、农民生活，均将受重大影响。为此，行政院要求各省政府遵照转饬各县，布告周知，"嗣后凡以钞币受谷利者，照订约时之谷价为标准，其利率不得超过百分之二十，以资限制，而符法令"③。

修正《非常时期管理银行暂行办法》于1941年底公布施行后，财政部先后以渝钱银字第35818号及第38384号函，向四联总处提出，鉴于各省地方银行及商业银行业务范围已较狭隘，为减轻四行负担，并为一般银行增辟业务途径，"可否由四行将以往办理内地贴放及生产建设事业资金之融通各业务，斟酌情形，逐渐移归一般银行承办"。为此，四联总处于1942年3月28日以合秘稽字第2248号函复财政部提出，"四行联合贴放的平均利率约为月息8厘，远较一般银行放款利息为低"；并建议财政部，为策励一般银行投放地方生产及建设事业，除由四行对各银行此项事业原放款的6成以转抵押或转贴现等方式协助外，并由财政部另订章程，"明白规定一般银行应以存款一部分，贷放生产建设事业；其贷出部

---

① 吴红叶：《上海银行业投资冻结的研究》（下），《银行周报》20卷17号，1936年5月5日。
② "银钱业奉部令详查存放款利率"，《银行周报》24卷33号，1940年8月20日。
③ "行政院令禁高利贷"，《银行周报》24卷48号，1940年12月3日。

分,得免缴准备金"①。4月30日,财政部以渝钱稽字第39844号致函四联总处提出,"查各银行提缴存款准备金,本部正加紧督令办理,不便多事更张,以利推进";且转移一般银行资金投放生产建设事业,主要之困难既在于一般银行之放款与四行所订放款利率相差过甚,"在利率方面未有合理调整以前,仅以免缴二成准备金为策励,似难发生实效";关于四联总处提出的转抵押或转贴现6成的办法,财政部认为,这一办法"固可使一般银行所投资金大部分仍转嫁于国家银行;对于鼓励一般银行资金投放生产建设事业之目的,似亦难以圆满达到"。财政部并要求四联总处"另行筹划有效办法,以资办理"②。

此后,为切实了解各地银钱业利率动态,财政部于1943年4月30日发布财渝钱技字第39243号训令,各地银行监理官办公处管辖区内,"各地利息之最低率与最高率,自本年一月份起按月分别地区列表报部查核"③。

1945年2月,行政院向立法院提交审议《战时管理银行存放款利率条例草案》,行政院提出,查利率决定于货币数量及流通动向,年来商业利润暴涨,银行利率过低,遂使社会资金脱离金融机构,横决市场,不能为合理之运用;而民法条例,原系平时法律,衡诸抗战已届八年之久,经济实况实有扞格难行之处。财政部为管制市场利率,虽经规定由各地中央银行参酌当地情形,逐日公布日拆,以为同业拆放计息之标准,并由各地银钱业同业公会根据上项日拆,议订存放款利率最高限度,报请中央银行核定施行;惟部定办法未经法定程序,不能拘束司法机关;故制订《战时存放款利率暂行办法草案》,"俾现实经济不致因法律拘束而生困难,市场利率之管制,亦得收因时因地制宜之效"④。这一条例草案未见正式施行,其主要条文体现在战后的《银行存放款利率管理条例》中,但对民法第205条是否适用,则未作正面回应。

抗战结束后,为适应复员时期经济金融环境,国民政府于1946年2月18日颁布《银行存放款利率管理条例》,该条例规定,银行存款利率不得超过放款利率;放款之利率最高限度,由当地银钱业同业公会斟酌金融市场情形,逐日拟订同业日拆及放款日拆两种,报请当地中央银行核定,牌告施行;未设中央银行地

---

① 中中交农四行联合办事总处函合秘稽字第22484号(1942年3月28日),《中华民国史档案资料汇编》第五辑第二编"财政经济"(四),第509—510页。

② 财政部公函渝钱稽字第39844号(1942年4月30日),《中华民国史档案资料汇编》第五辑第二编"财政经济"(四),第511页。

③ 财政部万县区银行监理官办公处通令(1943年5月),渝档:031012347。

④ 国防最高委员会审核战时管理银行存放款利率条例草案意见书并附条例(1945年2月),《中华民国史档案资料汇编》第五辑第二编"财政经济"(三),第37页。

方之银行放款利率,以距离最近地方之中央银行牌告为标准;银行放款利率超过
当日中央银行牌告日拆限度者,债权人对于超过部分无请求权[①]。中央银行金
融机构业务检查处处长李立侠在接受记者采访时称,"今后各地银钱业拆息及放
款利率,由同业议定后再呈请当地中央银行核定。按《民法》规定,利率不得超过
月息二分,惟目前通货尚未稳定,暂时过渡办法应以中行核定利率作为法定标
准,超过核定之利率,除法律不予保障外,如有发现,并予处罚"[②]。

利率问题日益受到社会关注。1946 年,上海市参议会第一届第一次大会
上,参议员童襄等提议,请上海市银行举办低利贷款,以抑平日用品物价,而安全
大多数民众之生活。该提案称,因目前上海利率太高,以致物价在三个月至五个
月内必增加一倍,多数民众血汗所得,均为少数者所坐享其成,而社会愈形不安,
且所谓工商借款能借得者亦均为有势力之上层人物,于市民无丝毫之利,反受其
害。欲安定社会,应由市府令市银行划出若干资金,以最低利率分借于确实经营
日用品之小型工业,及小资本商店与日常蔬菜行家。凡受此项贷款者,政府得限
制其售价[③]。

利率问题更受到监管机关的高度重视。1946 年 11 月,财政部电令中央银
行实施取缔高利贷款,"各地银钱行庄若仍有不照规定高利贷放,巧立名目,从事
盘剥者,自应严予取缔。为此,财政部电请中央银行转饬各地分行,随时注意检
举纠举,以凭处理"[④]。

1947 年 9 月 1 日公布施行的《银行法》第 30 条规定:"银行各种存款放款之
最高利率,由所在地银钱业、信托业同业公会会同当地中央银行议定,当地无银
钱业或信托业或中央银行者,参照附近地方所定标准办理。"[⑤]

继 1947 年 12 月初设置上海、天津、广州、汉口四金融管理局后,12 月 23
日,行政院公布《加强金融管制办法》,进一步加强对商业行庄的严密管制,该办
法第 4 条规定"银钱行庄存款放款利率,不得超过中央银行核定牌告日拆";第 5
条规定"任何银钱行庄对农工矿商之放款,应以合法经营本业者为限;当地有同
业公会组织者,并以加入各该公会者为限;行庄承做前项放款,无论以贷放或透

---

① 国民政府颁布之银行存放款利率管理条例(1946 年 2 月 18 日),《中华民国金融法规档案资料选编》
　(下),第 1119 页。

② "财部沪办事处直接办理沪商业银行业务检查",《银行周报》30 卷 23、24 号合刊,1946 年 6 月 16 日。

③ "市府令市银行及各商业银行同时开办小本工商低利贷款",《银行周报》30 卷 45 号,1946 年 11 月 18
　日。

④ "财部令央行严格管理利率取缔高利贷",《银行周报》30 卷 45 号,1946 年 11 月 18 日。

⑤ 国民政府公布银行法令(1947 年 9 月 1 日),《中华民国金融法规档案资料选编》(上),第 745 页。

支方式办理，均应于事前订立契约"①。

1948 年 8 月币制改革后，利率管理政策又有了相应的变化。1948 年 8 月 22 日，中央银行稽核处卅七稽检字第 43 号通函致各分行处，"各商业行庄存放款利率，应依照中央银行利率方针，自行议定实施，事后陈报本行备查。原有利率管理条例，暂缓执行"②。时隔未几日，行政院又于 8 月 26 日公布《银行钱庄存放款利率限制办法》7 条。该办法规定：(1)国家行局之存放款利率，应依中央银行规定之利率办理，并应继续抑低至《民法》第 205 条之法定最高利率以下。(2)商业银行及其他银行、钱庄，自 1948 年 9 月 1 日起，放款利率不得超过月息 1 角；自 9 月 16 日起，放款利率不得超过月息 5 分；存款无论已否满期，其利率一律不得超过放款利率；10 月 1 日以后，仍应由财政部督饬陆续抑低至《民法》第 205 条之法定最高利率以下。(3)信用合作社收受会员存款及对于社员放款之利率，参照商业银行办理。(4)违反本规定者，其负责人依《妨害国家总动员惩罚条例》惩处③。

1948 年 12 月 3 日，财政部发布训令，为配合经济管制补充办法之实施，暂停实施《银行钱庄存放款利率限制办法》，仍按利率管理条例的规定办理④。对此，各地银钱业颇有意见。《银行周报》社论指出，由于行庄放款利率过低，行庄的开支以及存款的吸收都成为问题，"于是一般工商业周转资金，只有求之于市场，市场暗息因之提高，地下钱庄随之猖獗，工商业乃受高利贷的压迫"⑤。

1948 年 12 月 6 日，上海银钱信托三公会联名呈请财政部、上海金融管理局以及中央银行稽核处，呈文认为："利率本系金钱债务给付之代价，与普通商市之物品交易，理无二致；所谓利率最高限度，不脱供求律之支配，循自然之水准，非人力所能强制"；而目前核定的放款日拆每千元 15 元，与币制改革前之日拆约增高利率 1/15，但工资依照生活指数给付则为币制改革前的 15.4 倍，两者相比，相去悬殊，其余开支，亦复类此。呈文称，自币制改革后，"利率硬性限制，四个月以来，同业无日不在剜肉补疮，忍痛维持其生存，至年终向例，各项支出浩繁"；而

---

① 财政部转发行政院关于加强金融业务管制办法令(1948 年 1 月 7 日)，《中华民国史档案资料汇编》第五辑第三编"财政经济"(二)，第 31—32 页。

② 中央银行关于商业行庄存放款利率应依照中央银行利率方针办理的通函(1948 年 8 月 22 日)，《中华民国金融法规档案资料选编》(下)，第 1239 页。

③ 财政部抄发银行钱庄存放款利率限制办法暨中央银行外币外汇存款支付办法令(1948 年 8 月 26 日)，《中华民国金融法规档案资料选编》(下)，第 1240 页。

④ 上海市银行商业同业公会转达财政部关于暂停实施银行钱庄利率限制办法令的通函(1948 年 12 月 10 日)，《中华民国金融法规档案资料选编》(下)，第 1247 页。

⑤ "迅速开放工贷撤销利率管制"，《银行周报》32 卷 50 号(下)，1948 年 12 月 20 日。

"银钱业以外之金钱债务利率，在某一时期其日息为每千元七十五元，与银钱业之核定利率，相去达五倍之多"，并使活期存款大量减少。为此，呈文恳请"体察现实，改弦更张，准其将放款利率按照供求律，自觅水准"，以维持行庄的生存；同时提出，在"本案尚未奉准"的过渡期内，准许"按照核定利息，加收百分之五十手续费，藉以暂时弥补"[①]。

1948 年 12 月 24 日，财政部在致上海市银行、钱业商业同业公会的第 2749号代电中明确表态："两公会所陈意见，尚属切合实际，自应采纳，已由部另案通行。嗣后行庄存放款利率，应即依照《利率管理条例》第二条、《银行法》第三十条之规定，由所在地银钱业信托业同业公会，会同当地中央银行议定之利率牌告施行，毋庸送由中央银行核定；当地无银钱业或信托业同业公会或中央银行者，即参照附近地方所定标准办理。俾各行庄得以随时适应市场情形，以适当利率尽量吸收游资，运用于生产建设之途径。"[②]12 月 25 日，财政部以财余钱庚三字第1442 号训令，将上述意见正式通知了上海市银钱信托三同业公会，并提出"仍由各地各该公会将议定利率随时汇报本部备查"[③]。很显然，财政部对上海市银钱信托业三公会提出的加收手续费问题未作任何回应，但放款最高利率的确定，由报中央银行"核定"，改为与中央银行"议定"，虽只有一字之差，但确实有较大松动。从一定意义上说，这又回归到了 1947 年《银行法》的规定。

第二节　银行资金来源之监管：以节约储蓄运动为中心

节约储蓄，可以创造生产资本，改进国民经济，平时已极重要，战时更不待言。有鉴于此，国民党中央常务委员会于 1938 年 9 月 27 日颁行了《节约建国运动大纲》。中央宣传部于 1939 年 11 月 1 日成立"节约建国储蓄运动委员会"，主持全国节约建国储蓄运动宣传事项，并配合党政军以及金融机构力量，共同加紧策进，在各地先后组织节约建国储蓄运动委员会分会，主持各地节约建国储蓄宣

---

① "上海市银钱信托业三公会为呈请按照核定利息酌加百分之五十之手续费藉以维持生存呈财政部金管局暨致国行稽核处函"，《银行周报》33 卷 2 号，1949 年 1 月 10 日。

② "财政部对于行庄增资存放利率票据抵用存款准备战前存款重建债信证交银楼复业银行管制法令等问题之总核示"，《银行周报》33 卷 2 号，1949 年 1 月 10 日。

③ "财政部为放松利率管制得依银行法议定施行致上海市银钱信托三同业公会训令"，《银行周报》33 卷 2号，1949 年 1 月 10 日。

传事宜。1940 年 7 月 23 日，国民政府为扩大储蓄运动，又在四行联合办事总处内设立全国节约建国储蓄劝储委员会，在各省重要都市设劝储委员会分会①。

节约储蓄受到最高当局的特别重视，蒋介石为此曾先后多次以手令等形式作出具体指示，对此项工作的开展起到了极大的推动作用。

1940 年 9 月 2 日，蒋介石致四联总处手令："希即由四行总处从速发起节约储蓄运动，于九月十八日至十月十日之期间，在全国各省、市、县普遍成立节约储蓄会，规定每人每月储蓄一元、五元，或可仿照有奖储蓄办法，许入会会员皆有获奖权利，并斟酌竞赛办法，将劝募额特多之市县规定奖励办法，即希切实筹划，迅即施行，并将办法具报为要。"为此，四联总处 1940 年 9 月 12 日第 46 次理事会决议：(1)孔总团长(孔祥熙)通电各省主席，请于 9 月 15 日以前组织成立储蓄团，并转饬所属迅即广设分支团，请将办理情形电复；(2)由劝储总会分电各省分支会，协助省府及党部遵照手令依期举办；(3)商由中央宣传部分电各省市党部协助进行；(4)由总处分电各分支处、各地五行局，配合推动，将成绩具报；(5)订定竞赛及奖励办法提请本次理事会通过后，分发各地照办②。

1940 年 9 月 3 日，蒋介石以手令致四联总处："零星存款应尽量吸收奖励，最好能按月计息。各行应戒绝官气办事，应提早与延长时间，对小户存款之出纳尤须殷勤招待，而且手续要特别快速简单，总勿使存户久候鹄立为要。此应对上下行员特别训练与考察，其有对客傲慢不逊者，应惩治之。"为此，四联总处于 9 月 7 日呈报蒋介石，对吸收游资及奖励储蓄办法，除就已定办法催促加紧办理外，并增拟方案四项：(1)四行普设简易储蓄处；(2)增高存款利率办法；(3)拟请交通部加强邮汇机构，充实人员，积极办理储金案；(4)中央储蓄会增办特种有奖储蓄券办法③。

1940 年 11 月初，蒋介石以机密(甲)字第 3251 号手令致四联总处："凡发给一百万元至五百万元之钞票地点，或军队机关，皆应随钞票发出时即成立储蓄或银行、信托分支机关，最好能与军需署或后方勤务部洽商，共同筹备，设法互助，并可通用或信托，其军需署、后勤部当地主管者负责(托其成立储蓄机关)，而以四行派员协助，总使各地军费能随发随存，不致有钞无存处，而致损失。例如鄂西、豫南、晋西、陕东、鄂北、黔西，皆为以后军费最多之处，应特别注意筹设储蓄

① 《中国战时金融管制》，第 344—345 页。
② 秘书处关于蒋介石电饬发起节储运动的报告(1942 年 10 月 1 日)，《四联总处史料》中册，第 195 页。
③ 四联总处为办理简易储蓄吸收小额存款等事项给蒋介石呈(1942 年 9 月 7 日)，《四联总处史料》中册，第 226—227 页。

多数支部也。"四联总处于 11 月 14 日呈复：查关于储蓄分支机关一案，以各行办理储蓄业务，率多偏重都市，较小县市及乡镇缺乏收存机构，难期普遍收效，经于 9 月 5 日第 45 次理事会通过《四行普设简易储蓄处办法》，以便督促各行局就县市乡镇或路矿工厂集中之地、钞券流通较多之区，分别筹设简易储蓄处，以期普遍积极办理，业经分转各行局分别筹划进行。兹奉钧座示于发给大宗钞券地点或机关军队皆应成立储蓄分支机关，经与军政部何部长、后勤部俞部长洽商进行，并邀集四行主管人员详细商讨，以发出钞券较巨之地点，确有推广之必要。至军饷款项，大部分由士兵支领，消费于市场，市场之筹码确有增加。故储蓄运动仍须多方推进，始克收效。士兵以收入颇微，储蓄力自较薄弱，但我忠勇刻苦之军人，乐于储蓄者，自亦不在少数。月前奉令，积极推行储蓄之时，各地军队均已成立劝储分会及分团。兹为加强组织以宏效能起见，经再拟推进简易储蓄业务补充办法，提经 11 月 5 日第五十三次理事会决议通过，分转各行局务于年内陆续举办[①]。

1940 年 12 月 14 日，蒋介石下达机密(甲)字第 3524 号手令："各银行对于乡间游资之收集，未见成效，且未尽努力，尤其对于四川各乡镇，应限期分设各行储蓄支行，并延长办公时间，务将此项计划分区分期分行，作有程序成立之报告呈阅。"关于增设储蓄机关加紧吸收游资一节，四联总处于 12 月 31 日呈复：(1)由邮政储金汇业局先就四川各乡镇普遍设置邮政储蓄机构，其四川境内已设有邮局地点，尽先举办储蓄业务，并逐渐普及其他省区；邮汇局吸收储金及售出储券所得之款，可移购四行局发行之甲种储蓄券，以减轻负担；(2)四总行应速将推行简易储蓄处之地点及承办行查报，并继续切实推进；(3)中央信托局及中国、交通、农民三银行辅设之合作金库，应同时督促尽量吸收乡间游资，其分区分行进行程序，即按照农贷分区区域，由各行局就其负责之区域内拟定之。对于蒋介石提出的延长办公时间问题，四联总处则提出：(1)此前各地营业时间长短不一，目前渝市各银行营业时间已经财政部核定，一律为上午九时至十二时，下午一时至五时；(2)延长夜间办公时间一节，因银行于营业终了后，尚须办理内部手续，核载帐册等，一日之事非当日办理完妥不能搁置。渝市各行内部办公常延至晚间十时以后，如夜间继续对外营业，则内部应办之手续恐不及办理，顾客如于夜间携带款项过巨，似亦有不便[②]。

1941 年 2 月 6 日，蒋介石就节约储蓄运动再次下达手令："储蓄运动应继续

① 四联总处为办理军队机关储蓄呈(1940 年 11 月 14 日)，《四联总处史料》中册，第 228 页。
② 四联总处为办理军队机关储蓄呈(1940 年 11 月 14 日)，《四联总处史料》中册，第 230—231 页。

设法推进，并希实施储蓄竞赛办法，或以每二月为一期，务使每期皆能增加，希即拟具竞赛办法，切实实施为要。"接此手令后，四联总处于 3 月 1 日向蒋介石报告，储蓄总额共达 2.009 7 亿余元，计已超过原定 2 亿元之目标，而边远地点报告未达者尚未列计在内；同时提出，"惟海外方面，则以各国法律对于销售储蓄券及华侨汇款限制綦严，推行尚欠顺利"，并具体提出三点建议：(1)通电勉励全国益加刻苦节约，广组节储实践会持久履行；(2)令知有关部会加紧节约之宣传，协同推行；(3)令知有关部会向友邦交涉，放宽销售储蓄及华侨汇款之限制，并鼓励参加节储运动，俾各方发动储款之来源可畅，日积月累，建国之巨功可成①。

1942 年 11 月 4 日，蒋介石致电财政部兼部长孔祥熙、四联总处秘书长刘攻芸："凡人民藏有法币五百元以上者，似应令其存储于银行或邮汇局，俾使法币得以回笼。倘有匿不存储因而被盗窃者，不得呈请政府查究；如经查出并应予以破坏金融之处分。此事是否可行及如何设法实施，希详陈意见，并拟具办法呈报为要。"②12 月 9 日，财政部、四联总处致电蒋介石，对此提出不同意见：本案之目的，在促使法币回笼及游资之吸收，惟如限制人民藏币数额，凡在五百元以上者，即令存储银行或邮汇局，其困难之点有四：(1)限制藏币以后，恐谣诼纷起，易启资金逃避之心理，转有促使存户提存可能；(2)人民存币既受限制，恐有转为屯货之可能；(3)恐资金由城市逃避乡间，更难管制；(4)倘不检查，则藏币不易发觉，如实施检查，易滋扰民。基此数因，似属不易推行③。

1943 年 3 月 1 日，蒋介石向财政部和四联总处下达手令："孔兼部长、刘秘书长攻芸，现行强迫储蓄办法仍嫌松弛，对于商人与富农应可规定数额，强迫其储蓄，并另定奖惩条例实施为要。"④

1944 年 1 月 26 日，蒋介石为发起各县普遍储蓄运动下达手令："本年储蓄除各银行局分任外，应发起各县普遍储蓄运动，以县为单位，每大县以一亿至五千万元，中县以五千万至三千万元，小县以二千万至五百万元为标准数，责成各省政府主持筹办，并由各该省县党政双方，拟具整个具体之办法，分期分区作有计划之劝导与宣传，除富有之绅商田主，必须估计其收入总数，劝储一定数额外，其他普通农工商人亦可劝其每月认储一百元至二三千元(尤应注重每月储方法)，以储额之多寡，分定各等之嘉奖办法。希即照此意旨，由财政部会同四联总

① 四联总处为继续推进节储运动呈(1941 年 3 月 1 日)，《四联总处史料》中册，第 198—199 页。
② 蒋介石致财政部、四联总处电(1942 年 11 月 4 日)，《四联总处史料》中册，第 244 页。
③ 财政部、四联总处致蒋介石佳会电中关于不宜限制人民藏有法币数额的意见(1942 年 12 月 9 日)，《四联总处史料》中册，第 244 页。
④ 蒋介石手令机秘甲 7537 号(1943 年 3 月 1 日)，二档：三(1)3360。

处及中央党部与团部,研拟宣传劝储奖惩办法,限半月内筹备完毕,或于二月十八日新生活运动纪念时全国发动实施为要。"①

在蒋介石的直接指令和直接督导下,节约储蓄运动取得了较大进展。主要项目如下:

节约建国储金。此项储金,系国民政府为奖励国民节约储蓄,兴办建国事业而举办,由中、中、交、农四行及邮政储汇局等五行局经收,并由政府保证其本息之安全。其他公私立银行,经财政部核准经收者亦同。该项储金至少为国币1元,由储户随时存入,但须满3年后,始得提取本金。各银行及邮政储金汇业局经收此项储金时,应给予比普通储蓄为优之利息,并按独立基金保管,不得与各该行一般业务之盈亏混合。该项储金之运用,以投资于下列事业为限:(1)有关国防之生产事业;(2)开垦土地、兴修水利、发展农林畜牧;(3)发展工矿业;(4)交通事业;(5)联合产销事业;(6)其他有关经济之建设事业。该项储金得以外国货币存储,期满后仍以外国货币偿付本息;其以生金银存储者,并依财政部兑换法币补充办法及金类兑换法币办法照加手续费,并入本金计算②。节约建国储金为适应储户之需要起见,分为甲、乙两种,甲种储金于开户后随时可以加存,惟存入之数,必须满3年后始准随时提取,本息不提取者,每半年复利计算一次,利上加利,最长可至10年止。乙种储金分为"零存整付"、"整存零付"、"整存整付"、"存本付息"四种,期限自3年至10年止,储户可以就其本身之需要,自由选择③。1944年4月14日,国民政府重新修正了《节约建国储金条例》,规定此项储金的起点为至少国币10元④。

节约建国储蓄券。节约建国储蓄券为节约建国储金之一种,其投资范围之限制,与其本身安全之保障,皆与节约建国储金相同。此项储蓄券,甲、乙两种储蓄券皆分为5元、10元、50元、100元、500元、1 000元、10 000元7种。甲种券为记名式,可以挂失或补发,但500元以下之小券全为不记名发行,凭券领款,存满6个月后,即可提取本息,倘不提取,利息仍然滚存,最长可以到10年,有短期的便利,而可得到长期的利益。乙种券系于购券时先将利息扣除,到期以后可照

---

① 蒋介石为发起各县普遍储蓄运动令(1944年1月26日),《四联总处史料》中册,第257页。

② 国民政府公布之节约建国储金条例(1938年12月29日),《中华民国金融法规档案资料选编》(下),第1276—1277页。

③ 中国银行经收节约建国储金章程(1939年8月10日),《中华民国金融法规档案资料选编》(下),第1280页。

④ 修正节约建国储金条例(1944年4月14日),《中华民国金融法规档案资料选编》(下),第1302—1303页。

票面规定之数额领到现款，且为不记名式，兼有赠予转让之便利，期限自 1 年至 10 年，可由购者自由选定①。

特种有奖储蓄。为适应社会人士之需要，在中央储蓄会方面增办特种有奖储蓄券，每两个月开奖一次，每期发行 500 万元，每期开奖一次，以券额 30％ 计算，共计奖金国币 150 万元，免扣所得税；未中奖者，10 年后领取本金②。

外币储蓄存款与美金储券。1939 年 9 月间，根据四联总处的建议，财政部同意开办外币储蓄。财政部为此特制定《外币定期储蓄存款办法》，此项存款分外币定期储蓄与法币折合外币定期储蓄两种，前者由中、中、交、农四行办理，后者由各公私银行呈准财政部办理。存户以法币按商汇牌价折购外汇存入，存满三年后得向原存银行支取外汇本息③。1942 年 2 月，英美大借款成立后，政府复以美金借款拨出 1 亿美元，作为基金，发行美金节约建国储蓄券一种，亦可以法币百元折合美金 5 元购存，期限分 1 年、2 年、3 年三种，存满一年后可随时兑取本息，利息满一年以上者为周息 3 厘，满二年以上者为 3 厘半，满三年者为 4 厘，到期时照票面支付美金本息，不受封存法令限制。如需要法币，得照付时中央银行牌价折付之，并免征利息所得税④。该项储券发售之初，市场价格与官定价格相差不远，吸收存储之数额为数不多，大部为向滇、黔、豫、晋等省购粮时搭销，其后美汇市价日高，官价不变，加以国际战局好转，一般为备战后输入物品，或为保存币值起见，皆踊跃存储，数额大增，故未几即告足额，遂于 1943 年 9 月停止发售⑤。

加强推行储蓄业务。1942 年 2 月 7 日，行政院通饬遵照执行《加强推行储蓄业务办法》。该办法规定，以劝导人民认购 3 年以上之定期储蓄为原则，以配合三年建设计划，其储蓄种类可由人民自行择定，但以向中央信托局、中国银行、交通银行、中国农民银行及邮政储金汇业局存储为限。劝储范围为：（1）公司、企业、行号。各官商合办及民营之公司、企业、行号等纯益，应酌定或分认储蓄，并于发给股息及红利时，斟酌利润多寡，拟订标准搭拨储券。（2）公务员、各业员

---

① 节约建国储蓄券条例（1938 年 9 月 12 日），《中华民国金融法规档案资料选编》（下），档案出版社 1989 年版，第 1283—1284 页。

② 中央储蓄会增办特种有奖储蓄券办法（1942 年 11 月 24 日），《中华民国金融法规档案资料选编》（下），第 1293—1294 页。

③ 财政部关于转发外币定期储蓄存款办法函（1939 年 10 月 27 日），《中华民国金融法规档案资料选编》（下），第 1285—1286 页。

④ 发行美金节约建国储蓄券办法（1942 年 11 月 13 日），《中华民国金融法规档案资料选编》（下），第 1292—1293 页。

⑤ 美金节约建国储蓄券发售经过（时间不确），《四联总处史料》中册，第 305 页。

工。党、政、军及公有事业机关服务人员,公营及民营公司、企业、行号等从业员工,应一律组织节储实践会,提存储金,由各省市会同劝储会洽订实施办法。(3)自由职业者。由劝储会邀集各界代表商定标准,通知认储。(4)农户。由劝储会在各乡镇组织劝储队,认真劝储。(5)绅富。由劝储会邀集,按资力及每年节余,洽订储额。(6)产权转移及房地产之租赁。由各地主管机关通知当地劝储会,以价款及租费为标准,酌情认储。(7)过分消费。由各省市拟定标准,规定由供给消费者,如烟酒商、餐馆、娱乐场所及出售奢侈品之商号等,一律领购储蓄券,搭购于消费者。(8)收购物资。由各机关斟酌情形拟定标准,搭付储券①。

推进乡镇公益金储蓄。为普遍推进全国各市、县节约建国储蓄运动,增进乡镇公益,养成人民储蓄习惯,以及配合新县制的推行,1943年3月21日,行政院训令公布《普遍推进全国各市县乡镇公益金储蓄办法》。该办法规定,乡镇公益储蓄由中央信托局、中国银行、交通银行、中国农民银行及邮政储金汇业局办理;定期3年,利率周息1分,每6个月复利一次,由经办行局利用甲种节约建国储蓄券加盖乡镇公益储蓄戳记作为储蓄凭证,到期凭兑付本息;办理乡镇储蓄各行局收此项储蓄存款,应于交款时以15%拨交市、县政府转发乡镇财产保管委员会,充作乡镇造产基金,依照乡镇造产办法、国民义务劳动法运用;乡镇公益储蓄由各省、市政府主持推进,依照行政院核定数额,按各市、县经济情形分别等级,规定其应达额度,督促推进;各市、县政府应对富有之绅商、地主估计其收入总额,直接劝储一定数额,并对乡镇分配储蓄数额,由乡镇公所组织储蓄团体,向普通农、工、商人实行按户劝储,平均每月每户至少应认购100元,赤贫免储②。

法币折合黄金存款。1944年8月25日,财政部公布《中央银行法币折合黄金存款委托办法》,该办法规定,中央银行委托中国、交通、中国农民三银行暨中央信托局、邮政储金汇业局(以下简称各行局)代办法币折合黄金存款;各行局代办法币折合黄金存款,以中央银行指定之地点为限;法币折合黄金存款,以黄金"两"为单位,一律以法币缴存,其比价由中央银行规定之;法币折合黄金存款,分为定期半年、1年、2年、3年,利率半年周息4厘,1年周息6厘,2年周息8厘,3年周息1分③。

案例：关于存款本名制的监管

在商业往来中,尤其是银行业务中使用字号或堂名是旧时中国的传统习惯之一。如,1915 年 4 月,上海商业储蓄银行开办时,孔祥熙入股的第一笔股份 10 000元,实际是孙中山先生的投资而由孔祥熙以孔庸之户名出面登记的①。再如,1917 年,金城银行向天津县署呈请立案时所附的发起人认股表中,计共 14 户,即王郅隆、倪道杰、曲卓新、段永彬、郭善堂、任拙叟、陶文泉、仁厚堂、倪香记、吴元龙、陈心记、徐正志、三槐堂、安定堂。这些户名除郭善堂、陶文泉用本名外,其余各户均是名号有异,或者用了"堂"、"记"、化名,如安定堂即胡笔江,仁厚堂即周作民,徐正志即徐又铮,倪香记即倪幼丹家,三槐堂即王郅隆,吴元龙系吴鼎昌长子之名②。在当时银行开立账户及日常业务往来中,这种情况也比比皆是,这其中的一个主要原因,恐怕还是不愿露富的思想影响起着主导作用。各家银行也完全听任客户自便,银行监管机关对此也一直没有明确的规定和要求。

这种情形至抗日战争中后期开始发生变化,而起因则是《姓名使用限制条例》的颁布。1941 年 7 月 17 日,国民政府以渝文字第 663 号训令,公布《姓名使用限制条例》共 7 条,主要内容包括:(1)凡中华民国人民之本名,以一个为限;登记于户籍上之姓名为本名;使用姓字或别号者应表明其本名。(2)财产权之取得、设定、移转或变更,应使用本名,或表明其本名。(3)共有财产使用堂名或其他名义者应表明共有人之本名;共有人总数超过 20 人者,得仅表明代表人之本名。(4)意图避免纳税义务,而不使用本名,又不表明本名者,处以漏纳税额 1 倍至 10 倍之罚金。(5)意图避免统制法令之限制,取得不法利益,而不使用本名,又不表明本名者,处 1 年以下有期徒刑、拘役或 500 元以下罚金。(6)对于公务员合法之调查,应用本名报告,其不使用本名,又不表明本名者,处拘役或 100 元以下罚金③。该条例主要还是从征税角度考虑,"关系遗产税、综合所得税及行将举办之财产税之征收甚巨,并关涉户籍、兵役、经济管制诸政策之推行"④。

这一条例公布后,财政部先后多次通令各银钱行庄,对于顾客姓名之记载,应即遵照该条例办理。1942 年 1 月 23 日,财政部渝钱银字第 26566 号训令各地银行、钱业同业公会:"兹查各行庄所用之帐册表单,对于存款放款各户仍有使用堂名户记等项名义者,在一般顾客或未明法令,狃于旧习,致有隐藏本名情事,

---

① 《上海商业储蓄银行史料》,第 29 页。
② 《金城银行史料》,第 18—19 页。
③ 行政院秘书处编印:《行政院公报》4 卷 15 号,1941 年 8 月 1 日,第 32 页。
④ 列席立法院法制委员会审查报告(1948 年 10 月 18 日),二档:三(2)1392(5)。

各行庄于交易之时,应即依据法令,剀切劝导,予以纠正,以重政令而便考察。"①同日,财政部致函四联总处,要求转饬中、中、交、农四行一体遵照办理②。同年 5 月 21 日,财政部再次发布渝钱稽字第 29261 号训令,重申:"兹查各行帐册,仍多使用堂名户记而不表明本名者,非特稽核困难,抑且有违法令;除重申前令,通饬各地银钱业公会转行各行庄务须切实遵照办理,其不用本名者,并一律不得贷与款项;如再有违,定予严惩不贷。"③财政部的这一规定同样适用中、中、交、农四行④。然而,这两项指令对如何纠正现存问题等均未涉及;对客户违反规定的处罚,也只是停留在"不得贷予款项",相对而言,更多的只是一般性告诫。

财政部上述训令发布后,中国银行总管理处曾通过四联总处向财政部提出,该行重庆分行"过去往来各户,多用堂名记号者,因其地址多有变更,一时无法通知更正"。对此,财政部明确答复:此种情形"应由该分行登报催请来行更正,以符规定"⑤。应该说,对存款本名制的推行,财政部起初还是较为宽容的。1943 年 9 月 15 日财政部钱币司即规定:"推行之初应从放款方面入手,至存款户,为减少银行吸收存款困难,目前可不必深究,所有各存款详细户名,除检查时得抄录余额表外,如无特殊需要,应毋庸饬填定期报表。"⑥

为进一步落实《姓名使用限制条例》,行政院于 1943 年 11 月 4 日发布仁壹字 24471 号训令:"《姓名使用限制条例》公布以前各种财产权之取得、设定、转移或变更,未使用本名或表明本名者,应一律限期更正或表明本名,以期施行尽利;更正或表明之本名应为登记于户籍登记簿之姓名,在未施行户籍法之区域,则为登记于乡镇公所或警察机关户口册之姓名。"行政院同时规定,存折记名之股票及有价证券未使用本名者,"应于限期内向有关银行、钱庄、公司、商号表明其本名或更正之";"逾期不依规定表明其本名或更正者,视为避免纳税义务或避免统制法令之限制取得不法利益,准用本条例第四条或第五条科罚"⑦。根据行政院的上述指令,财政部于 1944 年 1 月 4 日以渝钱庚字第 47375 号训令,要求各银钱行庄转告存款户未使用本名者,于 1944 年 6 月底前向各行庄表明其本名,或予以更正⑧。

---

① 财政部渝钱银字第 26566 号训令(1942 年 1 月 23 日),二档:三(2)1392(1)。
② 财政部公函渝钱银字第 36838 号(1942 年 1 月 23 日),二档:三(2)1392(1)。
③ 财政部训令渝钱稽字第 29261 号(1942 年 5 月 21 日),二档:三(2)1392(1)。
④ 财政部公函渝钱稽字第 40378 号(1942 年 5 月 21 日),二档:三(2)1392(1)。
⑤ 财政部公函渝钱稽字第 42296 号(1942 年 7 月 6 日),二档:三(2)1392(1)。
⑥ 财政部桂林区银行监理官办公处监字 549 号训令(1943 年 9 月),渝档:030411120。
⑦ 财政部训令渝人四字第 46336 号(1943 年 12 月 11 日),二档:三(2)1392(1)。
⑧ "财部通令监督银钱业对于存款户限用本名推行办法",《银行周报》31 卷 23 期,1947 年 6 月 9 日。

　　财政部的这一规定在执行中实际是有难度的。中央信托局于 1944 年 5 月 10 日向四联总处提出，按照规定，对于个人存款存户，"只得先缴验市民身份证或服务证，以确定其真实姓名后始予开户"；而事实上，"不独未具上项证件者无从存储，即具有证件者亦不愿多此麻烦，日来存户减少，影响业务已甚显著，如其他各项储蓄亦依此办理，本局储蓄业务势将限于停顿"。为此，四联总处向财政部提出，《姓名使用限制条例》"似系对使用者限制使用本名，银行除对存款人未使用本名者(例如堂名记名)，应照财政部渝钱庚字第 64533 号公函，转告存款人表明其本名或予更正外，似无查对顾客是否确系使用本名之权责，是顾客来行存款似无庸索验身份证或服务证"①。这实际涉及银钱业对实施存款本名制所承担责任的边界问题。对四联总处的这一意见，财政部认为"核属可行"②，实际上认可了银行并不需要查对存户身份的真伪。

　　总体而言，由于处于抗日战争期间，当时国民政府直接控制和管辖的区域相对有限，对于存款本名制的推行，由于"各地因秩序及交通等问题，而未能一致办理"③。

　　抗战胜利结束后不久，存款本名制问题进一步受到关注。1945 年 10 月 26 日，蒋介石手谕机密(甲)第 9017 号致财政部长俞鸿钧："国内国外关于国人之存款调查，应先令(国内)银钱业，存户与帐目必须要写真实姓名及其地址为凭，不得再用往日之堂号等记帐。此事重要，必须先行改革，切实准备，严格执行，乃为防止资本逃避之一法。"④

　　1945 年 12 月 4 日，财政部向全国各地银钱业同业公会发出第 17947 号快邮代电称："乃近据查报各行庄往来客户姓名之记载，使用本名者固多，而沿用堂号记名者仍复不少，殊属不合。为特重申前令，仰即转行各会员行庄，务应切实遵照前令办理，如再有违，定予严惩不贷"；同时强调："嗣后各行庄往来客户之记载，除应使用真实姓名外，并应注明其住址，用备查考。"⑤这是战后财政部首次正式向全国各地特别是各收复区内银钱业发出此类通知，但这也只是限于一般性要求，没有相应的具体的可操作性的措施相配套。值得注意的是，上海市银行公会在转发财政部 17947 号代电的通函末尾，还特地附加了一条注解："电文中开渝银钱银字第 26566 号、29261 号，渝钱庚三字第 47375 号训令，本会均未及

① 四联总处代电储字第 58146 号(1945 年 5 月 25 日)，二档：三(2)1392(1)。
② 财政部函钱庚五字第 6600 号(1945 年 6 月 7 日)，二档：三(2)1392(1)。
③ "财部通令监督银钱业对于存款户限用本名推行办法"，《银行周报》31 卷 23 号，1947 年 6 月 9 日。
④ 蒋介石手谕机秘(甲)第 9017 号(1945 年 10 月 26 日)，二档：三(2)1392(1)。
⑤ 财政部庚三字第 17947 号代电(1945 年 12 月 4 日)，二档：三(2)1392(1)。

奉到。"①这可以理解为,上海银行公会是用另外一种方式表态:此前因抗战期间上海处于沦陷地区,未执行相关规定是情有可原的;但此后必须执行则是没有疑问的。

那么,具体实施情况究竟如何呢? 根据中央银行金融机构业务检查处1945年下半年对全国448家银行、钱庄的检查,确认"记载帐户名使用堂名者"共有201家,占被检查行庄的44.9%;"记载欠明难以稽考者"有205家,占45.8%;上述两种情况可能有重叠,但总体而言,违规情况相当严重。而从处分情况看,则相对比较宽松,总共只有23件案件受到处分,其中处以"暂予停业清理"和"吊销执照"的案件总共只占1.8%②。虽然难以确认其中处分"记载帐户名使用堂名者"案件的准确数字,但处罚不严则是可以肯定的;而这又与当时仅仅依靠财政部的命令,缺乏相应法规层面的规定,有着极大的关系。

同时,银钱行庄出于对自身利益的考虑而难免执行不力,也是不争的事实。1946年2月5日,财政部致函国民政府文官处提出:"实施以来遵照办理者固多,因沿用旧习者仍复时有所见。良以银钱行庄为达成其吸收社会游资之目的,对于顾客户名之记载,似亦有其不便过于勉强之苦衷,即或坚请留用本名,乃顾客所留用者,形式上或虽已类似本名,实质上则系化名,承受存款行庄既难辨别,本部亦无法稽考,究其症结,国内户籍调查尚未彻底施行或不无关系,此点似应另请内政部迅订施行细则或补充条例,以资遵守。"③为此,蒋介石要求由行政院"主持召集有关机关,切实商定推行办法"④。

此外,政策实施过程中能否一视同仁,也是一个值得关注的问题。1946年11月15日,中央银行向财政部提出:"惟外国银行,其往来客户华籍姓名之记载仍与功令不符,应请贵部通饬各该行遵办,以资统一。"⑤12月12日,财政部京钱庚二字第5244号训令上海、天津、汉口、重庆、广州、青岛银行商业同业公会,要求转行当地外商会员银行,"嗣后华籍存放款户名应一律注明中文本名,其已开户而未注明本名者并应克即分别治改本名,不得违误"⑥。

1947年5月12日,财政部长俞鸿钧签发了财政部京财叁字第4106号令,正式公布了《财政部监督银钱业对于存款户限用本名推行办法》7条。该办法由

① "银行存款户名不得再用化名",《银行周报》30卷3、4号合刊,1946年1月16日。
② "中行金融机构检查处发表各行不合法令结果",《银行周报》30卷23、24号合刊,1946年6月16日。
③ 财政部公函财秘字第15150(1946年2月5日),二档:三(2)1392(1)。
④ 行政院秘书处通知谕发伍字15103号(1946年2月26日),二档:三(2)1392(1)。
⑤ 中央银行公函沪央稽字第2132号(1946年11月15日),二档:三(2)1392(2)。
⑥ 财政部训令京钱庚二字第5244号(1946年12月12日),二档:三(2)1392(2)。

财政部起草，经行政院转呈国防最高委员会第 227 次会议备案。该办法主要内容为：(1)自本办法公布之日起，各地银钱业同业公会应即转行所属会员行庄，以书面通知以堂名记号为户名之存款户，克即依照《姓名使用限制条例》之规定洽改本名，以本办法公布之日起 3 个月内为最后期限。(2)各银行钱庄对于逾期仍不洽改本名之存款户，应即将其存款退还，不得再予存储；如存款户不来提取者，并应设立专户存储，不再计息，俟存户一次提请销户，不得继续往来。(3)银钱行庄于存款户开户时，应嘱存户将真实姓名、职业及详细地址，在开户申请书内详细填注，不得遗漏；如系商号存款，并应填明负责人姓名及地址。(4)违反上述规定者，除对于存款户准用《姓名使用条例》相关规定科罚外，对于收受存款之行庄，应照每一存款户处以 2 万元以上 20 万元以下之罚金，再犯者得加倍处罚；对于违反开户填具真实姓名规定者，财政部并得令饬收受存款之行庄撤办其经办之职员。(5)收受存款之特种金融机构，适用本办法之规定[①]。这是中央政府层面颁布的第一项关于"存款本名制"的法规，其在中国近现代金融史上的意义不可低估。

1947 年 11 月 21 日，财政部发布财钱庚二字第 18925 号训令，进一步强调："嗣后各行庄对于往来顾客户名、地址暨其信用，务须切实调查，非经殷实客户具保介绍，不得准许开户、领用支票；如仍有怠忽失察，擅准领用支票，致起纠纷，或串通客户捏造名义，从事法外经营等情事，定即依法严加惩处；对于户名不实、地址不符，无从查明对证各户，本部认定其为行庄虚设暗户，从重议处，决不宽贷。"[②]财政部并督责各地金融管理局及中央银行各区负责检查行稽考[③]。

从《财政部监督银钱业对于存款户限用本名推行办法》及此后的 18925 号通令看，除对存款必须采用真实姓名的规定更为具体外，最重要的补充是加强了对银行、钱庄的管理，强调银行、钱庄也必须承担相应的责任。这是十分明显的。也难怪上海银行公会在转发此令的通函中特意强调："关于银行从业员之应严肃生活、慎重操守，尤谆谆告诫"，并要求各会员银行"切实注意，毋干议处，是为至要"[④]。

随即，行政院于 1947 年 12 月 23 日公布《加强金融业务管制办法》，再次作

---

① 财政部关于公布财政部监督银钱业对于存款户限用本名推行办法令(1947 年 5 月 12 日)，《中华民国金融法规档案资料选编》(下)，第 1210 页。

② 财政部训令财钱庚二字第 18925 号(1947 年 11 月 21 日)，二档：三(2)1392(3)。

③ 中央银行转陈财政部关于规定银钱业对于存款户限用本名的通函(1948 年 4 月 10 日)，《中华民国金融法规档案资料选编》(下)，第 1234 页；"财政部制定存款限用本名推行办法"，《银行周报》31 卷 21 号，1947 年 5 月 26 日。

④ "银行公会通(36)字第 288 号通函"，《银行周报》31 卷 50 号，1947 年 12 月 15 日。

了具体规定,其第 7 条载:"任何银钱行庄对于存放户限用本名开户;其使用支票者,并须查明其确切之住址及身份,详为记载备查,并应取具保证。"①

然而,问题绝非仅靠政府部门的一般性号召和几个规定就能完全解决的。1948 年 3 月 1 日,国民政府主席蒋介石向行政院、财政部及四联总处发出机密甲第 11024 号手谕:"各银行往来帐目以后必须依照姓名使用法办理,无论公司、机关、行号,必须记载真实名称;国内汇兑尤应将汇款人及收款人姓名、住址确实填报,并于超过一定限额以上之汇款,须具其妥保始准承做。希即照此由四联总处拟具办法,通令各行局及商业银行严格遵照,并由财政部负责监督。如何实施,希详报。"②对于蒋介石的手谕,四联总处和财政部当然不敢怠慢,很快于 3 月 19 日拟具了《银钱行庄承办存汇款项原则》,签请行政院察核转报。该"原则"报告了财政部此前在存款本名制方面采取的各项具体措施,认为"与主席手令原旨尚属吻合",建议"似可毋庸再行另订实施办法";对于蒋介石手令中提到的国内汇款方面的要求,四联总处和财政部则认为,"查以往各银钱行庄办理国内汇款,其汇款人、收款人姓名鲜有以堂记等名义拨汇情事,惟其中有无假借虚列等弊情,似应先为防范,用期周密"③。

经洽四联总处同意后,财政部对各银钱行庄办理国内汇款,拟订了具体办法,于 3 月 19 日下达财钱庚三字第 24390 号训令执行,该办法要点如下:(1)各银钱行庄承做国内汇款,无论系属信汇、票汇或电汇,均应洽由汇款人在汇款申请书中填具汇款人、收款人之真实姓名(或机关、公司、厂商之全名)及详实住址,并由承汇行庄随时登列汇款账,不得有所遗漏。(2)电汇之收款人如以电报挂号或解款行庄之往来账号代替者,仍应洽由汇款人将收款人之原名及住址列明,以便登列汇款账;票汇之汇票,其经汇款人请求开具空白抬头汇票者,亦应洽由汇款人填明收款人之姓名、住址,以为登账之依据。(3)凡属由解款行庄留交之汇款(包括留待收款人来取、托解款行代收及旅行支票等性质之汇款),均应洽由汇款人填明留交及收款人住址;尚未确定原由,并应由承汇行将其原由一并列注帐册。(4)各项汇款,除同业调拨、军政机关公款拨汇及生产、公用、交通等事业机构之款项划汇,应以机关或事业出面洽办外,普通客户汇款,每笔金额在 2 亿元以上者,解付时应由收款人觅具殷实保证,始准解付;倘未具保证即得解付,经查明汇款人或收款人姓名不实、住址不符者,由汇解行庄负其责任。(5)银钱行庄

---

① 加强金融业务管制办法(1947 年 12 月 23 日),《中华民国金融法规档案资料选编》(上),第 772 页。
② 主席手谕机秘甲第 11024 号(1948 年 3 月 1 日),二档:三(2)1392(4)。
③ 四联总处、财政部签呈稿 5109 号(1948 年 3 月 19 日),二档:三(2)1392(4)。

违反上列各条规定者,由财政部视其情节轻重,依照《加强金融业务管制办法》第13条及第14条之规定议处①。这一办法实际再次加重了银行、钱庄在国内汇款方面的责任,但实际能否真正落实,则又是另外一回事。

1948年3月27日,西安市政府致电财政部,转达了该市参议会首届第二次大会上参议员谢鉴泉等19人的一项提案,该提案称:"各庄号对于往来顾客户名地址暨其信用之调查,除素所熟知外,深感难获切实之调查,且经切实客户具报介绍开户更感不易做到。诚以西安地居西北,诸多落后,但素重信用,对于借款,仍有宁不借款而不愿具保者;至存款具保介绍虽经婉言解释,存户视为过分要求,不顾而去。长此以往,非特与配合国策吸收游资之原旨大相违背,且影响业务亦非浅鲜。"该案建议财政部对于该市银号钱庄准予从宽办理开户手续,以免影响业务②。4月15日,财政部函复西安市政府:"查各银钱行庄对于往来客户开户领用支票一事,应照加强金融管制办法第七条之规定切实办理,其有未经具保介绍之往来客户,如经查实有本部财钱庚二字第18925号训令所述各项情弊者,自应由各该行负其责任,依法重处。"③可见,财政部对此前的规定未作任何通融与变更。

此后,为适应实际情况的变化,存款本名制作了一些技术性调整。1948年4月2日,四联总处向财政部转报了中国、交通两行3月20日来函,该函称:《监督银钱业对于存款户限用本名推行办法》第二条规定,对于逾期不洽改本名之存款户,应予不再计息一点,核与此次国府1947年12月26日颁布之《战前存款放款清偿条例》规定倍数,其利息计算至1947年12月31日止之规定未尽符合;"原应先行函请解释,第以此项差额为数无多,而层转需时不免延迟存户取款日期,引起误会,为兼顾起见,对于战前堂记户名存户迄未改用本名者来行取款时,拟嘱其先行填报真实姓名,然后依照清偿条例,计算利息,予以一次付清,并须另由存户觅具妥保"。四联总处同时提出,"对于战前堂记名存户迄未改用本名者,可否准其填报真实姓名后依照清偿条例办理"④。4月27日,财政部复函四联总处:"查战前存户迄未洽改本名或系因存款时期已久,对于以后法令尚未洽悉,自可于来行取款时准其填报真实姓名,并觅具妥保后依照清偿条例办理。"⑤应当说,这一答复还是采取了较为尊重实际的态度。

① 财政部训令财钱庚三字第24390号(1948年3月19日),二档:三(2)1392(4)。
② 西安市政府快邮代电府财二金字第455号(1948年3月27日),二档:三(2)1392(4)。
③ 财政部代电财钱庚二字第51318号(1948年4月15日),二档:三(2)1392(5)。
④ 四联总处秘书处函京业字第24354号(1948年4月2日),二档:三(2)1392(5)。
⑤ 财政部公函财钱庚三字第27661号(1948年4月27日),二档:三(2)1392(5)。

　　1948 年 7 月 27 日,上海市银行商业同业公会向财政部提出,此前关于银钱行庄普通客户汇款每笔金额在法币 2 亿元以上,解付时应由收款人觅具殷实保证,证明其姓名住址确实,始准解付的规定,"每致引起责难",纠纷迭起,执票人亦有据《票据法》第 21 条"未载收款人者,以执票人为受款人"之规定相诘者,并谓"命令变更法律,不生法律之效力"。在此情形下,"银行坚执觅保既属于法无据,若果无保照付则又显违部令,颇感两难,惟将来银行如仍照部令办理,致使执票仍受有损害而诉请法院救济时,银行既无暇与之周旋,倘法院依法判决赔偿,又使银行因奉行功令而蒙意外之损失,亦属无从呼吁";并提出"在目前情况之下,数亿元已非巨额汇款,若仍坚持觅保照付,徒滋银行困难而已",并陈请财政部"准予将此项觅保规定即日废止"①。10 月 7 日,财政部指令上海市银行商业同业公会,财政部的相关规定,"系属厉行使用真实姓名,以便考查资金流动起见,且此项保证只准在注明收款人姓名住址之确实,与执票人为受款人并无抵触,所请废止觅保规定一节,应毋庸议。惟审察现在情形,应将原规定酌予变通,兹改定为:若收款人系解汇行当地曾加入同业公会之正当商号、为该行所素知者,可免取保;若系个人而汇款,数额在金圆一千圆以上者,仍应觅具殷实保证,证明其姓名住址确实者,始准解付;若在解付汇款定有限制之地区,应从该地区之规定"②。

　　此后,为配合币制改革,财政部于 1948 年 11 月 4 日发出财钱庚三字第 6465 号训令,对于此前的《财政部监督银钱业对于存款户限用本名推行办法》作了相应修正,即将该办法第 5 条所定的应照每一存款户处以 2 万元以上、20 万元以下之罚金,改为处以金圆 10 元以上、30 元以下之罚金③。中央银行同时要求各区负责检查行,在检查时要注意行庄存款户是否使用本名,随时报核④。这实际上也只是技术性调整,没有实质性变化。

　　1948 年 10 月 18 日,立法院曾召集专门会议研究制定一部新的《姓名使用条例草案》,有立法委员就提出:(1)法律产生应有法的根据,本案就财政方面言,确有需要,而法律根据则颇欠缺;(2)自然人限用一个名字,户籍法内应有明确规定,如嫌不足,可以补充修改,不宜另定一法,使法律过多,易滋紊乱,人民难以适从;(3)姓名使用应先有姓名登记法,再定使用条例,方符法律程序;(4)如专

① 上海市银行商业同业公会呈文(1948 年 7 月 27 日),二档:三(2)1392(5)。
② 财政部指令财钱庚三字第 5226 号(1948 年 10 月 7 日),二档:三(2)1392(5)。
③ 财政部训令财钱庚三字第 6465 号(1948 年 11 月 4 日),二档:三(2)1392(5)。
④ 中央银行转陈财政部关于存款户不使用本名罚款数额之规定的通函(1948 年 11 月 15 日),《中华民国金融法规档案资料选编》(下),第 1248 页。

为税收目的而制定本条例,即不应掺入其他避免兵役业务及避免统制法令等条文;如本案为行政法规亦不应有处刑条文。故本案尚有切实考虑必要。也有委员提出:本案应先查明户籍法已有规定,或规定尚有遗漏可以补充,即可修正户籍法,不必另定条例,如须另定条例,亦应根据户籍法条文再为拟办,似可由审查会查明再议①。需要指出的是,《姓名使用条例》15 条由总统令于 1948 年 12 月 4 日公布,但未明确施行日期②。事实上,对这一问题的考虑已不能局限在法律条文本身,更多的是要顾及实际执行的现实可能性。

就实施存款本名制的目的而言,追溯到国民政府 1941 年 7 月颁布的《姓名使用限制条例》,其目的主要还是为了防止纳税人"避免纳税义务",以及"避免统制法令之限制、取得不法利益"等。其后财政部于 1947 年 5 月公布的《监督银钱业对于存款户限用本名推行办法》没有明确表明实施目的;但从财政部此后多次训令中可以看出,其主要目的还是为避免不法商人"隐匿真实情形,从事非法经营",应该说更多的是着眼于整个市场秩序的健康与平稳。其主要出发点,更多的还是从提高整个社会的效用入手,考虑的是整个社会的稳定、整个市场的秩序,以及全体存款人的利益。从这个意义上说,银行业作为社会的重要组成部分,确实也应当在其中承担相应的社会责任。问题在于,这个责任是否应完全或主要由银行业来承担呢? 银行业是否又具备承担这些责任的条件呢?

在存款本名制具体实施过程中,特别是抗战结束后,政府有关部门实际已经将具体监管责任主要落实给了银行和钱庄,而客观地从当时的技术条件上分析,

---

① 列席立法院法制委员会审查报告(1948 年 10 月 18 日),二档:三(2)1392(5)。
② 财政部训令余钱庚三字第 001910 号(1948 年 1 月 14 日),《绍兴县馆藏金融档案汇集》(二),第 84 页。《姓名使用条例》全文如下:第一条,中华民国人民姓名之使用,依本条例行之。第二条,人民之本名以一个为限,并以户籍上登记之姓名为本名。第三条,人民对于政府依法令调查或依法令有所申请时,均应使用本名。第四条,学历、资历及其他证明文件应用本名,其不用本名者无效。第五条,财产权之取得、设定、转移或变更,应使用本名。前项财产权取得、设定、转移或变更有登记之必要时,登记声请人非提出国民身份证或户籍登记誊本证明其本名,产权登记机关不得予以核准。向银钱业存款或储蓄,于开户时,非提出国民身份证或户籍登记誊本证明其本名,银钱业不得予以接受。第六条,公有财产使用堂名或其他名义时,应表明其共有人之本名。前项共有财产有登记必要时,准用前条第二项之规定。第七条,在本条例施行前,有第四条、第五条及第六条所定情事之一而非用本名者,应于本条例施行一年后声请为本名之更正,但因不可抗力未能声请更正者,自妨碍原因消灭时起,于一年内为之。第八条,意图避免兵役义务而不使用本名者,处一年以上、三年以下有期徒刑。第九条,意图避免法令之限制,取得不法利益而不使用本名,或不依照第七条之规定而为更正者,处一年以下有期徒刑或拘役,并科所得利益一倍以上、三倍以下罚金。第十条,违反本条例第三条之规定者,处拘役并科三十元以下之罚金。第十一条,违反本条例第五条第三项规定予以核准者,应处承办人六个月以下有期徒刑或拘役。第十二条,违反本条例第五条第三项规定予以接受者,按接受额千分之五处以罚锾。第十三条,依本条例应处徒刑拘役、罚金罚锾之案件,均由司法机关办理。第十四条,人民更改姓名规则,由内政部制定之。第十五条,本姓名施行日期以命令定之。

银行、钱庄实际上难以有效承担起这一职责。如何才能有效地判别存款人的真实身份,在当时是一件非常困难的事情。姑且不谈施行存款本名制的技术条件,如身份证的辨伪和各地联网等问题,即便是当时中国经济最为发达的上海市,也是从 1946 年 8 月才开始正式制发"国民身份证"①,全国其他地方更是可想而知了。更为重要的是,银行、钱庄一方面是存放款等具体业务的经营者;另一方面,又受政府监管机关的委托,负有具体监督管理和落实存款本名制的责任,银行、钱庄实际同时扮演了"经营者"和"监管者"的双重角色。这两种角色是相互冲突和矛盾的,银行、钱庄要同时兼顾本身的经济利益和整个社会的效用是非常困难的。从这一意义上讲,企业社会责任的真正落实,除了具备客观条件外,正确界定银行业在其中所应承负和所能承负的责任,似乎是更为重要的考量。

第三节　控制银行授信业务

一、《非常时期管理银行办法》与放款限制

1940 年 8 月 7 日,财政部公布了《非常时期管理银行暂行办法》10 条,该办法实际可视作一部战时的《银行法》。该办法对银行资金运用作了限制,其第 3 条明确规定:"银行运用存款,以投资生产建设事业及联合产销事业为原则。其承做抵押放款,应以各该行业正当商人为限。押款已届期满请求展期者,并应考察其货物性质,如系民生日用必需品,应即限令押款人赎取出售,不得展期,以杜囤积居奇";并规定,对于违反第 3 条规定者,处以所营业务金额 50% 以下罚金②。

值得注意的是,该办法虽然对银行的抵押放款业务作了若干具体限制,但对银行的信用放款,则并未规定具体限制条文。这似乎也很难理解为疏漏。因为依照向例,当银行开设并呈请注册时,各银行章程内均订有"不得经营无抵押品之信用放款"等条款,而该办法第一条第一项,即规定银行必须依照现行有关银行法令及章程经营业务,故严格言之,银行根本不能经营信用放款,这是隐含的

---

① 唐芸萍:《民国时期上海的"国民身份证"》,《档案与史学》2004 年第 1 期。
② 财政部非常时期管理银行暂行办法(1940 年 8 月 7 日),《中华民国金融法规档案资料选编》(上),第 641—643 页。

前提条件。"惟事实上银钱行庄经营信用放款，已有长期习惯，考其原因，由于我国票据制度尚不发达，商业往来悉以记帐为主，故未能如先进各国，以票据贴现方式融通资金；若全以交易之货物为抵押，则又失去商品之流动性，故不得不袭用信用放款之方式。今欲彻底取缔信用放款，必须推行票据制度，在票据制度正在推行期间，对各银行经营信用放款之限制，不能不有补救办法，然信用放款既全凭借款人之信用，其用途是否正当，不易精考，况银行信用放款，总额过巨，其业务即难健全。"①

1941 年 12 月 9 日，国民政府公布了修正后的《非常时期管理银行暂行办法》15 条，进一步加强了对放款的管理。其第 5 条规定：对于以货物质押的商人，明确规定以加入各该同业公会者为限，并规定放款期限不得超过 3 个月，每户放款总额不得超过该行放款总额 5%；对请求展期者，应考察其货物性质，如系日用重要物品，应即限令押款人赎取出售，不得展期；如为非日用重要物品，以一次为限②。这一内容的补充，其目的是为了制止商人利用银行资金从事日用重要物品的囤积居奇，但其限制的范围仅以货物抵押为限。由于 1931 年公布的《银行法》尚未正式施行，所有《银行法》上应予禁止之押款业务，此次并未限定，而唯独对于货物押款，反而严加限制，这从情理上讲，确实不甚合理。以上这些情况，迫切要求出台相应的规定，以加强对银行放款的管理，特别是对银行信用与抵押放款的管理。

二、关于信用放款与抵押放款之管制

为兼筹并顾，财政部于 1942 年 5 月 21 日公布《管理银行信用放款办法》8 条。该办法规定：(1)银行承做个人信用放款，除因生活必需，每户得贷予 2 000 元外，其余一律停做。(2)对工商各业信用放款，数额在 5 000 元以上者，应以经营本业之厂商已加入各该业同业公会持有会员证，并取具 2 家以上曾在主管官署登记之殷实厂商，联名保证其到期还款，并担保借款系用于增加生产或购运必需物品销售者为限。放款期限最长不得超过 3 个月，每户放款不得超过该行放款总额 5%，各户总计不得超过该行放款总额 50%。(3)前项放款请求展期者，得查明需要情形，以展期 3 个月为限。(4)如系承销国家专卖物品之商号及受国

---

① 财部钱币司司长戴铭礼在中央银行经济研究处演讲记录(1942 年 4 月 22 日)，渝档：031012340。
② 国民政府公布之修正非常时期管理银行暂行办法(1941 年 12 月 9 日)，《中华民国金融法规档案资料选编》(上)，第 653—655 页。

防或经济主管机关委办事业,或增加日用必需品生产之厂商,经各该主管机关证明,报由财政部特准者,得不适用前项数额及展期之限制。(5)信用放款,得以票据承兑及贴现方式办理,不受前述各户总计50%的限制,但每户不得超过10%[1]。

同日,财政部公布《管理银行抵押放款办法》8条,规定:(1)银行承做抵押放款,得以有价证券、银行定期存单、栈单、提单、商品或原料为押品,但另经主管机关定有管制办法者,应依照各该办法办理。(2)银行承做抵押放款,不得以本银行股票、禁止进口物品、违反禁令物品、容易腐坏变质之物品为押品。(3)银行承做抵押放款,应责令押款户填送借款用途申请书及营业概况表,以备抽查;个人向银行申请抵押放款得免送营业概况表,但不得以栈单、提单、商品或原料为抵押品。(4)如系承销国家专卖物品之商号及国防或经济主管机关委办事业或增加日用必需生产之厂商,经各该主管机关证明,报由财政部特准者,得不适用规定放款数额及期限之限制。(5)抵押放款得以附有担保单据之票据承兑及贴现方式办理,但每户超过该行放款总额10%时,应由银行声叙事由,呈报财政部备案。(6)银行违反本办法规定者,处以所营业务金额50%以下之罚金,累犯二次以上者,予以停业处分[2]。

为确定放款数额计算标准起见,财政部还规定,每户放款数额之核计,应以前旬末日之放款总额为标准,即每月一日至十日之放款,以上月月终结账时放款总额为标准;十一日至二十日之放款,以本月十日结账时之放款总额为标准;廿一日至月终之放款,以本月二十日结账时之放款总额为标准。其在本旬以前已放出或依法展期之放款,照上项标准核计,虽已超过限额,但依放款时核计并未超过者,可照数贷放,毋庸随时调整[3]。上列规定为顾全事实兼防流弊之两全办法,"其目的则在促进银行所放款项,务使其用途充分为增加物资之供应,而以加重放款银行之责任与罚金,及责成借款担保人保证用款用途,以防借用是项资金从事囤积居奇,而免提供抵押品之困难"[4]。

此后,财政部对上述两项办法作了部分内容的调整。1942年7月4日,财政部渝钱稽字第30480号训令,就《管理银行信用放款办法》及《管理银行抵押放款办法》,作出有关解释:(1)信用及抵押透支,系属放款性质,其限制之计算,应

---

[1] 管理银行信用放款办法(1942年5月21日),《中华民国金融法规档案资料选编》(下),第1101页。
[2] 管理银行抵押放款办法(1942年5月21日),《中华民国金融法规档案资料选编》(下),第1102页。
[3] 谢延信:《近来财政部所颁有关银行营运法令述要》,《银行周报》29卷45、46、47、48号合刊,1945年12月1日。
[4] 《中国战时金融管制》,第323页。

依照规定办法办理;(2)机关及公营事业之放款,可比照管理银行信用放款办法第4条及管理银行抵押放款办法第5条之规定办理;(3)新订办法颁布前已订约之放款,与当时法令尚无不合者,可俟转期时,改照新订管理办法办理①。1942年9月,财政部针对《管理银行信用放款办法》第4条之规定,为便利厂商并严密管制起见,规定四项原则:(1)凡承销国家专卖物品之商号,及受国防或经济主管机关委办之事业,或增加日用必需品生产之厂商,如有向银行借款超过法定限额时,应按业务实际需要,将每月应需营运资金数额、自备资金数额、拟向银行借贷数额,切实估计,填具营业概况表,连同贷款银行名称、地址,呈报主管机关审核;(2)主管机关应就各该厂商所请,查明其产销营运状况及业务实际需要,切实估计其应需银行经常融通资金之最高限额,转请本部核定;(3)银行放款时,如核计该户申请数额超过该行放款总额5%时,应先向申请人调验核定文书,在核定数额内准予贷放,并将本部核定日期及文书字号填入普通放款旬报表内送部备核;(4)主管机关对于各该厂商借款用途,负切实稽核之责,如有顶冒移用情事,经查明属实时,应处各该厂商以该项顶冒移用金额50%以下之罚金②。

对于财政部的规定,特别是对信用放款的有关规定,各地银钱业实际还是存有一些不同意见。1942年7月28日,成都市商会主席王斐然、常务委员钟云鹤等向财政部递送呈文,要求开放银行信用放款业务。呈文称:"川省为农业区域,商场物资,生产不足供给,恒赖大多货业商人远道购运接济。其资本不充裕者,尤居多数,平时专以银行信用贷款为周转",并特别强调,"今信用贷款规定管理限制,商场蒙受重大打击,不特物价益涨,而货业商人无以接济,倒闭失业随之而起,影响所及,实非浅鲜";为此,要求财政部开放管理银行信用管理办法,扩大银行信用放款限额,延长期限,简化保证手续等③。对此,财政部于8月25日以渝钱稽字第11115号文作出批复:关于信用放款限额,财政部颁布的管理银行信用及抵押放款办法,业予兼筹并顾,对放款数额之限制,亦已从宽规定,对扩大银行信用放款限额问题,"自毋庸再予另定办法";关于银行信用放款期限,对展期及特种厂商贷款已有专门规定,对于工商各业之正当需要,足资适用,自未便准将放款期限一律延长;关于简化放款手续,目前对具名保证以及对加入同业公会的要求,或为增加放款安全,或为杜绝非法商人囤积居奇,或为加强公会管制力

① 财政部关于解释放款各点令(1942年7月4日),《中华民国金融法规档案资料选编》(下),第1105页。
② 四联总处为转发管理银行抵押放款办法与管理银行信用放款办法函(1942年8月25日),《四联总处史料》下册,第444页。
③ 成都市商会呈商字第338号(1942年7月28日),《中华民国史档案资料汇编》第五辑第二编"财政经济"(四),第660页。

量,对较正当商人并无不便,因此关于简化手续问题,"应毋庸议"①。

重庆市银行及钱商业同业公会也向财政部提出,各会员行庄对于部颁抵押放款与信用放款限制办法,实行确有困难,请将信用放款限额扩大,以恤商艰。为此,1942 年 8 月 19 日,财政部第 31739 号训令规定,查银行承做放款,应以采取抵押办法为原则,惟以我国商业侧重信用放款,积习相沿,由来已久,本部前颁之管理银行信用放款及抵押放款办法,业予兼筹并顾,所定信用放款不得超过放款总额百分之五十,即信用放款总额在同一时期不得超过抵押放款总额,已属从宽规定,来呈所称困难各点,当地施行伊始,社会狃于积习,容属实情。本部现正起草票据推行使用办法,一俟公布施行,以后困难当可消失。惟查《非常时期管理银行暂行办法》第四条,既有银行运用资金以投放生产建设事业暨产销押汇,增加货物供应,及遵行政府战时金融政策为原则之规定,为体恤商情,逐渐引导其运用资金合于上述原则,并逐步加强管制起见,所有对于生产建设事业之信用放款,在上项票据使用办法未经公布施行以前,暂准视同抵押放款,并入抵押放款总额计算,以减少事实上之困难②。

1942 年 8 月 14 日,财政部就浙江地方银行衡阳分行抵押放款不合规定,发出渝钱稽字第 31547 号训令。训令称,根据衡阳四联分处查报,浙江地方银行衡阳分行定期押款项下,朱焜以车胎 15 套押借 15 万元,敏捷公司以机油 100 瓶押借 4 万元,同裕庄以香烟 15 中箱押借 5 万元;又活期押款项下,谦益公司以香烟 10 中箱押借 5 万元,押品均未完全相符。此后四联分处派员检查时还发现,借款人竟将押品私自运出。为此,财政部指出:"查该分行并无自设仓库,所有抵押放款押品,均系存放各栈,当时仅派员查点,事后即未与闻;驯至押品被借款人私行运出,仍无所悉,可见该分行业务未上正规,负责人怠忽职责,无可掩饰。"财政部同时严令浙江地方银行,"是否另有别情,应即查明惩戒,切实整顿,以重行务"③。

财政部的规定,在一些地方仍然受到质疑。1942 年 12 月 22 日,四川省政府向财政部提交咨文,抄送了叙永县参议会于 9 月 15 日第一届大会通过的一份议案。该议案提出,"叙永僻处,商场狭小,商号家数不多,商人资本薄弱,平时购

① 财政部批渝钱稽字第 11115 号(1942 年 8 月 25 日),《中华民国史档案资料汇编》第五辑第二编"财政经济"(四),第 661—662 页。

② 谢廷信:《近来财政部所颁有关银行营运法令述要》,《银行周报》29 卷 45、46、47、48 号合刊,1945 年 12 月 1 日。另见:四联总处为转知前颁抵押放款与信用放款办法内容略有变更函(1942 年 8 月 25 日),《四联总处史料》下册,第 443 页。

③ 财政部关于浙江地方银行衡阳分行抵押放款押品不合规定应查明纠正训令稿(1942 年 8 月 14 日),《中华民国史档案资料汇编》第五辑第二编"财政经济"(四),第 741 页。

运必须贷款,多赖银行钱庄调剂,以资短期周转;但叙永各行庄,过去放款,向无抵押,且对数额与时间上,均无严格限制,故商人贷款较易",欲符合财政部新颁办法"事实上决难办到";因此函请据情转呈财政部,新颁管理银行信用放款办法第2条,即每户放款不能超过该行放款总额5%,以及各户统计不得超过50%等,"对于边区银行,准其变通办理,暂不限制,以维边区商业,而免影响国计民生"①。

此后,由于《非常时期票据承兑贴现办法》等的颁布,财政部对信用放款和抵押放款办法的相关条款作了调整。1943年4月,财政部以渝钱稽字第52502号致函四联总处称:《非常时期票据承兑贴现办法》对于以票据承兑贴现之放款,其发票人承兑人身份之限制,加觅保证及提供用途申明书之条件,与重贴现额之限度等,均已有严密规定。在票据本身,既已有限制及审核,则对于此项放款之限额,不加规定,似亦不致发生流弊。基上理由,并为提倡推行票据起见,前颁《管理银行信用放款办法》第二项,"依前项方式办理之放款不受第二条所定不得超过放款总额百分之五十之限制,但每户放款不得超过该行放款总额百分之十",拟修正为"依前项方式办理之放款,不受第二条所定数额之限制"。又,"管理银行抵押放款办法"第六条第二项为:"依前项方式办理之放款,每户超过该行放款总额百分之十时,应由银行声叙事由呈报财政部备案";拟修正为:"依前项方式办理之放款,得不受《修正非常时期管理银行暂行办法》第五条所定每户放款不得超过该行放款总额百分之五之限制。"②此后,对押品方面也有一些新的要求。1943年11月4日,财政部规定,政府发行美金公债、美金节约建国储蓄券,系在吸收社会游资,不得以之抵借款项。1944年9月26日财政部又规定,粮食亦不得为押品③。

客观而言,监管机关对此项办法的实施效果并不乐观。如成都一地,"信放与质放比例仍未能达到部定的百分之五十的标准,一方面成都仓库业不发达,且自去年底检查银行仓库,封存若干货品后,一般视存仓为畏途,他方面亦由于成都市一般习惯,对人信用大于对物信用之故"④。

---

① 四川省长为抄送叙永县参议会请政府放宽信用限额提案咨(1942年12月),《中华民国史档案资料汇编》第五辑第二编"财政经济"(四),第665页。

② 中国银行总管理处为四联总处转知修正管理银行信用放款及抵押放款办法条文函(1943年4月10日),《四联总处史料》下册,第463页。

③ 谢廷信:《近来财政部所颁有关银行营运法令述要》,《银行周报》29卷45、46、47、48号合刊,1945年12月1日。

④ 财政部成都区银行监理官办公处第一次业务检讨会记录(1944年9月27日),川档:民74115。

战后,财政部继续加强对信用放款的管理,特别是加强了对以往来存款名义进行的信用放款管理。

鉴于上海各行庄仍有沿用旧习,以"往来存款"科目为变相信用放款情事,财政部认为,"殊属不合,应切实查禁",并于1946年3月16日训令当地银钱业同业公会,要求转饬各行庄,"凡属活存透支,应照规定订立契约,载明限期,觅具殷实保证二家;如属质押透支,并应提供合法押品,按照规定办理。嗣后如有利用往来存款科目,为变相之信用放款者,一经查出,定予严办,并希随时注意检举报核"①。

此项指令下达后,财政部驻京沪区财政金融特派员办公处向财政部转报了上海银行公会的意见,认为"信用放款一时难以停办,请暂缓取缔往来存款"。为此,财政部京钱庚四字第1261号训令称:查银行承做信用放款,无论以贷放或透支方式办理,依照约定,均应事先订立契约,并在会计上以适当科目处理。该地各行庄对此项业务,多有因沿旧习匿记于往来存款科目以内,既未据订立透支契约,亦不以放款或透支科目处理,以致其授信内容难于查考,资负实况亦不能正确表现,自属不合,且往来存款科目名称与部订暂行银行统一会计制度之规定,亦有不符,自应予以取缔,以杜流弊。至原呈信用放款一时难以停办,请暂缓查禁一节,查本部对银行承做信用放款,如与法令规定尚无抵触时,并未根绝禁止。原呈所称,核属误解。合行令仰转行各会员银行仍遵前令办理为要②。

1946年6月24日,财政部再次发布京钱庚二字第124号训令:兹据查报,上海市各行庄业已遵令办理者固多,而仍复玩忽延未遵办者亦复不少。为特重申前令,仰即转饬各会员行庄,嗣后无论以何种方式贷放款项,均应依照规定办理手续,并以适当科目列账。如有隐匿不实情事,一经查实,定予依照管理银行办法有关规定,严惩不贷③。

1946年4月24日,财政部以渝财叁字第6270号令,公布废止前颁《管理银行抵押放款办法》、《管理银行信用放款办法》④。

---

① "财部规定活存透支办法",《银行周报》30卷17、18号合刊,1946年5月1日。
② "财政部关于透支须订契约令",《银行周报》30卷23、24号合刊,1946年6月16日。
③ "财政部取缔各行庄以往来存款科目为变相信用放款令",《银行周报》30卷27号,1946年7月15日。
④ 财政部关于废止商业银行及其分支处迁地营业等办法(1946年4月24日),《中华民国金融法规档案资料选编》(上),第702页。

三、组织放款委员会审核放款

1942 年 11 月 4 日，蒋介石致电财政部及四联总处："对于各商业银行，其业务如何分配，应由我政府统制规定，希即拟具办法实施为要。"①11 月 11 日，蒋介石再次致电财政部及四联总处：凡各大都市商业银行与钱庄之每日存账，应由政府派员彻查，总使银钱业不能作非法营业，一面并设法利用其活期短期等存款，投资于生产事业，此于吸收游资定多裨益②。

根据蒋介石的指示，财政部与四联总处制订了建立放款委员会审核商业银行放款的方案，并得到了蒋介石的同意。该方案规定：(1)各地银钱业同业公会应组织放款委员会，负责审核各所属行庄资金之贷放；放款委员会设委员 5 人至 7 人，内主任委员 1 人，由当地四联分支处主席充任，副主任委员 2 人，由银行及钱业公会主席分别充任，其余委员由银钱业公会推举之；将来银行监理官派定后，对于该委员会负有督导考核之责。(2)各行庄放款数额在 5 万元以上者，须提经放款委员会审核后方得贷放；5 万元以下者，由各行庄依法自行贷放，事后报请放款委员会备核；如经该委员会认为不合，应限期收回。(3)放款委员会对于审核放款，除依照财政部规定各种管理银行章则严格办理外，并视当地经济情形及工商业概况，在协助生产事业发展之原则下，分别缓急，预拟各业资金贷放比例，报部核定，作有计划有系统之推进。(4)放款委员会工作情形，应按月编具报告，送呈当地银行监理官核转财政部查核；在未设银行监理官地方，由委员会径呈财政部查核。③

1943 年 4 月，财政部渝钱稽字第 52626 号函致四联总处：为适合各地经济情形及工商各业正当需要起见，所有前项送审放款限额，得斟酌各地一般需要情形，以原定五万元为标准，量为伸缩，仍由该地四行联行办事处会同银钱业同业公会拟定数额，叙明理由，报部核定办理，以收因地制宜之效④。

截至 1943 年 4 月 6 日，四联总处各地分支处陈报已在当地成立放款委员会者计有下列 18 处，即渝分处、桂分处、陕分处、闽分处、黔分处、兰分处、梧支处、

---

① 蒋介石为令统制商业银行业务代电(1942 年 11 月 4 日)，《四联总处史料》下册，第 449 页。
② 蒋介石为令使银钱业不能作非法营业代电(1942 年 11 月 11 日)，《四联总处史料》下册，第 450 页。
③ 财政部和四联总处为蒋介石手令管制商业银行业务等复电(1942 年 12 月 9 日)，《四联总处史料》下册，第 450—451 页。
④ 中国银行总管理处为四联总处转知放款限额可斟酌各地需要量为伸缩函(1943 年 4 月 13 日)，《四联总处史料》下册，第 465 页。

天支处、万支处、凉支处、宝支处、邵支处、吉支处、洪支处、邑支处、叙支处、雅支处、酆支处等①。

各地的放款委员会虽然相继成立,而实际运作情况并不理想。1944 年 10 月 12 日,在成都区银行监理官办公处召开的一次业务检讨会上,该区银行监理官缪钟彝就认为:"现在单就放款委员会言,该会原设于成益银号内,每星期仅开会一次,每逢开会均举行公宴,耗费甚大。但照该会规定暨工作需要,应每天开会一次,审核各行庄 10 万元以上之放款;但应每天开会,主任委员杨延森又无顾不暇,嗣经本人向该会建议,规定各委员负责轮流值日开会审核,并由本人参加出席,一面又促使该会迁到状元街四联分处内办公,以便与本处取得联络。惟该会工作不健全之主要原因还是缺少办事人员,以致经常应送之表报有欠缺,该会前曾拟增聘一干部人手,俾能负责处理日常事务,终以经费有限,至今未能如愿。"②

第四节　银行投资业务之监管

战时物价波动在所难免,如银行重利吸收社会资金从事囤积,或巧立名目设立机构,自行经营商业或代客买卖货物,以及银行服务人员利用行款经营商业,皆有侵夺生产资本、加重物价上涨之弊,自属非法营业,应予严厉取缔。银行承做以货物为抵押之放款,原属正当业务,但若放款期限过长,或对每户放款数过巨,即有助长囤积居奇之罅,亦应加以限制,"凡此规定,目的皆在取缔非法营业,促向正常业务发展"③。

1939 年 11 月初,蒋介石向经济部及四联总处等下达手令:"各地银行多有囤积各种货物居奇待价之情事,如不根本清除,则物价日昂,危害于国计民生者至大,应由经济部与四联总处负责查明各银行钱号以囤积及抵押等方式居奇之货物,限令半月内呈报详数及其仓库与地点等,由经济部通筹办法,调剂物价;如到期不报,一经查明,一律充公可也"。据此,四联总处即邀同财政部、经济部及四行代表,于 11 月 15 日和 18 日举行会议,决定先由重庆市入手调查。11 月 20

---

① 秘书处关于各地成立放款委员会情形的报告(1943 年 4 月 8 日),《四联总处史料》下册,第 462 页。
② 财政部成都区银行监理官办公处第三次业务检讨会记录(1944 年 10 月 12 日),川档:民 74115。
③ 财部钱币司司长戴铭礼在中央银行经济研究处演讲记录(1942 年 4 月 22 日),渝档:031012340。

日，由财政部、经济部及四行所派人员分成 5 组，制备表格进行调查①。

此次对重庆市的调查至 25 日完竣，计所调查之银行 30 家、钱庄 14 家、各该银钱行号附属及因债权及寄存关系之仓库堆栈计 84 处。调查方法系先查阅关系账目，再行分往各仓库核对，"以进行尚速，市面绝无惊扰之状"。此次调查重庆市银钱行号存货，大宗重要物品为棉花、纱、布匹、五金、纸张、颜料、火柴、水泥、杂货等种，其数量与存仓时期均据所派调查人员详细报告，核其所报数量，以布匹为最多，计有 20.6 万匹，其中存至 6 个月以上者有 4.63 万匹；棉花一项亦有 7 500 余包，其中存至 6 个月以上者有 2 300 余包；棉纱一项有 4 800 余包，存 6 个月以上者 300 余包；纸张一项共 6 300 余令，其中存 6 个月以上者 2 800 余令；五金杂货种类繁多，均有相当数量存积。经济部、财政部及四联总处在就此次调查向国防最高委员会的呈稿中认为，重庆市银钱行号所存货物如能加以利用，对于平抑物价自不无裨益；惟念目前物价剧涨，各银钱行号虽经详查，仍难免有囤积货物隐匿不报情事；其一般商店及私人囤积货物，在所难免②。

此后，经济部、财政部及四联总处等在对成都市 18 家银行及 13 家银号及其附设的 17 处仓栈调查时发现，银行存货均系受押或寄存性质。银号中间有自行贩卖货物者。存货最多之银行为聚兴诚、川康、美丰、重庆、和成、中国农民等 6 家，次为四川省银行及中国、金城、川盐、上海商业、成都商业、山西裕华等银行；至西康省银行、四川省合作金库及中央、交通、通惠实业等行，均未设有仓栈，自无货物寄存，而放款中亦无以货物为押品者。银号中以惠川存货为最多，次为汇通、永胜、成益、涪泰、永美厚、复兴华 6 家，其余如和通信、华华、丰福、川中、万利、金盛元等号，均以信用放款为主要业务，故无货物之受押③。

1940 年 5 月，财政部训令上海银钱业两业公会，嗣后不许各银行钱庄再做栈单或仓库押款，以免间接助长商人囤积④。对此，上海银钱两业公会决定：(1)商品押款极端审慎甄别，必视其用途正当与否为标准，务使不为社会所误会，又不悖扶助工商业之主旨；(2)农业贷款限于非沦陷区各区域，上海方面因环境特殊，由非沦陷区各地分支行尽量办理；(3)为贯彻服务社会宗旨起见，在内地竭

---

① 秘书处关于银行钱号囤积居奇调查的报告(1939 年 11 月 21 日)，《四联总处史料》下册，第 373 页。

② 经济部等关于检查重庆银钱行号存货情况呈稿(1939 年 11 月 30 日)，《四联总处史料》下册，第 374 页。

③ 龚持等关于调查成都市银钱行庄商号工厂存货情况呈(1940 年 1 月 13 日)，《四联总处史料》下册，第 376 页。

④ "银钱业奉令停做栈单押款"，《银行周报》24 卷 22 号，1940 年 6 月 4 日。

力添设分支行尽量向内地求发展,使上海之游资实行内移①。

1940 年 8 月 27 日,蒋介石以机密(甲)第 3196 号手令致四联总处:"对于集中及吸收游资,务望全力进行;其法对于各商业银行及各处各乡小钱店之存款利率,应尽量提高,使之有利可图,不再囤积货物。此节应特别研究注重,并分别地区拟定,有范围、有计划、有标准吸收游资存款之进行,且须从速实施。一面仍应注重宣传,作大规模普遍之运动,即以囤积与储蓄之利害对照为主旨,其他各种方法,使之能达成吸收游资之目的。四行储蓄之标准数,到八月底止究竟已有几何,并严令各行积极进行。本年内务达成预定之标准数,并以此作各行行长之考成也。"②

1940 年 8 月 7 日,财政部公布了《非常时期管理银行暂行办法》,该办法第 4 条规定,银行不得直接经营商业或囤积货物,并不得以代理部、贸易部或信托部等名义,自行经营或代客买卖货物;第 8 条规定:禁止银行从业人员经商;官办或官商合办之银行,其服务人员一律视同公务人员,不得直接经营商业③。1941 年 12 月 9 日,国民政府公布了修正后的《非常时期管理银行暂行办法》15 条,补充规定:银行亦不得另设商号自行经营商业;银行服务人员利用行款经营商业,以侵占论;并加重了对银行违反规定的处罚,除罚金外,情节较重者各勒令停业;并补充了对累犯处罚的相关规定④。

鉴于行政院经济会议秘书处提出,各地银行业间有以储押货物为变相囤积,滥发空头仓单,以及以勾结或化名之商号向银行透支资本、实施操纵囤积等项情弊,并认为有检查必要,1941 年 12 月 18 日,财政部要求四联总处,除重庆市各银钱行庄由财政部派员分组检查外,对于成都、万县、内江、乐山、宜宾、泸县、江津、自贡市、昆明、贵阳、桂林、衡阳、西安、兰州等地之银钱行庄,以及与各该行庄往来数目较巨之商号,自应一并加以检查,以期周密;按照《修正非常时期管理银行暂行办法》以及经济会议秘书处提出各点,指派干员代表财政部克日办理检查,并将检查结果具报到部⑤。

根据财政部的指令以及四联总处的具体安排,成都、万县等 13 个分支处先

---

① "银钱业审慎办理商品押款",《银行周报》24 卷 26 号,1940 年 7 月 2 日。
② 徐堪关于蒋介石手令饬吸收游资的报告(1940 年 8 月 29 日),《四联总处史料》下册,第 378 页。
③ 财政部非常时期管理银行暂行办法(1940 年 8 月 7 日),《中华民国金融法规档案资料选编》(上),第641—643 页。
④ 国民政府公布之修正非常时期管理银行暂行办法(1941 年 12 月 9 日),《中华民国金融法规档案资料选编》(上),第 653—655 页。
⑤ 秘书处关于已饬各分支处检查银钱行庄囤积报告(1942 年 1 月 8 日),《四联总处史料》下册,第 393页。

后检查银行 117 家、钱庄 52 家、合作金库 1 家、商号 12 家。四联总处秘书处于 1942 年 6 月 4 日提交报告，将各地检查结果综合如下：

（1）各行庄会计科目名称极不一致。其存放各款，常有不用存放款科目处理，而用借入款、暂时放款、代理收解等科目入帐者。

（2）各行庄之存款数额，以活期存款居多，定期存款甚少。例如宜宾云南兴文银行 1942 年 1 月 15 日存款余额为 45 万元，全系活期存款。又如美丰银行存款余额 110 余万元，其中活期存款 100 万元、定期存款 10 万元。其他如昆明各行庄存款总额为 2.36 亿元，其中活期存款 2.26 亿元、定期存款 1 000 余万元。贵阳各行庄存款总额为 1 400 余万元，其中活期存款 1 200 余万元、定期存款 100 余万元。

（3）各行庄商业放款居多，生产建设事业放款甚少，且多属信用性质。例如内江大川银行 1941 年 12 月底放款余额为 117 万元，其中商业放款占 99 万元，均系信用性质。又如内江聚兴诚银行放款余额为 370 余万元，全系信用放款，其中商业放款占 200 余万元。再如万县一地，各行庄放款总额为 580 余万元，其中信用放款达 570 余万元，信用放款中尤以比期放款占绝对多数。桂林各行庄放款总额为 2 360 余万元，其中除桂南战区农贷 928 万元外，其余 1 430 余万元中，商业信用放款占 1 150 余万元。昆明各行庄放款总额为 1.75 亿元，其中信用放款 1.07 亿元、抵押放款 6 700 余万元，全部放款中生产事业放款占 4 000 余万元，余均为商业放款。

（4）单户放款数额多有超过各该行庄放款总额 5% 者。例如万县重庆银行及美丰银行、宜宾云南兴文银行、昆明和成银行、美丰银行、贵阳上海银行等，均有巨额放款，超过 5% 之规定。

（5）各行之设有副业者，多由各该副业出面承借大宗款项。例如昆明和成银行拨借"和益"245 万元，美丰银行拨借"群丰公司"250 万元，金城银行拨借"通城公司"70 万元，桂林上海银行拨借"大业公司"170 余万元，衡阳上海银行拨借"大业公司"170 余万元，贵阳美丰银行拨借"德丰公司"40 万元，亚西银行拨借"福乾公司"50 万元。

（6）各行仓库所存货物，以花纱布匹为主，间亦有储存粮食油糖及五金零件者。例如泸县一地，仓库堆存棉花 6 000 余包、纱 3 000 余件、布 7 000 余匹、车胎 200 余套另 200 余件、洋钉 760 余桶。万县仓库堆存棉花 7 000 余件、黄谷 250 石、麻油 8 000 斤、菜油 7 万斤、姜黄 6 000 斤。乐山仓库堆存洋布 1 000 余匹、洋毛 2 万余斤。宜宾仓库堆存布 3 500 余匹、棉花 2 000 件、纱 600 件、烟叶 3 000 捆、黄糖 1 000 担。

(7) 商业银行间亦有接受政府机关存款者。例如贵阳亚西银行接受当地购粮委员会存款 10 万元、军政部军粮局存款 10 万元、军粮运输管理处存款 30 万元、贵阳卫生署存款 2.6 万余元。上海银行接收贵州财政厅存款 2 笔共 7 万余元、绥署军法处存款 4.5 万余元、直接税局存款 4.6 万余元。金城银行接收滇黔绥署副主任公署存款 12.3 万余元、贵筑县政府购粮户存款 24.9 万余元。

(8) 各省银行仍有设立贸易机构由各该行供给营运资金贩运商货者,如湖南省银行之食盐部及广西银行之日用品供销处等①。

1942 年 3 月 23 日,财政部发布渝钱行字第 27858 号训令:查银行投资各种生产事业,加入该事业之公司或厂号为股东时,应依照《公司法》第十一条限制,不得为无限责任股东;如为有限责任股东,其所有股份总额不得超过银行实收股本总数四分之一②。

财政部钱币司司长戴铭礼称:"依管理银行办法规定,银行运用资金,应以投放生产事业为原则,其资金之投放,原应采取贷款方式,但据检查银行结果,各银行直接参加其他事业股款者,不在少数。就原则言,商业银行资金之运用,应以富于流动性为第一要义,若参加事业股款资金呆滞,一遇经济恐慌,银行基础即不免产生动摇,政府为使银行营业稳健计,自应禁止银行参加事业股款,惟衡以我国当前情形,一切生产事业尚待金融机关之扶助,而我国资金市场又尚未十分健全,则允许银行以一部分资力参加生产事业股款,似属必要。至在规定施行以前已有上项投资者,并应开具清单,胪列事实,补行呈准,以完手续。"③

1942 年 11 月 11 日,蒋介石向财政部、四联总处下达手令:"凡各大都市商业银行与钱庄之每日存帐,应由政府派员严查,使银钱业不能作非法营业,一面并设法利用其活期、短期等存款投资于生产事业,此于吸收游资定多裨益,如何?希如此研拟办法实施为要。"④

应该说,监管机关对银行投资问题的认识是比较清醒的。1943 年 7 月 6 日,时任财政部桂林区银行监理官办公处监理官江英志,在召集桂林市各银行代表座谈会上讲话时提出:"金融为一切经济部门的枢纽,未有金融不健全,而经济能正常发展的。目前我国战时经济中最严重的问题莫过于:(1)游资泛滥很难吸收;(2)大部分资金没有用到生产事业上去;由此使物价高涨,物资贫乏,人民

---

① 秘书处关于检查成都万县等十三地银行钱庄业务结果的综合报告(1942 年 6 月 4 日),《四联总处史料》下册,第 428—430 页。
② "财部通令银行投资生产事业应依照法令办理",《银行周报》30 卷 49 号,1946 年 12 月 16 日。
③ 财部钱币司司长戴铭礼在中央银行经济研究处演讲记录(1942 年 4 月 22 日),川档:031012340。
④ 蒋介石手令机秘甲字第 7176 号(1942 年 11 月 11 日),二档:三(1)3359。

生活痛苦，长此而往，影响战时国民经济实不堪设想。但是我们认为，当前的经济问题虽然严重，并不是无法可以克服的，办法是什么呢？主要的就是健全银行业务，这理由很简单，一切事业的进行都要靠资金，而银行是社会资金最大的拥有者，如果银行资金的运用能集中于抗战建国与国民经济直接有利的事业，减少不正当的投资，那么抗战建国便不怕没有钱，国民经济便不怕不发达，当前最严重的物价问题便不怕无法解决了。所以，我一向主张金融业要领导其他事业向光明正大之前途迈进，不要为其他事业所支配，这就是说，金融业要做各项事业的先锋，不要做各项事业的尾巴。"[1]

1943 年 9 月 3 日，蒋介石向财政部下达手令："据报陕甘各省之商业银行皆兼营商业，故抬物价，以致扰乱金融，破坏限政，饬即切实调查与严厉取缔。"为此，财政部即电饬该部西安、兰州两区银行监理官办公处切实调查，明确报部取缔，并饬遇必要时各商同地方主管官署，依照法令为紧急之措置[2]。

1944 年 9 月 26 日，财政部渝钱庚一字第 55466 号训令重庆市银行业、钱商业同业公会："重庆为战时全国金融中心，金融业务之是否正常，不仅有关本市市场安定，抑且影响全国经济金融，该公会所属会员银行、庄号，自应仰体政府金融政策，协力奉行。惟据各方报告，仍有少数行庄，罔顾大体，只图私益，投机取巧，违法营私情事，当金融缓弛之际，则调集大量资金从事非法营业，或串同商人勾结利用；一旦市场银根稍紧，即感周转不灵，更不顾信义，不择手段，扯空张罗，以度难关。如此行为，其本身业务固失健全，而违反管制、扰乱市场，尤属干犯法纪。本部管理银行目的，在运用金融力量扶植经济建设，以期对于抗建有所贡献，对于此类非法行为，自当严予纠正，决不稍事宽假，此后当更加强检查，严密纠举，如有甘冒不韪，以身试法者，一经查实，除依法从严究处外，对其头寸紧迫、周转不灵、出自本身经营失当者，决不稍予救济。该公会领导同业，闻见较切，务须勉励同业洁身自爱，尤须运用同业制裁力量，随时予以矫正，以纳金融力量于正规。"[3]

同日，财政部以渝钱庚一字第 55449 号训令重庆市银行业、钱商业同业公会："查囤积粮食，早经悬为严禁，银钱行庄承做以粮食为质押品之放款，亦经明令禁止。近以粮价回跌，据报一般商人又有囤积粮食，希图居奇情事，而银行钱庄本身及从事人员，亦有此类行为，果系实情，实属违法营私，罪无可逭，本部自

① 桂林区银行监理官办公处召集桂林市各银行代表座谈会记录(1943 年 7 月 6 日)，渝档：031011476。
② 蒋介石手令遵办情形报告(1943 年 9 月 3 日)，二档：三(1)3360。
③ 财政部训令渝钱庚一字第 55466 号(1944 年 9 月 26 日)，二档：三(1)2235。

当密切注意检查,如果发现此类行为,定予依法从重惩处。又,银行对于放款方面,应切实注意,倘有明知其为囤粮而贷予款项者,并应同负责任。"①

1946年10月14日,财政部京钱庚字第3131号训令,撤销了前颁渝钱行字第27858号训令,嗣后银行如投资生产事业而为有限责任股东时,自应依照修正《公司法》第20条暨部颁之《管理银行办法》第11条之规定办理②。

1947年9月,新《银行法》对银行投资也作了具体规定。第53条规定,商业银行购入生产、公用或交通事业公司之有限责任股票,其股票购价每一公司不得超过其存款总额2%,总额不得超过其存款总额20%;第63条规定,实业银行购入农工矿业及其他生产、公用或交通事业公司之有限责任股票,其股票购价每一公司不得超过存款总额4%,总额不得超过其存款总额10%;第74条规定,储蓄银行购入农工矿业及其他生产、公用或交通事业之有限责任股票,其股票购价每一公司不得超过其存款总额2%,总额不得超过其存款总额25%③。

第五节　银行汇兑业务之监管

汇兑作为银行的主要业务之一,事实上也是银行的主要收入来源之一。1935年法币政策实施后,内汇汇率按照国家银行对于汇款收费之规定,定为每千元一律5角,隔省每千元一律1元④。此后,由于抗战爆发,情况发生诸多变化,政府于是采取多种措施,加强了对银行汇兑业务的管理。

一、限制对沦陷区汇款

1938年9月下旬,财政部致电港沪银行,以近查法币巨量流入上海、天津各口岸,显系有人从中偷运,希图破坏法币政策,除电令沿海各关口负责当局严厉检查外,各银行对于往来存户,应特别注意限制汇兑,凡500元以上之汇兑,均须

---

① 财政部训令渝钱庚一字第55449号(1944年9月26日),二档:三(1)2235。
② 财政部关于撤销前颁银行投资各种生产事业限制令(1946年10月14日),《中华民国金融法规档案资料选编》(下),第1133页。《公司法》第11条条文为:公司不得为他公司之无限责任股东,或合伙事业之合伙人;如为他公司之有限责任股东时,其所有投资总额,不得超过本公司实收股本二分之一,但投资于生产事业或以投资为事业者,不在此限。
③ 国民政府公布银行法令稿(1947年9月1日),《中华民国金融法规档案资料选编》(下),第740—757页。
④ 杨荫溥、钟裹衮:《八年来大后方之金融》,《银行周报》30卷3、4号合刊,1946年1月16日。

查明用途及性质，"倘有意破坏不法情事，应即扣留，或仍退还原来地方，以免法币外流"[1]。11月下旬，财政部再令各银行，对于往来存户，特别注意往来汇兑，每人每次汇入沦陷区域法币，不得超过500元；如满500元之汇兑，均须详查用途及其性质，如查有可疑之处，应即扣留或退还原寄地方，以杜法币外流[2]。同时，财政部还电令中、中、交、农四行，要求防止奸商操纵法币，除限制法币流入沦陷区域外，四行"务负稳定法币全责，十足收兑，无限制收受非战区汇兑，并不得任意抬高汇率"[3]。

根据财政部的指令，中、中、交、农四行规定，自1938年11月份起，凡汇往上海之款，在沪解交汇划者，每百元取手续费1角，运送费9角，每人每次不得超过500元；在沪解交法币者，每百元收取手续费1角、运送费3元9角，每人每次不得超过100元，每天并定有一总限额，额满则须次日续汇，"即对于同业，亦不允逾额通融"。于是重庆汇往省外汇兑，"又复昔年状态，汇出款项，完全续赖出口贸易数额调抵"。自四行限制汇款之后，商人向沪港定货，不得不增加手续，向各出口字号设法购取本身所需之头寸，于是汇兑暗盘渐生，1938年10月份沪解汇划款项每千元10元之汇水，骤涨至70元至80元，11月份又涨至110元，12月份涨至140元，其后市价稍回，但始终盘旋于140元至150元之间，至于昆明等处，亦呈现出此种现象[4]。至1941年下半年，内汇升水逐渐趋缩。由于各川帮银行创办比期存款以后，奖励游资内移，故汇款往重庆、昆明、贵阳等地者日见增多。以前上海汇款赴渝，仅须交法币700元，即可在渝昆收取1 000元，但最近则已涨至须申交870元，始能在渝或昆明收取1 000元[5]。

而设置国内汇兑管理委员会，是防止内地法币外流和鼓励资金流入内地的一项重要措施。该委员会设在重庆四行总行所在地，全国设立分会，附设在中、中、交、农四行内，对由内地汇款至沿海沦陷区域，如上海等处，规定以购买日用必需品为限，并应先向汇兑管委会申请，说明用途、数目、汇往地点及买货商号之证明文件，旨在防止内地资金之外流。此外，并鼓励资金之流入内地，中、中、交、农四行，对由上海汇款至内地者，予以种种便利，规定汇款入内地者，无论何地，一律免收汇费，只收手续费每千元国币1元，并得以上海通用之汇划票据付给之，而内地得领用十足之现钞，如以津鲁汉地名之钞票，委托中、交汇到内地者，

① "财部限制汇兑"，《银行周报》22卷38号，1938年9月27日。
② "财部防止法币外流"，《银行周报》22卷47号，1938年11月29日。
③ "财部电四行防止奸商操纵法币"，《银行周报》22卷40号，1938年10月11日。
④ "财部限制向沦陷区内汇款"，《银行周报》23卷17号，1939年5月2日。
⑤ "内汇升水逐渐趋缩"，《银行周报》25卷41号，1941年10月21日。

除免汇费外,并不收手续费,因此自实行以来,由上海汇款至内地者激增。由于上海系沦陷区域之一,并不设立国内汇兑管委会,至于由内地汇沪之款,如昆明、重庆等地,现钞约 1 400 元,合申地 1 000 元,且内地汇款为现钞,上海领款者为汇划,自国内汇兑管理委员会成立后,由内地汇沪之款,非经国内汇兑管理委员会之审查核准,不得委托行庄或邮局承汇,对于汇沪之款,特别严格[①]。

太平洋战争爆发后,上海公共租界被敌人侵入,财政部以渝钱汇 5694 号代电规定,凡商业银行有分支行或总行在上海及其他沦陷区者,所有在后方之总行或分支行对沦陷区行处之收解,须经财政部核准后方得办理。此后,财政部认为,我方在沦陷区内各项正当费用,仍应设法汇拨,其后方公务人员眷属留居沦陷区内者,亦须按时汇寄赡家款项。为此,财政部于 1942 年 2 月 27 日以渝钱汇字第 59746 号代电核定暂行办法如下:(1)凡由沦陷区汇入汇款,得由各地银行及邮政储金汇业局照常解付;解款每笔数额在 1 万元以上者,应将款数及汇款人、收款人姓名,款项,用途等,于月终列表报部备查。(2)办理汇入沦陷区域汇款,除由部令饬办理者外,暂以重庆、成都、昆明、桂林、衡阳、金华、屯溪等 7 地银行及邮政储金汇业局为限;其用途以《修正非常时期管理银行暂行办法》第 8 条规定者为准。(3)以上 7 地行局汇往沦陷区汇款,如每户每日数目在 5 000 元以下,承汇行局确认其用途正当者,准予先行承汇,仍应于月终将汇款人、收款人姓名及用途等项列表报部备查,且此项汇款应尽先承汇公私机关服务人员赡家款项;其汇往沦陷区汇款,如每户每日数目在 5 000 元以上者,仍应先行报经财政部核准方得办理[②]。

1944 年 3 月 13 日,财政部代电致四联总处,将上项办法予以修订,另订《修正沦陷区汇款暂行办法》4 项:(1)办理汇往沦陷区汇款得由各地银行照常承汇。(2)凡由沦陷区汇入汇款,解款数额每笔在 1 万元以下者,得由各行照常解付,其数额在 1 万元以上者,应即存入解款银行,作为活期存款;此项活期存款,每月准以提取 1 万元为限。(3)凡由沦陷区汇入汇款作为投资企业或经营正当运输事业或其他特殊正当用途,报经本部核准者,得不受上项提款之限制。(4)各银行应将汇往沦陷区及由沦陷区汇入汇款,按月列入汇出汇入旬报表内,呈报银行监理官办公处查核;重庆等未设监理官地方,径送本部查核[③]。

① "财政部将管理国内汇兑",《银行周报》23 卷 31 号,1939 年 8 月 8 日。

② 渝分处为转知沦陷区汇款暂行办法函(1942 年 3 月 17 日),《四联总处史料》下册,第 72 页。

③ 渝分处为转知修正沦陷区汇款暂行办法四项函(1944 年 4 月 4 日),《四联总处史料》下册,第 117 页。

二、对口岸汇款的限制

1939 年 7 月 18 日，四联总处通知四总行及各分处执行经财政部核准的《便利内汇暂行办法》，该办法规定，由口岸汇内地免收邮费，内地与内地间照部定汇率尽量通汇；而由内地汇口岸者，对证明与查验手续有如下具体要求：(1) 由内地汇口岸者，限于购置日用必需及抗战必要之物之款；(2) 内地厂号或商人须向口岸进货者，应于订货单寄出之前，先将拟运进之货品名称、数量、价值等向当地四联总处分处申请内运货价准汇单；(3) 口岸厂号或商人收到内地商定货单，起运货品前，须检同发票申请当地四联分处查明确系部定范围以内之货，给予起运证明书，载明品名、数量、价值等；(4) 货到达当地，进货商应检同发票及起运证明书并货款准汇单申请当地四联总处查验，如查明无误，即予照汇款，汇出后应将上项证明书及准汇单注销存验。办法同时还规定，其持有交通工具处所之所出运货提单者，可予押汇，但仍照办证明与查验手续；无论购货厂号或个人汇款汇费，100 元以内至多不得过 1 元，100 元以上得酌收运送费，由四联总处或未设四联总处之各行根据当地情形及运送费用数目，随时拟请四联总处核定之；除财政部规定以法币交付者外，其汇沪款项在 500 元以上照付汇划；货商与证明人及查验人员如有浮报货价及徇情蒙混等情事，一经查明，从严处罚[①]。

限制口岸汇款的目的，是为了防止资金逃避，影响外汇市场，但英美封存中国资金后，因资金外流对于法币外汇市场的压力已经消除，再加上太平洋战争爆发后，香港、上海、九龙、鼓浪屿、汕头、宁波等 6 处先后沦陷，1941 年 12 月 26 日，四联总处第 107 次理事会议决定取消上述口岸汇款的限制，其余如广州湾、龙州、温州、海门、福州、泉州、涵江、福清等 8 处口岸地点，亦予以取消。此后所有汇往各该地款项，概照普通汇款规定收费，计本省每千元收 10 元，他省每千元收 20 元。"惟为兼顾各该地四行解付头寸计，对于每月解汇限

[①] 四联总处为检发便利内汇暂行办法函(1939 年 7 月 18 日)，《四联总处史料》下册，第 1—3 页。该件同时将"口岸"与"内地"划分如下。(1) 口岸：上海、香港、宁波、温州、福州、泉州、广州湾、龙州、鼓浪屿、汕头等地；内地：除口岸及沦陷区外称之。对"日用必须及抗战必要物品"名单规定为：(1) 各种本色棉布，以本国厂商出品为限；(2) 各种漂白或染色棉布，以本国厂商出品为限；(3) 各种印染棉布，以本国厂商出品为限；(4) 棉花(国产)；(5) 棉线(国产)；(6) 棉纱，10 支至 32 支国产；(7) 黄、紫铜条、竿、丝、片、板、管子；(8) 各种生熟钢；(9) 各种马口铁、三角铁；(10) 锌块、片、板；(11) 各种机器及其配件，包括各种锉刀、砂轮、坩埚；(12) 车床、钻床、刨床及其配件；(13) 电灯、电话、无线电及其配件；(14) 化学工业用品及药料；(15) 医药卫生器材；(16) 各种染料；(17) 家用及洗衣肥皂；(18) 书籍纸张；(19) 交通器材。

额仍酌予限制。"①

三、加强对汇款征费监管

1940年3月19日,四联总处第24次理事会议通过《国内汇款统一征费实施细则》,将国内汇款暂分为口岸汇款、口岸间汇款、本省汇款、他省汇款、腹地汇款等;国内汇款征费暂分手续费与运送费两种。具体为:(1)口岸汇款,交汇划,每千元手续费1元、运送费49元,共50元;交划头(即现法币),每千元收手续费1元、运送费99元,共100元;(2)口岸间汇款,由当地四行按市况及比例酌定之;(3)本省汇款,每千元收手续费1元、运送费4元,共5元;(4)他省汇款,每千元收手续费1元、运送费9元,共10元;(5)腹地汇款,各口岸之四行,应参照市场情形,随地酌定适宜办法。此外,还规定对行政机关、银行同业、军事机关及慈善机关等相关汇款,分别给予手续费和运送费减半或全免的优惠②。

由于运券困难,需费至巨,四联总处1941年1月9日第61次理事会议通过决议,对国内汇款统一征费细则修订为:(1)手续费仍收千分之一;(2)运送费改为隔省千分之十九、省内千分之九;(3)另加收邮电费。同时另拟办法原则4项:(1)军事党务慈善机关汇款手续费、运送费全免;(2)行政机关汇款手续费全免,运送费收四分之一;(3)国营事业机关汇款手续费全免,运送费照收;(4)国营事业机关由口岸汇入内地款项,应尽可能交由四行承汇③。

此后,杭州、桂林、韶关等分支处先后向四联总处反映:"或为增加各该处筹码,鼓励资金内移,似须酌减汇费;或以当地四行与口岸密迩,如照规定收费,恐反便于商业银行套汇;或以承汇及解汇地间距离甚近,交通便利,不宜收费过巨。"1941年5月8日,四联总处第76次理事会议就国内汇款统一征费变通原则作出决议:(1)各地四行收取汇费,包括手续费及运送费,以"修正统一征费实施细则"之规定为最高额;(2)凡汇往本省及隔省汇款,如因距离较近,交通便利,得酌量减收汇费;(3)凡承汇地四行为调度头寸关系,得酌减汇费;(4)凡由口岸

---

① 理事会关于取消口岸汇款限制的决议(1941年12月26日),《四联总处史料》下册,第55页。
② 理事会关于国内汇款统一征费实施细则的决议(1940年3月19日),《四联总处史料》下册,第14—15页。此件同时规定了各类汇款种类概念:(1)口岸汇款,凡由本国任何地方,汇往各口岸及附近地带者;(2)口岸间汇款,凡各口岸及其附近地带间,互为通汇之汇款;(3)本省汇款,每省区内之汇款,除各口岸外称之;(4)他省汇款,凡由某省汇往其他任何省区之汇款,除口岸外称之;(5)腹地汇款,由各口岸与战区以及各该地附近地带汇款往后方者。
③ 理事会修正国内汇款统一征费实施细则的决议(1941年1月9日),《四联总处史料》下册,第31页。

汇往内地款项得酌减汇费；(5)凡由内地汇往口岸款项仍应一律按照"修正统一
征费实施细则"，不得减收；(6)有酌减汇费必要时，应由当地四联分支处或当地
各行会商决定办理，并随时陈报总处查核；(7)凡同一地点各行收取汇费数目，必
须一致，不得纷歧①。

四、开放四行商汇与压低物价

由于四行为防止资金辗转逃避，并因各地库存不丰，对于内地商业银行汇款
亦多限制，商业银行遂抬高汇水承做，市场汇价最高时曾达每 100 元收取 6～7
元之巨，于是一般商人往往串通军事机关套汇取巧，甚或私运钞券偷漏出口，以
免负担汇水。为此，四联总处认为，开放内地商汇，不但可以压平内汇黑市汇价，
调整各地间法币购买力，且可平抑物价，防止商民辗转套汇等不良现象。1941
年 3 月 13 日四联总处第 19 次理事会议通过了改善内地商业汇款办法。此后，
举凡正当商人以重庆为承汇地点，请汇桂林、柳州、衡阳、贵阳等处购买日用必需
物资价款，得填具汇款申请单，径向总处办理；各地款额为：贵阳每月 500 万元，
桂林、柳州每月合计共 1 000 万元，衡阳每月 1 500 万元。申请汇款时，须先交验
同业公会会员证及营业执照，经由四联总处核明照汇；每笔汇款应在解款行开立
存款户，并得视解款行库存情况陆续分批解付；如支付巨额现款，应由收款人说
明详细用途，由解款行核明照付。至 3 月份开办至当年 12 月底，核准商汇数额
总额为 2 891.2 万元。其中，汇往衡阳 1 436.7 万元，占 50%；柳州 1 115 万元，
占 39%；桂林 243 万元，占 8%；其他 95.5 万元，占 3%。"此项汇款数额虽微，但
因四行承汇之结果，商业银行汇水减低，商民多数仍向商业银行洽汇，故数额虽
微，收效则大。"②

太平洋战事爆发后，一般商民鉴于外洋物资来源中断，为先期搜购各地现存
货物，以备运销后方计，纷纷前往柳州、衡阳、金华、西安等地购办商货，致各该地
汇款之需要颇巨，商业银行遂抬高汇费承汇。市场汇价，金华为每千元收费 120
元，衡阳、柳州为每千元 40 元，西安为每千元 70 元，"影响后方物价，实非浅鲜"。
为此，在 1942 年 2 月 19 日的四联总处第 114 次理事会议上，秘书处提出，为压
平内汇黑市，便利商民，减轻日用必需品成本，以平抑物价起见，由渝四行逐日斟
酌前一天市场汇价情况，厘定当日四行商汇汇价，大致以照市价 8 折为原则，并

① 理事会关于国内汇款统一征费变通原则的决议(1941 年 5 月 8 日)，《四联总处史料》下册，第 32 页。
② 四联总处关于改善内地商汇的报告(1941 年度)，《四联总处史料》下册，第 57—58 页。

由各行悬牌公告,尽量收汇,压低黑市汇价,至四联总处统一收费办法最高额为止(即本省每千元收费 10 元,他省每千元收费 20 元)。四联总处作出决议认为畅通内地商汇确属必要,"四行承做商业汇款,可不必受统一收费办法规定之限制,由当地四联分支处按照市情斟酌规定汇率"①。

五、管制假借汇款之放款

财政部严格管制银行放款业务以后,各行庄利用经营汇款业务逃避管制,大致有两种方式:(1)垫款汇解而不订合法之放款契约;(2)买入汇款而无合法之付款票据。为此,财政部于 1944 年 5 月 22 日发出训令指出,上述两种情形,实际均属变相的信用放款,"流弊所及,不但保障脆弱,风险程度远在信用放款之上,更因假借汇款名义,其实际用途如何,是否挪调别作经营,尤难稽考,自应予以取缔,以防假借"。财政部同时指出,银行买入他埠汇款,以调拨头寸,原有买入同业汇款及普通工商业汇款两种,除同业汇票另有其方式外,普通工商业汇票,《非常时期票据承兑贴现办法》中所规定之"工商业承兑汇票",银行买入此项汇款,自应并按上项办法之规定办理。为加强管制、防杜流弊,暨促进工商承兑汇票之推行起见,财政部对于银行汇款业务之经营,规定了《银行经营汇兑业务六项办法》,要求各行庄至 1944 年 6 月 1 日起遵行,其规定如下:(1)非常时期银行经营汇款业务,除应依照现行有关法令办理外,并应遵照下列之规定办理;(2)银行经营买入汇款业务,除下列第三项规定者,无论即期或定期,应以买入同业汇款为限;(3)银行经营买入普通工商业或农业汇票,以买入合于《非常时期票据承兑贴现办法》规定之承兑汇票为限,所有处理办法及会计手续,并应遵照同办法暨释例以及有关法令之规定办理;(4)银行经营汇出汇款业务,无论信汇或电汇,不得于汇款人未将汇款交到以前,先行汇解;(5)银行经营汇出汇款业务,如须为汇款人先行拨垫一部或全部款项时,应先将拨垫款项,依照规定办理放款手续,再行办理汇解手续;(6)银行违反上列第 2、3、5 等项之规定者,应视情节,分别按照《非常时期管理银行暂行办法》、《管理银行信用放款办法》、《管理银行抵押放款办法》及《非常时期票据承兑贴现办法》之规定,予以处罚②。

这一办法实施后,对银行业务经营带来一定影响,一方面,银行调拨各地头

---

① 理事会关于压平重庆对各重要都市汇款黑市汇价办法(1942 年 2 月 19 日),《四联总处史料》下册,第 67—68 页。

② "银行经营汇兑业务六项办法",《银行周报》29 卷 45、46、47、48 号合刊,1945 年 12 月 1 日。

寸，仅对同业间之流通实力尚感不足，战时交通困难，筹码短绌，运现调剂，事实尤属困难；另一方面，又以各地工商业对于票据行使，尚未有普遍习惯，异地承兑，手续周折，恐难适应时机，原定买入非同业汇款，以工商业承兑汇票为限一项，实施时不无困难。为便利银行正当业务之发展，并防止流弊起见，财政部此后将原训令第三项更改为："银行经营买入普通工商业汇款，应以加入当地同业公会之合法厂商所出之票据为限，并应取具两家以上之殷实厂商联名保证。"至其他各项仍准照原令办理①。

1946 年 10 月，财政部发出京钱庚三字第 313 号训令，将原颁规定《银行经营汇兑业务六项办法》及其修正第三条之通令，予以废止，以资简化②。

六、战后对汇兑的规范

复员后，根据四联总处各分支处报告，因当地对外交通困难，以致券料运来不易，应解军政汇款常感困难，每受军政机关之责备；同时各行局调拨申汇，以受中央银行之限制，头寸无法抵补，颇多以提现运钞至外埠之事，而尤以上海为多。因此，中央银行运送钞券至此等地点之努力，大部分为商人倒运所抵消。此种现象，一方面加深了券料缺乏之严重性，另一方面浪费有用之运输吨位，亟应设法畅通内汇，以使有限运输吨位，作有效益之利用。为此，四联总处 1946 年 10 月 8 日决定执行如下畅通国内汇款办法：(1)请中央银行总行取消对各地三行两局申汇逐案核定办法，除因券料一时未及充分准备之地点外，各地中央银行对三行两局之调汇，务求达到畅解畅收之目标。(2)各地商业行庄申请汇款，其额度由当地中央银行视实际情形随时核定之。(3)各地三行两局代解军政汇款之头寸调拨，仍照 1946 年 5 月 16 日 306 次理事会议核定办法办理。(4)券料缺乏地点之中央银行，应尽量充实接济，以利汇解，其在交通不便之地点，中央银行并应从宽估计存钞数量，预为接济。(5)中央银行运送券料所需交通工具，拟请行政院转行交通主管机关尽量调拨交通工具，优先承运。(6)中央银行对于军政粮汇款，应尽速派解，以应机宜③。

---

① "更正银行经营汇兑业务六项办法中第三项规定"，《银行周报》29 卷 45、46、47、48 号合刊，1945 年 12 月 1 日。

② "财部废止前颁银行经营汇兑业务办法"，《银行周报》30 卷 43 号，1946 年 11 月 4 日。

③ 疏畅国内汇兑(1946 年 10 月 8 日)，《四联总处史料》下册，第 133—134 页。

第六章 问题银行与银行市场退出的监管：银行、同业与政府的选择

对问题银行与银行市场退出的监管，是整个银行监管制度中不可或缺的重要内容，尤其是银行的市场退出，与市场准入、日常业务经营等，在一定意义上构成了完整的银行"生命周期"。问题银行一般是指因经营管理不善或者因突发事件的影响而发生了挤兑、倒闭或破产危险的银行机构，大体包括三种情况，即流动性困难银行、资不抵债银行和支付困难银行。而市场退出是指银行法人主体地位的变更或者丧失，即银行在经营过程中，为适应市场竞争的需要而主动（被动）改变其主体法律地位，使其权力能力和行为能力发生变化，或者导致其主体资格丧失，使其权利能力和行为能力消灭；主体资格变化的原因主要有合办、分立、解散、破产等形式[1]。本章分别讨论了法定存款准备金制度、银行业的同业救助、银行业危机与政府处置、银行业的停业清理、债权人权益保护等问题。需要说明的是，本章对法定存款准备金的讨论，主要侧重从防范银行风险角度进行讨论，而并非全面研究银行的发行制度；同样，对银行业同业救助以及政府处置也主要侧重这一角度。这些问题实际上体现了银行、同业组织与政府的不同选择。

第一节 法定存款准备金制度

法定存款准备金制度，起源于法定发行准备金制度。1908 年（光绪三十四年）清政府颁布的《银行通行则例》，允许官商所设银钱行号发行通用银钱票，但对发行兑换准备未作任何规定，这是此后造成纸币滥发的一个重要原因。至宣

---

[1] 《银行监管比较研究》，第 271—272 页。

统元年(1909 年)，由清政府颁布的《通用银钱票暂行章程》即明确，发行纸币必须有现金 4/10 作为准备，其余全数可以各种公债及确实可靠之股票债券作准备，另行存库立账，不与寻常账目相混[1]。此后，历届政府都十分重视货币发行的准备金问题，直到 1935 年南京国民政府实行法币政策，货币发行相对集中后，该问题的重要性才有所减低。

继之而起的乃为法定存款准备金制度。而法定存款准备金，实际又有两个概念：一是储蓄存款准备金，二是普通存款准备金。对于储蓄存款准备金，实际上从晚清政府开始即给予了重视。1908 年清政府颁布的《储蓄银行则例》首次规定，储蓄银行"应于每年结帐之时，核算存款总额四分之一，将现银或国债票、地方公债及确实可靠之各种公司股票，存于就近大清银行或其他殷实银行，以为付还储蓄存款之担保，并取具存据呈报度支部或该地方官核验"[2]。这里已经有了储蓄存款准备金的概念，而且目的性非常明确，即作为"付还储蓄存款之担保"，但对其来源要求不高。1934 年 7 月 4 日国民政府颁布施行的《储蓄银行法》第 9 条规定，储蓄银行至少应有储蓄存款总额 1/4 相当之政府公债及其他担保确实之资产，交存中央特设之保管库，为偿还储蓄存款之担保；前项规定之存款总额，以每半年末日之结存总额为准[3]。1934 年 10 月 1 日由行政院令准公布的《储蓄存款保证准备保管委员会章程》规定，储蓄银行交存债券或其他资产时，其种类、数目、价值须经该委员会审核通过方得交库，其调换时亦同；该委员会每届月终开库检查一次，遇有必要时得随时检查之。该委员会设委员 7 人，由财政部遴派 1 人，中央银行遴派 2 人，上海市银行业同业公会会员银行推举 2 人，会员银行以外各行及储蓄会由财政部指定 2 人，并由财政部于委员中指定 1 人为主席。该委员会对于储蓄存款保证准备之保管事项，得建议于财政部；每届月终应将该月份储蓄银行交存债券及其他资产之种类、数目、价值列表陈报财政部备案[4]。

普通存款准备金制度是本节讨论的重点。建立普通存款准备金制度的目的，从监管的角度讲，主要是限制银行放款数量，减少银行创造信用之能力，以协助平抑物价等；从银行自身角度讲，建立存款准备金，又是银行抵御风险的重要储备和屏障。此外，法定存款准备金集中交由中央银行保管，又可大大增强中央

---

[1] 度支部尚书载泽等折(宣统元年六月初七日)，《中国近代货币史资料》第一辑，第 1076 页。

[2] 清度支部储蓄银行则例(1908 年)，《中华民国金融法规档案资料选编》(上)，第 149 页。

[3] 国民政府颁布之储蓄银行法(1934 年 7 月 4 日)，《中华民国金融法规档案资料选编》(上)，第 582 页。

[4] 储蓄存款保证准备保管委员会章程(1934 年 10 月 1 日)，《中华民国金融法规档案资料选编》(下)，第 1263 页。

银行的资力,以控制信用市场、主持清算制度,而这又是中央银行能够成为金融危机时期最后救济者的重要基础条件。

1931年国民政府公布的《银行法》,首次正式涉及了普通存款准备金的概念。该法第14条规定:无限责任组织的银行,应于其出资总额外,照实收资本缴纳20%现金为保证金,存储中央银行;该项保证金在实收资本总额超过50万元以上时,其超过之部分得按10%缴纳,以达到30万元为限;上述保证金非呈请财政部核准,不得提取。该法第15条进一步规定,前条保证金如财政部核准,得按市价扣足,用国家债券或财政部认可之债券抵充全部或一部;"保证金为维持该银行信用起见,得由财政部处分之"。此外,《银行法》第16条又规定,有限责任组织的银行,于每届分派盈余时,应先提出1/10为公积金;但公积金已达资本总额一倍者,不在此限①。需要注意的是,此处的"保证金"或"公积金"的准备实际是为了弥补资本不足可能出现的流动性不足和支付困难,并非真正意义上的存款准备金。这说明当时立法者对存款准备金的确切涵义还认识不足。

此后,1935年5月公布施行的《中央银行法》第28条规定"收管各银行存款准备金"为中央银行业务之一②。但此时实施条件尚不完全具备。1935年国民政府在推行法币政策的同时,曾有将中央银行改组为中央准备银行的设想,以集中各银行法定准备金,完成"银行之银行"之任务③。然而,正当中央储备银行法草案完成立法程序之际,发生了卢沟桥事变,继之抗战全面爆发,关于中央储备银行的设想未能最终实现。

抗战爆发后,为了集中金融力量,以担负非常时期之任务,财政部于1937年8月函令中、中、交、农四行组织联合办事总处,以巩固中央金融枢纽,同时于各重要都市成立四行联合办事处分处,以统筹中央和地方的金融事务。由于当时各商业银行及省地方银行等力量尚未集中,为收缩信用、保障存户权益,并逐渐养成集中准备制度起见,国民政府于1940年8月7日公布了《非常时期管理银行暂行办法》,该办法第2条规定:"银行经收存款,除储蓄存款应照《储蓄银行法》办理外,应以所收存款总额百分之二十为准备金,转存当地中中交农四行任何一行,并由收存行给予适当存息。"④

---

① 财政部关于转发银行法令(1931年4月24日),《中华民国金融法规档案资料选编》(上),第575页。

② 财政部转发中央银行法训令稿(1935年6月12日),《中华民国金融法规档案资料选编》(上),第600页。

③ 孔祥熙关于改革币制实施法币政策发表之宣言(1935年11月3日),《中华民国金融法规档案资料选编》(上),第404页。

④ 非常时期管理银行暂行办法(1940年8月7日),《中华民国金融法规档案资料选编》(上),第642页。

此后,财政部又相继颁布了一些具体办法,对存款准备金的收缴办法、收缴范围以及利率等作了进一步完善或明确。

第一,对于存款准备金收缴办法的完善。1941 年 3 月,为推进节储起见,四联总处与财政部洽定,对于财政部原存款准备金必须以现金缴存的规定,准各行以甲种节约建国储蓄券抵缴;至缴存准备金之给息,如以现金缴存,一律按周息 8 厘计算[①]。1941 年 4 月,四联总处订定收缴存款准备金补充办法共 7 项,提经第 72 次理事会议通过,其主要内容为:(1)存款准备金之缴存,先就四行分支处所在地举办。(2)凡设有中、中、交、农四行地方,以中央银行为负责承办行;无中央银行地方,以中国银行为负责承办行;无中国银行地方,以交通银行为负责承办行;其仅有四行中之一行者,即由该行负责承办。(3)负责承办行由财政部授予稽核各缴存准备金银行帐目之权。(4)省银行存款准备金,应缴存于该总行所在地之承办行;商业银行存款准备金,除就近缴存于该行所在地之承办行外,并得汇总缴存于指定地方之承办行。(5)四行所收存款准备金摊存之比例如下:四行全设地方,为 35%、30%、20%、15%;三行地方,为 40%、30%、30%;二行地方,为 60%、40%;一行地方,为 100%。(6)各缴存准备金银行应送报表,应一律送交负责承办行,由该行以一份送财部,一份留存备查。(7)存款准备金由负责承办行接洽办理,其余各行应协助办理。战区各地银行缴存准备金时,应由当地四联分支处先行陈报总处转商财政部核定办理[②]。

第二,对于存款准备金收缴范围的进一步明确。关于各省地方银行所收之机关存款应否缴存准备金问题,广西省银行曾向财政部专门请示,1941 年 12 月 4 日,四联总处秘书处转达了财政部的意见:"查各机关依照《公库法》交由银行代理之公款与普通存款不同,应准免缴准备金,此外一切存款,无论以个人或假用机关名义存入,均应照缴准备金,以符功令。"[③]关于信托部存款是否缴纳存款

---

① 四联总处关于收缴存款准备金情况的报告(1941 年),《四联总处史料》下册,第 389 页。

② 四联总处关于收缴存款准备金情况的报告(1941 年),《四联总处史料》下册,第 387—390 页。此外,关于交存准备金之计算依据,业经财政部另文解释,应仿照储蓄存款交存准备金办法,分为 3 月、6 月、9 月、12 月底四次为之。例如,某银行 3 月底之存款为 100 万元,应缴准备金 20 万元;至 6 月底其存款增为 150 万,应缴准备金 30 万元,除 3 月底所缴之 20 万元外,应增缴 10 万元。假定 6 月底之存款减为 50 万元,只应缴准备金 10 万元,则收存银行应退还缴存行 10 万元,但在 3 月底至 6 月底期间内,各银行存款随时间有增减,若存款增加,尚可迟至 6 月底结算,若存款减少,即提取者多,即难以应付。在英美各国,普通银行可向中央银行提回准备金或请求转抵押、转贴现,以资应付,我国国家银行转抵押、转贴现业务办理尚不多,自不能不设法补救。为体恤银行周转,兼顾保障存户起见,在此期间,如存款减少至总额五分之一以上时,准由存行填具表报向收存行申请,俟核算明确,按照比例,提回准备。

③ 秘书处关于规定省银行所收存款除代理公库之公款外应一律照缴准备金的报告(1941 年 12 月 4 日),《四联总处史料》下册,第 386—387 页。

准备金问题,1942年1月19日,四联总处重庆分处转达了四联总处转发的财政部渝钱银字第36390号函:"以各银钱行庄设有信托部者甚多,所有信托部存款,应列入普通存款之内,一律缴交存款准备金。"①关于比期存款是否应缴纳存款准备金问题,1942年1月13日,四联总处重庆分处转达了财政部渝钱银字第36187号函。该函称:"略以比期存款,由同业间彼此拆借者固多,而由私人存入者亦复不少,自应分别办理。所有同业间彼此拆借者,仍准照案免缴存款准备金外,其个人存入之比期存款,与普通存款实无丝毫分别,应即自文到之日起照缴普通存款准备金,以示公允。仍于造送表报内,将同业往来及个人比存分别列表,以便查核。其有以个人比存擅改为同业往来或记入借入款项下,希图漏缴准备金者,一经本部检查员查明,或被人告发查明属实,即照《修正非常时期管理银行暂行办法》从严处罚。"②

　　第三,对存款准备金利率比例作了相应的调整。1942年7月16日,财政部向各地银钱业同业公会发布渝钱稽字第30746号训令,称:"查银行缴存普通存款准备金之利率,一律按年息八厘计算,前经本部三十年六月一日渝银钱字第20638号通令遵照在案。兹因各行庄收入之存款利率高低不一,为特示体恤,便利缴存起见,除已函四联总处转行各地承办行,对于行庄缴纳或提回存款准备金,应采取最简捷方法办理,不得迟误,并应将所有存款准备金,改由中央银行集中收存。无中央银行地方,除由该行委托中、交、农三行之一行办理外,并经本部核定办法二项如下:(一)自本年六月二十一日起,各行庄以现金缴存存款准备金者,其利率一律提高为年息一分。(二)以往以甲种节约建国储券抵缴之准备金,应于本年六月底时一律以现金换撤。其以美金储券抵缴者,仍准照收,不另给息。"③

　　截至1942年6月17日为止,根据中央银行各负责承办行所报统计,存款准备金收缴情况总体如下:(1)各地行庄遵缴存款准备金者,共375家,地区包括重庆、成都、昆明等57城市,存款总额为73 800余万元,实缴准备金总额为13 900余万元。(2)各地区中以重庆收缴数额为最巨,计8 100余万元(包括湖南省银行全部准备金1 900余万元),占全国各地收缴准备金总数57%;就省别而

---

① 渝分处为转知信托部存款应一律缴纳存款准备金函(1942年1月19日),《四联总处史料》下册,第394—395页。

② 渝分处为个人存入之比期存款应照缴存款准备金函(1942年1月13日),《四联总处史料》下册,第393—394页。

③ 财政部关于提高银行缴存普通存款准备金利率令(1942年7月16日),《中华民国金融法规档案资料选编》(上),第662—663页。

言,四川省共收缴 9 600 余万元,占总数 68%,包括行庄 250 家,占行庄总数 66%。(3)各行庄中,省银行部分以湖南省缴存数为最巨,计 1 900 余万元;商业银行以上海银行缴存数为最巨,计 1 180 余万元;钱庄以重庆永生钱庄缴存数为最巨,计 159 万元。(4)应缴与实缴数相差 830 余万元,系昆明各行少缴,计该处富滇新银行少缴约 180 万元,上海行少缴 400 余万元,金城行少缴 160 万,其他少缴 60 余万元①。

平心而论,有一些银钱行庄逃缴存款准备金,与制度本身设计的缺陷有很大关系。对此,监管机关本身也认为,"我们先以法令来说,各行庄提缴中央银行之存准金,系按周息一分五厘计息,又规定存准金应缴百分之二十,一千万元须提缴贰百万元,可是各行庄因央行所给官息较低,不甚合算,以故总是想尽办法逃缴,或将调整期拖延",此事欲求改进,"似须由央行将存准金给息标准斟酌提高,或将规定应缴数额之百分比减低,如能照以上所言,加以改订,则调整期限似亦可重行规定,将原规定之三、六、九、十二月调整期重订为每月调整一次,因各行过去均是利用三、六、九、十二月调整期设法逃缴或拖延,若改为每月调整一次,则逃缴之可能性或可减少"②。

抗战胜利后,财政部对存款准备金问题继续给予了关注。1945 年 12 月 17 日,财政部规定,各收复区内业经呈准复业或继续营业之各中外商业行庄及地方银行等,其应行缴纳之普通存款准备金数目,自 1946 年 1 月份起,依照财政部规定,按月依据行庄每月月底存款总额,根据比例核计缴交当地承办行承收③。

对于财政部的相关规定,银行业对缴交比例、给息问题以及中央银行作用等表示不满。1946 年 3 月,重庆市银行商业同业公会理事长吴晋航、常务理事范公稑,以及重庆市钱商业同业公会理事长蔡鹤年等,联名向财政部递交呈文提出,存款准备金"所定比率之高,远过于当今任何一国",因此,"提缴准备之结果,不过限制行庄之活动能力,并使其坐受子金之亏累而已";而且,"对于定存、活存未加区别"。呈文恳请将定存转缴比率减低为 10%,活存转缴比率减低为 5%。此外,对缴存准备金给息,照财政部渝钱银字第 1867 训令解释,"应照四行公布之贴放息为准",但中央银行重贴现业务迄未开放,建议"今后可否改照公会所议同业日拆计算,以昭平允,而符合现情"。该呈文同时还建议,"中央银行如欲名

① 秘书处关于收缴存款准备金情形的报告(1942 年 6 月 25 日),《四联总处史料》下册,第 435—436 页。
② 财政部成都区银行监理官办公处第八次业务检讨会记录(1944 年 12 月 21 日),川档:民 74115。
③ "关于缴纳存款准备金之公告",《银行周报》30 卷 3、4 号合刊,1946 年 1 月 16 日。

符其实,应即密切注意市场动态,不分畛域,尽量开放转抵押、重贴现业务"[①]。

　　此后,财政部对存款准备金缴交比例等作了调整。1946 年财政部公布的《财政部管理银行办法》规定,银行经收普通存款,应按活期存款的 10％至 20％、定期存款的 7％至 15％,以现款缴存准备金于中央银行或其指定代理行。该项准备率,由中央银行就金融市场情形,商承财政部核定[②]。根据中央银行商洽财政部的结果,自 1946 年 6 月起,各行庄普通存款准备金比率调整为:活期存款为 20％,定期存款为 15％[③]。而上海因"行庄众多,游资亦多,情形与内地迥异",该规定对上海一地暂不适用[④]。此外,原先规定行庄存款减少 1/5 时,可以要求中央银行随时发还;现为"使行庄调度头寸更为灵活起见",改为存款减少 1/10,即可随时照比例发还存款准备金[⑤]。

　　1947 年《银行法》公布施行后,存款准备金制度有较大调整。新《银行法》将准备金区分为"付现准备金"和"保证准备金"两种。"付现准备金",即"银行对于所收受之存款,提成储存现款于本行库内或活存当地国家银行及其他银行之准备金";"保证准备金",即"银行对于所收受之存款,提成储存于主管官署所指定之国家银行、非依存款之减少不得提用之准备金"。同时规定,中央主管官署对于各类银行应缴存的保证准备金比率,应当在本法所规定的各类银行最低及最高限度内,"按照当时当地金融市场情形,会同中央银行分别核定之"。具体规定有下列几个方面。第一,商业银行所收普通存款,应照下列比率缴存保证准备金于中央主管官署指定的银行:(1)活期存款为 10％～15％;(2)定期存款为 5％～10％。该项保证准备金经中央主管官署依据规定分区审核,得以公债、库券或国家银行认可的公司债抵充。商业银行所收普通存款应提存的付现准备金,其最低比率如下:(1)活期存款为 15％;(2)定期存款为 7％。第二,实业银行所收普通存款,应照下列比率缴存保证准备金于中央主管官署指定的银行:(1)活期存款为 8％～12％;(2)定期存款为 5％～8％。该项保证准备金经中央主管官署依据规定分区审核,得以公债、库券或国家银行认可之农工矿或其他生产、公用、交通事业之股票或公司债抵充。实业银行所收普通存款,应提存付现准备金,其最

① 吴晋航等为政府对银钱业管制过严请求修正有关法令呈(1946 年 3 月),《中华民国史档案资料汇编》第五辑第三编"财政经济"(二),第 56—59 页。
② 财政部关于公布管理银行办法令(1946 年 4 月 17 日),《中华民国金融法规档案资料选编》(上),第697—698 页。
③ "中央银行规定存款准备金比率",《银行周报》30 卷 23、24 号合刊,1946 年 6 月 16 日。
④ "行庄存款准备金制度央行改订新办法",《银行周报》30 卷 38 号,1946 年 9 月 30 日。
⑤ "央行修订普通存款准备金率",《银行周报》30 卷 43 号,1946 年 11 月 4 日。

低比率如下：(1)活期存款为 12％；(2)定期存款为 6％。第三，储蓄银行所收储蓄及普通存款，应照下列比率缴存保证准备金于中央主管官署指定的银行：(1)活期存款为 10％～15％；(2)定期存款为 5％～10％。该项保证准备金得以公债、库券或国家银行认可之公司债抵充。储蓄银行所收储蓄及普通存款，应提存付现准备金，其最低比率如下：(1)活期存款为 10％；(2)定期存款为 5％。第四，信托公司及钱庄，参照商业银行相关规定办理；外国银行在华分行参照实业银行相关规定办理[①]。

随后，财政部对行庄缴存存款准备金，规定了 6 项具体实施办法：(1)银钱行庄收受普通存款、储蓄存款应缴存之准备金，嗣后应依照《银行法》规定一律改称保证准备金；(2)各地商业银行、储蓄银行存款保证准备金比率，暂定活期存款为 15％，定期存款为 10％；(3)实业银行存款保证准备金之比率，应依法调整业务、确定性质后，再行核定，目前一律暂照上项商业银行标准缴存；(4)省、县、市银行缴存存款保证准备金之比率，暂照《银行法》内实业银行之规定办理，其缴存比率，并暂定为活期存款 12％、定期存款 8％；(5)银钱行庄缴存存款保证准备金，得依照《银行法》之规定，以公债库券抵充，惟此项抵充存款保证金之公债库券，不得超过应缴总额 50％，至债券作价，国币债券应照票面 7 折计算，外币债券应照缴存或调整日公布外汇市价 5 折计算；(6)保证准备金之调整，仍照向例每月一次，以前储蓄存款之保证准备，系每 3 个月调整一次，应并改为每月一次。以上各项，均自 1948 年 1 月 1 日起实行[②]。

新《银行法》颁布后，对存款保证金缴交过程中出现的其他一些问题，财政部也先后进一步明确。

1947 年 12 月 5 日，财政部财钱庚已字第 40769 号代电，同意中央银行的意见，规定储蓄存款准备金按照以下原则缴交：(1)储蓄存款保证金，原则上应照存款收受行之总行或分行，各自径向当地或就近检查行或承办行缴交；(2)由总行汇缴者，应即迅予通知分行储蓄部，列帐请察核[③]。

1947 年 12 月 27 日，财政部发布财钱庚三字第 20622 号训令："兹以现值加强管制金融紧缩信用之际"，关于银钱行庄缴存存款准备金实施办法六项中，库券抵充应缴总额 50％，并经规定自 1948 年 1 月 1 日起实行一节，应暂缓实行；

---

① 国民政府公布银行法令稿(1947 年 9 月 1 日)，《中华民国金融法规档案资料选编》(上)，第 740—757 页。

② 中央银行转陈财政部关于规定行庄缴存准备金实施办法的通函(1946 年 12 月 31 日)，《中华民国金融法规档案资料选编》(上)，第 769—770 页。

③ "银行公会通函通(36)第 300 号"，《银行周报》32 卷 1 号，1948 年 1 月 5 日。

"关于银钱行庄应缴之存款保证准备金仍应悉数暂以现款缴存"①。

1948年4月15日,财政部财钱庚三字第29700号指令称:"查通知存款原具有活定两种性质,暂行银行统一会计制度第二章第二十四条,系将活期存款、通知存款、定期存款分列为三种,惟《银行法》第四条既将通知存款包括于定期存款之内,应准将通知存款之保证准备金,按定期存款之比例缴存。"②

1948年12月25日,财政部训令:为鼓励银行吸收存款并灵活运用起见,原定得以公债库券抵充应缴存款50%暨暂缓实行两节,应予废止;并许各地各种银行酌量以公债库券抵充缴存数额,不予限制,惟债券作价之标准仍依原第五项后段之规定办理③。

第二节　银行业的同业救助

在近代中国相当长一段时间内,由于中央银行制度的不完善,使得中央银行作为最后贷款人的职能一直付诸阙如,这使得1883年上海倒账风潮、1897年贴票风潮,以及1910年橡皮股票风潮期间,钱庄业遭受了巨大的损失和破坏。在这种情况下,银行业通过寻求同业救济来渡过危机,成为一种必然而又无奈的选择。

一、银行公会组织与公共准备金

北洋政府时期是中国自由兴办银行的高峰时期,但所办银行大多资金薄弱、信用未固,因此常常倒闭,并引发金融风潮。此时期中,中、交两行发挥了有限的中央银行职能,同时又利用特权和雄厚的资本实力与商业银行进行竞争,各商业银行普遍产生危机感,不少地方通过设立银行业同业公会、钱业同业公会以及同业联合准备库等,依靠同业救助以应对危机。

银行同业组织的设立,是实施同业救助的重要基础条件。1915年8月24日,财政部公布《银行公会章程》17条,该章程规定,各处银行、钱庄、银号等,应照本章程组织银行公会,办理下列事项:(1)受财政部或地方长官委托,办理银

---

① 财政部训令财钱庚三字第20622号(1947年12月27日),二档:四〇294。
② "银行公会通(37)字第127号通函",《银行周报》32卷20号,1948年5月17日。
③ 财政部财钱庚三字第001440号(1948年12月),二档:四〇294。

行公共事项；(2)办理支票交换所及征信所事项；(3)办理预防或救济市面恐慌事项。同时规定，入会银行有互相维持之责；均须于营业盈利项下提出 1 成，存储银行公会作为公积金；于银行营业资本不敷周转时，得以确实担保品向银行公会借用公积金，其利息由临时会议定之；公积金非经董事会议，并查明告贷银行内容确系殷实，并无别情者，不得借用；公积金所生利息，仍归原提存之各该银行所有①。1918 年 8 月 28 日，财政部公布改订后的《银行公会章程》14 条，规定，依照中华民国法令组织之本国银行，有 5 行以上之发起，得遵照本章程呈准财政部组织银行公会，办理下列各事项：(1)受财政部或地方长官委托，办理银行公共事项；(2)办理支票交换所及征信所事项；(3)发展银行业务，矫正银行弊害②。

　　对于如何集聚各地银行的资源，共同抵御金融风潮的侵袭，上海银行公会认为，"鉴于上海年来银根日紧，市面时有恐慌，每当风潮发生，惟吾金融界影响最烈；苟平日无统筹救济之方，即临时有应付竭蹶之虑，殊非所以昭金融稳固之道"。1918 年 11 月 30 日，上海银行公会召集 12 家入会银行开会，决定设立公共准备金，由在会各银行按认定之数公同交存现金于保管银行保管，其宗旨系为在会各银行不虞之备，必以现金存储，故不生息，总额暂定为规元 30 万两，每年公推在会银行之一为代表公会担任保管责任；"设在会各银行中如有因市面牵动或其他特别情形仍需维持藉资周转时，得以相当之抵押品向公会抵押；其抵押数目，除该行交存之数外，应添抵押若干及期限长短，由全体会员三分之二表决之"。如市面有风潮时，银行公会亦可召集全体会员会议维持，"惟仍由各庄号以相当之抵押品向公会抵押，其数目、时间、利息，均临时酌定之"。至 1919 年 3 月，各行所认准备金已全部缴齐，并公推中国银行代表公会担任保管之责；其中，中国银行规元 62 816.93 两，交通银行规元 60 000 两，浙江兴业银行规元 30 000 两，浙江地方实业银行规元 20 000 两，上海商业储蓄银行规元 10 000 两，盐业银行规元 10 000 两，中孚银行规元 20 000 两，聚兴诚银行规元 20 000 两，四明商业储蓄银行规元 20 000 两，中华商业储蓄银行规元 10 000 两，广东银行规元 10 000两，金城银行规元 20 000 两③。据此，财政部批示同意备案④。

---

① 财政部总务厅机要科送还银行公会章程暨取缔银行职员章程付(1915 年 8 月 24 日)，《中华民国金融法规档案资料选编》(上)，第 313—314 页。

② 财政部公布改订银行公会章程令(1918 年 8 月 28 日)，《中华民国金融法规档案资料选编》(上)，第 315—316 页。

③ 上海银行公会关于订定公共准备金规则呈(1919 年 3 月 17 日)，《中华民国金融法规档案资料选编》(上)，第 317—320 页。

④ "银行公会公共准备金已由财政部备案"，《银行周报》3 卷 11 号，1919 年 4 月 8 日。

1931年4月国民政府公布的《银行法》,以法律形式对银行同业的互助作了专门规定,其第33条规定,同一区域之银行得共同办理下列各款事项,但须受财政部之指导或监督:(1)增进金融业之公共利益;(2)矫正金融业之弊害;(3)办理票据交换所及征信所;(4)协助预防或救济市面之恐慌;(5)其他关于金融业之公共事项①。

二、"一·二八"事变与联合准备委员会及联合准备库

1932年1月28日淞沪抗战爆发后,上海商会紧急决议所有行业一律停市3天,3天后又决议无限期停市,上海银行业同业公会亦随之停市。由于银钱各业未能开市,上海市面人心惶惶,金融界有鉴于此,遂共同议决,定于2月4日正式开市,以定人心;同时决定:(1)自复业日起,凡我同业所出近远期本票,一律加盖"此票只准同业汇划"字样;(2)支票亦照第一项本票办理;(3)如有各往来家送来票据,在交通阻碍之处,不能收到,一律退回原家②。

与此同时,华商各银行为维持市面、稳定金融起见,由上海银行业同业公会组织联合准备委员会,办理联合准备及拆放事宜。各银行之加入委员会为委员银行者,应先将下列财产经执行委员会之核准,缴入委员会为准备财产:(1)在上海公共租界及法租界以内之房地产;(2)立时可变价之货物;(3)在伦敦或纽约市面有价值之股票或债票及在国外之存款;(4)现金币或得兑现之金币或现金条;(5)其他财产不在前4项范围之内,而经执行委员会许可者。委员会对委员银行所缴准备财产,填给保管收据后,估价7折发给下列3种单证:(1)公单4成;(2)公库证2成;(3)抵押证4成。公单经委员银行发行后,得代替现金在市面流通,并得随时向委员会兑现或拆借现金;公库证得为发行银行之保证准备,或作为向发行银行领用钞票的部分准备(现金6成与公库证4成);抵押证得为委员银行间借款之抵押品,亦得为发行银行之保证准备③。各行之货物、租界内中心地产以及伦敦市场有价证券三种财产,交会保管,约值现金5 000万,"外商各银行以痛痒相关,亦已加入该会,取一致行动"④。业内人士对此举给予了很

---

① 财政部关于转发银行法令(1931年4月24日),《中华民国金融法规档案资料选编》(上),第577页。
② "上海银钱业开市后之维持金融",《银行周报》16卷4号,1932年2月9日。
③ 上海市银行业同业公会联合准备委员会公约(1932年3月),《中华民国金融法规档案资料选编》(下),第821—824页。
④ "上海银钱业开市后之维持金融",《银行周报》16卷4号,1932年2月9日。

高评价，认为这三种不同形式单据的发行，具有重要意义①。

钱业公会亦议定 2 月 4 日复业，其议定暂时办法为：（1）自复业日起，会员各庄所出近远期本票，一律加盖"此票只准同业汇划"字样；（2）支票应登报通告一律照本票办理；（3）买卖划头及现洋支单钞票等，仍照旧办理；（4）华商银行委托代买卖现洋及支单，并代划银行划头，亦仍照旧，双方同意办理之；（5）复业日起，不论何家付来银行支单及划头，收入后可以抵用现款；（6）如有必须欲向洋行出货者，可由往来家自向各同业酌量商用；（7）华商银行及各存户支出划条，亦一律同业汇划；（8）各同业对于各银行所发钞票，一律照旧收用；（9）如有各往来家送来之票，在交通阻碍之处不能收到，退票暂由原家保存，一俟平靖，再行设法收退②。为防患未然，钱业决定提前组织财产特别保管委员会，将各庄财产由公会保管，就各庄能力集合，每家至少 20 万，多多益善。截至 2 月 5 日，已有 70 家汇划，共计银类有 1 583 万两③。此后，银钱业还表示，各业如有必须欲向洋行出货，及粮食、丝、茶等必需现金者，尽可自行向往来之银行或钱庄酌量商用④。

为进一步增强抵御风险能力，1932 年 8 月，上海钱业公会将同业财产特别保管委员会改组为上海钱业联合准备库，其任务为调剂市面金融。所缴准备金，包括：（1）货物栈单立时可变价者；（2）房地产在本市内有估价者；（3）现金或现金条；（4）现宝或现洋。其交存财产，经委员适当评价，将来如遇价格降落，仍需通知补足⑤。该准备库准备财产及现金之数额，由会员认缴，具体规定为：（1）财产 2 700 万元，基本会员至少须缴存估价银元 30 万元以上，会员减半缴纳，多则听便；（2）现金 300 万元，由会员认缴之⑥。

上海银行业联合准备委员会与上海钱业联合准备库成立后不久，天津、杭州等地均纷纷仿效成立了类似组织⑦。"如此银钱两方面，不特因应变而产生一永

---

① 蔼庐：《沪变与金融业之新献》，《银行周报》16 卷 9 号，1932 年 3 月 15 日。该文对这三种单据的特点和作用也作了解释：（1）公单证者，目的在于便于流通，发行后得代替现金在市面流通，公单持有人如欲兑现得随时向委员会兑换之，且得以向委员会拆借现金；（2）公库证者，得为发行银行之保证准备，委员银行得以现金六成、公库证四成向发行银行领用钞票，于是保证准备可较从前指定之证券更多一种，不惟便利钞票之领用，且使钞票之保证准备更加巩固；（3）抵押证者，得为委员银行间借款之抵押品，亦得为发行银行之保证准备，是使同业之借贷更为圆滑，在昔须以其他物件为抵押者，今得以抵押证代之，则无虞其跌价。

② "上海银钱业开市后之维持金融"，《银行周报》16 卷 4 号，1932 年 2 月 9 日。

③ 同上。

④ "银钱业决维持各业金融"，《银行周报》16 卷 11 号，1932 年 3 月 29 日。

⑤ "钱业联合准备库成立"，《银行周报》16 卷 29 号，1932 年 8 月 2 日。

⑥ "钱业联合准备库之章程"，《银行周报》16 卷 30 号，1932 年 8 月 9 日。

⑦ 天津市银钱业公库章程（1932 年 10 月），《中华民国金融法规档案资料选编》（下），第 830—831 页。

久同业互助之组织,且因此使一部分资产证券化,增加流通周转之筹码。"①

三、白银风潮与银钱业的自我救助

1930 年代的白银风潮对各地经济造成了极大冲击。为复兴上海市面,同时也为了使自身摆脱困境,上海社会各界尤其是银钱业采取了多项应对措施。

1. 举办救济工商信用借款

1935 年 3 月初,上海市商会与上海市地方协会商定五项办法:(1)各业票据向银钱业贴现,如有妥保,银钱业应予接受,中央银行亦应予银钱业以重贴现;(2)道契及土地执业证,应加入中央银行领券项下之保证准备;(3)道契及土地执业证应加入为储蓄保证准备;(4)银钱业对各商店往来折,应照常致送,惟对于信用投资数额,各自酌定;至商店本身组织,亦应力求健全;(5)银钱业如有向中央、中、交三行以货物或地产做押款或拆票者,应尽量接受②。3 月 14 日,市商会、地方协会会呈财政部提出,"惟救济工商,如得政府提倡于上,由银钱业赞襄于下,则互相维系,益收成效";同时提出了工商信用小借款办法大纲四项,作为所拟办法第 4 项的补充:(1)由请求借款者,直接或会同工商业开具请求小借款者之牌号、资本总额、营业状况、借款金额、保证人名,送交商会、地方协会查核登记后,转送银钱业与政府合组之银团审查核准后,再由该团指定之代表银行照放;(2)放款总额为国币 500 万元,请政府与银行钱业分认之;(3)政府担任之数,拟假定为 250 万元,由商会、地方协会呈请财政部核准拨款;(4)关于借款上一切手续,由银团核定之③。对此建议,上海银行公会表示赞同④。而钱业的表态则是:上项借款,原则赞同;惟钱业向来以大小信用放款为主体,本年早经分送往来折承做,现在再由同业各庄各自量力扩充,毋庸并入银团⑤,实际是婉拒了信用借款的办法。

3 月 21 日,上海银行公会为具体落实工商业小借款 500 万元一案,决定函劝钱业同业公会会员钱庄,仍旧酌量加入,以资合作,否则由会员银行如数分认之;并即日筹组工商业信用小放款银团,务求早日举行⑥。由于上海钱业公会实

---

① 《张公权先生年谱初稿》(上册),第 119 页。
② "市商会与地方协会商定五项办法",《银行周报》19 卷 9 号,1935 年 3 月 12 日。
③ "商会地方协会会呈财部贡献信用借款办法",《银行周报》19 卷 10 号,1935 年 3 月 19 日。
④ "银行公会通过信用借款原则",《银行周报》19 卷 10 号,1935 年 3 月 19 日。
⑤ "钱业之态度",《银行周报》19 卷 10 号,1935 年 3 月 19 日。
⑥ "银行小组会讨论信用放款",《银行周报》19 卷 11 号,1935 年 3 月 26 日。

际已经拒绝了参加信用放款银团的计划，上海银行公会决定遵照之前筹措 200 万元的方案，按比例增加为 250 万元，计中国银行 125 万元，交通银行 50 万元，上海、金城、大陆、中南、盐业、浙江兴业、浙江实业、中国实业、垦业、国货等银行共 75 万元，所余 250 万元，实际上是等待政府饬令由中央银行担任①。

　　尽管如此，钱业也还是有所表示。按照沪上商业习惯，4 月底通常为各类长期借款（通常为 3 个月）结束时间。为此，上海市商会致函上海钱业公会提出：在信用小借款及抵押借款尚未公布实行以前，凡系已将到期之借款或押款，"似应予以通融办法，以免工商被迫，市况亦觉不堪"。上海市钱业公会 4 月 10 日召开第 2 届第 37 次执行委员会讨论议决，"金以信用长期，今庚到期，或归还，或转期，或新放，各庄先已酌量情形，照常办理"；并将市商会来函要求，通告入会同业"即请酌夺为荷"②。

　　由于拟议中由政府提供的 250 万元迟迟未到位，上海市商会向财政部提出："是项借款之举办，有赖于钧部倡导维护，理合呈请钧部鉴核，俯赐将前案迅予批准，即日拨款，以便会商金融业组织银团，定期实施，实为公便。"③而财政部则决定增加放款 2 000 万元，其中 500 万元用于信用放款，同时提出，"财政方面以格于惯例，势不能直接拨款，大致亦将由财部商中、中、交三行设法筹拨，至放款办法及手续已决定组织委员会或银团办理之"。关于此次放款方针，"决以生产事业及有实质货物者为标准，俾不背政府扶助工商之真正主旨"；"将酌量命借户觅取保户，以资相当保护放款本金之安全，则不致影响其他"④。

　　对于钱业公会在筹措信用小借款计划中的表现，财政部表示不满。1935 年 4 月 30 日，财政部向上海市钱业同业公会发出沪钱字第 22 号训令："查本部为救济沪市工商业，业经规定放款 10 原则，分别函令中央、中国、交通三行及上海银行业同业公会会同办理在案。该公会各钱庄同属金融机关，应同负救济之责，分行抄发放款原则 10 条，令仰该公会遵照，会同各行会办理。"接奉财政部训令后，钱业公会于 5 月 2 日召开第 19 次会员代表大会常会议决，赞同加入信用放款 25 万元，由各会员钱庄平均担任⑤。

　　由于各方的努力，尤其是政府给予了大力的支持，在本届 4 月底比期到期

① "五百万元信用放款完全筹足"，《银行周报》19 卷 12 号，1935 年 4 月 2 日。
② "钱业公会议决通融四底放款"，《银行周报》19 卷 14 号，1935 年 4 月 16 日。
③ "商会呈请财部拨款"，《银行周报》19 卷 13 号，1935 年 4 月 9 日。
④ "放款二千万救济工商"，《银行周报》19 卷 15 号，1935 年 4 月 23 日。
⑤ "钱业奉令会同办理"，《银行周报》19 卷 17 号，1935 年 5 月 7 日。关于财政部规定的救济放款 10 原则，可参见本章第三节相关内容。

日,"除自早晨起,银钱业收解方面稍呈忙碌状态,此外一切均在平稳状态中,安然度过"。工商业及钱业多表示,"此次四底难关,虽在整个不景气之下,得安然稳度,此实中央、中国、交通三银行举办同业拆放之功也,因三行在银根奇紧之际办同业拆放,凡银钱两业均得以公债库券道契声请抵押,银钱业得拆放调剂后,对工厂商亦不予追索,间接实为救济工商业"[1]。

2. 创设商业与银行承兑汇票

商业承兑汇票最初是由上海绸缎业同业公会提出创设的,表面看来有其偶然性,实际则有其客观必然性。由于绸缎同业的特点,"向来对客家放帐交易多,多赖银钱业放款周转,挹彼注此,由来已久",由该行业率先提出创用商业承兑汇票,应当说是一件自然的事情。金融工具乃至金融制度的创新,常常起源于直接的实际需要,可能是发展的需要,也可能是摆脱危机的需要,商业承兑汇票的创设就是一个明显的例子。

1935 年 3 月 6 日,上海市绸缎业同业公会主席骆清华向市商会提出:商业承兑汇票,在商业先进各国,施用已久,买卖双方咸称便利而无流弊;"承兑汇票施用之利益,在卖方对所放货款既有一定收清之确期,又可持向银行钱庄贴现银,庶于无形中增多通货,周转敏活。营业得渐趋发展;在买方则订期付款,不致毫无准备,而在银行钱庄方面,对于此项承兑汇票,既有发票人与承兑人双方连带负责,且期限并不过长,如收受贴现,较之寻常信用放款,稳妥可靠,既获安全殖利之途径,复可扶助工商业之发展,诚一举而数善备焉"[2]。

对于上海绸缎业同业公会提出的创办商业承兑汇票的设想,中央银行复函上海市商会称:"查绸业公会拟创办商业承兑汇票,值兹现金枯竭之际,增加通货,确属有益市面";并明确表示,本行自当办理重贴现,以利周转。惟此项商业承兑汇票,应请贵会先与银钱业商定贴现办法后,再由银钱业与敝行研究重贴现办法[3]。中央银行的这一表态非常关键,实际是对创设商业承兑汇票的最大支持。随即,绸缎业、电机丝织厂业两公会发布公告,于 4 月 1 日起正式实行商业承兑汇票[4]。

上海银钱业对此项创新给予了积极支持。4 月 2 日,上海市银行业公会作出决议:(1)承兑汇票确可替代信用放款,应予积极提倡;(2)对于承兑汇票向银

---

① "金融紧张中安渡四底",《银行周报》19 卷 17 号,1935 年 5 月 7 日。
② "绸业创商业承兑汇票",《银行周报》19 卷 9 号,1935 年 3 月 12 日。
③ "承兑汇票可重贴现",《银行周报》19 卷 11 号,1935 年 3 月 26 日。
④ "承兑汇票正式实行",《银行周报》19 卷 12 号,1935 年 4 月 2 日。

行贴现时，其利率应较放款利率特予减低，以利推行；(3)贴现申请书等，请骆委员清华草拟，提出下次会议讨论①。4月9日下午，上海市银行业同业公会通过了商业承兑汇票贴现业务六项原则：(1)以渐近的方式，将承兑汇票代替信用透支放款；(2)由会呈请财政部，此项贴现票据准予抵充发行保证准备；(3)请中央银行逐日公定贴现利率，悬牌公布，以便各行酌定自身贴现利率；此项贴现利率，应低于信用透支利率；(4)各行收受贴现后，得互相转贴现，最后得向中央银行再贴现；(5)各行收做承兑贴现业务，如须向同业调查时，希望各行尽量据实报告；(6)汇票到期，如遇拒绝付款，贴现银行应负报告同业之义务②。4月10日，上海市钱业公会也原则通过了商业承兑汇票一案，并转告同业各庄，"凡属往来行号，遇有上项票据，尽量收受"③。

继商业承兑汇票后，银行承兑汇票的创设，是又一项重要的金融工具创新。鉴于"沪市工商业衰落异常，工厂商号停业改组时有发生，虽经政府暨银钱业竭力救济，但以筹码缺乏，复兴颇感困难"，上海银行业同业公会于1935年7月创议，由银行公会设立票据承兑所，办理银行承兑汇票，其目的是使资金进一步流通。凡工商客户有确实之货物，即可向该所请领承兑汇票，经所方估定价格后，开予相当银额之汇票，工商客户即可持票向任何会员银行贴现，流通极为便利。同时信用方面，除特定之货物为实质之第一担保品外，并有银行公会联合准备库所认定之基金为第二担保，故其信用较诸个别银行所发行之本票，尤为可靠，将来外埠方面，并可办理押汇，其流通范围极广。此次银行公会办理银行承兑汇票，其总额限制规定约为2 500万至5 000万元，其第二组担保之基金部分，决由全体会员银行36家分别认定。该项承兑汇票实行后，金融方面无形中即可因此增加流通筹码3 000万至5 000万，"不但工商界之资金因此而流通，即银行公会本身，亦可藉此汇票而有所调节"。银行承兑汇票与商业承兑汇票性质相同，均得流通于市面，惟承兑人为银行，则信用较商业承兑汇票尤著。在未到期以前，得向各银行申请贴现，同时各银行得向中央、中国、交通三银行重贴现，至承兑汇票期限，至多不得超过四个月。从经济角度看，与押款比较，借贷双方均更便利④。

3. 实行银钱业集中汇划

银钱业集中汇划，是上海银钱业应对危机过程中的另一项重大创新，同时亦

① "银行公会讨论承兑汇票"，《银行周报》19卷13号，1935年4月9日。

② "银行公会通过商业承兑汇票原则"，《银行周报》19卷14号，1935年4月16日。

③ "钱业公会执委会会议"，《银行周报》19卷14号，1935年4月16日。

④ "银行业创银行承兑汇票"，《银行周报》19卷29号，1935年7月30日。

是应对危机的治本之策之一。1935 年 6 月 12 日下午,上海市银行业同业公会决定,实行银钱两业汇划票据集中汇划,并通过实施办法 7 项,自 13 日起完全实行。该办法实行后,凡票据交换所之会员银行,收得钱业公会会员钱庄之票据,不再向各庄直接收解,均交由票据交换所汇向钱业准备库轧账。同时钱业公会会员钱庄,收得票据交换所会员银行之票据,亦不向各行直接收解,均交由钱业准备库,汇向票据交换所轧账。13 日晨 10 时起,银行票据交换所特在香港路该会大厅设交换银行存票处,派办事人员担任专收会员银行之钱庄票据;同时钱业联合准备库在宁波路该会内设会员钱庄存票处,派办事人员,担任专收会员钱庄之银行票据[①]。

四、“限制支付存款办法”与同业汇划

1939 年上半年,外汇管理政策发生较大变动,日伪乘机造谣,以致上海方面发生提取存款套购外汇,希图逃避资金、投机牟利等情事,财政部为安定沪市金融,于 6 月 21 日(马日)向上海中中交农四行、银钱业公会及市商会发出电令:“近因竞购外汇,希图资金逃避,亟应予以防止,以安金融。兹规定自六月二十二日起,上海银钱业支付存款,除发放工资者外,每周支取数目,在五百元以内者照付法币,超过五百元者以汇划支付,专供同业转帐之用。上海以外各埠,仍照旧办理。其有将存款移存内地者,不受此项限制。”[②]

财政部“马电”与 1937 年“八·一三”公布之《安定金融办法》相比,性质不同,且“马电”希望巨额存款移存内地,并不受新办法之限制。其不同之处为:(1)前者(“马电”)为应付上海目前环境而定之紧急办法,后者(《安定金融办法》)为抗战时期安定全国金融之非常办法;(2)前者系暂时性的,一俟市面平稳,即行取消;后者系长期性的;(3)前者系仅限于上海一埠的,后者系全国一致通用的;(4)前者系指上海法币及划头汇款(汇划不受限制),后者系包括全国全部存款;(5)前者不论存款数目多少,每周支取法币,以 500 元为限,后者按存款数目,每周支取 5%,至多以 150 元为限[③]。

上海银钱两业公会接到财政部“马电”后,通过了下列办法:(1)6 月 22 日以前,各银行已开出本票及拨款单,又已通知之汇款解条,到期支取统照向例办理;

---

① “银钱业集中汇划”,《银行周报》19 卷 23 号,1935 年 6 月 18 日。
② “财部限制支付存款”,《银行周报》23 卷 25 号,1937 年 6 月 27 日。
③ 英君:《新限制提存与安定金融办法之比较》,《银行周报》23 卷 26 号,1939 年 7 月 4 日。

(2)6月22日以前到期未收支票，概照部令办理；(3)6月22日起存入法币款项，支取时不在限制之列；(4)同业存款依照向例办理；(5)"八·一三"以后定期存款，如作押款，其数量仍照前定安定金融办法办理；(6)存款人发放工资，其数目在500元以上者，亦得援照前定《安定金融办法》办理①。

新的汇划制度与传统的汇划相比，技术上也有了较大改进。该制度之优点为：(1)新汇划制度增加有确实担保之筹码，藉以调剂同业资金，使行庄资金充裕，尽量供给工商业之需要，以应工商业之发展，活动市面；(2)银钱业领用汇划总额暂定5 000万元，均须有担保品，以可靠之财产为准备，各行庄此后不得滥增汇划，至有供过于求之现象，藉以减少投机者之操纵市面，扰乱上海金融；(3)汇划担保品为主要货物、上海市场有正式市价之有价证券、上海租界内有收益之房地产，且每一行庄领用同业汇划，不得逾担保品平价额70%，如遇担保品市价低落，须随时追缴，故其稳固可靠；(4)规定汇划得转汇内地，供采办土货之用，使汇划用途增广；(5)汇划准备检查委员会系由上海市商会、洋商银行公会、银行业同业公会、钱业同业公会各派代表一人，及中央、中国、交通、中国农民四行各派代表一人组织而成，并规定每月至少须举行检查一次，将领用数额及担保品种类数额分别公告，以昭信实②。

市商会还据上海市104个行业请求，电呈财政部，要求扩充汇划用途。呈文称，使用汇划，"原冀于节约法币使用之中，仍寓便利商业周转之旨，故必汇划与法币有同等效用、同等价格，始免商人购料付款，动须以高价贴现，多一损失，以致影响物价，日益飞腾"；并建议财政部扩充汇划用途，"凡以汇划付给房租，及并无外汇之各种货款，对方不得拒收，庶几流通范围较广，商业之周转裕如"③。

---

① "财部限制支付存款"，《银行周报》23卷25号，1937年6月27日。

② 上海市面流通之汇划票据，向为隔日收现，其历史甚为悠久，发源于钱庄，当时入园钱庄(俗称汇划庄)，为便利同业间收解起见，有汇划总会之设立，为同业票据清理之所，所有票据均印汇划字样，为同业当日划账之用，而对于外行及洋商银行等只准隔日收现，各客户向洋行出货，需解现款与洋商银行者，则预先向钱庄开一汇划本票，交与洋行，由洋行解交洋商银行，隔日向钱庄收现。此项办法，在钱庄方面可以预算当日有多少票据未付，而筹划第二日应解之现款，故划头与汇划为同一货币，仅有隔日收现之差，其价值本无差别，故银钱业向例收受存款，账上对于汇划与划头并列一户，不分轩轾。自1937年8月13日上海事变发生，市面极度紧张，财政部为安定金融，颁布办法七条，实行货币收束政策，但实行以来，市面需要资金甚亟，银钱业两公会为增加市上筹码起见，厘定汇划票据办法，呈奉财政部核准补充办法四条，其第一条规定："银钱业所出本票，一律加盖同业汇划戳记，此项票据，只准在上海同业汇划，不付法币及转购外汇。"就汇划制度加以利用，将法币与汇划分成两种货币，实行之初，颇称便利，但与从前隔日收现之汇划，其性质遂不相同矣。慕君：《汇划制度之更改》，《银行周报》23卷28号，1939年7月18日。

③ "商会电请扩充汇划用途"，《银行周报》23卷35号，1939年9月5日。

对上海银钱业及工商各界的做法,国民政府数次给予了嘉勉。1939 年 12 月,国府通电称:上海市银钱业及工商各界,战后始终维持沪市金融,临难不苟,为民族奋斗,以图生存,领导全市民众,救济垂危局面,于万分困难之中,共负艰巨,实堪嘉尚[①]。1940 年 3 月,财部再电上海银行界:关于上海官商银行负责调剂沪市金融问题,仍希望各银行能于可能范围内,设法照过去办法,予以维持;并对沪上银行在非常时期仍本过去精神,极为嘉许[②]。

以上所列举的有关银钱同业救助的几个重要事件,其基础或者说取得一定成效的原因,均在于同业组织发挥了较好的作用。这使得财政部此后对银钱业公会更为倚重。1942 年 5 月 7 日,财政部以渝钱稽字第 29009 号训令,发布了加强银钱业公会组织管制机能令,其要点包括:(1)各地银钱业同业公会,应即将章程、会员名册、职员略历册呈报本部备查。(2)各同业公会对于未经依法注册之银庄、行庄及未经报准设立之分支行号,应不准其加入公会;应查明各该行号名称,报部核办;其已经注册或报准设立者,并应依照非常时期职业团体会员强制入会与限制退会办法之规定,强制其入会。(3)各地商号,如有私营存款、放款、储蓄、汇兑等银行业务者,应由当地银钱同业公会随时检举,报部取缔[③]。

需要指出的是,中央银行作为最后贷款人的职能在抗战后期虽得以确立,但银行业同业救助制度仍然发挥了重要作用。

第三节　银行业危机与政府处置

银钱业同业之间的救济,在应对金融风潮的过程中,起了重要而独特的作用,这是不能否认的。但是,银钱业自身的资源毕竟有限,与此相比,政府的作用则是更为关键的。在协调和组织银钱业同业组织开展同业间救助的同时,政府监管机构一方面利用中央政府和地方政府的权威性,直接进行行政干预;另一方面,则主要是通过完善中央银行的再贷款、再贴现等功能,力图用市场力量进行调控。

---

① "国府嘉勉本市银钱业及各界",《银行周报》23 卷 49 号,1939 年 12 月 12 日。

② "财部电沪嘉许银行界",《银行周报》24 卷 12 号,1940 年 3 月 26 日。

③ 财政部关于加强银钱业公会组织管制机能令(1942 年 5 月 7 日),《中华民国金融法规档案资料选编》(下),第 839 页。

一、白银风潮与中央政府的救济

1935 年 3 月,为应对白银危机给各地尤其是上海工商业带来的不利影响,财政部先后采取了多种措施,救济上海市面。值得注意的是,最高当局对此给予了相当关注,并给予直接指示。3 月 3 日,蒋介石就上海市地方协会来电所提建议,要求孔祥熙"妥为酌办",电文如下:"据上海市地方协会俭电称:近日沪市金融仍紧,人心恐慌,敝会等屡经集议,以为欲使金融回复流通,首须使地产免于呆滞,如中央银行纸币发行保证准备及此项存款保证准备对于道契及土地执业量,一面对于各业提供道契及土地执业证等押品请求借款或短期拆款时,查照部函尽力承收,则一转移间地产可见活动,其他切实救济方法次第施行,市况或可转危为安。请迅赐电知中央银行照办,等语。请兄妥为酌办。"①3 月 6 日,孔祥熙复电蒋介石:"上海市面日内仍感恐慌,固由金融紧迫所致,但利用机会从中操纵或煽动者,亦不免推波助澜。万一发生事变,影响治安,其害匪浅。除由院部筹议根本救济方法外,敬祈我兄速电吴市长及市党部酌予开导,妥为防范,以策安全,无任企幸。"②3 月 8 日,蒋介石致电孔祥熙:"已电吴市长及沪党部开导并防范矣。"③根据蒋介石的指示,财政部从多个方面入手实行救济。

1. 发行金融公债与增加放款,救济工商业

1935 年 3 月初,上海市商会、市地方协会推举杜月笙、钱新之、俞佐廷、陈光甫、张公权、秦润卿等 6 人,面谒财政部部长孔祥熙,据陈上海商市不振,各业环请救济,请由中央银行对工商业,凡以相当货物或地产作抵,而有确实担保者,尽量收押放款。孔祥熙当面即允办理。随后,财政部正式批复称:已函令各银行,对于各业提供确实押品请求放款时,务须依法尽力承做,以维市面而期各业均能活泼发展④。

为救济工商业,财政部决定发行民国二十四年金融公债 1 亿元,以关余为担保,并经中央政治会议通过。此项公债,已决定拨 3 000 万元充中央银行资金,

---

① 蒋介石致孔祥熙密电(1935 年 3 月 3 日),《中华民国史档案资料汇编》第五辑第一编"财政经济"(四),第 610 页。

② 孔祥熙致蒋介石密电稿(1935 年 3 月 6 日),《中华民国史档案资料汇编》第五辑第一编"财政经济"(四),第 610 页。

③ 蒋介石致孔祥熙密电(1935 年 3 月 8 日),《中华民国史档案资料汇编》第五辑第一编"财政经济"(四),第 611 页。

④ "财部令各行尽力放款",《银行周报》19 卷 8 号,1935 年 3 月 5 日。

拨 2 500 万元充中国银行资金,拨 1 000 万元充交通银行资金,使三行资金增加,充实自身力量,以便流通金融、调剂市面①。上海金融界对于财政部此举表示赞成,并认为,"俟实现后,则市面筹码可减少缺乏之恐怖,使工商业可渐恢复原状"②。3 月 27 日,立法院会议审核通过了发行 1 亿元金融公债的方案,并决定于 4 月 1 日正式发行,此项公债系用作充实中央、中国、交通三行基金及拨还中央银行代国库垫款③。

此后,为救济工商市面,4 月中下旬,孔祥熙在邀集银行界领袖商讨后,决定增加放款 2 000 万元。由于该项放款目的在于济助工商,故一般放款利息不得超过 6 厘,以示体恤;但有特别情形,其利率务须在 6 厘以上始可放款者,则可由业户呈请财政部,经审核允可后,得由财政当局在原定 6 厘之外,予以利息补助,但其利息补助最多亦不过 2 厘,故其最高利息计为 8 厘,"此乃为政府维持工商之苦心"。2 000 万元中,工厂货物抵押放款部分 1 500 万元,仍由中央、中国、交通三行负责办理,其余主要用于信用放款④。

财政部还明令救济工商业原则 10 项如下:(1)凡工商业请求放款救济时,银行为维持市面起见,应尽力贷放之;(2)工商业请求放款救济,以制造国货之工厂、贩卖国货之商号及运输国货出口者为限;(3)厂家或商号请求放款救济时,银行应查明该厂或该号是否实在,并详查其资产负债情形、盈亏状况、营业方针暨所请借款之用途是否必要;(4)厂家或商号所借款项,银行应随时监督稽查,其用途不得移作他用;(5)厂家或商号经查明已无继续存在能力者,不得请求贷款;(6)关于工厂之技术改良事项及商号之营业方针,银行得随时派专家指定或矫正之;(7)银行救济工商业之放款利息不得超过 8 厘,如厂号情况不能担负全数利息时,得请求财政部核准,补助月息 2 厘;(8)前项放款偿还期间至长不得超过 1 年,各银行放款合计之总额以 1 500 万元为限,但银行于每次放款后须将放款厂号、数额、期限、押品报财政部备案;(9)凡不能提供押品之厂号而又急待救济者,如有殷实商号 2 家连带负责,为偿还担保,经银行认可请求小额借款时,银行亦应酌为放款,以资救济,但其放款总额不得超过该厂号资本及公积金之半数,偿还时期准照市场向例,于结束期清偿之;(10)前项信用小借款之总额,以各银行放款之合计至多以 500 万元为限⑤。

---

① "孔财长谈话",《银行周报》19 卷 11 号,1935 年 3 月 26 日。
② "发行金融公债一万万",《银行周报》19 卷 11 号,1935 年 3 月 26 日。
③ "金融公债四月一日发行",《银行周报》19 卷 12 号,1935 年 4 月 2 日。
④ "放款二千万救济工商",《银行周报》19 卷 15 号,1935 年 4 月 23 日。
⑤ 同上。

此后,财政部对抵押放款办法有所调整,由原先各庄将押品送钱业监理委员会审查合格后,即照作价标准领取金融债券,再向中、中、交等银行6折抵现,改为:凡申请抵押之各钱庄,将押品如道契、公债、货物汇交钱业准备库,由钱库送交钱业监理委员会审查合格,即向中、中、交等银行所组之放款委员会抵借现款,财政部所拨之金融公债指定为第二担保,钱库之押品为第一担保;折扣方面,道契按工部局估价9折,公债照市价十足,货物照市价8折,前已抵押之押品,照新定办法补足之[①]。放款总额由各行分任,中、中、交等银行所组之放款委员会,总额为2 500万元,除由钱业准备库担任300万元,暨中南、金城、盐业、大陆、国货、国华、上海、浙江兴业、浙江实业等行各任50万元外,其余由中央、中国、交通三银行担任之,其放款依照前中、中、交三银行同业拆放办法办理[②]。财政部还正式成立工商贷款委员会,由12人组成,委蔡增基为主席,杜月笙、吴醒亚为副主席,陈光甫等4人为常委[③]。

2. 直接组织对上海钱业的救济

上海市面自白银出口以后,存底益少,市面筹码日渐减少,已有不敷周转之虞,而工商界习惯,依然在端阳节结账,加以华北形势紧张,人心愈觉不定,"更难免有一部分不明事理者,提取现货而收藏之,以致筹码愈感缺乏,不安之情势有加无已"。由于钱业界原押有大宗之地产契据占去大部分,流动之现金致趋减少。在此严重情形下,上海市钱业公会于1935年6月2日清晨6时召集会员各庄经理紧急会议,认为如此情形,亟应援照1932年"一·二八"战时之紧急处置方案,不向外国银行发出庄票,并限制提现数目,同时作出两项决议。第一,维持现状办法为:(1)各庄原系汇划庄者,自本日起,收解无论多寡,概由同行汇划;(2)往来户如为生活费,每户支取暂以500元为最多限数;(3)各庄向上海钱业联合准备库支用钞洋,以存额比例,每万元支用6 000元。以上三点即日实行。第二,通融救济办法为:(1)具呈财政部,请求供给国币2 000万元,以地产或货物作抵,由钱业公会负保证之责;(2)全体经理向财政当局请愿[④]。

1935年6月1日晚,孔祥熙应邀赴杭州,参加将于第二天上午举行的空军杭州笕桥航校毕业典礼。6月2日早晨,他忽然接到宋子文及中国银行陈行副总裁长途电话,称沪市又有风潮,当即乘坐汽车回沪。在听取了上海市钱业公会

---

① "抵押办法业已变更",《银行周报》19卷23号,1935年6月18日。
② "放款总额各行分任",《银行周报》19卷23号,1935年6月18日。
③ "上海工商贷款会成立",《银行周报》19卷24号,1935年6月25日。
④ "财部拨发公债救济钱业",《银行周报》19卷22号,1935年6月11日。

主席秦润卿陈述的困难情形后,孔祥熙认为,上海钱业公会提出的维持现状三点办法不妥,"倘果任其宣布,市面必至摇动"[①]。为此,财政部决定指拨二十四年金融公债票面2500万元(以8折算),组织委员会经管借放事宜,并指派徐堪、杜月笙、王晓籁、顾贻毅、秦润卿为委员。此事于2日下午决定后,钱业公会复于当日晚10时继续召开会员各庄经理会议,通报财政部已采纳此项借款方案,"房地产契约既多此一条出路,于是人心大定";并当场议决,将上午通告之维持现状办法三条即行取消,各庄仍照常营业。至3日下午3时,财政部经管借放事宜委员会在中央银行三楼举行成立会,五委员均出席,通过经营借放之一切章则。会议结束后,财部正式发出书面指令强调:"自经本部此次维持以后,该公会全体同业,务须妥善经营,力维信誉,各庄资产负债情形,每七日造报委员会查核,本部并须随时派员检查,以昭符实。如再有不顾信誉,私营不正当业务者,本部定即执法相绳,去其害马,以免累及钱业全体之信誉。"[②]孔祥熙同时指派财政部次长徐堪等组织委员会负责办理贷放,"如钱业因正当营业而致周转不灵,尽力予以援助,事关安定市面,不得不为紧急之应付"[③]。接奉财政部训令后,钱业同业公会赶造会员钱庄资产负债表,于4日晨10时完竣,具备呈文,送钱业监理委员会。各庄申请放款者,会员钱庄55家均在其内,其最多者为100万元,最少者为10万元,总额国币2000万元[④]。

有学者指出:"上海钱庄业的确得到了来自国民政府和大银行的救济,但这种救济是以钱庄业接受监督和控制为代价的。"[⑤]从监管的角度说,这又未尝不是一件好事。

3. 实施对"小三行"的改组

在1935年的白银风潮中,中国实业银行、四明银行和中国通商银行三家银行先后发生了挤兑,而造成这一情形的原因,主要还是这三家银行自身的资力方面。以通商银行为例,"频年受发钞影响,准备空虚,至是应付为难,岌岌然不可终日"[⑥]。此外,三行的危机与中央政府的事前策划也有很大关系。此前,中央、

---

① 孔祥熙为紧急应付沪市金融风潮致汪精卫电(1935年6月2日),《中华民国史档案资料汇编》第五辑第一编"财政经济"(四),第622—623页。

② "财部拨发公债救济钱业",《银行周报》19卷22号,1935年6月11日。

③ 孔祥熙为紧急应付沪市金融风潮致汪精卫电(1935年6月2日),《中华民国史档案资料汇编》第五辑第一编"财政经济"(四),第622—623页。

④ "财部拨发公债救济钱业",《银行周报》19卷22号,1935年6月11日。

⑤ 《上海金融业与国民政府关系研究(1927～1937)》,第308页。

⑥ 《五十年来之中国通商银行》,转引自洪葭管主编:《中央银行史料》(上),中国金融出版社2005年12月版,第282页。

中国、交通三行便积聚了中国实业、四明和中国通商三银行的大量钞券，然后向这三家银行兑现，造成了挤兑危机①。

在财政部严令这三家银行补缴发行准备的情形下，三行被迫向中央政府求助，请求加入官股，并将旧股贬减，以补缴发行准备。对于原有股本的折价问题，财政部起先只通融按照10％折算，"惟各该行原有股本早经亏蚀净尽，本部前拟核实，减为百分之十，已属优异"；后因各行反复请求，"均以减作一成认为太低，请求酌量增加"，财政部"惟为顾念各该行困难情形，拟准按照一成半计算"，即原有股本100元，折减为15元，"以示体恤"。各该行原有实收股本，计中国通商银行350万元，中国实业银行350.74万元，四明银行225万元，如将旧股折减成数，概按一成五计算，计中国通商银行尚存股款52.5万元，中国实业银行52.61万元，四明银行33.75万元。财政部最终实际加入中国通商银行官股347.5万元，中国实业银行官股347.389万元，四明银行官股366.25万元，共计官股1 061.139 0万元，"俾该三行各凑成资本总额四百万元，以归一律"。作为附带条件，"所有官股董事、监察人、董事长等人选，拟即由部遴选补充"②。

此后，财政部规定，"此次各该行加入官股，根本改组，其原任董事、监察人等均应一体改选，以符规定"。所有董事名额，每行定为11人，内官股董事7人、商股董事4人；监察人名额，每行定为5人，内官股监察人3人、商股监察人2人。财政部并指派杜月笙为中国通商银行董事长，傅汝霖为中国实业银行董事长，吴启鼎为四明银行董事长。财政部对加入的官股，"概以复兴公债照数拨给"③。

二、《安定金融办法》与限制汇划贴现

1937年8月，财政部公布《安定金融办法》后，上海银钱两公会复拟有补充办法四条，呈准财政部相辅而行。但施行以后，出现了新的情况，即"汇划贴现之风甚炽，市面汇划筹码因之供过于求"，实与规定施行汇划票据原旨相背。对这一问题的处理，直接关系到《安定金融办法》的实施效果，为此，财政部电嘱严予取缔。上海银钱业为安定整个金融计，决定实行限制办法，于1938年2月5日通告各行庄："无论定期活期存款，除公司行号确因有商业需要，得付给同业汇划

---

① 《上海金融业与国民政府关系研究(1927～1937)》，第276—277页。

② 财政部钱字第2817号(1937年2月8日)，《中华民国史档案资料汇编》第五辑第一编"财政经济"(四)，第604—606页。

③ 财政部致行政院呈稿(4月6日)，《中华民国史档案资料汇编》第五辑第一编"财政经济"(四)，第606—607页。

外,其余私人堂记,概不得丝毫通融。"①该办法实施后,"贴现风已稍减,而汇划筹码亦告宽松,并不影响商业正常需要,而各行庄对往来存户及同业间收付业务,刻仍照常遵照《安定金融办法》办理,绝未有变更"②。

1939年6月,财政部"马电"限制提存后,银钱两业同业公会为调剂同业资金扶助工商业起见,议决一方面集中银钱业原有存放银行准备会及钱业准备库之汇划存款,约计2 200万元,由银行准备会按95%,于7月4日起分12星期掉换成法币,以资周转;另一方面交由银行准备会办理同业汇划之领用事宜,总额暂定5 000万元,即日办理登记,准于7月4日实施,以期集中准备,便利流通,并于各行庄领用同业汇划之准备财产。另由该会组织汇划准备检查委员会,由市商会、洋商银行公会及银钱两业同业公会各派代表一人及中、中、交、农四行合派代表一人为委员,以后每月至少检查一次,并将准备种类及数额分别公告③。

汇划制度作为银行业的一项创新,在实施过程中出现诸如贴现等弊病在所难免,这个时候,应当由政府出面加强监管。1940年2月15日,财政部渝钱字第16081号代电称,查本部核准沪市银钱业发行新汇划5 000万元,原为调剂沪市银钱业资金、适应工商业之需要,该项汇划之周转,虽限于同业间收付,但原与现金无异。前据报告沪市汇划发生贴现情形,迭经本部严行查禁有案;并严令上海银钱业公会联合准备委员会,"设法平抑,勿任发生差价"④。

总体而言,汇划票据在调剂同业资金、供应工商业需要等方面起到了积极作用。自1939年7月起至1940年6月止,审定领用同业汇划总额2 936.5万,各行庄业已领用数额1 734万元;各行庄缴存担保品中,货物254.6万元,占5.34%,有价证券869.3万元,占18.22%,房地产3 646.3万元,占76.44%。以上系12个月平均数。至于7月份审定汇划总额3 849.5万元,各行庄已领用额为2 392.2万元;8月份审定汇划总额3 810.3万元,各行庄已领用额为2 443.1万元⑤。

三、中、中、交、农四行与联合贴放

1937年7月,抗战爆发,中国金融出现剧烈动荡,各地银钱业相继采取紧缩

---

① "沪银钱业限制汇划贴现",《银行周报》22卷6号,1938年2月15日。

② "安定金融办法不变",《银行周报》22卷7号,1938年2月22日。

③ "银钱业办理领用同业汇划",《银行周报》23卷26号,1939年7月4日。

④ "财部电复平抑汇划贴现",《银行周报》24卷8号,1940年2月27日。

⑤ "同业汇划流遍上海市场",《银行周报》24卷42号,1940年10月22日。

政策，以求自保，社会资金顿觉匮乏，对各产业部门生产造成严重影响。为了活泼金融，财政部于该年 9 月 19 日商由中、中、交、农四银行着手组织联合贴放委员会。

8 月 2 日，财政部次长徐堪向蒋介石报告："近日市面颇呈紧迫现象，深恐发生意外，摇动后方金融，已商由中、中、交、农四行合组贴放委员会，如各行有紧急情形，系属正当需要，而能提供相当押品者，由委员会予以贴现或放款，以资维持。"并称："本日宣布委员会成立，人心较安。"①1937 年 8 月 9 日，四行联合贴放委员会正式成立，由四行各派 2 人为委员，中央银行为席德懋、胡以庸，中国银行为贝淞荪、程慕灏，交通银行为庄鹤年、张朔，中国农民银行为朱润生、许锦绶②。成立以后，"各钱庄及较小商业银行，均以有价证券或货物前往申请抵押拆放者颇多"，该会"对于借户，立予便利，偿还期间亦可酌量通融展期，故市上金融情况甚为安定"③。随后，根据财政部指令，四行又相继在汉口、重庆、南京、南昌、广州、济南、郑州、长沙、杭州、无锡、芜湖等 11 处先后成立贴放委员会④。

1937 年 8 月 26 日，经四行联合办事处拟订，并经财政部核准，公布了《中中交农四行内地联合贴放办法》11 条。其要点如下：(1)贴放范围包括抵押，转抵押，贴现，财政部命令对于铁道、交通、农贷、工贷等项之放款。贴放押品包括农产品、工业品、矿产品、中央政府发行之债券。(2)贴放价格为，凡当地有市价者，以市价 85 折计算；其无市价者，由当地联合贴放委员会估定，但遇有押品价值跌落时，应照数追补；转抵押款项不得超过原抵押金额；贴放利率由当地联合贴放委员会斟酌市面情形定之⑤。与此同时，财政部提出，由于内地金融机构未尽健全，营业方法未必尽合法定，"提供之押品或有与银行定章不合而又必须放款救济者，得由部提出第二担保以资保障"，并要求"遇有此项情形，即专案报部核办"⑥。此项办法制定后，"举凡农工商矿产品及短期票据并中央公债，均得持以

---

① 徐堪报告组织贴放委员会及其他金融事项密电稿(1937 年 8 月 2 日)，《中华民国史档案资料汇编》第五辑第二编"财政经济"(四)，第 438 页。

② 中央银行报告组织贴放委员会情形及成员名单函(1937 年 8 月 12 日)，《中华民国史档案资料汇编》第五辑第二编"财政经济"(四)，第 439 页。

③ "沪市各业安定"，《银行周报》21 卷 35 号，1016 号，1937 年 9 月 7 日。

④ 财政部关于在汉口等十一处设立贴放委员会电稿(1937 年 8 月 25 日)，《中华民国史档案资料汇编》第五辑第二编"财政经济"(四)，第 450 页。

⑤ 中中交农四行联合贴放办法(1937 年 8 月 26 日)，《中华民国金融法规档案资料选编》(下)，第 1085 页。

⑥ 徐堪报告修正中中交农四行内地联合贴放办法密电(1937 年 8 月 26 日)，《中华民国史档案资料汇编》第五辑第二编"财政经济"(四)，第 1—2 页。

借款,全国金融立增活泼,对于应付国难,增加抗力,诚属不少"①。

1937 年 10 月 13 日,四行联合办事处规定,"为集中力量,而收通力合作之效",在贴放方面,凡已成立分处地方,各分行处对于以后贴放事宜,应共同承做,不得再由一行单独办理;"办理当地请求贴放,事关维持农矿、工商业,各分行处应依照核定办法,视当地情形,协同审查其用途是否确为生产上需要,以防取巧";在汇款方面,对内地汇款应尽量承做,不加限制,俾得流通金融;对上海及沿海口岸汇款,无论多寡,均应审慎办理,"注意是否确实正当需要,并互相接洽,以防转辗有资金逃避之虞"②。

1938 年初,四行联合贴放委员会鉴于沪上金融业本身力量稳固,已足应付非常时期而有余,故决定自该年起,暂行停止直接对金融业放款,惟金融业如有需要,可先向银钱两业准备库申请,如两准备库头寸不足时,则可向贴放委员会请求③。1938 年底,贴放委员会为调剂各行庄金融,间接扶助各业复兴起见,特规定对于各商业银行及钱庄之工商抵押品,允许向四行贴放会申请转抵押,供给头寸,藉资周转④。

据财政部统计处编辑的《战时统计资料》统计,1937 年 9 月至 1939 年 12 月,四行联合贴放总额达 63 645 万元,其中粮食及农业贷款 1 641 万元,协助盐业贷款 5 183 万元,协助交通事业贷款 2 124 万元,发展工矿事业贷款 3 004 万元,协助地方事业贷款 16 334 万元,收购物资贷款 1 664 万元,一般事业贷款 33 695万元。如与法币发行量比较,这 6 亿多元的贷款相当于 1939 年底止法币发行总数 42 亿多元的 14.7%⑤。

1942 年 2 月 28 日,四联总处提出《四联总处核办投资贴放方针》,经国民政府第 552 次会议修正通过,共包括原则、国营民营事业之投资放款以及放出各款之紧缩等三个方面。该方针强调,为适应太平洋战事爆发后国内金融经济上所引起之变动起见,以后投资放款,应以协助与国防有关及民生必需品之生产事业为主;所有普通放款及不急需之投资,应暂行停止,并不必单独承做;必要时,应依照本方针办理,并具报查核。凡投放款项之事前审查、事后考核,必须严格;但

① "四行内地贴放委会贴放办法",《银行周报》21 卷 32、33、34 号,1013、1014、1015 号,1939 年 8 月 31 日。
② 四行联合办事处规定贴放钞券汇款等各项办法通函(1937 年 10 月 13 日),《中华民国史档案资料汇编》第五辑第二编"财政经济"(四),第 2—3 页。
③ "联合贴放会仍负调剂金融责任",《银行周报》22 卷 7 号,1938 年 2 月 22 日。
④ "贴放委员会接受转抵押",《银行周报》22 卷 45 号,1938 年 11 月 15 日。
⑤ 崔国华主编:《抗日战争时期国民政府财政金融政策》,西南财经大学出版社 1995 年 2 月版,第 404 页。

办理手续应力求简便①。

1942 年 7 月,四联总处第 135 次理事会通过《中中交农四银行放款投资业务划分实施办法》,并于 8 月 5 日代电四行两局执行。该办法规定,今后四行放款投资,按下列标准分别承做:(1)凡政府机关以核定经费预算及税收指抵借款,中、交、农三行及其他金融机关重贴现、重抵押,或同业抵押、拆放方式透借款项暨政府特准之贷款,由中央银行承做。(2)凡内地及进出口贸易事业,进出口有关之工矿事业贷款与投资,由中国银行承做。(3)凡交通运输、公用及一般工矿贷款与投资,由交通银行承做。(4)凡农业生产、农田水利、土地金融、合作事业暨农具制造、农业改良、农产加工及运销之贷款与投资,由农民银行承做②。

四、中央银行成为最后贷款人

中央银行作为最后贷款人,本应是其重要职能,但在近代中国,却经历了一个漫长而曲折的过程。

1908 年清政府颁布的《银行通行则例》第 9 条规定:"凡经核准注册各银行,如有危险情形,准其详具理由,呈所在地方官报明度支部,转饬地方官详查营业之实况与将来之希望。如果系一时不能周转,并非实在亏空,准饬就近大清银行商借款项,或实力担保;免致有意外之虞。"③《大清银行则例》亦规定:"大清银行凡遇各地方市面银根紧急之际,得由职员会定议,呈准度支部借给款项,维持市面,仍由银行按期照章结算存息,听候部示。"④在一定意义上,大清银行承担起了"最后贷款人"的职责。

1927 年 10 月 22 日由国民政府公布的《中央银行条例》规定,中央银行的营业种类包括"国库证券及商业确实票据之买卖贴现或重贴现"⑤。1928 年 10 月 5 日,国民政府公布了修正后的《中央银行条例》,保留了这一规定⑥。而于同年经国民政府核准公布的《中央银行章程》则明确规定:"中央银行有协助国民政府统

---

① 财政部附送四联总处核办投资贴放方针公函(1942 年 2 月 28 日),《中华民国史档案资料汇编》第五辑第二编"财政经济"(四),第 131—133 页。
② 中中交农四银行放款投资业务划分实施办法(1942 年 7 月),《中华民国金融法规档案资料选编》(下),第 1105—1107 页。
③ 清度支部银行通行则例(1908 年),《中华民国金融法规档案资料选编》(上),第 147 页。
④ 《中国近代货币史资料》第一辑,第 1046 页。
⑤ 中央银行条例(1927 年 10 月 22 日),《中华民国金融法规档案资料选编》(上),第 521 页。
⑥ 中央银行条例(1928 年 10 月 5 日),《中华民国金融法规档案资料选编》(上),第 530 页。

一币制、调剂金融之责。"①

1935 年 5 月,国民政府颁布《中央银行法》,对中央银行业务范围的规定,有如下几方面值得关注:(1)国民政府发行或保证之国库证券及公债息票之重贴现;(2)国内银行承兑票据、国内商业汇票及期票之重贴现;(3)买卖国外支付之汇票;(4)买卖国内外殷实银行之即期汇票、支票②。

在中央银行取得货币发行的垄断权之前,最后贷款人的职能是由中、中、交、农四行共同承担的。1940 年 2 月,财政部公布的《推进银行承兑贴现业务暂行办法》规定,由中、中、交、农四行合组承兑委员会,办理票据承兑业务;经承兑委员会承兑之票据得向各银行申请贴现;承兑票据之贴现率由中、中、交、农四行逐日挂牌,并应较当地放款利率酌量减低③。

而自发行统一后,最后贷款人的职能主要由中央银行承担。1942 年 6 月 21 日,四联总处拟订并由财政部核定施行的《统一发行实施办法》规定,各地中、交、农三行因办理四联总处核定之贷款,或本行业务贷款及支付存款需要资金,可由各总行以重贴现、同业拆放、财政部垫款户划抵以及以四联总处核定贷款转作押款等方式,向中央银行总行申请接济,所有一切条件,照各种方式之固有规定或手续办理,其利率可照原收利率减低 2 厘至 4 厘,由中央银行酌定之。付券地点以中央银行总行所在地为原则;但因紧急需要,得由各地三行之分支行处径向当地或附近之中央银行申请接济,其数额以 50 万元为限④。同年 7 月 1 日由财政部核定实施的《统一发行办法》亦规定,自 1942 年 7 月 1 日起,中、交、农三行因应付存款需要资金,得按实际情形提供担保,商请中央银行充分接济,并报财政部备查⑤。

1943 年 4 月 6 日,财政部致函四联总处指出:"各国中央银行控制金融,均赖票据之重贴现及公开市场买卖为其重要工具。我国以往信用制度,在商业方面向用记帐方式,在金融方面向用借款契约方式,均属帐面债权,非至到期偿还,资金呆滞,不能周转,于金融之灵活运用、生产事业之扶植发展,均多障碍。况值此非常时期,如仅赖发钞以充通货,在发行银行既感券料困难,而借款延期支付

---

① 中央银行章程(1928 年 10 月 25 日),《中华民国金融法规档案资料选编》(上),第 534 页。
② 财政部转发中央银行法训令稿(1935 年 6 月 12 日),《中华民国金融法规档案资料选编》(上),第 600 页。
③ 四联总处为检送推进银行承兑贴现业务暂行办法函(1940 年 2 月 1 日),《四联总处史料》下册,第 571—572 页。
④ 四联总处订定之统一发行实施办法(1942 年 6 月 21 日),《中华民国金融法规档案资料选编》(上),第 456 页。
⑤ 统一发行办法(1942 年 7 月 1 日),《中华民国金融法规档案资料选编》(上),第 457 页。

一再商转，无形中亦助长信用膨胀。"为此，财政部提出，为加强中央银行控制金融力量起见，推行票据制度，"建立贴现市场实为当前要图"；并特别强调，"统一发行以后，三行专业化，尤非利用票据之承兑贴现，不足以完成其对国家经济金融所负之使命"。财政部鉴于此提出了《非常时期票据承兑贴现办法》18条，经行政院修正通过，转奉国防最高委员会核准备案①。

1945年12月9日，财政部以渝叁字第4566号令，公布《票据承兑贴现办法》17条，内容与《非常时期票据承兑贴现办法》基本相同，只是去除了"战时"痕迹②；并于同日废除了《非常时期票据承兑贴现办法》③。

第四节　银行业的停业清理

一、抗战前银行停业清理的规定与实施

1908年清政府颁布的《银行通行则例》，强调由地方政府负责管理银行停业的具体事宜，但同时必须纳入财政部的统一监管范围内。《则例》第15条规定："凡银行因折阅或有别项事故情愿歇业者，应举定办理结帐人，禀报地方官将存欠帐目结算清楚，照商律办理，地方官具录事由，速报度支部查核，不得延误，并一面由该行自行禀报度支部查核。"④

南京临时政府成立后，财政部认为，清理旧设官银钱号款项及兑换所是各地行政长官的职责，并于1912年3月20日致电各省都督："查旧设官银钱行号大都存有公款，而外欠亦不少；既归尊处清理，应请责令原经收人迅即收还，专备兑

---

① 中国银行总管理处为抄送非常时期票据承兑贴现办法函(1943年4月28日)，《四联总处史料》下册，第577—580页。该《办法》规定，票据系指附于合法商业行为签发的票据，其种类包括工商业承兑汇票、农业承兑汇票以及银行承兑汇票3种；票据发票人、承兑人须为合法的正当商人、合法的农业团体或合法的银行；票据经背书后，得相互买卖或持向各银行申请贴现；各银行得以已贴现的票据，经背书后，相互买卖，或向中央银行请求再贴现；票据期限自承兑日算起最多不得超过90日，但农业承兑票据得以180日为最长期限；请求重贴现的银行，其重贴现的最高限额，由中央银行斟酌金融市场需要及申请银行信用状况核定之；票据之贴现率，由当地银钱业公会与中央银行会商公告，重贴现率由中央银行公告。
② 票据承兑贴现办法(1945年12月9日)，《中华民国金融法规档案资料选编》(下)，第929—932页。
③ 财政部公布废止非常时期票据承兑贴现办法(1945年12月9日)，《中华民国金融法规档案资料选编》(下)，第932页。
④ 清度支部银行通行则例(1908年)，《中华民国金融法规档案资料选编》(上)，第148页。

换该官银号从前行用之钱票，俾昭民国信用，而免商民吃亏，是所盼祷。"①

1924年，北京政府起草的《银行通行法》对停业清理的规定更为具体。其第16条规定，"银行如有违背法令章程，或有妨碍公益之行为时，财政部得令其解散或停业或改选职员"。第17条规定，"银行如因破产或其他事故停业时，除依其法令规定办理外，应即开具事由，呈请地方长官转请财政部查核；银行遇有停止支付时，除详具事由呈具地方长官核办外，并应呈报财政部查核"。第18条规定，"银行解散时，应将营业证书缴呈地方长官，转送财政部注销之"。第19条规定，"银行停业后，非停业事故消灭并经财政部核准，不得复业"②。

南京国民政府成立后，进一步加强了对银行停业清理的监管。

1931年3月国民政府颁布的《银行法》，注意到债务的清偿以及清算顺序。其第41条规定，"银行改营他业，其存款、债务尚未清偿以前，财政部得令扣押其财产或为其他必要之处置；其因合并而由非银行之商号承受银行之存款与债务时，亦同"。第42条规定，银行清算时，其清偿债务依下列次序：(1)银行发行兑换券者，其兑换券；(2)有储蓄存款者，其储蓄存款；(3)1 000元未满之存款；(4)1 000元以上之存款。第43条规定，银行如因破产或其他事故停业或解散时，除依其他法令规定办理外，应即开具事由，呈请财政部或呈由所在地主管官署转请财政部核准后，方生效力；银行停止支付时，除详具事由呈请所在地主管官署核办外，应即在总分行所在地报纸公告之，并呈请财政部查核。第44条规定，银行解散时，应将营业证书缴呈所在地主管官署转送财政部注销③。

在专门的清理办法未正式公布之前，财政部主要通过训令形式提出各种监管要求。

1935年4月29日，财政部钱字第21号训令指出："查近年以来，每于市面紧急之际，均由本部函令中中交三银行拆放巨款，以资调剂，各钱庄得此扶助，营业自应发展。殊近来仍时有钱庄倒闭及停业清理情事，察其内幕，倒闭停业各庄，未必纯由放款呆滞，每有不良经理滥用亏款或营私舞弊，以倒闭倒业为掩饰打劫之手段，外人不察，每以钱庄倒闭为金融紧迫之征观，以致摇动人心，影响市面，殊堪痛恨。查钱庄组织，概系无限公司或合伙，各股东或合伙人自应当负无限清偿责任，经理及执行业务人员，亦应连带负责，倒闭及停业之钱庄，非将全部

---

① 财政部清理旧设官银钱号并兑换所发钱票电稿(1912年3月20日)，《中华民国史档案资料汇编》第二辑，第445页。

② "签注意见中之银行通行法及施行细则"，《银行周报》8卷16号，1924年4月29日。

③ 财政部关于转发银行法令(1931年4月24日)，《中华民国金融法规档案资料选编》(上)，第578—579页。

债务清偿完竣,经理及执行业务人员与股东或合伙人同属不能脱离责任,断非委托一清理员即可逍遥法外;其经理及执行业务人员如有滥用亏款营私舞弊情事,更应依法严惩,不能宽假。"为此,财政部要求上海市钱业同业公会迅速查明近来倒闭停业各钱庄详细情况,如有上述情事,应据实上报财政部,以凭依法究办,并转知全体同业,"不得藉词率尔停业,致滋纷扰"①。

对银行亏蚀倒闭,财政部同样给予了严切关注。财政部认为,"近以各地新设立之银行,多为投机者利用为吸收社会存款之工具,藉此作投机事业,盈利则以饱私囊,亏蚀则倒闭了事,行同骗局;若不严加惩处,社会金融必致受其整个扰乱"。为此,财政部特规定,"此后无论任何银行宣告清算时,第一须严查其经营之业务,第二须彻底核算其所收之股本。如因主持人投机失败,或股款尚未收足时,除主持人应负责赔偿外,股东亦应连带负责"。1935 年初,浙江省嘉兴商业银行突然宣告清理,经财政部派员清算后,发觉其亏蚀极巨,"而核其股本,且尚未收足,实属有意欺朦社会",浙江省政府将彻查真相咨复财政部后,财政部咨请地方政府转令嘉兴商业银行,"勒令承认各股东缴足股本,充实资产,再行清算,以儆效尤";并强调,"嗣后全国各地银行如有类似情事发现,均将严厉制裁,以保存户利益"②。

为全面规范银钱业停业清理事项,财政部于 1935 年 6 月 5 日发布训令,称:查银行钱庄营业,关系社会金融甚巨,偶有倒闭,不惟债权人身受损害,往往牵动市面,发生恐慌,凡属银钱同业,应各妥慎经营,不得投机冒险,自蹈危途;其有一时周转不灵,因而停业者,尤应从速整理,不得故意拖延、乘机取巧,致碍债权人之利益,徒增债权人之损失、债务人之负担,而尤易滋生流弊,引起纠纷,殊非政府保全人民财产、维持社会信用之道,亟应严定期限,派员监督,务期切实清理,早日结束③。财政部同时公布《停业各银行钱庄监督清理办法》6 条。其主要内容为:(1)停业银行钱庄,除经法院宣告清理者外,均由财政部指派专员会同该同业公会清理;其经法院宣告清理之银行、钱庄,亦应指派专员调查清理情形,随时报部备查。(2)清理期限,自停业之日起,以 3 个月为限,非有正当特殊事由,不得呈请延展;但在本办法令行以前停业者,自本办法令行之日起算。(3)清理期内,如查有经理人或董事、监察人有违法舞弊情事,即行看管,依法惩办。

① 财政部钱字第 21 号训令(1935 年 4 月 29 日),《中华民国金融法规档案资料选编》(上),第 588 页;"财部取缔钱庄藉词停歇",《银行周报》19 卷 17 号,1935 年 5 月 7 日。

② "银行亏蚀倒闭财部严令股东连带责",《银行周报》19 卷 19 号,1935 年 5 月 21 日。

③ "财部规定银行钱庄监督清理办法",《银行周报》19 卷 22 号,1935 年 6 月 11 日。

(4)资产折实后,存欠不能十足相抵时,股份有限公司组织之银行,应即依法申请宣告破产;其余银行或兼营储蓄之股份有限公司组织之银行或钱庄,应依法课经理人、董事、监察人及股东等以连带无限责任,限期清理。(5)清理期间,经理人、董事、监察人及无限责任股东人等,不得离开其居住地,如有意图逃亡或匿隐毁灭财产之行为时,得加以看管;其已逃亡者,并得由财政部所派专员呈请通缉。(6)专员监督清理一切手续,得准照《商人债务清理暂行条例》办理[①]。

根据上述规定,财政部以沪钱字第33号令,分别委派了前往各有关银行、钱庄的清理员,包括宁波实业银行罗宗孟,明华银行邱正伦(中央银行经济研究处),江南银行黄中(懋业清理处),永兴钱庄、正泰钱庄朱旋章(中央银行稽核处),寅泰钱庄、益昌钱庄王季森(中央银行稽核处),永丰钱庄、益康钱庄陈俊敕(中央银行稽核处),信康钱庄、荣康钱庄周瀚(中央银行稽核处),德昶钱庄、宝大裕钱庄王卿熙(中央银行发行局)[②]。

1935年7月20日,财政部公布了《财政部监督停业行庄清理专员办事规则》,共8条,规定监督清理专员职权包括:(1)审核各种账表事项;(2)检查资产事项;(3)审核动产及不动产之变卖或处分事项;(4)审核清理款项收付事项;(5)执行财政部命令及查复各事项。监督清理专员得随时向各该主管人员查询,并得指挥办理。前项主管人员对于清理监督专员查询事项,如有推诿隐匿及故意延宕情事,得由监督清理专员呈报财政部依法惩处。清理监督专员于必要时得前往各该银行、钱庄之分行号督促清理;应将每旬监督清理情形,详细编制报告书,于次旬3日内呈报财政部查核,如有重要事件,并应随时陈报;其应需车马办公等资,应在清理所得款项内尽先支领[③]。

二、抗战期间银行停业清理的规定与实施

抗战爆发后,尤其是政府军队西撤后,战区不少银行也逐渐撤往内地安全地带,此外还有一些银行因损失惨重而无法继续营业,这就给战区存户利益带来不小影响。如何妥善处理这一问题,是监管机关必须要考虑的。

至1938年8月前后,战区各银行中已将分支行或办事处迁至安全地带继续

---

① 停业各银行钱庄监督清理办法(1935年6月6日),《中华民国金融法规档案资料选编》(上),第589页。

② 财政部令沪钱字第33号(1935年6月7日),二档:三(1)2284。

③ 财政部监督清理停业行庄清理专员办事规则(1935年7月20日),《国民政府财政税收档案资料汇编(1927～1937年)》,第674页。

营业者,为中央、中国、交通、中国农民等国家银行,以及浙江兴业、浙江实业、上海、国货、通商、四明、垦业、中国农工、盐业、金城、大陆、中南、中国实业、农商、上海绸业、国华、聚兴诚、新华、江海等银行,以上各银行战区分支行或办事处,大都迁移至上海,归总行办理,其存款均照常准予提取。而其总行所在地仍在战区以内者,包括：杭州的两浙商业、浙江建业、浙江商业、浙江储丰、浙江典业等,南京的南京商业储蓄、南京市民等,崇明的大同商业银行,太仓的太仓银行,常州的武进商业银行,南通的汇通银行,苏州的吴县田业银行,嘉定的嘉定商业银行,崇德的崇德县农民银行,海宁的海宁县农民银行,嘉善的县地方农民银行,嘉兴的县地方农民银行,徐州的徐州国民银行,松江的松江典业银行,以及浙江地方、江苏、江苏农民等银行。战区各行除浙江建业银行已迁上海营业外,其他各行对于各户存款以及各项放款,均由各行经协理负责设法办理清偿及追索,惟有若干银行因损失太重,暂时无法恢复,对于放款,因追索困难,以致存款无力清偿,虽经各存户一再向其请求发还无效。对此,财政部命令战区各银行,依法妥为处理,储蓄、商业、信托各部存款,应依法办理[1]。

　　此后,因迭次据沦陷区域及逃避内地人民纷纷请求,财政部明令各商办储蓄银行遵照国府明令,归还人民储蓄存款,"以活民命"。财部同时电令各国营银行调查真相,并咨各省府调查各商办银行负责人住址。财部复于1938年8月出示布告称,凡在1937年10月16日以前,遵奉国府明令迁移安全地带及暂停营业各商办储蓄银行,其已在内地继续营业者,不得再收储蓄存款,并禁止吸收长期新户;其暂停营业者,应即妥觅存户较近之安全地带,即日恢复营业,或设立办事处,发还人民储蓄存款,不得借词因战事损失,匿避拖延不理。至于1937年10月16日以后,确因何种关系,不及事前迁出,而遭受重大损失者,统限于9月底以前,将失事情形详细述明,并须经国营银行两家以上之证明,连同损失详数及善后办法,呈由财部核夺后,限期发还人民储蓄存款全部。该布告强调,查在此长期抗战期间,政府对于人民权利,固未尝稍忘,而于流离失所之人民,亦正在积极设法拯救之中,"储蓄存款多为人民血汗所得,务各体念时艰,各尽其责,倘敢故违,或意存观望者,政府当执法以绳,决不宽贷"[2]。

　　对于有些一般商业银行,或借词停业,或消息杳然,企图吞没人民血汗等情况,政府当局严令其依照所颁法令,在中、中、交、农国营银行所在地从速恢复营业,"期受战祸人民仍能藉平日之血汗,作最后之挣扎"。然而,仍有不少银行对

---

[1] "战区若干银行善后办法",《银行周报》22卷32号,1938年8月16日。
[2] "财部令战区银行限期偿还储金",《银行周报》22卷33号,1938年8月23日。

政府法令置若罔闻,除少数已有复业者外,尚有大多数仍在观望中。沦陷区人民迭次呈控,要求中央妥定有效办法,严厉督促此等商业储蓄银行,即日恢复营业,全数发还存款,以救民命。为此,国民政府责成财政部拟定办法,责成四行会同当地法院机关严饬各该银行复业,尽量受理此案,或由债权人扭交各该银行负责人,依法追究,保证发付存款,后者依现行军律从严惩处。"闻中央对此事极为注意,必要时将以通缉方法,务使此辈丧心病狂者难逃法网。"[①]

三、抗战结束后银行停业清理的规定与实施

抗战胜利后,对日伪银行的清理成为一项重要任务。关于日伪银行的具体情况,并非本书讨论重点,此处仅就涉及战后接收与清理的部分,择要叙述如下:(1)"华兴银行",总行在上海,成立于 1939 年 5 月 16 日,资本 5 000 万元,由伪维新政府与日银团三井、三菱、住友、正金、朝鲜、台湾等银行各出资一半,发行"华兴券",初与法币联系,1939 年起名义上改与英镑联系,每元合为 6 便士。(2)"中央储备银行",总行在南京,成立于 1941 年 1 月 20 日,资本 1 亿元,发行中储券,流通于上海及津浦、京沪、沪杭路线,以及长江华中区及广州等地,自中储券发行,华兴券即告收回;(3)"中国联合准备银行",总行在北平,成立于 1938 年 2 月 11 日,资本 5 000 万元,由华北伪临时政府与华北各华商银行各出资一半,发行"联银券",与日元等价联系,流通于天津、北平、青岛、济南等华北一带;(4)"蒙疆银行",总行在张家口,成立于 1937 年 12 月 1 日,资本 1 200 万元,由察南、晋北、蒙古各"自治政府"分别出资 400 万元,发行"蒙银券",亦与日元等价联系;(5)"满洲国中央银行",总行在长春,成立于 1936 年 1 月 1 日,资本 300 万元,为"满洲国政府"所办,发行"满银券",亦与日元等价联系[②]。

1. 对日伪银行的接收

对日伪银行的清理首先从接收金融机构入手。1945 年 9 月 6 日,行政院平伍字 19231 号公函,向四联总处抄发了《收复区敌伪财政金融机构财产接收办法》8 项。该办法规定,凡收复区内敌伪财政金融机构财产,由财政部各区财政金融特派员接收之。接收敌伪财政金融机构财产,应通知当地军警机关协助办理;其程序为:(1)警卫;(2)点验造册;(3)查封;(4)保管。所接收之财产属于现金、票据、证券及珍贵物品者,应交当地国库或指定之当地财政金融机关保管之;

① "中央严厉处分藉词停业之商业银行",《银行周报》22 卷 48 号,1938 年 12 月 6 日。
② 《民国经济史》,第 36 页。

其为民生日用或易于腐败之物品,得经报部核准,公开拍卖,保管其现金①。

1945 年 9 月,京沪区财政金融特派员公署订定《伪中央储备银行清理办法》12 条,并报经财政部备案。该办法规定,伪中央储备银行之清理工作,由财政部京沪区财政金融特派员设立伪中央储备银行清理处负责办理②。9 月 19 日下午3 时,京沪区金融特派员公署委派刘天可、李筱庄 2 人,由第三方面军司令部派员协助,至南京西路四川路口接收朝鲜银行,接收工作较为顺利。接收日方银行之办法如下:(1)台湾银行由中国农民银行接收;(2)正金银行由中国银行接收;(3)住友银行由交通银行接收;(4)三井、三菱银行由中央信托局接收③。

9 月 28 日,财政部驻京沪区财政金融特派员办公处发布公告:收复区经敌伪核准设立之金融机关,应从速清理,并自公告之日起不准再行收受存款及放款贴现等一切新交易行为④。

10 月 12 日,财政部以 14774 号快邮代电,抄发了四联总处拟订的《接收敌伪银行处理办法纲要》,要求各区财政金融特派员办公处参照办理。其主要内容如下。

接管敌伪银行时办理事项。(1)饬敌伪银行交出各部门负责人员名单,同时编送接收之日计表及现金库存表、资产负债净值损益科目各分户明细表、敌伪性质各项存放款明细表;(2)调查其组织系统,饬令编送有关图表;(3)敌伪银行之发行钞券者,应调查并饬切实报告发行数额及准备情形;(4)立即封存库藏现金,加贴封签,并于封条上加盖接管人员签章,非经接管人员之允许,不得启动;(5)点收各种有价证券、房地产契据、放款契约及其抵押品暨其他实物资产等,并饬造送清册;(6)点收印信、图记、文卷、单据等;(7)点收会计簿籍、凭证、报表,妥为存置,以待查核,敌伪银行之附有仓库保管箱或其他附属业务者,参照前条办法处理,敌伪性存放款,应严饬原主管人员负责填报,如有浮报隐匿情事,即予依法严办。

检查账册注意事项。接收人员于检查账册时,应严格办理。遇有怀疑各点,应向该行查究,并抽取传票及有关文件查核,务至完全明了为止;并注意下列各项:(1)检查各项存款帐户时,对于最近期内收付频繁、数额较巨之各户,应特别注意并将各户摘录分别抽取传票核对;(2)检查各项放款帐户时,除应将各户帐

①　中央银行秘书处为抄送收复区敌伪财产金融机构接收办法函(1945 年 9 月 13 日),《中华民国金融法规档案资料选编》(下),第 1478 页。

②　伪中央储备银行清理办法(1945 年 9 月),《中华民国金融法规档案资料选编》(下),第 1479 页。

③　"金融特派员公署规定接收日银行办法",《银行周报》29 卷 41、42、43、44 号合刊,1945 年 11 月 1 日。

④　"应清理之金融机构",《银行周报》29 卷 41、42、43、44 号合刊,1945 年 11 月 1 日。

项详细审核外,并应审查各户订立之契约。对于该放款户之经理及各董监事姓名、职业等,应调查清楚。此外,接收期中,对于敌伪银行原有债权、债务,应遵照政府法令处理;凡被敌伪劫夺之行局,由原行局接收清理,其损失财产报请政府责令敌人赔偿。接收后清理时,其资产负债与前往复业之行局,应绝对划分;接收人员于检查完毕后,应将检查情形密呈核办。在检查期间,遇有特别事故,并应随时具报①。

1945 年 10 月 20 日,财政部公布《东北九省敌伪钞票及金融机关处理办法》共 6 条,规定:东北九省内敌伪设立之金融机关,由政府指定国家行局接收清理;东北九省内商营金融机关,除经该区财政金融特派员查明主持人员确系地方正当人士、业务健全者,得准予重行注册外,其余一律停止营业,限期清理②。同日,国民政府公布《台湾省当地银行钞票及金融机关处理办法》6 条,规定:台湾省敌人设立之金融机关,由政府指定国家行局接收清理。台湾省商营金融机关,除经该区财政金融特派员查明负责人确系地方正当人士、业务健全者,得准予重行注册外,其余一律停止营业,限期清理③。

1945 年 11 月 1 日,财政部驻京沪区财政金融特派员办公处发布公告:本区各金融机关自公告之日起,对其债务之给付,不论债权人系属日伪机关或其主管长官,以及任何团体个人公司商号,应由各该金融机关之负责人员(如已实行清理即由其清算人员)切实查明。如有汉奸行为,即将该债权人应受给付,报请本办公处核办,不得擅行支付。各金融机关如有不遵上项规定办理,或为隐匿及虚伪之呈报,一经查明,即由负责人(或清算人)负其全责④。

2. 对日伪银行所发钞券之清理

清理日伪银行的另一个重要方面,是对日伪银行所发钞券的清理。这方面的工作量巨大,仅伪中央储备银行及伪中国联合准备银行之发行数字,就有伪中储券 4 199 342 939 000 元、伪联银券 195 102 897 116.82 元⑤。

1945 年 9 月 9 日,中国陆军总司令部发布法字第四号公告,称:政府机关暨国营事业,以及一切税款之收支,自我政府所派人员接收后,应即完全使用法币,

---

① 财政部抄发接收敌伪银行处理办法纲要快邮代电(1945 年 10 月 22 日),《中华民国金融法规档案资料选编》(下),第 1490—1491 页。

② 东北九省敌伪钞票及金融机关处理办法(1945 年 10 月 20 日),《中华民国金融法规档案资料选编》(下),第 1497 页。

③ 台湾省当地银行钞票及金融机关处理办法(1945 年 10 月 20 日),《中华民国金融法规档案资料选编》(下),第 1498 页。

④ "各金融机关对于给付债务应有之注意",《银行周报》29 卷 41、42、43、44 号合刊,1945 年 11 月 1 日。

⑤ 收复区财政金融接收工作概况(时间不详),二档:三(1)4860。

不得再用伪钞；京沪区各银行，自 1945 年 9 月 12 日起，凡一切往来交易，应一律使用法币；其以前用伪钞记账者，无论债权债务，着即自行清理；至于民间现有伪钞停止流通之日期，候另行公布施行，统仰切实遵照，违章严惩①。

1945 年 9 月 27 日，财政部修正公布《收复区敌伪钞票及金融机关处理办法》6 条，规定除台湾省及东北九省外，收复区内敌伪钞票及金融机关之处理，依本办法之规定行之。其内容主要包括两方面：(1)关于收复区内敌伪钞票的处理，除伪钞由政府分别定价限期收换外，敌钞由持有人向指定之银行或机关申请登记，不得在市面流通；收复区内人民持有之伪钞，应于政府规定期限内，向指定之银行或机关请求收换，逾期未持请收换者，一律作废，收换办法另定之；政府因伪钞发行所受之损失及登记之敌钞，向日本清算赔偿。(2)关于收复区内敌伪设立之金融机关，规定由国家行局接收清理；收复区内经敌伪核准设立之金融机关，其执照一律无效，并限期清理②。

9 月 28 日，财政部公布《伪中央储备银行钞票收换办法》，该办法规定：(1)伪中央储备银行钞票，准以 200 元换法币 1 元，由中央银行及其委托机关办理收换事务，收换规则另定之；(2)自 1945 年 11 月 1 日起至 1946 年 3 月 31 日止为收换期间，逾期未持请收换之伪钞，一律作废；(3)伪中央储备银行钞票票版，业经接收销毁，其已发行之钞票种类及发行总额，并据财政部京沪区财政金融特派员查报，如有超过原报数额以外及种类不符之钞票，不予收换；(4)凡操纵牟利，故为高下，违反本办法第一条规定者，以扰乱金融论罪③。

1945 年 11 月 2 日，财政部驻京沪区财政金融特派员办公处，公布了财政部制定的《收复区敌钞登记办法》，该办法规定，登记敌钞由财政部授权中央银行办理；各地开始登记日期，由财政部分区核定，于开始登记一星期前公告之，自开始登记之日起，以一个月为登记期间，期满即行截止④。此后，中央银行以沪字第三号发布关于补充伪钞收兑办法之公告，定于 12 月 1 日起始实行，收换数额，每人每次以国币 10 元为最低限额，10 万元为最高限额；除原有代兑行局外，部准继续营业之各银行钱庄，均得代为收换机关。各该行庄得为中储券以 200 作 1 折合法币记账，照收存款，转存本行；各种券类分别整理清楚，凑成整数，均可交

---

① "中国陆军总司令部法字第四号公告"，《银行周报》29 卷 41、42、43、44 号合刊，1945 年 11 月 1 日。

② 财政部公布之收复区敌伪钞票及金融机关处理办法(1945 年 9 月 27 日)，《中华民国金融法规档案资料选编》(下)，第 1484 页。

③ "伪中央储备银行钞票收换办法"，《银行周报》29 卷 41、42、43、44 号合刊，1945 年 11 月 1 日。

④ "收复区敌钞登记办法"，《银行周报》30 卷 1、2 号合刊，1946 年 1 月 1 日。

兑或缴存①。

1945 年 10 月 20 日,财政部公布《东北九省敌伪钞票及金融机关处理办法》共 6 条,规定除伪钞由政府分别面额定价分期收换外,敌钞由持有人向指定之银行或机关申请登记,不得在市流通;东北九省内人民持有之伪钞,应于政府规定期限内向指定之银行或机关请求收换,逾期未持请收换者,一律作废;政府因伪钞发行所受之损失及登记之伪钞,向日本清算赔偿②。1945 年 10 月 20 日,国民政府公布《台湾省当地银行钞票及金融机关处理办法》6 条,规定由政府分别面额,定价分期收换;其定价及收换期间,由财政部公告。台湾省内人民持有之当地银行钞票,应于政府规定期限内,向指定之银行或机关请求收换,逾期未持请收换者,一律作废;政府因收换该项钞票所受之损失,向日本清算赔偿③。

3. 对商营金融机关之清理

在抓紧对日伪银行清理的同时,对收复区商营金融机关的清理,成为财政部的另一工作重点。"敌伪核准设立之金融机构,一律勒令停业清理,限期结束,其在战前经本部核准设立,战时仍继续营业之行庄,则一面暂准营业,一面派员清查其过去业务,如查有与敌伪勾结,危害国家,或专营投机,业务不正常者,或则吊销执照,饬令停业清理,或则改组董监事会,刷新人事,以别顺逆而资整饬。"④

1945 年 9 月 28 日,财政部渝财叁字第 3532 号令公布《收复区商营金融机关清理办法》12 条,除东北九省及台湾省外,收复区商营金融机构之清理,悉依本办法之规定。其要点如下:第一,关于清理分类。收复区经敌伪核准设立之商营金融机关,应一律停业,依照本办法规定清理;收复区战前经财政部核准设立,战后仍继续营业之银行,应由财政金融特派员查明过去业务,报部核办;在清查期间,暂仍继续营业,而在战时(即陷敌时期)之债权债务,仍应依照本办法规定清理;财政金融特派员派员监督清理时,如查明债权人系敌伪机关或其主管人员以及团体或个人,助逆有据者,对其应受给付,予以扣留,报请财政部处理。第二,关于清理程序及清偿顺序。收复区商营金融机关于本办法公布后,应即造具当日资产负债平衡表,连同资产明细表、负债明细表及当日日计表、股东名册、董事、监察人、经理人员名册,呈送该区财政金融特派员查核,并派员监督清理;收

---

① "中央银行关于补充伪钞收兑办法之公告",《银行周报》30 卷 1、2 号合刊,1946 年 1 月 1 日。

② 财政部公布之东北九省敌伪钞票及金融机关处理办法(1945 年 10 月 20 日),《中华民国金融法规档案资料选编》(下),第 1497 页。

③ 国民政府公布之台湾省当地银行钞票及金融机关处理办法(1945 年 10 月 20 日),《中华民国金融法规档案资料选编》(下),第 1498 页。

④ 收复区财政金融接收工作概况(时间不详),二档:三(1)4860。

复区商营金融机关之清理,除由财政金融特派员派员监督清理外,以有限公司之董事、无限公司及合伙之股东为清算人,其应行遵守事项,依公司法及民法之规定办理。经敌伪核准设立之金融机关,一律视同合伙组织,其股东负无限责任;收复区商营金融机关清偿债务时,应依下列次序:(1)有储蓄存款者之储蓄存款;(2)5万元未满之存款;(3)5万元以上之存款。第三,清理时间。收复区商营金融机关之清理,自开始清算后,应于3个月内办理完竣,呈报财政金融特派员核转财政部查核,但因事实需要得呈请财政金融特派员核准展延;收复区商营金融机关,于本办法公布前已自行停业而尚未清偿全部债务者,仍应由财政金融特派员勒令限期清理,并得请地方政府协助。此外,办法还规定,如收复区商营金融机关清算人不依前二条之规定实行清理者,送该管司法机关究办;收复区同盟国或中立各国之外籍金融机关,经敌伪接收或侵占者,应由财政金融特派员先行接收,于查明主权后,发还自行清理①。1945年10月20日,财政部公布《东北九省商营金融机关清理办法》12条,其精神与《收复区商营金融机关清理办法》基本相同,规定清偿债务时,应依下列次序:(1)有储蓄存款者之储蓄存款;(2)1万元未满之存款;(3)1万元以上之存款②。

根据财政部要求,上海特派员公署制定并公布了《上海市商营银钱业清理办法》,自10月1日起实行。该办法分为银行和钱庄两个方面,要点如下:第一,清理银行办法为:各商业银行凡领有财政部执照者,准予继续营业,惟仍须再行清算各该行债权债务;(2)未领有财政部执照之商业银行,一律停业,并即成立清理处,依照部颁办法,办理清理手续。各该行董事,应负清算之无限责任;负责清算人名单,并应呈报财部特派员办公处核准。第二,清理钱庄办法为:(1)领有财政部执照,或经财政部核准设立之钱庄,准予继续营业;(2)"八·一三"事变以后成立之钱庄,一律停业清理,办理办法与银行同;(3)"八·一三"事变以前成立而未领有财部执照者,静候财部核示办法③。

关于金融机关清理后应办事项,财政部也作了相应安排。1945年12月3日,财政部驻京沪区财政金融特派员办公处发布公告:各停业银行、钱庄及信托公司、保险公司,于债权债务清理完竣,对于剩余资产之处理办法应事先呈报本办公处核准,方可申请结束;各停业银行、钱庄及信托公司、保险公司,有附逆分

---

① 财政部关于公布收复区商营金融机关清理办法令(1945年9月28日),《中华民国金融法规档案资料选编》(下),第1487—1488页。

② 财政部公布之东北九省商营金融机关清理办法(1945年10月20日),《中华民国金融法规档案资料选编》(下),第1495—1496页。

③ "本市商营银钱业清理办法",《银行周报》29卷41、42、43、44号合刊,1945年11月1日。

子之股权者,应将各该股权应得之股值,送缴中央银行保管①。

1945 年 12 月 12 日,财政部驻京沪区财政金融特派员办公处发布训令:凡各继续营业及停业清理之银行、钱庄及信托公司、保险公司,应即遵限清理完竣,并缮具详细报告,呈报本办公处,以凭核转财政部;各停业清理之银行、钱庄及信托公司,对于存户迄未依限提取之存款及存款尾数,应将该项存款及印鉴,交由银行、钱庄及信托业公会,分别指定一家或数家继续营业之行庄及信托公司代办其清偿事宜,并开具明细表,送本办公处备查,同时登报公告客户洽取,并以 1946 年 3 月 20 日为截止提取日期,逾期未经提取之存款,概解缴国库②。

1946 年 1 月 17 日,财政部驻京沪区财政金融特派员办公处公告:所有各停业清理之银行、钱庄及信托公司、保险公司,在清理完竣后应即登报公告。自公告之日起一个月内,其债务如未清偿完毕或有纠葛,债权人仍得申理清楚。再,各行庄公司等有附逆分子之股权者,应将各该股权应得之股值,送缴中央银行保管,前经公告并通令饬遵有案,特再重申前令,应各切实遵办。如有隐匿不报情事,其清理代表人应负连带责任③。

对财政部的规定,银行业存有一些不同意见。1945 年 11 月 30 日,上海市商会、地方协会、银行同业公会整理委员会暨钱业同业公会整理委员会等联合电呈行政院及财政部、财政部驻京沪区特派员办公处,请求准许地方正当商人组织内容充实之停业行庄,于清理期满后补行注册或另行组织。呈电称:"此次财政部颁布之《收复区商营金融机构清理办法》,旨在去劣留良,纳金融于正轨,惟沪市银行因此只存三分之一,钱庄只存十分之二。并闻苏州百余家钱庄自上述清理办法颁布以后,只存二家。是徒以设立年份之先后及已未注册,为许其继续营业与否之标准,必致与实际需要不相吻合";并特别指出,对工商业而言,"两月以来,因行庄大多数停业,失其平日融通资金之途径,咸感恐慌;如果日后停闭各厂相继恢复,则需要金融业之资助,其范围当更扩展"。呈电最后提出建议:"凡系正当商人所组织而内容充实者,于清理期满之后,准其补行注册,继续营业,或另行组织,既纳金融于正轨,并合实际之需要,似于战后复兴工商不无裨益。"④但财政部并未作根本性调整。

---

① "关于金融机构清理后应办事项之公告",《银行周报》30 卷 1、2 号合刊,1946 年 1 月 1 日。
② "关于金融机关清理应办事项之补充说明",《银行周报》30 卷 3、4 号合刊,1946 年 1 月 16 日。
③ "关于行庄清理结束办法之公告",《银行周报》30 卷 7、8 号合刊,1946 年 2 月 16 日。
④ "市商会等电呈政院及财部请准清理行庄复业",《银行周报》30 卷 1、2 号合刊,1946 年 1 月 1 日。

根据中央银行金融机构业务检查处的调查,至 1946 年 2 月,上海市金融机构分布情形为:已清理银行 116 家、钱庄 179 家、信托公司 9 家、保险公司 54 家,继续营业之银行 76 家、钱庄 48 家、信托公司 9 家、保险公司 43 家、外商银行 16 家,新核准之银行 18 家、钱庄 1 家、保险公司 32 家①。

4. 对银行停业清理的进一步规范

1947 年 9 月 1 日,国民政府公布的《银行法》,对银行停业清理作了进一步规范,其第 40 条规定,银行因不能支付其到期之债务,经中央银行停止其票据交换时,中央主管官署得令其停业,限期清算。第 41 条规定,银行解散清算时,应将其营业执照缴销。尤为值得关注的是,《银行法》第 44 条规定:"银行为保障存款人利益,应联合成立存款保险公司之组织。"②虽然这只是一种设想,但也体现出对存款人权益保护的超前意识。

1947 年 9 月 8 日,财政部以财叁字第 5431 号令公布《银行停业清理办法》9 条。该办法规定,银行停业清理时,除依《公司法》办理外,悉依本办法之规定办理(第 1 条)。银行之清算,其由股东决议所定之清算人或由股东会所选之清算人,应为合法执行会计师职业者。其由股东或董事为清算人者,并应选定会计师一人同为清算人;前两项所列清算人,除应向法院依限呈报就任日期外,并应分报财政部备案(第 2 条)。不能依前条之规定选定清算人时,财政部得声请法院选派清算人(第 3 条)。银行各项资产经执行清算之会计师估值后,应即将估值情形,分报法院及财政部备案(第 4 条)。清算人应将银行库存之现金、收回之各项债权、联行调拨之款项及财产之变价,在当地中央银行开立专户,随时存储,以备随时提取,偿付负债;提取时之支票,必须由担任清算人之会计师签章(第 5 条)。清算人应优先将银行所收之存款、汇款全部清偿,于清算之日起 3 个月办理完竣;如某项债权债务或某种财产尚有纠葛时,仍应于专户存储款项内,尽先清偿存款、汇款(第 6 条)。清算人应将清算情形,按月呈报财政部查核,并应抄附有关表册案件,于翌月 5 日以前送出(第 7 条)。银行清算完结或依法宣告破产,均应呈报财政部备案(第 8 条)③。

根据上述办法精神,财政部进一步加强了对停业行庄的管理。

对停止交换行庄,财政部严令吊销营业执照。1947 年 8 月 22 日,中央银行

① "当局将令已清理行庄自动解散",《银行周报》30 卷 19、20 号合刊,1946 年 5 月 16 日。
② 国民政府公布银行法令稿(1947 年 9 月 1 日),《中华民国金融法规档案资料选编》(上),第 746—747 页。
③ 财政部公布银行停业清理办法令稿(1947 年 9 月 8 日),《中华民国金融法规档案资料选编》(上),第 757—758 页。

济南分行以总字第 2312 号代电,向财政部报告了济南福丰厚银号验资一案。随后,财政部又接到中央银行稽核处 10 月 27 日稽字第 7238 号代电,报告了济南福丰厚银号停止交换一案。经财政部核查后发现,济南福丰厚银号由于业务不合、营运失当、头寸短绌无法补足等原因,实际停止交换时间是在 7 月 10 日。而中央银行济南分行事后并未立即报告财政部,并称"拟俟层峰对该号业务决策后,再行决定其能否复业"。对此,财政部明确指出:停止票据交换后之恢复,必须报请财政部核办;"自经济紧急措施方案公布后,一经停止交换,即须吊销营业执照,自无恢复之可能"。财政部批评中央银行济南分行"关于本案措施似属不明本部管理银行之规定",要求"予以纠正"①。

对行庄分支机构停业逾期清理,财政部严令总分支机构一律停业清理。1947 年 12 月 24 日,财政部财钱庚三字第 42326 号代电强调,为保障存户利益,振肃风气起见,对于停业清理之行庄延不清理者,自有严予取缔之必要。该代电同时指出:"停止交换者,若系分支行处,依照规定,虽仅勒令该分支行处停业清理,并由部撤销该分支行处核准设立原案,其清理责任自应由其总行庄负责。若该行庄未能于限期内完结其清理,则该行庄实已不能继续营业,已可认为有应解散之理由,自可吊销执照,勒令该行庄及其分支机构一律停业清理。"②

案例:镇江通商银行亏空案的非常处置

中国通商银行作为近代以来中国人自办的第一家银行,从成立伊始,就经历了许多曲折。其中,1904 年发生的镇江分行亏空案,对于中国通商银行的经营发展产生了较大的影响。在尚未建立健全银行监管制度的前提下,身兼中国通商银行督办的盛宣怀,凭借自己同时也是朝廷高级官员的特殊身份③,在案件处置过程中对"官督商办"体制进行了充分利用,一定程度上使之转换成了"商督官办"。对这起案件的处置完全是超乎常规的,体现了晚清官商关系的特殊一面。下文主要通过梳理盛宣怀档案中的中国通商银行的相关史料,对这起案件的处置过程及其特点作一简要分析。

---

① 中央银行转陈财政部关于经济紧急措施方案公布后停止交换之行庄应吊销营业执照通函(1947 年 12 月 6 日),《中华民国金融法规档案资料选编》(上),第 763 页。

② 中央银行关于行庄分支机构停业逾期清理总分支机构一律停业清理通函(1948 年 1 月 8 日),《中华民国金融法规档案资料选编》(上),第 773 页。

③ 盛宣怀时任工部左侍郎、办理商务税事大臣等职,加太子少保衔,参见夏东元著:《盛宣怀传》,四川人民出版社 1988 年 4 月第 1 版,第 517—523 页。

一、"请君入瓮"："两失之事"须处以"两平之法"

光绪三十年十月初二日（1904年11月8日），中国通商银行督办盛宣怀致端方（时为江苏巡抚署两江总督）函正式通报了镇江通商银行亏空案的有关情况："镇江通商分银行开设八年，向以尹德坤为总董，梅桐村为大班，行中账目，责在两人。前数年，尹德坤以年老畏烦，用其胞侄尹允熊即尹稚山为伙，上年访闻该行办事不妥，屡饬收行，尹德坤具禀力保，代乞缓收。本年六月，闻尹允熊患病，经总行又派司事往查，知收存放出各帐，诸多不实，正在查办，尹允熊旋即身故。当经尹德坤自至总行代为坦认，各帐均由尹德坤清理。因款目过巨，恐尹德坤未必有切实办法，复派明干大员至镇江彻查，并调取帐簿带同司帐回沪，知银行亏欠实有二十三万两。"①

按照常理，一家银行的分行在经营过程中出现亏空，当属银行内部事务，为何需要如此郑重其事地并且不厌其详地通报当地主要负责官员呢？原来，问题的症结在于，在镇江通商银行的巨额亏空案中，还涉及了镇江关道郭直的大量官款。而且，镇江关道提出，"关款被亏，共有四十二万两。"这些官款从名义上看，是经过了同样由尹允熊主管的承担收缴官税职责的裕通官钱号，存入了镇江通商银行内镇江关道的账户，而实际上是被尹允熊挪用了。事发之后，"旋据郭道自携存折来沪向总行对帐，当饬总董、华、洋大班与郭道核对，折息图章与总行所发形式文字全不相符。又，从司帐处搜出尹允熊私帐三本，见簿上均注明月息七厘半字样"。应该说，这是一起非常典型的银行经营者私设账外账，挪用储户资金并造成亏损的案件。

更为复杂的是，作为储户与最大受害人之一的镇江道郭直，在这件事情上并非完全能够脱得了干系。盛宣怀坚决认为，在这起案件中，责任不全在银行方面，郭直同样负有不可推卸的责任。他的理由是："银行规矩向以大班签字报帐为凭，今帐上未经大班签字，一也；银行帐目又向以发给之图章为凭，今图章乃尹允熊假刻，并非总行所发，二也；银行利息长年存者，周息五厘，随时往来，只二厘半，刊刻告白，通国皆知，关道更无不知，今月息竟至七厘半，周息也至九厘，多几一倍，关道岂不知此款银行决无此利息，则是明知非存在银行也，三也；又，关道帐房，例须至银行对帐，今一年有余，帐房从未到过银行对过一次，则收税者，裕通之尹允熊，存银者亦银行之尹允熊，一手瞒天，任令收存如此巨款，绝不过问，今尹允熊身死，乃以归亏于去镇六百余里在沪之总银行，四也。"

---

① 盛宣怀致端方函（光绪三十年十月初二日），《中国通商银行——盛宣怀档案资料之五》（以下简称《盛档》），第310—313页。

事情既然已经发生了,当然得认真对待和处理。首先必须有一个责任划分的问题,然后是要找到解决问题的途径。

就责任而言,盛宣怀认为:"关道误以为尹允熊系银行所用之人,过于信任,责不能卸,情尚可原。即弟听尹德坤之用尹允熊为伙,以致银行、关道均被亏累,用人不当,责亦难辞。"但不管怎样,银行"系国家开设,户部存款甚巨,与镇江关道同是官款";"现在总以官款为重,国帑岂容虚悬"。问题在于"款目过巨,若裕通官银号东家尹允熊架名侵挪之款责令银行赔偿,无论银行股东数千百人均不能允,即使勉强从命,而既亏二十三万,复欲代赔四十二万,力断不及,即使闭歇,而官款仍然无着。若责令关道赔偿,则郭道需次多年积累甚巨,其原籍任所均无赀财,即使参追,而官款亦依然无着"。既然如此,"日来邀集官商屡次筹议,或惟有援案摊赔之一法,然时势艰虞,情形迁变,摊赔必须十余年始能归齐"。

与此同时,盛宣怀提出:"尹允熊亏倒官款,自应将尹氏家产全数查封备抵官款。郭道系被亏最巨之人,尹死两月,并无动静。若再迟延,则隐匿寄顿势将无可追求。弟不得已分头派员将访闻尹允熊之家产,会同地方官查封禀报,前已咨达。据各处县委禀复封得尹允熊家产,另单开呈,尹氏买价不下二十万,至此时召人承领,则值价几何,已令印委会同确估。"

最后,盛宣怀提出了解决问题的两种思路:第一种思路是将尹氏家产拍卖后所得款项全数归还官款。"论理银行、关道共亏六七十万,变价之后,自应按成归还。"这种思路看上去银行方面显得比较大度,但由于最终所得毕竟有限,离官款损失差距较大。第二种思路是将尹氏家产归入江南义赈开彩以募集资金。这是盛宣怀的真正想法。

从光绪三十年十月十二日(1904 年 11 月 18 日),盛宣怀再次致端方的函[①]中可以看出,端方接受了盛宣怀查封尹氏家产的建议,但同时也对责任问题提出了一些不同的看法。盛宣怀则分别据理给予了辩解。

其一,认为尹允熊身为镇江通商银行大班,应当负责任的问题,盛宣怀指出:"镇江大班乃梅桐村,非尹允熊也。现有合同保结为凭,亦众人皆知之事,尹允熊乃尹德坤自己所用之一伙伴耳。银行规矩,责任全在大班,帐目亦全凭大班,如大班签字、报过总行,无论数十万,即数百万亦须赔偿,倘力不能赔,便成倒闭。"

其二,官款损失的具体数额问题,盛宣怀指出:"皆言官款五十三万,敝处只言四十二万。此数非由彻查而得,乃郭道自开清单面交银行董事只有此数,持来两折,与其所开禀单相符。至该道存裕通官银号之款,无论多少,更不能问诸

---

① 盛宣怀致端方函(光绪三十年十月十二日),《盛档》,第 313—316 页。

银行。"

其三，银行用人不当的问题，盛宣怀认为："郭道裁委员，充银号，外间啧有烦言，将收税、存税并诸伊戚尹允熊一人之手，绝无稽查，此其所以败也。然则推其致败之由，皆由于改章程、贪重息，其咎不能归诸银行，亦不能尽归咎于银行之用人也。"

其四，银行底账问题，盛宣怀指出："所谓底帐者，乃尹允熊之私帐，非银行大班梅桐村之帐也。两项帐簿，现尚并存银行，一览了然。"

其五，内部管理问题，盛宣怀认为，问题也主要出在镇江海关方面："自郭道忽然裁撤委员，令尹充官银号，官银号者，收税之人也，于是收税归诸尹允熊，存税亦归诸尹允熊，遂可一手隐瞒、私相授受。"

其六，是否存在总行协谋问题，盛宣怀认为怀疑总行参与了这件事是没有根据的。他指出："第谓图章为协谋犹可也，大班之非尹允熊，总行不能协谋也；利息相悬之殊绝，总行更不能协谋也；无故令尹充银号并不知会银行，使可一手隐瞒、私相授受，总行更不能协谋也；郭道税款年余以来，始终未至分行查过大班帐目，总行更不能协谋也。"

在这封信的最后，盛宣怀提出："诚如大教所云，欲得和平归结，其所以保全银行，正所以保全郭道，因此事一经入告，固无不成两败之局。"他的判断是："所谓和平者，必郭道不失官职、银行不致逼倒，彼此有失，彼此设法通力合作，官商兼顾，两受其亏，而亏皆能受，乃可言底和平，而不致偏倚。"他把两江总督推到了矛盾的焦点上："总之，此事权在我公，凡在官商皆赖成全覆庇，身在井上，乃可救井中之人。"

尽管盛宣怀是一名朝廷高官，但他此时身为中国通商银行督办，作为一个商人，他的最终目的只有一条，那就是必须想方设法说服地方官员参与到镇江通商银行亏空案的处置中来，结成"命运共同体"，在接下来的查封追产和开彩易银中，通过官方权力的运用，以收到尽可能好的效果，他的初步目的已经达到了。

二、查封追产："官督商办"与"商督官办"的角色错位

光绪三十年九月初二（1904 年 10 月 10 日），盛宣怀给时任江宁布政使的黄方伯去电，拉开了查封和追索尹氏家产的序幕。这份电报主要是要求地方官员协助盛宣怀派去的林贺峒，查封如皋县的吉公和典铺。值得注意的是，从时间上看，这封电报要比给端方的函件早得多。从电文的口气上看，则颇有些像上司给下属布置任务："请先电饬通州王牧督同如皋县，届时随同林道至该典收取帐目，查明衣、饰、现款共值若干，会开清单以被召替抵偿官商欠款。若稍迟延，恐防其

寄顿移匿,以致公款无着。"①

九月初四(10月12日),盛宣怀直接给通州地方官去电:"望将查封情形先行电沪。"②

九月初六(10月14日),派往如皋县的经办人员及地方官员来电汇报:"初三酉刻到通晤王牧后,初五酉刻到如皋会商胡令,立将该典管事尹稚山胞弟尹铁琴拘案交典史看管,即刻会同前往该典查封,照帐应存架本截至八月底止,约钱五万五千余千,现钱七千七百余千,典屋并器具约值万金左右。除会讯尹铁琴及该典司事,究明现款存处是否尹铁琴提去,追缴部帖、屋契并核明各款详细数目另行会禀外。"③时隔一日,九月初七(10月15日),又来电请示:"现会讯架本现钱与帐符。惟现钱经尹铁琴提去洋六千九百元,除用净存三千九百元。藩帖、屋契存扬州伊兄弟处,连洋勒限十日内缴案。该典共八股,尹五,丁一,晏二。铁琴仍押捕所,应如何办理或解沪以期迅结,请宪裁速复。"④

盛宣怀于九月初七(10月15日)去电指示:"应饬尹铁琴依限检呈藩帖、屋契并与丁、晏合股议据及提去现洋六千九百元悉数缴齐,再电办法。"⑤

根据在如皋等地办案获得的线索,盛宣怀于九月初八(10月16日)给南京黄方伯去电,要求立即查封扬州的相关尹氏家产:"伊叔尹德坤来沪呈报扬州尚有田亩、房屋、皖票、油坊,各项产据俱在该员寓所,情愿呈官作抵等语。除先照会尊处,业派赵守涞彦、魏令诗诠等兼程赴扬,查封住宅、油坊、市房,仍虑文到不速,祈迅电扬州府会同赵、魏,赶将尹产一律查封,勒令交出各项契券,勿任移匿,至纫公谊。"⑥

同日,盛宣怀对派往扬州的办案人员作出了具体指示:"顷尹元仲单开尹稚山产业,有银行股折一千股,皖票二十余张,田三千亩在南圩观音寺,值银六万两,除抵积谷欠款外,尚存一半,宝塔湾油坊、礱坊、瓜州油坊、市房、扬州住房、契据等均在铁箱内。此铁箱稚山死后已搬到元仲家内,据称必须元仲到家方能取出。又称稚山所有衣服、字画、古玩、木器等项值银不少,仍在稚山宅内未曾搬动等语。所有各项契据,是否必须尹元仲到扬方能取出?如欲押送元仲回家,有无

① 南京黄方伯去电(光绪三十年九月初二),《盛档》,第606页。
② 通州王牧交林访西观察去电(光绪三十年九月初四),《盛档》,第607页。
③ 如皋林道、朱道、李令来电(光绪三十年九月初六),《盛档》,第607页。
④ 如皋林道、朱道、李令、胡令来电(光绪三十年九月初七),《盛档》,第607页。
⑤ 同上。
⑥ 南京黄方伯去电(光绪三十年九月初八),《盛档》,第607页。

弊病，望速电复。"①

　　一直坐镇上海、遥控指挥各地查封动作的盛宣怀，集官、商两种身份于一体，但此时这两种身份的界限已经不那么清晰。如果说由盛宣怀担任中国通商银行督办职务，最初的动机主要还是代表政府监督和管理银行的话，那么，现在看来，倒更像是盛宣怀代表了银行方面和商人的利益，以其特殊的身份督促地方官员，尽力为银行的利益（从场面上讲当然还有官方的一部分利益在内）前后奔波。"官督商办"和"商督官办"的角色实际已经发生了非常严重的错位。对晚清企业的"官督商办"体制有过不少争议，但在笔者看来，在这件事情上倒是体现了极大的"优越性"。

　　接下来的事情更有意思。江宁布政使黄方伯觉得，这样做可能有些不妥，官员毕竟是官员，商人毕竟是商人。九月初十日（10月18日），他对盛宣怀九月初八日的电报作出了回应："庚电叩悉。昨已电饬扬州府遵照，并请即来文饬司转饬地方查照，似较结实。"②作为朝廷官员，对商人的关照归关照，但不管怎样，官样文章还是要做的。盛宣怀当然心领神会，立即复电："照会已于初五、初八交邮局寄上，到日即祈转行为祷。"③

　　查封尹氏家产的过程并非一路太平，中间还经历了许多曲折。但这些已不是本文叙述的重点。

三、开彩易银：差强人意的官商"两平"

　　光绪三十年十月三十日（1904年12月6日），盛宣怀致电到任不久的两江总督周馥，提出了开彩的办法，并希望得到支持："银行认二万又零销五千，弟与郭道各认五千，杨京卿认销两千，计将及五分之四，余彩一万一千实非台端切饬藩司在盐务、地方、各局、所分销，断难集事，蒙公俯允并乞与午帅商定。"④

　　十一月初二日（12月8日），两江总督周馥给盛宣怀回电，电文虽然不长，但内涵非常丰富，包括了多层意思："银行事公拟办彩票了结，甚善"（这是肯定了盛宣怀的总体思路）；"郭道局面甚小，公能多认更妥"（这是把推销彩票的主要责任推给了银行方面）；"尹亏应由银行追产，如借官力，须由银行具禀或公来咨文，方好行禀查追"（这又是官样文章，强调的是官场规矩和套路）；"此为银行催欠，勿与郭道牵涉为妥"⑤（这是提醒盛宣怀，官商共谋尽量勿为外界所知）。

---

① 扬州送扬州府及小轮船局交赵守、魏令、朱牧去电（光绪三十年九月初八），《盛档》，第608页。
② 江宁黄方伯来电（光绪三十年九月初十），《盛档》，第608页。
③ 同上。
④ 江宁周制台去电（光绪三十年十月三十），《盛档》，第624页。
⑤ 江宁周制台来电（光绪三十年十一月初二），《盛档》，第625页。

十一月初七(12月13日),江宁布政使黄方伯致电盛宣怀,道出了彩票销售的难处:"彩票连日筹商,如由官饬销,事多窒碍,拟请饬银行函致苏宁商务局设法办理";同时又讨价还价:"惟张数太多,势难全销,还乞核减,稍易措手";但是他提出的销售彩票新途径并非全无道理:"此票能否由沪发交各彩票店,给以折扣,较易销售。"①

十一月初八(12月14日),盛宣怀回电给黄方伯,没有轻易退缩:"彩票式样即寄各店,本拟派销七千张,沪店只允销二千,因系产业不及现洋,故大宗非派不可。尊意归苏宁商务局设法,以张数太多,势难全销,属为核减,但未知核减多少方能照办。又,未知商务局如何分派出去。总之,此票系照湖北签捐日期对号取彩,一经分认,断难退还。"②

十一月初十(12月16日),盛宣怀致函黄方伯再叹苦经:"如郭与宁、苏、扬、沪等处不能设法销认,则几于银行与鄙人全认,即与全数代郭道认赔无异,银行即便挤倒,亦不能允渝。尊函所言,不便由官交各属认销,亦是实情。但官不能销,而欲归之商务局销之,于官商之间更未知如何办法。"③

以后的情况如何呢?从光绪三十一年五月(1905年6月)的代拟盛宣怀致周馥函稿中可以看出,盛宣怀的一番努力还是取得了不小的效果:"屡接伯行京卿电函,述及尹产彩票全荷台端竭力维持,春江中丞、花农方伯皆允代销,铭刻无极。现已将彩票五千张径寄中丞,四千张径寄方伯,盐务督销等处之三千张由花农转交,沪道之三千张由伯行京卿函送,尚有数千张顷在沪零销,拟附入江南官票代售,仍照官票折扣,以期踊跃,伏乞俯酌,电饬梁道、许道等照办,尤深盼祷。"④

光绪三十一年七月二十一日(1905年8月21日),效曾(时任江苏布政使)致盛宣怀函中提到:"前奉抚宪谕接准宪台函开,以公益堂彩票款关紧要,饬发五千张到司。遵即匀派各属分销,勉顾大局,以副钧命。苟能多销一张,即多补一分亏累,故由本司因不用公牍谆谆劝谕各属,期在扫数销尽。兹接各处将销去数目先后缴送到司,计共销一千六百八十一张,尚剩三千三百十九张未能全销,莫名歉仄。"⑤可以看出,地方官员对彩票销售确实是相当重视,也着实费了不少气力。

---

① 江宁黄方伯来电(光绪三十年十一月初七),《盛档》,第626页。
② 江宁黄方伯去电(光绪三十年十一月初八),《盛档》,第627页。
③ 盛宣怀致黄建筅函(光绪三十年十一月初十),《盛档》,第317页。
④ 代拟盛宣怀致周馥、陆元鼎、黄建筅函稿(光绪三十一年五月),《盛档》,第347页。
⑤ 效曾致盛宣怀函(光绪三十一年七月二十一日),《盛档》,第378页。

光绪三十一年七月二十一日(1905 年 8 月 21 日)，盛宣怀向周馥通报了开彩易银的初步统计结果，并提出了善后处理的基本设想："镇江通商银行董事尹德坤之胞侄，即镇江关官银号总理尹允熊，亏欠镇江关公款库平银四十余万两。尹产彩票五万张，每张八元。宁藩销四千张，计收洋三万二千元。苏藩销一千六百八十一张，计收洋一万三千四百四十八元。两淮销三千张，计收洋二万四千元。轮电局销二千张，计收洋一万六千元。沪道销三千张，计收洋二万四千元。郭道销五千张，计收洋四万元。银行销二万五千张，计收洋二十万元。未销六千三百十九张。共得洋三十四万九千一百四十八元，约合库平银二十三万八千两。追缴尹胡氏首饰、衣服等物变价，除开销委员川资薪水外，约得洋二万元，合库平银一万四千两。除收尚欠库平银十五万八千两。尹允熊已缴郭道四十一万项下库平银五万余两。据镇江关道呈阅尹允熊所立之银行伪折内，癸卯、甲辰尹已缴库平银五万余两，系属四十一万两之利息。现在尹允熊因欠此款，已经查抄家破人亡，按公理评断只能作倒帐论，豁免利息，所缴现银五万余两，应作已缴之本项。通商银行应代尹允熊赔缴库平银五万四千两。该银行误用尹允熊为镇行司事，以致牵搭亏空公款，除已认彩票二万五千张，缴洋二十万元，合库平银十四万两外，应再令认缴库平银五万四千两分作六年，每年缴银九千两，批准立案。镇江关道应代尹允熊赔缴库平银五万四千两。该关道误用尹允熊为官银号总理，以致牵搭亏空公款，除已认彩票五千张，缴洋四万元合库平银二万八千两外，应再令认缴库平银五万四千两，分作六年，无论本任后任，每年缴银九千两，援照宜昌关批准立案。"①

很明显，盛宣怀所提建议的核心内容是：最后的差额部分由通商银行和镇江关道均摊。这或许正合了盛宣怀最初提出的"两失之事"须处以"两平之法"的道理。当然，事情还不是那么简单，盛宣怀早就有所谋划。

此前，光绪三十年十月十四日(1904 年 11 月 20 日)，盛宣怀致电宜昌道台余尧衢："端帅任内批准宜昌关银号亏欠归历任摊赔一案，请将原禀原批迅速抄寄。因镇江关银号亏挪官款牵移通商银行，须与督抚商议办法。午帅言及贵关有此成案，所以亟需抄阅。"②这是在寻找先前的"判例"。

光绪三十年十月十七日(1904 年 11 月 23 日)，荆州余道台来电："查宜昌关银号亏塌公款甚巨，经濮前升道禀准，以关平平余每千两之十九两及火耗之六两，与夫一应解费及两院幕吏薪工岁，共两万数千两一并提作弥补，约十数年可

---

① 代盛宣怀致周馥说帖(光绪三十一年七月二十一日)，《盛档》，第 378 页。
② 宜昌余尧衢观察去电(光绪三十年十月十四日)，《盛档》，第 617 页。

以摊完。一言蔽之曰，监督除部定关用外，未留分毫出息。惟如此办法，办公竭蹶已甚。不知镇关能仿照否？禀批均系外结，未曾达部，大旨如此，似不必另行抄寄。"①同日，盛宣怀复电作出保证："宜关似此办法未免为难。镇关数不及半，较易了结，但端帅虽是原作手，周玉帅不知有此案，鄙见仍求阁下将此案禀批抄寄敝处。既是外结，决不据以达部，大约镇案亦必归外结也。"②

　　光绪三十一年十一月初四日（1905 年 11 月 30 日），江苏布政使、镇江海关道请示两江总督："窃职道到任查知职关官银号历年亏挪甚巨，当于七月晋省晤本司会同禀奉宪台，谕饬严切追究，并提征税之平余火耗解费设法弥补，分为十二年流摊。查官征洋税，每关平银一千两应提火耗银十二两，照部章以六两解部，其余六两提归弥补；又，洋关支解各款，除税务司经费向解关平外，余皆合扣库平，每关平银一千两，有平余银十九两亦提归弥补；解沪各款每万两提解费银二百五十两，解省各款每万两提解费银五十两，全数提归弥补；以上届一百六十结，一年期满征银六十万计之，每年约提银二万二千余两。本司与职道会议，嗣后弥补各项，统按征解银数提扣，除存票抵税无火耗平余可提外，余照洋月分，按月核计禀报宪鉴。一面起具文批解交盐道库弹收，遇有交替，列入交代，按日计算，各清各任，不准蒂欠分厘。将来每年征逾六十万，则提款有盈余，尽数弥补。若征不及六十万，则所提平余等款数亦短绌，尚须宽展年限，应请宪台批示立案，即自洋十月起按月批解。"③需要特别注意的是，这份请示同时抄送给了盛宣怀。很显然，他们和盛宣怀事先有默契。事实上，这原本就是盛宣怀的主意。

　　两江总督周馥最终同意了这一方案。

　　至此，镇江通商银行亏空案的处理结果，体现在光绪三十一年十一月十七日（1905 年 12 月 13 日）的"镇关亏数并分认分年归还办法"之中：

　　"镇江通商银行董事尹德坤之胞侄，即镇江关官银号总理尹允熊，亏欠镇江关公款库平银四十一万三千两。尹产彩票五万张，售出四万三千五百零七张，每张八元。宁藩销四千张，计收洋三万二千元。苏藩销一千六百八十一张，计收洋一万三千四百四十八元。两淮销三千张，计收洋二万四千元。轮电局销二千张，计收洋一万六千元。沪道销二千五百张，计收洋二万元。郭道销五千张，计收洋四万元。银行销二万五千张，计收洋二十万元。柏京卿销十四张，九折，计收洋

① 荆州余道台来电（光绪三十年十月十七日），《盛档》，第 619 页。
② 荆州余道台去电（光绪三十年十月十七日），《盛档》，第 619 页。
③ 江苏布政使、镇江海关道上两江总督禀（光绪三十一年十一月初四日），《盛档》，第 423 页。

一百元零八角。湖北签捐局销四十五张，九折，计收洋三百二十四元。慎泰恒销一百九十张，九折，计收洋一千三百六十八元。汉电局销七十七张，八折，计收洋四百九十二元八角。共得英（龙）洋三十四万七千七百三十三元六角，合库平银二十二万九千五百两。实短库平银十八万三千五百两。

尹允熊已缴郭道四十一万项下库平银五万余两。据镇江关道呈阅尹允熊所立之银行伪折内，癸卯、甲辰尹已缴库平银五万余两，系属四十一万两之利息。现在尹允熊因欠此款已经查抄，家破人亡，按公理评断，只能作倒账论，豁免利息，所缴现银五万余两，应作为已缴之本项。

通商银行应代尹允熊赔缴库平银六万六千七百五十两。该银行误用尹允熊为镇行司事，以致牵搭亏空公款，除已认彩票二万五千张，缴洋二十万元，合库平银十三万三千二百两外，应再令认缴库平银六万六千七百五十两，援照宜昌关成案，分年缴完，批准立案。

镇江关道应代尹允熊赔缴库平银六万六千七百五十两。该关道误用尹允熊为官银号总理，以致牵搭亏空公款，除已认彩票五千张，缴洋四万元，合库平银二万六千六百两外，应再令认缴库平银六万六千七百五十两，援照宜昌关成案年分，无论本任后任，分年缴完，批准立案。

查银行另收乾元豫黄雨卿规银二千两，尹产变价规银二千六百三十五两八钱八分；垫出各项开销九月初四止，规银五千七百八十七两五钱一分，又代郭道垫解规银六千七百六十八两九钱四分，两共垫银一万二千五百五十六两四钱五分；除收不敷银七千九百二十两五钱七分，尚有黄雨卿所缴典股约值银三四千两，尹胡氏等首饰尚未变价，应俟典股赎齐首饰变价后，将垫款扣除外，如有余款尽数解归关道补欠，合注明。"[①]

虽然有点差强人意，"两失之事"最终还是以"两平之法"了结。

第五节　债权人权益保护：以银行业
战前存款放款清偿为中心

1946年9月中旬，《大公报》、《申报》等多家新闻媒体先后刊登了如下消息：上海地方法院作出三十五年度诉字第1610号民事判决，四行储蓄会上海分行对于存户陈季琳1940年的存款2 000元，应照1 000倍偿付；四行储蓄会对此表示

---

① 盛宣怀致周馥函（光绪三十年十一月十七日），《盛档》，第425—426页。

不服，提起上诉，并于 9 月 13 日下午向地院投递诉状请转呈高院。此事披露后，在上海乃至全国都引起了极大的关注，实际上这一案件直接关乎抗战结束后对银行业战前存放款的清偿问题。那么，这一问题的起因以及事态的发展究竟如何，对战后银行业又有什么影响呢？以往的研究对此关注不多，本节试图通过梳理有关档案和资料，还原这一重要历史事件的真相。

一、战前存款纠纷之起因

抗战爆发后，社会经济状况变动剧烈。1941 年 7 月 1 日，国民政府公布《非常时期民事诉讼补充条例》，其第 11 条规定：下列法律关系，"因受战事影响，致发生争议者，当事人得声请法院，依本条例之规定调解之：买卖、租赁、借贷、雇佣、承揽、出版、地上权、抵押权、典权"。其第 20 条则规定："……如该法律关系因战争致情事剧变，非当时所得预料，而依原有关系发生效力，显失公平者，法院得斟酌社会经济情形、当事人生活状况及其因战事所受损失之程度，为增减给付、延期或分期给付之裁判。"[1]

这一法令实际涉及了一个重要问题，即如何处理因战争而致公民经济权利方面所遭受的损失。但此项法令，对于一般人民在银行中的存款，因战时关系能否适用"借贷增加给付"规定，并非十分明确。

1945 年 3 月 30 日，四川广汉地方法院院长罗慕义首先提出，《非常时期民事诉讼补充条例》第 11 条在适用上发生疑义，并具体举例：假定某甲于 1930 年应某乙银行之广告要约，将硬币 130.5 元一次存入，订于 15 年期满后可以连本带利取款 1 000 元；至 1944 年约期届满之日，正值经济受战事之影响变动甚巨，通用之法币 1 000 元已不能购买米 1 斗，因之声请法院予以调解，依照市面通例增加给付，以期平允。罗慕义认为，对此项请求是否合法，事关法律疑义，并呈请四川高等法院转请司法院解释[2]。5 月 30 日，司法院院解字第 2885 号指令解释称："存金钱于银行，约定金钱之所有权转移于银行，并由银行以种类、品质、数量相同之金钱返还者，当事人订约之目的，不在金钱之使用，而在金钱价格之保管，诚为寄托之一种而非消费借贷"；惟依《民法》第 602 条之规定，此项寄托自银行受领金钱时起，适用关于消费借贷之规定，因此，《非常时期民事诉讼补充条例》

<hr>

① 司法院印行：《司法公报》（渝）第 472 号至 477 号合刊，1941 年 8 月出版。

② "四川高等法院原呈"，《金融周讯》3 卷 5、6 期合刊，金融研究所发行，1946 年 5 月 22 日，第 12 页，沪档：S1731383。

第 11 条关于借贷之规定，"于请求银行返还存款事件亦适用之"①。

司法院的这一解释，立即在重庆银行界引起了强烈的反响。重庆银行公会秘书长陈晓钟发表谈话提出，战争期内因物价暴涨，反映币值之低落，银行业对于存款人在战时所受原存金钱购买力之损失，自然表示同情，但银行业"本身既同为损失者，存款人方面自亦能加以原谅"；司法院的上述解释"事在调解，尚无判例可按"，银行业为尊重国家币制法令及商业信约起见，绝对不能接受任何调解让步办法。他认为，"司法院之错误，在于曲解存款为寄托"。他强调，"万一法院有补偿之判例，银行决不甘服"，并且银行也要同时向财政部诉请补偿，包括领取法币时所缴纳硬币之损失、购买公债所受币值之损失等②。

此后不久，针对重庆聚兴诚银行存户金泉长、金丕长因 15 年定期存款到期，而请求银行方面补偿因法币购买力变动之损失问题，重庆聚兴诚银行向重庆市银行商业同业公会提出，1935 年 11 月 4 日前的定期存款，因当时通用货币系属银元，存单上当然以银元为计算单位，而法币政策实施后到期的存款，当然以通用货币法币支付之，因此，《非常时期民事诉讼补充条例》第 11 条、第 20 条末段之规定，"显与部颁新货币法令抵触"。聚兴诚银行认为，"值此非常时期，物价不断上涨，法币币值未能稳定，倘存款人可以要求银行为增减给付，则不仅战前存款现在到期者，即最近存入银行之款，亦可随时因物价上涨而要求银行补偿"；并强调，"银行经营存款放款，皆以法币支付，此项因于法币购买力变动之损失，如存款人可以向银行行补偿，试问银行又要求何人补偿？故前项民事诉讼补偿条例，不特关系国家法币政策及抗战甚巨，同业付还存款，亦将徒增纠纷"。为此，要求呈请财政部转呈行政院及国防最高委员会饬令司法行政部，注销司法院第 2885 号解释文，"以维持新法币法令，稳定金融而利抗战"。同业公会据此于 1945 年 7 月 24 日向财政部提出："新法币法令系由钧部公布，但立法方面自必获有根据，且存金钱于银行，当事人订约之目的，端在利息之获得（尤以长期存款为然），其性质绝不同于征收保管费用之寄托。最高法院之解释，实属错误"；并呈请财政部予以纠正③。对此，财政部加具意见认为，司法院解释文内有"金钱

---

① "四川高等法院牍字第 3443 号训令"，《金融周讯》3 卷 5、6 期合刊，第 12 页，沪档 S1731383。另，《民法》第 602 条为："寄托物为替代物时，如约定寄托物之所有权移转于受寄人，并由受寄人以种类、品质、数量相同之物返还时者，自受寄人受领该物时起，适用关于消费借贷之规定。"见《最新六法全书》，第 32 页。
② "战前存款增加给付问题重庆银行界提反对意见"，《银行周报》29 卷 41、42、43、44 号合刊，1945 年 11 月 1 日。
③ 重庆市银行公会致财政部呈文呈字第 225 号（1945 年 7 月 24 日），二档：三(2)3945。

价格之保管"一语,"殊非银行对于存户应负之责,基于此语之解释,自不免发生窒碍,影响所及,不仅银钱业之存款无法经营,且足以招致社会秩序之紊乱";并请行政院转咨司法院"迅赐变更,俾资遵循"①。

行政院于 1945 年 8 月 22 日以平五字第 17895 号咨请司法院变更院解字第 2885 号解释后,司法院于 11 月 21 日以司法解字第 3018 号咨复行政院:"案经本院统一解释法令会议议决,存款于银行,系以保管金钱之价格为目的,其存款无利息者,固甚明显,即在有利息者,利息之支付,亦不过为其附随目的,故其契约之性质,为消费寄托。所谓保管金钱之价格,乃指保管金钱在法律上之价格而言,以银圆或法币存入者,银行以数量相同之法币返还之,虽其法币在经济上之价格低落,亦不得谓为违反保管义务。惟法律于其返还义务之范围,有特别规定者,仍不得以其未违反保管义务而排除其适用。消费寄托依民法第六百零二条,适用关于消费借贷之规定。非常时期民事诉讼补充条例第十一条、第十二条第二项既于消费借贷返还义务之范围设有特别规定,则于请求返还存款事件,自不能排除其适用。若以银行未收保管费用,谓存款非消费寄托,则寄托不以受托人受报酬为要件,民法第五百八十九条定有明文,且存款果非消费信贷,则不能不解为消费借贷,尤无排除此项特别规定适用之余地。又此项特别规定,于消费借贷定有利息者,亦适用之。存款之定有利息,不足排除其适用之理由。至银行放款,本系消费信贷,请求返还放款事件,亦可按此项特别规定办理。院解字第二八八五号解释,未便变更。"②

抗战胜利后不久,国民政府于 1945 年 12 月 18 日公布施行《复员后办理民事诉讼补充条例》,其第 12 条规定:"法律行为成立后,因不可归责于当事人之理由,致情事变更,非当时所得预料,而依其原有效果显失公平者,法院应公平裁量,增减给付或变更其他原有效果之判决。"第 13 条规定为:"前条规定,于非因法律行为发生之法律关系,准用之。"③此两条规定,在学理上称为情事变更之法则④。

① "财政部致行政院呈文",《银行周报》30 卷 9、10 号合刊,1946 年 3 月 1 日。
② "司法院关于补偿存款因法币购买力变动损失之解释",《银行周报》30 卷 9、10 号合刊,1946 年 3 月 1 日。
③ 《最新六法全书》,第 401—402 页。
④ 此前,《民法》对于此法则虽无规定,但在各种特别法律关系,则已分别有情事变更的类似规定。例如《民法》第 442 条规定,不动产之租金,当事人得因不动产价值之升降,声请法院增减之;《民法》第 1121 条规定抚养程度及方法,当事人得因情事之变更,请求变更之等,均为情事变更法则采用。前述《非常时期民事诉讼补充条例》第 20 条第 2 项的规定,实际上也是采用情事变更法则,以弥补民法之不足,但其适用范围仅限于买卖、租赁、借贷、雇佣、承揽、出版、地上权、抵押权、典权等 9 种法律关系,非如《复员后办理民事诉讼补充条例》规定范围之广泛。参见陈贻祥:《银行存款增加给付与情事变更之法则》,《银行周报》31 卷 31 号,1947 年 8 月 4 日。

对此新规定，重庆银行公会再次呈请财政部转司法院另为解释，并请示："关于国家公债及公营事业之各种储蓄，是否亦可倍给。"[1]1945 年 12 月 27 日，财政部在致行政院的财钱乙字第 2282 号呈文中提出，司法院原解释内"存金钱于银行，其目的在金钱价格之保管"一语，兹经阐明谓系指保管金钱在法律上之价格。所谓金钱在法律上之价格，就法币言，银行在施行法币前受寄之银币暨以后受寄之法币，依照施行法币在案，现时以同一数额之法币返还寄托人，适合民法第 603 条所载"寄托物为金钱时，推定受寄人无返还原物之义务，但须返还同一数额"之规定，自已尽其保管法币在法律上之价格之义务；至法币在经济上价格原不属于银行责任，且银行之义务，存款与放款相对待，法律上之权利义务应属平等，今银行以法币在经济上之价格，非其本身之责任，对于收回放款从未请求适用特别规定，则对于返还存款，自不能片面增加给付，且《非常时期民事诉讼补充条例》第 20 条第 2 项系规定法院得为增加给付之裁定，非应为增加给付之裁判，法院自当顾及金融实际情形，审慎办理，否则将转失公平，途增无穷纠纷。财政部为此拟请再咨司法院，将上述情形作为解释之补充，通行司法机关知照，"如遇具体案件时，并可以上述情形，着为判例，以资救济"[2]。很显然，要求司法院变更解释已不再可能，财政部退而求其次，转为希望法院在审理相关案件时，酌情考量金融业的实际情形，并作为司法解释的补充。此后，财政部于 1946 年 1 月 19 日，以财钱乙字第 12261 号指令，将上述精神向银行业作了通报[3]。

1946 年 1 月 12 日，司法院以院字第 66 号咨复行政院："查《非常时期民事诉讼补充条例》业经废止，上年十二月八日公布之《复员后办理民事诉讼补充条例》第十二条，于请求银行返还存款事件，具备所载要件者，亦适用之，未便通令各司法机关不予适用。"为此，财政部于 3 月 13 日以财钱乙字第 14022 号指令，向银行业通报了司法院的咨复；并同时指出，《复员后办理民事诉讼补充条例》第 12 条相关内容，"文义明白，殊无再请解释必要"。原文内"情事变更非当事人所得预料"，在战前存款时虽未能料及有战事发生，但所称"依其原有效果显失公平"；而就银行业务言，存款与放款相对待，法律上之权利义务应属平等，银行对于收回放款从未请求适用特别规定，若对于返还存款，必须增加给付，转致有失公平，且此类案件，法律委诸法院裁量，法院自应就金融实际情形，暨双方当事人

① "中华民国银行商业同业公会联合会成立大会特辑"，《银行周报》31 卷 44、45 号合刊，1947 年 11 月 10 日。

② "财政部财钱乙字第 2282 号呈"，《金融周讯》3 卷 5、6 期合刊，第 13 页，沪档：S1731383。

③ "财政部财钱乙字第 12261 号令"，《金融周讯》3 卷 5、6 期合刊，第 11 页，沪档：S1731383。

之意见,加以权衡。因此,此后"银行若遇此类案件,应即切实陈述理由,听候法院裁量,勿再徒以转请解释为请"。至国家发行之公债,其基金暨还本付息,均系以条例规定,自不能任意变更;国家行局发行之节约建国储蓄券、乡镇公益储蓄券、特种有奖储蓄券,均系战时发行,不具备"情事变更,非当时所得预料"之要件;中央储蓄会之储蓄会章,战前虽有发行,但此种会单系属有奖储蓄,关于还本付息,自亦不能为任何变更①。

在与司法院书函往来交涉的同时,财政部为便于处理曾经折合成伪币的原法币存放款清偿问题,曾于 1945 年 11 月 13 日以财钱已 770 号代电规定《收复区被敌伪劫持及新设之储蓄机构复员后处理办法》,其主要内容为:(1)收复区银行战前收受之法币储蓄存款,如被敌伪劫持,折合伪币入帐,存户并未发生提取关系者,应准照原折合率折回法币计算本息;(2)敌伪占领后,开始即以伪币收付之储蓄存款,其储存余额,依照政府收换伪钞定价改折法币计算;(3)银行在战前收受法币储蓄存款,经折合为伪币后,继续存提,所有在伪令改折时之余额,并应依照第一项办法办理。此后,为便利收复区金融机构所有原系法币经折成伪币后尚未清结之存放汇款债权人与债务人间清算起见,财政部于 1946 年 1 月 23 日以财钱已 44 号代电,对于原颁处理办法作了具体的补充规定,但基本精神未变②。

---

① "财政部财钱乙字第 14022 号令",《金融周迅》3 卷 5、6 期合刊,第 8 页,沪档:S1731383。
② 该补充办法要点如下:(1)法币存款折成伪币后本金未动、息金已支付伪币者,如分期付息(整存付息)一类之存款,其本金及未付利息,应按原折合率折回法币给付之;(2)法币存款折成伪币后,本息已支付一部分伪币而无存入者,如整存零付一类之存款,其现有余额仍应按原折合率折回法币付给之;(3)零存整付存款一部分缴法币,一部分缴伪币者,所缴法币部分,按原折合率折回法币付给,所缴伪币部分,仍按规定折合率处理之;(4)零存整付及教育储蓄存款之分期缴款,于法币改为伪币后,中途停缴者,应按原折合率折回法币,并照原定利率给付之;(5)法币活期存款折成伪币后,曾继续存提而留有余额者,得按原折合率折回法币支付,但其结存余额如超过原由法币折合之余额时,超过部分,仍照现定折合率处理;(6)法币定期存款,继续向伪行转期未曾中断者(中途增减本金包括在内),准照前条标准办理;(7)在 1941 年 12 月 8 日以前开出而已到期之存单,无论已否向后方行局办理转期手续而未与被劫持行局发生接触者,视同法币存款,并照原定期限、利率计算复利;(8)法币定期放款折成伪币后,并未收回者,应按原折合率折合法币清还之,如仅收回利息,本金未还者,本金仍应按原折合率折回法币清还之;(9)法币分期偿还放款折成伪币后,已还者不计,未还者按原折合率折合法币清还之;(10)法币往来透支折成伪币后,凡未收回者,按原折合率折回法币清还,其已有一部分收回者,其未收回部分,仍按原折合率折回法币清还之;(11)法币放款折成伪币后,曾继续以伪币偿还或续借,留有余额者,得按原折合率折回法币计算本息,但其结余额已超过原由法币折合之余额时,超过部分仍按现定折合率处理;(12)后方各地联行汇入法币,未经支取并查明未退者,照普通支付汇款手续,以原额法币支付之;(13)沦陷前汇往后方各地法币,联行尚未解交,经查明属实者,按照普通退汇手续退回原额法币,或仍洽由联行照解;(14)法币折成伪币之存放汇款已结清者,不予追溯计算。参见"曾经折合伪币之原法币存放款部令清偿办法",《银行周报》30 卷 11、12、13、14 合刊,1946 年 4 月 1 日。

抗战结束后，上海重新成为国内的金融中心，上海银行商业同业公会（以下简称上海银行公会）也因其特殊地位而成为各地银行公会事实上的代言人。由于司法院的 3018 号解释以及此前的 2885 号解释，实际上已成为处理战前及战时银行业存款的主要依据，汉口、重庆、天津等地银行公会，以及上海本埠的金城银行、中南银行、聚兴诚银行及盐业、金城、中南、大陆四银行储蓄会等，纷纷函请上海银行公会领头向国民政府各院部呼吁。

1946 年 8 月，上海银行公会经共同商讨后，就各地、各行商讨之主张归纳成文提出：（1）银行受信仅为寄托之一种而非借贷之法律关系；（2）国家通货之法偿价值应予以绝对尊重；（3）社会经济之秩序应予以特别重视；（4）国家性质与司法应相互配合。同时综录各方从币值、法令、存款准备、国家债信、事实等方面提出的意见，分呈国民政府主席、国防最高委员会及国民参政会等，吁请纠正法院判例，并明白规定凡银行返还存款不适用《复员后办理民事诉讼补充条例》第 12 条的规定[①]。1946 年 8 月 20 日，交通银行董事长钱新之还以个人名义上书蒋介石、陈果夫、陈立夫等要员，希望给予支持，并强调法院所为判决，"是欲求其平，而反失其平，徒然于金融事业、社会经济、国家度支增加无穷而严重之困扰"[②]。他同时还拟就了致国民政府文官长吴达铨的信函，除要求代为转交致蒋介石信函外，还明确提出："敬祈台察力为调度，如能迅由国防最高委员会决定，关于银行存款不适用民事诉讼补充条例第十二条规定，行知司法行政部通饬全国法院知照，以杜绝纠纷，则国家社会万千之幸。"[③]但此件最终没有发出，而改由钱本人去南京与吴当面详谈。而在 8 月 19 日由上海市银行公会理事长李馥荪致吴达铨的信函中则明白提出："务祈慨赐斡旋。"[④]这实际上可以认为，上海银行公会此次上书国民政府各部院及要员的真实目的，就是企图通过最高当局的直接干预，以纠正司法部门的解释。

上海银行公会的努力，不久就有了回应。8 月 31 日，由蒋介石签发的国民政府府交牯字第 535 号代电称："所请迅速纠正银行存款增加给付判例以安社会金融一节，已电行政院妥议救济办法实施矣。"[⑤]9 月 21 日，财政部京钱一字第 3013 号指令称："呈件均悉，查此案前据重庆市银行商业同业公会呈请到部，当

---

① 呼吁补救存款增加给付判例（1946 年 8 月 13 日），沪档：S1731179。

② 钱新之上蒋主席书（1946 年 8 月 20 日）、钱新之致陈果夫、陈立夫函（1946 年 8 月 20 日），沪档：S1731179。

③ 钱新之致吴达铨函稿（未发）（1946 年 8 月 20 日），沪档：S1731179。

④ 李馥荪致吴达铨函（1946 年 8 月 20 日），沪档：档号 S1731179。

⑤ 国民政府代电府交牯字第 535 号（1946 年 8 月 31 日），沪档：S1731179。

以所请各节不无理由,经由部呈请行政院转咨司法院查核,酌予采纳,重作兼顾之解释,以减少事实之纠纷在案,兹据前情,除呈请行政院鉴察并案转咨司法院,俟奉复示再饬知外,仰即知照。"①

尽管如此,上海银行公会对此事的进展始终不敢掉以轻心。同年 9 月,闻悉国防最高委员会将为银行存款增加给付一案召集会议后,上海银行公会专门致函国防最高委员会法制委员会,认为"此事关系全国金融事业之安危綦重且巨",希望"详赐审察、权衡轻重,并迅定公允统一之办法,藉息群议而安市面"②;并特意推派常务理事徐国懋及秘书长李轫哉,呈请财政部介绍列席会议,"以备咨询而便陈述"③。

二、陈季琳案件与"清偿条例"之公布

现在再回到本节开头提到的陈季琳案件。原告陈季琳,时年 30 岁,居住于上海市四川北路 1329 号,1946 年 6 月 30 日向上海地方法院提起上诉,状告中南、盐业、金城、大陆四银行储蓄会上海分会。其起诉书称:原告于 1940 年 5 月 6 日以法币 2 000 元存入被告会内,作为 5 年长期储蓄存款,年息 7 厘,执有被告发给第 8511 号及第 8512 号 5 年长期储蓄证为证,此项存款已于 1945 年 5 月 6 日到期,尚未结算本息。原告称,该款项存入该行历时 6 年,在此长时期内社会经济发生剧变,按诸生活指数,约增加 4 000 倍以上,实非原告始料所及,如仍依原数给付,显失公平,依照《复员后办理民事诉讼补充条例》第 12 条规定及司法院第 3018 号解释,被告应有增加给付之义务;"乃迭向被告询问,竟谓一切支付以国币为标准,银行隶属财政部管辖,一切遵照部令办理"。对此,原告向法院提出,鉴于当年 5 月份生活指数已达 4 000 余倍,兹姑以 3 000 倍计算提起诉讼,请求法院判决被告就原告存款 2 000 元及其利息应依照 3 000 倍增加给付④。

在法庭审理过程中,四行储蓄会方面提出:该会自身属于储蓄银行性质,关于此前存款或储蓄存款款项之给付,完全遵照财政部命令办理,此为银行之普遍情形,非被告一方所能更改;"司法院之该项解释太形笼统,难予适用";《复员后办理民事诉讼补充条例》第 12 条之规定,未能应用于银行方面,银行方面须依据

---

① 财政部指令京钱乙字第 3013 号(1946 年 9 月 21 日),沪档:S1731179。
② 上海市银行商业同业公会致国防最高委员会法制委员会函(1946 年 9 月 16 日),沪档:S1731179。
③ 上海市银行商业同业公会呈财政部文(1946 年 9 月 23 日),沪档:S1731179。
④ 诉状诉字第 1610 号(1946 年 6 月 21 日),沪档:Q185332(3)。

财政部之办法付款等。因此原告"其依生活指数以为应增加三千倍论旨亦嫌无据"。对此，上海地方法院认为，司法院的相关解释及《复员后办理民事诉讼补充条例》为普遍应用之规定，"关于银行方面之给付既无除外之明文，自应加以适用"；被告代理人所提出财政部之办法，"系对伪储券及法币折合并支付之办法，亦无不准银行为增加给付之规定，且财政部纵有与该条例抵触之办法，在司法立场上亦无加以适用之余地"。1946 年 7 月 18 日，上海地方法院一审判决如下：原告存于被告处之长期储蓄存款 2 000 元及其利息由被告以 1 000 倍增加给付，原告其余之诉驳回，诉讼费用由被告负担①。

对此判决，四行储蓄会表示"决不甘服"，并于 8 月 20 日先行递交上诉状。9 月 13 日，四行储蓄会再次递交上诉状，认为原审理由"非拘泥于法例文字之形式，即以想象之推论为判决之基础，实难折服"。四行储蓄会认为，《复员后办理民事诉讼补充条例》第 12 条之适用，应具四种要件，缺一不可：(1)限于法律行为成立后，效果消灭之前；(2)不可归责于当事人之事由；(3)非当事人所能预料者；(4)其效果显失公平者。而事实上，"情事变更为显著之普遍现象，但币值跌落乃战事必然之结果，非可归责于上诉人之事由"；况陈季琳存款在 1940 年抗战爆发已逾三四年之后，"国民政府业已迁渝，宣布长期抗战政策，物价步高，乃妇孺皆知之事实，则币值日跌之必然趋势，被上诉人庸能诿为非当时所能预料者"。四行储蓄会因此认为，"既无可责于上诉人之事由，在被上诉人又有当时所能预料之后果，则适用本条例之先决条件已不存在"。此外，原审认为四行储蓄会将一部分存款投资房地产等，"莫不大增其货币之数额"，是"只求想像上之公平"，毫无根据，"尤属昧于商情"，且不符合法律规定②。

此后，法院的审理过程相当复杂，其间几经反复，多有曲折，但已不是本节讨论的重点。此处仅就此后重要事项罗列如下：1946 年 10 月 29 日，陈季琳请求法院宣示假执行③。1946 年 12 月 30 日，上海高等法院提出，对于四行储蓄会提

---

① 民事判决卅五年度诉字第 1610 号(1946 年 7 月 18 日)，沪档：Q185332(3)。

② 四行储蓄会上诉状(1946 年 9 月 13 日)，沪档：Q18533215(1)。

③ 陈季琳答辩状(1946 年 10 月 29 日)，沪档：Q18533215(1)。另：民国时期，以及今日之德国、日本及我国台湾地区，未生效确定的判决，即中间判决，经过一定程序也可以具有执行力，可予以强制执行。这就是假执行制度，即法院准许未确定判决可以强制执行。假执行的目的是为了防止当事人故意拖延，影响债权人民事权利的实现。参见胡锡庆：《诉讼法学专论》，中国法制出版社 2000 年 4 月版，第 472 页。此外，1945 年国民政府修正公布的《民事诉讼法》第 390 条规定：关于财产权之诉讼，原告释明在判决确定前不为执行恐受难于抵债或难于计算之损害者，法院应依其声请，宣告假执行；原告陈明在执行前可供担保而声请宣告假执行者，虽无前项释明，法院应定相当之担保额，宣告供担保后，得为假执行。第 391 条规定：被告释明因假执行恐受不能回复之损害者，法院应依其声请，宣告不准假执行。第 393 条规定：法院得宣告非经原告预供担保，不得为假执行，或准被告预供担保或将请求 （转下页）

出系遵从财政部有关办法的抗辩,"虽财政部对此曾定有处理存款办法,然其性质,究非法律;而关于情事变更增加给付,完全适用法律问题,自不受其拘束";而初审判决所依据的生活指数原测算以 1936 年为基数,实际应以 1940 年为基数,因此二审判决如下:四行储蓄会原判决除驳回,应就陈季琳存款 2 000 元自 1940 年 5 月 6 日起按周年 7%计算之利息,增加 800 倍给付;驳回四行储蓄会免予假执行之声请;第一、二审诉讼费用由四行储蓄会负担 3/5,陈季琳负担 2/5[①]。四行储蓄会随即向最高法院提起上诉。1947 年 10 月 24 日,最高法院判决:上诉驳回,第三审诉讼费用由四行储蓄会负担[②]。

至此,这起长达一年多的诉讼案终告一段落。但此案的判决结果却给银行业战前存款偿还问题带来了极大的影响,实际已成为当时各地法院裁量此类案件的重要参考判例。

如果说因为缺乏明确具体的法律规定,致使法院对于战前战时定期存款偿付案件的裁量具有较大随意性,那么这一问题也同样存在于对活期存款案件的裁定中。就在陈季琳案件的审理过程中,同样也是在上海,对祁雨田、祁陶甫案件的审理,则成为对活期存款偿付的典型案例。

1946 年 6 月 18 日,祁雨田(39 岁,江苏吴县人)、祁陶甫(63 岁,江苏吴县人)向上海地方法院提起诉讼称:中国银行储蓄部于 1935 年 9 月 21 日收受祁雨田存款法币 700 元,又于 1937 年 2 月 4 日收受祁陶甫存款法币 100 元,至今数年,原告对于本息分文未支,"兹因抗战胜利各撤退银行业已复员完竣,原告曾函询被告对于上开存款于提取时将增加若干数据,答称仍以原存金额之本息支付法币"。为此,原告提出,查自 1935 年施行法币政策及 1937 年抗战时起,法币价值大起变化为显著之事实,"今被告仍欲以同类法币付还远在十年前之存款,实属不当",为此,状请法院判决被告,依存款本息 1772.8 元,加给祁雨田 700 倍给付,依存款本息 245.1 元,加给祁陶甫 500 倍,并由被告负担诉讼费用[③]。

1946 年 9 月 9 日,上海地方法院一审判决认为:银行收受之活期存款,在存款人方面可以随时提取,无一定期限之拘束,而在银行方面则须每日为支付之准备,且于银行开业期中不得拒绝存户之继续存放,其性质与定期存款又不可相提并论;自抗战以还,虽物价腾涨、币值低落逾越常度,而在活期存款存户既可随时

(接上页)之标的物提存而免为假执行。参见《最新六法全书》,第 29 页。

① 上海高等法院民事判决卅五年度上字第 666 号(1946 年 12 月 30 日),沪档:Q18533215(1)。

② 最高法院判决卅六年度上字第 5868 号(1947 年 10 月 24 日),沪档:Q18533215(2)。

③ 诉状诉字第 1556 号(1946 年 6 月 18 日),沪档:Q18532082(1)。

提取，则此种情事变更所生之损害，本可避免而不避免，即属归责于存户之事由；银行既应随时准备支付，则就该存款即不能为长期使用，即无过分利益可图，从而存户一方纵因情事变更有损害，然存户之损害非即银行之利益，故即使依其原有效果，亦未可认为显失公平；因此，"原告主张之活期存款殊无适用《复员后办理民事诉讼补充条例》第12条为增加给付之余地"。判决结果为：原告之诉驳回；诉讼费用由原告祁雨田负担7/8，祁陶甫负担1/8[①]。原告不服提起上诉后，上海高等法院于1947年4月26日作出判决：上诉驳回，第二审诉讼费用由上诉人负担[②]。

上海法院对陈季琳案件等的判决，在全国金融界引起极大之震动，尤其银行业方面更是对法院判决偏向存户颇有微词，有论者提出："储户之损失由于币值之倾跌，币值之倾跌由于国家抵抗侵略发生战事，战费支出浩繁，发行增加。人民因投资于定期存款所遭之损失，与公债持券人之损失、家园蹂躏之损失，初无二致"；而银行方面的损失又应该由谁来买单呢？[③] 甚至有人对法官素质提出质疑："惟关于银行存款偿还事件，涉及社会经济及银行营运资金等各项问题，非于经济及银行方面研究有素之人士，殊难望其有公平之裁量。法官对于各项法令之解释，见解固极明瞭，但对于经济及银行方面之专门学识经验，或非所素习，且平时又恐不免惑于舆论，以为存款人均属经济弱者，而银行则均属富有，致所为之判决，多偏重于存款人之利益，而忽视银行方面之不利。"[④]

有不少业内人士还对银行是否具有偿还能力提出怀疑。有人在1946年算了这样一笔账：据中央银行金融机构业务检查处的统计，全国各地区当年5月份银行存款总计为国币197 097 386 368元；又据1937年全国银行年鉴所载，1936年全国银行存款总额为国币4 551 268 962元，又据该年鉴所估计，存款总额中定期存款占1/3，合国币1 517 089 654元。今假定其中4/5已于过去9年中陆续满期提讫，所余1/5尚待存款人到期领取，则所未还之战前定期存款尚有国币303 417 931元。此项数额，假定以1 000倍增加给付，须合国币303 417 931 000元，"是以今日全国银行存款总额一千九百万万元悉数抵偿，而不敷尚巨，银行舍破产外，别无他途"[⑤]。在此种情形之下，业内人士建议，应由政府参酌社会经济状况以及各银行之资力，在不妨碍经济建设之原则下，通盘筹处，订定一统一存

① 上海地方法院民事判决三十五年度诉字第1556号(1946年9月9日)，沪档：Q18532082(1)。
② 上海高等法院民事判决三十五年度上字第1221号(1947年4月26日)，沪档：Q18532082(3)。
③ 谢廷信：《读战前存款千倍给付之判决书后》，《银行周报》30卷38号，1946年9月30日。
④ 陈贻祥：《银行存款增加给付与情事变更之法则》，《银行周报》31卷31号，1947年8月4日。
⑤ 朱斯煌：《战前存款增加给付问题》，《银行周报》30卷33号，1946年8月26日。

款偿付办法,以资遵行①。

社会各界对此问题同样给予极大关注,但观点与银行业显然有较大出入。1943年3月4日,天津《民国日报》发表社论《奖励收复区法币存户之刍议》。该文提出,"在抗战八年间始终对法币未作任何变更之存户,其爱国意志之贯彻,弥足以愧汉奸而风末世,其应受政府之注意与顾全,当无二致";并建议:"政府为明辨忠奸、力行赏罚起见,似可挹彼注兹,没收国外之逃避资金,充当收复区法币存户之补偿金或奖励金。"②1946年12月29日,上海市参议会第二次大会收到的第22号提案即提出:"查自廿六年抗战军兴,市民多随政府撤退,以致在公私银行之各种存款或不及提取,或因战事阻隔无法提取,或因定期未满不能提取,八九年来,金融变动,币值减低,以事定论,物价高于战前万倍以上,以政府公布之生活指数论,亦在五千倍以上,倘各银行仍以战前存数付还,则存户影响甚巨,今虽讼案迭起,而银行亦并未遵判付款,况所判者仅以千倍计算,与物价币值相差甚巨,存户困苦不堪,舆论哗然";为此,"本会代表市民福利,理应主持正义,呈请财政部通令各公私银行,规定以两千倍付款,俾利存户利益"③。

各地银行则是在困难的情况下勉强应付,但由于缺乏相应的明确规定和依据,因而明显显得底气不足,大多处于敷衍应付状态。

如1946年8月15日,存户项西记、项志强致函金城银行上海分行储蓄部提出,该户于1933年间曾以整存整付方法存入该行项西记名下本金3 300元、项志强名下本金4 000元,合计有本金7 300元,来函列举了1946年8月12日《中央日报》《文汇报》关于银行存款应以倍数偿还的消息,以及同日《中央日报》刊登的财政部钱币司解答第三条,即"战前存款现在兑取时存款人如蒙受损失过巨时,可依法申请法院裁决"等依据,希望银行当局"对此项问题,当有详细办法与合理倍数给以补救与解决,以免法律纠纷也"④。对此,金城银行的答复是:根据财政部钱己44(0123)代电规定,"在卅年十二月八日以前开出而已到期之存单,无论已否向后方行局办理转期手续,而未与被劫持行局发生接触者,视同法币存款,并照原定期限、利率办理";因此,"本行在财政部未变更办法以前,自当遵照上项办法办理"⑤。

再如1946年10月24日晨,上海地方法院第十民庭审理了一起定期存款增

① 陈贻祥:《银行存款增加给付与情事变更之法则》,《银行周报》31卷31号,1947年8月4日。
② "奖励收复区法币存户之刍议",《民国日报》,1943年3月4日。
③ 上海市参议会第二次大会第32号提案(1946年12月29日),沪档:Q10911028。
④ 存户项西记、项志强致沪行储蓄部函(1946年8月15日),《金城银行史料》,第866页。
⑤ 沪行储蓄部复存户项西记、项志前函(1946年8月19日),《金城银行史料》,第866页。

加给付问题讼案。原告黄惠堂于 1936 年 7 月 29 日，以任记户名，向中国银行总行储蓄部存入国币 1 000 元，至 1946 年 7 月 29 日满期。黄惠堂要求行方依照 7 月份生活指数 4 493 倍，付给法币 4 493 000 元。但中国银行未能同意，黄惠堂乃具状地方法院，请求救济。10 月 24 日，中国银行法定代理人宋汉章应传出庭，"庭上讯问一过，以一时未便贸然处断，庭谕改期再审"①。

　　而作为银行业监管机关的财政部，对战前行庄存款偿还问题自然非常关注。

　　1946 年 8 月，财政部钱币司有关官员表示："存款偿还办法，目前金融界、工商界非常重视，依法币原则论，不得增加偿付；惟追念战前币值购买力，政府奖励国民储蓄等情，实有就合理解决之必要。但行庄活动资金有限，战前放款，现在收回，仅照本息计算，若以最近上海四行储蓄会某存户经司法机关照《复员后民事诉讼补充条例》以一千倍偿还，行庄势必无力负担此庞大数目，间接影响战后金融发展甚大。"他同时透露，"财部对此问题正详细研究一折衷办法，总之，使存放行庄均乐意遵从为目的"②。很明显，财政部更多地还是站在银行业的立场上。

　　1946 年 10 月 5 日，四联总处在致国防最高委员会的呈文中也提出："胜利以还，战前银行存款存户，要求加倍给付，并控诉于法院。上海地方法院根据《复员后办理民事诉讼补充条例》，曾有照一千倍给付之判决，但银行方面，以此判决既非银行能力所能负担，且法币法偿资格并未变更，似不宜有此决定，以致纠纷时闻。本处以此问题，影响全国公私经济，亟须统筹解决办法。"③

　　但由于银行存款偿付问题一直未有明确的消息，而各地法院判决过程中又出现了新的情况。上海银行公会于 1947 年 1 月 17 日再次急电国民政府文官长吴达铨，并请转呈蒋介石主席。该电提出，阅时三月，本案仍悬而未决，各地银行与存户间同样之纠纷更日有增加，当地司法机关在未奉政府对本案有特定法令之前，仍援引《非常时期办理民事诉讼补充条例》等特别规定，判决银行应按战前存款原额竟至 1 千倍乃至 2 千倍之增加给付，银行虽据理上诉，多遭驳斥，已有案经再审判决假执行或进入三审阶段者，"事机迫切，甚于燃眉，全国同业俱皇皇然莫知所措"；在此情形下，"属会凛于星火有燎原之势，不得不沥情继续呈述，切恳钧座务恳俯鉴实情，迅饬批交国防最高委员会，从速议订银行业战前存放款处

①　"第二件增付存款讼"，《银行周报》30 卷 44 号，1946 年 11 月 11 日。
②　"行庄存款偿还财部研究折衷办法"，《银行周报》30 卷 35 号，1946 年 9 月 9 日。
③　《四联总处文献辑要》，1948 年 1 月版，第 283 页，转引自《金城银行史料》，第 871 页。

理单行办法,早日公布实施,藉解倒悬而安全国金融"①。同日,钱新之再次以个人名义致函吴达铨,希望"鼎力斡旋"②。1947 年 1 月 24 日,由蒋介石签发的国民政府府交字第 9388 号代电称:"关于银行存户对于战前存款要求增加给付一案,已再分令国防最高委员会及行政院迅予拟订办法实施矣。"③

一边是办法迟迟未出台,另一边则是新情况不断出现。当时,私人债务及银行存放清偿之纠纷,均由法院适用上述条文自由裁量。各地判决案件的清偿标准相差极大,最高者达照原数加 5 000 倍偿还,而且还有判决加 16 000 倍至 20 000 倍偿还的④。银行不堪重负,纷纷提出上诉,"而最后初级法院多判令假执行,甚至有封库拘人之风声"⑤。

1947 年 2 月,上海市银行公会向行政院和财政部呈报:据重庆银行公会函示,聚兴诚银行万县分行定期储户金泉长,实际就是万县高三分院第一任庭长金献的化名,现任职成都法界,于 1931 年起每月存入 8 元,至 1946 年满期共得本利 4 036.64 元,此人以法币贬值为由不愿提取,并提起上诉,万县地院竟判令 2 500 倍给付,并宣告假执行;聚兴诚银行上诉高院,亦遭驳回。此后,选经聚兴诚银行提供有价证券、公债及本票缴案保证,但为防对方套取,曾依法声请假扣押,但法院均不准行。该院复于 1946 年 12 月 25 日强制执行,勒令限期半个月缴纳现金,否则查封库房,"虽银行破产亦在所不惜"。上海市银行公会认为,在此案处理过程中,法官"徇存户之请而竟不乏为自身之谋",以致创下强制执行的判例;并同时指出,上海地方法院最近判令中国银行以 2 000 倍给付原告黄惠堂战前存款,亦复以假执行为威胁,"此例既开,倘无救济办法,当兹物价节节上涨、法币日落之际,即战后存款亦得援为成例,是此项纠纷永无宁止之一日",为此,再次要求行政院、财政部"迅赐救济,立颁合理办法,以杜纠纷而安金融"⑥。1947 年 3 月 14 日,财政部对此批复:"呈悉,并据重庆市银行商业同业公会呈同前情到部,查此案现正由国防最高委员会审议办法中,兹据前情除再由部转呈行政院转请国防最高委员会迅赐核定处理办法外,仰即知照。"⑦实际上,财政部还是没有给出具体的解决办法。

---

① 上海市银行商业同业公会呈国民政府急电(1947 年 1 月 17 日),沪档:S1731179。
② 钱新之致吴达铨函(1947 年 1 月 17 日),沪档:S1731179。
③ 国民政府代电府交字第 9388 号(1947 年 1 月 24 日),沪档:S1731179。
④ 萧文哲:《论银行业战前存款放款清算标准》,《银行周报》32 卷 46 号,1948 年 11 月 15 日。
⑤ "全国银行公会联合会为立法院重议修订银行业战前存款放款清偿条例呈立法院节略",《银行周报》32 卷 50 号(上),1948 年 12 月 13 日。
⑥ 为存款增加给付案转重庆市银行公会函(1947 年 2 月 21 日),沪档:S1731179。
⑦ 财政部批京钱乙字第 8036 号(1947 年 3 月 14 日),沪档:S1731179。

于是在向有关当局呼吁救济的同时，上海银行公会提出了在正式办法颁布前请法院暂时中止执行的过渡方案。1947年3月1日，上海银行公会致电南京国民政府主席蒋介石、行政院院长宋子文称：近来，对于上海四行储蓄会存款人请求对所判加成之案，上海地方法院不待三审终了即予假执行，四行储蓄会无力抗拒，而一般存款人将援例请求，难以应对，势必迫至停业不止；该电同时指出，现今各地类似讼案不一而足，银行无不被判加倍给付，而被判假执行者亦有数起，惟此次四行储蓄会假执行期限最为迫促，诚恐判例成立必致影响金融全局，宜迅颁办法以资救济；并建议在办法未颁布前先行令知司法行政部，通令各地法院暂行中止进行如假执行或强制执行程序，以免造成严重之纷扰①。

3月19日，上海银行公会还致函上海地方法院、江苏省高等法院及上海高等法院，通报了四川高等法院曾允成都银行公会之请求，业已通令所属司法机关，对于此类案件慎重宣告假执行等情况，并请审察目前情势，体恤银行地位之艰困，通令所属司法机关，对于此类案件慎重处理，在第二审时勿即行宣示假执行②。4月2日，上海市银行公会又呈请司法行政部，在救济办法尚未颁布以前，谕令上海各级法院，并通令各省市各级法院对于此类案件暂缓进行；其已经裁定假执行者，并暂予中止执行，或准由被告银行向法院提供担保，免除假执行，"俾银行得保其喘息，而免整个金融迅趋于崩溃"③。

4月24日，司法行政部批复："查法院得准被告预提供担保或将请求之标的物提存，而免假执行，民事诉讼法第三百九十二条后段定有明文；为被告之银行如欲免除假执行，应依法径向系属法院请求。"④5月1日，上海银行公会向本埠会员银行、钱业公会、信托业公会以及各地银行商业同业公会、全国银行业公会联合会等通报了司法行政部的批复内容⑤。

1947年5月，全国银行公会联合会在南京召开成立大会，战前存放款问题成为主要议题之一，"当时群情激昂，金以银行为受信机构，法币乃国家对人民所行使，银行受授流通，原不负通货膨胀、币值低落之咎"。会议代表认为，在法币的地位未有变更以前，银行对于存放款只可依照原约定数额处理，不能为任何增减之收付；况民事诉讼补充条例之规定，诉讼有其标的，标的既为国家流行之通货，表面上并未贬值，何能强令受信机构负法律契约责任以外之责任；"至论者以

---

① 代四行储蓄会吁请救济呈蒋主席、宋院长代电(1947年3月1日)，沪档：S1731179。

② 致江苏高等法院、上海高等法院、上海地方法院函(1947年3月19日)，沪档：S1731179。

③ 呈司法行政部谢部长文(1947年4月2日)，沪档：S1731179。

④ 司法行政部批京(36)民(一)字第1291号(1947年4月24日)，沪档：S1731179。

⑤ 通(36)字第109号(1947年5月1日)，沪档：S1731179。

为银行在战时获取暴利,而将存户因抗战而受币值跌落之损失转嫁之于银行,且不问银行是否有致暴利之事实,及是否各行处皆然,但衡情酌理,均已超越法律之范畴"①。在此次会议上,重庆、汉口、长沙、鄞县、上海、衡阳、杭州、郑县、南京等地的银行商业同业公会都提出类似议案,要求国民政府尽早公布战前存放款的处理办法,并要求在办法未公布以前,对于此类诉讼暂停受理②。

此后,报界不断有制订战前存放款清偿办法进展方面的消息,但说法不一。《新闻报》南京9月26日消息称,关于银行战前存款偿还条例草案,经财政部拟定呈全经会修正通过后,四联总处徐柏园秘书长召集银行界人士商询意见,最近即将提交政务会议议决。按该草案规定,1937年7月7日起至1945年9月止,"其间所有银行定期存款均按当时各大都市平均利率,每年核定一标准利率,再每年以复利累积一次";"预料该条例年内即可实行,偿还之倍数,最高为一千余倍"③。《商报》10月26日消息称,关于战前战时债务加倍偿本问题,行政院、立法院、财政部等首长,曾迭次开会研讨,并已提请国防最高委员会议决,"加倍偿本问题,将依照往年通行利息,以其存款时间,以复利计算办法偿还。财政部于九月业已通令各地,调查自民廿六年起,每年各地利息详情,各省以主要地区利息为标准,闻国防最高委员会大致可照此办法通过"④。

尽管如此,具体办法仍迟迟未下。1947年10月7日,上海市银行业、钱业及信托业同业公会,联名向国民政府、行政院、财政部及全国经济委员会发出代电称:今如报载属实,政府独责令金融业负此项币值跌落之责任,以战前银行存款全国总数约2 000亿元计,须偿还5 000千亿元之巨,此庞大数字,银行无力负担,复以币值动荡更烈之趋势,后患尤不可设想;并希望"统筹全局,权衡轻重,迅予转请国务会议详为审复,郑重厘定,以昭公允,而安金融"⑤。

10月9日,三公会又致函请求上海市商会,要求"体念金融,顾全百业,仗义执言",转向政府各院部代为请命,"以厚声援而安国脉"⑥。上海市商会亦以酉青代电分呈国民政府、行政院等提出,以目前商业行庄之资力而言,不能与战前相比,各行庄资产负债实况每旬有日计表、每月有月计表报部查核,是否有按照

① "全国银行公会联合会为立法院重议修订银行业战前存款放款清偿条例呈立法院节略",《银行周报》32卷50号(上),1948年12月13日。
② "中华民国银行商业同业公会联合会成立大会特辑",《银行周报》31卷44、45号合刊,1947年11月10日。
③ "战前存款偿还办法四联总处征询金融界意见",《银行周报》31卷41号,1947年10月13日。
④ "战前债务将以复利计算偿还",《银行周报》30卷44号,1946年11月11日。
⑤ 致国民政府、行政院等代电(1947年10月7日),沪档:S1731180。
⑥ 致上海市商会函(1947年10月9日),沪档:S1731180。

2 500 倍偿还之能力，尤属不待烦言而解，"果如目前传闻办法，责令罄所有以偿战前存款尚虞不足，其时金融业必发生剧烈之变故，而工商业亦将卷入狂潮之中，牵连俱仆，万难独全"，希望"详加考虑，郑重措置"①。

10 月 21 日，财政部发出财钱乙第 37159 号代电：查战前战时银行业存放款如何偿还，前已由部会同中、中、交、农四行联合办事总处拟具处理办法呈请行政院核夺在案，兹据前情，除呈转行政院并案核办外，仰即知照②。12 月 12 日，财政部 41466 号代电通报了行政院第 48808 号函内容：查关于银行业战前存款放款清偿条例草案，业经国务会议修正通过，交立法院③。

千呼万唤之下，办法终于出台。1947 年 12 月 26 日，国民政府正式公布《银行业战前存款放款清偿条例》10 条，其主要内容为：(1)银行业在战前所成立的普通存款、储蓄存款、信托存款及放款，尚未清偿者，依本条例规定清偿之。前项所称战前，系指 1941 年 12 月 9 日政府对敌宣战以前而言。(2)战前存款及放款之本金部分，均照原契约币额给付，不为增减。(3)战前定期存款或放款，截至本条例公布日止，尚未清偿者，其利息应照下列规定计算之：在 1937 年 8 月 13 日以前存入或放出者，自存入或放出之日起，至 1937 年 8 月 13 日止之利息，仍照原约定利率并入本金计算；自 1937 年 8 月 14 日起，至本条例公布月份末日止之利息，照附表规定，加倍计算；自 1937 年 8 月 14 日以后，至 1941 年 12 月 9 日以前之存款与放款，自存入或放出之日起，至本条例公布月份末日止之利息，照附表规定计算。(4)战前活期存款之余额，截至本条例公布之日尚未清偿者，其利息应照前条规定分别折半计算；但在 1941 年 12 月 9 日以后续有收付者，其利息仍应照原约计算，不得援用本条例之规定。(5)银行业战前存款或放款，至本条例公布日止，尚未到期者，视为到期。(6)银行业战前存款放款经清偿其一部分者，其清偿部分不得援用本条例计算利息之规定。(7)依本条例计算之利息，由银行于本条例公布后 1 个月内结算，通知债权人。其数额在 500 万元以内者，债权人接到通知后，应即提取；未提取者，停止给息。本息在 500 万元以上者，除应提取 500 万元外，余存数额另换新折，照中央银行核定利率之半数按月给息。其清偿期限为：扣除先还 500 万元，余数在 3 000 万以内者，分 3 个月平均清偿之；扣除先还 500 万元，余数在 1 亿元以内者，分 6 个月平均清偿之；扣除先还 500 万元，余数超过 1 亿元者，分 9 个月平均清偿之。(8)国家行局对于公务机关之

---

① 上海市商会函(1947 年 11 月 3 日)，沪档：S1731180。
② 财政部代电 37159 号(1947 年 10 月 21 日)，沪档：S1731180。
③ 财政部代电第 41466 号(1947 年 12 月 12 日)，沪档：S1731180。

放款,公务机关及银钱业在国家行局之存款,其利息仍照原约规定。(9)本条例公布后,银行业存款放款之清偿,不适用《复员后办理民事诉讼补充条例》第12条之规定。(10)本条例自公布日施行①。

条例的附表如下:

银行业战前存款 1 元至 1947 年 12 月底之本利和
（每年平均利率按月息复利计算）

存入时期	本利和(单位：元)	存入时期	本利和(单位：元)
1937 年 8 月 14 日至月底	1 703.462	1939 年 11 月	1 192.140
9 月	1 682.432	12 月	1 174.753
10 月	1 661.661	1940 年 1 月	1 157.621
11 月	1 641.147	2 月	1 135.702
12 月	1 620.886	3 月	1 114.108
1938 年 1 月	1 600.875	4 月	1 093.101
2 月	1 581.267	5 月	1 072.403
3 月	1 561.900	6 月	1 052.098
4 月	1 542.769	7 月	1 032.177
5 月	1 523.873	8 月	1 012.633
6 月	1 505.209	9 月	993.459
7 月	1 486.773	10 月	974.648
8 月	1 468.563	11 月	956.194
9 月	1 450.575	12 月	938.089
10 月	1 432.809	1941 年 1 月	920.326
11 月	1 415.259	2 月	897.792
12 月	1 397.925	3 月	875.809
1939 年 1 月	1 380.803	4 月	854.365
2 月	1 360.665	5 月	833.445
3 月	1 340.321	6 月	813.038
4 月	1 321.266	7 月	793.130
5 月	1 301.997	8 月	773.710
6 月	1 283.008	9 月	754.766
7 月	1 264.297	10 月	736.285
8 月	1 245.858	11 月	718.257
9 月	1 227.688	12 月 9 日止	700.670
10 月	1 209.783		

资料来源:《银行周报》32 卷 1 号,1948 年 1 月 5 日。

---

① 财政部关于抄发银行业战前存款放款清偿条例令(1948 年 1 月 7 日),《中华民国金融法规档案资料选编》(下),第 1225—1226 页。

三、"清偿条例"之实施与修订再起风波

根据"清偿条例"规定，从 12 月 26 日公布之日起算，应于 1948 年 1 月 27 日开始给付。由于银行存款种类繁多，"其依照条例规定结算，技术上各行难期一律，恐难应付，不免参差"，上海银行公会在条例披露之后即委托银行学会召集会议，"殚精竭虑，再四研讨"，订有"划一处理办法"一件，共计 10 条，附内部账务处理办法及例题、表单、格式等件，先行供银行公会内部参考，并于 1948 年 1 月 15 日由银行公会通知各会员银行依据办理，同时提交全国银行公会联合会通告各地公会同样办理，以示一律。此外，为免各行分别通知之烦，由上海银行、钱业、信托三公会联名统一公告，并建议财政部免扣存息所得税①。同日，上海银行公会呈请财政部备案，"俾有依据"②。

1948 年 1 月 10 日，财政部以财钱乙字第 21363 号指令："兹为明晰解释，俾各银钱行庄实施时有一致标准，特订定'银行战前存款放款清偿条例释例'一种"。此件于 2 月 17 日由上海金融管理局转发至上海银行公会③。

为处理好财政"释例"与之前银行公会的"划一处理办法"二者的关系，上海银行公会于 1 月 23 日通知各会员银行提出，这两项办法内容、意义基本相同，唯"释例"第 7 项关于整存零付存款清偿之计算方法与"划一处理办法"相比，后者所附"算法举例"更为严格；银行为优待存户起见，在不违背银行业战前存放款清偿条例释例大旨下，可仍按前发"划一处理办法"办理，"藉与其他各种定期存款之清偿原则前后相符"④。1948 年 2 月 4 日，财政部同意"战前存放款清偿划一处理办法"备案⑤。从时间上看，财政部印发"释例"的指令在前，而同意"划一处理办法"备案在后，可以认为，财政部对上海银行公会的方案是基本认可的。

1948 年 1 月 25 日起，上海市银行、钱业、信托三同业公会联合在《新闻报》、《申报》、《大公报》、《中央日报》、《商报》等刊登公告，所属会员行庄自 1 月 27 日起开始清偿战前存放款，并声明采取联合公告的方式进行⑥。

然而，此后关于"清偿条例"的实施并非一帆风顺。

---

① 通(37)字第 14 号(1948 年 1 月 15 日)，沪档：S1731180。

② 三公会呈财政部文(1948 年 1 月 15 日)，沪档：S1731180。

③ 财政部训令财钱乙字第 21363 号(1948 年 1 月 10 日)，沪档：S1731180。

④ 通(37)字第 24 号(1948 年 1 月 23 日)，沪档：S1731180。

⑤ 财政部指令财钱乙字第 26097 号(1948 年 2 月 4 日)，沪档：S1731180。

⑥ 开始偿付战前存款公告稿(1948 年 1 月 25 日)，沪档：S1731180。

首先是战前存款利息是否免缴所得税的问题。此前,上海市银行公会于 1948 年 1 月 10 日致电财政部提出,战前存款清偿条例中规定之各项利息,按现行存款利息所得税法,应依存息所得额扣缴 5％税款;并建议对该项利息所得税不予追溯扣缴,"税收为数不巨,而在存款人属望既久之加倍给付使不致再减,削其收益,以贯彻政府逾格体恤之本旨,德意所被,咸使感戴"①。1 月 23 日,财政部直(一)第 68849 号代电称:"凡借贷款项利息所得税得均在课税之列,各行庄清偿战前存款既有利息支付,自应依法扣税;所请免征一节,未便照准,仍希转知各行庄依法办理为荷。"②

其次,由银行公会统一登报公告领取战前存款的方式受到质疑。中国银行济南分行一存户认为,该行未照法定程序于条例公布后一个月内通知债权人,而仅由公会公告不合法定手续,并因此提起诉讼。经济南高等法院判决,该行应负担自本年 1 月至执行终了日止按国家利率之半数给付利息。对此,上海银行公会认为,本会所拟订"银行业清偿战前存放款划一处理办法",当时呈奉财政部准予备案,因未经过法定程序,银行殊难以胜诉,如再分别补办通知手续亦将过迟,甚或反多枝节,为此于 1948 年 6 月 9 日先行通告各会员银行,如有尚未领取之该项存款,其留有地址者,似宜由各行径自依据本会最近公告,分函催领,以资补救③。

1948 年 7 月 6 日,上海银行公会呈请财政部提出,通知固以到达为善,但清偿条例既经政府公布,"划一处理办法"亦经财政部备案,各地银钱业公会之登报公告自与个别通知有同一效力;同时请示财政部:(1)应否再由各银行自行个别通登报公告催领;(2)所有迄未提取之战前存款如何处理④。8 月 9 日,财政部财钱乙字第 2936 号指令称:"各银行对于战前存款户自应个别通知、依法结算,其因地址迁移并未报明存款行致通知无法送达,或凭单折取付之存款本无报明地址致无法通知者,自以登报公告为足;至经依法通知后债权人延不提取者,可依照民法债编关于提存之规定办理。"⑤

---

① 请免缴利息所得税致财政部电(1948 年 1 月 10 日),沪档:S1731180。
② 财政部代电直(一)第 68849 号(1948 年 1 月 23 日),沪档:S1731180。
③ 通(37)字第 171 号(1948 年 6 月 9 日),沪档:号 S1731180。
④ 致财政部呈文(1948 年 7 月 6 日),沪档:号 S1731180。
⑤ 财政部指令财钱乙字第 2936 号(1948 年 8 月 9 日),沪档:S1731180。另,《民法》第二编"债"第 326 条规定:债权人受领迟延,或不能确知孰为债权人而难为给付者,清偿人得将其给付物为债权人提存之。第 327 条规定:提存应于清偿地之提存所为之,无提存所者,该地之初级法院因清偿人之声请,应指定提存所,或选保管存物之人;提存人于提存后应即通知债权人,如怠于通知,致生损害时,负赔偿责任,但不能通知者不在此限。第 328 条规定:提存后,给付物毁损、减失之危险,由债权人负担;债务人亦无须支付利息或赔偿其孳息未收取之损害。参见《最新六法全书》,第 13 页。

如果说上述两次波折还主要是技术层面的原因，那么，由于币值改革而带来的影响，则确实不可低估。

1948 年 8 月 19 日，国民政府公布《财政经济紧急处理办法》，同时公布《金圆券发行办法》，规定自该办法公布之日起，中华民国之货币以金圆为单位；所有以前发行之法币，以 100 万元折合金圆 1 元[①]。同日公布的《人民所有金银外币处理办法》则规定，人民持有黄金、白银、外币者，应于 1948 年 9 月 30 日以前向中央银行或其委托之银行，按照规定兑换金圆券，银币每元兑给金圆券 2 元[②]。

这一规定对战前存款清偿带来不小的影响。汉口银行公会向全国银行公会联合会反映，"时有战前存户断章取义，以《人民所有金银外币处理办法》第 3 条'银币每元兑给金圆券二元'之规定，纷持战前银元字样之存单，请求按照银币兑率付给金圆"；并要求转呈财政部明令解释[③]。为此，财政部于 1948 年 10 月 1 日发出财钱乙字第 5010 号指令，称：自 1935 年 11 月实施法币令公告后，一切款项之收付，概以法币为限，旧有银币银类及各种币券为单位之契约，均应各照规定折合率，以法币结算收付；而《银行业战前存款放款清偿条例》亦经前国民政府公布施行，"现币制已改革，所有战前以银币等为单位之存款，仍应依照上项规定，以法币结算，再折合金圆券偿付"；因此，"各地存户请求照原额，以银元或以金圆券加倍偿还存款，自属于法无据"[④]。

此后，公债清偿的规定再次给存款清偿带来冲击。1948 年 9 月 22 日，行政院公布《民国三十七年整理公债条例》，并于 10 月 1 日起实施，规定美金公债 1 元换金圆券公债 4 元，国币公债参照 9 月 18 日市场价格及历年法币价值分期计算，照票面 1 000 倍至 27 000 倍，法币折成金圆券，一次清偿。这一规定对银行钱庄的存户再次带来很大影响，不少人认为公债清偿最高额比存款清偿最高额超出甚多，遂纷纷函请立法院修正《银行业战前存款放款清偿条例》，"且有主张照战前存款 1 元无息偿还金圆券 2 元者，亦有主张偿还金圆券 1 元者"[⑤]。

不仅有社会人士要求重新修改战前银行存放款清偿标准，实际上立法院也开始关注此事，由此再次对银行业形成巨大压力。

[①] 国民政府公布之财政经济紧急处理办法（1948 年 8 月 19 日），《中华民国金融法规档案资料选编》（上），第 481 页。

[②] 国民政府公布之财政经济紧急处理办法（1948 年 8 月 19 日），《中华民国金融法规档案资料选编》（上），第 483 页。

[③] 联通（37）字第 31 号（1948 年 10 月 7 日），沪档：S1731180。

[④] "关于战前银圆存款仍按法币与金圆比例折付之部令"，《银行周报》32 卷 46 号，1948 年 11 月 15 日。

[⑤] 萧文哲：《论银行业战前存款放款清算标准》，《银行周报》32 卷 46 号，1948 年 11 月 15 日。

1948 年 10 月 28 日,上海银行公会向战前设立之各会员银行发出紧急通告称:"查清偿战前存款一案,近日立法院又重付讨论,财政部拟维持前颁《战前存款放款清偿条例》原案起见,特派钱币司帮办朱善伯先生携带'银行战前存款清偿情形调查表'两种莅临本会,嘱为分发战前设立之会员银行";并要求相关银行给予积极配合,于 31 日以前汇缴,以便财政部派员参加将于 11 月 3 日召开的立法院会议①。

鉴于立法院委员中有人提议重新修订"清偿条例",以及天津地方法院亦有判决天津大陆银行偿付战前存户倍给金圆券之判例等情况,11 月 17 日,全国银行公会联合会除正式分呈行政院、立法院暨财政部维持"清偿条例"原规定勿予改订外,并拟就致立法院财政经济委员会节略一件,送请该委员会分发各委员参考采纳,"促其对于本案加以注意"②。该节略称:对于立法委员提议重新修订"清偿条例",以期适应币值而加惠于未领取之战前存户,"姑置银行之有无能力负担于不论,而于法于情窃期期以为不可"。首先,"清偿条例"颁布将近一年,各地存户大部分已遵令提取,如条例一旦重订,当然后者优于前者,虽法律可不溯既往,然同属人民汗血之资,何能因提款之先后而分其厚薄;"民间已有守法者死、违法者生之痛语",如改订"清偿条例","是不啻昭示人民虽同一法案,亦有早晚行市之不同,等于上无道揆、下无法可守,人民对于法制之信心非特动摇,亦且以儿戏视之矣"。其次,如独对战前存户加以优惠,"宁非明察秋毫而不见舆薪"?"金融业在此次币制改革声中资金折合成尾数,继之以增资问题罗掘俱穷,即偶有外汇外币者,又限期献纳政府",不久,货物抢购风起,存款急遽逃避至 70% 以上,其受损之巨、打击之惨,可谓首当其冲,"涸辙之鲋已濒于绝境"。再次,政府于 1935 年 11 月统一行使法币政策,"凡民间债权债务所有银两银圆咸以法币继承,今之收兑银圆办法系指民间持有实质之银圆者得以换给金圆券,并非一切债权债务凭证之有银圆字样者得比照办理"③。

11 月 29 日,联合商业储蓄信托银行、盐业银行、金城银行、中南银行、大陆银行、国华商业银行、上海商业储蓄银行、浙江第一商业银行、浙江兴业银行、新华信托储蓄商业银行等联名致函上海银行公会,针对报载立法院财政金融委员会 15 日晨举行小组会议,重行审查银行业战前存放款清偿标准一事,向银行公会提出:如照新拟标准最高额计算,全国银行业将难以承受如此负担,"势必被

---

① 至战前设立银行紧急通告(1948 年 10 月 28 日),沪档:S1731180。
② 联通(37)字第 41 号(1948 年 11 月 29 日),沪档:S1731180。
③ 全国银行公会联合会节略(1948 年 11 月 17 日),沪档:S1731180。

迫处于停业清理之一途,届时纵有房屋器具,难觅相当受主,预料清理结果,摊付战前存户亦甚微末";而一旦停业清理,影响生活及社会治安,殊非浅鲜;"今对此少数人之自行搁置久未提取之存款,反欲增加极巨之倍数,致使社会多数人遭受生计之迫害,而此少数人仍难独沾实惠,其严重后果,恐亦非主张新标准者所愿见"。为此,请求银行公会分别呈请立法院、行政院、财政部维持原有条例,取消新议标准,以免立法院大会通告后,"铸成大错,难于补救"①。12月11日,上海银行公会呈请财政部、行政院、立法院,称:"各银行陈述种种,确系就事实立论,难以实行,尤以在此大局危难间,现脆弱之金融不宜重伤其根本,为国家社会略保元气。"②12月20日,立法院秘书处复函上海银行公会:"除将原呈送本院财政金融委员参考外,相应函复为荷。"③实际是未作正面答复。

尽管银行业反对声一片,政府还是于1949年1月21日公布了《修正银行业战前存放款清偿条例》10条。与1947年公布的条例相比,首先是扩大了原"清偿条例"所规定的银行业范围,将邮政储金汇业局及中央储蓄会也包括在内;其次,是对清偿计算范围和标准作了较大改动。具体调整为:(1)战前定期存款或放款,截至本条例公布日止,尚未清偿者,应照下列规定计算之:在1937年8月13日以前存款或放款,自存入或放出之日起,仍照原定利率计算,并照本利和加一倍结偿。例如本利和为100元,加一倍结偿为200元。(2)1937年8月14日以后存款或放款,不计利息,并按年递减20%计算赔偿。如1938年存放款为100元者,结偿180元;1939年存放款为100元者,结偿160元;1940年存放款为100元者,结偿140元;1941年之存放款为100元者,结偿120元。(3)战前活期存款之余额,截至本条例公布之日尚未清偿者,其利息应照前条规定分别折半计算;但在1941年12月9日以后续有收付者,其利息仍应照原约计算,不得援用本条例之规定。(4)依照前两项规定计算,存放款数额在2 000元以内者,应照每元偿还金圆券3元结偿之;在3 001元至5 000元者,除2 000元应照1∶3偿还外,其余数照每元偿还金圆券2元结偿之;在5 001元以上者,除2 000元应照1∶3及2 001元至5 000元照1∶2偿还外,其余数照每元偿还金圆券1元结偿之④。

然而,事情至此并未结束。由于报载立法委员孔庚等提请重新修正银行业

① 联合商业储蓄信托银行等10银行致上海银行公会函(1948年11月29日),沪档:S1731180。
② 致财政部、行政院、立法院呈文(1948年12月11日),沪档:S1731180。
③ 立法院秘书处复函(1948年12月20日),沪档:S1731180。
④ "修正银行业战前存款放款清偿条例",《银行周报》33卷9号,1949年2月28日。

战前存款放款清偿标准,自 1939 年以前之银行业存放款一律以银元结偿,业经立法院财政金融及民法两委员会联席会议审查议决等,1949 年 4 月 6 日,上海银行公会致电行政院、财政部,4 月 9 日又加发立法院称:目前银元不允许其自由买卖,政府并未采为通货,何得以银元为结偿?且银行所有银元在政府令偿法币案时,业经悉数缴纳国库,银行更何来银元为结偿?况政府部门在战前向银行所借款项之本息,事与银行战前放款同例,清偿条例公布时尚未能依法清偿,果再如立委更改清偿标准,则政府部门是否可同样以银元结偿?[①]

关于此次呈请的结果,从现存资料中未见下文。实际上,此时偏安广州一隅的国民党政府已再也无暇顾及此事了。

抗战胜利后,百废待兴,创造一个良好的金融生态环境无疑是其中一项重要内容,这当然需要政府有关部门、金融业以及金融消费者等多个方面相互配合,实现良性互动。银行业战前存放款的清偿问题,既关乎广大存户的切身利益,同时也直接影响到银行业的生存和发展,更直接考验政府战后在财政经济方面的控制能力和执政水平。从 1941 年《非常时期民事诉讼补充条例》公布,至 1945 年《复员后办理民事诉讼补充条例》的出台,包括此后司法院的数次司法解释,实际上已经为银行业战前存款清偿问题定下了基调。由于这些法令相对比较笼统,亟需政府颁布相应的具体规定以减少纠纷,增加可操作性,以尽可能创造和谐稳定的金融环境。然而,政府相关部门显然没有对此给予足够的重视,首先是《银行业战前存款放款清偿条例》迟迟未出台,其次则以币值改革等因素,数次对该条例进行修改,再次是立法部门和执法部门政令不一。而所有这一切,都使得全国各地银行业难以适从,并陷入相当困窘的境地,进而极大地丧失了对政府的信心。因此,政府的行为实际上对当时的金融生态环境造成了极大的破坏。这不能不认为是政府行为的失当。从这一意义上说,似亦可认为是国民党政府战后财经政策最终失败的重要原因之一。

---

① 致行政院、财政部代电(1949 年 4 月 6 日),沪档:S1731180。

第七章　银行发行监管：
以纸币发行权监管为中心

在现代经济中,货币发行主要是中央银行的业务,似乎没有在监管制度研究中专门讨论的必要,但是在近代中国的相当长一段时间,对货币发行的监管,实际上成为银行监管的重要内容之一。货币发行是一项专业性非常强的业务,几乎涉及方方面面,仅币制本身的演变就相当繁复。限于篇幅,本章主要讨论纸币发行权的监管,而币制变迁过程中的一些重大事件,如废两改元、法币政策以及金圆券政策等,其详细的过程不再赘述。

第一节　从《银行通行则例》到《兑换纸币则例》

晚清时期,外国银行纷纷在中国沿海各地设立分支机构,发行银行券行使市面。中国为挽回权利,并图抵制,于光绪二十三年(1897 年)开设了中国通商银行。此时的银行事业正处于草创阶段,钞券随意发行的弊害尚未完全彰显,政府对于各行号的发行干涉不多,但开始积极筹备设立国家银行,试图发行信用昭著的纸币。光绪三十年三月(1904 年),户部上奏的"试办银行酌拟章程折",实际已较为充分地体现了这种意图。奏折称,"中国官商,平素情形隔阂,且因从前之钞票,近年昭信之股票,办理不善,失信于民,更不敢与官交易。今银行甫设,又势难遏禁商号出票。官中行用纸币,恐一时未能取信商民。必须设法昭示大信,数年以后,或可望商情渐通,流行无滞"[1]。继户部银行于光绪三十一年开业(光绪三十四年改为大清银行)后,交通银行(光绪三十三年邮传部设)、浙江兴业银行(光绪三十四年设)、四明商业银行(光绪三十四年设)等先后成立,加上当时各

---

[1] 户部尚书鹿传霖等折(光绪三十年三月),《中国近代货币史资料》第一辑,第 1038 页。

省官银钱号林立,银行事业有了较快的发展。

在此情形下,清政府于光绪三十四年(1908年)颁布《银行通行则例》15条。该条例首次从法律角度对银行作了明确定义,此外,对于普通银行的业务范围、组织形式、创办手续、开业审批、营业报告的报部及公告、监督检查、歇业清理程序以及违章事项的罚则等,也作了具体规定,实际上是中国最早的银行法。则例第1条规定银行业务为9项,其第9项为"发行市面通用银钱票",并附文解释:"纸币法律未经颁布以前,官设商立各行号,均得暂行发行市面通用银钱票。但官设行号每月须将发行数目及准备数目,按期咨报度支部查核。度支部并应随时派员前往稽查。"①该则例明确规定,允许官商所设银钱行号发行通用银钱票,而对于发行兑换准备,则未作任何规定。于是各省官银钱号,"遂得漫无限制,滥发纸币,不数年间,纸币充斥,社会苦之"②。应当说,此举对后来的纸币滥发负有不可推卸的责任。

此后,为加强对纸币发行的监管,清政府先后颁布了两部重要法规,即《通用银钱票暂行章程》及《兑换纸币则例》。

首先颁布的是《通用银钱票暂行章程》。宣统元年(1909年)六月,度支部鉴于纸币充斥之为害,亟应早筹限制之法,特上奏"厘定章程限制官商银钱号滥发纸币折",该奏折称:"近来行号林立,票纸日多,官视为筹款之方,商倚为谋利之具,倘不设法限制,将使官款收放几无现银,市面出入惟余空纸,物价腾贵,民生困穷,其危害何堪设想";同时提出,"当清厘积弊之初,必当有较若划一之法",并拟订《通用银钱票暂行章程》共20条,"所以保信用,固银根,亦预为划一币制之地"。与该奏折同时奏准公布施行的《通用银钱票暂行章程》共20条,其要点如下:凡印刷或缮写之纸票,数目成整,不载支付人名及支付时期地址者,俗名钞票;银行则例称为通用银钱票,均须一律遵守此项章程(第1条)。通用银钱票,必须有殷实同业5家互保,担任赔偿票款之责,方准发行,惟官设行号,不在此限(第3条)。本章程未经颁布以前,凡已发行银钱票之行号,尚未注册领照者,限于文到6个月内,赶紧备集资本,呈请地方官验实,报部注册;逾期不呈请者,除限期勒令收回此项纸票外,由地方官查照第18条,酌量轻重,处以罚款(第5条)。本章程未经颁发以前,有非银钱行号发行此项纸票者,限至宣统二年五月底,陆续将全数收回,其有于限期内不能全数收回者,准其另设银钱庄号,照章注册,援照此项章程,一律办理(第6条)。本章程颁发后,再行新设之官商银钱行

---

① 清度支部银行通行则例(1908年),《中华民国金融法规档案资料选编》(上),第146页。
②《中国省银行史略》,第176页。

号，概不准发行此项纸票(第 7 条)。该章程颁发后，凡照章准发此项纸票各行号，只能照现在数目发行，不得逾额增发(第 8 条)。凡发出此项纸票，无论官商行号，必须有现款 4/10 作为准备，其余全数，可以各种公债及确实可靠之股票借券储作准备，另行存库立账，不与寻常营业账目相混，以备抽查(第 10 条)。凡准发此项纸票各行号，自宣统二年起，每年须收回票数二成，限以 5 年全数收尽(第 11 条)。凡准发此项纸票各行号，于限期内情愿一时全数收回者，准商由大清银行以确实之抵当物品，借予低利，分年摊还款项(第 12 条)。凡官设行号，均由度支部随时派员抽查，如准备数目不符，或呈报不实，及有其他情弊者，立禀度支部查办(第 15 条)。凡官设行号，由各地方官随时会同商会派员抽查，如准备不符，或呈报不实，及有他项情弊者，报部查办(第 16 条)①。以上各条，或责成担保(如第 3 条)、限期注册(第 5 条)，或限制发行(第 7 条)、规定限额(第 8 条)，或严定准备(第 10 条)、随时抽查(第 15、16 条)等。从文字上看显然已经蕴含统一发行的意图，然而当时官商行号对此大多抱观望态度，并未切实遵行，"比年新开行号呈请注册者固属不少，而旧设者多未补请"②。

时隔不到一年，清政府又颁布了《兑换纸币则例》。宣统二年五月初十日(1910 年 6 月 16 日)，度支部提出奏折称："诚以纸币关系重要，倘发行之机关不一，势必漫无限制，充斥市廛，物价因之昂贵，商务遂以不振，贻害于国计民生何堪设想"；并提出，应将"纸币一切兑换发行之事，统归大清银行管理，无论何项官商行号，概不准擅自发行"；对各省官商行号所发银钱各票，必须"按年收回二成，期以五年收尽"；至于其他官银钱号所发各票，因为数较巨，"似不能不变通办法，以收速效"；对以前大清银行所发通用银票，"亦应陆续收回，以昭划一，不准增发"。③ 这一奏折所附《兑换纸币则例》19 条，与《通用银钱票暂行章程》几乎完全一致。

《兑换纸币则例》19 条公布后，度支部于宣统二年五月十四日(1910 年 6 月 20 日)又奏请限制官商行号发行纸币，称："通用银钱票流通市面，殊于币制有碍"，因此"其业经发行各行号，应即照章按年收回；未经发行各行号及以后新设各行号，即不准再为发行。如有不遵此项章程办理者，无论官办商办，即由臣部查明实情奏参，照章惩罚，以维币制"④。

---

① 度支部尚书载泽等折(宣统元年六月初七日)，《中国近代货币史资料》第一辑，第 1075—1077 页。
② 度支部尚书载泽等咨文(宣统元年九月十七日)，《中国近代货币史资料》第一辑，第 1077 页。
③ 度支部尚书载泽等折(宣统二年五月初十日)，《中国近代货币史资料》第一辑，第 1051—1055 页。
④ 度支部尚书载泽等片(宣统二年五月十四日)，《中国近代货币史资料》第一辑，第 1079 页。

由此可见,晚清中央政府屡次颁布相关法令,在主观上确实有统一货币发行的考虑。但实际运作中,中央政府一方面订定法令禁止旧设行号发行纸币,另一方面又继续核准新设行号发行新币,言论与行动之间存在明显的矛盾,其实际效果自然可想而知了。

第二节　银行监理官与《取缔纸币条例》

北京政府时期,法律不仅将发行权赋予中央银行,而且专业银行、商业银行、省地方银行、银钱行号大多亦具有发行权。

1913年4月参议院通过的《中国银行则例》规定,中国银行有代国家发行国币之责[1];同时由财政部咨外交部转知各国银行,声明"中国银行系国家中央银行,以免误会"[2]。1914年北京政府呈颁《交通银行则例》,规定交通银行替政府承担发行钞票的业务,"交通银行受政府之特许发行兑换券,其办法照财政部所定之银行兑换券则例。但发行式样、数目及期限另由银行呈请财政部核定"[3]。

北京政府时期中、交两行并没有垄断货币发行权,同时期的立法又授予其他银行包括各省银行以货币发行权。1922年11月,北四行仿效英国银行联合准备库在"联合营业事务所"的基础上成立四行联合准备库,共同发行中南银行曾获批准的钞券,实行全额准备、准备库账目完全独立,同时建立严格的稽核制度;由于准备充足、信誉卓著,其发行额最高曾达7 228万元[4]。但从某种意义上说,这种做法是钻了法律的空子,借用了中南银行发钞的许可证。

为加强对纸币发行的监管,北京政府先后采取了多项重要措施。设置各省官银钱号监理官是其中一项重要内容。

民国成立之初,新的法律尚未出台,而旧有法规又很难适用,加上辛亥革命前后各省为补贴军政费用开支,纷纷滥发纸币及军用票等,一时纸票骤增,准备空虚,兑现无由实现,币价日趋跌落。1913年1月,大总统颁发手令,严禁各省官办及官商合办银钱行号滥发纸币。同年12月23日公布《各省官银钱行号监

[1]《中国银行行史资料汇编》上编,第112页。
[2] 同上书,第114页。
[3] 大总统公布交通银行则例(1914年4月7日),《中华民国金融法规档案资料选编》(上),第175页。
[4]《中国金融史》,第216页。

理官章程》①以及《各省官银钱行号监理官办公规则》②；并随章程公布，任命各行号监理官，执行监督职务。1914 年 2 月，财政部以各省纸币仍有继续发行的趋势，特饬令各监理官严查报告，并训令各省民政长官严禁滥发。1914 年 1 月 21 日，财政部就严禁官私立银钱行号私发纸币，向各省民政长发出第 132 号训令，内称："查官私立银钱行号私发纸币，业经本部禁止在案。现在叠据各处税关报告，搜获私印纸币已有多起。各省官银钱行号监理官报告，各省官银行亦有未经本部核准私行定印各情事，殊属目无法纪，亟应严审告诫，设法取缔。除通令外，合即令仰该民政长迅即通告官私立银钱行号，嗣后不得私印私发，自干咎戾。并通令县知事、警察厅严饬石印局、印书馆等处，嗣后如有定印纸币者，应即呈报各该管官厅转呈本部核准，方可承印。其已印之票，应令悉数缴呈销毁，报部存案，以维币政。"③

　　监理官章程的制定，起初是为取缔官立及官商合办的银钱行号，后政府又认为各省商办银钱行号同样有取缔的必要，便于 1914 年 3 月 20 日，将章程修正公布，扩大了管制范围：凡官立、官商合办及商办的银钱行号，凡发行纸币者皆适用之。④

　　当时的货币制度尤其是纸币发行极为紊乱，而尤以东北为甚，"钱法之乱，今日已极，通国皆然，东省为最。曰现银，曰票银，曰大龙洋，曰站人，曰北洋，曰小龙洋，曰银元票，曰钱票，曰羌贴，曰老头票，曰钞票，种类之多，纷歧错出，兹不过举其荦荦大者"⑤。当时社会各界对此颇有微词，"迩者纸币为辅助现币最良之政策，政府有特别统一发行之权，不容他人有创立银行私自发行之权，此乃世界各国之通例，所以保全纸币信用也。吾国纸币行之已久，尚无成效，无论官私纸币，屡失信用，折扣停兑，险象环生，而欲希望利用纸币者难矣"⑥。

―――――――――

① 财政部为报批各省官银钱行号监理官章程致大总统呈稿(1913 年 10 月 22 日)，《中华民国金融法规档案资料选编》(上)，第 164—165 页。该章程于 1913 年 11 月 7 日经大总统批准施行，12 月 19 日财政部公布。

② 财政部各省官银钱行号监理官办公规则(1913 年 12 月 19 日)，《中华民国金融法规档案资料选编》(上)，第 169 页。

③ 财政部关于严禁官私立银钱行号私发纸币致各省民政长训令稿(1914 年 1 月 21 日)，《中华民国史档案资料汇编》第三辑"金融"(一)，第 79—80 页。

④ 财政部关于修订监理官监理范围训令稿(1914 年 3 月 20 日)，《中华民国史档案资料汇编》第三辑"金融"(一)，第 44 页。

⑤ 兴业银行总办谈国桓撰整顿东省钱法刍言(1915 年 6 月)，《中华民国史档案资料汇编》第三辑"金融"(二)，第 655 页。

⑥ 中华国货维持会致财政部的呈文(1916 年 8 月 31 日)，《中华民国史档案资料汇编》第三辑"金融"(一)，第 125 页。

为控制纸币发行，北京政府在监管方面另一重要举措是先后制定和修订了《取缔纸币条例》。1915 年冬，财政部签呈大总统，详细报告了中国银行兑换券未能迅速推广的原因以及进行的方法，文中论及各省纸币发行情形时称："自辛亥以来，各省官银钱号滥发纸币，数累巨万，虽迭奉明令，严禁增发，并由本部分别省份，设法收回，然财力不充，全数收回者，仅广东、浙江两省，其余如吉林、黑龙江、江西仅收一小部分；如四川、贵州，正在开始收换；湖南、广西尚未着手。统计各省官票，尚有一亿三千余万元。其他私立银行及外国银行所发纸币，为数亦复不赀。"①大总统阅签呈后，决心整理，于 1915 年 10 月颁布《取缔纸币条例》9 条，禁止已设与新设银钱行号发行纸币，已发行者，不得增发，并依规定限期完全收回②。

《取缔纸币条例》颁行后，实施过程并不顺利，出现了不少新的情况。

地方官员有为之说情，请求宽限的。1915 年 12 月 31 日，福建巡按使许世英向财政部提出，福建省"真实资本之商家十仅一、二，藉钱商周转为活动本者，十居八、九，若一旦将钱商纸币收回，则钱商闭歇，各商必受影响，商情困滞，则生计必为之奇穷。又况外人银行信用日著，更可利用此时机，而扩张其势力，此节尤宜顾及"；并建议，"国家银行及地方银行实力未充之时，似不宜急遽以行，反以妨碍地方之金融，而增长外人之利益"，建议"准予变通宽限"③。

也有不少地方置之不理，并引起当地市民强烈反应。1919 年 10 月，有直隶乐亭市民徐桂山向财政部举报，"乃近有投机射利之徒，在本部设立一有限公司，名曰农业银行，实以发行纸币为营业目的。又明知其有干例禁也，故隐其名曰存票，而债权无记名，转让不记载，何存票之于有。且察该币里书，一则曰周转市上零币，再则曰支取通用俄币。是固自认该币继承俄币矣，特于票面巧立名目，规避官厅之干涉耳"④。1920 年 6 月，江苏东台袁伯勤向财政部控告，认为张謇组织的通泰盐垦汇兑所私发纸币，"其形模花纹俨然与国家银行所发之纸币无异，中印张謇肖像，又俨然与国家纸币印有大总统肖像相同；且数目成整，无支付人及支取年月，应认为纸币无疑，实违背大部所订取缔纸币条例之规定"，并特别强

---

① 《中国省银行史略》，第 184 页。

② 财政部取缔纸币条例（1915 年 10 月 20 日），《中华民国金融法规档案资料选编》（上），第 93—94 页。

③ 许世英转陈福州情形特殊请将钱商纸币暂缓收回准予变通宽限咨（1915 年 12 月 31 日），《中华民国史档案资料汇编》第三辑"金融"（二），第 817 页。

④ 徐桂山陈控吉林滨江农业银行以存票名义擅发纸币敛财致财政部呈（1919 年 10 月 23 日），《中华民国史档案资料汇编》第三辑"金融"（二），第 707 页。

调，"况中印肖像，隐隐与大总统相颉颃，似有脱离国家之意"，请求财政部予以取缔[①]。

政府主管部门对此也感到问题不少，需要进一步改进。1918 年，兼署财政总长曹汝霖在给大总统的呈文中称："中国、交通两银行，为政府特许发行之银行。然各省之官银钱号，既各以习惯，而发行银铜钞票，即私设之银行钱铺，以及寻常之商号，亦有以所在省分之特别情形发行钞票者。发行之制度既不一致，准备之虚实复非确定，因而信用之厚薄，亦大相径庭。发行过滥，市价折扣之事，比比而有，人民所受无形之损害，说者或比之于洪水猛兽，亦非太过。此纸币亟当整理之理由也。"[②]

1920 年大总统颁发教令，述及《取缔纸币条例》颁行后情形时称："发行纸币为国家银行之特权，前经财政部厘定《取缔纸币条例》，颁行已久，限制綦严。乃近以各省官银钱行号，往往藉口周转，任意发钞，种类既参差不齐，准备亦虚实难究"。并要求"财政部会同币制局，详订限制办法，通饬遵行，并责成各银行监理，严密纠察。嗣后各省官银钱行号，概不准擅发纸币，其已发者，应即遵照《取缔纸币条例》，确定限制，逐渐收回，毋得再有增发，以祛积弊而维币政。"[③]大总统教令颁下后，财政部与币制局于 1920 年 6 月 27 日将前颁《纸币取缔条例》扩增为 14 条，呈准重新付诸实施。前后两个条例要点大致相同，主要包括以下四个方面：

一是限制发行。凡新设之银钱行号，或现已设立，尚未发行纸币者，皆不得发行。本条例颁行以前设立之银钱行号，其发行纸币，业经财政部依法令核准有案者，仍准发行，但以后不准逾额增发；前项发行纸币之银钱行号，其原定有营业年限者，限期满将所发纸币全数收回，不得延长年限；其无营业年限者，由币制局暨财政部得定期限令收回所发纸币。本条例颁行以前设立之银钱行号，其发行纸币并未经财政部依法令核准有案者，应自本条例颁行之日起，6 个月以内，呈由地方官查明发行数目及准备金后，转报币制局暨财政部，核定发行数目，暂准发行；惟币制局暨财政部得随时定期限令收回。本条例未经颁行以前，有非银钱行号发行纸币者，限至本条例颁行后 1 年内，全数收回。

二是充实准备。各银钱行号依法发行纸币，应负随时兑现之责；前项纸币至

① 江苏东台公民袁伯勤陈控张督组织之通泰盐垦汇兑所私发纸币请求取缔呈(1920 年 6 月 2 日)，《中华民国史档案资料汇编》第三辑"金融"(二)，第 763 页。
② 《政府公报》第 916 号，1918 年 8 月 12 日，转引自《中华民国史档案资料汇编》第三辑"金融"(一)，第 128 页。
③ 《中国省银行史略》，第 185 页。

少须有 6 成现金准备,其余得以政府发行之正式公债票,作为保证准备;其有特别情形,未能照办者,须呈请币制局暨财政部核办。

三是换印新票。各银钱行号依法发行之纸币,遵令不逾额增发,遇有破烂,必须更换新票时,应先呈请币制局核准后,交印刷局印制,并将纸币样张呈送币制局备案。各银钱行号依上述规定更换新票时,其收换办法为:(1)如向币制局呈请发给新纸币 100 万张,第一批只准领运 1/3 或 1/4,其数目由币制局核定,俟旧票悉数收清后,方准依次领运第二批、第三批;(2)收回旧票,即责成各地方官派员,或由监理官点验,截角封存,转报币制局备案。

四是检查表报。发行纸币之银钱行号,应每月制成发行数目报告表、现款及保证准备报告表,每半年制成收支对照表、财产目录表,由地方官或监理官呈币制局暨财政部。发行纸币的银钱行号,得由币制局会同财政部,随时派员或委托其他机关,检查其发行数目、准备现状及保证品,并其他有关之各种账册单据。

此外,对擅自发行、逾额发行、准备不足、擅换新票、不依规定接受表报检查等,详细规定了罚则,或科经理董事以罚金,或取消其核准之发行权[1]。

这一条例于 1920 年 6 月底公布,7 月即发生直皖战争,中央政府对纸币的整理又再次流产。此后,钞券发行混乱情形未见根本好转,并在社会各界引起强烈不满。

1920 年 2 月,全国银行公会联合会议在给财政部的建议中称:"民国币制破坏扰乱,甚于前清",并指出,"乃三年来凡称中外合办之银行,无不特许发行纸币,即一二与政府当局有关系之银行,亦享此特权,致令市面纸币杂驳,商民疑惧。究竟政府对于兑换券制度执何方针,何者宜准,何者宜斥,未闻有所宣示,而对于发行者亦未尝有检查监督之举,流弊所至,必致相率滥发,扰乱金融,一旦有挤兑之事,全国将蒙其殃"[2]。1921 年 7 月 27 日,北京银行公会针对政府特许华威、中南等银行享有钞票发行权,致函币制局提出,"是不啻已病之夫,更加饮以鸩毒"。北京银行公会同时提出,"惟顾念国家财政、币制前途,以及同业之安危起见,仍不能不请政府审前顾后,有所防维,一面早将制度确定,俾国人有所遵从。凡不应发行之银行,其从前暂得之权,亟应规定检查监督之方,及渐次收回

---

[1] 币制局呈准之修正取缔纸币条例(1920 年 6 月 27 日),《中华民国金融法规档案资料选编》(上),第 111—113 页。

[2] 北京银行公会印送全国银行公会联合会议关于节流财政确定币制诸端建议书致交通银行函(1921 年 2 月 18 日),《中华民国史档案资料汇编》第三辑"金融"(一),第 167 页。

之法，未发行之行，即一律截止，庶几正本清源，当有澄清之一日"①。1924 年 12 月，密云县市民代表白荣等，控告密云县商会会长宁权与县署勾结，大出纸币危害地方，"惟恐他人从而效尤，抵制之法，乃自备木戳一个，谓出纸币者须由会长盖戳，其实暗行专利，刁难百出，遂其所欲而后已"，请求财政部"依照取缔纸币条例，勒令限期定价收回"②。

各地军政长官以军事名义滥发钞票，更是监管当局非常棘手的问题。1926 年 1 月 7 日，山东保安总司令、省长张宗昌为筹措保安军饷糈，颁发了山东临时军用票条例训令，所附《山东省军用票行使暨兑换条例》称："本省为筹办饷糈，维持治安，调剂金融，不加赋税，免轻人民负担起见，发行此票，定名为山东临时军用票。本票由官印刷局一期印 800 万元，俟军事结束，即行一律兑现。本票使用与现金无异，商民交易不得因此抬高市价，并准纳粮完课及报解一切赋税、车船、邮电、军政、交通等等机关，无论官民，一律收受。倘有拒绝使用，或勒索折价兑换，损坏本票信用者，一经查出或被告发，决以军法惩处。"③1927 年 1 月 25 日，北洋政府镇威第三、四联合军团司令部就兵站库券发行事宜，专门咨请财政部，内称："案照本军团部所属各部队应须粮秣，有时酌发代金，就地购买，以期确实。惟师行各地，圜法不一，军民交易，诸感不便，动致隔阂。兹为力谋补救，便利商民起见，特发行兵站库券三百二十万元，专为发给代金之用，军行所至，与现洋、兑换券一律流通使用，并由本军团兵站处附设兵站库券事务局经理此事。"在所附的《镇威军第三、四联军兵站库券发行章则》中载明，兵站库券"可交纳各项课赋、税捐、罚金、讼费，购买中国铁路、邮政、轮船等票及交纳运费、电报费，一切官款出纳及商民交易"④。财政部居然准许此事，并于同年 8 月 10 日专门发出第 327 号训令，"为便利行使，杜绝流弊起见"，将原锌版印刷的库券改为钢版印刷，并通知相关省份和海关"一体遵照行使"⑤。

1923 年币制局第二次裁撤后不久，接管原币制局所管钞券各事项的财政部泉币司，就整顿钞券提出下列办法。(一)各银行发行纸币漫无限制，殊为可虑，

① 北京银行公会恳请确定纸币发行制度以维币政函(1921 年 7 月 27 日)，《中华民国史档案资料汇编》第三辑"金融"(一)，第 169 页。
② 白荣等为密云县商会会长宁权与县署勾结大出纸币危害地方请求取缔呈(1924 年 12 月)，《中华民国史档案资料汇编》第三辑"金融"(二)，第 604 页。
③ 张宗昌为筹措保安军饷糈颁发山东临时军用票条例训令(1926 年 1 月 7 日)，《中华民国史档案资料汇编》第三辑"金融"(二)，第 737 页。
④ 镇威第三、四方面联合司令部咨(1927 年 1 月 25 日)，《中华民国史档案资料汇编》第三辑"金融"(一)，第 96—97 页。
⑤ 财政部训令稿(1927 年 8 月 10 日)，《中华民国史档案资料汇编》第三辑"金融"(一)，第 98 页。

兹酌定整顿办法如下:(1)各省官银钱行号发行纸币,拟呈明暂以 1923 年底所发实数为限,不得逾额多发。如有特别事由,必须暂行增发者,应由部专案呈准,再行办理。至已经发行之纸币,应由各省自定切实整顿办法,加筹准备,以维信用。(2)经部核准有案之发行银行,应调查实收资本、公积金等项,并考察市面信用,及行内发行库之组织、准备金存储之方法等,定一标准,酌定各行发行数目,以后不得逾额发行。如查有准备空虚、信用不佳者,应即停止其发行。(二)各银行以后由分行发行纸币,必须先经地方官或监理官报由本部核准后方准发行,以示限制。至从前发行纸币各分行,应令监理官查明呈报候核。(三)各银行从前所印纸币,其订印总数以及加印地名数目,拟由司酌定表式,分别调查清楚,存案备查。(四)各银行以后订印纸币,必须先行呈由地方官或监理官查核,转请本部核准,方准订印。至前币制局核准有案者,准照原案办理,其在外国订印者,亦准一律进口[1]。

　　1924 年下半年,财政部再次提出 8 项整顿币制办法,其要点包括:(1)各项旧币改用国币;(2)限期收回流通之纸币;(3)收回纸币换发新币;(4)限一年内切实施行;(5)取缔各银行各银号发行纸币;(6)清查各银行准备金;(7)维持辅币以十进;(8)将各省区旧有小洋,设法收回销毁,一律换发新辅币,用国币流通,以便行旅。为此,业内人士评价道:"近年来,财政部发出关于整顿币制、取缔纸币之文章,不为不多,而所以徒成具文者,虽由各省形成割据,中央政府令不出国门所致,其实财部之于币制,何尝有整顿之决心也。"[2]

　　为整饬混乱的纸币发行秩序,政府先后多次要求监理官密切关注各发钞银行的实际状况。为监控各发行银行准备金起见,币制局于 1923 年 9 月前后先后两次饬令各银行监理官,严察各行发行钞票与准备金数目。第一次饬令为:"查发行纸币,信用为先,而保持信用之法,首在准备充裕,至于银行内部发行手续,是否整饬,亦与银行信用有绝大之关系,现在时局不靖,人心浮动,事关金融,影响尤大,该监理官在监督发行,务须切实加意检察,以促银行之注意,如有准备空虚,手续紊乱,办理不善之处,应随时从严纠察,并呈本局备核,切勿宽假,是为至要。此令。"第二次饬令为:"查银行发行纸币,运用得宜,固可调剂金融,不善用之,反足扰乱市面,关系綦大,除已通令检察准备金并注意发行手续,应即切实遵办外,所有关于该行纸币流通情形,事无巨细,均应随时调查,妥速呈报,以免隔

① 财政部泉币司酌拟整顿钞券办法呈(1924 年 2 月 16 日),《中华民国史档案资料汇编》第三辑"金融"(一),第 204—205 页。
② 裕孙:《财政部整顿币制办法之空洞》,《银行周报》8 卷 50 号,1924 年 12 月 23 日。

阁，而资整顿。此令。"①1924 年 2 月 21 日，财政部训令各银行监理官，将财政部制定旬报表式，转发该行暨发行纸币各分行，照式印制填报，以归划一；并规定银行兑换券流通额、准备金旬报表说明五项。同日又训令各银行，将财政部制定兑换券一览表暨分行所存兑换券一览表两种，转发该银行，按照表式，分别季报、月报，送部以备查核②。

财政部还试图从管理纸币印刷这一渠道，加强对纸币发行的监控。1923 年底，财政部长王克敏提出，各省近来对于纸币，任意滥发，"影响于国家财政前途甚巨，而各外国印刷局，复多方兜揽，以致币政愈呈纷乱"，特通令各省区，嗣后发行纸币，必经财部核定，其印刷机关，必由财政部印刷局承担③。至 1925 年时，"京内外各银行号及官银号遵令交局印制者，不过十之三四，而阳奉阴违者，仍不免十之六七"。财政部印刷局因此提出，"此种现状，不特职局营业前途大受影响，即国家法令亦等虚设，紊乱财政，破坏金融，前途实有不堪设想"，并呈请财政部"根据从前呈准办法，重申前令，限制各银行钞券，一律交由职局印制，似与整理币制，维持营业，两相裨补"。财政部为此饬令各省财政厅转饬发行纸币各银行，钞票一律交由印刷局印制④。

值得关注的是，为管理货币发行，各地的地方政府也采取了一些积极措施。

山东省由省署通令调查各银行状况及取缔纸币，此后又向济南总商会发出训令称：查发行纸币，乃政府特权，除曾经呈准特许者外，所有银钱行号，一概不准发行。其以前发行纸币，原定有营业年限者，限满收回，不得延长年限；无营业年限者，查明额数，限期收回，迭经财政部币制局咨送条例，先后通令取缔在案。乃近年本省银钱行号，遵照条例，安分营业者，固居多数，而阳奉阴违，滥发纸币，及限满延不收回者，亦在所难免，其铜元纸币，尤觉漫无限制，若不严行取缔，财政整理无从着手，亟应重申前令，责成银行监理官，会同警察厅暨各县知事，遵照条例，积极办理，以肃币政，而维金融⑤。此后，山东省财政厅以济南恒丰泰、厚天祥、谦益、永瑞兴、东汇、吉昌、福祥、德祥、义记、恒祥、协盛兴、庆记、德升泰 13 家商号所发钱票，于市面金融不无影响，迭训令历城县知事转饬各商号，限于 1927 年 4 月底一律将前发之钱票全数收回，惟发钱票之商号，尚恐不止上述 13 家，倘有遗漏，殊非根本整顿金融之意，特再训令历城县知事切实调查，勿稍徇

① "币制局注意银行发行纸币之通令"，《银行周报》7 卷 37 号，1923 年 9 月 25 日。
② "财政部调查纸币发行数及准备金数之表式"，《银行周报》31 卷 31 号，1924 年 8 月 12 日。
③ "财政部取缔滥印纸币"，《银行周报》7 卷 49 号，1923 年 12 月 18 日。
④ "财政部令各银行钞票应交财部印刷局印制"，《银行周报》9 卷 19 号，1925 年 5 月 26 日。
⑤ "鲁省严行取缔纸币条例"，《银行周报》9 卷 36 号，1925 年 8 月 18 日。

隐,并将调查情形详为具报。①

　　1923 年冬,江苏徐州各商号滥发钱票,以致扰乱金融,贻害地方,省署于 1924 年 1 月 22 日颁布《修正取缔纸币条例》14 条,通令全省各银行号,严行遵守,违者处以 5 000 元之以下罚金,或取消发行权,并规定兑换准备金至少须备 6 成以上;并责令各地商会负监察全责,以免再影响商业市面②。1925 年 12 月 27 日,江苏省省长公署发布第 11061 训令:"查钱庄商号发行纸币一案,前经本公署令发修正纸币条例,暨苏省取缔纸币条例各一份,行知该道尹派员清查,限两月具复在案。现值军事甫平,此项纸币亟应严行取缔,以杜流弊,合再令仰该道尹迅遵前令,遴派妥员,分赴各县,会同该县知事督饬商会,遵照部省所颁条例,严行清查,究竟发行纸币商号,共计若干家,已发种类若干,票数若干,每家准备金是否六成存储,限文到一月内列表转呈核办,如该县向无私发纸币情事,亦应明白具复。"③

　　1927 年 3 月,山西省财政厅以年来各县设立钱行为数甚多,为整顿币制起见,拟从事调查,以便取缔,并规定调查之手续,通令各县知事,应依照所列,详细查复。其标准如下:(1)各钱行成立时间及名称;(2)各钱行实在资本;(3)各钱行营业以何者为主体;(4)各钱行纸币种类,及在市民行使之信用有无妨碍;(5)各行纸币兑现系何种手续,及发行纸币之确数④。

第三节　法币政策与发行权的相对集中

　　国民政府奠都南京后,对于与民生关系密切的金融事业,逐渐加强了管制。1928 年 8 月,财政部设立钱币司,专门行使对金融业的监管职权。随后又于 1929 年 10 月 30 日公布《票据法》,1931 年 3 月 28 日公布《银行法》,1934 年 7 月 4 日公布《储蓄银行法》,初步确立了中国银行制度的基础。

　　监管的前提和基础是弄清基本情况。为统计国内已有发行钞票权之银行起见,财政部于 1929 年 1 月 19 日电令各发钞银行,呈报发行数额及准备金实况,"惟其中未能详尽",复于 1 月 22 日再次订定调查事项 15 项,通令各银行详细叙

① "鲁财厅查禁银号发钱票",《银行周报》11 卷 9 号,1927 年 3 月 5 日。
② "苏省长取缔滥发纸币",《银行周报》10 卷 6 号,1926 年 2 月 23 日。
③ "苏省清查各县纸币之省令",《银行周报》10 卷 1 号,1926 年 1 月 5 日。
④ "晋省调查钱行之标准",《银行周报》11 卷 9 号,1927 年 3 月 15 日。

明,以便统计,并仰转饬各支行办理。调查项目包括:(1)银行名称;(2)银行总行或总理处所在地;(3)银行分支行或代理处所在地;(4)分支行或代理处增设废置及停业复业之变迁沿革;(5)银行成立期日,包括核准注册年月日、开业年月日、营业年限;(6)银行组织(如系独资或有限无限公司组织,如系官办商办或官商合办或中外合办,均须分别说明);(7)资本总额,包括已缴资本(如系中外合办者,应将外国股份数目列明)、未缴资本、资本增减沿革;(8)钞券发行权取得之经过,包括核准手续、核准机关、核准条件、核准年月日、核准当时之董事人名;(9)历年总行及分支行发行或停兑情形;(10)最近钞券总额,包括定制券数(此项指已印未成或未运到者)、库存券数、空白券、加印券(加印未发券、已发收回券)、流通券数;(11)最近准备实况,包括现金准备、保证准备;(12)历年向各造币厂代铸银元数目;(13)历年营业概况;(14)最近资产负债表;(15)最近营业报告书[①]。

　　1927年前所有特许发行的银行,均于补请注册时经财政部分别查核,其业经发行、尚无滥发情形者,仍予暂照成案办理;若尚未发行,则概不予照准。而对于省县地方银行纸币发行的监管,实际是监管的重点。1929年1月3日,财政部向行政院提出呈文,称:"查各省县属地方钱庄、商号,每有私自发行兑换银元、铜元制钱之纸币,或类似纸币之票券行使市面,希图牟利。此项纸币在发行时,既未经呈准,所有发行数目暨准备实况,均属无可稽考。如遇发行商店一旦倒闭,其扰乱金融、贻害地方,影响之巨不堪设想。"为此,财政部向商民发布公告,"嗣后不得再为发行,其业已发行者,限于一个月内,将发行数额及准备实况,呈由地方政府查明,转报本部核定,限令分期收回,并应由地方政府随时查明,从严取缔"。财政部并要求行政院"通令各省政府转饬所属各县一体遵照办理"[②]。1月14日,行政院同意将财政部呈文转呈国民政府备案,并"令行各省政府转饬所属各县一体遵照办理"[③]。1月19日,国民政府发布训令,取缔各省县地方钱庄商号私发纸币票券,"已发行者限一个月内呈查"[④]。

　　1929年1月25日,就全国经济会议提出地方银行不得发行钞券一事,财政部向行政院提出,"详考各国金融制度采单一发行制度者,实居多数,我国情形适

---

① "财部调查发钞银行内容",《银行周报》13卷5号,1929年1月29日。
② 财政部请令各省政府取缔钱庄商号私法纸币或票券等呈(1929年1月3日),《中华民国史档案资料汇编》第五辑第一编"财政经济"(四),第565页。
③ 行政院关于取缔地方钱庄商号私发纸币或票券令(1929年1月14日),《中华民国史档案资料汇编》第五辑第一编"财政经济"(四),第566页。
④ 国民政府关于取缔各省县地方钱庄商号私发纸币票券令(1929年1月19日),《中华民国史档案资料汇编》第五辑第一编"财政经济"(四),第567页。

得其反,现值建设伊始,应亟谋改革,以为彻底澄清之计";并认为"经济会议议决地方银行不得发行钞券之规定,理由极为正当,自应渐次实行"。财政部同时提出,"兹查江苏省银行以前经北平旧财政部核准发行原案应予撤消。除由本部训令该行将所有库存未发及发行后收回各种钞券,应即先行截角缴部销毁,其发行在外流通之钞券,限于文到三个月内,随时收回截角汇缴,以昭郑重"①。对此,业内人士评价较高,赞许此举为"革除多数制渐于单一制之先声,斯民国十八年来金融史上最重要之因革矣"②。

　　1935年春,财政部为限制省地方银行发行钞券,以整饬币政,特拟订《设立省银行或地方银行及领用或发行兑换券暂行办法》13条,经中央政治会议核定,于1935年3月由国民政府公布施行,规定省地方银行不得发行一元及一元以上兑换券;但为充裕省地方银行筹码,以便调剂农村金融,呈请财政部核准后,可发行一元以下各种辅币券③。这一办法的优点在于在管制省地方银行的钞券发行后,并不妨碍其业务的发展。

　　为从源头上控制银行滥发钞票,财政部进一步从控制纸币印刷入手,加强对兑换券印制及运送等相关环节的监管。财政部于1929年1月30日公布《兑换券印制及运送规则》8条,藉以限制各银行的发行,同时令饬撤销江苏银行发行权以为之倡,该规则除中央银行外,各银行均须遵守。该规则规定:银行因增发新券或改换旧券时,应详述理由,并开具兑换券式样、兑换券种类及数目、印制处所、定制日期及制成日期等各款,呈经财政部核准后,方得定制。依照前款规定核准定制之兑换券,如由外国进口时,应由银行开具核准定制兑换券之种类及数目,核准定制日期,运送兑换券之种类、数目,起卸地点,装载箱数,装载船名等各款,呈经财政部核准,发给进口专用护照后,方得进口。银行违反上述规定时,除将兑换券扣留销毁外,并撤销其发行权④。上项规则的颁布,目的是限制各银行随意增发纸币,条文中虽然没有"未发者不得发行,已发者不准增发"的字样,但立法用意,则在于视其用途,严加审核,以渐达管制发行的目的。1929年7月23日,财政部向国内各华商发行银行发布训令:"兹查各发行银行遵章定印者固属

① 财政部关于地方银行不得发行钞券呈(1929年1月25日),《中华民国史档案资料汇编》第五辑第一编"财政经济"(四),第568页。
② 戴铭礼:《论江苏银行发行权之取销》,《银行周报》13卷6号,1929年2月5日。
③ 设立省银行或地方银行及领用或发行兑换券暂行办法(1935年3月15日),《中华民国金融法规档案资料选编》(上),第396—397页。
④ 兑换券印制及运送规则(1929年1月30日),《中华民国金融法规档案资料选编》(上),第364—365页。

不少，而擅自印制者亦所难免，殊属玩视法令。自经此次通令之后，所有各该发行银行，不论在本国或外国定印钞票，均应遵照兑换券印刷及运送规则第二条规定，呈由本部核准后方准印刷。"①

与此同时，财政部还采取了多种行政措施，加强和取缔私发、滥发纸币的行为。1929 年 10 月，财政部针对中华市民银行私发铜元票之事，发布第 196 号布告称，"查各钱庄烟兑业等，资金既极微薄，名称又甚复杂；该中华市民银行，亦未经呈请核准注册，若任其私发铜元票，自由行使，贻害市面，实非浅鲜"；财政部强调，"本部有监督金融之责，亟应严行查禁，以维币政"。为此，财政部除函请江苏特派之交涉公署会同驻沪领袖领事，转行工部局，就地严禁外，并布告商民知悉，自布告之日起，不得再有发行，其业已发行者，统限于 10 日内一律自行收回销毁，以免查究②。1931 年 9 月，财政部再次发布通令，严禁钱商擅发纸币。财政部称，各省市银钱商号，往往私擅发行各种纸币，行使市面，希图渔利，迭经该部限期取缔，厉行违禁，"乃迄来仍有阳奉阴违之商店，假藉支票汇票之名目，发行与钞票类似等票券，似此朦混发行，危险实属堪虞；至于不法之徒，伪造纸币，或勾结外人，秘设机关，大批制造，其贻害社会更为巨大。并查历来市面发现伪钞，大半出自日人模仿而制印"，财政部为此咨令各省当地官厅，"严密查获，务期正本清源，以肃币规，而固金融"③。1934 年 6 月 28 日，财政部以钱字第 6258 号咨请各省市政府，"查明所属境内之各银行、钱庄、商号，有无私行印发兑换银元、铜元之纸币或类似纸币之票券；如有此项票币，一律限于文到三个月内兑现，收回销毁，嗣后不得再有发行"④。

1935 年上半年，上海美丰银行、明华银行相继停业后，财政部采取了两项措施：（1）派员监视发钞各行：为实行监督其发行额之数目，及其准备金之是否充实，决定陆续由部派监视员驻守各该行，以便随时稽核；除中国农民银行已派定贾存德为监视员外，又续派沈明港为四明银行监视员，"余如中南、浙江兴业、中国实业及地方银行之发行兑换券，均将陆续派员前往监视"。（2）令各银行造具上年下期营业报告⑤。

<hr>

① 财政部关于华商各银行定印钞票须经该部核准令稿（1929 年 7 月 23 日），《中华民国史档案资料汇编》第五辑第一编"财政经济"（四），第 575 页。
② "财部禁止私发铜圆票"，《银行周报》13 卷 40 号，1929 年 10 月 15 日。
③ "财部严禁钱商擅发纸币"，《银行周报》15 卷 36 号，1931 年 9 月 22 日。
④ 财政部关于切实取缔私铸银铜币及私发票币以肃币政的咨文（1934 年 6 月 28 日），《中华民国史档案资料汇编》第五辑第一编"财政经济"（四），第 274—275 页。
⑤ "财政部严密监督银行"，《银行周报》19 卷 21 号，1935 年 6 月 4 日。

对以军事行动为由滥发的钞票,究竟能否控制,以及控制的程度如何,似乎已经成为衡量政府监管力度的标准。1935 年 2 月 19 日,根据四川财政特派员关于四川驻军"有设厂造币及发行类似纸币之证券"等情况,蒋介石向巴县刘总司令、梓潼邓总指挥、潼川田总指挥、回龙场李总指挥、土门铺罗副总指挥、宣汉唐总指挥、雅安川康边防军刘总指挥等发出电令,规定今后四川各军不得自行印铸票币。电报称:"此固因饷糈拮据,思欲救济于一时,而影响金融,益致纷乱于其后",他强调,"查地方财政,关系国计民生,至为重要。该省各军师以往多有自由造币或发行钞票、券据情事,基本金既无一定之款,发行额亦无明确之限制,而一般奸商,又复因缘为利,操纵行情,以致流弊丛生,民商交困,影响之大,更什倍于匪祸。当此民穷财尽之秋,中央正力图设法整理,以兴复农村,维系国脉。所有自由印铸票币、券据办法,亟应立予纠正,俾免发生障碍";并要求"务希查照切实制止,并严令所属一体遵照为要"[1]。

增收银行兑换券发行税,则是国民政府为控制银行发行钞票采取的另一项重要举措。1931 年 8 月 1 日,国民政府颁布《银行兑换券发行税法》(1932 年 12月 29 日修正)[2]。

此前,财政部提交国民党中央政治会议的提案称,"查兑换券发行税东西各方创立已久。一方求币制政策之贯彻,一方谋国库收入之增加,用意至善。我国各银行在北京旧财政部时代,取特许发行权者,不下十有余家。自应参酌世界先例,审度国内现情,举办兑换券发行税";并认为其理由有以下 3 点:(1)各银行发行兑换券须得政府特许权,其获得利益之原因无非凭借公权之结果,在各银行既因国家权力享发行之利益,自不可不对于国家尽纳税之义务;(2)兑换券准备有现金准备、保证准备两部分,兹所拟课之税仅为保证准备部分,而于现金准备部分特从宽免,是按准备种类之性质而定税金征免之标准,"揆诸事理,洵属持平";(3)查征收手续贵乎简便,各银行兑换券发行之额本有册籍可考,兹定每年征收一次,"在征收机关既易钩稽,在纳税商民亦多便利"。[3]

《银行兑换券发行税法》的主要内容包括:凡经政府特许发行兑换券之银行应依照本法完纳兑换券发行税。银行发行兑换券应具十足准备,以六成为现金

---

① 蒋介石关于今后四川各军不得自行印铸票币电稿(1935 年 2 月 19 日),《中华民国史档案资料汇编》第五辑第一编"财政经济"(四),第 275—276 页。

② 国民政府关于转发银行兑换券发行税法令(1931 年 8 月 1 日),《中华民国金融法规档案资料选编》(上),第 371—373 页。

③ 国府文官处抄送财政部提议征收银行兑换券发行税有关文件函(1931 年 7 月 13 日),《中华民国史档案资料汇编》第五辑第一编"财政经济"(四),第 20—21 页。

准备,四成为保证准备。凡发行兑换券之银行应开具下列事项,请领发行税调查证:(1)银行名称及所在地;(2)兑换券之种类(如银元券、辅币券等);(3)准备金之种类及详细数目;(4)最近一年度发行总额。发行税率以保证准备额为标准,定为2.5%,其现金准备部分免征发行税。发行税每年征收一次,于每年度开始时征收之。财政部认为银行申报事项不确实时,得临时组织评议委员会评定之。评议委员会由财政部代表、银行公会代表及财政部指定之会计师组织之。银行如不遵守本法纳税时,财政部得撤销其特许发行权。同时还规定,领用兑换券部分应纳之税金,仍由发行银行负担。惟发行银行得向领用银行收回税金①。

《银行兑换券发行税法》颁行后,中国、交通、中南、四明、中国实业、中国通商、浙江兴业、中国垦业、中国农工等各发行银行于1931年9月11日,以上海银行公会名义共同向财政部提出,"经敝行等会同集议,金以发行税影响金融,各银行骤难负担"。但财政部未作正式答复。1932年,上海银行公会再次向财政部提出,"查各国发行征税制度,关于政府之收益者小,而关于通货之调剂者大,如照目前税率征收,窃恐金融益将紧缩,反失调剂之实效而促成外币之充斥";并认为2.5%的"税率负担实属过重,行力断不能胜",建议将前定税率准予减轻,至多不得逾保证准备数1.25%。财政部根据各银行1931年12月底所送损益报告,中国银行计纯益1 837 400余元,交通银行纯益787 500余元,而此次所征中国银行应缴税额计1 535 574元,交通银行应缴税额计622 690元。"以此相衡,全年纯益最大如中、交两行者已几尽充缴税之需,其他更可概见。是该银行等所称负担过重,力不能胜"。据此,财政部认为,应将发行税率减为1.25%,"庶于国库收益之中仍寓体恤商艰之意";但1932年度税款"仍按原定税率缴纳"②。1932年11月25日,财政部通饬实行《修正银行兑换券发行税法》③。

当然,最为严厉的动作是直接针对发行权的。1935年1月28日,财政部就取消北京政府财政部核准各银行发行权,向行政院提出:"查银行发行纸币关系社会金融至重且巨。在昔北京政府时代,银行或假借振兴实业及拓殖边疆等名义,或以中外合资关系呈准旧财政部取得发行权者,竟至数十家之多。中有组织并不健全,资本亦非雄厚,仅藉发钞为抵注,故其发行数额漫无限制,准备复甚空

① 国府文官处抄送财政部提议征收银行兑换券发行税有关文件函(1931年7月13日),《中华民国史档案资料汇编》第五辑第一编"财政经济"(四),第21—22页。
② 财政部为修订银行兑换券发行税法缮具清折呈(1932年9月15日),《中华民国史档案资料汇编》第五辑第一编"财政经济"(四),第22—23页。
③ 财政部通饬实行修正银行兑换券发行税法的训令(1932年11月25日),《中华民国史档案资料汇编》第五辑第一编"财政经济"(四),第26页。

虚,一遇顿挫,营业即行停歇,纸币亦立成废纸,贻害社会,实非浅鲜。本部惩前毖后,故对于新设银行从未准许发行。惟旧部核准发行之银行,现在业经停业从事清理者,计有华威银行等十余家。因本部不准新发行之故,颇有人欲利用此种特准发行原案,冀可避免批驳,坐袭该项权益。若不豫为之所,深恐覆辙相寻,无以整肃币政。且各该银行所发钞票,前既失信社会,嗣后如准其再发,极易引起金融风潮。此外尚有呈经旧财政部核准有发行权之行号,迄未开始发行者,亦有数家。现既事阅数年,久失时效,嗣后亦未便再准发行。"财政部同时提出建议:对业已停业清理各银行之发行权,以及经旧财政部核准迄未开始发行各行号之发行权,概予取消;"其已停业清理各行号,嗣后虽呈准复业,亦不得再有发行,藉以杜绝觊觎,维护金融"。此提案经行政院第197次会议通过,并于1月30日以行政院指令第299号令财政部遵照执行①。但由于货币制度未作根本性变革,发行权的监管依然困难重重。

　　1935年11月4日,法币政策宣布实施,规定中、中、交三行发行的钞票(后于1936年1月20日加入中国农民银行)定为法币,中、中、交三银行以外,曾经财政部核准发行之银行钞票,现在流通者,准其照常行使,其发行数额,即以截至11月3日流通之数额为限,不得增发,由财政部酌定限期,逐渐以中央银行钞票换回;并将流通额之法定准备金,连同已印未发之新钞,及已发收回之旧钞,悉数交由发行准备管理委员会保管;其核准印制之新钞,并俟印就时,一并照交保管②。财政部长孔祥熙还对中央银行未来独享货币发行权提出构想:"现为国有之中央银行,将来应行改组为中央准备银行,其主要资本应由各银行及公众供给,俾成为超然机关,而克以全力保持全国货币值稳定。中央准备银行应保管各银行之准备金,经理国库,并收存一切公共资金,且供给各银行之便利。中央准备银行并不经营普通商业银行之业务,惟于二年后享有发行专权。"③

　　为巩固法币信用起见,1935年11月3日,财政部公布的《发行准备管理委员会章程》规定,发行准备管理委员会遵照政府法令,保管法币准备金,并办理法币之发行、收换事宜;发行准备管理委员会,以下列委员组织之:(1)财政部派5人;(2)中央、中国、交通三银行代表各2人;(3)银行业同业公会代表2人;(4)钱业同业公会代表2人;(5)商会代表2人;(6)各发行银行由财政部部长指定代表

① 财政部关于取消北洋政府财政部核准各银行发行权呈(1935年1月28日),《中华民国史档案资料汇编》第五辑第一编"财政经济"(四),第35—36页。
② 财政部关于施行法币布告(1935年11月3日),《中华民国金融法规档案资料选编》(上),第401—403页。
③ 孔祥熙关于改革币制实施法币政策之宣言(1935年11月3日),《中华民国史档案资料汇编》第五辑第一编"财政经济"(四),第317页。

5 人。法币准备金由发行准备管理委员会指定中央、中国、交通三行之库房为准备库，其各地分存数目，由发行准备管理委员会决定，并陈报财政部备案；发行准备管理委员会每月应检查准备库一次，并将发行数额及准备种类、数额，分别公告，并陈报财政部备案①。12 月 23 日，财政部又公布了《发行准备管理委员会检查规则》，规定法币发行准备金应分别现金准备及保证准备两项检查之；法币发行须按发行数额十足准备，现金准备为 6 成，以金银或外汇充之；保证准备为 4 成，以国民政府发行或保证之有价证券及经财政部认为确实之其他资产，或短期确实商业票据充之②。

蒋介石专门致电各地，要求协助推行法币政策。他提出，法币政策事关整顿币制，活动金融，救济工商，安定人心，对于该项办法，亟应协助实行以期普及；惟当宣布之时，深恐一般人民不明真相，易滋误会，致令不肖分子乘机造谣，扰乱治安；他要求各地军警对于各地银行妥为保护③。11 月 4 日，财政部还以沪钱字 61 号致函中央银行，并令各银行公会、各钱业公会、各商会、中国银行、交通银行和财政部直辖各税收机关、各省财政特派员、财政厅等："惟念我国幅员辽阔，交通又多不便，中中交三行钞票及其他银行钞票，未必各地方均有流通，为谋各地人民之便利，又能切实奉行布告规定办法起见，特函令中中交三行及各银钱行号，迅将法币输送各地，使之均足敷用；其一时无法兑换法币各地方，姑准暂时保持市面原有习惯，迅由各公会、各税收机关将银币、生银等银类，运赴有法币各地方兑换法币，以免人民日常使用稍感不便。中中交三行及各该银钱公会、商会，更须就地方实在情形，妥筹便利人民及切实奉行法令办法"。④

新货币制度施行之初，各地遵行情形总体比较顺利。三行以外在沪各发行银行之法定准备金，及已印未发、已发收回新旧各券，由发行准备管理委员会一律接收，各省政府设立之省市银行，或用其他银行名义而有省市银行性质者，其所发各种钞券，亦已停止发行，并已将已印未发、已发收回新旧各券先行封存，连同当时流通券额、所有之准备数目，查明呈报财政部。此外，冀、陕、晋、甘、湘、鄂等省银行，河南农工及杭州浙江地方、天津大中商业、汉口中国农民、北平北洋保

---

① 财政部公布之发行准备管理委员会章程(1935 年 11 月 3 日)，《中华民国史档案资料汇编》第五辑第一编"财政经济"(四)，第 317—318 页。

② 财政部公布发行准备管理委员会检查规则令(1935 年 12 月 23 日)，《中华民国史档案资料汇编》第五辑第一编"财政经济"(四)，第 366—377 页。

③ 蒋介石要求各地协助推行法币政策电(1935 年 11 月 3 日)，《中华民国史档案资料汇编》第五辑第一编"财政经济"(四)，第 318 页。

④ "部定各地换币办法"，《银行周报》19 卷 44 号，1935 年 11 月 12 日。

商各银行所发流通市面钞券之准备,连同已印未发、已发收回新旧各券,已先由当地三行会同或单独接收完竣①。武汉自11月4日起,市面尚属安定,各商业银行如盐业、四明、大陆、农工、国货、农商、商业、美丰、金城、上海、实业、中南、通商、农民、大孚、大中、边业、聚兴诚、浙江兴业、浙江实业各银行及湖北省银行,均遵令将库存现银及11月3日止发出钞票数目详细填报。外商如美国花旗银行、英国汇丰银行,亦皆以法币收付②。

12月14日,行政院还专门发布训令:"查此次整理币制,停用现银,纯为集中准备、安定金融起见,所有中央、中国、交通三银行发行之法币,均有充实准备,并于全国各大埠分设发行准备保管委员会,各地银钱业公会及商会等亦均有代表参加,其于准备金之保管及法币之发行收换各事宜,监督严密,信用巩固,与所谓膨胀通货,性质迥不相侔,全国上下亟应切实奉行,冀以促进社会金融之安定,而谋国家经济之复兴,慎勿轻信谰言,妄生疑虑。"③

1936年春,财政部以中国农民银行之分支行处,在多数省市均已设立,为便利起见,特令该行接收各省地方银行之发行,并由部规定接收办法,俾各行有所遵循,其四项办法如下:(1)各省省银行除河南农工银行、湖北省银行、浙江地方银行、湖南省银行、陕西省银行之发行部分业由中、中、交三行接收外,其余各省省银行或类似省银行之发行部分,应统由中国农民银行接收。(2)现尚未设立中国农民银行省份,应即陆续筹备设立。(3)中国农民银行接收一行毕,应即将接收情形报告财政部及发行准备管理委员会查核。(4)中国农民银行接收各省银行发行部分,如有困难,得随时呈请财政部核办④。

此后,财政部为限制地方银行印制辅币券,于1936年10月16日公布《省银行或地方银行印制辅币券暂行规则》6条,规定:(1)省银行或地方银行印制辅币券时,应先详述理由,并开具辅币券式样、种类及数目、定制日期及制成日期等各款,呈请财政部核准后,方得定制;(2)省银行或地方银行印制辅币券,由财政部代印;(3)省银行或地方银行印制辅币券时,应于印成后交存省银行或地方银行所在地之中央银行保管,于需用时分批请领,其请领辅币券若干,同时即依法缴准备金于中央银行。同时规定,如有违反,除将辅币券扣留销毁外,并得撤销其

---

① "接收各行钞券准备金办法",《银行周报》19卷48号,1935年12月10日。

② "武汉市面情形",《银行周报》19卷44号,1935年11月12日。

③ 行政院官员实施法币停用现银统一发行办法训令(1935年12月14日),《中华民国史档案资料汇编》第五辑第一编"财政经济"(四),第364页。

④ 财政部公布之中国农民银行接收各省省银行发行部分办法(1936年2月10日),《中华民国金融法规档案资料选编》(上),第419页。

发行权①。

　　广东之毫券与广西之桂币，亦于 1937 年 7 月与 11 月先后由财政部派员整理。1937 年 7 月 6 日订《粤省毫券折合国币比率并实施办法》4 条②、1937 年 11 月订《整理桂币整理办法》6 条③，规定各该券与法币比率，准其照旧行使，其发行准备悉数移存发行准备管理委员会广州分会与广西分会负责保管。

第四节　战时管制与发行权的最终统一

　　由于一般商业银行已经取销了货币发行权，管制省地方银行的发行上升成为监管的重点。抗战爆发后，各省地方银行为发展农村经济及抢购战区物资，纷纷呈请财政部增发一元券及辅币券，以资应用。在美英未封存中国资金以前，政府为抵制敌伪经济侵略，防止其利用敌伪钞券吸收法币，套取外汇，亦在沦陷区推行省钞，以代法币之行使。财政部于 1939 年第二次地方金融会议时议定：战区省地方银行有发行一元券或辅币券之必要者，得拟具运用计划暨发行数目，呈请财政部核准发行，以应战地需要，其行使范围仅限于战区，不得在后方行用；印刷则由中央信托局统一办理。此后，又于 1940 年 5 月 11 日公布施行《管理各省省银行或地方银行发行一元券及辅币券办法》15 条，对于发行准备之成数保管，以及钞券之印刷保管，均有详密规定。其第 8 条"应缴发行准备"，原定为现金准备 6 成、保证准备 4 成，后财政部于 1940 年 11 月 15 日将该条修正，改为现金准备 4 成、保证准备 6 成④。

　　而最为关键的则是将发行权集中到中央银行。

　　1942 年初，通货膨胀已到了十分危险的程度，享有发行权的四行除根据政府的财政需要，按照规定份额印发钞券外，又建立暗账，私擅滥印，使通货膨胀更有不可收拾的趋势⑤。3 月 23 日，蒋介石下达手令："以后对于中中交农四行应加强统制，并特别注意下列各点：（一）四行人员之考核备用与统制；（二）限制四

---

① 财政部公布之省银行或地方银行印制辅币券暂行规则（1936 年 10 月 16 日），《中华民国金融法规档案资料选编》（上），第 420 页。

② 财政部规定粤省毫券合国币比率并实施办法（1937 年 7 月 6 日），《中华民国金融法规档案资料选编》（上），第 422 页。

③ 整理桂钞办法（1937 年 11 月 2 日），《中华民国金融法规档案资料选编》（上），第 424 页。

④ 管理各省省银行或地方银行发行一元券及辅币券办法（1940 年 5 月 11 日），《中华民国金融法规档案资料选编》（上），第 441—443 页。

⑤ 黄立人：《四联总处的产生、发展和衰亡》，《四联总处史料》上册，第 16 页。

行发行钞券,改由中央统一发行;(三)统一四行外汇之管理;(四)规定四行之业务;(五)重新检讨并审核四行之预算;(六)稽核四行国外之存款与国内之放款,并饬其按月呈报;(七)四行人事薪给奖惩以及预算与各种业务皆预编订法规与细则,俾各银行皆能一律遵行,此为最急之要,务须限期完成为要。此外对于各省省银行以及商业银行等,对其存款放款以及业务等,亦应切实统制,希即照此详加研究,并以具体方案呈核为要。"①

5月28日,蒋介石主持四联总处临时理事会通过了《统一发行办法》,该办法规定,自该年7月1日起,所有法币之发行,统由中央银行集中办理;中、交、农三行在本年6月30日以前所发行之法币,仍由各该行自行负责,应造具发行数额详表,送四联总处、财政部及中央银行备查;订印未交及已交未发之新券,应全部移交中央银行集中库保管;三行应付存款需要资金,得按实际情形提供担保,商请中央银行充分接济,并报财政部备查。同时规定,中、交、农三行1942年6月30日以前所发钞券之准备,由各行缴中央银行接收(其详细办法另定之);各省地方银行之发行,由财政部规定办法限期结束②。6月21日,财政部核定施行《统一发行施行办法》,其要点包括:(1)中、交、农三行已发之各种钞券仍照旧流通,未发及订印未交钞券等均由中央银行接收。(2)中、交、农三行在1942年6月30日以前之发行准备金,应于7月底全部移交中央银行接收,中、交、农三行移交之准备金,除以交存于中央银行之白银抵充外,其余均应尽先以国库垫款拨充;所有三行已发行法币40%保证准备之收益,仍归三行各自享受,以3年为限。(3)中、交、农三行因办理四联总处核定之贷款,或本行业务贷款及支付存款需要资金,可向中央银行申请接济之,方式包括重贴现、同业拆放、国库垫款户划拨、以四联总处核定贷款转作抵押等③。值得注意的是,《统一发行办法》对中、中、交三行以前发钞准备之缴交,所加注之"其详细办法另定之",实际上反映了对这一问题曾经存在一定争议。

此前,6月15日,财政部渝钱币字第29988号训令中国、交通、中国农民银行,检发《统一发行办法》,要求遵照办理④。6月16日,财政部再次以渝钱币字

① 蒋介石手令机秘甲第6221号(1942年3月23日),二档:三(1)3359。
② 统一发行办法(1942年7月1日),《中华民国史档案资料汇编》第五辑第二编"财政经济"(三),第22页。
③ 财政部颁布之统一发行实施办法(1942年6月21日),《中华民国史档案资料汇编》第五辑第二编"财政经济"(三),第19—21页。
④ 财政部训令渝钱币字第29988号(1942年6月15日),《中华民国史档案资料汇编》第五辑第二编"财政经济"(三),第54页。

30024 号训令中、交、农三行：所有中国、交通、中国农民三银行，应行移交中央银行之发行准备金，除已交存于中央银行之白银一应充作外，其余应尽先以全部国库垫款充之①。

6 月 16 日，宋汉章、贝祖诒、钱永铭、赵棣华、周佩箴、浦拯东、朱闰生等，联名代表中、交、农三行向行政院提出："窃三行业务，简言之，不外存放。而放款资金之来源，除发行与有限股本外，全系取给于存款。抗战以来，三行对于政府之垫款，俱超过发行之数字。换言之，即一切放款与垫款之一部，具系移用存款而来。今若以政府垫款抵交发行准备，表面上似尚有余，而实际则放款未能立即收回，存款势将无以应付。"宋汉章等还提出，"在中、交且远有北京政府之拖欠与各地军阀之挪借。抗战以后，各地分支行处之损失，更非俟战事结束，无从清算。若于此未曾设法弥补与布置齐备以前，即令将所缺之准备立即补齐移交，则所缺者全补，应收者难收，而应付者势将无自照付。抑三行历年以来奉行国策，广设机构吸引游资，高利揽存，低息摊放，适应于战时政策者，未必尽合乎业务之条件。益以交通梗阻，钞运繁费，物价高涨，开支激增等等，调整裁节，要亦需时，而遵奉新命，循由专责，各图发展，以建立各自之新的基础，似亦有待于逐步之实施。"他们还特别强调："查浙兴等八行发行权之取消，除当时或陆续照缴现金准备外，其保证准备之利益，迄尚照旧支给，具仰我政府明察实际，慎重将事，宽予维持之至意。今三行之发行历史既久，为数又巨，而其存款之关系，又普及于全国工商各界与人民，此后发行既已统一，垫款随而停止，国库自亦不需再令代理，则不独此后之存款难期增加，即以前之往来，亦必大量转而减少，头寸之补给，应付之方策，稍一不慎，颠蹶堪虞，影响所及，关系尤巨。"为此，三行要求"俯察三行实际之困难，以及实施时可能之影响"，将办法第 4 条改定为中国、交通、中国农民三行发行之现金与保证准备，自 1942 年 7 月 1 日起，分 5 年，每届年底，平均摊交 1/5；"现金准备金，尽财政部垫款暨其他政府借款抵交，保证准备尽原保证准备之证品及公债库券等抵交"②。

其间，对省地方银行的发行业务也作了相应变更，所有以前由发行准备管理委员会分别指定中国银行办理之浙江地方银行、安徽地方银行、西康省银行等三行钞票及准备金保管事项，交通银行办理之江苏农民银行、湖北省银行、四川省

---

① 财政部训令渝钱币字第 30024 号(1942 年 6 月 16 日)，《中华民国史档案资料汇编》第五辑第二编"财政经济"(三)，第 54 页。
② 宋汉章等签呈(1942 年 6 月 16 日)，《中华民国史档案资料汇编》第五辑第二编"财政经济"(三)，第 55页。

银行等三行钞票及准备金保管事项,中国农民银行办理之江西裕民银行、河北省银行、宁夏银行等三银行钞票及准备金保管事项,一律改由中央银行接收办理。同时,鉴于当时流通之省钞,俱系小额币券,调剂市面,仍属需要。为兼顾起见,财政部特规定《中央银行接收省钞办法》4 项如下:(1)各省省银行或地方银行,应将截至 1942 年 6 月 30 日止所有钞票数目,分为呈准印制券、定印券、定印未收券、呈准发行券、发行流通券、已发收回券、销毁券、库存未发券等项,分别券类,列表呈报财政部并分报中央银行查核。(2)各省省银行或地方银行发行钞券之准备金,及前已交存之钞券,自 1942 年 7 月 1 日起,集中中央银行保管,其无中央银行分行地方,得由中央银行委托当地中国、交通、农民三银行中之一行代为保管,其在印制中之新券,并应于印成后照交保管。(3)前项送交保管之钞券,如因供应需要,得由各该省地方拟具运用计划及数目,呈经财政部核准,照缴准备,向中央银行领回发行。(4)各省省银行或地方银行在 1942 年 7 月 1 日以前,呈准发行钞票数额,尚未照额领发者,准予照录呈准原案,备具准备,径向中央银行领取发行,并分别报告财政部查核①。

此后,对于中、交、农三行应照《统一发行办法》缴交准备一事,财政部、中央银行与中国银行、交通银行、中国农民银行之间几经交涉,最终于 7 月中旬由财政部与四行洽商三项原则如下:(1)现金准备内白银部分,应照原价计算;(2)现金准备内以垫款拨充一节,先由财政部将中、交、农三行垫款通知中央行照额拨还三行,三行即以收回垫款缴交现金准备;(3)保证准备 4 成,可以财政部所还垫款及各行现款向财政部结购公债抵充。上述办法于 9 月 27 日由财政部分函四行照办,"统一发行问题,乃告全部解决"②。

---

① 中央银行接收省钞办法(1942 年 7 月 14 日),《中华民国金融法规档案资料选编》(上),第 458 页。
② 关于统一发行的经过(时间不详),《四联总处史料》中册,第 50 页。

第八章 银行监管的方式：
基本模式及演进

　　合理选择和正确运用监管方式，是银行监管机关实施有效监管、实现银行监管目标的重要途径，也是使银行监管法规成为银行机构确立谨慎经营行为准则的重要保证。从不同的角度、按照不同的标准，银行监管方式可作不同分类：按监管主体的不同，可分为监管机关对银行机构进行的外部监管、银行机构的自身监管和社会监督；按监管内容，可分为合规性监管和风险性监管；按监管实施的地点，可分为现场检查和非现场检查等①。本章根据近代中国银行业监管的实际状况，着重研究了银行的非现场监管、现场检查、授权中央银行检查以及信息的公开披露制度等，并对银行监理官制度演变进行了梳理。

第一节　银行的非现场监管

　　1908 年清政府颁布的《银行通行则例》对非现场监管的规定为："凡银行每半年须详造该行所有财产目录及出入对照表，呈送度支部查核"；银行如有不遵守规定报告，"或虽受检查而有隐匿，或虽经报告布告而其中有含混等弊，一经查出，由度支部酌量情节轻重，科以至少五两多至千两之罚款"②。

　　但这些规定实际上过于笼统，而且操作性较差，当时就受到不少人的质疑：其一，很难衡量银行提供报表与事实是否相符。凡银行每半年需详造该行所有财产目录及出入对照表，呈送度支部查核，"此两项系为最重要之营业报告，政府据此得以知其营业之概要，但此项报告，难求其与事实相符，故据此报告以达其

---

① 《金融监管法论——以银行法为中心》，第 253—254 页。
② 清度支部银行通行则例(1908 年)，《中华民国金融法规档案资料选编》(上)，第 145—148 页。

监督之目的,殊为困难也"①。其二,很难真正约束银行遵守规定。"今日银行之创立,因其发起人均有极盛之声势,于是顺从而核准之,关于应行监督取缔之事项,未曾加以丝毫之审察也。又,各银行之营业报告,其并不报部者有之,即使银行遵守法律按期报部,而部中人亦鲜加以披阅,由此可知财政部不能尽其监督取缔之职权,固无容讳言也。"②其三,对经费等事项缺乏保证。"吾人观于日美等国财政部之预算,其经常岁出列有银行取缔费之专款。为严重监督计,自必需相当之费用,方能便于设施,此吾国所应仿行者也。"③

1924年北京政府起草但未正式公布施行的《银行通行法》,对银行的非现场监管方式规定为:"银行每一年或半年须结帐一次,造具营业报告书、资产负债表及损益表";"前条所定各种书表,应于每营业年度总结算后一个月内,由银行呈报地方长官,转送财政部查核";"银行每营业年度内,遇有出资人或职员姓名变更,应另造出资人或职员清册,于每届呈送前项所列书表时,一并附送财政部查核"④。

南京国民政府成立之初,就相当重视对银行的监管,而非现场监管又是其中一个重要方面。但作为监管机关的财政部,在这方面的权威性起初是受到挑战的。1927年11月11日,财政部金融监理局向上海中国银行发出指令,自该年11月15日起,上海中国银行应将管辖内各分支行号、兑换券发行数目、准备情况以及营业日计表,每逢星期六分别编制各一份呈报金融监理局,以凭考核⑤。同日,金融监理局向上海交通银行发出了内容基本相同的指令⑥。但上述指令显然没有得到很好的回应。于是,1927年12月1日,金融监理局再次向中国银行发出指令,称:"本局前依据该行现行则例及监理官条例,着该行呈报各种表册,以便审核,业经令行在案。该行至今尚未奉行,殊属不合。查该行居国家银行地位,操代理国库、发行纸币特权,与市面金融及国家财政均有重大关系。惟该行自开办迄今究竟业务如何、发行纸币若干、对于金融有无调剂能力,既未据明确报告,而从前设置之监理官又复因循敷衍,以致民国光复至今,未经一度检查,殊失政府整肃金融之本旨。现政府革故鼎新,与民更始,一方面对于国家特

① 沧水:《银行之监督》,《银行周报》4卷27号,1920年7月27日。
② 徐沧水:《论银行恐慌之应预防》,《银行周报》6卷8号,1922年3月7日。
③ 同上。
④ "签注意见中之银行通行法及施行细则",《银行周报》8卷16号,1924年4月29日。
⑤ 金融监理局令上海中国银行按期呈报该行营业状况及各种表册(1927年11月11日),《中华民国史档案资料汇编》第五辑第一编"财政经济"(四),第384页。
⑥ 金融监理局要求交通银行将各项营业状况定期呈报的训令(1927年11月11日),《中华民国史档案资料汇编》第五辑第一编"财政经济"(四),第384—385页。

许之银行及其发行纸币之信用固应维持，一方面对于国家金融尤须爱护。本局职司监理金融，对该行一切设施均有监督管理、导以正轨之必要。该行既为政府特许之银行，因而取得特殊地位，自当仰体政府爱护之至意，稍知大体，服从政府命令，以期无负政府之重托。本局前令该行按期呈报表册一案，意存合作，事在必行，合再令仰该行至此次通令后，应即遵照前令办理，如有特殊困难情形，亦应据实呈报，勿再玩延，自侪于法律之外也。"①同日，金融监理局也向上海交通银行发出了内容基本相同的指令②。

此后，国民政府通过相关法令，将非现场监管有关规定作了进一步明确。1931年国民政府公布的《银行法》，对非现场监管规定为：每营业年度终，银行应造具营业报告书，呈报财政部查核，并依财政部所定表式，造具资产负债表和损益计算书等表册公告之；如系有限责任组织之银行，并应填具公积金及股息、红利公派之议案等表册，登载总分行所在地报纸公告之；"银行公布认足资本之总数时，应同时公布实收资本之总数"；"财政部得随时命令银行报告营业情形及提出文书帐簿"。银行之重要职员"于营业报告中作不实之记载，或为虚伪之公告，以其它方法欺蒙官署及公众"，以及"于检查时隐蔽文书、帐簿或为不实之陈述，或以其它方法妨碍检查"，处以1年以下之徒刑并千元以下之罚金③。1934年《储蓄银行法》规定："储蓄银行之借贷对照表及其财产目录，至少须于每三个月公告一次，并呈报财政部或呈由所在地主管官署转呈财政部备案；前项公告方法，应于储蓄银行章程内订定之"；违者处以100元以上3 000元以下之罚金，财政部并得令其停止营业④。

在此前后，财政部还就非现场监管事宜，数次向银行作出专门要求。1931年4月7日，财政部通令全国各银行，限文到10日内将应制具营业报告书、资产负债表暨损益表等件，呈部查核⑤。1935年初，财政部进一步强调，银行为全国金融枢纽，其发展程度与社会息息相关。无论银行之发行钞票与否，其对于存款担保，均有一定之数目，按月由会计司检查列表具报；"近有少数银行因库存不丰，而以挪借敷衍检查者，其弊甚大"。为此，财政部提出，"除由会计司检查具报

① 金融监理局关于中国银行必须按期呈报表册勿再玩延令（1927年12月1日），《中华民国史档案资料汇编》第五辑第一编"财政经济"（四），第388页。

② 金融监理局令上海交通银行按期呈报各项业务表册勿再玩延（1927年12月1日），《中华民国史档案资料汇编》第五辑第一编"财政经济"（四），第389页。

③ 财政部关于转发银行法令（1931年4月24日），《中华民国金融法规档案资料选编》（上），第576—579页。

④ 国民政府颁布之储蓄银行法（1934年7月4日），《中华民国金融法规档案资料选编》（上），第582页。

⑤ "财部令银行造具报告"，《银行周报》15卷13号，1931年4月14日。

外,财部如认为怀疑时,得随时检查,以杜朦报"①。

即使在抗战期间,财政部仍然相当重视此项工作。1939年1月,为调查1938年上海金融概况,财政部电令上海各银行,将各行一年来营业详情暨盈亏总账,一概摘要制成报告,限于该年1月底以前呈复核办②。1939年底,财政部电令各地银钱两业同业公会,详查抗战期间各银行钱庄所受损失③。而财政部于1940年8月7日公布的《非常时期管理银行暂行办法》进一步规定:银行每旬应造具存款、放款、汇款报告表,呈送财政部查核;违者处3 000元以上1万元以下之罚金④。该办法公布后,财政部随即制定各种有关报表,令各银钱业遵照,按期填送,逐案审核批办;并随时督促各行庄,务须恪遵政令,依照管理办法规定各款办理,不得延误⑤。

到抗战后期,非现场监管比以前更为严厉,也更为具体。这期间,在政府的直接主持下,银行界完成了对银行会计科目的统一。无论是对现场检查或非现场监管,这都是一项重要的基础性工作。根据国民党八中全会决议,1941年5月,行政院要求四联总处拟订加强业务监督实施计划,而拟订银行业标准会计制度则是其中一项重要内容。据此,四联总处召集各行局主管会计人员举行小组会议商决:本案应先从统一各银行会计科目名称及内容入手,并由四联总处及各行局各派代表1人,组织划一银行会计科目设计委员会,办理收集材料及研究设计工作,俟拟定具体办法后,再行审查。1941年12月11日,四联总处第106次理事会通过了这一提议,成立银行会计科目设计委员会⑥。随后,该委员会举行会议,决定工作方法如下:(1)拟订划一会计科目,暂以银行部、储蓄部、信托部所用者为限;(2)划一会计科目,应以四行两局、各省地方银行及商业银行一致适用为原则;(3)拟订会计科目名称及内容,应以四行两局、银行学会、上海银行公会、上海商业储蓄银行、新华储蓄银行及主计处原订者为主要参考资料;(4)嗣后每星期举行会议一次,按银行会计科目排列次序逐目审订⑦。1941年6月4日,四联总处第128次理事会议通过了关于一般银行会计科目名词的决议,送请

---

① "财部厉行监督全国银行",《银行周报》19卷8号,1935年3月5日。

② "财部查核银行营业概况",《银行周报》23卷2号,1939年1月17日。

③ "部令查报银钱业战时损失",《银行周报》23卷50号,1939年12月19日。

④ 非常时期管理银行暂行办法(1940年8月7日),《中华民国金融法规档案资料选编》(上),第641—643页。

⑤《中国战时金融管制》,第307页。

⑥ 四联总处第106次理事会议日程(1941年12月11日),《四联总处史料》下册,第391页。

⑦ 四联总处第128次理事会议记录(1942年6月4日),《四联总处史料》下册,第432页。

财政部查核①。统一会计科目于 1942 年底由财政部通饬实施②。

　　依照《修正非常时期管理银行暂行办法》，为加强管理银行、钱庄，便于查核起见，1942 年 5 月 12 日，财政部以渝钱稽字第 29098 号训令颁发旬报表式四种，即普通存款暨准备金旬报表、普通放款旬报表、汇出汇款旬报表、汇入汇款旬报表等，通饬各银钱行庄遵照，依式按旬分别填报③。对上述四种旬报填送手续，财政部于 1943 年 4 月 9 日以渝钱稽字第 38553 号训令再次进行了强调。但从实际执行情况看，效果不甚理想，"各行所填送报表疏略不合之处颇多"。万县区银行监理官办公处专门于 1943 年 5 月 15 日发出训令，就普通放款旬报表补充填表说明如下：(1)信用及抵押透支，系属放款性质，为便审核起见，应一并列入普通放款旬报表内，并分别注明信用透支及抵押透支字样；(2)贴现为信用放款方式之一，亦应列入普通放款旬报表内，俾便查核；但如经财政部指定为实施《票据承兑贴现办法》之区域，另有"票据承兑贴现旬报表"呈处者，可免填列；(3)普通放款旬报表填写次序应为信用放款、信用透支、贴现、抵押放款、抵押透支，每项之下并应加结总数；(4)贴现票据出票人之名称、行业、地址，应填入普通放款旬报表，信用放款，保证商号栏中各适当项目内，其经营承兑者，并应予备注栏内注明经某某承兑字样；(5)关于透支及贴现厂商之户名、负责人姓名、行业、住址、金额、利率或贴现率、起始日期、期限，以及是否展期各项情形，概可照放款办法办理，即分别填入普通放款旬报表各相当栏内④。

　　1943 年 9 月 15 日，财政部钱币司就加强银行非现场监管工作，专门向各监理官办公处作出指示：(1)各监理官办公处收到该区各该银行营业报告及决算书表，应即签注意见呈部核办；(2)各办公处应编制之存款暨准备金数额报告表、各项放款数额报告表、管辖区内各城市汇款报告表、沦陷区内各重要城市汇款报告表、辖区各地每月利息变动情形报告表，应请按月编送呈部⑤。

　　尽管财政部对各地银钱行庄各项报表呈送提出了相应要求，但报表质量并不十分理想，"考核以往各行庄所送定期表报，仍有一部分行庄，对于应送报表种数欠明瞭之处，或有不懂填法，或有某表送呈，某表则漏送，率多参差不齐"⑥。财政部成都区银行监理官缪钟彝明确提出，"以往各行庄所送表报，其存放汇等

①　四联总处 1941 年度工作报告，《四联总处史料》下册，第 392 页。
②　黄立人：《四联总处的产生、发展和衰亡》，《四联总处史料》上册，第 36 页。
③　财政部桂林区银行监理官办公处训令监字第 23 号(1943 年 3 月 16 日)，渝档：030411120。
④　财政部万县区银行监理官办公处训令(1943 年 5 月 15 日)，渝档：031012347。
⑤　财政部钱币司渝钱稽字第 1943 号代电(1943 年 9 月 15 日)，川档：民 74664。
⑥　财政部成都区银行监理官办公处第六次业务检讨会记录(1944 年 10 月 23 日)，川档：民 74115。

业务,凡在本处审核有不合规定者,虽已随时批令限期申复,或饬再列表报核,其已遵办者固多,如当有未曾遵办申复者颇值得注意,若本处仅做到令其申复之一步,而未申复不予注意,则等于行路才行了一半,尚未到达目的地"[1]。然而,"各行庄对呈送业务报告表方面,还是有很多参差遗漏,或有数家,虽屡经催促,竟仍不遵照填送,甚至有仅送空白表者;又,关于存准金表,照规定本应送由承办行核转,但有很多行庄,仍是径送本处;其余尚有承兑贴现、放款汇款等等手续,至今还是有许多行庄手续办得不完善,此外又如各行庄拖延调整准备金等,本处对以上不合规定之种种问题,虽将随时予以纠正督促,甚至申斥警告,但好像总是无甚效验"。其中原因,不外有以下数点:(1)物价波动甚烈,金融经济情形较前迥异,一般银行从业人员对于管制法令因感困难,辄多阳奉阴违;(2)有一部分行庄无视法令,故意为之;(3)有一部分行庄对管制法令尚欠明了,致有许多手续尚未能做到适合规定;"综上所述事实情形,若任其因循规避,则本处以往费了很多人力、物力与时间所做的一切督导等工作,即等于白做了"[2]。

需要指出的是,财政部对非现场监管工作更加重视,其审核意见也更为具体。如,1945年5月9日,财政部向金城银行发出渝钱庚三字第4898号训令,对该行重庆分行当年3月份各项报表的审核结果提出四项意见:(1)存出保证金达1亿以上,内容、性质如何,应即详复候核;(2)承兑贴现达1.5亿元以上,"以前本部会同国家总动员会议派员查得该分行办理此项业务所有票据,均未附合法交易行为证件,经令转饬纠正在案",但此次仍未办妥,"殊属不合,应予申斥,嗣后并应恪遵规定办理";(3)活存透支、活存质押透支两科目内,皆有超过透约限额情事,尤以大成公司、金川公司超出2 000万元以上为最巨,显属不合;(4)贴现科目内联华公司等12户早已过期,仍未收回清结,应即催收清账。"嗣后贴现票据到期,应即向承兑人收款,不得久悬不结。其承兑人不履行承兑义务者,应即详实报部,以凭依法核办。"[3]

抗战胜利前后,对银行业的非现场监管工作进一步加强。1945年6月,财政部发布财钱庚五字第5816号训令,规定商业银钱行庄应按月编制月计表、各旬及每月末日日计表,暨全行放款月报表,送呈财政部钱币司查核。1946年1月2日,财政部再次发出京钱庚三字第55号训令,规定收复区各地商业银钱行庄除停业清理者外,一律自1946年1月起,依照上项规定,分别按旬按月造具日

---

① 财政部成都区银行监理官办公处第七次业务检讨会记录(1944年12月7日),川档:民74115。
② 财政部成都区银行监理官办公处第八次业务检讨会记录(1944年12月21日),川档:民74115。
③ 财政部训令渝钱庚三字第4898号(1945年5月9日),《金城银行史料》,第712页。

计表、月计表暨放款月报表，随时径送南京财政部钱币司，以凭查核①。

1947 年 9 月，国民政府公布施行的新《银行法》，对非现场监管的规定包括："银行每届营业年度终了，应将营业报告书、资产负债表、财产目录、损益表、盈余分配之决议或议案，于股东同意或股东会承认后 15 日内，呈报中央主管官署查核"；违反前项所定呈报期限，得科银行各负责人 5 000 元以下罚金；"其呈报表册有故意为不实之记载者"，得科银行各负责人 1 年以下有期徒刑、拘役或 2 万元以下罚金，其情节重大者，并得撤销其营业执照。同时，对储蓄银行作了特别规定："储蓄银行之资产负债表及财产目录，每半年应公告一次，并将公告呈报中央主管官署备案；前项公告有故意为不实之记载者，得科银行各负责人 1 年以下有期徒刑、拘役或 2 万元以下罚金，其情节重大者，并得撤销其营业执照。"这些规定对于银行的储蓄部分也同样适用②。

为配合新《银行法》的颁行，财政部还发布了一些具体规定。1947 年 10 月 18 日，财政部钱庚字第 36808 号代电称："兹为简化行庄填送表报起见，特将原规定之每月上中旬报及月终日各项放款科目分户余额表等，均予废止。自本年十月份起，每月仅须呈送月终日之月计表及放款对象分类表各一种。惟放款对象分类表，按照新《银行法》规定之种类，应增列'公用交通事业'一项，仍由各会计独立单位（总行庄、分支行庄或办事处等）遵照前订限期，于每月五日前填送，以航空快递径寄本部钱币司。"③随后，财政部又先后训令各省县市银行、商业银行、银号及钱庄的总分支机构，按照统一式样，分别填报 1945 年度及 1946 年度 12 月底普通存款及放款余额表，并限于文到 1 个月内办就，径寄财政部钱币司，以凭汇核统计；并强调，"事关要政，毋得稍有疏忽羁延"④。

第二节　银行的现场检查

1908 年清政府颁布的《银行通行则例》对银行现场检查的规定如下："如有特别事故，应由度支部派员前往检查各项簿册、凭单、现款，并其经营生意之实在

---

① "财政部关于抄送报表令"，《银行周报》30 卷 9、10 号合刊，1946 年 3 月 1 日。

② 国民政府公布银行法令稿(1947 年 9 月 1 日)，《中华民国金融法规档案资料选编》(上)，第 740—757 页。

③ "废止旬报及放款余额表须呈送月计表及放款对象分类表"，《银行周报》31 卷 47 号，1947 年 11 月 24 日。

④ "上海市银行业同业公会通函通字第 268 号"，《银行周报》31 卷 47 号，1947 年 11 月 24 日。

情形";同时禁止政府官员对银行正当营业的干预,"此外各项贸易事业,公家概不干预,如官有藉端需索等情,准该行呈禀度支部查明,从严参办";对于不遵守此项规定者,"或虽受检查而有隐匿,或虽经报告、布告而其中有含混等弊,一经查出,由度支部酌量情节轻重,科以至少五两多至千两之罚款"①。

1916年12月12日,北京政府财政部以部令第135号公布了《银行稽查章程》,分为总则、稽查方法、稽查责任及罚则等4章,共18条。其主要内容如下:

关于银行稽查的范围、来源及种类等。财政部为综核全国银行起见,特设银行稽查,办理各处官立、私立各银行事宜;凡官钱局及商办银钱庄号,均包括在内。银行稽查由财政部派员专任,或派主管司员兼任之,如需委托各银行监理官或其他职员办理时,得由部令派为银行稽查。银行现场稽查分定期稽查和临时稽查两种。定期稽查由财政部每年2月和8月分别派员前往办理;各银行有特别规定稽查时期者,除按照上列定期外,仍得照章办理。有下列事项,经财政部认为必须稽查时,派员前往稽查,属于临时稽查:(1)照例应报财政部各项表册,延期不报或所记帐项、数目屡次舛误及一切帐项之有疑问者;(2)经财政部访闻所得或被人指控者;(3)该各银行董事会、官立银行之主管机关为表示信用起见,请财政部派查者;(4)遇发生特别事故时,与各银行有关系者。

关于银行稽查的手续、权限及报告路径等。银行稽查派往各银行时,应携带财政部所给之本人相片委任令为证。银行稽查派往各银行时,凡有照章应行稽核事项,各银行不得拒绝或迟延,违者得由银行稽查呈请财政部分别处罚或停止其营业。银行稽查对于各银行营业及账务一切办法,得就其考察所得陈述意见。银行稽查如遇稽查事项,认为该银行有违背银行法之情形时,得拟具处分办法,立时报告该银行董事会;若为官立银行,即报告其主管官署,一面仍呈报财政部查核。

关于稽查的内容、方法等。银行稽查在实行稽查时,应注意以下方面:(1)报部各项表册,与银行账册结数是否相符;(2)分记各账之簿册及实存款项,与总册所记结数是否相符;(3)抵押放款之抵押品及一切应需各种手续,与合同条件是否相符;(4)存放各款之各项进出单据,与账册记数是否相符;(5)其余收付各款办理之规程及登账方法,与银行章程是否相符。此外,银行稽查对于曾经财政部核准发行银元票或钱票之银行,应查明其准备金种类、数目及稽查时之实在流通票额。银行稽查如遇临时稽查有应特别注重之事,并需缩短时期时,得增减其手续。银行稽查遇有疑问之处,得向银行或银行之主管官厅详细讯明。

---

① 清度支部银行通行则例(1908年),《中华民国金融法规档案资料选编》(上),第146页。

关于稽查责任和处罚。银行稽查于稽查截止日之各项账册及实存款项,应负其稽查责任。银行稽查所查各项账册,遇有账目与事实不符之处,应由银行职员分别负责,但银行稽查对于所查各项账册上之账目,仍负其责任。银行稽查如遇关于特别重要事故,虽经稽查仍有认为不能负责时,须先呈明财政部核准。银行稽查有应守秘密之责。银行稽查有违反本章程之规定各节及一切得贿串弊等情,经财政部察觉或被人控告,经财政部查有实据者,除撤差外,应分别重轻惩以应得之处分①。

平心而论,就当时的技术条件而言,《银行稽查章程》确实已经达到了一定水准,"条文详明,稽核甚严,政府监督银行之方法,可谓周严矣"。但在实际执行过程中,不免存在一些问题。当时就有人提出不少疑虑:对于"定期稽查",章程上规定为每年 2 月及 8 月行之,"银行既知稽查之时间,即可先行准备";对于"临时稽查","则突如其来,不免损害银行之信用,而致营业上发生影响";此外,稽核官吏"或因贿赂及其他不正当手段,以致不能举监督之实,银行之资力厚,官吏之俸给薄而职权大,最易发生此弊";"银行之营业,常随其所在地之情形而异,不能以一地之标准相律而下良否之判断,政府官吏果有银行之经验否,果有查帐上之学识否"等②。对于如何改进,也有人提出了建议:(1)须监视银行之全部,否则其内部互相掩饰,不免减却检查之效用;(2)检查时须出其不意,若银行预知检查官之来,则有所准备,而不能实行其检查手段;(3)检查时,必需秘密机敏,以免妨害其营业。并特别强调了对检查官员素质的要求,"如检查官吏贪图贿赂,或滥用不正之手段,则必不能举检查之实也可知矣"③。

1924 年北京政府起草但未正式公布施行的《银行通行法》,关于现场检查的规定如下:"财政部认为必要时,得派员或委托地方官,检查银行营业情形及财产状况;前项检查,以财政部命令定之";"财政部检查银行营业情形及财产状况,认为必要时,得令银行暂停营业或发其他命令"④。

南京国民政府成立伊始,财政部即于 1927 年 11 月 28 日公布《金融监理局检查章程》,共 8 条。该章程规定,金融监理局有检查全国各金融机关之权责。检查分定期、临时两种;定期检查每年施行一次或两次,临时检查如遇金融监理局认为有必要,得随时行之;定期检查和临时检查均不预定日期,由金融监理局

---

① 财政部总务厅机要科为付送财政部公布银行稽查章程令致泉币司付(1916 年 12 月 12 日),《中华民国金融法规档案资料选编》(上),第 221—224 页。
② 永祚:《银行稽核与政府监督》,《银行周报》4 卷 7 号,1920 年 3 月 9 日。
③ 沧水:《银行之监督》,《银行周报》4 卷 27 号,1920 年 7 月 27 日。
④ "签注意见中之银行通行法及施行细则",《银行周报》8 卷 16 期,1924 年 4 月 29 日。

随时行之。检查事项包括：(1)关于一切业务及财产事项；(2)关于银行纸币及其他有流通性之储蓄券之发行及准备事项。施行前两项检查时，并得检查一切文件帐簿及库存各项，被检查机关不得托词抗拒。检查终了后，检查员应在文件及帐簿上签名、盖章，以资证明。检查结果，遇有关重要事项，应由金融监理局随时呈财政部请示①。

此后，财政部对银行检查的重点是储蓄存款。尤其在1930年代初懋业、汇业、工商等银行停业后，各储蓄存户均受影响，为防止此类情况再度发生，以及维护储蓄存户之利益起见，财政部钱币司于1930年9月特派专人赴上海，分赴各银行检查储蓄存款，"其目的极注意于储蓄款项之独立"②。

1931年国民政府公布的《银行法》规定了银行的现场检查方式："财政部得于必要情形，派员或委托所在地主管官署检查银行之营业情形及财产状况"；"银行营业情形及财产状况经财政部检查后认为难于继续经营时，得命令于一定期间内变更执行业务之方法或改选重要职员，并为保护公众之权利起见，得令其停止营业或扣押其财产及为其他必要处分"。同时对检查人员也提出相应的要求和约束："检查员应于检查终了十五日内，将检查情形呈报财政部，或呈由所在地主管官署转报财政部查核；检查员对于前项报告内容应严守秘密，违者依法惩处"；银行之重要职员"于营业报告中作不实之记载，或为虚伪之公告，以其它方法欺蒙官署及公众"，以及"于检查时隐蔽文书、帐簿或为不实之陈述，或以其它方法妨碍检查"，处以1年以下之徒刑并千元以下之罚金③。1934年7月公布的《储蓄银行法》对现场检查的规定为："财政部对于储蓄银行，得随时派员或者委托所在地主管官署，检查其业务内容及其全部财产之实况；有存款总额1/20以上的储户，如对于前条之公告及其业务有疑义时，得联名呈请财政部或所在地主管官署派员，会同储户所举代表检查之。"④

1934年初，上海各商业银行呈请兼营储蓄者日益增多，财政部认为，储蓄业务与平民生计与社会金融关系极大，"虽据兼营各银行于章程内将资本划分、会计独立等项分别规定，而平日对于收受各种储蓄存款，有无巧立名目，其储款营运方法，是否系遵核准章程办理，殊有派员实地调查之必要"，特派该部科长戴铭

① 财政部公布之金融监理局检查章程(1927年11月28日)，《中华民国金融法规档案资料选编》(上)，第526—527页。

② "财部派员检查银行储蓄存款"，《银行周报》14卷37号，1930年9月30日。

③ 财政部关于转发银行法令(1931年4月24日)，《中华民国金融法规档案资料选编》(上)，第576—579页。

④ 国民政府颁布之储蓄银行法(1934年7月4日)，《中华民国金融法规档案资料选编》(上)，第582页。

礼率同科员钱兆和、谢国慈,先到上海区域办理储蓄各银行,将储蓄部资产负债各账册逐一检查,编制详细报告,以明各银行之真相[1]。戴铭礼在1月18日向财政部的呈文中指出,"有二点为多数银行共有之流弊",即:"(1)查普通往来存款使用支票而储蓄存款则否,此为普通存款与储蓄存款性质不同之处,近查上海区域办理储蓄各银行对于活期储蓄多数均使用支票,其为便利储户固属得计,但因此而侵及商业银行存款之范围,殊非所宜。并查上海票据交换所中发现空头支票常以活期储户所签之支票为最多,诚以普通往来存款开户之初,每须相当介绍,存户使用支票自属慎重;至活期储户持有数元即可立折开户,领用支票,空头支票因亦无法限制。我国票据流通尚在萌芽时期,此种现象如不设法防止,难免毁损支票之信用,而于银行信用亦属有妨,似应通令禁止,以免流弊。(2)礼券储金在提倡节俭、鼓励储蓄,用意自属可嘉,第查各银行发行礼券,其式样纯系礼券性质者固多,而模仿兑换券形式,意存影射者亦在所难免,为巩固兑换券信用计,为保障储户计,对于此种影射兑换券之礼券,似应先为防止,以免混淆,拟请通令各行,如发行礼券者,应先将样张呈请本部核定,并将券面应贴印花税票属加重,以示寓禁于征之意。"[2]

1934年上半年,财政部再次派员检查上海各银行,检查内容包括储蓄部资产负债暨商业部之证券现金等项,至7月7日止,共计检查40余行。值得注意的是,在此次检查过程中,中孚银行在上海银行公会有关会议上的某些言论,引起了财政部的强烈反应。从一定意义上说,这也反映了财政部的实际地位和权威性有了较大提高。

实地参加此次检查的钱币司科长戴铭礼7月份向财政部的报告中,称:"兹据报称上海中孚银行于本月六日在上海银行业同业公会报告,谓本部派员除检阅所有帐表及库存现金外,尚须责令银行造具存款及放款各种明细表,对于储户押户姓名、住址、存数抵押品等等,须详为注明,顾客秘密泄漏无余,必至群趋洋商之门等语,危词耸听,意存恫吓。"为此,戴铭礼提出:"查铭礼此次办理检查,事前制有应造具各表饬行照办,内关于:(一)活期储蓄五千元以上各户明细表及定期储蓄二万元以上各户明细表,原以《储蓄银行法》第五条业有限制规定,故饬各行造送以备参考,并于括弧内属注明帐号、金额、利率及期限(限于定期);深知上海存款人不愿将其资产明白显示,故仅列帐号,而不列户名。今中孚银行报告乃谓须列存放姓名、住址,不知何所据而云然,且银行有代顾客保守秘密之义务,

---

[1] "财部派员调查上海各储蓄银行",《银行周报》18卷1号,1934年1月16日。
[2] 财政部钱币司科长戴铭礼呈(1934年1月18日)二档:三(1)2434。

对于政府岂可一例而论？其作此言,不知将置政府于何地,视部派员为何人。如谓款存银行即应严守秘密,虽政府亦不令知,则将来所得遗产各税,银行即为逃税之地,势将无从施行。揆诸法理,岂得谓平？(二)抵押放款明细表括弧内属注明户名、金额、利率、期限、押品,此表用意有二:一以防止银行将押品项下之公债库券移置有价证券项下,绝其朦混;二以明各银行押款是否集中于少数借户,有否与危险分摊原则相背,原意并无不当,更无流弊。该行平日办理本非甚善,今以意存规避,不惜不顾事实,捏造危词耸动各行,希图阻挠进行,妨害公务,若不严予惩处,则嗣后关于检查银行事务势难顺利进行。"①

8月2日,财政部以钱字第7076号训令上海市银行业同业公会:"前据该公会阳电称,本部派员查核各银行储蓄部帐目,除检阅帐表及库存现金外,并令各行造具存款放款各种明细表,对于储户押户姓名、住址、存数、押数、抵品等项,亦须详为注明,事实上诸多不便,因一部分存户仅凭存单或存折收付,一时殊难调查,且银行有为储户代守秘密之义务,一经泄漏,势必改储洋商银行,影响本国金融业至巨,请予收回成命等情,当经电复在案。兹据本部派员戴科长铭礼呈报奉令检查上海各银行储蓄部资产负债及商业部之证券现金等项,暨中孚银行希图妨害公务各情形,核与该公会电陈各节显有出入,本部派员检查各银行储蓄部资负状况,原为注重储户利益暨银行业务起见,兹查该员所报办理检查事项,系依法进行,并无不合,乃该中孚银行意图规避,不惜危词耸听,以冀阻挠检查,殊有未当。合行抄发部派员原呈暨原附调查表式,令仰该公会明白具复,以凭核办。"②

8月9日,上海市银行业同业公会呈复财政部,首先转达了中孚银行在接到财政部上述训令后对银行公会的解释,中孚银行称:"接奉大函转到财政部训令内开,检查各银行储蓄帐目,中孚银行意图规避,不惜危词耸听,以冀阻挠等因,展诵之下惶怵莫名。窃查财政部上次派员来行查阅储蓄部帐目表册,随到随查,并无何种不便之处。惟放款明细表内列有押户姓名、住址、押品各栏,在财政部本意,原为防止弊端起见,而敝行窃有不免思之过虑者,诚恐顾客押借款项之后,复受官厅方面调查稽考,当此民智未开,难保不归咎敝行发生误会,所以于贵会开会时间提出讨论,并未涉及存款问题。贵会阳电或有笼统之处。此应请据实代为声明一也。至银行业公会之设,原以研究业务为宗旨之一,敝行遇有疑难事件提出讨论,无非欲求一尽善尽美办法,以期与官厅切实合作,非有规避之事实,

---

① 钱币司科长戴铭礼呈(1934年7月),二档:三(2)158。
② 财政部训令钱字第7076号(1934年8月2日),二档:三(2)158。

亦无阻挠之希图。此应请委婉代为声明者二也。所有接奉部令诘责各节,理合将敝行守法心理以及怵歉微忱,函请转部察核,至纫公谊。"同时,上海市银行业同业公会提出,"查该行所述各节确系实情,而属会六月八日之会议电呈部长,纯为保障储户利益及郑重业务起见,仰荷部长复电允予在储户利益、银行业务兼筹并顾,属会各银行咸承德意,极表颂感"①。

1935 年 2 月 12 日,财政部以钱字第 12046 号训令上海各银行、储蓄会、信托公司、银公司:"查各银行二十三年分帐目业经总结完竣,所有各该行会营业情形暨商业、储蓄、信托全体资产负债状况亟应查明,以昭核实。"为此,财政部将派员前往上海区域各银行,将全体账目以及资负状况逐一详查具报②。同日,财政部还以钱字第 12048 号训令上海各发行银行:"查各银行发行数目及准备金实况,历经由部派员检查在案,现在二十三年分帐目业经总结完竣,自应循案办理,以昭核实",并通知将派员前往上海区域各发行银行,将发行数目暨准备金实况逐一详查具报③。担负此次检查任务的是财政部科长戴铭礼,技正刘昌景,科员陈修、钱兆和、谢国慈、赵琴等④。

抗战爆发后,财政部于 1940 年 8 月 7 日公布了《非常时期管理银行暂行办法》,该办法规定:财政部得随时派员检查银行账册、簿籍、库存状况及其他有关文件;拒绝或妨碍规定行使职权之行为者,除依照刑法妨害公务论罪外,经查明有违反本办法规定者,并各就其违反情节,分别处罚⑤。财政部并于 1942 年 2 月在钱币司内添设了稽核室,该室分为督导、审查、计核、编讨四组,并设有稽核及专员各若干人,一方面直接执行检查陪都银行、钱庄之职务,一方面监督指导陪都以外各地银行检查之推进事宜,"在我国设置检查银行之专门机构,此尚属首创"⑥。

1943 年 8 月 4 日,中国银行总管理处致函重庆分行,转达了财政部渝稽字 42290 号训令:"据本部贵阳区监理官呈送检查该行贵阳支行报告到部,经核该支行业务处理有下列各点应行改正:(1)'往来存款透支'科目内,宿舍建筑、文具器材、汽车零件及庶务透支等户,均属预付费用性质之帐目,自应改以适当科

① 上海市银行业同业公会呈(1934 年 8 月 9 日),二档:三(2)158。
② 财政部训令钱字第 12046 号(1935 年 2 月 12 日),二档:三(2)158。
③ 财政部训令钱字第 12048 号(1935 年 2 月 12 日),二档:三(2)158。
④ 财政部训令钱字第 12050 号(1935 年 2 月 12 日),二档:三(2)158。
⑤ 财政部非常时期管理银行暂行办法(1940 年 8 月 7 日),《中华民国金融法规档案资料选编》(上),第 641—643 页。
⑥ 刘锡龄:《论检查银行》,《财政评论》第 8 卷第 5 期,1942 年 11 月。

目处理，不得视为透支借款，以免混淆；（2）'往来存款透支'科目内，贵州协济委员会、贵州农矿工商调整委员会两户透支借款项延期已久，应即催收整理，不得久悬；（3）'抵押透支'科目内，中国国货公司一户，透支放款既无保人，抵押品复由借户自行保管，随时自由出售，手续殊有不合，应即改正；（4）贴现放款之贴现票据均属各厂商所出本票，核与部颁《票据承兑贴现办法》之规定不符，嗣后应恪遵规定办理，以为商业银行表率①。"8 月 25 日，中国银行贵阳支行向重庆分行报告了该支行致贵阳区银行监理官办公处呈文的相关内容：（1）宿舍建筑、文具器材、汽车零件及庶务处透支等户业已于 7 月 24 日改用暂记欠款科目办理；（2）贵州协济委员会、贵州农矿工商调整委员会二户，借款过期已久，迭经催收均未获复，奉示后复经转函催偿；（3）中国国货公司押透户，拟俟换立新约时再为加具保人，该公司押品虽系由借户自行保管，但敝处派有会计主任及管栈员各一人常川驻在该公司，稽核帐目及管理押品，手续尚属严密；（4）贴现票据嗣后当遵照规定办理。"②

1943 年 10 月 21 日，财政部桂林区银行监理官办公处监理官江英志签发监检字第 603 号训令，将该处于本年 9 月 23 日检查金城银行柳州分行结果核饬如次：（1）查机关存款均应存入国家银行，业奉明令规定，兹查该行存户中，有食糖专卖局、直接税局及湘桂联合办事处等户皆属机关存款，应克即移入中央银行办理，以符功令；（2）该行于本年 6 月底利用科目减低存款数额，如李振泽户 86 万元与保付支票对转，胡德高户 29 万元与本票科目对转，均于 7 月 3 日冲转；又直税局及一丙保证金户 80 万元与存放同业之中国农民银行对转，及许沛周户 70 万元与存放同业之中国银行对转，经查该两行均无该项数目之收付，足证其意图逃避存款准备金之事实，殊属不合，合予警告，嗣后不得再有类此行为发生，致干重究；（3）查该行自本年 7 月份起至查账日止，凭大成木材厂条支 125 万元，及凭该行周副理条支广裕盐号 190 余万元，代付联行往来桂林行帐，均属不合，合予纠正；（4）查该行放款户内，大成木材厂贴现 50 万元及活存透支 49.872 万元，懋兴地产服务社贴现 40 万元，其数额均超过法令之规定，且互为保证人或付款人，尤有套借嫌疑，应即日收回③。1943 年 11 月 17 日，金城银行柳州分行呈报桂林区银行监理官办公处：（1）关于各机关存款一项，所列食糖专卖局及湘桂联合办事处二户，查各该户往来款项及余额均属甚微，且立户时称谓各该款项系员工储

---

① 中国银行总管理处致重庆分行函（1943 年 8 月 4 日），渝档：028713376。
② 中国银行贵阳支行致重庆分行函（1943 年 8 月 25 日），渝档：028713376。
③ 财政部桂林区银行监理官办公处监检字第 603 号训令（1943 年 10 月 21 日），渝档：030411120。

蓄款，以备办理福利所用，如专卖局数月未有往来，余额仅 400 余元；至直接税局所列四户，其中二户系分列上下两期商人暂缴之保证金，另一户为该局商人罚金临时存款，另二户亦为员工进修金，办福利所用；(2)关于对转存款一项，系各存户之保付支票对转，均属存户自行运用，嘱为保付对转，此后当注意避免；(3)关于大成一厂及广裕号所付款项，大成厂在桂林敝行立有透支户，洽定在桂、柳两地付款，广裕号条支各款，系该户托收性质，既钧处认为不合法，当遵示纠正；(4)关于放款额不得超过规定，自当遵办，业已陆续到期收回，此后当益加注意，以符手续①。

1943 年 9 月 15 日，财政部钱币司就管制银行事宜，向各区银行监理官办公处发出训令，其中涉及银行检查方面的要求，包括：第一，检查中国、交通、中农三行，除事涉专案可就其中之一行随时检查外，在办理普查时，应一体办理为宜，不得对其中一行特予免查。第二，各办公处检查人员检查库存，应饬于营业时间开始前或结束后进行，以免影响银行对外营业。第三，各办公处检查人员所呈检查报告附表，尚多有关重要事项未据详细查注，审核钩稽均感不便，下列各项务请转饬检查人员详细填明：(1)各种放款余额表，应填明借款户明确名称、负责人行业或职业(数种者填主业一种)、放款余额、用途、起讫日期、曾否展期、利率，如系信用放款，其保证人；如系质押放款，则填其押品名称、数量、价值、堆存地点(有用仓单者，其仓库名称及仓库字号)、保险人。(2)各种透支余额表，应填明透支户明确名称、负责人行业或职业(数种者填主业一种)，透支限额、透支余额、用途、起讫日期、曾否展期、利率；如系信用透支，其保证人；如系质押透支，则填其押品名称、数量、价值、堆放地点(用仓单者其仓库名称及仓库字号)、保险人。(3)贴现余额表，应填明贴现人明确名称、出票人、承兑人、付款人、金额、承兑日、贴现日、到期日、贴现率、票据种类；有保证单据者，则填其保证单据种类及保证人②。

1944 年 5 月 19 日，财政部就各区银行监理官检查银行有关事宜发出训令，指出，查各区派员检查所辖银钱行号，编送报告，存在如下情况：(1)有未将检查命令第一联注销，随同缴部；(2)有于检查竣事后，延至数月始将报告转送本部；(3)又有报告内容往往略而不详，所提可疑之点本可于检查时查明者并未详查。以上均属不当，嗣后各区检查行庄，其在监理官所在地者，应于各该行庄检查竣事后五日内编成报告，呈由监理官尽速签附意见，转本部核办；其在监理官所在

---

① 金城银行呈文(1943 年 11 月 17 日)，渝档：030411120。
② 财政部钱币司渝钱稽字第 1943 号代电(1943 年 9 月 15 日)，川档：民 74664。

地以外各地,应于每一地行庄检查竣事,逐行编具报告,寄送该办公处后,再行前往另一地检查,其具报暨核签时间,比照前限,如有重要事故,仍应随查随报以重时效。至应行检查及编报事项,并应参照本部印发之检查银行应行注意事项切实办理,不得疏略,其有可疑之点,检查时即予查明,具体报核;所填发之银行检查命令上,被派人员应标明某区银行监理官办公处及其职别,其第一联于查竣后注明"查竣销"等字样,随同报告缴销,其已填发第一第二两联检查命令,因故不予执行者,亦应先行注销,再行缴部①。

客观地说,对于现场检查,监理机关已有相当的认识水准。例如,在安排布置1945年度对成都区各银钱行庄的普查时,该区监理官缪钟彝即提出以下几点:(1)凡上年令饬各行庄申复之事项而尚未申复者,今年检查时须注意其为何不申复;(2)上年已申复遵办之事项,今年检查时须注意是否确已遵办;(3)以往延送表报之行庄或向不造送表报之行庄,今年检查时须注意其为何有此情形;(4)现在各行庄放款业务,大多是做贴现,惟手续是否合法及承兑数额是否合于规定实际资产比率,今年检查时尤须予以注意;(5)各行庄放款,是否按照规定送请放款委员会审核,检查时,亦须注意。至各行庄办理承兑业务是否超额一点,最好由负责非现场监管的人员,先将各行庄实际资产数字计算出来,俾于检查每家行庄时一查便知。他强调:根据上述注意事项数点,凡检查时查有不合情形者,可随时注意向该行庄之负责承办人查询,并当面指导纠正,这样才能与本处内部审核表报工作取得联系,不致脱节。他还要求:"务望各同仁绝不可于检查时仅命行庄照抄日计表暨各种余额表,于是即凭此表拟具检查报告,草草了事,有失奉派实地检查之意义。"②在一定意义上,这些要求也体现了现场检查与非现场监管的结合。

1945年上半年,根据财政部对金城银行西南区管辖行、重庆信托部、重庆分行、民权路办事处及两路口办事处的现场检查,发现"各该行处业务尚有未合之处"共有24项,主要有以下几点:(1)该行银行、储蓄、信托三部之存款户,仍多以记名列户,而"渝分行银行部甲活存之祥记户,系该行总经理戴自牧所开立,尤属不合";(2)银行、信托两部未收及代收款项两科目之使用,均与划一会计科目之规定不符;(3)银行部暂收款项中之鼎昌盐号15万元、中华工业社30万元,均系备付贴现200万元两个月之利息而暂收者,按贴现息通例,系预先扣收,"何以于所收贴现息之外,又有暂收利息之情事";(4)该行办理保证业务范围,与规定

---

① 财政部渝钱庚二字第51707号训令(1944年5月19日),川档:民74664。
② 财政部成都区银行监理官办公处第九次业务检讨会记录(1945年2月1日),川档:民74115。

不合,应予纠正;(5)民权路办事处之乙种活期存款,"竟有允许客户透支情事,殊有未当"等。财政部要求"即分别转饬并督促办理具报为要"①。

抗战胜利后,财政部更为重视对银行业的现场检查。1946年6月,关于对上海区各商业银行的检查事务,财政部明确,隶属于钱币司下之稽核科;至上海以外之全国各地,则由财部委托中央银行办理,并划分为30个区。各地中央银行内设一检查科,由金融机构金融业务检查处管辖,每年至少检查一次,必要时得临时检查。"惟无论上海或各地之检查报告,中央银行与财部均可全部获悉。"②1946年6月,财政部钱庚字第121号训令,通告将实施胜利后对上海银钱行庄的首次普查。该训令称:查现值银钱业上期结算终了之际,本部为监督银行业务,亟应遴员实施普遍检查,以考察其正当业务,纠正其不当经营;至各该行庄经营业务,如未悉符正轨,倘能于实施检查前,据实报告检查人员,毫无隐饰者,本部查核检查报告时,自可于法令范围内,予以指导改正,一从宽大;其有意存隐匿,或竟以不当手段诱惑检查人员,希图蒙蔽者,一经本部查得,除将检查人员依法究治外,对于该不肖行庄,并即执法严绳。训令同时强调:"部派检查人员,均依照规定,发给旅膳杂费,足资支应,各该被检查行庄,对于检查人员,不得稍有招待,或丝毫馈遗;各检查人员亦不得与被检查行庄私人酬酢,或接受馈赠,以重风纪而肃官箴。"③1947年8月,财政部规定,对于上海商业行庄检查分为三种:其一为专案检查,该项检查系奉财政部指令,因某种案件而检查与该案有关某家或若干家商业行庄;其二为普遍检查,该项检查系经常轮流检查各商业行庄之一般业务,并不特殊有所指定者;其三为抽查,该项检查系根据各方密报、行庄定期报表、票据交换数字、公库拆款数字、舆论指摘等项随时抽查,如事实确实,即予以相当处分。如此,"则商业行庄能经常有所警惕,目的是在使一般商业行庄业务均能趋于正常"④。

1947年7月,四联总处会同各行局组织巡回稽核团分赴各借款机关查核账目。此次查核的要点包括:(1)借款合约是否切实履行暨借款用途是否正当;(2)借款机关产销成本是否合理,产品品质是否适合标准;(3)原料存储是否适量暨押品数量是否符合;(4)会计制度是否健全暨各科目数字是否确实;(5)借款机关人事组织是否健全;(6)其他有关财务业务及一般事项等。四联总处要求巡回

---

① 财政部训令财渝庚三字第6902号(1945年7月31日),《金城银行史料》,第714页。
② "财部沪办事处直接办理沪商业银行业务检查",《银行周报》30卷23、24号合刊,1946年6月16日。
③ "财政部关于上海市银钱行庄实施普遍检查令",《银行周报》30卷27号,1946年7月15日。
④ "检查行庄业务分三种方式进行",《银行周报》31卷32号,1947年8月11日。

稽核于查核账目后,应于一星期内将查核经过,连同建议改进意见,或应行纠正事项,编具稽核报告,陈送四联总处核办。巡回稽核于执行查账时,如有疑问,可随时向借款机关负责人详尽查询,并调阅其账册表报及有关档案;必要时得请借款机关负责人出具书面说明。巡回稽核出动时,由四联总处发给巡回稽核凭证,以资证明①。

1947 年 9 月,国民政府公布施行新《银行法》,其关于现场检查的规定为:"中央主管官署得随时派员或令地方主管官署派员,检查银行业务及帐目,或令银行于限期内造具资产负债表、财产目录或其他报告呈核;前项帐目、表册或报告,有故意为不实之记载者,得科银行各负责人 1 年以下有期徒刑、拘役或 2 万元以下罚金,其情节重大者,并得撤销其营业执照。"②此后,财政部于 1947 年 10 月 30 日发出财钱庚二字第 17826 号训令:"查银行钱庄经营各项法定业务,于每一项交易发生之时,应即根据事实,填制传票,记入规定帐簿,以示其业务动态,并示其真实资负损益状况。以往各银钱行庄遵照规定手续办理者固多,而私设暗帐、擅设虚户、隐匿资负者,亦属不少;其于规定帐册中为不实之记载,经查明有据者,均经本部依照管理银行之规定,分别惩处在案。"代电重申了《银行法》相关规定,并强调,"嗣后查有各银行帐目表册或报告,故为不实记载之事实,本部即依照上项规定严办,决不宽贷"③。

值得指出的是,抗战后期以及抗战结束后一段时间内,对银钱业的现场检查,无论是重视程度,还是技术水准,抑或是实际效果,都有了长足的进步。

首先,对检查机关以及检查人员自身的规范,对保证检查效果有着非常重要的作用,而 1942 年 4 月 22 日由财政部公布的《财政部检查银行规则》,在此方面具有重要意义。《财政部检查银行规则》共 16 条,规定财政部检查各地银钱行号,依照该规则办理。该规则要点如下:(一)检查时间。财政部遇有下列情形之一时,应即派员检查:(1)为考核各地银钱行号业务状况,有分区普查必要时;(2)为查明银钱行号业务已否遵照指示办理,有抽查或复查必要时;(3)为处理特种案件,有检查银钱行号必要时。(二)检查内容。检查人员执行检查时,应特注意以下各点:(1)各项帐册簿籍、仓库库存状况及其他有关文件;(2)应造之报表已否按期编送,是否与帐册簿籍相符;(3)帐簿格式与登载程序有无不合;(4)经营业务是否合于现行法令。(三)检查手续。检查人员凭财政部所发银行检查命

① "四联总处会同各行局成立巡回稽核团",《银行周报》31 卷 31 号,1947 年 8 月 4 日。
② 国民政府公布银行法令(1947 年 9 月 1 日),《中华民国金融法规档案资料选编》(上),第 746—752 页。
③ "银行账册如故为不实之记载即依法严办",《银行周报》31 卷 47 号,1947 年 11 月 24 日。

令行使职权，前项检查命令分三联，自填发之日起生效，逐日连续检查，竣事之日起失效：第 1 联由指定检查人员收执，于开始检查前出示于被检查行号之负责人，并于检查竣事后，随同检查报告呈缴；第 2 联由指定检查人员面交该负责人收存；第 3 联存查。(四)检查人员权限。检查人员执行职务时，凡有应行检查事项，各银钱行号不得藉词或诿延；违者得由检查人员报请财政部议处。检查人员得于实行检查期间，知照有关银钱行号编制必要报表，并提供有关证件或抄件。检查人员在检查期内，遇有疑问之处，各银钱行号负责人应详细说明。(五)检查人员责任与处罚。检查人员对于所检查之各项帐册簿据等件，应负检查责任，遇必要时，并应签名、盖章。检查人员执行检查职务时，应以和平态度秉公办理，不得稍涉偏私。检查人员对于检查事项，应负保密责任，除呈报外，不得泄漏或预期告知被检查行号。检查人员于检查事竣后，应将检查情形详实密呈核办，在检查期内遇有特别事故，并应随时具报。会同办理检查工作人员，应会同报告，如遇有不能一致同意之意见，得单独提出，以书面报告一并呈核。检查人员不得兼任行号职务，或接受行号馈赠，或与其发生借贷关系，并不得充行号借款担保人。检查人员如有舞弊、渎职等情事，一经发觉或被人指控，经查明属实者，应即依法严惩[①]。

1943 年 11 月 16 日，财政部对《财政部检查银行规则》作了修正，删去了原先的第 15 条，即"本规则如有未尽事宜，得随时修正之"，总条数改为 15 条，基本内容未作更动[②]。

如果说《财政部检查银行规则》对银行现场检查工作自身进行了规范，那么《银行检查工作纲要》则可认为是在银行检查工作文案特别是检查报告方面较为完整、成熟的集大成者。1945 年 4 月 28 日，财政部颁行了《银行检查工作纲要》，1946 年 10 月 9 日，财政部再次公布了修正后的《银行检查工作纲要》，整个纲要共分为总纲、检查要目、报告格式及报告要目以及总报告要目等四个部分。总纲部分规定检查银行应注意其业务是否符合财政部管理银行办法之规定，尤以查核其资金运用情形为主要目标；检查银行时机以每一行庄每年至少 2 次为原则，除专案检查外，应确切把握时机。检查要目分为一般事项、现金运送中现金及交换票据、放款、投资及有价证券、存款等 15 个方面内容。报告要目包括"一般事项"、"银行部业务"及"负责行意见"等。总报告要目包括经济概况、金融机关概况、行庄资金来源之分析、行庄资金运用之分析、行庄汇兑业务之分析、利

---

① 财政部检查银行规则(1942 年 4 月 22 日)，《中华民国金融法规档案资料选编》(上)，第 655—656 页。
② 财政部检查银行规则(1943 年 11 月 16 日)，《中华民国金融法规档案资料选编》(上)，第 680—681 页。

息汇率概况、行庄业务之特点、金融管制法令实施概况、改进意见等①。

其次,抗战结束后,由于最高当局的直接关注,对现场检查工作重要性的认识进一步加强,措施也更为有力。

1947 年 2 月 1 日,蒋介石致财政部长俞鸿钧手令称:"对于国内各大都市银行、钱庄与商号等之来往帐目,政府应照各国财政部,管制各商行号汇款及检查其款项来源根由,使不正当与舞弊帐目皆能瞭如指掌,必须如此,方能控制经济与金融,以杜绝所有弊窦。现在政府对各银行虽有监督查核办法,但事实上执行极为松懈,此事务须认真办理,藉以防止其经营投机及不正当之业务,以免扰乱金融。希参照美国 FBI 之经济调查办法,研拟具体实施方案呈核为要。"②

2 月 27 日,财政部以京钱庚二字第 1709 号呈复蒋介石称:"关于银行帐目之检查,目前规定有普查、抽查及专项检查三种。普查每年举行一次或两次,抽查或专案检查均根据银行业务登记结果及呈控案件随时举行。平时则经常根据银行定期报表,随时稽核银行业务之动态及静态。在会计处理及帐务记载上,则订有划一银行会计科目及统一银行会计制度,督责遵行,已收相当成效,舞弊帐目已不似前此之难加勾稽考核。"财政部同时表示,关于美国联邦调查局(FBI)是否有经济调查办法之规划,其内容如何,"现尚缺乏具体资料以为依据","兹除一面庚续搜集该项 FBI 经济调查办法资料,再凭遵谕研讨外,谨先依据本部现有管制银行法令,拟具加强银行管制实施方案一种"。该办法要点如下。

银行资本来源考核之加强。(1)规定限期严饬银行存户任用真实姓名,违者罚处,以杜绝银行不正当资金之来源或隐匿资产;(2)查对汇款来源,以杜绝银行假名汇划及考核汇款厂商业务,并严禁商业银行套用国家银行头寸及国家银行暗营存放商业银行业务,"请行政院重申取缔普通公司、商号吸收存款前令,以免游资脱离银行流入黑市,以收正本清源之效"。

银行资金运用考核之加强。(1)除确属生产事业,并为建国时期政府奖励举办者外,一律不准银行投资入股;(2)严格督责银行资金贷放,以生产事业及运销事业为对象,违者依法惩处;(3)严格取缔银行直接兼营商业及投机买卖有价证券,违者从严惩处;(4)查对银行放款客户帐目,一面杜绝银行舞弊帐目,一面考核客户借款用途。

银行舞弊帐目考核之加强及非法银行之严格取缔。(1)加强银行检查制度

---

① 财政部修正公布之银行检查工作纲要(1946 年 10 月 9 日),《中华民国金融法规档案资料选编》(上),第 705—715 页。
② 蒋介石手令机秘甲第 10162 号(1947 年 2 月 1 日),二档:三(1)4751。

之实施，改良银行业务登记办法，严密采取抽查银行方式；（2）从严惩处账务舞弊情事，情节重大者，吊销营业执照，决不宽贷；（3）严格取缔地下钱庄，并请列为地方政府工作成绩主要考核标准之一。

管制机构与联系配合之加强。（1）在各重要都市，由财政部与中央银行会同设立金融监理处，以补救目前机构上之缺点，俾宏管制之效；（2）与各有关主管机关密切配合联系，以收互相参证事半功倍及全面管制之效①。

再次，现场检查的实施也更为严密，而且检查结果为相关金融政策和监管方针的制定，提供了重要的参考依据。

1941 年 12 月，财政部为切实纠正各行庄起见，特指派大批人员检查重庆市区各行庄帐目；其他包括成都、万县、内江、乐山、宜宾、泸县、江津、自贡市、昆明、桂林、贵阳、衡阳、西安、兰州 14 处，则请四行联合办事处或四行分支行处派员检查，报财政部核办②。

财政部此次派员检查重庆银行钱庄 85 家，自 1941 年 12 月 8 日开始至 12 月 27 日结束，"在银行方面均用新式簿记，检查尚易着手；钱庄方面则旧式帐簿较多，钩稽较感困难，检查毕事后整理报告费时甚多"。此次检查出的主要问题包括：（1）川籍银钱行庄多以比期存放款为主要业务，全凭信用，并无抵押；（2）川籍各行庄多有以负责人手条向本行庄借款，数目巨细不等；（3）放款多集中于少数商家；（4）经理人或职员每有兼任其他公司商店经理或职员情事；（5）抵押放款常有逾期未经催赎之事；（6）商家常有同时分向多数行庄借款情事；（7）向四行贷用低利资金之厂商，间有存放巨额比期存款于各行庄情事；（8）省地方银行渝处亦多经营存放，核与原来设立仅负沟通联系之旨不符；（9）银行存放款多用堂名户记；（10）各行庄会计科目极不一致；（11）仓库方面尚有经久未提之货物。根据检查结果，财政部采取的处理方式如下：（1）比期存款由部规定比期存放款管制办法，函请中央银行施行，以期控制利率，俾能逐渐减低，并分令各行庄一律责成借款人提供押品；（2）行庄负责人以手条支款已由部通令严禁，以往支用之款并分令各行庄于文到 1 个月内悉数收回具报查核，其支用较巨之恒聚钱庄、天祥钱庄已由部勒令停业清理；（3）集中放款于少数商家，由部分令各行庄，遵照《修正非常时期管理银行暂行办法》第 5 条第 1 项每户放款不得超过放款总额 5％之规定，切实办理，其超过部分并限于文到 1 个月内收回，同时咨请经济部会同重庆市社会局检查借用行庄款项 10 万元以上各商号，审核其有无囤积居奇行

---

① 财政部呈（2 月 27 日），《中华民国史档案资料汇编》第五辑第三编"财政经济"（二），第 74—76 页。
②《中国战时金融管制》，第 307—311 页。

为;(4)经理人或职员兼任其他公司商店职务者,令饬纠正,一面侦察其是否利用行庄款项兼营商业;(5)抵押放款逾期未赎者,一面令饬各该行庄不得移动所押物品,一面咨经济部会同市社会局,检查其有无囤积居奇行为;(6)向多数行庄借款之商家,咨请经济部会同市社会局严格检查其业务;(7)工厂借用四行低利资金,同时又作比期存款,已函四联总处及工矿调整处行查;(8)省地方银行渝处存放业务由部通令克日结束,以后并限定只准经营汇兑业务;(9)由部通令各行庄,以后存放款人悉应遵照姓名使用条例,以真实姓名为借贷行为,不得再用堂名之记,以便考查;(10)由部商四联总处设计统一会计科目,并嘱重庆市银行公会为同样之设计,将来并案审定通行照办,以便检查而杜影响;(11)仓库在未清查完竣以前不得移动[①]。

这次集中检查同时也为制订以后的相关监管政策提供了较为可靠的依据。据此,财政部在监管政策方面作了相应调整:(1)责令一般银行拟订年度业务计划,以便事前核定其业务进行方针,而利管制;(2)核定四联总处订定之四联总处核办投资贴放方针,注意以后投资放款,"应以协助国防有关及民生必需品之生产事业为主,所有普通放款及不急需之投资,应暂行停止";(3)核定四联总处订定之中中交农四行 1942 年度办理农贷方针及 1942 年度农贷办法纲要暨各种农贷准则,"期在紧缩放款之基本政策下谋求农贷合理之调整及农业生产之增加";(4)规定银行投资生产事业入股办法,"俾将银行资金由商品市场转移于生产事业";(5)管理信用放款,以防信用泛滥;(6)管理抵押放款,以杜囤积居奇;(7)规定承受国防或经济主管机关委托办理之特种公矿厂商放款之管制原则,以严稽核;(8)稽核放款用途,以免资本浪费;(9)规定比期放款管制办法,期逐渐推进管理市场利率;(10)举办票据交换,以活动金融、调节货币之需求;(11)推行帐簿登记盖印办法,以免各行号伪造蒙匿,而便稽查;(12)厉行补呈注册,严格审核银行合并增资,以严管制;(13)规定设立分支行处标准,限制设立新银行,并使银行分布臻于合理;(14)规定银行盈余分配及提存特别公积金办法,"使银行基础益为巩固,且使财富分配得其均衡";(15)限令一般银行集中准备之功能;(16)监督银行从业人员,防止利用职位从事投机;(17)健全银钱业同业公会,以期公会能人人宣扬政府政策;(18)通令各公营银行一律组织或加入同业公会,以加强公会组织,但中央银行免于参加;(19)继续检查银行账册仓库,并严格审核其报表,以期银行营业纳入正轨;(20)规定设置银行监理官办公处办法,施行全面管理,加强效能;(21)拟订非常时期票据承兑贴现办法,以活泼战时金融、发展经济;(22)筹

---

① 财政部检查重庆市银行钱庄实际情况及处置办法撮要报告(1942 年 1 月),二档:三(1)2235。

议统一银行会计科目，使银行无从巧立名目，逃避管制①。

案例：成都区监理官办公处对中国银行成都支行的现场检查

1943 年 11 月 11 日，成都区银行监理官办公处派稽核陈鸿猷、陈直初、陈守谦携财部成字 128 号训令，到中国银行成都支行检查，首先检查库存，嗣嘱抄具各项表报，再检查账册，至 11 月 23 日检查完毕，先后历时 12 日。在检查之初，成都区银行监理官办公处的稽查要求中国银行成都支行，将存汇放储等项逐户明细余额表抄报。中国银行成都支行则根据其管辖行中国银行重庆分行 45 号代电的指示，以"户数太多、人手有限，至感困难为词"，并会同交、农两行及邮汇局，函请通融办理。该会呈稿称："惟查敝行局等存汇及储蓄等款，户名繁多，每项有达万数以上者，如逐户抄报，不特耗费时间、纸张，且敝行局等业务繁忙，人手有限，又值决算在迩，办理深感困难。拟恳俯赐体察，准予特别通融，除放款户数较少且重要，遵照逐户抄报外，其余各项普通及储蓄存款按照各科目余额详细分类，汇款则按照汇出汇入分别地名、种类详细抄报，似此既可节省人力、物力，而事实上亦较迅捷简明；至表内如有疑问之处，自可随时检呈帐册，以供校阅。"最终，中国银行成都支行仅抄送 11 月 10 日库存表及日计表各 1 份，及放款余额表及各科目余额简表共 29 份②。可见，对成都区银行监理官办公处所派检查人员的要求，中国银行成都支行在执行中是打了较大"折扣"的。

对中国银行成都支行的检查结果，财政部于 1944 年 2 月 17 日以渝钱庚三字第 88648 号训令成都区银行监理官办公处，而成都区银行监理官办公处则于 1944 年 2 月 23 日以监字 1000 号训令中国银行成都支行。1944 年 3 月 14 日，中国银行成都支行向重庆分行通报了财政部训令的内容："(1)查该支行放款中，其有透支逾额或到期未还者，应饬克速收回或办理转期手续；(2)催收款各户，查均为时甚久，应饬从速催收，倘确无收回希望者，应即解入呆帐科目；(3)联行科目余额 52 万余元，查均系呆帐性质，应即结转呆帐科目，以符实情；(4)代收款项与未收款项对转科目余额，查均历时甚久，究系为何情形，应饬查明，分别转入适当科目，以免久悬；(5)该支行抵押透支有超过契约限额，且有逾期不偿情事，其中，建成面粉厂以面粉抵押，于卅一年十一月订约，卅二年五月转期到期仍不归还，尤属不合，又定期放款树德中学户、贴现放款矿业公司户，均已逾期，尚未收

---

① 财政部钱币司向第三届国民参政会拟送金融部分等报告函(1942 年 9 月 15 日)，《中华民国史档案资料汇编》第五辑第二编"财政经济"(四)，第 533—534 页。
② 成都支行致重庆分行函(1943 年 11 月 24 日)，渝档：028713376。

回,应一并严予纠正,并饬嗣后务须恪遵法令暨行章规定办理;(6)该支行卅一年十一月十日仓存货物名称、数量、寄存人姓名、存仓时间、仓单号数,应饬造具详表,一并呈由该处核转。"①

1944年3月20日,中国银行重庆分行致函中国银行总管理处,转成都支行陈报监理官对该行业务纠正各点,并就有关事项请示如下:(1)关于成都支行催收项下除沈眉苏、成丰、刘学优、东升、益通等五户尚有收回希望,不能转付呆帐外,至其余钟岷山、张绍青、同吉、廿四军临时公债局、王守铭、赵忠俊及李公辅、蜀信等7户已均无收回希望,前经总处检密字290号及帐字494号函示,嘱将各该户除留存1%外,其余99%已由备抵呆帐内抵销,此7户尾数应否遵照成都区银行监理官办公处所示转付呆帐,请总处核示;(2)又,该支行联行旧欠项下52万余元,虽原系该支行呆滞款项,已由总处接收整理,是否应照监理官所示转入呆帐,或因如何处理之处,仍拟请总处核示②。

从档案底稿看,该函于3月25日发出。而中国银行总管理处3月23日即向重庆分行发出了相关指示。很显然,财政部在向成都区银行监理官发出指令的同时,也向中国银行总管理处发出了相应的训令。中国银行总管理处于3月23日向重庆分行发出的指示,首先通报了财政部渝钱庚三字第48650号训令的内容,即:"据本部成都区银行监理官办公处呈送检查该行成都支行业务报告前来,经核该支行业务尚有不合,列示如次:一、该支行催收款各户均为时甚久,应饬从速催收,其确无收回希望者应即转入呆帐科目;二、联行科目余额五十二万余元,均系呆帐性质,应即结转呆帐科目,以符实情;三、该支行代收款项与未收款项科目,厚本堂、顺昌祥、张虎臣等户,历时逾十年迄未清结者,应即结清;四、该支行抵押透支各户,超过透支契约规定限额且有逾期情事,其中建成面粉厂以面粉抵押,于三十年四月起透,翌年十一月始订约,本年五月又转期,到期仍不归还,尤属不合,应由该总管理处查明原因具报;又定期放款蜀德中学户、贴现放款矿业公司户均已过期,尚未收回,应一并严予纠正,嗣后务须恪遵法令暨行章规定办理。以上各点除饬成都区监理官办公处转行遵照外,仰即遵照并严督遵办具报。"与此同时,中国银行总管理处指出:"查部令第三项代收未收项下厚本堂等三户托收款,前据本处检查员报告,因付款人拒绝兑付而原委托人又离蓉他往,以致久未清结,兹为核实帐面起见,应将代收未收冲销,另按保管寄存品办法办理,一面仍应设法探明原委托人住址,以便通知取回原票据,俾资清结。又部

---

① 陈报监理官对本行业务纠正各点办理情形事(1944年3月14日),渝档:028713376。
② 中国银行重庆分行至中国银行总管理处函(1944年3月25日),渝档:028713376。

令第四项建成面粉厂押透上年十一月到期，据尊处报经本处转报四联总处提请第 204 次理事会核准，将额度增为 200 万元，续予展期六个月在案，惟部令所询该厂自三十年四月起支用，迟至翌年十一月始行订约，系何缘由；又该厂平时往来情形如何暨押品有无久存不赎情事，应嘱详细查明，以凭核办；至押透各户超过透支契约规定限额以及逾期情事各节，应嘱嗣后切实纠正。"①

1944 年 3 月 24 日，中国银行总管理处致函财政部，就有关事项陈述如下：（1）该支行催收款项项下共有益通等 12 户，总余额原为 259 512.50 元，除内中益通等五户余额 174 860.40 元尚有收回希望，遵当随时督促催收外，其余张绍青、蜀信、同吉、钟岷山、赵忠俊及李忠辅、廿四军临时公债局及王守铭等七户余额 84 652.10 元，已无收回希望，业于上年 8 月 12 日函嘱将该七户欠款以 99% 与备抵呆帐科目对转冲销，其余 1%，计 846.52 元留置账面，俾该支行仍负随时相机催收原欠之责。（2）联行科目系本行内部转账科目，所有各行处另案整理之特种呆滞放款，经陈准后均划由管辖分行转付敝处联行科目，旧欠户由敝处按其性质，分别转入相当放款科目统筹办理。自本年度起，各行处转付敝处之特种呆滞放款，已一律改记联行旧欠往来科目，并由敝处将其中已无收回希望之各户欠款，以 99% 与备抵呆账科目对转冲销，余付催收款项，但联行旧欠往来科目因系内部转帐性质，仍照各该户原欠额记账，以示经放行仍应负责相机催收。（3）该支行代收款项及未收款项科目，厚生堂、顺昌祥及张虎臣等户均系代收票据，因付款人拒绝兑付而原委托人又离蓉他往，以致无法通知清结，为敷实账面起见，已嘱将原列代收未收各款冲销，另按保管寄存品办法办理，一面仍应设法探明原委托人住址，以便通知取回原票据，俾资清结。（4）四川矿业公司贴现 90 万元及树德中学定押 6 万元，已于上年 11 月及 12 月先后收回；又建成面粉厂以原料小麦及成品面粉订借押透 150 万元，曾于 1943 年 5 月间经敝处函报四联总处提请第 178 次理事会核准展期 6 个月，上年 11 月到期，该厂为添置设备、增加生产，商将押透额度增为 200 万元，续再展期 6 个月，亦经该支行陈由敝处函报四联总处提请第 204 次理事会核准，并以该厂押透一再展期，经嘱于此次展期期满时务必如数收回，如有续做必要，须经过若干时期再行陈请核办在案；至该厂押透自 1941 年 4 月起支用、翌年 12 月始行订约一节，系何缘由，已饬该支行查明具报，容俟得复，再行转陈；再，关于该支行押透各户超过额度以及逾期各节，遵已严饬纠正，嗣后务须恪遵法令及行章办理②。

① 中国银行总管理处致重庆分行函(1944 年 3 月 23 日)，渝档：028713376。
② 中国银行总管理处致财政部函(1944 年 3 月 24 日)，渝档：028713376。

很显然,在未等到成都支行正式整改意见和确实整改结果的情形下,中国银行总管理处便直接回复了财政部;而中国银行总管理处对重庆分行的指示,实际又为成都支行的应对定下了基调。从时间上看,这样确实提高了效率;但从实际结果看,这种做法又未必是反映了成都支行的真实情况,其中也暴露出现场检查存在某些疏漏,这与财政部对于监理官办公处的授权不足有一定关系。

第三节　商业银行信息披露[①]:以抗战前为例

商业银行信息披露的目的大致可概括为两个方面:一是从银行经营角度看,银行为保管运用社会资金之公众机关,其影响关系至为密切,"欲使往来顾客及一斑(般)社会明瞭其确实可靠,自非将营业状况公布于世,不足以表示业务之隆替及其交易之盛衰,藉以博取社会之信用焉"[②]。更有业内人士明确提出,"博得社会信用之道,在于银行当局以银行真实状况直接报告于股东,并公开于社会"[③]。二是从银行监管角度看,银行犹如经济社会的心脏,假如"银行之营业而不确实也,则根本未固"。一旦银行"误放资金、贪图厚利、滥发纸币",则"一旦图穷匕见,不独营业受其顿挫,而社会亦难免于恐慌"[④]。

1908年清度支部奏准公布的《银行通行则例》第5条规定:"凡银行每半年须详造该行所有财产目录及出入对照表,呈送度支部查核。"第6条规定:"凡银行每年结帐后,须造具出入对照表,详列出入款项总数,登报声明或以他法布告,俾宗周知。"[⑤]可见,银行除了将有关营业状况按时报告监管当局外,还必须向社会公告,以接受社会公众的监督。然而,监管当局虽然对银行营业状况的布告有要求,但内容只规定了"出入对照表"一种,而且方式除了登报外,还有别的选择方式,有很大的变通余地。最为关键的是,如何才能判定贷借(出入)对照表的正确性。时人认为,"欲使公众能达其舆论监督之目的,则贷借对照表之内容,又以正确为必要";"在法律上对于诈伪之陈述、不正确之记载,虽加以罚款之制裁,然

---

① 商业银行信息披露是指商业银行依法将反映其经营状况的主要信息,如财务会计报告、各类风险管理状况、公司治理、年度重大事项等,真实、准确、及时、完整地向投资者、存款人及相关理由人予以公开的过程。参见《银行监管比较研究》,第166页。

② 沧:《论银行营业报告公布之必要》,《银行周报》1卷31号,1917年12月25日。

③ 姚崧龄编著:《张公权先生年谱初稿》(上册),(台北)传记文学出版社1982年版,第100页。

④ 王显谟:《论银行之监督与公告》,《银行周报》5卷16号,1921年5月3日。

⑤ 清度支部银行通行则例(1908年),《中华民国金融法规档案资料选编》(上),第145—148页。

实际上之状态，其公布时殊难取信”，并建议引入在欧美各国行之已久的会计师制度[①]。

为加强对银行的监督，并鉴于各省官银钱行号“比年以来发行钞票毫无限制，以致价值日落，国计民生交受其困”，财政部于1913年12月19日公布《各省官银钱行号监理官章程》，设置银行监理官派往各省分驻官银钱行号，监视一切[②]。应该说政府监管部门为及时掌握和监督银行营业状况，采取了一定的组织措施，但监理官的设置，其实际效果并不理想，“监理官之职务在名义上固属如是，而实际上则彼监理官固鲜有克尽其职责者也”。况且，关于监理官的有关规定当时仅适用于官银钱行号，对一般的商业行庄并不适用。从这一意义上说，欲知“中国今日之银行其营业确实与否，决不能以监理官为保证”[③]，公开的信息披露仍然显得十分重要。

1914年1月13日北京政府农商部颁布的《公司条例》第181条规定：“各项簿册，经股东会承认后，董事应将贷借对照表公告。”[④]问题在于，此处所谓的“公告”，其概念实际上是比较模糊的。1914年3月2日北京政府农商部公布的《商人通例》第27条规定：“商人于开始营业及公司于设立注册时，又每届结帐时，均应造具动产不动产债权债务，其余财产目录及贷借对照表，记载于特设之帐簿。”[⑤]这与正式的信息披露还有很大的差距。

事实上，当时在新闻媒体正式披露信息的银行很少，而信息披露的主要内容是营业报告。“营业报告为报告一定时期内营业上所发生之财产增减变化，使世人得知其财产之状况及营业之情形。”[⑥]营业报告的主要项目包括“损益表”（或称“盈亏表”）和“贷借对照表”（或称“存该对照表”）。就“损益表”和“贷借对照表”二者之关系而言，前者对出资者有较为密切的利害关系，而后者则与债权人关系更为重要。对银行来说，股东是出资人，存款人是债权人。股东在银行有出资关系，银行的损益对自身财产的影响极大，必定会认真审核“损益表”，并以此判定是否保持其股票继续投资。存款人则可以根据银行所发布的“贷借对照表”，了解银行的存款总额、现金准备比例及放款之性质与稳实程度，并以此决定

① 沧水：《银行之监督》，《银行周报》4卷27号，1920年7月27日。
② 各省官银钱行号监理官章程(1913年12月19日)，《中华民国金融法规档案资料选编》(上)，第165—166页。
③ 王显谟：《论银行之监督与公告》，《银行周报》5卷16号，1921年5月3日。
④ 《中华民国史档案资料汇编》第三辑“农商”(一)，第36页。
⑤ 《中华民国史档案资料汇编》第三辑“农商”(二)，第783页。
⑥ 何育禧：《各银行之报告书观》，《银行周报》6卷39号，1922年10月10日。

将来是否继续存款;如果存款人因不知晓银行的相关内容而怀疑虑,或听信外界的传言,可能改与其他银行交易,则银行就会失去顾客。由此可见,"操银行业者为昭示信用计",宜将"贷借对照表"和"损益表"明确公布①。当然,还要考虑贷借对照表的相对可读性,有业内人士表示,"虽专门研究银行之吾辈,殆不易察知其内容,而况社会公众未具专门智识者,其能有此辨别之能力乎?"②

那么,银行营业报告质量究竟如何呢?《银行周报》在1921年创刊200期时曾编有一期《银行年鉴》增刊,共向38家银行收集了营业报告书。有人据此进行了专门的分析,发现有下列诸方面需要改进:

第一,名称必须统一。各报告书不仅会计科目名词互相歧异,即便是最基本的报表名称,也因法律制定时间不同,或习惯的原因,而有较大的差异,如《银行通行则例》规定的"出入对照表",以及《公司条例》规定的"贷借对照表",其实是同样的意义。而在各行营业报告书中,共有8种称谓。使用"贷借对照表"的,有浙江兴业银行、上海商业储蓄银行、华孚商业银行3家;使用"资产负债表"名称的占最多数,共计29家,包括中国银行、交通银行、盐业银行、浙江地方实业银行、中孚银行、聚兴诚银行、中华银行、金城银行、新华储蓄银行、东亚银行、东莱银行、东陆银行、山东银行、常州商业银行、北京商业银行、五族商业银行、山东工商银行、大宛农工银行、新亨银行、大生银行、中国实业银行、苏州银行、华大银行、正利银行、华丰银行、杭县农工银行、北洋保商银行、大陆银行、淮海实业银行;此外还有使用"资产负债对照表"名称(杭州道一银行)、"存该对照表"(江苏银行)、"负债资产对照表"(永亨银行)、"存欠表"(四明银行)、"综结"(中国通商银行)、"存欠总结"(广东银行)等6种名称的。

至于《公司条例》所称的"损益计算书",从各行营业报告书看,共有9种称谓。凡用"贷借对照表"名称的均用"损益计算书",如浙江兴业银行、上海商业储蓄银行、华孚商业银行;例外的是杭州道一银行,既用"资产负债对照表",亦用"损益计算书"。凡用"资产负债表"名称者,并用"损益表"名称的,共26家银行,即中国银行、交通银行、盐业银行、中孚银行、聚兴诚银行、中华银行、金城银行、新华储蓄银行、东莱银行、东陆银行、山东银行、常州商业银行、北京商业银行、五族商业银行、山东工商银行、大宛农工银行、新亨银行、大生银行、苏州银行、华大银行、正利银行、华丰银行、杭县农工银行、北洋保商银行、大陆银行、淮海实业银行;此外还有使用"损失利益表"(中国实业银行)、"盈亏表"(浙江地方实业银行、

---

① 沧:《论银行营业报告公布之必要》,《银行周报》1卷31号,1917年12月25日。
② 徐沧水:《论银行恐慌之应预防》,《银行周报》6卷8号,1922年3月7日。

江苏银行）、"损益对照表"（永亨银行）、"盈亏帐"（东亚银行）、"进出表"（四明银行）、"彩结"（中国通商银行）、"进支总结"（广东银行）等7种名称的。

第二，应造具财产目录与公积金及盈余分派议案。根据《公司条例》第178条及《银行通行则例》第5条规定，银行均必须造具"财产目录"。各银行营业报告书中，造具"财产目录"的银行，只有浙江兴业银行、华孚商业银行、山东银行、东莱银行4家，其他银行均未具备。《公司条例》第178条第5项还有应"造具公积金及盈余利息分派之议案"的规定，从各银行营业报告书看，其造具"公积金及盈余利息分派之议案"或"说明表"的，共计有20家银行：浙江兴业银行、上海商业储蓄银行、盐业银行、浙江地方实业银行、中华银行、金城银行、广东银行、中国实业银行、杭州道一银行、大生银行、新亨银行、山东工商银行、五族商业银行、北京商业银行、常州商业银行、山东银行、东陆银行、永亨银行、东亚银行、淮海实业银行。

第三，宜附译英文。"报告书附译英文以备外国人之检阅，而各表示其营业之实际与财产之真相，实为必要之举。所以昭信于外国人而增进其国际往来上之地位者也。"从各行营业报告书看，全部译为英文或中英文并列对照的，计有14家银行：交通银行、上海商业储蓄银行、盐业银行、中孚银行、金城银行、江苏银行、北洋保商银行、华丰银行、新亨银行、山东工商银行、五族商业银行、北京商业银行、东亚银行、淮海实业银行。

此外，需要进一步改进之处还有：营业报告不宜过于简略，亦不可过于冗繁；报告书应附列营业成绩历年比较表等。至于会计科目的名词及排列应如何整齐划一，则显得更为重要①。

至1922年，各银行的营业报告书改进并不明显。根据当时《银行周报》收集到的40家银行营业报告看，其中，遵照《公司条例》规定，援用"贷借对照表"及"损益计算书"的法定名称并造具盈余分配案的，惟有浙江兴业银行、浙江实业银行、上海商业储蓄银行、常州商业银行、民新银行、浙江储蓄银行等数家银行；"而其排列整齐、印刷鲜明并能利用空白地位，将重要职员名录及营业种类与通汇地点、分行所在地等项要件载出，令人注意并有审美之观念者，当推浙江兴业银行与上海商业储蓄银行为其最"。会计科目名词的统一问题，虽有上海银行公会会计科目名词研究会曾提出一些建议，并由《银行周报》刊印单行本，但收效仍不明显。甚至还有上海惠工银行的营业报告出现明显错误，在"损益表"中将"利益"一方排为"负债类"，"损失"一方排为"资产类"，中英文对照均如此。时人感叹

---

① 以上分析均见沧水：《银行报告书之各面观》，《银行周报》5卷19号，1921年5月24日。

道："夫以营业报告书之形式及会计科目之名词,彼各银行且不能各为自动的兴革,以谋统一,是则遑言金融事业、银行制度之革新改善耶。"①

北京政府时期,中国银行业有了较快发展,营业状况亦日见进步,但各家银行的会计制度差异较大,所用科目名词尤多歧异。如"股本"一词,有的称为"资本",有的称为"资本金";再如"往来存款"一词,或称为"活期存款",或称为"短期存款",性质相同但名称差异极大。有鉴于此,上海银行公会于1920年组织名词研究会,"研究统一方法",并编辑了《银行会计名词》一书,由上海银行周报社刊行②。1921年5月,第二届全国银行公会联合会在天津举行,由上海银行公会首先提议统一银行会计科目名词,而各地银行公会亦多组织会计研究会从事研究。1922年4月第三届全国银行公会曾集会于杭州,1923年4月第四届全国银行公会联合会开会于汉口,均经议及此案,讨论结果,将各埠公会所编之会计科目名词及审查报告书作为根据,由京津沪汉四公会各推人员,就北京组织审定会,并限于6月底以前由北京银行公会定期召集。至1923年9月,即在京举行银行科目名词审定会,按照各公会所编普通一般银行所用之会计科目名词,根据学理、习惯、事实逐一审定,编订银行会计科目名词一套。1924年4月,第五届全国银行公会联会在北京召开,由武汉银行公会援案提出,复经大会详细审定,并限于7月1日起,所有全国银行公会会员银行,一律通行。有人对1924年部分会员银行的营业报告进行分析后认为,"各入会银行虽已有仿而行之,但尚未曾一致采用",如资本科目,银联会所审定者是"资本总额"(兴业、浙江实业、金城采用),但银行也有用"股本"(中孚、盐业、中华、永亨)或"资本金"(东莱)或"法定资本金"(广东、东亚)或"股本总额"(中南、农商)者;再如公积科目,银联会所审定者为"法定公积金"(浙江实业、大陆、中华采用),但银行也有用"公积金"(兴业、盐业、中孚、东莱、中南、农商、永亨)或"盈余积项"(广东、东亚)等,还有如中国通商银行则依然沿用旧式账略③。

造成商业银行信息披露质量不甚理想的状况,除了会计制度不统一等原因外,实际上还有一些其他方面的原因。1927年10月,有人在《银行周报》撰文尖锐指出"至今尚未见多数银行厉行真正的经济公开";并认为造成"未有相当之公开",原因有三：一是由于"银行组织为狭隘的公司(close corporation)"。中国的银行虽号称公司组织,股本大半实际是由发起人分认的,外界人士认购者极少,

---

① 沧水：《银行营业报告书之改善如何》,《银行周报》6卷23号,1922年6月20日,第1页。

② 徐沧水：《上海银行公会事业史》,上海银行周报社1925年,第3页。

③ 子明：《银行会计科目名词审定后各银行之营业报告书观》,《银行周报》9卷14号,1925年4月21日。

股东间彼此熟识、彼此信任，除物的信用（投资额）外，兼有人的信用，内部牵制组织并不十分重要，"更无论经济公开矣"。二是由于"社会人士之忽视"。我国私人实业的经济一向保守秘密，百姓的商业交易意识不强，会计知识也有限，"不知银行经济公开之重要"。三是"银行有时投资于特种营业不能公开"。我国工商业正在萌芽时代，兼之变乱频仍，需用大批资金者为数尚不多，因此银行资金常有过剩的担忧，在"投资既无善法，而资金复不能任其搁置"的情况下，就会转向买卖有价证券、国外汇票、生金银等投机事业。然而投机事业的风险极大，偶有不慎，就很可能造成巨大的亏蚀，且易引起社会疑虑。银行为维系信用起见，不得不尽量掩饰。由于银行公司组织正逐渐由狭隘的公司转变为开放的公司（public corporation），商业教育也日渐发达，对银行信息公开的要求日益增强。而要真正做到公开，则应当借鉴欧美银行的做法，"聘请熟悉银行情形及有会计上之充分学识经验之专家，定期的或不定期的监查，凡营业之是否合法、准备之是否充实、帐册之是否正确，俱由会计师查核证明，然后将已证明之贷借对照表、损益计算书、财产目录等公布，俾社会人士均能明瞭各该银行之实情"[1]。这一见解，即便从今天的眼光看，也是比较先进的。

1931 年南京国民政府公布的《银行法》第 18 条规定：每营业年度终，银行应造具营业报告书，呈报财政部查核，并依财政部所定表式，造具资产负债表、损益计算书公告之；如系有限责任组织之银行，除遵照前项办理外，并应填具公积金及股息、红利分派之议案，登载总分行所在地报纸公告之[2]。但这一《银行法》并未真正实施。问题还在于，财政部虽令银行须同时向财政部报告，并对外公告，但对公告方面则并未有明确具体的要求。"以是多数银行，仅视公告为一种单纯之免责行为，不加重视，非特公告格式各行其是，漫无标准，即科目内容，亦详略不同，毫无规律可言，或竟为过度之集约，使人无法窥其真相，或故用意义含混之科目，藉以蒙蔽其弱点"。因此，要真正提高商业银行信息披露的质量，必须以法律切实规定银行的公告义务，并制定合理、清晰的统一格式，"其经营之优劣、资力之强弱，当可立即分辨，无丝毫之遁迹余地"[3]。

1947 年 9 月 1 日公布施行的《银行法》第 38 条规定："银行每届营业年代终了，应将营业报告书、资产负债表、财产目录、损益表、盈余分配之决议或议案，于

---

① 潘序伦：《我国银行经济公开之必要及办法》，《银行周报》十周年纪念刊，1927 年 10 月 11 日。
②《中华民国金融法规档案资料选编》（上），第 575—576 页。
③ 徐永祚：《银行公告资产负债表应有标准格式之建议》，《银行周报》20 卷 19 号，1936 年 5 月 19 日。

股东同意或股东会承认后十五日内,呈报中央主管官署查核。"①值得注意的是,这一规定强调了银行向主管机关的报告制度,但对信息的公开披露则未提及,这倒是耐人寻味的。

第四节　银行监理官制度

中国之有银行监理官,应当始自晚清户部银行改为大清银行之时。1908年,度支部尚书载泽就改户部银行为大清银行并厘定各银行则例专门上奏,所附的《大清银行则例》共24条,得到了光绪皇帝同意。其中第15条明确规定:"度支部特奏派监理官二人,监理大清银行一切事务。监理官应随时检查大清银行之票据、现金及一切帐簿。监理官得出席股东总会及其他一切会议,陈述意见,但不得加入议决数。度支部视为应行查核时,可随时派员会同监理官查核大清银行一切事务。"②1909年,度支部核准大清银行根据《大清银行则例》拟订的《现行详细章程》共40条,其中第17条载明:"度支部奏派监理官2员,得以随时检查本行票据现金帐簿等项,如度支部有应行查核事件,并可随时派员会同来行查核。惟贸易事业公家不得干预。"③

度支部同时还尝试在专业银行中特派监理官。与《大清银行条例》同时奏准的《殖业银行条例》第29条规定:度支部就地方官中特派殖业银行监理官,监视一切事务;监理官应随时检查殖业银行之帐簿、现款、准备金、债票发行额等项,详细呈报度支部;监理官不得藉端索费及妨害银行利益,并不得干预银行业务。如银行实有危险,或违背则例情事,只可禀部听候查办制裁④。

北京政府成立后不久,对设立中国银行监理官从制度上进行了完善,颁行了关于银行监理官的专门规定。1913年4月28日,作为银行业监管的主管机关,财政部公布了《中国银行监理官服务章程》,其主要内容包括:中国银行监理官承财政总长之命,监视中国银行一切事务;须随时检查中国银行各种簿记及金库,每星期内至少一次;得随时检查中国银行兑换券发行数目及准备情况;得随

① 《中华民国金融法规档案资料选编》(上),第746页。
② 度支部尚书载泽折——改户部银行为大清银行并厘定各银行则例(光绪三十四年正月三十日),《中国近代货币史资料》第一辑,第1047页。
③ 孔祥贤:《大清银行行史》,南京大学出版社1991年10月版,第81页。
④ 清度支部奏准殖业银行则例(光绪三十四年正月十六日),《中华民国史档案资料汇编》第三辑"金融"(一),第28—29页。

时检阅中国银行各种票据及一切文件；得随时质问银行事务一切情形，如认为必要时，得请银行编制各种表册及营业概略，并由中国银行总裁署名盖章；每月初五以前，须将上月内检查情形，详细编制检查报告书，呈报财政总长；对于中国银行业务，认为有违背则例及章程，或不利于政府之处，须从速报告财政总长；得陈述改良银行一切事务意见于财政总长；中国银行监理官得出席股东总会、银行总会、行务会、监事会及各种委员会，陈述意见，惟不得加入表决等①。1914 年，"因各省分行逐渐增设，检查事务又极繁多，非一人所能兼及，且上海为金融总汇之区，关系重大"，财政部又增派了一名监理官驻中国银行上海分行②。

　　在中国银行实行监理官制度的同时，为进一步加强对银行业的监管，财政部决定进一步扩大银行监理官的设置范围，监理范围从单个银行扩大至各省官银钱行号。1913 年 10 月 22 日，为报批各省官银钱行号监理官章程，财政部专门向大总统袁世凯呈文提出：各国制度凡属有发行权之银行，政府常特派专员严行监视；中国银行则例中有监理官之设，其用意亦在乎此；并建议"仿照此例，特派监理官前往各省，分驻官银钱行号，监视一切，以为改革币制、清理财政之预备"。该呈文同时附录了《各省官银钱行号监理官章程》，规定监理官承财政总长之命，监视各省官银钱号一切事务；监理官得随时检查各省官银钱行号各种簿记及金库、各省官银钱行号钞票发行数目及准备情况等；该章程还特别强调："官商合办之银钱行号，亦适用本章程之规定。"该章程于 1913 年 11 月 7 日经大总统袁世凯批准施行，同年 12 月 19 日财政部以部令第 300 号公布③。同一天，即1913 年 12 月 19 日，财政部还公布了《各省官银钱行号监理官办公规则》，主要内容包括：监理官月薪除兼任者不另行支给外，其余均由财政部支给；监理官得于所监理之官银钱行号内设办公处一所；凡专任之监理官，得雇用查账员 1～2人，其每月薪水总额不得过 80 元；凡兼任之监理官得指定该管机关职员兼充查账员，酌给津贴，或另行雇用查账员一人，但其津贴或薪水之总额，每月不得逾40 元；监理官因公务之必要，得随时指挥该管官银钱行号人员帮同办事；监理官雇用的查账员薪水支出，以及因公务需用邮电、纸笔费，均准实支实销，并由各该

---

① 财政部公布中国银行监理官服务章程(1913 年 4 月 28 日)，《中华民国史档案资料汇编》第三辑"金融"(一)，第 41—42 页。

② 《中华银行史》，第 2912 页。

③ 财政部为报批各省官银钱行号监理官章程致大总统呈稿(1913 年 10 月 22 日)，《中华民国史档案资料汇编》第三辑"金融"(一)，第 42—43 页。

管银钱行号开支①。

时隔不到一年,财政部再次将银行监理官的监理范围,扩大至官商合办的银钱行号以及所有发行纸币的商办银钱行号。1914年3月20日,财政部就修订监理官监理范围,专门向各省民政长和各省官银钱行号监理官发布了第536号训令:"查各省官银钱行号监理官章程第十二条内载,官商合办之银钱行号亦适用本章程之规定,兹由本部更加修正,改为官商合办之银钱行号及发行纸币之商办银钱行号,亦适用本章程之规定,业经呈奉大总统批准在案。"②

北京政府时期对银行监理官制度的第三次改进,是将监理范围扩大至外国在华发行银行。1920年10月13日,财政部币制局为监视外国在华发行银行,提请国务会议在其中添设监理官,并考虑首先在华义银行中实行。华义银行系由中国和意大利两国商人集资设立,额定资本1 000万元,收足500万元开业,中、意商人各认半数。该行有发行纸币之权。币制局提出:"拟比照各省官银钱行号成例,派监理官一员,前往驻行检查。"理由是:《各省官银钱行号监理官章程》第1条内载,监理官承财政总长之命,监视各省官银钱行号一切事务;又第12条内载,官商合办之银钱行号及发行纸币之商办银钱行号亦适用本章程之规定。而华义银行作为商业银行,同时又有纸币发行权,按照规定当然可以派监理官前往检查,况且现在国内各外国银行及中外合资银行发行纸币者为数不少,检查一事最为困难。"此例一开,将来对于其他外国在华之发行银行亦可随时商酌办理,似于整理币制前途不无裨益。"此案经国务会议议决照办③。

南京国民政府建立以后,对北京政府时期实行的银行监理官制度起初并不看好,财政部钱币司认为"已往之监理官于行使职务及检察方面,并无显著之效率",因此在对各发行货币银行审批中,除农商银行和四明银行两家银行外,均未委派银行监理官。1936年5月,财政部钱币司提出:银行监理官的设置,目的是为了监管所在行的货币发行;既然实行法币改革后,发行权已经集中到中、中、交三行,自然失去了向商业银行派驻银行监理官的必要,并应撤回原先派往农商、四明等行的监理官;但考虑到"现在各省省银行组织,与从前官银钱行号性质相似,其兑换券发行准备,自实行法币后,虽经迭令依法交出,但因各地市面之需

① 财政部各省官银钱行号监理官办公规则(1913年12月9日),《中华民国金融法规档案资料选编》(上卷),第169页。
② 财政部关于修订监理官监理范围训令稿(1914年3月20日),《中华民国史档案资料汇编》第三辑"金融"(一),第44页。
③ 财政部币制局为开监视外国在华发行银行先例提请添设华义银行监理官说帖(1920年10月13日),《中华民国史档案资料汇编》第三辑"金融"(二),第1075页。

要,仍有发行角票或铜元票情事。可否依照江苏银行监理官成例,对于发行角票及铜元票之省银行,由部遴派妥员实地监理,俾资整饬"。财政部同意了钱币司的建议,并由钱币司会同参事厅共同拟具了《各省省银行监理官章程》[1]。

为适应抗日战争进入相持阶段后的形势需要,财政部于 1939 年 3 月召开第二次地方金融会议,就行政院提出如何维护币制信用的议案作出决议:"省地方银行发行事务,应由财政部派员常川驻行监督办理。"财政部认为:"抗战时期,省地方银行之任务与平时不同,为促进其努力服务,完成其应尽责任起见,此项监理员应监督省地方银行业务及发行两项,以副政府推行政策希望。"为此,财政部拟订了《省地方银行监理员章程》,并于 1939 年 5 月公布施行[2]。

《省地方银行监理员章程》规定:省地方银行监理员的职权包括监督、检查银行的业务、资负状况,以及审核检查发行或领用一元券、辅币券的数目、准备金等。监理员对于所监理之银行,认为有违背法令及章程,或其行为有害公益时,应从速密呈财政部核办。监理员对于改善银行一切事务,得陈述意见于财政部。同时规定,监理员不得有下列各款情事:(1)向监理之银行借贷保证或买卖证券动产不动产;(2)向监理之银行推荐人员或关说请托关于银行业务事项;(3)与银行串通舞弊或收受贿赂;(4)泄漏关于银行事务之秘密;(5)为变更或捏造事实之报告。监理员如有上列条款情事之一,并经财政部觉察,或被人控告经部查有实据者,除撤职外,并依法惩处[3]。

1942 年,财政部对银行监理官制度作了进一步调整,除将监理范围扩大至重要商业银行外,还在各重要都市设立了监理官办公处,作为财政部的监管派出机构。1942 年 7 月,国民政府财政部公布了《财政部派驻银行监理员规程》、《财政部监理官办公处组织规程》以及《财政部银行监理官办公处办事细则》三项规定,以取代以前颁布的《省地方银行监理员章程》。根据这些规定,财政部为实施金融政策、加强管制全国银钱行庄业务,于重庆以外各重要都市设置银行监理官办公处,于省地方银行及重要商业银行设置派驻银行监理员[4]。

1944 年 12 月 14 日,行政院下达训令,银行的监督管理由财政部直接办理。

---

① 钱币司为拟订省银行监理官章程草案与参事厅往来函(1936 年 5~6 月),《国民政府财政金融税收档案史料(1927~1937 年)》,第 631—632 页。
② 财政部就地方金融会议有关维持法币信用暨各省地方银行发行一元券等事项并附送省地方银行监理员章程咨函稿(1939 年 5 月 26 日),《中华民国史档案资料汇编》第五辑第二编"财政经济"(四),第 639—640 页。
③ 《中华民国史档案资料汇编》第五辑第二编"财政经济"(四),第 640—641 页。
④ 《中华民国金融法规档案资料选编》(上),第 663—666 页。

县银行部分授权财政厅执行。各区银行监理官办公处撤销,改为某某区银行检查处,专负银行检查及纠举之责。各区银行检查处设处长一人,由财政部派充;副处长一人由当地中央银行经理兼任①。随即财政部制定了《财政部授权中央银行检查金融机构业务办法》以及《财政部授权各省财政厅监理县银行业务办法》。至此,银行监理官制度终告结束。

如果从银行监理官的工作内容看,其前期主要是"密陈奏报"所在银行的重要情况和信息,特别是货币发行方面的情况,并根据实际情况提出有关的意见或建议;抗战中期以后,特别是设立银行监理官办公处以后,银行监理官的工作还包括行使监管派出机构的职权。

晚清时期币制混乱,至北京政府时期,币制仍旧紊乱,特别是 1918 年直隶于国务总理的币制局复设后,银行监理官的职责开始向"专理币制"发展。币制局钞券处通过指令方式指挥监督各省官银钱行号监理官的业务,各地监理官再以密陈奏报的方式向财政总长和币制局反映币制整理情况。如 1914 年 1 月,根据各省官银钱行号监理官报告,各省官银行"有未经本部核准私行订印各情事,殊属目无法纪",财政部并于 1 月 21 日训令各省民政长"亟应严申告诫,设法取缔"②。1915 年 2 月,财政部指令密查天津敦庆长等银号私发纸币的有关具体情况,署直隶银行监理官张师敦"遵即四出调查,密为探听",并于 4 月 29 日将敦庆长等 9 家发行钞票及资本数目详细报告财政部③。此外,张师敦还进一步提出了"恩威互用、标本并治"的建议,包括"施人以恩,使其有所感化也","严之以威,使其得知儆惕也","树之以标,使其随时破获也","治之以本,使其无可凭藉也"等。他还建议从印钞源头入手,"咨行外交部,商明各国公使转饬领事,饬令在津商民,无论开设石印局,或开设日报馆,只要有印字机器者,一概不得再造纸币,并咨行直隶巡按使饬令警察厅,严饬侦警,随时防范,来源既绝,作俑无由"④。1915 年 10 月,吉林官银钱号兼东三省官银号监理官李启琛在奉天考察纸币情形后向财政部报告说:"省城商发纸币,除兴业为官商合办之营业外,黑龙江官银号流入奉省之纸币,尚无确数……至若各县商民私出之屯帖、凭飞,在在皆是,数

---

① 行政院关于抄送加强银行监理办法令(1944 年 12 月 14 日),《中华民国金融法规档案资料选编》(上),第 687—688 页。

② 财政部关于严禁官私立银钱行号私发纸币致各省民政长训令稿(1914 年 1 月 21 日),《中华民国史档案资料汇编》第三辑"金融"(一),第 79—80 页。

③ 张师敦报告密查天津敦庆长等银号私发纸币情形并拟善后办法致财政总长密详(1915 年 4 月 29 日),《中华民国史档案资料汇编》第三辑"金融"(一),第 609 页。

④ 同上书,第 611—612 页。

目无从稽察，税课官款均听交纳，各有市价，随时涨落。"他提请财政部同时还要关注日币势力，"彼之膨胀力愈大，我之抵制力愈微，若不通盘筹划，设法变通以图自立之地，金融之权将尽入日人之手"①。

就银行监理官个体而言，履行职责有时相当艰难。1914 年 7 月，北京政府财政部在派员清查奉吉黑三省驻津分号情形时发现，监理官陈培龙在奉令立即查封兴业银行纸币时，遇到了很大的阻力，"始则与该银行相商，竟被驳拒；继则以究竟应封与否，请示本省巡按使酌定，复被拦阻，至今尚未遵办，亦未查验一次，毫不知其内容。其按月报部表册，仅凭该银行一面造送，该监理官不过据以转报，并未核实，难保不无隐匿，虽非容心出此，实属懦弱无能"。最后只得将陈培龙"调部另用"，并就近"调吉林监理官方尚义兼任，俾资熟手"②。1923 年财政部币制局派蒉延芳任中国通商银行监理官，但中国通商银行董事长傅筱庵以"币制局委派监理官与洋经理职权两相抵触"为理由加以拒绝。双方坚持不下，后来还是币制局将蒉延芳调回北京才算了结③。1924 年，河南省银行向财政部印刷局订印银元票 1 000 万元，"事前未经呈由地方长官咨请中央核准办理，已属不合，而前任监理官驻行专任检察事宜，亦未觉察呈报，亦属有溺职守"④。

银行监理官办公处设立后，情况有所好转，明显的标志之一，就是经费问题得到初步落实。

孔祥熙曾强调："员工生活必须求其安定，否则不能安心服务也，不能有积极的办事精神。工作人员如果普遍不能安定，行政效率将受何等影响，故各主管对于部属生活，应予切实注意。"⑤尽管如此，费用问题仍然是一项困扰各银行监理官办公处的重要问题。

财政部派驻各地银行监理官办公处设立后，明确由各银钱行庄摊缴其监理费用。财政部规定：该项监理费用，由全国官办、商办及官商合办之银钱行庄，分别摊缴，每年各按实收资本总额 1‰解缴财政部，统筹支拨，本年度内暂按半

---

① 李启琛陈送奉省纸币情形及整理意见致财政部函(1915 年 10 月 16 日)，《中华民国史档案资料汇编》第三辑"金融"(二)，第 660—661 页。

② 巢凤冈报告清查奉吉黑三省驻津官银钱分号情形附送筹划整理奉省纸币事宜意见清折禀(1914 年 7 月 26 日)，《中华民国史档案资料汇编》第三辑"金融"(二)，第 633 页。

③ 《中国第一家银行》，第 39 页。

④ 耿文华陈复河南省前豫泉官银钱号纸币订印发行等情致财政部呈(1924 年 7 月 29 日)，《中华民国史档案资料汇编》第三辑"金融"(二)，第 741 页。

⑤ 孔祥熙官邸部务会议记录(1943 年 11 月 10 日)，二档：三(1)3353。

数收取①。这一规定发布后，虽已时逾多日，但仍有多家行庄尚未据遵上缴②。即便是国家银行，起初的缴纳也并非很及时。1943 年 6 月，财政部曾训令中国银行总管理处，按时解缴本应于 3 月份摊缴的该年度上期监理费③。

从当时世界各国设置银行监理机构的经费来源看，有由国家负担的，如比利时、瑞士等；也有由银行自行负担的，如德国、美国等。时人对此观点并非一致，有人就认为："监理银行系国家对银行加以管理，就银行之立场言，无异对银行施以一种约束；倘监理银行之机关，其经费反仰给被监理之银行，则监理工作直接间接难免受其牵掣，且银行负担监理费用，何异自己出钱管理自己，于理亦欠公允。"④

重庆市银行商业同业公会曾向财政部提出，希望另定统筹办法，准免向各行庄催缴。为此，1943 年 4 月 7 日，财政部以渝钱稽字 67471 号发出指令："查本部管理银行，向银钱业酌收费用，由部统筹支拨，原属规定性质，与美国银行检查费用由银行负担、我国商品检验费用向货主征取，情形正复相同，案经呈奉核准办理；现全国各地行庄已先后遵令缴纳，重庆为陪都所在地，更应切实奉行以为表率，所请未便照准，仍仰转知所属会员行庄，一体遵缴为要。"⑤

各地的银行监理官办公处，在战时交通、通讯不方便的情况下，起到了较好的下情上达和上情下传的作用。如，1943 年 11 月，江西源源长银号拟在原有资本 200 万元基础上，再增加 100 万元，将银号改称银行，并呈请财政部吉安区银行监理官办公处转呈财政部核准⑥。1944 年 3 月 1 日，财政部吉安区银行监理官办公处训令："兹奉财政部三十三年二月十一日渝钱戊字第 88326 号指令开：呈悉。该号拟增加资本为三百万元，业据中央银行吉安分行转报验资情形到部，查该号拟改称为江西源源长银行一节，依照本部三十三年一月规定，钱庄改称银行办法第三项之规定，自可准予核准；惟本部尚未据该号将增资变更注册应备各件呈部，应转饬遵照将修正章程股东姓名、籍贯、住址、已缴资本数目清册，及董监事姓名、住址、籍贯清册暨原领执照及注册费、换照费、印花等件一并呈核。"⑦可见，银行监理官办公处实际上行使了财政部派出机构的功能。

① 福建省政府府财乙字第 01406 号训令（1942 年 9 月 19 日），闽档：2431466。
② 中国银行总管理处致重庆分行业字第 8303 号快邮代电（1943 年 2 月 13 日），渝档：028713376。
③ 中国银行总管理处致重庆分行业字第 9202 号快邮代电（1943 年 6 月 26 日），渝档：028713376。
④ 邱正爵：《论我国现行银行监理制度》，《财政评论》第 10 卷第 5 期，1943 年 10 月。
⑤ 重庆市银行商业同业公会行字第 63 号通知（1943 年 4 月 13 日），渝档：028713376。
⑥ 江西源源长银号无限公司呈（1943 年 11 月 30 日），沪档：Q29115。
⑦ 财政部吉安区银行监理官办公处训令办字 787 号（1944 年 3 月 1 日），沪档：Q29115。

1944年9月，成都区银行监理官办公处在检讨成立以来该处业务方面的贡献时，即认为约有下列数端：(1)取缔业务不正当、未曾办理注册之违法行庄，自本处成立以来取缔未经注册及违反行庄，计有中万利、鑫丰、亚通、隆信、永通、裕源、浚源等数家；(2)严格查禁逃缴准备金，上年度普查蓉市行庄，查有逃缴存准金实据，处以罚金者有永利、泛泰、云南实业、克胜、光裕等数家，今年度企图逃缴者已不多见；(3)取缔银行及从业人员兼营商业，去年度普查时，各商业行庄大都开设划子兼营商业，经本处分别处罚及纠正后，本年度此种情形已不多见，而本年度物价较上年度亦稳定不少[1]。

但总体而言，银行监理官办公处的实际运作也不是十分理想。1944年，南京国民政府财政部稽核室官员李兴周奉令考察成都区银行监理工作时，发现该处在内部管理方面人员不足，而且分工太细，职责也不明确，风气"散漫弛懈"，全处除监理官及专员外，计稽核8人、办事员11人、雇员4人，"分总务、审核、督导、检查、调查、编讨等六组"；检查报告"例由雇员誊写，核拟办法，撰拟文稿之事，多由办事员承办"，工作简单应付，"部中有令多录令转行银行，来呈多据呈转报"；在银行监管方面，检查面有限，效率不高。成立一年半以来，214家应检查银行中，"业经办公处派员检查者145家"，尚未开始检查者69家，而且这种情形居然"较之其他各区，尚无逊色"。在总共239次检查中，有"四分之一均于开始检查以后历时一月以上，始有报告送核"；就报告送核与公文转部日期而论，"统计延期在一个月至三个月以上者亦占四分之一"。225家被监管机构中，有22家从未造送过报表[2]。

设立银行监理官制度，通过银行监理官贴近监管对象，以及时了解掌握被监管银行的相关业务信息，主要目的还是进一步延伸和弥补监管机构的监管"半径"的不足。平心而论，这一设计还是煞费苦心的，应该说也具有相当的科学性。但是，制度的设计与制度的实际运作，有时还是存在相当的距离；特别是在近代中国经济落后、战乱频仍的情况下，如果缺乏相应的配套措施，包括监管机构的权威性和独立性，监理官本身的高素质，与其他管理机关如中央银行的良好协调，严格的奖罚规定，以及充裕的经费保障等，制度的实际运作与制度设计的初衷往往未必完全一致，有时甚至会相去甚远。

---

[1] 财政部成都区银行监理官办公处第一次业务检讨会记录(1944年9月27日)，川档：民74115。

[2] 吴兴周考察成都区银行业务报告(1944年10月19日)，《中华民国史档案资料汇编》第五辑第二编"财政经济"(四)，第686—702页。

第九章 新中国成立之初人民政府对银行业的监管：以上海为例

1949 年，国民党政权结束了在中国大陆的统治，中国的社会环境、经济条件和金融制度安排都发生了非常巨大的变化，银行监管制度也相应发生了很大的变革和调整，并具有自身的特殊性。本章主要以上海为例，简要叙述从上海解放至 1949 年底银行监管制度方面的主要演变，同时也从时间结点上对此前各章的相关研究作出总结。

第一节 新金融体系的构建与金融的稳定

1949 年 5 月 25 日，上海获得了解放。上海是中国第一个大都市，在这里有着许多新式的工商企业，有着数十万熟练的产业劳动者以及无数企业从业人员；由于上海是中国第一个对外贸易口岸，全国的进出口贸易大部分经由上海吞吐；作为工商业输血管道的金融机构来说，上海也是处于全国中心的地位[①]。上海在经济金融上的地位如此重要，对其接收后的处置，自然成为关注的焦点。

上海解放当日，中国人民解放军即发布由中国人民革命军事委员会主席毛泽东和中国人民解放军总司令朱德签署的《约法八章》，其第 2 条称：保护民族工商牧业，凡属私人经营的工厂、商店、银行、仓库、船舶、码头、农场、牧场等，一律保护，不受侵犯，希望各业员工照常生产，各行商店照常营业。第 3 条则称：没收官僚资本，凡属国民党反动政府及大官僚份子所经营的工厂、商店、银行、仓库、船舶、码头、铁路、邮政、电报、电灯、自来水及农场、牧场等，均由人民政府接管，其中如有民族工商农牧业家私人股份经调查属实者，当承认其所有权；所有

---

① "两周经济"，《银行周报》33 卷 24、25 号合刊，1949 年 6 月 20 日。

在官僚资本企业中供职的人员，在人民政府接管以前，均须照旧供职，并负责保护资财、机器、图表、帐册、档案等，听候清点和接管，保护有功者奖，怠工破坏者罚；凡愿继续服务者，在人民政府接管后，准予量才录用，不使流离失所[①]。从上述规定中不难看出，对待国民党政权和大官僚所经营的银行，以及一般私营银钱业，人民政府的政策有着明显的区别，这种区别实际上也正预告了此后对待不同类型银行的处理方式。值得注意的是，对在官僚资本企业中供职的人员采取了较为宽容的处理政策，从而保证了正常业务的延续。

一、人民银行的建立与对旧银行的接管

确立中国人民银行在整个金融体系中的地位，是上海解放后首先采取的重要措施。1949 年 5 月 28 日，即上海正式解放后的第三天，中国人民银行华东区行发布通告："本行奉中国人民银行总行令于五月三十日成立，特此通告。经理曾山、副经理陈穆。"同日，中国人民银行上海分行通告："本行奉中国人民银行总行令于五月三十日成立，特此通告。经理陈穆，副经理谢寿天、虞钝根。"[②]

中国人民银行总行设在首都北京，下设西北（西安）、华东（上海）、中南（汉口）、西南（重庆）四区行，区行下设分行，分行下设支行、办事处、分理处、营业所等机构。华东区行设于上海，辖 14 个分行：苏南分行（无锡）、苏北分行（泰州）、山东省分行（济南）、济南分行（济南）、青岛分行（青岛）、胶东分行（莱东）、渤海分行（阳信）、皖北分行（合肥）、皖南分行（芜湖）、浙江省分行（杭州）、福建省分行（福州）、厦门分行（厦门）、南京分行（南京）、上海分行（上海）[③]。华东区行是一个管理及行政的机构，在总行领导下，统一领导华东区内各分行的工作，区行内设业务、会计、人事、秘书、检查、金融行政管理及经济研究 7 个处。解放初期，由于华东区行与上海分行同设一地，上海的金融行政管理工作，如打击金融投机、取缔非法金融活动、管理私营金融业等，都由区行金融行政管理处直接负责办理，上海分行不另设金融管理机构[④]。上海分行是业务机构，其内部设立了业务部（存放科、汇兑科）、合作储蓄部、服务处、信托部、公库部、收款处、市区办事处

---

① "人民解放军约法八章"，《银行周报》33 卷 22 号，1949 年 6 月 6 日。
② "中国人民银行沪行成立"，《银行周报》33 卷 22 号，1949 年 6 月 6 日。
③ 鹤夫：《一年来之中国金融业》，《银行周报》34 卷 8、9、10 号合刊，1950 年 3 月 3 日。
④ 中国人民银行上海市分行金融研究所编：《建国以来上海的银行工作》，上海市金融学会 1986 年（内部版），第 5 页。

(22处)、市郊支行、郊区办事处等①。

1949年6月21日,上海市银行公会向所属会员银行发出紧要通告,转达了中国人民银行上海分行总发号122号函:查本市自解放以来,秩序已臻安定,工商业日见开展,本行支票用途日广;兹为各行庄及各业收解上便利起见,各银行、钱庄、信托公司等,均可在本行开立存款户,以便收解②。人民银行的这一函件虽然表述较为平缓,但实际上具有相当的约束力。所有行庄在中国人民银行开设存款户,实际就表明中国人民银行已部分行使中央银行职能。当然,这仅仅只是开始。

6月27日,上海市军管会财经接管委员会金融处发布银钱字第7号训令:本处为巩固社会信用,保障存款人利益起见,各行庄公司应暂按下列规定,向中国人民银行上海分行缴存存款保证准备金:(1)各种活期定期存款(同业存款除外),一律按其总额10%缴存;(2)保证准备金依每周末之存款总额逐周调整,其调整手续于每周三前办理之;(3)保证准备金按中国人民银行上海分行所规定之同业存款存息,每月结算一次;(4)缴存或调整保证准备金时,须附送日计表一份备查。以上规定自6月25日起实行,同时为顾及实际情况,此次缴存日期宽限至6月30日为止③。

接管官僚资本银行,是上海解放后面临的一项重要任务④。为做好接管工作,中共中央华东局事先调了大批干部,在江苏丹阳进行集训,并拟订了实施方案。当时上海地区应予接管的官僚资本金融机构共有49个,包括四类:一是国家银行,即中央银行、中国银行、交通银行、中国农民银行、中央信托局、邮政储金汇业局及中央合作金库,共7个单位;二是省市银行,有上海市银行、江苏省银行、江苏省农民银行、浙江省银行、台湾省银行及全国省银行联合通讯处,共6个单位;三是其他官僚资本金融机构,有广东银行、山西裕华银行、亚东商业银行、中国建设银公司、联合征信所、票据交换所、6家钞票印制公司及19家保险公司,共31个单位;四是官商合办银行,有新华银行、中国实业银行、四明银行、中国通商银行及中国国货银行,共5个单位。

上海市军事管制委员会确定的对官僚资本银行的接管原则是按各银行的资本性质分别处理,即:(1)对国民党政府办的国家银行和省市银行以及四大家族

---

① 鹤夫:《一年来之中国金融业》,《银行周报》34卷8、9、10号合刊,1950年3月3日。

② "人民银行通知各银行在该行开立存款户",《银行周报》33卷26、27号合刊,1949年7月4日。

③ "金融处令行庄缴纳存款保证准备金",《银行周报》33卷28、29号合刊,1949年7月18日。

④ 《建国以来上海的银行工作》,第8—9页。以下关于接管官僚资本金融机构的内容,如无特别注明,均引自该项资料,第8—14页。

成员办的银行，依法接管，并没收其资本及一切财产；（2）对官商合办银行，没收其官股部分，派军事特派员监督审查其商股股权及资产负债情况。

接管后，对官僚资本金融机构的人员和机构，按照不同情况和实际需要，作了不同处理。

人员方面，根据工作需要及本人能力分别予以留用、调用，或动员其退休，或安排其参加学习，对上层人员中学有专长、精通业务的知识分子，经过审查，予以量才使用，派任适当职务。至 1950 年 4 月底，各官僚资本金融机构的工作人员，经人民银行接管留用的共有 5 501 人，占当时人民银行职工总数 6 019 人的 91.3%。各单位留用人数如下：中央银行 1 893 人，中国银行 491 人，交通银行 659 人，中国农民银行 677 人，中央信托局 188 人，邮政储金汇业局 444 人，中央合作金库 188 人，上海市银行 607 人，其他 354 人。

机构方面，分为以下三种情况：（1）停业清理的有中央银行、中国农民银行、邮政储金汇业局、中央信托局的银行业务部分、中央合作金库、上海市银行、江苏省银行、江苏省农民银行、浙江省银行、台湾省银行、全国省银行联合通讯处、广东银行、山西裕华银行、亚东商业银行、中国建设银公司，以及后来发现官僚资本的敦裕钱庄，还有官商合办的中国国货银行，由于帐册不全，资金外逃，无法复业，予以清理结束。（2）改组复业作为专业银行的有中国银行和交通银行。中国银行被接管后，没收其官股，保留其私股权益，改组董事会，于 1949 年 6 月 6 日正式复业，成为人民银行领导下经营外汇业务的专业银行。中国人民银行华东区行经理曾山宣布，中国银行原董事会不能行使职权，由华东军区指定华东财经办事处代理行使董事会职权，宣布龚饮冰为该行总管理处总经理，冀朝鼎为第一副总经理，詹武为第二副总经理，项克方为该行上海分行经理，洒海秋为副经理[①]。而交通银行也采取了与中国银行类似的办法加以改组，成为人民银行领导下经营工矿交通事业的长期信用银行，其正式复业则要到 11 月 1 日[②]。（3）改组为公私合营银行的有新华银行、中国实业银行、四明银行、中国通商银行等 4 家官商合办银行。这些银行经军事特派员进行监督审查，接收其官股部分成为公股，实行公私合营，派出公股董事，与私股派出的代表一起，组成新的董事会，继续营业，经营一般银行业务。

对前公资金融机构账务的清理，则是从 1949 年 9 月开始的。9 月 19 日起，前公资金融机构 3 个单位，即邮政储金汇业局、中国农民银行、中央合作金库开

---

① "中国银行改组复业"，《银行周报》33 卷 24、25 号合刊，1949 年 6 月 20 日。
② "沪交通银行复业"，《银行周报》33 卷 46 号，1949 年 11 月 14 日。

始清理。清理联合公告规定,清理时间至 9 月 25 日为止,凡与上述机关债权债务关系有关者,可在 9 月 25 日前携带原凭证到四川中路 223 号洽办清理或提取手续。其中,中国农民银行包括上海分行及虹口支行、北京西路办事处,上海分行国外部、信托部、储蓄部。邮政储金汇业局包括上海分局及招商局办事处、北站办事处、虹口办事处、静安寺路办事处、驻新新公司营业组、林森中路营业组。中央合作金库包括上海分库及徐家汇分理处、信托部驻上海办事处。而中央银行的清理时间则为 9 月 20 日至 9 月 27 日,清偿地点在九江路 50 号(前上海市银行旧址),清理范围是中央银行在沪对外所欠金圆券债务,包括抬头本票及定额本票、同业存款、活期存款、应解应退汇款等。其债权人系属私人团体或个人,且每户或每笔金额满金圆券 10 万元以上者为限;上项应偿债务按 10 万元折合人民币 1 元偿付之①。

二、对银钱业的初步规范

上海在解放前夕,有国家银行、省市银行以及民营商业银行总计 135 家(其本埠分支行不计入,外商银行亦不计入),并有信托公司 5 家、钱庄 80 家②。起初的银行监管还没有正式的法律依据作为参考,主要依靠强制性的行政命令。

首先,摸清机构底数。彻底了解各金融机构的内情,无疑是实施监管的基础条件。1949 年 5 月 29 日,上海市军事管制委员会财经接管委员会金融处于 5 月 29 日发出银钱字第一号训令,规定各行庄、公司应立即呈报以下各项:(1)各行庄、信托公司之股东户名、董监姓名及高级职员姓名,截至 5 月 29 日,所有存放款户名及余额,抵押品种类和数量,代收款项户名及余额,应解汇款及汇出汇款户名及余额,仓库存货种类数量及货主户名,保险箱租户、露封保管人户名及其寄存物品种类和数量,委托经租之房地产业主姓名及房地产所在地等,必须详细填明,送交本处。(2)上列各种户名,应分为下列三种:甲、属于伪党政军特务机关、四大家族及其以各种化名出现者;乙、属于伪党政军特务机关重要人物者,与甲项有关,但一时不能判明确属于甲项,以及其他可疑者;丙、不属于上列两项者。(3)各行庄、信托公司须明确保证,不得假报、少报、漏报及故意将甲、乙两项财产列入丙项,企图蒙蔽;并需具结,倘以后发现有以上情事,致使官僚资本逃避者,按情节轻重,依法论处,并负赔偿责任。(4)上述各项报告,限两日内填送到

---

① "前公资金融机构四单位开始清理",《银行周报》33 卷 40 号,1949 年 10 月 3 日。
② 鹤夫:《解放后上海的银钱业》,《银行周报》33 卷 44 号,1949 年 10 月 31 日。

本会金融处，以凭核办，不得迟缓；在未经本处批复前，不得将上述财产擅自发还或移动，违者由各行庄、信托公司负完全责任。根据军管会的训令，上海银行公会于 5 月 30 日向各会员银行发出紧要通告，提出"事关紧急功令，各行亟应遵办"；同时还拟具了具结书的统一格式，明确表明："各种表册内容如有故意朦蔽伪国民党党政军特务机关及四大家族之官僚资本，致使其资财逃避，愿受法律处分并负赔偿责任。"[①]此后，1949 年 6 月 28 日，上海市军管会财经接管委员会金融处发布银钱字第 8 号训令：本处为明了各行庄公司之资产负债及营业情况起见，限于 7 月 4 日前，将 6 月 30 日为止之下列各种表册切实具报，送来本处：(1)过去营业状况简要报告；(2)资产负债表；(3)损益计算书；(4)财产目录[②]。

其次，恢复银钱行庄票据交换。1949 年 6 月 1 日，中国人民银行上海分行致函上海银行公会：根据上海市军事管制委员会财政经济接管委员会金融处通知，1949 年 6 月 2 日起恢复票据交换；该函同时附列了未奉军管会金融处核准参加票据交换各行庄名单，包括中央、中国、交通、中国农民、中央合作金库、中央信托局、邮政储金汇业局、江苏省、江苏农民、浙江省、广东、台湾、山西裕华、亚东、中国国货等银行，共计 15 家[③]。到 6 月底，上海市参加票据交换的为 213 家。6 月份交换情形，第一天票据交换总额为人民币 18 866 950 元，张数 2 229 张，退票金额人民币 250 187 元，退票张数 145 张；到 6 月底，票据交换金额已增至 6 256 918 462元，较首次（6 月 3 日）交换金额增加 346 倍多，票据交换张数 16 444张，较首次交换张数增加 7 倍多，退票金额增加 105 倍。由上列数字可以看出，上海市资金已逐渐集中到商业行庄，资金的集中，可使市场活络，有利于工商业发展[④]。

再次，恢复国内汇兑。人民银行上海分行和中国银行上海分行为发展生产和繁荣经济起见，从 6 月 21 日起恢复办理国内汇兑，通汇的区域，包括了沪宁、沪杭、津浦、平汉等各主要铁路干线和长江沿岸城市，共 60 余处。国内汇兑的恢复，不但解决了各地资金融通的问题，更重要的是由于内汇的恢复，物资交流将更灵活，城市和乡村的关系更加紧密一致。同时物资交流一天比一天灵活，城市和乡村的关系日趋繁密，则生产必因之而增加，经济也因之转向繁荣[⑤]。

---

① "军管会通知行庄公司申报详情"，《银行周报》33 卷 22、23 号合刊，1949 年 6 月 6 日。

② "金融处令行庄申报资负及营业情况"，《银行周报》33 卷 28、29 号合刊，1949 年 7 月 18 日。

③ "上海票据交换所恢复办理票据交换"，《银行周报》33 卷 24、25 号合刊，1949 年 6 月 20 日。

④ 冯子明：《一周经济：票据交换状况》，《银行周报》33 卷 26、27 号合刊，1949 年 7 月 4 日。

⑤ 同上。

三、收兑金圆券与禁止外币流通

1. 收兑金圆券

1949 年 5 月 28 日,上海市军事管制委员会发布金字第一号布告,即《关于使用人民币及限期禁用伪金圆券的规定》,其主要内容为:(1)中国人民银行所发行之人民币为解放区统一流通之合法货币,自 5 月 28 日起,所有完粮纳税以及一切公私款项收付,物价计算、账务、债务、票价、契约等,均须以人民币为计算及清算本位;(2)为照顾人民困难,金圆券在 6 月 5 日以前,暂准在市面流通,过期即严禁使用;(3)人民币 1 元折为金圆券 10 万元为第一次比价;(4)自 5 月 28 日起,本市物价一律按照第一次比价,折合人民币计算;(5)5 月 28 日以前之一切债权、债务、契约、合同等,均须按第一次比价折合人民币;(6)责成本市中国人民银行自 5 月 30 日起人民币按牌价收兑伪金圆券[①]。继 5 月 28 日布告之后,上海市军事管制委员会于 5 月 29 日发布金字第二号布告,沪市以人民币为本位币,规定本市流通货币,除中国人民银行发行之人民币为本位币外,其他各解放区所发行之货币,一律不得在本市流通,亦不许在本市人民银行兑换人民币;在江南各地流通的华中券,得按照原定比值,向上海市人民银行兑换人民币[②]。5 月 30 日,并以金字第三号布告,严禁伪造解放区各种货币,违者一经查获,决予严惩不贷[③]。

5 月 30 日,中国人民银行上海分行根据军管会金字第一号布告的规定,以兑字第一号公告,制定《收兑伪金圆券办法》,该办法规定:收兑期间自 5 月 31 日起至 6 月 5 日止;收兑比价由该行每日公布之(5 月 30 日比价为人民币 1 元折合金圆券 10 万元,以后并无变更);收兑票面限 50 万元及 10 万元两种(后应人民要求增加收兑 5 万元一种);收兑限额不加限制;收兑办法分集体兑换和门市兑换两种,由本市银行、钱庄、信托公司总分支机构代理收兑工作[④]。人民银行该项收兑办法公布后,市区共有 216 家银行、钱庄、信托公司及其所属分支机构代理收兑[⑤],"人民莫不踊跃到各代理收兑行庄请求兑换,一二日后市面流通之货币,几已全为人民币"。6 月 2 日,上海市军管会财经接管委员会以接财字第 1

---

① "沪市限期停止使用伪金圆券",《银行周报》33 卷 22 号,1949 年 6 月 6 日。
② "沪市以人民币为本位",《银行周报》33 卷 22 号,1949 年 6 月 6 日。
③ "严禁伪造货币",《银行周报》33 卷 22 号,1949 年 6 月 6 日。
④ "收兑伪金圆券办法",《银行周报》33 卷 22 号,1949 年 6 月 6 日。
⑤ "代理收兑伪金圆券之沪金融机构名称及地址",《银行周报》33 卷 22 号,1949 年 6 月 6 日。

号通告,规定自即日起,凡税收机关、邮政、铁路、航运、电车、公共汽车、自来水等公营事业,其收款一律收用人民银行发行之人民币,收兑伪金圆券于 6 月 5 日结束[①]。同日,中国人民银行上海分行发布兑字第 3 号公告,从 6 月 3 日起集中特定行局收兑,这些行局包括中国银行上海分行、交通银行上海分行、中央信托局、中国农民银行、邮政储金汇业局、上海市银行、中国通商银行、中国实业银行、四明银行、中国国货银行、江苏省银行、新华银行、江苏省农民银行、广东银行、台湾银行、山西裕华银行、浙江省银行等[②]。与此同时,人民银行还设立流动点,方便市民兑换[③]。自 5 月 30 日至 6 月 5 日共 7 天时间中,总计兑出人民币 359 789·934.5元,兑换人数共达 221 590 人(尚未包括交通银行及邮汇局统计在内)[④],"兑换结束之后,从此上海市通货又步入一新的阶段"[⑤]。

2. 发行人民币新券

1949 年 6 月 13 日至 22 日,人民银行先后发行 200 元、100 元、50 元等 3 种新钞,以及 1 元、5 元、10 元、20 元等共 4 种小额钞[⑥]。9 月 10 日,中国人民银行总行发布通告,发行新券 5 种,计 200 元券 1 种、500 元券 3 种、1 000 元券 1 种[⑦]。中国人民银行华东区行并于同日公告,自 9 月 19 日起以 100 元以下的人民币兑换 1 000 元和 500 元人民币。此前,上海市副市长曾山在 9 月 9 日上海市人民政府邀请工商界讨论金融问题的会议上指出,此次发行较大票面人民币新钞,原因有 5 点,即:(1)军事胜利,市场扩大;(2)秋收登场,需要通货;(3)建设事业需款支付;(4)维持旧公教人员,需财政发行;(5)减少点算困难。并指出已有相当的物资来应付市场的需要[⑧]。

3. 取缔银元投机

上海解放后,军管会即致力于肃清伪金圆券,致力于推广人民币,对于金银之类的交易,当局为了照顾市场筹码流通不足,初未采取硬性禁止办法,但在这个时候,投机峰起,从 6 月 1 日以后的 10 天中,银元从 670 元涨到 1 800 元(人民币),黄金(每两)从 39 000 元涨到 11 万元,银元上涨,领导了物价的上涨,社会

---

① "公共机关一律收受人民币",《银行周报》33 卷 24、25 号合刊,1949 年 6 月 20 日。
② "沪伪金圆券集中特定行局收兑",《银行周报》33 卷 24、25 号合刊,1949 年 6 月 20 日。
③ "中国人民银行设立流动兑换组",《银行周报》33 卷 24、25 号合刊,1949 年 6 月 20 日。
④ "沪金圆券收兑结束",《银行周报》33 卷 24、25 号合刊,1949 年 6 月 20 日。
⑤ 屠翼九:《解放后有关金融的法令》,《银行周报》34 卷 1 号,1950 年 1 月 2 日。
⑥ "人民银行发行百元票新钞"、"人民银行发行伍拾元票新钞"、"人民银行发行伍拾元壹佰元及贰百元票新钞"、"人民银行发行小额钞四种",《银行周报》33 卷 26、27 号合刊,1949 年 7 月 4 日。
⑦ "发行二百元五百元及壹千元三种新钞",《银行周报》33 卷 38 号,1949 年 9 月 19 日。
⑧ 奚云之:《论发行千元和五百元的新钞》,《银行周报》33 卷 38 号,1949 年 9 月 19 日。

舆论一片哗然,人民政府为稳定金融,安定人民生活,制止金银投机,采取了严厉措施取缔金融投机活动①。

6月10日,经毛泽东同意,上海市军管会采取断然措施,查封金融投机的大本营上海证券大楼,沉重地打击了破坏金融的非法活动,取得了"银元之战"的胜利,使人民币得以比较顺利地进入市场流通②。此次行动,在军管会财政经济接管委员会领导下,由金融处具体负责,会同市公安局、警备旅等有关部门,于6月10日上午10时,对证券大楼进行了突击搜查。当时大楼内共有2 113人,经过逐一登记审问,其中确有投机操纵嫌疑者238人,与事前掌握的名单基本相同,即由市公安局予以拘押,其余情节轻微或为访友而来者1 800余人,当场予以释放。黄浦、老闸、新成等区公安分局亦派人员对其他据点进行搜查,查获从事金银外币投机的130余人,由各分局予以拘押。老闸、新成等公安分局还在街头抓到大批银元贩子,经过教育后陆续予以释放。所有由公安部门拘押的投机嫌疑犯,经过侦查,确有非法行为者,均移送市人民法院审理,轻者没收其投机的金银财物,重者加判罚金,少数情节严重者判处短期徒刑;同时将证券大楼房屋交由警备部队接管使用,从而铲除了上海金融投机活动的主要据点③。6月10日,中国人民解放军华东军区司令部公布《华东区金银管理暂行办法》,准许人民持有金银,但是严禁以金银为本位的买卖,人民银行并将担负起金银收兑的工作④。

4. 收兑及禁止外币流通

6月3日,中国人民解放军华东军区司令部公布《华东区外汇管理暂行办法》⑤,6月9日公布《华东区外汇管理办法施行细则》⑥。6月4日,中国人民银行华东区行发布第2号通告,根据《华东区外汇管理暂行办法》第四条规定:凡上海市以往曾经经营外汇业务之中外银行,欲成为外汇指定银行者,符合下列条

---

① "两周经济:取缔银元投机",《银行周报》33卷24、25号合刊,1949年6月20日。
② 中共中央文献研究室编:《毛泽东传(1949～1976)》(上卷),中央文献出版社2003年12月版,第61页。
③ 《建国以来上海的银行工作》,第48页。
④ "华东区金银管理暂行办法"(1949年6月10日),《银行周报》33卷24、25号合刊,1949年6月20日。
⑤ "华东区外汇管理暂行办法"(1949年6月3日),《银行周报》33卷24、25号合刊,1949年6月20日。该办法共14条,其中第三条规定:中国人民银行华东区行指定中国银行为执行管理外汇任务及经营外汇业务之机构。第四条规定:中国人民银行华东区行得指定经营外汇向著信誉之银行为"指定银行",代理中国银行买卖外汇,并代理客商买卖外汇,及代办外汇兑业务。第六条规定:所有外汇皆须存入中国银行,作为外汇存款换取外汇存单,或直接与中国银行换取人民币;外汇存单持有人得将其外汇存单在交易所自由成交。
⑥ "华东区外汇管理办法施行细则"(1949年6月9日),《银行周报》33卷24、25号合刊,1949年6月20日。

件，即愿遵守人民政府之一切有关法令、过去办理外汇业务具有成绩、在国外有分支机构或代理行者，可即向上海中国银行总管理处国外部领取申请书一式 4 份，于 6 月 7 日前填交该行转呈本区行核定①。6 月 8 日，上海市军事管制委员会发布金字第 4 号布告，根据《华东区外汇管理暂行办法》第六条规定：凡持有外币之商民人等，限于外汇交易所成立后半个月内，持向中国银行按牌价兑换人民币，或存入中国银行取得外汇存单，凭存单向外汇交易所自由交易；并重申严禁以外币在市场流通，如有蓄意违反扰乱金融者，决予严惩不贷②。同日，上海市军管会还公布了《中国银行上海外汇交易所规程》③。6 月 10 日中国银行上海外汇交易所成立，中国银行根据该所开盘价收兑外币，并另委托浙江兴业银行、浙江第一商业银行、上海商业储蓄银行、新华信托储蓄银行以及中南银行等进行外汇收兑业务④。

从 6 月 10 日开始至 6 月 25 日结束，共计 15 天，前往中国银行和各办事处以及代理行办理存储或兑换者异常踊跃，不下十五六万人，公司、银行、厂商、外商、外侨等也都有大额存兑，外币的种类包括美金、英镑、港币、卢比、澳镑、荷兰盾等多种，各存兑处以外滩中国银行存兑者最多，前往该行办理存兑外币者兑换人民币随时都可以取到现款；至于换取存单或存折，原规定 3 天以内到行领取，但该行一律于第二天即可付给单折了。此项工作得以迅速圆满完成，"不独各银行发扬了高度的服务精神，也足见人民拥护政府法令的热忱"⑤。

6 月 25 日兑换期届满后，仍有一部分持有外币的市民因故未能如期存兑，纷纷要求续予收兑。上海市军管会为照顾人民困难，并彻底肃清外币黑市交易，自 8 月 8 日起，准以外币存入中国银行，换取外汇存单或存折，期限无硬性规定。兑换办法原定只办外币存款，不能直接以外币换取人民币，但有许多持有小额外币、需用人民币的市民要求兑换，中行为节省人力、物力及便利持有小额外币而急需人民币者，特规定通融办法，凡持有美钞 20 元以下或与 20 元美钞等值的外币，得直接兑取人民币，毋须换取存单或存折。金融处负责人指出，在 6 月 10 日到 25 日 15 天中，军管会指定中国银行收兑和收存市民持有的外汇，许多人心存观望，保持美钞 1 个多月以来，外汇市场呆滞，外汇价格惨跌；事实证明，不积极遵照军管会及人民政府法令的人（其中也有一部分人是因故来不及存兑的），以

① "外汇指定银行之申请"，《银行周报》33 卷 24、25 号合刊，1949 年 6 月 20 日。
② "外汇限期收兑或缴存"，《银行周报》33 卷 24、25 号合刊，1949 年 6 月 20 日。
③ "中国银行上海外汇交易所规程"，《银行周报》33 卷 24、25 号合刊，1949 年 6 月 20 日。
④ "指定办理收兑外币之银行"，《银行周报》33 卷 24、25 号合刊，1949 年 6 月 20 日。
⑤ 冯子明：《一周经济：存兑外汇工作完成》，《银行周报》33 卷 26、27 号合刊，1949 年 7 月 4 日。

美钞储存或以美钞作营运资金的,都遭受到损失;为此,军管会特许继续将外汇存入中国银行,持有外汇的人,应当迅速遵从军管会的命令,早将所持有的外汇存入中国银行,勿再观望,否则将遭受更大的损失①。

5. 取消外国在华银行的特权

此举既维护了国家主权,又为建立新金融体系创造了条件。解放初期,上海共有外资银行 15 家,其中英商 4 家,即汇丰、麦加利、有利、沙逊;美商 5 家,即花旗、大通、友邦、美国商业、美国运通;法商 2 家,即东方汇理、中法工商;荷商 2 家,即荷兰、安达;比商 1 家,即华比;俄商 1 家,即莫斯科国民银行。《华东区外汇管理暂行办法》颁布后,经人民银行华东区行批准为外汇"指定银行"的有 11 家,即英商汇丰、麦加利、有利 3 家,美商花旗、大通、美国商业 3 家,荷商荷兰、安达 2 家,法商东方汇理、比商华比和俄商莫斯科国民银行各 1 家;其余沙逊等 4 家,因规模小、业务少,不符合指定银行条件,未予批准。经批准为指定银行的外资银行,只能在上述暂行办法规定范围内经营业务,不得私自买卖外汇和外币有价证券,不得从事未经中国银行核准之业务,不得代客或自己进行资金逃避、套汇及其他投机活动。中国银行还在军管会金融处的支持下和外事处的指导下,督促外资银行清偿旧欠。凡经批准歇业的外资银行,其全部债权债务,包括本币、外币,均须依法清理②。

第二节 《华东区私营银钱业管理暂行办法》的颁行

上海是旧中国私营银钱业最为集中的地方。解放初期,在上海继续营业的私营行庄有 200 家,其中,银行 115 家、钱庄 80 家、信托公司 5 家,如将原为官商合办,解放后经改组为公私合营的 4 家银行计算在内,共为 204 家③。私营银钱业中仅银行之总行设于上海者就有上海女子、上海永亨、上海商业、上海国民、上海煤业、上海绸业、大同、大来、大东、大陆、大康、中和、中孚、中南、中信、中国企业、中国通商、中国农工、中国实业、中国垦业、中华、中华劝工、中庸、中贸、中汇、四明、民孚、江海、永大、永泰、正明、光中、光华、同孚、至中、辛泰、东南、东莱、金城、阜丰、和祥、和泰、亚洲、茂华、建华、建业、通汇、振业、浙江建业、浙江兴业、浙

① 冯子明:《一周经济:继续存兑外汇》,《银行周报》33 卷 33 号,1949 年 8 月 15 日。
② 《建国以来上海的银行工作》,第 15—16 页。
③ 同上书,第 17 页。

江第一、浦东、国安、国华、惇叙、统原、惠中、新华、嘉定、广新、亿中、福昌、联合、谦泰、盐业等 65 家；此外，还有钱庄之总庄设在上海者有人丰、大升等 68 家；信托公司之总公司设于上海有上海信托、中一信托等 2 家①。

对私营银钱业的管理迫切需要相应的法令作为依据。此前，1949 年 4 月 27 日，华北区人民政府曾经制定公布了《华北区私营银钱业管理暂行办法》，共 26 条②。《人民日报》还为此发表社论《我们的私营银钱业政策》，指出："我们对私营银钱业就必须严格管理，促使并限制其只能向有益于国计民生的方向发展，取缔其一切非法投机的行为。"③这一办法的颁行，对华东区包括上海市的私营金融业管理无疑具有重要的比照意义和参考价值。

1949 年 6 月上旬，上海市银行、钱业公会以及信托业公会"为未雨绸缪，预作当局参考"，针对《华北区私营银钱业管理暂行办法》，分别拟具了《对于管理私营银钱业意见节略》、《对于私营信托业管理办法意见节略》，并送呈金融处。上海市银行、钱业公会所提出的建议主要包括：(1)银钱业业务之范围应增设仓库业务、买卖有价证券、代募或承募公司债及公司股份；投资中，除工矿业外，应加交通、公用及生产事业之投资。(2)银钱业不得经营之事项中，为公私商号或其他银钱业之股东、购置非营业所必需之不动产、签发本票等 3 项，或应假以时日，或应保留。(3)资本方面，总行以及各地分支行情形有所差异，资本应采取分级制，资本成分应有所调整，减少现金部分等。(4)资力较弱之银行请准改为钱庄或银号。(5)银钱业的放款对象限制过严，信用放款与存款比例应请放宽。(6)存款准备金请准以有价证券作抵，每周调整一次较难，存放同业之款可视作付现准备金。(8)表报应力求简化④。上海市信托业公会实际上希望单独制定一部信托业的法令，其建议包括：(1)建议参照上海市信托业业规，订定业务范围；(2)代人出面保有财物问题，对信托业不适合；(3)信托款项不应缴存存款准备金。此外，对信托业兼营和增资问题也提出建议⑤。

如何认识和把握银行业尤其是私营银钱业的前景，确实是当时许多业内人士关心的重要问题。1949 年 8 月 8 日出版的《银行周报》刊发了一期"我国银行业之前瞻"特辑，其中的若干观点颇具代表性。如魏友棐认为：银行放款的主要

---

① 鹤夫：《一年来之中国金融业》，《银行周报》34 卷 8、9、10 号合刊，1950 年 3 月 3 日。

② "华北区私营银钱业管理暂行办法"，《银行周报》33 卷 22 号，1949 年 6 月 6 日。

③ 《我们的私营银钱业政策》，《人民日报》1949 年 4 月 28 日。

④ "上海市银行、钱业公会对于管理私营银钱业意见陈述之节略"，《银行周报》33 卷 30 号，1949 年 7 月 25 日。

⑤ "上海市信托业公会对于私营信托业管理办法意见节略"，《银行周报》33 卷 30 号，1949 年 7 月 25 日。

任务是扶植工商业的发展,但银行在数量上可能供给的资金太少,如上海各行庄在 6 月底的存款数不过 60 亿左右,而一家中型工厂需要支付的每期薪工,须 1 000 万至 2 000 万,"仅足应付二三十家工厂的薪工,其余就毫无供工商业驱策之处";在时期上,"一天拆"的情形又大为通行,工商业所需较长期的资金无法取得。因此,"行庄联合准备或联合经营是很重要的"。王仰苏认为,私营银行必须首先充实本身的力量,"完成增资也是私营银行业充实力量的初步工作",但更重要的是怎样用合理的方法来鼓励人民储蓄,使存款增加,存款的流动性减低。周伯棣认为,国营银行固然必要,民营银行亦还有存在的余地,因为光有几家国营银行,还不够负荷建国金融的重任,"正如光有国家经济而没有私人经济与农业经济,还不够构成新民主主义的国民经济是一样的道理"。夏杏芳认为,在新民主主义时代,国营银行的资力扶助国营事业及民营大工业尚嫌不足,对中小工业势难兼顾;政府允许私营银钱业的存在及活动,就是在国家管制之下,使私人银行资本继续扶助工商业正当的活动,提高生产力,繁荣国民经济,"但不许他们走入投机取巧、扰乱社会的歧途"[1]。这些观点,从总体看,与政府的意图还是相一致的。1949 年 7 月 25 日,中国人民银行总经理南汉宸在《人民日报》发表题为《扶植生产是银行工作的中心任务》一文,他指出:银行应与贸易机关、工商部门密切结合,坚决打击一切投机活动,用以澄清金融市场,为生产的恢复与发展提供有利条件;主要就是管理游资,组织与疏导游资到有利于生产的事业中去,并鼓励私营行庄转向扶植生产[2]。

1949 年 8 月 21 日,华东军区司令部以金字第 3 号布告,正式公布《华东区管理私营银钱业暂行办法》,该办法由华东军区司令员陈毅、政治委员饶漱石等共同签发,共计 25 条[3],其主要内容包括以下方面:

第一,明确制定该办法之目的、所称私营银钱业的范围,以及管理私营银钱业的主管机关。制定该办法的目的是为了稳定金融、扶植生产,保障社会正常信用;私营银钱业系指私人资本经营之银行、信托公司、银号、钱庄;华东军区司令部授权华东财政经济委员会为华东区管理私营银钱业主管机关,并指定各地人民银行为各地银钱业之管理检查机关,协助各级政府管理银钱业事宜。

第二,规定私营银钱业经营业务范围,以及不得经营之业务种类。私营银钱业以经营下列业务为限:(1)收受各种存款;(2)办理各种放款及票据贴现;

---

[1] "我国银行业之前瞻"(特辑),《银行周报》33 卷 32 号,1949 年 8 月 8 日。

[2] 南汉宸:《扶植生产是银行工作的中心任务》,《银行周报》33 卷 31 号,1949 年 8 月 1 日。

[3] "华东区管理私营银钱业暂行办法",《银行周报》33 卷 35 号,1949 年 8 月 29 日。

(3)解放区内汇兑及押汇；(4)票据承兑；(5)工矿、交通、公用文化事业之投资；(6)代理收付款项；(7)经特许之解放区外及国外汇兑；(8)经核准之保管仓库业务；(9)经核准之信托储蓄业务；(10)其他经中国人民银行指定或委托办理之业务。银号、钱庄不得经营上列(7)、(9)两款业务。私营银钱业不得经营的业务为：(1)为公私商号或其他银钱业之股东(本办法允许之投资除外)；(2)收买或承押本行庄之股票；(3)购买非营业所必需之不动产；(4)兼营商业囤积货物或代客买卖；(5)设立暗账或作不确实之记载；(6)签发本票。

第三，私营银钱业申请登记之规定。凡银行、信托公司、银号、钱庄等，须在限期内(自本办法公布日起，上海为一个月，上海以外地区为一个半月)，将所订之章程载明下列各项，即名称、组织及地址，资本总额，业务范围及营业计划，有限责任或无限责任，董监事及经理人姓名、籍贯、简历、股东名册等，呈请当地政府转呈华东财政经济委员会，经核准登记、发给执照后方得营业；已经营业不准登记者，应即限期清理。如不遵照规定而擅自营业之非法金融机构，除查封外，并予以必要处分。除银钱业外，其他公司、行号、私人等均不得经营存放款、汇兑、贴现等业务，违者视其情节轻重论处。

第四，银钱业最高最低资本及其现金部分不得少于最低资本额半数之规定。银钱业之资本额依下列3种不同地区分别规定为：(1)上海市。银行、信托公司为1亿～2亿元，钱庄为6 000万～12 000万元；(2)青岛、济南、南京、无锡、杭州、鄞县6县市。银行、信托公司为4 000万～8 000万元，银号、钱庄2 500万～5 000万元；(3)华东区其他各地。银行、信托公司为1 000万～2 000万元，银号、钱庄为500万～1 000万元。银钱业在不同市县地区设立分支行处者，每设一行处应依照所在地银钱业资本标准40%增加之；总行所在地尚在待解放地区者，其分支行处资本暂按照所在地银钱业资本标准60%计算；银钱业资本之构成，其现金部分不得少于规定的最低资本额，超过资本最低额之资本得以房地产及其他经认可之财产构成之，但房地产及经认可之财产总额不得超过其资本总额50%；凡在本办法公布日已经经营之银钱业，其资本额不足本办法所定数目者，限本办法公布后上海市一个月、其他各地一个半月内补足之；银钱业股票应填写真实姓名，不得用化名或堂名；银钱业于奉准登记后进行营业时，应将华东财政经济委员会所给营业执照记载各款于其所在地公告之。

第五，规定银钱业资金运用之范围，并取缔投机操纵等情事。银钱业之资金运用，应限于有利于国计民生的生产事业及城乡人民必需品之运销事业，且合法正当经营本业并加入当地同业公会或持有营业执照者，不得因企图获得高利而以资金运用于投机操纵事业。

第六,对于银钱业信用放款、同业互相存放之限制。银钱业信用放款数额不得超过存款额之半;行庄存入及拆给其他行庄之款,不得超过其所收存款总额20％,但存入公营银行者不在此限。

第七,存款保证准备金及付现准备金之规定。银钱业所收存款应以现金缴存保证准备金于当地或就近之中国人民银行,其准备金数额依每周存款平均余额,按下列比率调整之:(1)活期存款7％～10％;(2)定期存款3％～8％。前项比率中国人民银行得视金融情况在上述幅度内随时增减之。银钱业对存款提存之付现准备金,其最低比率如下:(1)活期存款10％;(2)定期存款5％。

第八,存放款利率之如何拟订,以及银钱业对即期债务之支付。银钱业之存放款利率由银钱业公会视当地市场情况拟订,呈请当地中国人民银行核定之。银钱业对签发支票人如在未超过存款额及约定之透支额时,应见票即付;如遇有签发空头支票情事,应向当地中国人民银行检举之。

第九,银钱业停业、改组、合并与撤销分支行处等之处理。凡已经核准登记设立之银钱业欲停止营业、撤销分支行处,或变更名称、组织及合并与增减资本者,须说明理由,呈请当地政府转报华东财政经济委员会核准后始得办理之。银钱业不能支付其到期债务时,当地政府得令其停业,限期清理;银钱业发生破产或因他故不能继续营业时,应开列事由呈报当地政府,经中国人民银行检查属实,当地行政公署(省或市府)批准,并转报华东区财政经济委员会备案,方准停止营业。

第十,银钱业各种表报之造送,营业情形、财产状况与帐簿之检查。银钱业应按期造送下列营业报告表,呈送当地中国人民银行查核:(1)各种存款、放款周报表;(2)每月终造报营业报告表及各主要科目明细表;(3)营业年度终了造报营业实况报告表、资产负债表、损益计算书、财产目录、盈余分配表。在必要时,中国人民银行得随时派员检查其营业情形、财产状况及帐簿,并得随时指定编造有关报表。

第十一,违反规定之处分。银钱业有违反本办法规定之行为者,得按其情节轻重,予以下列处分:(1)警告;(2)处以罚金;(3)令其撤换重要职员;(4)停止票据交换;(5)停止营业。凡有违反本办法规定行为,致影响市场安定、危害人民生活者,其经理人及直接负责人并依法受刑事处分。以上有关刑事处分交由司法机关处理;其(1)、(2)、(3)、(4)项得由中国人民银行处理后报当地政府,转报华东财政经济委员会备案,(5)项须报华东财政经济委员会批准后处理之。

第十二,生效日及修改等。本办法自公布之日起生效,如有修改或增删时得随时公布之。

为贯彻落实《华东区管理私营银钱业暂行办法》，人民银行于8月28日对该办法有关问题又作出了15点具体说明①。业内人士认为，"政府对于私营行庄，虽名曰管理，实是照顾"①；"从此私营金融业的经营，有一明确的指标，同时面临着时代的考验，此后银钱业的步入正轨，可以预期"②。

对银钱业的监管，其市场准入是第一道关口。1949年8月30日，中国人民银行华东区行以银钱字第1号训令订定《华东区私营银钱业申请登记验资办法》11条③。该办法主要内容如下：

第一，办法依据及审查核准机关。该办法根据《华东区管理私营银钱业暂行办法》第六条、第九条、第十条、第十一条之规定订定之，相关申请登记验资事项，由当地或就近之中国人民银行审查，呈请当地政府转呈华东区财政经济委员会核准后，发给营业执照。

第二，办理期限。凡在管理办法公布前已营业之私营银钱业，其申请登记验资手续，上海市限于9月20日前，其他各地限于10月5日前办理完竣；逾期除经呈准者外，不得再行申请登记。

---

① "人民银行对于华东区管理私营银钱业暂行办法之说明"，其主要内容如下：（一）私营银钱业补足资本缴验之现金，在规定登记验资期限届满1个月后（上海市10月20日，其他各地11月5日），按其缴验日期先后分别审查发还；在发还以前，银行业于必要时得以验资凭证向人民银行请求拆借，以1日为限，每月不得超过3次；缴验之现金在验资期内，人民银行按同业活期存款利率，加倍给息。（二）房地产与认可财产之种类及其估价标准规定如次：（1）房产：按照地产公会所估价值7折计算；（2）地产：按照财政局征收1949年下期地价税所估之地价为准；（3）工矿交通公用文化事业之投资，按时价7折计算；（4）黄金：以每两合银圆袁头70元，按牌价折算；（5）银圆及外币存单：按牌价计算。（三）房地产及其他认可财产升值后，除依照管理办法第10条规定抵作资本外，如有盈余，得提充公积。（四）华侨资本经营之银行，其总行设在国外者，应按总行标准补足资本。（五）管理办法第六条第二款所称组织，系指内部组织系统而言；第三项所称资本总额系指华东区总分支机构之资本额而言。（六）付现准备金包括下列各项：（1）库存现金；（2）交换清算户存款；（3）中国人民银行活期存款。（七）第十五条第十八条所指存款总额得按上日之存款总额计算。（八）此项补足资本，如个别行庄召开股东会有　（转下页）

（接上页）事实上困难，得暂缓召开，惟须日后补办会手续。（九）根据管理办法第五条第一款之规定，凡于该办法公布前已投资于公私商号或其他银钱业之股份，限于明年3月底前处理之。（十）已购置之非营业所必需之不动产，准予保留。（十一）缴存存款保证准备金所依据之平均存款余额，系按每周实际营业日数计算。（十二）银行不得改钱庄，但可申请迁设内地；钱庄拟经营信托、储蓄者，可改为银行（钱庄亦可申请迁设内地）。（十三）管理办法第十五条所称信用放款不得超过存款总额之半，行庄自身之资本、盈余、公积不受限制。（十四）管理办法第十四条之规定，其基本精神在于制止投机行为。（十五）未届调整存款保证准备金时期，行庄存款骤减时，不得先行退还；存款骤增时，亦不必另行缴足。《银行周报》33卷38号，1949年9月19日。另见1949年8月28日《解放日报》"金融与贸易"专栏。

① 朱福奎：《从管理私营银钱业办法的颁布看今后私营行庄的前途》，《银行周报》33卷37号，1949年9月12日。

② 郭度：《读华东区管理私营银钱业暂行办法》，《银行周报》33卷35号，1949年8月29日。

③ "华东区私营银钱业申请登记验资办法"，《银行周报》33卷38号，1949年9月19日。

第三,验资手续。验资手续概由总行向其所在地或就近之中国人民银行汇总办理;总行在待解放区者,由分支机构径向其所在地中国人民银行个别办理。华侨资本经营之银行,其总行所在地在国外者,应按总行标准补足资本。新设立银行、信托公司、银号、钱庄者,应由发起人拟具计划书,送陈设立地中国人民银行审查,呈经华东财政经济委员会批准后,方可进行筹备,其登记验资手续,适用本办法第九、第十两条规定。上海、青岛、济南、南京、无锡、杭州、鄞县7县市暂不准新设。已设立之行庄愿意迁设内地城镇者,准照前项规定办理。

第四,房地产与认可财产种类及其估价标准。房产按当地房地产公会所估价值7折计算,当地无房地产公会组织者,由当地商会估定之;地产按当地政府机关所估价值计算;工矿交通公用文化事业投资按时值7折计算;黄金以每两合银圆(袁头)70元,按牌价计算;银元及外币存单按牌价计算。房地产及其他认可财产升值后,除依照管理办法第十条规定拨作资本外,如有余额,得提充公积,但不得折现分配。

第五,申请登记验资时应填送之各种表报。申请登记及验资时,除依照管理办法第六条规定呈报外,并应增报:(1)申请登记前之营业实况(附日计表);(2)上期决算损益情况(附损益计算书);(3)总行所在地与国外分支机构名称、地址及其设立年月、负责人姓名。验资报告表应填制一式三份,连同应备文件、增资现金及营业执照及印花税款,缴送当地中国人民银行,领取验资凭证。

第六,缴验现金资本之给息及临时拆借。缴验现金资本,按中国人民银行同业活期存款利率,加倍给息。行庄在验资期间发生日常交换缺额无法补足时,得以验资凭证向中国人民银行请求拆借,每次以1日为限,每月不得超过3次。

同日,人民银行华东区行又发出银钱字第2号训令,订定《华东区私营银钱业暗帐合并正帐管理办法》,该办法要点如下:(1)华东区各地私营银钱业,在解放前设有暗帐者(包括正帐以外另立帐册、虚设暗户、隐藏收益等)悉依本办法之规定处理之。(2)凡正帐以外另立帐册,其暗帐资产负债科目,应照帐面余额分别转入正帐各相当科目内,并于传票及帐页之摘要栏内注明"暗帐转来"字样,其资产负债相抵之差额,以"前期损益"科目处理,并将暗户同时结清销户。(3)暗帐内之"物资"、"金银"及"外币存单"转入正帐时,应于资产类下另立"各项物资"、"金银外币"两科目处理之,并依据各项物资种类、金银币别,分别设立分户帐,并于传票及帐页摘要栏内注明其数量、单价、购置日期、存放地点等。(4)暗帐内之存款放款转入正帐后,其使用户名如系虚构,应即查明,以真实姓名立户,并注明原户名称,以备查考。(5)暗帐内投资其他工商业之股本转入正帐后,应注明确实内容,包括工商业名称、开设地点、业务范围、投资股额及日期。(6)凡以转入正帐之物资(金银、外汇存单、有价证券、房地产及营业用具除外)，应即出售，其售价与帐面价值之差额，应以"损益科目"处理，并应呈报当地中国人民银行查核。(7)暗帐合并正帐后之日计表，及合并前暗帐资负表，应送交当地中国人民银行审查。(8)凡在解放后，已将暗帐并入正帐，而与本办法规定不符合者，应即冲正。(9)合并后如再发现暗帐，以违反《华东区管理私营银钱业暂行办法》之规定，依法论处①。

同日，人民银行华东区行发布银钱字第 3 号训令，规定各种表报之内容及送达日期，其要点为：(1)周末营业状况简要报告表应于周三前送达；(2)月终营业状况简要报告表、月计表及各主要科目(包括各种存款、各种放款、生产事业投资、存放同业、拆放同业、借入款、暂收款项、暂付款项等)明细表，应于翌月 5 日前送达；(3)营业年度终了，造报之营业状况报告表、资产负债表、损益计算书、财产目录、盈余分配表等，应于翌年 1 月 15 日前送达②。

此后人民银行华东区行为配合实施《华东区管理私营银钱业暂行办法》，陆续公布补充规定，并相应采取了一些具体动作。9 月 5 日，人民银行华东区行公布了《取缔退票暂行办法》10 条，以防止存户投机取巧，及保障正当存款人之利益③。9 月 14 日，上海银行公会向各会员银行发布紧要通告，通报了此前中国人民银行华东区行融发字第 2897 号函件内容：(1)银钱业不得收受军政机关及公营企业之存款，至公私合营企业之存款，自可不受限制；(2)银钱业每月终应造报各主要科目明细表，其放款科目应逐户列报，其存款科目如存户数字在 5 万元以下者，准予合并抄报，在 5 万元以上者，仍应逐户列报；(3)周末、月终营业状况简要报告表对于存款来源及放款对象之分析，过去如无分析记载者，限于本月底以前调查清楚，据实列报④。9 月 16 日，人民银行华东区行融发监字第 3003 号函复上海市银行公会：(1)各行庄提存付现准备金，不能包括拆放同业及人民银行短期存款；(2)凡行庄违反相应规定，当视其平时业务情况及情节轻重议处⑤。9 月 29 日，人民银行华东区行银钱字第 7 号训令，规定私营银钱业缴存存款保证准备金办法及周报表格式，自 10 月 4 日起实行，改订存款保证准备金比率为：活期存款为 15％，定期存款为 8％⑥。10 月 31 日，人民银行华东区行发布银钱

---

① "华东区私营银钱业暗帐合并正帐处理办法"，《银行周报》33 卷 38 号，1949 年 9 月 19 日。
② "中国人民银行华东区行训令银钱字第 3 号"，《银行周报》33 卷 38 号，1949 年 9 月 19 日。
③ "取缔退票暂行办法"，《银行周报》33 卷 38 号，1949 年 9 月 9 日。
④ "人民银行对收受公私合营企业存款之指示"，《银行周报》33 卷 40 号，1949 年 10 月 3 日。
⑤ "人民银行对付现准备金范围之规定"，《银行周报》33 卷 40 号，1949 年 10 月 3 日。
⑥ "私营银钱业缴存存款保证准备金办法及周报格式"，《银行周报》33 卷 43 号，1949 年 10 月 24 日。

字第 8 号训令：查本行为稳定金融,制止行庄日拆性定期存款起见,兹制定定期存款最短期限为 7 天,其不足 7 天之存款,概作活期存款论;各种存款均不得提前给付利息。该项规定自 11 月 1 日起开始实行①。12 月 7 日,人民银行华东区行以融发监字第 7140 号函复银钱信托三公会,改定自 12 月 9 日起,合法经营之工商业定期存款,最短期限改为 3 天,至个人定期仍以 7 天为最短期限②。

在短短几个月时间内,相继颁布了如此多的法令或规定,执行效果究竟如何呢？这里不妨以牵涉面较大的增资工作为例。

《华东区私营银钱业管理暂行办法》颁布后,增资问题是上海的私营银钱业首先所面临的一道难关。上海的私营行庄,解放后停业的有 26 家。其中奉令停业的 3 家,自动停业的 23 家;在增资前停业的 6 家,在增资时停业的 20 家;以类别言,银行为 22 家,信托公司 1 家,钱庄 3 家。统计上海的 220 家行庄,原系金圆券资本,总额仅合人民币 9 元,各行庄资本尚不足人民币 5 分③。

但实际结果却比许多人所预料的要顺利得多。至 9 月 22 日为止,上海行庄增资工作基本完成。已完成增资行庄共 173 家,计缴验现金 14 693 389 220 元,资产升值 5 320 660 800 元,原有资本 9 元,合计各行庄资本为 20 014 050 009 元。

其中,完成增资的银行为 92 家,包括中国通商、中国实业、四明、浙江兴业、浙江第一、上海、盐业、联合商业、金城、新华、东莱、大陆、永亨、中南、国华、中国垦业、中国农工、聚兴诚、中汇、中华劝工、中国企业、上海绸业、中孚、女子、中华、永大、美丰、浦东、川康、正明、煤业、恒利、汇中、惇叙、至中、中和、和成、亚洲、浙江建业、光华、建华、泰康、重庆、中贸、光中、华懋、嘉定、谦泰、和泰、统原、大来、亚西、辛泰、川盐、中庸、永泰、民孚、通汇、东南、和祥、其昌、国孚、贸华、华侨、东亚、大亚、通惠、四川商业、振华、永成、开源、上海国民、云南实业、建业、四川建业、亿中、大裕、复华(9 月 21 日请求退还增资资金,22 日正式宣告停业)、谦泰豫、大同、阜丰、源源长、国安、广新、同孚、怡丰、江海、中信、上海工业、福昌、永利、华康等。

完成增资的钱庄为 75 家,包括宝丰、福源、安裕、福康、惠昌源、顺康、信裕泰、同润、聚康兴、征祥、金源、滋康、敦裕、其昌、存诚、元成、五丰、仁昶、安康余、存德、均昌、均泰、怡大、信孚永、致祥、振泰、义昌、广裕、滋丰、庆大、庆成、鼎康、衡通、建昌、福利、慎德、怡和、信中、信和、永隆、宝昌、泰来、汇大、元成、裕康、上

---

① "人民银行对于定存期限最短应为 7 天之指示",《银行周报》33 卷 46 号,1949 年 11 月 14 日。
② 屠翼九：《解放后有关金融的重要法令》,《银行周报》34 卷 1 号,1950 年 1 月 2 日。
③ 鹤夫：《解放后上海的银钱业》,《银行周报》33 卷 44 号,1949 年 10 月 31 日。

海永庆、宏昶、义丰、春贸、永庆上海分行、大升、大赉、生大、春元永、晋成、立昶、恒丰、同德、惠丰、人丰、庆和、万祥泰、志裕、兴记、永裕、瑞康诚、同余、鸿祥、大德、元亨大、协康、致昌、元顺、镇兴、宝成等。

此外，完成增资信托公司为3家，即中国、上海、中一等；由钱庄改为银行2家，即鼎元、同庆；由信托公司改为银行1家，即同康。总行在上海地区以外（华东区）者6家，即两江、两浙、浙江商业、浙江储丰、瓯海实业、浦海商业等。

而未缴验资本、停止交换之行庄公司共19家，大都是因为总行、总庄在华东区外，或因董事会意见分歧等，最终无法实行增资，包括成都商业银行上海分行、益华银行上海分行、华威银行上海分行、中国工矿银行上海分行、同心银行上海分行、中国侨民银行上海分行、豫康银行上海分行、中兴银行上海分行、长江实业银行上海分行、昆明商业银行上海分行、上海铁业银行、泰和兴银行、复兴实业银行上海分行、国信银行、汇通银行上海分行、济康银行上海分行、鸿兴银行上海分行、生大信托公司、永生钱庄上海分庄等[1]。

增资办法刚颁布时，一般人推测，至少有半数的行庄要被淘汰，而实际结果却非如此，"此后金融业的实力得此大量充实，易于担负起应有的使命。这次增资的完成，确实是管理办法初步的成功"[2]。

第三节　整肃金融市场与引导资金投向生产

一、设立利率委员会与组织联合放款

整肃金融市场的一个重要方面就是设立上海金融业利率委员会。该会于1949年9月6日设立，由银、钱、信托三业公会共同组成，其目的是"为金融业存放利率得有机动性之调整，并便于随时会商"。该委员会委员由银行业公会推举10人，钱业公会推举6人，信托业公会推举1人组成，并再推定同数代理人，如委员因事未能出席时，由指定代理人代理之。委员会集会时，由各委员轮流担任主席；委员会集会每天上午8时半举行。存欠息息率之拟订，以上一日牌价参照当日市况决定之；存息系规定最低限度，欠息系规定最高限度，月底存欠息或累

---

① "沪行庄增资完成"，《银行周报》33卷40号，1949年10月3日。
② 任弈环：《看共同纲领经济政策中的金融一环》，《银行周报》33卷41号，1949年10月10日。

计或平均扯算;委员会未能一致时,取决于多数。该委员会每日拟订之息率,由银、钱、信托三公会会所内按日牌告,俾同业周知。需要指出的是,该会组织规程中还明确规定,"本委员会请人民银行派员一人于集会时列席指导"①,这一规定实际意味着人民银行在委员会中对于利率的最终决定具有相当的影响力。再加上人民银行上海分行本身也在不断调整利率,并以此来影响私营金融业的利率,因此,人民银行实际对市场利率的最终形成具有相当的指导作用。该委员会成立后,配合稳定市场,引导利率逐步下降,至12月底将同业公会日拆抑低至13元②。

此外,人民银行还试办了同业定存。人民银行上海分行为了调节短期资金,吸收游资起见,从8月12日起开始试办同业短期存款,数额以100万元为1个单位,期限7天,利率月息1角8分,存款各行庄如交换差额无法补足,可请求人民银行在它未到期的同业存款额度内临时拆放,拆放利息比同存利息加1成。举办的当天,各行庄前来存款者非常踊跃,一天之中,就有50多家,存款总额达20亿元③。这个办法实行后,对于收缩通货、稳定物价具有相当大的作用。

人民银行还先后两次组织了联合放款。第一次联合放款是在1949年9月。为了引导游资通过行庄走向生产,并协助私营纱厂采购原棉,上海市私营银钱信托业联合放款处于9月24日组成,参加的行庄共有172家,认放40亿元,其中浙江兴业银行等93家认放29.7亿元,宝丰钱庄等76家认放10亿元,中一信托公司等3家认放3 000万元。放款对象是上海市私营纱厂联合购棉借款处,借款处以所属各厂需要借款,依纱锭为标准,就其限额提供担保品,放款金额以40亿元为度,由借款处分两次用足。第一次9月26日用20亿元,第二次10月3日用20亿元,期限以60天为期,利率按照金融业利率委员会每日挂牌放款息最低8折、最高9折计算(由双方洽商),每半月结算支付1次。借款处所有质借之款,其用途限于参加联合购棉处资金,不得移作别用,并以国棉联合购棉处股款收据作为第一担保品,自有之花纱布栈单按市价9折计算作为第二担保品。人民银行为支援私营银钱业将资金投入生产之途,特准在市场银根紧时,允许参加放款处的行庄向该行请求短期拆放,拆放数以所认放的数额为限,每月可有3次,每次3天④。

① "上海金融业利率委员会组织规程",《银行周报》33卷38号,1949年9月19日。
② 《建国以来上海的银行工作》,第23页。
③ 冯子明:《一周经济:人民银行试办同业定存》,《银行周报》33卷34号,1949年8月22日。
④ "沪银钱业联放处成立",《银行周报》33卷41号,1949年10月10日。

　　第二次联合放款是在 1949 年 12 月。为进一步引导资金通过行庄走向生产，以适应各厂商资金周转的需要，12 月 14 日，由人民银行领导和组织的上海市公私营金融业联合放款处正式成立，12 月 17 日签订"合约"，该组织主要办理生产贷款业务，参加联放处的行庄，包括人民、交通及中国等国营银行，私营行庄中除暂时停业及少数未参加者外，全市全部行庄几乎全部参加。贷款总额为人民币 120 亿元，分为 2 400 单位，每个单位为 500 元，由参加的各行庄公司认贷若干单位，计国营银行认贷 20 亿元，私营各行庄公司合认 100 亿元。凡上海市各厂商需要生产资金时，可提出借款总额、担保品、期限、利率及其他必要条件，向联放处申请贷款，借款期限以用款日起 60 天为限，利率按照利率委员会放款利率之平均率最低 9 折；私营银钱信托业如遇有银根紧急、存款减少，放款不能及时收回时，可向人民银行申请拆款。各行庄公司在联放处合组期内，得将其本身所认放款数额的全部或一部分转让，惟需尽先由其他参加的行庄受让[1]。"这次公私营金融业联合放款处的组织成功，显示上海市公私行庄的大团结。"[2]

二、查处违规行庄

　　上海自解放以后到 6 月 24 日、25 日之间，银根始终很松，各行存款日有增加，银钱业因资金充盈，不免多放出一些放款，到了 6 月 30 日，由于 6 月底工商业提款发薪，又值人民政府不断在市场上抛售纱布粮食，于是市上银根突然转紧，交换所退票数额竟达交换总数 5‰强，这使得票据交换结果缺少头寸的行庄，在 1 000 万以上的有 10 多家，1 000 万元以下的有 100 多家，嗣后经银钱两业的代表向人民银行洽商，将票据交换时间延长至下午 9 时（原定下午 6 时截止）。但到了 9 时以后，尚有大中银行缺单 800 余万元、嘉昶钱庄缺单 220 万元、人丰钱庄缺单 125 万元等，都未能在所限时间前补足，于是金融处对以上 3 家处以停业的处分[3]。

　　8 月 31 日这一天，值月底各业发薪及结账之期，市上需单迫切，银根突转紧

---

[1] 上海市公私营金融业联合放款处合约(1949 年 12 月 17 日)，中国社会科学院、中央档案馆编：《中华人民共和国经济档案资料选编·金融卷(1949～1952)》，中国物资出版社 1996 年版，第 938—940 页。

[2] 冯子明：《三周经济：引导游资走向生产》，《银行周报》34 卷 1 号，1950 年 1 月 2 日。

[3] 冯子明：《三周经济：三家行庄奉令停业》，《银行周报》33 卷 26、27 号合刊，1949 年 7 月 4 日。此后金融处派员检查业务时发现，人丰钱庄的业务尚无不正当行为，惟内部会计处理混乱，其交换缺额未能按时补足，尚属一时周转不灵所致。金融处以姑念初犯，除令饬该庄撤换经理进行整理外，准依照《华东区管理私营银钱业暂行办法》，办理登记手续，核准以后即可复业。参见"人丰钱庄准办登记手续"，《银行周报》33 卷 37 号，1949 年 9 月 12 日。

俏,以致这一天退票张数激增至 1 096 张,金额增至 608 247 575 元。票据交换结果是,谦康钱庄轧缺头寸 6 000 余万,到了下午 8 时,尚没有补足,人民银行为照顾该庄困难,准予延长半小时,该庄四出张罗,到 8 时半仍缺头寸 1 000 多万,金融处以该庄未能依照规定时间补足交换缺额,令其自当日起停止营业①。此后,10 月 27 日,大升钱庄也因未能补足交换缺额,奉金融处令停业②。

此外,奉军管会金融处令,上海恒利银行自 11 月 16 日起永久停业,限期清理;惠丰钱庄、通惠银行上海分行,从 11 月 18 日起停业③。恒利银行的前身是恒利地产放款银公司,成立于 1925 年,1928 年 4 月改组为恒利银行,1949 年 9 月办理增资时,东挪西凑,一部分资金由职工中分摊凑集而成。惠丰钱庄创设于 1930 年,1940 年停业,抗战胜利后于 1946 年复业,1949 年 9 月因增资改组,由黄雨斋任总经理。通惠银行总行设在重庆,该年增资时,由丁永贵出资,继任总经理。"这三家行庄此次停业,表面上虽都由于周转不灵,但内在的原因,却是存款准备的不稳,放款对象的欠选择,以及此次办理增资时的若干不正当方法上面。"④

此后,11 月 22 日,其昌银行也因轧缺交换头寸,被勒令永久停业。据查其昌银行高级负责人员,有宕用行款、私自拆放、虚设暗户等情事。当局为了坚持改造私营银钱业与整饬金融市场之方针,另有 21 家分别予以罚金、撤换重要职员或停止交换 1 天至 1 周的处分⑤。11 月 30 日,上海华懋商业银行由中国人民银行华东区行训令,永久停业,限期清理⑥。1949 年 12 月 2 日起,川康商业银行上海分行、上海工业银行、谦泰豫商业银行上海分行、春茂钱庄、信孚永钱庄、汇大钱庄、同康信托公司等 7 家钱庄,奉中国人民银行华东区行训令,暂停营业,限 1 个月内整顿具报⑦。

在加强对私营银钱业监管的同时,人民政府又对地下钱庄活动进行了严厉打击。解放初期物价尚未稳定,地下钱庄仍有存在。有的是外埠行庄在沪私设通讯处,经营存、放、汇业务;有的是以厂商为掩护,暗中进行拆放;有的是专门以私营拆放为主。它们与金钞及各种商品投机活动密切结合,与私营银钱业也有

① 冯子明:《一周经济:谦康钱庄奉令停业》,《银行周报》33 卷 37 号,1949 年 9 月 12 日。
② "大升钱庄停业",《银行周报》33 卷 46 号,1949 年 11 月 14 日。
③ "沪三行庄停业清理",《银行周报》33 卷 49 号,1949 年 12 月 5 日。
④ 冯子明:《一周经济:三家行庄倒闭》,《银行周报》33 卷 48 号,1949 年 11 月 28 日。
⑤ 冯子明:《一周经济:整肃金融市场》,《银行周报》33 卷 49 号,1949 年 12 月 5 日。
⑥ "华懋商业银行停业清理",《银行周报》33 卷 50 号(下),1949 年 12 月 19 日。
⑦ "沪七行庄公司停业一月",《银行周报》33 卷 50 号(下),1949 年 12 月 19 日。

一定的联系。据估计,其拆放量在平时相当于私营行庄拆放总额的 2～3 倍。在 1949 年 11 月物价涨风中,地下钱庄非法拆放活动猖獗,黑市利率高达日拆每千元 70～80 元,合营及私营行庄存款下降,游资通过地下钱庄与投机活动相结合,增加了市场压力,助长了物价涨风。为此,人民银行会同公安部门,于 11 月 25 日对地下钱庄进行了一次"突击围歼",共破获 26 家,拘捕人犯 111 人,抄出支票 328 张,计 41 000 元、现钞 1 000 余元、黄金 20 余两以及银元、美钞等,由军管会金融处会同公安局予以审讯处理。这次行动是人民政府继 6 月间搜查证券大楼打击银元、金钞投机后,又一次制裁投机的有力行动,对整饬金融市场有相当作用。此后,暗息下降,逐渐与利息牌价接近,游资转向银行,私营行庄存款回升,一星期内增加了 45.3％①。

三、折实储蓄与"十万户运动"

为奖励节约储蓄,加强生产基金,保障生活水准起见,中国银行总管理处储蓄部举办折实储蓄存款,并于 1949 年 6 月 14 日公布《折实储蓄存款暂行章程》,该章程规定：定期储蓄在 3 个月以上者,不限对象与储存额;活期储蓄及半个月、1 个月之定期储蓄,暂以有组织之工人、职员、教员、学生为限,并须经过各组织(工会、职业团体、学生会等)之正式介绍,经银行认可方可开户,其储蓄最高额每人每月不超过其本人一个月工资,学生每人每月最高额不超过本人一个月伙食费。该项存款分为整存整付、存本付息、零存整付、整存零付、活期储蓄 5 种;计算单位以中等白粳米 1 升、12 磅龙头布 1 尺、本厂生油 1 两、普通煤球 1 斤四种标准价格合并为 1 单位,以上海当日《解放日报》登载之前一日价格为标准,每日挂牌公布单位价格,在存款及取款时,均以当日公布价格折合人民币存入或支付之。整存整付分半个月、1 个月、3 个月、半年、1 年 5 种,存本付息分半年、1 年 2 种,至少须存 20 单位;零存整付分半年、1 年两种,存款期次分半个月、1 个月、2 个月、3 个月 4 种;整存零付分半年、1 年 2 种,存欠最少 20 单位,提取时每次最少 1 单位,支取时分 1 个月、2 个月、3 个月;活期储蓄系由各工厂、公司、学校之职工、教员每次领取工资后,即将当天所领之工资折实存入,以后即可随时支取②。

---

① 《建国以来上海的银行工作》,第 21—22 页。
② "中国银行总管理处储蓄部折实储蓄存款暂行章程",《银行周报》33 卷 26、27 号合刊,1949 年 7 月 4 日。

嗣后,中国银行又将整存零付存入最低额改为 24 单位,活期储蓄仍为工厂职员、教员,存入数额以本人一个月工资为限;旋又颁布《折实储蓄存款集团存取办法》,由各工厂学校每期发给员工薪给时,将各人在本期所得之数提出愿存之数,集中用团体名义存入折实储蓄,存款作为集团储蓄。同年 8 月 30 日,中国银行总管理处储蓄部公布《折实储蓄存款补充规定》,凡有组织之职工教员学生,以其每月薪金所得来存储时,其存储在 100 单位以下者,均可存活期储蓄;100 单位以上 300 单位以下者,其超过部分只准存半个月以上之定期储蓄;300 单位以上者,其超过部分只准存 1 个月以上之定期储蓄。凡有组织之职工教员以其每个月薪金所得来存时,须自发薪日起 3 天内一次存入,过期只付不存;活期储蓄须于存入后第 3 日起方得提取,并须于原存储所提取,不得持甲处所发存证至乙处提取;整存零付提存最低额,改为存时最少 24 单位,提取时每次最少 2 单位;零存整付之存款,期次除半个月、1 月、2 月、3 月 4 种外,增添 1 星期 1 次 1 种。凡定期储蓄未到期前均不得提取,但存户如有婚丧疾病或紧急需用,得于先取得相当证明文件,经银行认可后,方得以存证作抵押贷款,其贷款额以该存证之 7 折为最高限①。中国银行总管理处储蓄部同时颁布《定期折实存单存折质押贷款暂行简则》,专对存户遇有婚丧疾病特殊困难,而迫切需用款项时申请质押款项而设②。

人民银行合作储蓄部主动争取为人民服务,在上海市各区重要地点设立服务处 43 个,工作人员有 160 余人,每个服务处 3 人至 4 人,主要的业务是办理储蓄,分活期、定期的货币与折实等数种,兼办汇兑业务,附近的居民都可以就近前往开户储蓄或汇兑③。从 11 月 1 日起,中国银行储蓄部奉命归并人民银行上海分行合作储蓄部,所有该部及各区服务处,经办折实储蓄及其他各种储蓄业务,一并移归中国人民银行合作储蓄部继续办理④。

为进一步推动储蓄,11 月 1 日起,人民银行将合作储蓄部之短期存款利率调整如下:7 天期月息由 1 角 5 分增至 2 角 5 分半,15 天期由 1 角 6 分半增至 2 角 7 分,30 天期由 1 角 8 分增至 3 角⑤。11 月 10 日,中国人民银行上海分行颁布修正折实储蓄存款办法,有组织之职工教员,每月活期及半个月定期储存款,

① "中国银行总管理处储蓄部折实储蓄存款补充规定",《银行周报》33 卷 38 号,1949 年 9 月 19 日。
② "中国银行总管理处储蓄部定期折实存单存折质押贷款暂行简则",《银行周报》33 卷 38 号,1949 年 9 月 19 日。
③ "沪人民银行合作储蓄部普设",《银行周报》33 卷 45 号,1949 年 11 月 7 日。
④ "中国银行业务调整",《银行周报》33 卷 46 号,1949 年 11 月 14 日。
⑤ "沪人民币调整短期存款利息",《银行周报》33 卷 47 号,1949 年 11 月 21 日。

以其该月薪金所得为限,学生以其每月生活费为限,定期折储分半个月、1 个月、2 个月、3 个月、4 个月以上 5 种,除半个月定储只限于有组织之职工教员及学生外,其他四种不限对象及储存额,凡零存整付、整存零付、存本付息 3 种定期存款,均以 3 个月为起点,将范围扩充①。一般职工市民存储十分踊跃,各公司团体亦多以会费、福利基金及预定应发之奖励金或工资等存入。"惟因存款到期日与实际需用日期不尽适合,略有不便。"12 月,人民银行合作储蓄部为进一步适应存户需要,凡 1 个月以上之整存整付定期折储,于存储时可以预定任何付款日期,不受限制,听存户自行选择。此项办法自 12 月 10 日起实行②。存款利率也相应调整,定期存款月息从原先的 1 厘提高到 5 厘。由于办法公布时,正值物价波动,一般市民为了避免损失,纷纷将行庄短期存款取出,改向人民银行存折实储蓄;同时这几天正是各机关工厂月中发薪的日期,因此职工团体存储折实的更多。人民银行合作储蓄部 11 月 14 日 1 天,共收进折实存款 124.4 万余单位,15 日 1 天收进 274 万余单位,且有一天比一天多的趋势。"人民银行此举,不但达到了奖励储蓄,加强生产基金和保障职工生活水准的目的,并藉此收缩了大量通货,对稳定市场亦起着巨大作用。"③

此外,中国人民银行上海分行还倡导推行了"十万户运动",该运动由中国、交通、邮政各专业行局响应,自 10 月 1 日起共同进行,预定 2 个月完成。倡导这一运动的意义包括:(1)庆祝中华人民共和国的诞生和中央人民政府的成立;(2)吸引游资,稳定物价;(3)发挥国家金融机构的效能,并加强其一体化观念;(4)使工作人员改变作风,提高效率,把为人民服务的精神贯彻到行动中去。在十万存户运动的进行过程中,适逢 10 月中旬的物价涨风,当物价波动时,货币存储的展开是有阻碍的,而折实储蓄也必须有切合实际的调整,人民银行合作储蓄部即于 11 月 11 日起修订了折实储蓄章程,规定凡 1 个月以上的折实定存,任何人均可存储,同时在货币储蓄方面,从 11 月份起也随时机动调整了利率,依靠发挥客观条件的有利方面,并通过主观力量的努力,到 11 月底即十万元运动总结时止,人民银行上海分行以及中国、交通、邮政等专业行局,共计新开存户141 805 户,不但胜利完成了任务,而且超额完成任务 42%④。

其间,行庄业务也有了较大发展。行庄存款普遍增加,至 1949 年 12 月中

---

① 屠翼九:《解放后有关金融的重要法令》,《银行周报》34 卷 1 号,1950 年 1 月 2 日。
② "折实限制再度放宽",《银行周报》34 卷 1 号,1950 年 1 月 2 日。
③ 冯子明:《一周经济:折实存户踊跃》,《银行周报》33 卷 48 号,1949 年 11 月 28 日。
④ 冯子明:《三周经济:十万存户胜利完成》,《银行周报》34 卷 1 号,1950 年 1 月 2 日。

旬,绝大部分行庄存款约增加 0.5 倍至 3 倍之间。例如上海商业储蓄银行存款较 11 月底增加约 1.5 倍,厂商放款占总放款的 70%;金城银行存款较 11 月底增加 88%,厂商贷款约占总放款 40%;新华银行存款约增加 50%,厂商贷款约占放款总额的 75%,其中 70% 系采取抵押方式,放款总额约占存款的 60%～65%;浙江第一商业银行存款约增 40% 以上;其他如宝丰及存诚两钱庄,存款约增加 2 倍左右①。通过对 136 家行庄的调查,从上海解放以来到 11 月为止,有盈余的达 104 家、亏损的 27 家、收支平衡的 5 家②。

---

① 冯子明:《一周经济:行庄存款激增》,《银行周报》33 卷 50 号(下),1949 年 12 月 19 日。
② 冯子明:《三周经济:行庄业务逐渐好转》,《银行周报》34 卷 1 号,1950 年 1 月 2 日。

结　语　近代中国银行监管制度的总体考察

在中国金融迈向现代化的进程中,银行监管制度的变迁是其中不可或缺的重要内容,也是其中的重要一环。在较为详细地讨论了近代中国银行监管制度的各项主要构成要素之后,很有必要系统地,从总体上对相关问题进行更为深入的观察和思考。

一、近代中国银行监管制度建设的阶段性问题

本书讨论的时间段,涉及 1897 年至 1949 年共计 52 年时间。从金融史的角度看,这个阶段之前承接了中国古、近代金融的历史和传统,又对之后中华人民共和国金融史的许多方面产生了不可忽视的影响。在人民政府接管之前,这一阶段本身经历了晚清政府时期、北京政府时期、南京国民政府时期等三个不同历史时期。总体而言,在中国金融迈向现代化的过程中,银行监管制度从无到有,逐渐规范和完善,本身也经历了一个现代化的过程。银行监管制度建设在上述各个不同历史时期也具有不同的特点。

晚清政府时期,从 1897 年中国第一家银行中国通商银行成立,至 1911 年清政府垮台,实际是银行监管制度初创阶段。在这一阶段,清政府对监管目标的认识,主要还是从整理财政的角度考虑和着眼,其间颁布了中国第一部银行监管法律《银行通行则例》,以及《储蓄银行则例》等,确立了度支部(户部)监管银行的主体地位,尤其注意对货币发行的监管,完成了银行准入从特许制向核准制的转变,先后颁行了《通用银钱票暂行章程》、《兑换纸币则例》以及《银行注册章程》等重要法令,直接推动了户部(大清)银行、交通银行等一些重要银行的设立,并尝试向部分银行派驻监理官等。这些做法为此后银行监管制度的建设奠定了基础。但从总体上来说,监管制度的建设是非常初步的,受时代的局限,对银行监管的内容以及如何监管等问题认识不够清晰,措施也难以到位。

北京政府时期,银行监管制度建设有了一定发展。这期间,对银行监管的目的有了进一步的认识,认为监管的目的是为了防范银行由于经营管理不善和滥发纸币所造成的风险[①]。《银行通行法》明确规定了银行最低资本额,对银行注册登记等作了明确规定,并不再将纸币发行列为银行的业务范围,此项法律虽未正式施行,但对此后的银行监管制度建设仍具有重要的影响。北京政府还先后颁行了《取缔纸币条例》、《银行稽查章程》等一些重要法令,并从管制纸币印刷等渠道加强对纸币发行的监管,对银行监理官制度也进行了进一步的规范和完善。这期间由于军阀混战和地方实力极大,中央政府的实际控制力非常有限,银钱业同业组织在维护金融秩序等方面发挥了重要作用,"金融市场的规则和制度大抵由中外银行和钱庄的商业惯例加以体现,或通过他们的同业公会出面,各方协商后产生的"[②]。从一定意义上说,北京政府对银行监管应该管什么以及如何监管等,都有了进一步的认识和理解,但办法不多,措施不力,实际的监管执行力相当有限。

南京国民政府时期,又可具体分为抗战前十年、抗战期间以及抗战结束后三个具体阶段。

抗战前十年,是社会经济建设相对比较稳定的阶段,也是中央政府控制能力得到极大增强的阶段。国民政府在这十年中,相继完成了"废两改元"、"法币改革"等重大的经济金融变革,先后出台了《银行法》和《储蓄银行法》等重要银行监管法规,初步建立了中央银行制度,实现了货币发行权的相对统一,以中央银行、中国银行、交通银行、中国农民银行、中央信托局、邮政储金汇业局等为主体的国家银行体系初步建成,先后颁行了《银行注册章程》、《停业各银钱行庄监督清理办法》等规定,加强了对银行的市场准入、问题银行的处置和市场退出等的监管,总体而言,监管制度建设逐步规范和完善,但对于银行具体业务的监管还比较缺乏。

抗战期间,为集中经济和金融力量,国民政府实行了金融统制政策,从多方面加强了对银行的监管,这期间更多的是以行政性规定替代通常的法令,先后颁行了《非常时期安定金融办法》、《巩固金融办法纲要》、《战时健全中央金融机构办法纲要》、《非常时期管理银行暂行办法》等,通过建立四联总处等形式,推进四行专业化,完成了货币发行权的最终统一,为抗战胜利作出了重要贡献。抗战期间银行监管的范围也有很大的扩展,特别是对银行具体业务的监管,包括存款、

---

① 《中国近代银行制度建设思想研究(1859～1949)》,第114页。
② 杜恂诚:《金融制度变迁史的中外比较》,上海社会科学院出版社2004年8月版,第276页。

放款、汇兑、投资、利率等方面,都出台了不少具体的措施,并在银行会计科目统一、银行检查规则等方面取得突破,省县地方银行建设等也取得了很大进展。但此阶段的银行监管制度建设总体上缺乏明确的规划,所采取的措施大都是针对某些临时情况而采取的应急措施,更多的是"补丁"式的监管;此外,在各项监管措施之间还存在一些冲突。这一时期的银行监管是完全以战时需要为中心的。

抗战结束后,国民政府颁行了《财政部管理银行办法》《加强金融业务管制办法》《整理财政及加强管制金融办法》等,并于 1947 年修订公布了《银行法》,进一步加强了对银行的监管;在对日伪银行实施清理和接收的同时,完成了对收复区商营金融机关的清理,加强了对银行的检查以及利率、汇兑等业务的监管,同时对战前存放款清偿等问题进行了处理。由于抗战结束后不久即爆发了内战,加上实行金圆券改革、严重的通货膨胀等带来的巨大负面影响,对银行监管制度的建设带来了巨大的冲击,实际效果也因此受到了极大的影响。

二、近代中国银行监管制度建设的国际化问题

近代中国银行监管制度现代化的过程,实际上也是国际化的过程。在整个银行监管制度中,最核心的要素应当是监管的依据,即相应的监管法律和法规,而这恰恰又是典型的国际化产物。就一般性而言,"在法律文化的传播与交流的历史进程中,各个主权国家的法律制度蕴含着世界文明进步大道上共同的基本法律准则,使各国法律制度在某些方面彼此接近乃至融合,进而形成一个相互依存、相互联结的国际性发展趋势"[1]。在中国银行监管制度建设过程中,借鉴和移植外国相对较为成熟的监管法规,对于加快现代化进程,无论从成本角度,还是从效率角度,都不失为一条基本途径,也是一种必然选择。"法律移植,是指一个国家或地区,将其他国家或地区的法律(体系或内容或形式或理论)吸纳到自己的法律体系之中,并予以贯彻实施的活动。"[2]

不可否认的是,在近代中国银行监管制度建设过程中,尤其是监管立法过程中,对外国有关法律的模仿是一个重要特点。意大利比较法学家 R. 萨科提出,法律增长的一个最重要方面是"模仿",模仿的原因有两种,一是强加,一是声望。前者是指一国征服别国后在别国强行实行本国的法律,后者是指其所移植的法

---

① 钱弘道:《中国法律向何处去》,法律出版社 2003 年版,第 403 页。
② 何勤华、李秀清:《外国法与中国法——20 世纪中国移植外国法反思》,中国政法大学出版社 2003 年 5 月版,第 626 页。

律显然具有较高质量而被其他国家或地区自愿接受①。从近代中国第一家银行中国通商银行的章程,到晚清政府颁布的《银行通行则例》、北京政府制定的《银行通行法》,以及南京国民政府时期先后制定的两部《银行法》,都模仿和借鉴了当时最先进的国外相关法律。从本书此前的叙述中可见,即便在整个银行组织体系设计上,也是如此。正如有学者指出的:"中华文明要向西方学习,不只是因为西方的船坚炮利,也是因为与西方的政治、经济和法律体制相比较,中国传统的体制相形见绌。在法制的范畴,中国法制现代化注定被西化,大幅度'移植'西方的法律概念、原则和规范,不只是因国人渴望丧权辱国的领事裁判权得以早日废除,更是因为西方现代法制的相对优越性和进步性。"②

曾长期担任南京国民政府财政部顾问的美国人杨格指出:"一个国家取得现代化和发展的最主要因素,自然是它的领袖和人民的努力,但是善于利用外国人才和他们可能带来的技术,以及外来的资源,取得的进步就能更大。"③在近代中国财政金融改革的过程中,中国政府先后聘请了相当数量的外国专家参与方案的设计,并且发挥了相当重要的作用。1928年间,北京政府各部约有20名外国顾问④。1929年,美国普林斯顿大学教授甘末尔应国民政府之聘率代表团来到中国,研究币制改革问题。甘末尔以擅长替经济落后国家规划币制改革而著名,他提出的《金本位币制条例草案》,主要内容是金本位币的名称为"孙",每1孙含金0.601 866克,折合美金0.40元。如果这一计划付诸实施,中国货币就将被纳入美元集团。该计划此后因世界金银比价发生剧烈变动而被搁置,但其影响不可小视。1935年南京国民政府在实施法币政策前,英国财政部首席顾问李滋·罗斯专程来到中国,与孔祥熙和宋子文等人就中国的币制改革方案进行了详细的讨论,并提供了积极的建议。其他如霍百器、锡瑞尔·罗杰斯、杨格等,都在中国的财政、金融决策中发挥了重要作用。

在近代中国银行监管制度建设的过程中,留学生始终发挥着重要作用,无论是晚清政府、北京政府,抑或是南京国民政府时期,政府的决策者,或者是作为主管部门财政部的主管官员,以及一些重要银行的高级管理人员,有相当部分具有留学背景。据有关学者对近代中国较为著名的110位银行家作统计,曾留学外

---

① 张德美著:《探索与抉择——晚清法律移植研究》,清华大学出版社2003年版,第4页。
② 陈弘毅:《中国法制现代化的历史哲学反思》,载张晋藩主编:《20世纪中国法制的回顾与前瞻》,中国政法大学出版社2002年版,第16页。
③ [美]阿瑟·恩·杨格著,陈泽宪、陈霞飞译:《一九二七至一九三七年中国财政经济情况》,中国社会科学出版社1981年5月版,第454页。
④ 同上书,第374页。

国者 48 人,占 43.6%,其中以留学日本者为最多,占 20%。如张嘉璈留学日本庆应大学,攻读货币、银行学;钱新之入日本神户高等商业学校,专攻财政学;李铭和徐寄庼入日本山口高等商业学校,学习银行学;吴鼎昌和谈荔孙就读于日本东京高等商业学校,攻读银行经济;周作民曾求学于日本京都第三高等学校等。留学美国者次之,共 17 人,占 15%。如宋子文曾先后就读于美国哈佛大学和哥伦比亚大学,主修经济;陈光甫在美国宾尼法尼亚大学获商学士学位;王志莘为美国哥伦比亚大学经济学硕士等。留学英国者又次之,共 6 人。如徐新六在英国获两所大学的学士学位。此外还有留学德、法等国者。长期担任财政部长等要职的孔祥熙毕业于美国欧柏林大学等①。而上述这些人的留学背景,无疑有助于吸收和借鉴国外先进的银行经营管理以及监管方面的经验。

此外,近代中国政府特别是南京国民政府已经开始逐步参与到当时的一些国际事务中,特别是在抗日战争后期和抗战结束后,中国政府在积极参与筹备联合国事务的同时,也积极参与了国际货币基金组织和世界银行的组织和活动。在参与国际性金融组织和活动的同时,中国金融现代化的过程实际上也更多受到了国际化的影响。

三、近代中国银行监管制度建设的本土化问题

本土化实际上是一件非常不容易的事情。仅就法律的本土化而言,"将植体与受体相结合,使其日渐融合并成功地成为受体之一个有机部分的过程,就是法的本土化";"如果这一过程成功了,即它不仅将外国或地区的法律移植了进来,予以贯彻实施,而且使这种法律成功地度过了排异时期,成为其本土法律体系的一个有机组成部分,被人们作为本土的法律来使用,那么,我们就可以说该法律制度的移植和本土化获得了成功"②。

从一定意义上讲,对银行监管制度的设计,并非仅仅只是一门技术。仅就监管法律而言,需要涉及方方面面。"近代意义上的法律,主要体现的不是与自然的关系,而是人与人之间、人与社会、人与国家的关系。因此,法律的价值之一在于它必须与特定的国情、民情相适应。一个成功的法律体系,既要具有推动制度、经济、文化进步和发展的导向性作用,更应与具体的国情、民情相适应,具有

---

① 徐矛:《中国近代银行家的灿烂与苍凉》(代前言),载徐矛、顾关林、姜天鹰主编:《中国十银行家》,上海人民出版社 1997 年 12 月版,第 3 页。

② 《外国法与中国法——20 世纪中国移植外国法反思》,第 626 页。

付诸实施的现实基础。"①事实上,无论从银行经营方式、组织形式,抑或是习惯法等方面,中国传统的文化传统和商业习惯,都带有非常明显而巨大的影响,而这些方面又恰恰是银行监管机关所必须关注的重要因素。

就银行经营方式而言,在引进和借鉴外国经验的同时,中国的银行业仍然顽强地保留了某些具有中国特点的形式。朱荫贵先生认为,近代中国出现的从西方引进移植的股份制企业,"其制度一开始就具有中西合璧或曰中西结合的特点";并列举了近代股份制企业吸收社会存款和银行业实行信用放款两个具体实例,认为长期的商业经营传统习惯和历史文化认同心理,以及比较经济利益等因素,必然会影响企业(银行)的选择②。而事实上,对企业、商号吸收储蓄存款的查禁,以及对银行信用放款的限制和管理,又恰恰是近代中国尤其是南京国民政府时期银行监管当局甚至是最高当局极为关注的重要内容。时至 21 世纪的今日,在中国许多地方,地下金融组织利用"抬会"等形式,非法吸收社会公众存款的现象依然存在,并且屡禁不止;而银行的信用放款,则以某些特殊方式存在并且受到提倡,如对农村的小额信用放款等。这些现象,确实不能不引起我们的深思。

就习惯法的影响而言,中国传统金融业的商业习惯,其影响更不可低估。道格拉斯·诺思提出:"区分宪法、执行法和行为规范法则是有益的,虽然事实上它们之间常常重叠";"宪法是基本法则,它的制定是用以界定国家的产权和控制的基本结构,与执行法相比,它显得难以修改。执行法包括成文法、习惯法和自愿性契约,它在宪法框架内界定交换条件。行为规范是合乎宪法和行为法的行为准则"③。根据诺思的观点,习惯法属于执行法范畴。近代中国的银钱业为维护和发展稳定的市场秩序,分别制定了一些习惯法。杜恂诚先生提出,钱业习惯法的本质是为了维护钱业信用,使各种交易活动得以持续地进行下去;同时习惯法也是为了降低交易成本。他认为,在 1935 年之前的中国社会经济条件下,上海钱业公会还依据习惯法履行了若干后来由政府或中央银行履行的职责,如对行业准入、退出的审核,对经营困难的会员钱庄的扶持和主持对破产会员的清算,建立防范风险的票现基金和钱业联合准备库等。但是,南京政府从 1935 年起实

---

① 朱勇:《理性的目标与不理性的过程——论〈大清刑律〉的社会适应性》,载张生主编:《中国法律近代化论集》,中国政法大学出版社 2002 年 7 月版,第 295 页。

② 朱荫贵:《论近代中国股份制企业中制度的中西结合》,载张忠民、陆兴龙主编:《企业发展中的制度变迁》,上海社会科学院出版社 2003 年 8 月版,第 31—45 页。

③ [美]道格拉斯·诺思著,陈郁、罗华平等译:《经济史中的结构与变迁》,上海三联书店、上海人民出版社 1994 年 12 月版,第 227 页。

行的统制经济和金融的政策实际上是对市场基础的全盘否定,因此完全基于市场的信用和习惯法就失去了存在的依据①。

就组织形式而言,也存在着不断创新与延续传统的问题。回顾近代中国金融业的发展,钱庄业从一个很有势力的行业逐步走向衰落,除了其自身的某些固有缺憾外,政府对其采取的政策应当也是重要因素之一。"从钱业的制度建设和市场定位来看,钱业在南京政府实施统制政策之前是一个欣欣向荣、不断进步的行业。它与银行业在市场定位上基本上是处于一种互补的关系,它完全可以和银行业一起发展。但历史终于再没有给它机会。"②客观地看,钱庄在近代中国还是具有其存在合理性的,至于其自身的缺点,应当通过政府相关政策的扶持和纠正,以达到改善和发展的目的。尊重事实,尊重客观实际的需要,应当是政府监管机构的工作准则。时至今日,为大力发展中西部经济,政府监管部门在一些经济不发达地区降低了银行准入的门槛,批设了一些资本规模与沿海地区无法相比的小银行,这其中的道理应该是比较容易明晓的。

四、近代中国银行监管制度建设的制约性问题

银行监管制度的有效性问题还涉及其他许多方面。就银行监管制度本身而言,包括了监管的依据、监管的主体、监管的客体、监管的内容、监管的方式等,这些要素在本书相关部分已进行了较为详细的讨论,但这并非全部。从系统论的角度看,如果把整个金融制度作为一个大系统,那么,银行监管制度只是其中的一个子系统。作为一个子系统,它不可能脱离整个大系统和其他子系统而独立发生作用。"银行与社会经济之关系最为密切,社会经济之发达,固赖银行以推进,而银行营业之发展,亦赖社会经济为背景,相互荣长,而不可偏废者也。"③

银行监管制度的实际运作,受到许许多多因素的影响,这些因素或作为银行监管制度的重要背景,或作为与银行监管制度直接相关的重要子系统,对银行监管制度的效用产生了重要的影响。这其中,包括货币制度、财政制度、国际贸易、房地产市场、工商业、农业等,任何一项因素的变化,都或多或少会对银行监管制

---

① 杜恂诚:《近代中国钱业习惯法——以上海钱业为视角》,上海财经大学出版社 2006 年 12 月版,第 9—10 页。

② 同上书,第 206 页。

③ 朱斯煌:《民元以来我国金融业之背景》,《民国经济史》,第 159 页。

度带来极大的影响。"币制与财政本与金融同一机关,而我国币制之不定如此,财政之拮据如彼。国际贸易原为国家经济重要之一环,入超本亦不足为病,然而外资未善利用,进口多属消耗,益使财竭民穷,利权外溢。地产营业本为商业银行之所戒,而况又无社会经济真实之基础,如此背景,欲望我国金融业正常之发展,乌可得乎?"[①]至于政治制度的变迁,以及军事形势上的变化,更是会对银行监管制度带来非常重大的影响,限于篇幅,这里不再展开。但是,需要指出的是,制度之间的相互配合与协调是相当重要的。如果政出多门,制度的作用有时往往会互相抵消。

不可否认的是,制度的实施和运作往往又需要一定的条件。如人员之配备,经费之度支,应与业务需要相适应,"过之则失于浮滥,不足则成效难期"。举例而言,抗战期间的财政部驻各区银行监理官办公处,以检查银行督导业务为主要工作,所有各办公处人员、经费之分配,应以全区银行多寡为重要标准之一。而以成都区为例,该区行庄225家,以每家每年检查一次,每次连同编撰报告及旅途往返,平均10日计算,共需2 250日。每年除去星期日及例假外,堪资工作者,每人仅300日。照此计算,如以两人会同检查为常例,则专任银行检查之稽核,至少需15人。其余担任内部经常工作之中下级职员,当不能少于30人。而该区仅稽核8人,其余工作人员16人,"工作推进困难,自非饰词"。再就经费支配情形而论,该处经常费,每月29 000余元,所有员役薪俸、邮电、文具、电灯、茶水、房租及检查旅费一并在内,其中分配于旅费者月仅6 400元,每月检查两家犹感不足,距离真正需要甚远。"近以经临各费之发放,缓不济急,仰赖借贷为时已久。除应解本部罚款10万元,早已接济公用外,曾向四川省银行借用32万元,月付利息亦巨,殊出该处负担能力以外。"也难怪财政部官员考察后认为:"该处工作成绩之表现,诚不如理想之高。但就人员之配备与经费支出情形而论,似又不容期望过奢也。"[②]此外,存款实名制的推行之所以受到重重阻碍,一个很重要的原因,就是始终没有具备基本的技术条件,包括缺乏健全的身份证制度、相关信息不能联网共享等。

五、近代中国银行监管制度建设的有效性问题

政府在整个银行业监管制度中所发挥的作用是至关重要的。评价银行业监

① 朱斯煌:《民元以来我国金融业之背景》,《民国经济史》,第162页。
② 吴兴周考察成都区银行业务报告(1944年10月19日),《中华民国史档案资料汇编》第五辑第二编,"财政经济"(四),第686—702页。

管制度的有效性,从一定意义上说,就是评价政府监管政策的有效性。诺思提出:"国家的存在是经济增长的关键,然而国家又是人为经济衰退的根源,这一悖论使国家成为经济史研究的核心,在任何关于长期变迁的分析中,国家模型都将占据显要的一席。"①而阿瑟·刘易斯则认为:"政府的失败既可能是由于它们做得太少,也可能是由于它们做得太多。"②他同时认为:"20世纪以来出现的政府权力的增加和政府对于货币量的相机抉择控制有相当的优越性;同样,在软弱、腐败或不明智的政府控制下,相机抉择控制可能是最有破坏性的。"③

然而,真正考察监管制度的有效性,恐怕还不能简单地用"管得太多"或"管得太少"来衡量。近代中国的特殊国情,决定了中国银行监管制度的特殊性,因而也就不能用通常标准来评判,关键还是要看是否确实实现了各个不同阶段政府的总体监管目标。有学者提出:"在近代东方法律现代化的历史中,个人权利的保障与国家迅速强盛之间的矛盾是一个引人注目的矛盾。这是个人主义与国家主义的矛盾,实质上也是法律的民主与效率两个价值之间的冲突。东方国家的人民需要人权、平等和自由,但东方国家的人民更需要民族的独立、国家的强盛。因此,东方国家法律近代化同时负有这两个重要任务,就使得这些国家直接面临着世界各国历代法学家们一直在思考但一直得不到满意答案的亘古谜题:如何保障个人权利的全部实现,又使政府能够有效地将个人组织成一个团结的社会,从而通过全社会的力量来为个人争得更多的权利。"④以南京国民政府时期的民法为例。这一时期的民法采用社会本位的立法思想,实际上不完全符合中国社会的发展阶段,有超越性。因此,有学者以为,从整体上看,南京国民政府的民法,比较适合于高度发达的垄断资本主义阶段。而当时中国社会尚处于资本主义发展的较低阶段,个人主义、个人权利的成长尚不完全,个人自由有待于培育,采用社会本位思想,反而有掩盖个人成长的法律空间的危险性⑤。

对近代中国银行监管制度建设的目标定位而言,同样也是如此。近代中国在整个世界环境中处于相对落后的位置,国家的富强是首要的问题,因此,银行监管制度的价值选择中,效率当然必须是优先的。举例而言,南京国民政府在抗

①《经济史中的结构与变迁》,第227页。
② 阿瑟·刘易斯著,梁小民译:《经济增长理论》,上海三联书店1990年版,第476页。
③ 同上书,第481页。
④ 王涛:《中国法律早期现代化保守性价值评析》,载《20世纪中国法制的回顾与前瞻》,第35—36页。
⑤ 曹全来:《国际化与本土化——中国近代法律体系的形成》,北京大学出版社2005年4月版,第169页。

战期间所采取的统制政策,应当说主要还是为了适应抗战胜利的需要,这当中所建立的"四行两局一库"的国家银行体系,以及先后所采取的一系列监管措施,尽管可能具有相当的强势和垄断意味,但对抗战的最终胜利,则确实发挥了积极的作用。"与西方不同,中国近代法律所面临的急迫的问题是国家经济实力的增长问题,是国家如何利用国家权力的作用来调动全国的自然资源和社会资源来进行一次富国强兵的建设运动的问题。因此法律所关心的并非个人的福利,而是国家整体经济实力的增长。"[1]

监管机关对于形势的判断有时还是相当清晰的,尤其是作为国民政府监管机关的财政部就曾提出,"执行金融政策均应随时注意考察环境情势及民间实在状况,研究检讨力图改善",不可拘囿成规,"免致扦格难行,反失财政政策之本旨"[2]。1943年7月6日,桂林区银行监理官办公处监理官江英志在召集桂林市各银行代表座谈会上讲话中有这么一段:"我们这个机关不是普通的衙门,本处同人也不是以做官为目的的,我们希望金融界彻底认识当前抗战建国的大势,把金融和整个抗建国策严密地融合起来,完成必胜必成的重大使命。目前政府对于管理金融已经下了最大的决心,所颁布的法令亦非常周密完善。老实说一句,如果我们把政府所颁布的法令严格地执行起来,那么许多银行都会更加感觉困难,要感受严密的约束,但是我们很知道当前现实环境的复杂和各银行处境的困难,所以对于法令的执行,本着持平、持和的态度,在整个金融国策之下,参酌本区内实际情形,按部就班的做去,不求急进,但求稳健。各位要知道,管理银行不是窒息银行,而是扶植银行,使各银行能够站在各自的岗位上继续不断地向前发展。不过发展要走大道,不要走偏门,就是说要在政府的金融国策之下去求发展,若只求自己的利益,而置政府法令于不顾,那结果,国民经济固蒙不利,就是银行自身也会走进错误的途径。"[3]

当然,对于抗战胜利后南京国民政府的整个财政金融政策失控,银行监管制度在其中虽然难以承担全部责任,但同样难辞其咎。

从监管有效性角度出发,需要探讨的问题还很多。从技术角度考虑,对政府监管机构而言,存在一个对有限监管资源合理分配和利用的问题。如前所述,政府监管机构对银钱业的管理有时过细,尤其是南京国民政府时期的财政部。以

---

① 王涛:《中国法律早期现代化保守性价值评析》,载《20世纪中国法制的回顾与前瞻》,第39页。
② 孔祥熙第六次官邸会议记录(1943年5月17日),二档:三(1)3353。
③ 财政部桂林区银行监理官办公处召集桂林市各银行代表座谈会记录(1943年7月6日),渝档:031011476。

非现场监管的各项报表的报送而言,种类相当繁多;而且有不少报表除了总行要上报外,各分行也要同时报送财政部。这样做的结果,是造成商业行庄难以应付,财政部事实上也很难仔细审核,最终降低了监管的效率。

此外,对银钱业公会等同业组织作用的认识,也应当更为客观和明智。近代中国各地的银钱业同业公会在维护当地正常金融秩序过程中的作用,实际上经历了一个由强到弱的过程。关于这一点,学界已有不少研究成果,并成为定论。本书在讨论银钱业应对金融危机的同业自救时,对银钱业同业公会的作用也进行了相应的讨论。实际上,政府监管机构自身的监管,资源毕竟有限,而且不可能事无巨细样样都管,如果能够充分发挥同业公会的特殊作用,岂非是一件好事?

"前事不忘,后事之师。"近代中国银行监管制度朝向现代化发展过程中所留下的所有痕迹,都应当并且完全可能为后人思考和借鉴。

>> 参考文献

一、未刊档案史料

中国第二历史档案馆馆藏财政部档案、中央银行档案、财政部上海金融管理局档案。

上海市档案馆馆藏上海市参议会档案、上海地方法院档案、上海银行公会档案、交通银行档案、广东银行档案、源源长银行档案、上海民孚银行档案、浙江兴业银行档案、上海商业储蓄银行档案。

重庆市档案馆馆藏中国银行重庆分行档案、金城银行柳州分行档案、聚兴诚银行档案、上海商业储蓄银行重庆分行档案。

四川省档案馆馆藏财政部成都区银行监理官办公处档案、中央银行成都分行档案。

福建省档案馆馆藏福建省银行档案。

二、报刊资料

《东方杂志》、《银行周报》、《财政评论》、《金融周报》、《申报》、《司法公报》、《金融周讯》、《行政院公报》、《新华日报》、《人民日报》、《解放日报》、《新闻报》。

三、资料汇编(以出版时间先后为序)

中国法规刊行社:《最新六法全书》,上海:春明书店,1948年。

中国人民银行总行参事室金融史料组编:《中国近代货币史资料》第一辑,北京:中华书局,1964年。

中国人民银行上海市分行编:《上海钱庄史料》,上海:上海人民出版社,1964年。

《大清法规大全》,台北:考正出版社,1972年。

中国人民银行金融研究所编:《中国农民银行》,北京:中国财政经济出版社,1980年。

中国人民银行上海市分行金融研究所编:《金城银行史料》,上海:上海人民出版社,1983年。

中国人民银行总行参事室编:《中华民国货币史资料》第一辑,上海:上海人民出版社,1986年。

中国第二历史档案馆、中国人民银行江苏省分行、江苏省金融志编委会合编:《中华民国金融法规档案资料选编》,北京:档案出版社,1989年。

天津市档案馆、天津市社会科学院历史研究所、天津市工商业联合会编:《天津商会档案汇编(1903~1911)》,天津:天津人民出版社,1989年。

中国人民银行上海市分行金融研究所编：《上海商业储蓄银行史料》，上海：上海人民出版社，1990年。

中国银行总行、中国第二历史档案馆编：《中国银行行史资料汇编》，北京：档案出版社，1991年。

中国人民银行总行参事室编：《中华民国货币史资料》第二辑，上海：上海人民出版社，1991年。

中国第二历史档案馆编：《中华民国史档案资料汇编》第一、二辑，南京：江苏古籍出版社，1991年。

中国第二历史档案馆编：《中华民国史档案资料汇编》第三辑，"金融"（一）、（二），南京：江苏古籍出版社，1991年。

重庆市档案馆、重庆市人民银行金融研究所合编：《四联总处史料》，北京：档案出版社，1993年。

中共上海市委统战部、中共上海市委党史研究室、上海市档案馆编：《中国资本主义工商业的社会主义改造（上海卷）》，北京：中共党史出版社，1993年。

中国第二历史档案馆编：《中华民国史档案资料汇编》第五辑第一编"财政经济"（四），南京：江苏古籍出版社，1994年。

交通银行总行、中国第二历史档案馆编：《交通银行史料》，上海：上海人民出版社，1995年。

中国社会科学院、中央档案馆编：《中华人民共和国经济档案资料选编·金融卷（1949～1952）》，北京：中国物资出版社，1996年。

财政部财政科学研究所、中国第二历史档案馆编：《国民政府财政金融税收档案史料（1927～1937年）》，北京：中国财政经济出版社，1997年。

中国第二历史档案馆编：《中华民国史档案资料汇编》第五辑第二编"财政经济"（三）、（四），南京：江苏古籍出版社，1997年。

谢俊美编：《盛宣怀档案资料之五——中国通商银行》，上海：上海人民出版社，2000年。

中国第二历史档案馆编：《中华民国史档案资料汇编》第五辑第三编"财政经济"（二），南京：江苏古籍出版社，2000年。

黄鉴晖等编：《山西票号史料（增订本）》，太原：山西经济出版社，2002年。

洪葭管主编：《中央银行史料》，北京：中国金融出版社，2005年。

绍兴县馆藏历史档案精品丛书编纂委员会编：《绍兴县馆藏金融档案汇集》，北京：中华书局，2006年。

四、著作（以出版时间先后为序）

周葆銮：《中华银行史》，上海：商务印书馆，1918年。

张辑颜：《中国金融论》，上海：商务印书馆，1930年。

杨荫溥：《杨著中国金融论》，上海：黎明书局，1930年。

徐寄庼：《增改最近上海金融史》，上海：商务印书馆，1932年。

王志莘：《中国之储蓄银行史》，上海：商务印书馆，1934年。

吴承禧：《中国的银行》，上海：商务印书馆，1934年。

崔晓岑：《中央银行论》，上海：商务印书馆，1935年。

邹宗伊：《中国战时金融管制》，重庆：财政评论出版社，1943年。

寿进文：《战时中国的银行业》，1944年（出版单位不详）。

许涤新:《中国经济的道路》,上海:生活书店,1947年。

陈　行:《中央银行概论》,上海:银行通讯出版社,1948年。

朱斯煌:《民国经济史》,上海:银行周报社,1948年。

张郁兰:《中国银行业发展史》,上海:上海人民出版社,1957年。

宫下忠雄著,吴子竹编译:《中国银行制度史》,台北:华南商业银行研究室,1957年。

献　可:《近百年来帝国主义在华银行发行纸币概况》,上海:上海人民出版社,1958年。

谭玉佐:《中国重要银行发展史》,台北:联合出版中心,1961年。

郭荣生:《中国省银行史略》,台北:台海出版社,1975年。

[美]阿瑟·恩·杨格著,陈泽宪、陈霞飞译:《一九二七至一九三七年中国财政经济情况》,北京:中国社会科学出版社,1981年。

姚菘龄编著:《张公权先生年谱初稿》,台北:传记文学出版社,1982年。

中国人民银行上海市分行金融研究室编:《中国第一家银行》,北京:中国社会科学出版社,1982年。

许涤新、吴承明:《中国资本主义发展史》,北京:人民出版社,1984年。

李立侠:《中央银行兴衰史》,北京:中国文史出版社,1986年。

中国人民银行上海市分行金融研究所编:《建国以来上海的银行工作》,上海市金融学会1986年(内部版)。

重庆工商业联合会等编:《聚兴诚银行》(《重庆工商史料》第六辑),成都:西南师范大学出版社,1987年。

寿充一:《中央银行史话》,北京:中国文史出版社,1987年。

[美]小科布尔著,杨希孟译:《上海资本家与国民政府(1927～1937)》,北京:中国社会科学出版社,1988年。

[美]郝延平著,李荣昌、沈祖炜、杜恂诚译:《十九世纪的中国买办:东西间的桥梁》,上海:上海社会科学院出版社,1988年。

洪葭管、张继凤:《近代上海金融市场》,上海:上海人民出版社,1989年。

[美]阿瑟·刘易斯著,梁小民译:《经济增长理论》,上海:上海三联书店,1990年。

中国人民银行总行金融研究所金融历史研究室编:《近代中国金融业管理》,北京:人民出版社,1990年。

洪葭管:《在金融史园地漫步》,北京:中国金融出版社,1990年。

姜宏业:《中国地方银行史》,长沙:湖南人民出版社,1990年。

孔祥贤:《大清银行行史》,南京:南京大学出版社,1991年。

姚会元:《中国货币银行(1840～1952)》,武汉:武汉测绘科技大学出版社,1993年。

洪葭管:《中国金融史》,成都:西南财经大学出版社,1993年。

黄鉴晖:《中国银行业史》,太原:山西经济出版社,1994年。

[美]道格拉斯·诺思著,陈郁、罗华平等译:《经济史中的结构与变迁》,上海:上海三联书店、上海人民出版社,1994年。

[法]白吉尔著,张富强、许世芬译:《中国资产阶级的黄金时代(1911～1937)》,上海:上海人民出版社,1994年。

张正明:《晋商兴衰史》,太原:山西古籍出版社,1995年。

中国银行行史编辑委员会编著:《中国银行行史(1912～1949)》,北京:中国金融出版社,1995年。

崔国华：《抗日战争时期国民政府财政金融政策》，成都：西南财经大学出版社，1995 年。

王华庆：《中国银行业监管制度研究》，北京：中国金融出版社，1996 年。

梁治平：《清代习惯法：社会与国家》，北京：中国政法大学出版社，1996 年。

李一翔：《近代银行与企业的关系（1895～1945）》，台北：东大图书公司，1997 年。

刘慧宇：《中国中央银行研究（1928～1949）》，北京：中国财政经济出版社，1997 年。

徐矛、顾关林、姜天鹰主编：《中国十银行家》，上海：上海人民出版社，1997 年。

吴景平：《宋子文思想研究》，福州：福建人民出版社，1998 年。

吴景平：《宋子文评传》，福州：福建人民出版社，1998 年。

吴景平：《宋子文政治生涯编年》，福州：福建人民出版社，1998 年。

张忠军：《金融监管法论——以银行法为中心的研究》，北京：法律出版社，1998 年。

周　林：《世界银行业监管》，上海：上海财经大学出版社，1998 年。

程　霖：《中国近代银行制度建设思想研究》，上海：上海财经大学出版社，1999 年。

钟思远、刘基荣：《民国私营银行史（1911～1949 年）》，成都：四川大学出版社，1999 年。

［美］艾伦·加特著，陈雨露、王智洁、蔡玲译：《管制、放松与重新管制》，北京：经济科学出版社，1999 年。

豆建民：《中国公司制思想研究》，上海：上海财经大学出版社，1999 年。

马寅初：《马寅初全集》，杭州：浙江人民出版社，1999 年。

汪敬虞：《中国近代经济史（1895～1927）》，北京：人民出版社，2000 年。

谢振民：《中华民国立法史》，北京：中国政法大学出版社，2000 年。

刘秋根：《明清高利贷资本》，北京：社会科学出版社，2000 年。

张德泽：《清代国家机关考略》，北京：学苑出版社，2001 年。

叶世昌、潘连贵：《中国古近代金融史》，上海：复旦大学出版社，2001 年。

黄宗智：《清代的法律、社会与文化：民法的表达与实践》，上海：上海书店出版社，2001 年。

吴景平：《上海金融业与国民政府关系研究（1927～1937）》，上海：上海财经大学出版社，2002 年。

杜恂诚：《中国金融通史》第 3 卷，北京：中国金融出版社，2002 年。

张忠民：《艰难的变迁——近代中国公司制度研究》，上海：上海社会科学院出版社，2002 年。

张生主编：《中国法律近代化论集》，北京：中国政法大学出版社，2002 年。

张晋藩主编：《20 世纪中国法制的回顾与前瞻》，北京：中国政法大学出版社，2002 年。

杜恂诚：《上海金融的制度、功能与变迁（1897～1997）》，上海：上海人民出版社，2002 年。

张德美：《探索与抉择——晚清法律移植研究》，北京：清华大学出版社，2003 年。

黄宗智：《法典、习俗与司法实践——清代与民国的比较》，上海：上海书店出版社，2003 年。

何勤华、李秀清：《外国法与中国法——20 世纪中国移植外国法反思》，北京：中国政法大学出版社，2003 年。

陈红民主编：《中华民国史新论》（经济·社会·思想卷），北京：生活·读书·新知三联书店，2003 年。

石霓译注：《容闳自传——我在中国和美国的生活》，上海：百家出版社，2003 年。

张忠民、陆兴农主编：《企业发展中的制度变迁》，上海：上海社会科学院出版社，2003 年。

中共中央文献研究室编：《毛泽东传（1949～1976）》，北京：中央文献出版社，2003 年。

钱弘道：《中国法律向何处去》，北京：法律出版社，2003 年。

吴景平、马长林主编：《上海金融的现代化与国际化》，上海：上海古籍出版社，2003 年。

杜恂诚:《金融制度变迁史中的中外比较》,上海:上海社会科学院出版社,2004年。

洪葭管:《20世纪的上海金融》,上海:上海人民出版社,2004年。

王效文:《中国公司法论》,北京:中国方正出版社,2004年。

周仲飞、郑晖编著:《银行法原理》,北京:中信出版社,2004年。

曹全来:《国际化与本土化——中国近代法律体系的形成》,北京:北京大学出版社,2005年。

杨春林:《商业银行有效监管论》,北京:人民法院出版社,2005年。

史纪良主编:《银行监管比较研究》,北京:中国金融出版社,2005年。

兰日旭:《中国金融现代化之路——以近代中国商业银行盈利性分析为中心》,北京:商务印书馆,2005年。

裴桂芬:《银行监管的理论与模式——兼论日本的银行监管》,北京:商务印书馆,2005年。

张徐乐:《上海私营金融业研究(1949～1952)》,上海:复旦大学出版社,2006年。

李成编著:《金融监管学》,北京:科学出版社,2006年。

江　眺:《公司法:政府权力与商人利益的博弈》,北京:中国政法大学出版社,2006年。

杨在军:《晚清公司与公司治理》,北京:商务印书馆,2006年。

杜恂诚:《近代中国钱业习惯法——以上海钱业为视角》,上海:上海财经大学出版社,2006年。

何旭艳:《上海信托业研究(1921～1949)》,上海:上海人民出版社,2007年。

复旦大学中国金融史研究中心编:《近代上海金融组织研究》,上海:复旦大学出版社,2007年。

[美]肯尼思·斯朋著,中国银行业监督管理委员会译:《美国银行监管制度》(第5版),上海:复旦大学出版社,2008年。

五、论文(以发表时间先后为序)

姜宏业:《四联总处与金融管理》,《近代史研究》1989年第2期。

陆兴龙:《上海华资银行的产生与初步发展》,《档案与史学》1989年第6期。

李一翔:《银行资本与中国近代工业化》,《上海社会科学院学术季刊》1996年第1期。

刘慧宇:《中国近代中央银行体制演变刍议》,《民国档案》1997年第1期。

徐进功:《略论北洋政府时期的银行业》,《中国社会经济史研究》1997年第1期。

董长芝:《论国民政府抗战时期的金融体制》,《抗日战争研究》1997年第4期。

汪敬虞:《近代中国金融活动中的中外合办银行》,《历史研究》1998年第1期。

刘慧宇:《论抗战时期中央银行的职能建设》,《中国社会经济史研究》1999年第2期。

杜恂诚:《北洋政府时期华资银行业内部关系三个层面的考察》,《上海经济研究》1999年第5期。

杜恂诚:《中国近代两种金融制度的比较》,《中国社会科学》2000年第2期。

杨　箐:《四联总处与战时金融》,《浙江大学学报》2000年第3期。

吴景平:《从银行立法看30年代国民政府与沪银行业的关系》,《史学月刊》2001年第2期。

刘慧宇:《论抗战时期国民政府中央银行金融监管职能》,《南开经济研究》2001年第3期。

黄立人:《蒋介石与四联总处》,《民国档案》2001年第4期。

杜恂诚:《抗战前中国金融业市场活力的弱化》,《档案与史学》2001年第4期。

吴景平:《评上海银钱业之间关于废两改元的争辩》,《近代史研究》2001年第5期。

吴景平、王　晶:《"九·一八"事变至"一·二八"事变期间的上海银行公会》,《近代史研究》

2002 年第 3 期。

朱荫贵：《1927 年～1937 年的中国钱庄业》，《中国经济史研究》2002 年第 3 期。

朱荫贵：《两次世界大战间的中国银行业》，《中国社会科学》2002 年第 6 期。

陈弘毅：《中国法制现代化的历史哲学反思》，张晋藩主编：《20 世纪中国法制的回顾与前瞻》，北京：中国政法大学出版社，2002 年。

杨惠玲：《敦煌契约文书中的保人、见人、口承人、同便人、同取人》，《敦煌研究》2002 年第 6 期。

王　涛：《中国法律早期现代化保守性价值评析》，张晋藩主编：《20 世纪中国法制的回顾与前瞻》，北京：中国政法大学出版社，2002 年。

王　晶：《1927～1937 年上海银行公会述略》，吴景平、马长林主编：《上海金融的现代化与国际化》，上海：上海古籍出版社，2003 年。

吴景平：《上海银行公会改组风波（1929～1931 年）》，《历史研究》2003 年第 2 期。

史继刚：《论抗战时期国民党大力推广县市银行的原因》，《江西财经大学学报》2003 年第 3 期。

李金铮：《20 世纪上半期中国乡村经济交易的中保人》，《近代史研究》2003 年第 6 期。

唐芸萍：《民国时期上海的"国民身份证"》，《档案与史学》2004 年第 1 期。

易棉阳、姚会元：《1980 年以来的中国近代银行史研究综述》，《近代史研究》2005 年第 3 期。

潘晓霞：《近十年中国近代金融史研究综述》，江海学刊 2005 年第 6 期。

刘　平：《上海银行业保人制度改良述略》，《史林》2007 年第 4 期。

朱荫贵：《论近代中国企业商号吸收社会储蓄——1930 年南京政府禁令颁布前后的分析》，《复旦学报》2007 年第 5 期。

刘　平：《近代中国银行监理官制度述论》，《上海金融》2007 年第 6 期。

姚会元、易棉阳：《中国政府金融监管制度的演进与特点（1900～1949）》，《广东金融学院学报》2007 年第 9 期。

刘 平：《存款本名制：企业社会责任的历史考察》，《新金融》2008 年第 5 期。

郑成林：《从双边桥梁到多边网络——上海银行公会与银行业（1918～1936）》，武汉：华中师范大学，2003 年。

马志刚：《中国近代银行业监理法律问题研究》，北京：中国政法大学，2001 年。

简传红：《近代中国银行业监管制度变迁》，昆明：云南大学，2003 年。

后　记

本书是在我的博士学位论文基础上修改而成的。2005年的秋天,正值复旦大学百年校庆的日子里,我有幸进入这所著名大学的历史学系,正式开始了令我难忘的博士研究生学习生活。今天,当我向复旦大学出版社提交本书稿时,内心确实充满着一种感恩的心情。

我在本科阶段是学习工科的,硕士阶段的专业是经济学,开始在复旦大学攻读历史学博士学位时,年龄已近42周岁,参加工作也已经将近20年。此前我虽然对历史学有着非常浓厚的兴趣,并利用业余时间阅读了不少相关的资料,但总体而言,还是不够系统和专业的。能够较为顺利地学完所有规定课程,并如期完成论文的撰写并顺利通过答辩,除了自身的艰苦努力外,我想,有许多人是值得我感谢的。

我首先要感谢导师吴景平教授。我有缘结识吴景平教授,并表达希望攻读博士的愿望,是在2001年的夏天;我通过复旦大学博士生入学统一考试,正式成为吴景平教授的弟子,是在2005年的夏天。这期间经过了整整四年。而当我正式提交博士学位论文稿时,已经是2008年的夏天,时间已经过去整整七年。在我入学前的四年里,在吴教授的指点下,我较为系统地学习了中国近现代史特别是中华民国史的基本课程,并旁听了吴教授开设的史料学等专业课程;正式入学后,无论是在专业课程的讲授,还是在论文的具体指导,抑或是档案资料的查找等方面,吴景平教授都不厌其烦地给予了许多悉心的指导和帮助。这当中,既包括历史学研究的方法和态度,也包括观点提炼以及行文的具体要求等,他的学术态度和为人处世,都给我留下了极其深刻的印象。

我特别要感谢李克渊先生。1999年2月初的一个深夜,他和我在杭州有过一次坦诚的谈话。正是这次谈话,促使我下定了决心,离开了我曾经生活和工作30多年的故乡。来到上海后,无论在中国人民银行上海分行,还是在中国银监会上海监管局,李克渊先生一直都是我的直接领导。除了工作上的直接指导外,他对我的学习和生活同样给予了一位长者和朋友的关怀和厚爱。2001年7月,

《大象无形》一书在上海三联书店正式出版，我在后记中就明确提到，该书有许多思路是在他的启发下萌生的，有些则本来就是他的观点，我只是借用和引申而已。对我报考和攻读博士学位一事，他从许多方面给予了大力支持和具体帮助。本书之所以赶在今年内正式出版，一个很重要的原因，就是希望他能在 2009 年退休前见到样书，因为这其中同样凝聚了他的许多心血。

在复旦大学就读期间，我有机会参加了多次学术会议，并聆听了许多国内外著名学者的课程和讲座，限于篇幅，这里无法一一列举，但这些学者的风范，都给我留下了深刻的印象，并给予了我极大的启迪。我尤其要感谢在我学习期间直接给予我许多教诲的老师。他们是：复旦大学叶世昌教授、戴鞍钢教授、朱荫贵教授、冯筱才教授、谢遐龄教授、查国生教授、张徐乐副教授等。中国人民银行上海总部洪葭管研究员、袁隆生研究员、潘连贵副研究员等，也给予了许多具体指导。特别是洪葭管先生，在我入学之初即对论文的选题提出了宝贵的意见，并以87 岁的高龄，认真仔细审读了我的学位论文稿。洪先生对学术的认真和对后学的奖掖，都令我十分感动。

我特别要感谢上海财经大学杜恂诚教授，复旦大学叶世昌教授、戴鞍钢教授、朱荫贵教授，南京大学陈谦平教授，东华大学李一翔教授，上海档案馆冯绍霆研究员，以及两位匿名评审专家，他们在论文评阅和答辩过程中提出了许多宝贵意见。

我要感谢浙江大学经济学院的金雪军教授，他是我的硕士论文指导老师。如果没有在浙江大学的经济学训练，要顺利完成博士学位论文可以说是难以想象的。

我要感谢在复旦大学学习期间，给予我许多帮助的学友，他们是何品、宋佩玉、陈礼茂、邹晓昇、张启祥、万立明、李强、张秀莉、田兴荣、蒋立场、王丽、曹嘉涵、李辉、王强、潘健、李玉勤等。尤其是与我同宿舍的王强，以及同门同级的张秀莉和田兴荣，在资料的查找和论文的撰写过程中，更是提供了许多具体的帮助。他们大都比我要年轻，但在和他们的交流中，我确实获益匪浅。

我还要感谢我所在单位的领导、同事以及各地的朋友们，他们以各种不同形式给予了支持与帮助。他们是：蔡鄂生先生、王华庆先生、阎庆民先生、马强先生、张海先生、柯珮女士、郑泽华先生、朱松华先生、杨兰女士、吴蓉女士、何秀华女士、李东先生、曹莹女士、孔泉先生、曹蕾小姐等，以及周武先生、周智立先生、姜天鹰先生、翁有为先生、金福林先生、顾佩兰女士、施建东先生、谢涛先生、杨文海先生、陈石先生、张静峰先生、谢宏先生、谢瑾女士、吴晔女士等。

我还要感谢在资料和档案查阅过程中给予大力支持和帮助的单位：复旦大

学图书馆、复旦大学历史系资料室、上海图书馆,以及中国第二历史档案馆、上海市档案馆、重庆市档案馆、四川省档案馆、四川省雅安市档案馆、福建省档案馆等。感谢四川银监局、重庆银监局、福建银监局、江苏银监局等单位在查阅档案过程中提供的帮助。特别感谢中国第二历史档案馆马振犊副馆长、郭必强研究员以及重庆市档案馆唐润明研究员、上海市档案馆寇华女士等的大力帮助。

我要专门感谢我的家人。这几年来,平时的晚上时间,以及双休日和节假日,我几乎都用来查找资料和撰写论文,对家人关心和照顾非常不够;相反,我的父母亲、岳父母、妻子和女儿,则对我的学习给予了极大的宽容和照顾,这是令我非常歉疚的,也是我今后将努力图报的。

最后,我要感谢复旦大学出版社史立丽编辑,她在书稿编辑过程中付出了辛勤劳动。她认真细致的工作作风,给我留下了极深的印象。

对我而言,在复旦求学的三年,是充实而快乐的。这本小书,既是作为三年学习的阶段性成果,也是作为难忘的学习生活的纪念。

谨以此书献给所有关心、帮助和爱护过我的人。

刘　平
2008 年 6 月于复旦大学北区公寓

再版后记

　　拙作《近代中国银行监管制度研究(1897～1949)》一书,对近代中国的银行监管制度变迁进行了较为完整的考察与分析,涉及晚清政府、北京政府、南京国民政府等不同的历史时期,从整体上初步构建了近代中国银行监管制度变迁的体系,同时尽可能全面掌握银行监管法规和政策的文本及其演变,进而厘清主要文本制订和调整的过程,了解当时金融界、银行界对于典型文本形成所起的作用。该书于 2008 年 10 月由复旦大学出版社首次正式出版,至今已经过去 10 年了。期间还曾获得了中国金融教育基金会等颁发的奖项。近年来,曾有不少朋友询问我手头是否还有这本书,我都只能致以歉意。如今,上海远东出版社再版此书,至少对于朋友们可以有所交待了。

　　以今天的眼光看,这本书依然留有不少值得进一步挖掘的空间。例如,在写作过程中,为了避免制度研究过程中就文本论文本的弊端,我特意在关键性章节专门安排了若干典型案例,并进行了相应的实证分析。如关于"存款本名制"监管的案例,财政部成都区银行监理官办公处查处四川灌县非法设立行庄的案例,对中国银行成都支行现场检查的案例,以及镇江通商银行亏空案的非常处置案例等等,但自己仍然觉得还很不够。我的导师吴景平教授在本书初版序言中就曾经指出:"在这一课题的后续研究中,可否从以被监管的银行为本位的角度出发,包括单个银行与银行业整体是如何看待、应对政府的监管的,银行内部管理和业务经营状况与监管之间的关系等,都是值得研究的。"他的这番话,我一直牢记在心。

　　2010 年 5 月,我调离上海银监局,正式加盟广发银行上海分行。从监管机构的工作人员,转变而为股份制商业银行的从业者,也同时给了我一个从被监管者视野观察问题的新角度。比如,一项监管政策颁布后,各家商业银行的管理层究竟是如何思考的?员工又是怎么看待的?商业银行最终又是如何具体因应的呢?我想,如果不厘清诸如此类的一些重要问题,对最终的监管政策效果很难有一个准确的评估。

　　我仍旧试图从历史中寻找答案。这些年来,我的研究重点逐步转向民国时期的商业银行本身,试图从商业银行的业务经营、内部管理、社会责任等,以及各级从业者自身的成长等多个维度,探索商业银行生存与发展的内在规律。作为近年来的阶段性研究成果,我先后编纂了《稀见民国银行史料丛编》《民国银行家管理思想论丛》等史料性著作,并撰写了《从金融史再出发:银行社会责任溯源》《民国银行练习生记事》等专著,同时在一些报刊杂志和新媒体发表了不少专栏文章。这些工作,我至今仍在继续。

　　已故诺贝尔经济学奖得主道格拉斯·诺思曾说过:"历史总是重要的,它的重要性不仅仅在于我们可以向过去取经,还因为现在和未来都借由社会制度的连续性与过去连接,今天和明天的选择是由过去决定的。"从这个意义上说,我也希望《近代中国银行监管制度研究(1897~1949)》这本书,以及我目前正在进行的研究,多少能够为今天的银行业监管提供一点借鉴的视角抑或思路。

　　本书再版时,我对原书稿未作任何修改,完全保留了初版时的原貌,也算是留下当年求学时的一点纪念吧。当然,如有任何问题,仍然是由我个人负责的。

　　感谢上海远东出版社和复旦大学出版社的大力支持,使得本书列入吴景平教授主编的中国金融变迁研究丛书;也借此机会,衷心感谢这些年来一直对我的研究给予支持帮助的所有师长和朋友。

刘　平

2018 年 5 月 26 日于上海